Hermann
Hesse

Autore**S**electos

Hermann
Hesse

Demian
El último verano de Klingsor
Siddhartha
El lobo estepario
Relatos

Grupo Editorial Tomo, S. A. de C. V.,
Nicolás San Juan 1043,
03100, México, D. F.

1a. edición, septiembre 2009.
2a. edición, julio 2013.

© Hermann Hesse
   Demian
   The Last Summer of Klingsor
   Siddhartha
   Steppenwolf
   Tales
   Traducción: Marco A. Garibay, Carmín Romero
                y Luis Rutiaga

© 2013, Grupo Editorial Tomo, S.A. de C.V.
   Nicolás San Juan 1043, Col. Del Valle
   03100 México, D.F.
   Tels. 5575-6615, 5575-8701 y 5575-0186
   Fax. 5575-6695
   http://www.grupotomo.com.mx
   ISBN-13: 978-607-415-126-8
   Miembro de la Cámara Nacional
   de la Industria Editorial No. 2961

Diseño de portada: Karla Silva
Supervisor de producción: Leonardo Figueroa

Impreso en México - *Printed in Mexico*

Contenido

Prólogo

Hermann Hesse, poeta y novelista alemán, nació el 2 de julio de 1877 en Calw (en la Selva Negra alemana). Es uno de los escritores más representativos de la Europa actual, continuador de la línea del romanticismo alemán e intérprete al mismo tiempo de los problemas de la sociedad moderna. El tema central de su obra es la inquietud del hombre en busca de su destino.

Su padre era un pastor pietista, procedente de Estonia, y su madre era hija a su vez de otro pastor pietista y había nacido en la India.

El poeta crece entre las inquietudes espirituales de su casa y adquiere conocimientos místicos que influirán en toda su obra. Hermann fue un joven de salud muy precaria, con una notoria endebles física. La educación domestica que recibió fue extremadamente severa y cruel. Estos elementos construyeron una personalidad reconcentrada, y contribuyeron al crecimiento de su vida interior. De este aislamiento surge, terrible y fatal, una trágica neurastenia que lo coloca en la disyuntiva constante de resolver problemas del alma. Sólo la música pudo salvarlo y también purificar su estética.

En 1883 la familia se instaló en Basilea (Suiza), donde el pequeño Hermann fue cambiando constantemente de escuela debido a su mal comportamiento e intratabilidad. En 1886 la familia regresó a Calw, donde Hesse se estuvo preparando para el examen que le permitiría estudiar en las escuelas de la Iglesia Protestante de Württemberg. Cuando lo aprobó, empezó a estudiar en Maulbronn. Su estancia en dicha escuela fue corta: una serie de problemas de insomnio y dolores de cabeza hicieron que fuese trasladado a Bad Boll.

En Bad Boll sufrió una decepción amorosa que le llevó a considerar la posibilidad del suicidio. La depresión de Hermann conllevó su ingreso en una institución mental en Stetten. Su buen comportamiento le hizo regresar a Calw, pero al poco tiempo y debido a su mal comportamiento en el hogar fue devuelto a Stetten durante un tiempo.

Reanudó sus estudios secundarios en Cannstadt, cerca de Stutgart, pero sus problemas comenzaron de nuevo: más dolores de cabeza y nuevos flirteos con el suicidio. Empezó a frecuentar a gente indeseable y finalmente, en 1893, sus padres le hicieron regresar a casa dando por finalizada la educación formal de Hermann.

Fue aprendiz en la Editorial de Calw (ayudando a su padre) y empezó a leer libros con auténtica avidez. Más tarde trabajó en una fábrica de relojes y finalmente en la librería Heckenhauer de la Universidad de Tübingen (1895). Escribió su primera colección de poemas *Canciones románticas* que se publicaron en 1898. Su primera colección de prosa fue *Una hora después de medianoche*, publicada un año más tarde.

Se trasladó a Basilea donde trabajó en otras librerías. En 1901 se publicó su tercer libro: una colección de doscientos poemas. Lo dedicó a su madre que había muerto poco antes de su publicación después de una larga y dolorosa enfermedad. Un poco más tarde publicaría *Peter Camenzind* (1904), historia de un vagabundo con rasgos autobiográficos; libro con el que alcanzaría la fama y marcó el inicio de su reputación de gran escritor.

En 1904 se casó con María Bernoulli y con las regalías de *Peter Camenzind* se instalaron en una granja de Gaienhofen, en Untersee. En 1905 nació su hijo Bruno. Durante esta época escribió incansablemente y debido a su amistad con músicos y pintores se lanzó a escribir incluso el texto de un par de óperas. No sólo publicó varios libros, sino que contribuía en multitud de periódicos y revistas con artículos de crítica literaria.

En 1909 nació su hijo Heiner y en 1911 Martin. Durante esta época viajó incansablemente, sobre todo a la India en busca de una experiencia espiritual. Pero se dio cuenta de que Oriente sólo representaba lo que todos los individuos llevamos en nuestro interior. Después de un viaje a la India, la familia se instaló en Berna.

Durante la Primera Guerra Mundial colaboró con una organización de ayuda a los prisioneros de guerra, pero sus llamamientos a la paz fueron recompensados con críticas en los diarios alemanes, que le acusaron de traidor. Fue una época muy dura para Hesse: el arduo trabajo en la organización, la guerra, una grave enfermedad de su hijo pequeño y la muerte de su padre (1916) le provocaron una grave depresión. Empezó a acudir a sesiones de psicoanálisis y escribió *Demian*.

Su matrimonio se desmoronó. Su mujer fue internada en una institución mental y él se instaló en Montagnola, Suiza (1919), lugar que ya no abandonaría. En 1922 se publicó *Siddhartha*, y dos años más tarde se casó con Ruth Wengen, después de conseguir la anulación de su primer matrimonio. En este matrimonio no fue tampoco dichoso y la unión duró sólo tres años. Escribió grandes obras como *El lobo estepario* o *Narciso y Golmundo*, pero sobre todo *El juego de abalorios*.

En 1931 se casó con Ninon Dolbin. Se mantuvo al margen de la Segunda Guerra Mundial excepto para expresar su horror por lo que estaba pasando. En 1943, el Partido Nazi lo puso en su lista negra de autores. En 1946 se le concedió el Premio Nobel de Literatura. Murió el 9 de agosto de 1962 mientras dormía en su casa de Montagnola. A su muerte, se convirtió en una figura de culto en el mundo occidental, en general, por su celebración del misticismo oriental y la búsqueda del propio yo.

Las raíces espirituales de Hesse hay que buscarlas en el pietismo (con este nombre se designa el movimiento teológico, devocional y misionero que, durante los siglos XVII y XVIII, afectó de manera profunda al protestantismo, sobre todo al de tradición luterana), al que vino a unirse la experiencia del Lejano Oriente. Entre estos dos polos busca el auténtico ideal humano. Sus obras son en gran parte confesión de su interior. En su edad madura intenta armonizar los valores éticos y estéticos, la sabiduría del Oriente y la del Occidente. Su lenguaje es sencillo, fluido y musical y sabe expresar los más diversos matices del sentimiento. La obra de Hesse ha marcado una generación. Es mucho más que una obra literaria, es un emblema moral de la época.

Semblanza

Las primeras palabras que Hesse hace sonar en el mundo de la literatura las dice en el lenguaje de la lírica, ya que al lanzar su "quejido" lírico, lanza el puñado de semillas importantes de su vida. Son los temas que tratará una y otra vez a lo largo de una vida, en distintas obras. Tenía Hermann Hesse veintidós años cuando publicó sus *Canciones Románticas*. Parece ser que sufragó los gastos de la edición, aparecida en 1899. En ese mismo año publicó una obra titulada *Una hora después de la medianoche*, en la que se reunían nueve trabajos en prosa.

La crítica acogió amigablemente el segundo "brote" de Hesse. Nada menos que Rilke fue uno de los que felicitó la producción del joven escritor. Desde ese momento Hesse entraba en la fama, por lo menos de los profesionales de la Literatura.

En 1901, y bajo el título *Escritos y versos legados por Hermann Lauscher*, y dados a la luz por Hermann Hesse, publicó nuevas poesías y prosas.

Sigue aún expandiéndose la vena lírica, con la publicación, en 1901, del libro titulado *Poesías*. Y por fin viene la novela: *Peter Camenzind* (1904).

En esta fecha Hermann Hesse se convierte en un escritor de renombre, con plena resonancia en el mundo germánico.

¿Por qué se hizo escritor Hermann Hesse? ¿Por qué empezó por la lírica? ¿Por qué desembocó en la novela?

Si se pudiera dar respuesta a estas preguntas tan simples (que no sencillas), significaría que disponemos de unos maravillosos detectores de la intimidad última de la persona... y de la sociedad.

De aquí lo apasionante de recomponer (como en escenario dramático) las piezas del mundo en que (y que) vivió el autor, y adivinar por qué se planteó el problema, cómo se desarrolló la trama, qué hilos la movían... para traslucir en este trasiego de acciones y reacciones las facetas misteriosas del personaje central. Porque es hermoso darse cuenta de que se puede captar una presencia y tener que declararla enigma. Pues no es lo mismo inefable que indescubrible.

"El lunes 2 de julio de 1877, tras un día difícil, nos obsequia Dios con su gracia, a las seis y media de la tarde: el hijo ardientemente deseado, nuestro Hermann, un niño grande, pesado, hermoso, hambriento, que gira los ojos hacia la luz. Es un tipo ejemplar de niño sano y robusto".

Éste es un párrafo entresacado del diario de la madre de Hesse.

En 1946, Hesse escribe a la hermana Adela: "La bondadosa sabiduría del abuelo, la inagotable fantasía y vitalidad de nuestra madre, la refinada capacidad de sufrimiento y sensibilidad de conciencia de mi padre nos educaron..."

En la casa paterna distintos mundos irradiaban su luz.

"Aquí se rezaba y se leía la Biblia, se estudiaba y se cultivaba la filología india, se tocaba música, se hablaba de Buda y de Lao-Tse. Venían huéspedes de diversos países... se invitaba a los pobres y se daban fiestas. Ciencia y fábula convivían..."

En sus primeros escritos tiene Hesse un párrafo significativo:

"¿De dónde les viene a las madres este fascinante y alegre arte, este espíritu plástico, el maravilloso arte de 'la labia'?"

Por su parte, la madre de Hesse escribe:

"El chico tiene, para su edad, una vitalidad, una fuerza de gigante, una voluntad poderosa y una inteligencia asombrosa".

Pero, por otra parte, en una carta del padre, fechada el 14 de noviembre de 1883, leemos:

"Hermann, que en la escuela es tenido por dechado de virtudes, a veces resulta insoportable. Por humillante que fuese para nosotros, a veces pienso seriamente si no tendríamos que internarlo en alguna institución o ponerlo en manos ajenas. Somos demasiado nerviosos, demasiado débiles para él, y el hogar, en conjunto, insuficientemente disciplinado y regulado".

Objetivamente la circunstancia de Hermann Hesse y su personalidad innata se prestaban al conflicto. Y éste se produjo, y hondo, en la personalidad de Hesse.

El escritor confiesa en una de sus obras:

"Desde los trece años, para mí era totalmente claro que yo tenía que ser escritor o nada."

Hesse tuvo ese momento único, la "revelación" (fenómeno que hoy parece que se puede explicar de un modo biológico, al menos parcialmente) en el que se despierta y confirma a la vez la motivación, la afinidad más profunda del alma.

A los doce años lee unos versos de Höderlin: *La Noche*. El poema le produjo una profunda revulsión. Dice Hesse:

"...¡Esto es poesía! ¡Esto es un poeta! ¡Qué hondamente sonó entonces mi oído, por primera vez, la lengua de mi madre y de mi padre...

"Nunca más, por mucho que haya leído en mi adolescencia, me han fascinado de forma tal palabras de poeta".

En otoño de 1891 Hesse es llevado al seminario de Maulbronn.

Al principio Hesse se encuentra bien, pero poco tiempo después, en una carta del 20 de marzo, escribe:

"Estoy tan fatigado, tan sin fuerzas y abúlico... No estoy enfermo, lo que pasa es que me siento atado por una debilidad desacostumbrada y extraña..., mis pies están siempre helados mientras que la cabeza me arde por dentro".

Hesse empieza a ensimismarse y aislarse. Pasa las vacaciones de Semana Santa en Calw y se le ve irritable, destemplado y reconcentrado. Vuelve a Maulbronn, pero su estado empeora y tiene que interrumpir los estudios en mayo. Durante esa época se desata la lucha interior en el alma de Hesse, las fuerzas contendientes son: por una parte el deseo de autoafirmación, la defensa del propio yo y la tempranamente vívida tendencia a ser escritor, y por otra la rígida tradición religiosa de la familia y todas las figuras de autoridad frente a las que se hallaba en postura inadecuada.

Hesse ha escrito acerca de aquellos años:

"A lo largo de cuatro años todo lo que se emprendió conmigo se torció: ninguna escuela quería tenerme, no hubo aprendizaje en el que aguantase largo tiempo. Cada intento que se hacía de convertirme en hombre útil resultaba un fracaso, e incluso a veces, acompañado de burla, escándalo o despido".

Hesse sufrió una serie de crisis nerviosas, decepciones, y al final de una desilusión amorosa llegó incluso a realizar un intento de suicidio.

Es evidente en ello, o son evidentes, los rasgos de huida, de insatisfacción, de "tanteo y desorientación" en suma.

En 1899 Hesse se establece como librero en Zurich, donde los padres habían vivido. En 1902 escribe *Peter Camenzind*. La novela, que fue un gran éxito, le permite dejar su oficio de librero. Se va a Gaienhofen Bodense y se casa con María Bernoulli, de treinta y seis años de edad.

He aquí que nos da quizá la clave de algunos aspectos de la personalidad de Hesse. Casarse con una mujer que le lleva casi diez años de edad, puede tener un significado muy profundo.

En 1905 publica *Bajo las ruedas*. Es una más entre las típicas novelas de "tragedia escolar". Con ello se aproximaba en cierta manera a la generación de los expresionistas que protestaban violentamente contra la generación de los "padres". La novela llegó a alcanzar una edición de 150.000 ejemplares.

Entre los años 1907, 1908 y 1912 aparecen las narraciones: *Aquende, Prójimos, Atajos*. Con insistencia reiterativa nos aparece en estos libros un tipo de personalidad: el doliente contemplador de colinas, montañas, nubes, las ganas de huir y las necesidad de construir un mundo "soñado". Sigue a este "temple de ánimo" un sentimiento de soledad, que Hesse plasma en las obras *Gertrud* (1910) y *Rosshalde* (1914).

Por ese tiempo es ya un escritor famoso. Frecuentan su casa músicos, editores y escritores. La segunda novela citada refleja la problemática interna de Hesse respecto al matrimonio, los hijos, la esposa, ligados a una persona (el padre), pronto a la "huida" aislado y "muy suyo".

Hesse, que ha vivido ocho años en Gaienhofen "como" un agricultor, dedicado al cultivo de verduras, flores y árboles, emprende por "intensa necesidad" un viaje a la India, donde había vivido su padre.

En 1913 publica el libro *De la India*. Hesse afirma: "Hemos perdido el paraíso, y el nuevo no lo encontraremos en el ecuador, en los cálidos mares del Sur, sino en nuestro nórdico futuro".

El resultado de esta experiencia "india" queda expresado en tres obras: *Siddhartha, Vida india* y *El juego de abalorios*.

Luego se va a vivir a Berna, a la casa del pintor Welbi. Publica la narración *Tres historias de la vida de Knulp*s (1915). Y una vez más aparece el monotema: Knulp es un vagabundo, sin casa ni preocupación, "el solitario ideal", cuya vida no está ni siquiera ligeramente ensombrecida por un amigo o una querida. Knulp (¡no faltaba más!) sueña con montañas y nubes, es medio niño, medio poeta y, por lo tanto, un "amado de Dios", su "hijo" y "hermano".

La guerra del catorce le arrancó del ideal de la paz, equilibrio y amistad. Se puso, en Berna, a disposición del "Servicio de Ayuda alemán". Escribió un trabajo: *¡Oh, por favor, esos tonos no!* El escrito era antibelicista y antinacionalista. Desencadenó entre los enfurecidos alemanes una ola de críticas contra Hesse. Durante las dos guerras Hesse se dedicó a ilustrar sus libros de poemas y enviarlos a parejas de enamorados. El dinero que obtenía de ello lo daba para los "paquetes" y envíos de asistencia a la gente necesitada.

La guerra reavivó su conflicto interior, se le reprodujeron los problemas de contacto con los demás y, enfermo, empezó a analizarse.

Una vez Hesse escribió sobre sí mismo:

"... que desde mi época de escolar estuviese siempre condenado a la soledad, la cual acabó convirtiéndose en mi amiga. No encuentro ningún amigo, quizá porque soy demasiado orgulloso para buscarlo, y desde hace tres años estoy acostumbrado a pensar solo y a cantar solo". Desde luego la relación, la profunda relación de Hesse con los otros y con la mujer, fue un problema difícil.

Después de su divorcio vuelve a tomar mujer en 1924, pero la ligazón solamente dura un año. En 1931 se casa una vez más. Desde entonces vive en Montagnola y trabaja ininterrumpidamente, profusamente. Pero quizá lo más significativo de todo el aspecto amoroso de la vida de Hesse es que en su obra de culminación *El juego de los abalorios* no aparece ninguna figura femenina. Esto, que a primera vista no tiene ninguna importancia, la adquiere enormemente cuando se ve que Hesse quiere poner en dinámica "el juego combinatorio de todos los contenidos y valores de nuestra cultura".

Novelas

Sus principales novelas son: *Peter Camenzind* (1904), historia con rasgos autobiográficos de un escritor bohemio que rechaza a la sociedad para acabar llevando una existencia de vagabundo; *Unterm Rad* (Bajo la rueda), 1906, en la que critica la educación escolar; *Gertrud* (1910) y *Rosshalde* (1914), que tratan del conflicto entre la vocación artística y los deberes conyugales. La desesperanza y la desilusión que le produjeron la guerra y la serie de tragedias domésticas, y sus intentos por encontrar soluciones, se convirtieron en el asunto de su posterior obra novelística. Sus escritos se fueron enfocando hacia la búsqueda espiritual de nuevos objetivos y valores que sustituyeran a los tradicionales, que ya no eran válidos. *Demian* (1919), por ejemplo, estaba fuertemente influenciada por la obra del psiquiatra suizo Carl Jung, al que Hesse descubrió en el curso de su propio (breve) psicoanálisis. El tratamiento que el libro da a la dualidad simbólica entre Demian, el personaje del sueño, y su homólogo en la vida real, Sinclair, despertó un enorme interés entre los intelectuales europeos coetáneos. Las novelas de Hesse desde entonces se fueron haciendo cada vez más simbólicas y acercándose más al psicoanálisis. Por ejemplo, *Viaje al Este* (1932) examina en términos junguianos las cualidades míticas de la experiencia humana. *Siddhartha* (1922), por otra parte, refleja el interés de Hesse por el misticismo oriental —el resultado de un viaje a la India—; es una lírica novela corta de la relación entre un padre y un hijo, basada en la vida del joven Buda.

El lobo estepario (1927) es quizás la novela más innovadora de Hesse. La doble naturaleza del artista-héroe —humana y licantrópica— le lleva a un laberinto de experiencias llenas de pesadillas; así, la obra simboliza la escisión entre la individualidad rebelde y las convenciones burguesas, al igual que su obra posterior *Narciso y Goldmundo* (1930). La última novela de Hesse, *El juego de abalorios* (1943), situada en un futuro utópico, es de hecho una resolución de las inquietudes del autor. También en 1952 se han publicado varios volúmenes de su poesía nostálgica y lúgubre.

Cuentos y relatos cortos

Si bien la celebridad de Hermann Hesse descansa fundamentalmente sobre sus grandes novelas, sólo ciertos factores explican la menor atención prestada al resto de su obra narrativa. Debido a que sus relatos breves se encuentran diseminados en volúmenes colectivos de difícil acceso, resulta imposible valorar debidamente su importancia como conjunto. Publicados a lo largo de cincuenta años (1903-1953), muestran la evolución de un escritor a quien apenas le interesa la fábula y el *suspense* en el relato, pero cuyos personajes, en su mayoría antihéroes, reflejan en un sinfín de escorzos la entera variedad de comportamientos y psicologías humanas.

Los ocho relatos que se integran en este libro representan un sesgo peculiar de la obra de Hesse. Son admirables formas de acceso a la realidad: maneras de enaltecerla sin idealizarla vanamente. Hesse capta con fervor los aspectos más delicados, más sutiles del mundo, que a su vez, inician un contrapunto con la imaginación y las construcciones del sueño. En estos *Relatos*, el autor se muestra como un gran escritor que deja testimonio no sólo de su capacidad de registrar y enaltecer el mundo, sino también de la profunda raíz filosófica que sustenta su pensamiento.

Luis Rutiaga

Demian

(1919)

Introducción

Para contar mi historia tendré que mirar muy atrás. Seguramente tendré que irme a los primeros años de mi infancia; es más, quizá tenga que llegar hasta mis propios ancestros.

Cuando los poetas escriben alguna de sus novelas toman el papel de Dios, logrando comprender y relatar una historia humana en su más pura esencia, como si el mismo Dios se las hubiera relatado. Creo que yo soy incapaz de ello, pues la historia que pienso contar, a diferencia de la que pudiera exponer cualquier otro poeta, es muy importante para mí, ya que se trata de mi historia, de la historia de un hombre. No estoy hablando de un personaje imaginario, sino de uno de carne y hueso, vivo y único. En la actualidad muy pocos logramos entender lo que esto quiere decir en verdad: un hombre vivo. Quizá por ello, vemos constantemente cómo se destruyen las vidas de miles y miles de hombres, cada uno de ellos una manifestación pura de la naturaleza. Hacer desaparecer a un hombre mediante una bala sería algo muy sencillo si no fuéramos algo más que individuos aislados; y entonces no tendría objeto alguno contar historias. No obstante, cada hombre es un punto único, importante y peculiar en donde convergen los fenómenos del mundo una sola vez. Y es por ello que, mientras una persona viva y cumpla la voluntad de la naturaleza, la historia de cada hombre debe ser digna de toda atención; esto es algo simplemente maravilloso.

Dentro de cada hombre podemos encontrar un espíritu que sufre y que se crucifica; asimismo, en cada crucifixión podemos encontrar a un salvador. Hoy en día pocos son los que en verdad reconocen lo que es un hombre, pues la mayoría sólo lo presienten. Estos últimos mueren más tranquilos y aliviados, de la misma manera en que yo lo haré cuando termine de relatarles la siguiente historia.

Sería absurdo decir que soy un sabio. Simplemente creo ser un hombre que ha buscado y que sigue en la búsqueda de respuestas; la diferencia, es que ya no las busco en el estrellado cielo o en las páginas de algún libro, sino que las empiezo a encontrar en las enseñanzas que fluyen por mi sangre.

El siguiente relato, mi historia, no es agradable o dulce por el simple hecho de ser verdadera, más bien tiene un sabor a insensatez, a locura, a conflicto y a sueños, al igual que muchas otras historias de hombres que jamás se han mentido a sí mismos.

La vida de cada hombre es una vereda que nos conduce hacia un camino mayor. Jamás un hombre ha sido completamente él mismo, aunque la mayoría tenga la firme convicción de serlo algún día, unos entre brumas y otros con perfecta luminosidad, pero cada uno como mejor le sea posible. Todos cargan en sus espaldas hasta el final lo viscoso y las sobras de un mundo primario. Muchos jamás llegan a ser verdaderamente hombres y siguen siendo peces, ardillas, ranas o hasta hormigas, pero todos son el ímpetu de la naturaleza hacia el hombre. Todos y cada uno de nosotros tiene un origen común: la madre. Cualquiera proviene del mismo monte, sin embargo, cada uno tiene su objetivo, su meta final. Todos los hombres podemos llegar a entendernos perfectamente, pero comprendernos sólo cada uno lo puede hacer consigo mismo.

Dos mundos

Mi historia comienza con una situación muy peculiar de cuando tenía diez años y estudiaba en el colegio de mi ciudad natal.

Cosas como los oscuros callejones, las limpias y claras calles, casas y torres, el sonido de las campanas de los relojes, diversas caras, cuartos llenos de comodidad y bienestar, cuartos misteriosos y fantasmales, aromas como el de la cálida intimidad, la servidumbre, los animales, la fruta seca y los remedios caseros siguen provocándome nostalgia y melancolía. En todo ello se mezclaban dos mundos tan contrarios como el día y la noche.

La casa de mis padres ocupaba uno de esos mundos. Este mundo se llamaba simplemente padre y madre, amor y severidad, buenos modales y escuela. Dentro de este mundo había limpieza y claridad; en él sólo cabían las costumbres sanas, el lenguaje amable y cálido, la ropa impecable y las manos limpias. Aquí se podía escuchar los cantos cada mañana y se celebraba la Navidad; ahí sólo había líneas rectas y senderos hacia un futuro bueno y prometedor. En ese hogar se podía encontrar la culpa y el perdón, el deber, la confesión sincera, los hábitos decentes y el respeto y amor hacia la Biblia. Para poder existir en este mundo, debía de mantenerme dentro de los patrones de la vida bella, ordenada y limpia.

Por lo que respecta al otro mundo, éste iniciaba en nuestro propio hogar, pero era la otra cara de la moneda. Su aroma era distinto, sus palabras sonaban diferente, pedía y ofrecía cosas muy distintas. Este mundo opuesto estaba lleno de historias de aparecidos, servidumbre, aprendices y rumores escandalosos; existían fuertes sonidos de cosas terribles y enigmáticas como la prisión y el matadero; historias de asesinatos, de robos, de suicidios, voces que rompían en llantos y lamentos, gente ebria, vacas pariendo y caballos que se desplomaban. Bello y espantoso, cruel y salvaje, este mundo nos rodeaba en la calle siguiente, en la casa del vecino; policías y ladrones pasaban a diario, hombres alcohólicos golpeaban a indefensas mujeres y las ancianas tenían la capacidad de hechizar y hacer caer enfermo a cualquiera. También en este mundo, por las noches, cuando las mujeres salían de su trabajo en las fábricas perfectamente abrigadas, los asaltantes se ocultaban en la complicidad de la noche y los viciosos eran detenidos por los guardianes del orden. En cada esquina, en cada calle, este mundo salvaje e impetuoso estaba presente, a excepción, claro, de nuestra casa y habitaciones donde se encontraban mis padres. Y era bueno que así fuera, pues la paz y tranquilidad que llenaba nuestro hogar y que sentíamos todos los que ahí vivíamos era muy bella; este mundo estaba lleno de conciencias tranquilas, de responsabilidades, de amor y de perdón. Sin embargo, también era maravilloso que existiera el otro mundo, el feo, el de los ruidos estridentes, el de lo cruel y lo brutal, pues yo sabía que podía huir de ahí, para refugiarme en los brazos de mi amorosa madre.

Lo más sorprendente de todo esto, es que los dos mundos estaban tan cerca. Un buen ejemplo de ello, puede ser Lina, la criada de nuestra casa. Por las noches, ella participaba en los rezos y los cantos de la familia, se podía ver sus manos pulcras y sus ropas bien planchadas y almidonadas; en ese momento, ella pertenecía por completo al mundo de mis padres, al de nuestra familia, al que era recto, transparente, decoroso y limpio. Pero después, cuando me la encontraba en la cocina o en el lugar donde guardábamos la leña, me platicaba historias de hombres sin cabeza, de peleas entre vecinos o de pleitos callejeros; en esos momentos Lina era completamente diferente a la que veía en el mundo de mis padres; ahora parecía encajar en ese otro mundo misterioso y prohibido.

Y así era con todos, inclusive conmigo mismo. Yo siempre fui parte del mundo recto e iluminado, pero hacia cualquier lugar que dirigiera la mirada estaba presente el otro mundo, y aunque me pareciera siniestro y extravagante, yo mismo vivía y era parte de ese mundo oscuro, donde constantemente llegaba a mí el miedo y el remordimiento. En ocasiones, prefería ser parte de ese mundo prohibido, y muchas veces, al regresar al recto y claro, parecía ya no tener esa belleza y pulcritud que tenía antes, ahora parecía vacío y tedioso. Tenía muy claro en mi mente que mi meta final era la de llegar a ser alguien como mis padres, pero para poder cumplir esa expectativa, tenía que seguir un sendero muy largo y cansado; tenía que asistir a la escuela, estudiar demasiado para lograr aprender cosas, exentar pruebas y exámenes, etc. Y curiosamente, este camino que debía seguir siempre iba al borde con el del mundo prohibido. Muchas veces, cuando lo atravesaba, no era difícil que cayera y me hundiera en él. Constantemente me topaba con historias de hijos perdidos que habían sufrido esto, las cuales leía apasionadamente. Regresar al hogar, donde mis padres, me liberaba de cualquier culpa, lo cual era maravilloso. Sabía perfectamente que esto era lo mejor y lo que más deseaba, pero la gente que se desenvolvía en el mundo oscuro, la gente mala y sucia, era mucho más atractiva, y si alguna vez lo hubiera podido decir, sentía una gran pena al sentir que el hijo regresaba al camino correcto. Pero esto era impensable, y mucho menos se podía comentar, sin embargo, existía en mi mente. Cuando imaginaba al demonio, podía verlo en las calles, con un disfraz o sin él, en alguna tienda o en la taberna, pero nunca podría haberlo visto en mi hogar.

Mis hermanas, que obviamente también formaban parte del mundo bello y limpio, estaban más cercanas a nuestros padres, eran mucho más buenas y tenían menos defectos que yo. No obstante, también ellas tenían errores, pero yo pensaba que no era nada profundo y que ellas no sentían la misma atracción que yo hacia el mundo prohibido, hacia lo agobiante y lo doloroso. Siempre me enseñaron que había que respetar a las hermanas y que debía cuidarlas, igual que a mis padres. Así pues, cuando reñía o discutía con ellas, tenía un remordimiento enorme, me sentía malo y perverso, hasta que lograba su perdón. Y es que al ofender a las hermanas, se está haciendo lo mismo con los padres, con los modales que se nos han enseñado, con la bondad y todo lo que pertenece al mundo correcto. Y aunque había cuestiones que yo compartía mejor con los vagos en las calles que con mis hermanas, cuando tenía mi conciencia tranquila y los buenos tiempos estaban presentes, me divertía mucho el jugar con ellas, portarme decentemente, ser correcto y colocar sobre mi cabeza un aura de bondad. ¡Esto es lo que los ángeles deben sentir!, envueltos por las notas dulces de suaves y bellas canciones, aromas tan exquisitos como el de la Navidad y el de la felicidad. ¡Qué pocos instantes como esos había en mi vida! Siempre que practicábamos algún juego inofensivo y tranquilo, me volvía salvaje, apasionado y terminaba casi siempre peleando e insultándolas. Cuando la ira me dominaba me convertía en un terrible ser que sólo hacía cosas perversas y expresaba palabras hirientes, mostrando todo ello de una manera tan intensa y profunda que asustaba. Tiempo después venía el remordimiento y el arrepentimiento, el momento de pedir perdón; en ese momento aparecía de nuevo la luz en mi vida y llegaba la tranquilidad y la armonía que duraba cierto tiempo, nada más.

Al igual que los hijos de personas importantes de la ciudad, como el alcalde y el guardabosques, yo asistía al Colegio de Letras. Muchas veces, los hijos de estos personajes asistían a mi casa para jugar o pasar el rato. Ellos eran unos muchachos terribles, no obstante pertenecer al mundo recto y decoroso. Aunque compartíamos un cierto desprecio por los niños que asistían al colegio popular, yo tenía una profunda amistad con varios alumnos. Y es justamente la relación con uno de ellos con la que daré inicio a mi historia.

Jugaba yo una tarde con niños de la vecindad cuando se nos unió un chico mayor; la mayoría de los chicos rondaban los diez años y él era más fuerte y grande que todos nosotros, tenía trece años y una apariencia agresiva. Su padre era el sastre alcohólico de la ciudad y toda su familia se distinguía por su mala fama. El nombre de este muchacho era Franz Kromer y yo le tenía respeto, o mejor dicho miedo, pues sus antecedentes no eran dignos de que se nos uniera. Sus modales eran los de una persona adulta, caminaba y hablaba como lo hacían los obreros de las fábricas. Una vez entre nosotros, siempre se hacía lo que él decía; un día fuimos a las orillas del río por órdenes de Franz y nos escondimos debajo del puente. El espacio que teníamos entre la pared del puente y el agua del río era muy poco, pero ahí se juntaban escombros, basura, fierros oxidados y muchas cosas que la gente tiraba. Muchas veces logramos encontrar en ese lugar cosas que nos servían para algo, y bajo el mando de Franz buscábamos lo que él pudiera utilizar o vender. Una vez que nos topábamos con algo de valor, él lo analizaba y si no le convencía, lo tiraba nuevamente al río. Siempre andábamos en busca de cualquier objeto de zinc o de plomo, pues Franz decía que era lo más sencillo de vender. Yo siempre me sentía incómodo en la compañía de Franz, y no era precisamente por el hecho de que mi padre se enterara de ello, sino por el temor mismo a Franz. No obstante, sentía un gran placer al ver que este muchacho malo me dejara jugar con él y me diera un trato equivalente al de los demás chicos. Franz siempre daba las órdenes y todos los demás las acatábamos al pie de la letra; parecía que esto llevaba años de suceder, aunque en realidad era la primera vez que yo tenía contacto con él.

Después de nuestras labores, por así llamarlo, nos sentábamos en algún prado y descansábamos. Franz tenía la costumbre de escupir entre los dientes con una puntería tan exacta como la de un tirador profesional. Ya ahí, todos empezaban a platicar sus travesuras y proezas en la escuela. Yo nunca mencionaba nada, aunque muchas veces tenía un gran temor de que mi silencio llamara la atención de Franz y despertara su ira hacia mí. Desde el día en que se unió Kromer al grupo, mis dos amigos se acercaron a él y se alejaron de mí. Mi posición en el grupo era la de un simple observador y sentía que mi indumentaria y mis modales provocaban este alejamiento. En mi mente no cabía la idea de que Franz aceptara como compañero de juego a un niño bien vestido, de buen hogar y que asistía a la mejor escuela de la ciudad. Tenía la impresión de que pronto los muchachos empezarían a atacarme y me dejarían botado.

Una vez que analicé todo esto y que logré vencer mi temor, empecé a participar activamente en las pláticas de los muchachos. Un día puse a trabajar mi imaginación y salí con una historia de ladrones en la que, obviamente, el héroe era yo. Comenté a todos que una noche, y con la ayuda de un compañero, logramos robar un gran saco de manzanas muy finas y de gran valor económico. Al sentir la atención de todos los muchachos, el miedo empezó a invadirme, así que seguí con mi historia tratando de ocultarme de sus miradas. La narración y la invención de historias era muy fácil para mí, así que seguí sacando mentiras de mi mente para poder hacer más larga y más emocionante mi aventura. Así pues, les comenté que uno de nosotros esperaba debajo de un árbol mientras el otro le lanzaba las manzanas. Al llenar el saco con el botín, nos percatamos de que era demasiado pesado, así que vaciamos la mitad y minutos más tarde regresamos por lo que habíamos dejado.

Al terminar mi emocionante aventura esperaba que los muchachos me felicitaran o se sorprendieran enormemente, pues la manera de platicarla y detallarla me habían hecho sentir algo indescriptible. No obstante, los dos chicos de mi edad se quedaron mudos y Franz, viéndome directamente a los ojos me lanzó una retadora pregunta:

—¿En realidad pasó eso?

—Sí —le contesté.

—¿No estás mintiendo?

—No, en verdad fue lo que pasó —contesté sin dudar un solo momento pero con el temor recorriendo todo mi cuerpo.

—¿Lo puedes jurar?

El temor se apoderaba de mí, pero inmediatamente le contesté que sí.

—Si es así, repite: lo juro por Dios y por mi salvación eterna.

Con voz firme repetí:

—Por Dios y por mi salvación eterna.

—Muy bien —dijo Franz y se alejó sin decir nada más.

Por mi mente pasaba la idea de que después de esto Franz dejaría de molestarme, y recuperé el aliento cuando se levantó y nos dijo que era hora de marcharnos. Al llegar al puente comenté a todos en voz baja que tenía que regresar a casa.

—¿Cuál es la prisa? —preguntó Franz con una sonrisa burlona—, no te apures, yo también voy por ese camino.

Los pasos de Franz eran pausados y yo no me atrevía a correr o tratar de escapar, pues en realidad íbamos por el camino hacia mi hogar.

Cuando por fin llegamos, pude observar la puerta de mi casa con su gran aldaba dorada y la luz reflejada en la ventana del cuarto de mi madre. Mi casa, ¡gracias a Dios estaba en mi casa, en la paz y en la tranquilidad!

Abrí rápidamente la puerta y cuando la quise cerrar me di cuenta que Franz entraba también a mi hogar. En el zaguán, donde apenas un rayo de luz nos iluminaba, él se acercó y tomándome del brazo me dijo:

—No tan de prisa.

Un frío recorrió todo mi cuerpo. Su mano sostenía fuertemente mi débil brazo. Imaginé que su intención era la de golpearme. Pensé en gritar y pedir ayuda, pero ¿llegaría alguien lo suficientemente rápido para auxiliarme? Decidí mejor no intentarlo.

—¿Qué te sucede? —cuestioné—. ¿Qué es lo que quieres?

—Me gustaría preguntarte algo sin que los demás se enteren.

—De acuerdo, pregúntame lo que quieras pero rápido, pues ya es hora de que vaya con mis padres.

—Me gustaría saber quién es el dueño del huerto que se encuentra junto al molino; ¿sabes de quién te hablo, no? —cuestionó Franz en voz baja.

—Me parece que es del molinero, pero no estoy completamente seguro.

Franz me tenía abrazado muy fuerte y su mirada siniestra y maligna no se apartaba de mí. Su rostro dibujaba poder y crueldad.

—Mira pequeño, sé perfectamente quién es el dueño de ese huerto. Ya había tenido yo noticias acerca del robo de manzanas, y me enteré de que el dueño ofreció dos marcos a la persona que le dé información sobre el autor del hurto.

—¡Dios mío! —le dije—. ¿Tú no serías capaz de hacerlo, verdad?

Sabía perfectamente que era inútil esperar que Franz actuara honrada y amistosamente pues él era parte del mundo prohibido y malo. Las traiciones, deshonor y malos actos eran cosas de todos los días en ese mundo y yo lo sabía bien. Esta, era una de las grandes diferencias con el ambiente que había en mi casa.

—Estás en un grave error si piensas que no voy a decir nada al molinero —dijo Franz entre carcajadas—. ¿Acaso crees que yo fabrico el dinero? Mi padre no puede darme lo que yo quiero, así que si puedo hacer un poco de plata con el molinero, no dejaré pasar la oportunidad. Es más, quizá me dé más de lo que prometió.

Dicho esto soltó mi brazo. El zaguán de la casa había perdido ese aroma a paz y tranquilidad. Todo mi mundo se había venido abajo frente a mí. Franz me delataría; me había convertido en un delincuente, en un ladrón. Cuando la noticia llegara a mis padres, seguramente la policía iría por mí y me atraparía en mi propio hogar. En ese momento mi cabeza estaba llena de horribles y peligrosos pensamientos; y aunque supiera perfectamente que yo no había tenido nada que ver con el robo de las manzanas, nadie iba a creerme pues lo había jurado en nombre de Dios y de mi salvación eterna. ¡Santo Dios!

Al borde del llanto, hurgué en mis bolsillos para ver si encontraba algo de valor que pudiera darle a Franz y así lograr que no hablara, lamentablemente, mis bolsillos estaban vacíos. Recordé un reloj de plata que mi abuela me había regalado y que siempre llevaba conmigo; no funcionaba, pero me lo quité rápidamente y se lo ofrecí a Franz.

—Kromer —supliqué—, te pido que no digas nada por favor, eso no es correcto. Mira, te doy mi reloj a cambio de tu silencio, no tengo nada más de valor. Puedes quedártelo, y aunque no funciona, es de plata y tiene compostura.

Franz soltó una carcajada y me arrebató el reloj con una de sus fuertes manos, esas manos que amenazaban mi paz y mi vida.

—Es de plata —comenté con voz tímida.

—Eso no me importa, es más, no me importa ni tu reloj ni que sea de plata —dijo despectivamente—, ten y arréglalo tú.

—Franz, espera por favor —le dije con la voz entrecortada—, ¡no te vayas, toma mi reloj, en verdad es de plata, no tengo otra cosa que ofrecerte!

Me miró despectivamente y dijo:

—Mira niño, sabes perfectamente lo que voy a hacer. Quizá también se lo cuente a la policía, pues conozco desde hace tiempo al sargento.

Abrió la puerta, y cuando iba hacia afuera lo jalé de la manga desesperado. No podía hacerme esto; sabía que si él decía algo todo mi mundo de paz y tranquilidad se esfumaría.

—Franz —grité sumamente alterado—, ¡no hagas eso! Estás tratando de asustarme y esto no es más que una broma ¿verdad?

—Efectivamente amigo, es una broma que te va a costar muy cara.

—Pídeme lo que quieras, haré cualquier cosa que me pidas.

Me vio fríamente a los ojos y volvió a reír frente a mí.

—¡No seas niño! —dijo molesto—. Sabes perfectamente de lo que se trata. Si tengo la oportunidad de hacerme de dinero no voy a desperdiciar esta oportunidad. Sabes que no soy rico y que mi padre jamás me da dinero. Mira, tú hasta un reloj de plata llevas contigo. Si tú me das los dos marcos que me ofrece el molinero, todo quedará entre nosotros.

En ese momento entendí perfectamente de lo que se trataba todo el asunto. Pero pedirme dos marcos era lo mismo que pedirme diez ó veinte. Yo no tenía dinero. La alcancía donde guardaba algunas monedas que me daban familiares en mi cumpleaños o cuando nos visitaban, la tenía mi madre guardada en su habitación. A excepción de eso, yo no tenía nada. En esos años, mis padres aún no me daban dinero para mis gastos personales.

—No cuento con dinero —le dije a Franz en voz baja y agachando la mirada—, te daré todo lo que tengo: un libro, unos soldados y una brújula.

Kromer me vio enojado y escupió por entre los dientes.

—¡No digas idioteces! —me gritó autoritariamente—. ¡Una estúpida brújula! No me quieras ver la cara y consígueme el dinero.

—Pero, ¿de dónde voy yo a sacarlo si mis padres no me dan nada de dinero?... No es mi culpa.

—Mañana tendrás mis dos marcos. Te veré en el mercado cuando salgas del colegio. Si no llevas contigo el dinero, no me quedará más remedio que delatarte.

—Por favor Kromer, ¿de dónde voy yo a sacar dos marcos? No los tengo ni los tendré.

—En tu casa hay suficiente dinero. Tu problema es conseguirlo, porque si mañana cuando salgas del colegio no me das mi dinero...

Dicho esto Franz me vio de una manera aterradora, amenazante, y se fue en silencio.

Dude en entrar a mi hogar, pues no me sentía digno de ello. Mi vida había llegado a su fin. Pensé en escapar, en lanzarme al río y en mil cosas más. Todo en mi cabeza era confusión y desesperación. Traté de retomar aliento y me senté en el primer escalón, agaché mi cabeza y me hundí en mis pensamientos y en mi desgracia.

Escuché unos pasos bajar por la escalera. Se trataba de Lina que iba por leña. Al verme llorando se asustó, pero le supliqué que no comentara nada y subí hacia la casa.

Junto a la enorme puerta de cristal se encontraba el perchero donde mi padre dejaba su sombrero y mi madre su sombrilla. Estos objetos representaban para mí la paz y la tranquilidad del hogar, del mundo bueno. Al verlos, mi corazón sintió un poco de alivio. Sin embargo, todo lo que antes representaban para mí esos objetos ya no me pertenecía; el mundo bueno, limpio, honrado y bello era sólo de mis padres, yo me acababa de hundir en el otro mundo, en el malo, en el prohibido. Las mentiras y el pecado me habían hecho su presa; ahora el enemigo, el peligro y la vergüenza me amenazaban terriblemente.

El cuadro que se encontraba sobre la chimenea, el piso de ladrillo rojo, el sombrero, la sombrilla, las dulces voces de mis hermanas mayores y todo lo que alguna vez fue lo más querido y reverenciado por mí, dejó de ser el refugio y la seguridad del bienestar; ahora, todo eso no era más que un reproche. Había perdido todo eso. El lodo que llevaba en mis zapatos no se podía limpiar en el tapete de la entrada, y de los fantasmas que me perseguían y me amenazaban, mi hogar no sabía nada. Cualquier miedo que había experimentado antes era insignificante a comparación de lo que mi alma llevaba a cuestas hoy. Parecía ser que el destino se empeñaba en hacerme daño, y ya ni los brazos de mi madre podrían protegerme, pues ellos nada debían saber. ¿De qué servía si era verdad o no lo del robo si yo había jurado ante lo más sagrado que lo había hecho? Mi pecado no era el haberlo hecho o no, sino que caminaba de la mano con el diablo. ¿Por qué había hecho amistad con esos niños? ¿Por qué no hice caso a las sabias palabras de mi padre? ¿Por qué disfruté inventando una historia de robo como si hubiera sido una proeza? No había la menor duda, estaba atrapado en las garras del demonio.

En ese momento no temía por lo que habría de suceder al siguiente día, sino porque mi vida había tomado un sendero oscuro y tenebroso. Sabía perfectamente que a mi pecado seguirían otros, que los besos y palabras hacia mi familia se convertirían en mentiras, pues en ellos se ocultaba un terrible secreto.

Al ver detenidamente el sombrero de mi padre, la confianza regresó fugazmente a mí. Quizá si le comentaba todo lo sucedido, él me regañaría y me castigaría; podría hablarle sinceramente, él entendería, me perdonaría y esa sería mi salvación. Ya había sucedido otras ocasiones y no había pasado de una reprimenda, un castigo y después el perdón, nacido de mi arrepentimiento.

¡Eso sería fantástico! Pero sabía yo perfectamente que no iba a ser así. Tenía que llevar mi secreto y mi falta yo mismo. Frente a mí se abrían dos caminos, y quizá ahora mi vida ya era parte del mundo malo; había compartido secretos malignos y ahora dependía de ellos. Quise ser un héroe muy valiente y era hora de pagar las consecuencias.

Sentí gusto al ver que mi padre observaba mis zapatos mojados y llenos de barro. Esto haría que su atención se desviara y no se fijara en lo verdaderamente grave. La maldad me invadió súbitamente. ¡Sentía que era muy superior a mi padre! Experimenté un enorme desprecio hacia él por su ignorancia. Sus regaños por mis zapatos húmedos me provocaban risa. ¡Si supieras lo que en verdad está pasando! —pensaba como un delincuente a quien lo cuestionan por un pequeño robo y que en su historial ya existen varios asesinatos—. Lo que sentía en ese momento era horrible y confuso, pero de tal fuerza que me ataba enormemente a mi gran secreto y a mi pecado. Quizá en esos momentos, pensaba yo, Kromer ya había ido a la policía a delatarme; se iniciaría la tormenta y mi padre estaba regañándome como si fuera un niño.

Dentro de todo lo que he comentado hasta este punto, este suceso constituyó lo más importante. Fue la primera fractura en los pilares que sostenían la majestuosidad con la que yo veía a mi padre; fue la primera vez que perdía la confianza en mi padre, y que en verdad todo hombre debe perder algún día para lograr ser él mismo. Estos sucesos, aunque nadie se da cuenta de ello, son los que determinan nuestro futuro. La ruptura puede curarse y volverse a unir, es más, hasta se puede llegar a olvidar. No me faltaron las ganas de tirarme a los pies de mi padre, besárselos y pedirle perdón. No obstante, es imposible pedir disculpas por algo esencial. Esto lo sabe igual un niño de diez años que un sabio de ochenta.

Tenía la obligación de pensar muy bien lo que iba a hacer respecto a mi problema; necesitaba trazar nuevas rutas para el siguiente día, pero me era imposible. Necesitaba habituarme al ambiente que había creado y que inundaba nuestra sala. Empezaba a despedirme de la mesa, del espejo, de la Biblia, de los libros y de los cuadros. Un sentimiento aterrador me invadió cuando me vi obligado a observar cómo mi vida bella y noble se convertía en algo lejano y hasta ajeno. Ahora, estaba atado al mundo prohibido y tenebroso. Conocí lo amargo de la muerte, y ese nuevo sabor también tiene mucho que ver con el nacimiento mismo, pues es un miedo terrible ante el resurgimiento en otro mundo.

Cuando llegó la noche, tuve que soportar los rezos y los cantos nocturnos. Todos entonaron una de mis canciones favoritas; yo no lo pude hacer, pues cada palabra y cada nota de esa melodía era como una espada que atravesaba mi corazón. Tampoco pude rezar junto con mi familia, y al final, cuando mi padre agradeció a Dios por todo y dijo: "Tu espíritu esté con nosotros", me alejé silenciosamente. Sentía que la gracia de nuestro Señor acompañaba a todos menos a mí. Caminé hacia mi cuarto profundamente agotado.

Al pasar unos minutos recostado en mi cama, sentía como el calor y la seguridad de mi espacio me abrazaban. No obstante, rápidamente un sobresalto en mi corazón me regresaba a la realidad. Sentía un tremendo temor por todo lo que había acontecido. No había pasado mucho tiempo desde que mi madre me había dado su bendición; todavía sentía cómo sus pasos lentamente se alejaban hacia su habitación. Pensé que cuando ella regresara a preguntarme cómo había pasado mi día, yo le comentaría todo lo sucedido, lloraría en su regazo, recibiría un beso, su comprensión y su perdón; eso sería mi salvación y todo regresaría a ser como antes. En verdad creía que esto sucedería.

Pocos minutos después, las penas y las angustias regresaron a mi pensamiento. Mi enemigo no dejaba de verme con sus feroces ojos, su boca que reía ruidosamente y su mirada que me aseguraba que no encontraría escapatoria alguna. Conforme pasaba el tiempo, mi enemigo crecía y se hacía más y más horrible, y no me dejó nunca hasta que el cansancio me venció. Al caer dormido, tuve un sueño muy extraño pues no se trataba de todo lo que me había acontecido, por el contrario, en el sueño iba con mis hermanas y con mi padre a bordo de una pequeña embarcación; la luz y la tranquilidad del ambiente eran iguales a la de un día de vacaciones. Al despertar, todavía sentía esa alegría y quietud de mi sueño. En mi mente se mantenían frescas las imágenes de los brillosos vestidos de mis hermanas. No obstante, inmediatamente pasé de la enorme alegría y placer a la cruda y terrible realidad; frente a mí todavía se encontraba ese tremendo enemigo de ojos feroces.

La puerta de mi cuarto se abrió de golpe y vi a mi madre corriendo, diciéndome que se había hecho tarde. Al verme todavía recostado en mi cama, mi madre preguntó que cuál era el motivo de ello y por qué tenía yo esa cara. Al tratar de mencionar unas palabras, no pude controlar mi cuerpo y vomité.

Este suceso parecía que me haría ganar algo. Muchas veces disfrutaba enormemente de pasar todo el día en la cama observando cómo el sol entraba y salía por la ventana; asimismo, me gustaba ver y platicar con mi madre mientras levantaba y arreglaba mi desordenada habitación. También, mientras leía o jugaba en la cama, me gustaba escuchar las discusiones de Lina con el carnicero sobre el precio de la carne. Un día sin asistir al colegio era verdaderamente una gran diversión, pero hoy, esta situación no parecía divertida, pues lo único que retumbaba en mi cabeza era una gran mentira.

¡Hubiera preferido estar muerto! Sin embargo, lo que yo estaba sintiendo no era la muerte, simplemente me sentía mal como tantas veces; lamentablemente, esto no era la solución a mi problema. Quizá este día me salvaba de ir al colegio, pero de Kromer no me salvaría, él me estaría esperando en el mercado. El amor materno no me era suficiente para sentirme reconfortado ese día. Sentía una rara combinación de temor y enojo. Para poder pensar qué es lo que iba a hacer, aparenté estar dormido, y a las diez en punto, salté de la cama y dije que ya estaba mejor. La respuesta de mi madre fue de que volviera a la cama, pues de lo contrario, tendría que asistir al colegio por la tarde. Contesté que debía ir a la escuela, pues en mi mente ya estaba listo un plan.

Sabía que sería inútil presentarme a mi cita con Kromer sin el dinero. Tenía que sacar mi alcancía como fuera, y aunque sabía que en ella no había lo suficiente para completar la suma que me pedía Kromer, pensé que dándole algo de dinero él se calmaría. En mi mente creía que esto era mejor que nada.

Entré a la habitación de mi madre sin zapatos para sacar la alcancía. Sentía un enorme malestar por lo que estaba haciendo, pero ese sentimiento no era tan malo como el de ayer. Mi corazón latía a gran velocidad y casi se detuvo cuando vi que la alcancía estaba perfectamente cerrada. Fue fácil abrirla, sólo tuve que romper una rejilla y sacar el dinero. El sudor en mis manos y mi mente expresaban mi tormento al darme cuenta de que ahora, en verdad estaba robando, y no importaba que se tratara de mi dinero, era un robo. Este hecho me hizo darme cuenta de que ahora ya estaba entrando al mundo prohibido, al mundo de Kromer. Conforme hurgaba en la alcancía, lo único que sentía era el aroma de las frutas y los dulces. Seguí metiendo mi mano en busca del dinero; ahora, ya no había marcha atrás. Saqué el dinero y lo conté rápidamente. Cuando estaba dentro de la alcancía parecía ser bastante por el ruido que emitía, pero al verlo en mis pequeñas manos, me di cuenta de que sólo eran 65 centavos. Escondí la alcancía debajo de la escalera y con el "pequeño botín" salí corriendo de la casa. Conforme atravesaba las calles de mi vecindario, experimentaba una sensación nueva, excitante y diferente a cualquier otra que hubiera tenido. Escuché una voz que me gritaba desde arriba de mi casa pero no hice caso alguno y seguí mi carrera.

Llegué mucho antes de la hora establecida por Kromer, así que para hacer tiempo, di varias vueltas por las calles de la ciudad. Al levantar mis ojos hacia el cielo, me percaté de que existían nubes que jamás había visto, y que ellas, entre majestuosos edificios, me observaban y sospechaban de mí. Ojalá hubiera logrado juntar la cantidad que Kromer me pedía; ojalá rezando pudiera conseguir ese milagro. No obstante, mi derecho a pedir un favor a Dios mediante la oración se había perdido, además, nada podría ya componer mi alcancía rota.

Al observarme caminando lentamente hacia él, Kromer fingió no haberme visto y siguió caminando. Al estar frente a frente, y sin decir una sola palabra, me indicó con sus grandes manos y su feroz mirada que lo siguiera. Bajamos por la calle Stroggasse y seguimos nuestro andar hasta estar enfrente de un edificio en construcción en las afueras de la ciudad. Los trabajadores ya se habían marchado, así que estábamos sólo Kromer y yo. Me miró fijamente, estiró la mano y me preguntó:

—¿Tienes la plata?

Metí mi mano en mis bolsillos, saqué el dinero y lo deposité en su mano derecha. Cuando lo contó me observó fríamente y me dijo:

—Sólo hay sesenta y cinco centavos.

—Sí —contesté con timidez—. Sé que no es lo que me habías pedido, pero es lo único que pude conseguir; es lo único que tengo.

—Pensé que eras más listo —me contestó con una voz suave—. Entre los caballeros debe de existir el honor. No quiero nada de ti que no sea justo. ¡Toma tus centavos! Hay alguien que me pagará todo lo que necesito sin regatear.

—¡En verdad es todo lo que tengo, son mis ahorros completos!

—A mí me importa un bledo eso. Pero como no te quiero dañar, veamos, aún me debes un marco con treinta y cinco centavos. ¿Cuándo me los vas a dar?

—Te juro que te los daré, no sé bien cuando, pero quizá en pocos días obtendrás todo tu dinero. Entiende que mi padre no debe saber nada de esto.

—¡Te repito que esas cosas a mí no me interesan! Ya te dije que no quiero dañarte, pues estoy casi seguro de que el dinero que me debes lo obtendré antes del mediodía. Yo soy pobre y tu comida es mejor que la mía. Tus ropas son más limpias y mejores que las mías. Esperaré un poco y pasado mañana te llamaré en la tarde. ¿Reconoces mi silbido?

Kromer chifló una señal que ya había escuchado anteriormente.

—Sí —contesté—, ya lo conozco.

Dicho esto, Kromer se alejó de mí fingiendo que no me conocía. Para él, se había cerrado un negocio y nada más.

Inclusive hoy en día, si se llegara a presentar la oportunidad, me espantaría enormemente escuchar el silbido de Kromer. A partir de ese día, escuché ese sonido tenebroso para mí infinidad de ocasiones; es más, lo escuchaba en cualquier lugar y a cualquier hora. Desde ese día no había juegos, trabajos o pensamientos que no estuvieran ligados al esclavizante silbido de Kromer. Al llegar otoño, por las tardes salía al jardín de mi casa e intentaba ser un chico bueno y sin pecados, pero al escuchar el silbido malévolo de Kromer, todo eso que intentaba recuperar se derrumbaba y tenía que salir en busca de mi verdugo para acompañarlo a los lugares prohibidos y oscuros y escuchar su amenazante voz exigiéndome dinero. Y aunque esta situación no fue muy larga, calculo unas cuantas semanas nada más, para mí eran una eternidad; fueron días largos y penosos. Fueron pocas las veces en las que lograba conseguir dinero para Kromer; por ejemplo, si Lina dejaba en la cocina el monedero con el dinero de las compras, tomaba de ahí unos cuantos centavos. Kromer siempre estaba molesto conmigo y me trataba de una manera humillante y despótica, pues creía que yo trataba de engañarlo y de burlarme de él; muchas veces pensaba que yo era un desgraciado que no quería darle algo que le pertenecía, que se había ganado. En mi vida jamás me he sentido tan infeliz y con tan poca esperanza.

La alcancía que había vaciado, la iba llenando con fichas de juego y la había colocado nuevamente en su lugar. Y aunque nadie había preguntado por ella, sabía que en cualquier momento alguien la buscaría y se desataría una tormenta sobre mí. El temor que sentía pensando que mi madre se acercaría un día cariñosamente a preguntarme por la alcancía, era muy similar al que sentía cuando escuchaba el silbido de Kromer.

Fueron varias las ocasiones en que tuve que asistir a mis citas con Kromer sin un solo centavo en la bolsa. Él me torturaba y me empezaba a utilizar de manera diferente. Algunas veces hacía que yo trabajara para él; me mandaba a dar recados que su padre le había encargado a él; también, si estaba aburrido y quería reírse de algo, me hacía saltar sobre un solo pie por varios minutos; e inclusive me forzaba a ponerle un monigote en el trasero a cualquier persona que pasaba caminando por el mercado. Todos estos castigos por no haber obtenido dinero me atormentaban por las noches, convirtiéndose constantemente en pesadillas.

No fueron pocas las veces en que despertaba con el corazón agitado y empapado en sudor.

Esta situación me llevó a caer enfermo. Durante el día vomitaba constantemente y sentía un frío tremendo en todo mi cuerpo; por las noches me invadían unas tremendas fiebres. Obviamente, mi madre se dio cuenta de que algo me pasaba y empezó a comportarse más cariñosa conmigo. Esto era lo peor que me pudiera pasar, pues yo sabía que su amor y compasión no eran dignos de un muchacho como yo.

Una noche de esas, mi madre se acercó sonriendo a mi cama, se sentó a mi lado, me besó la frente y me regaló una enorme barra de chocolate. Esto me transportaba a tiempos mejores, cuando yo era bueno y feliz, y como premio a una buena acción o calificación escolar, me premiaban con dulces o golosinas. Estos recuerdos me partían el corazón y yo sólo agachaba la cabeza. Las manos de mi madre acariciaban mis cabellos mientras me preguntaba qué era lo que estaba pensando. Con voz baja y entrecortada sólo respondía a mi madre: "Nada; en verdad no es nada madre. Por favor no me des nada". Se levantó, dejó la barra de chocolate en la mesa junto a mi cama y salió de mi cuarto. Al día siguiente, mi madre me fue a ver y a preguntarme sobre lo sucedido la noche anterior; yo fingí no recordar nada. Otra ocasión, mi madre pidió al doctor de la familia que me visitara. Después de reconocerme, me recetó baños matinales de agua fría.

Por aquellos días, mi condición física estaba completamente desquiciada. Mientras en mi hogar la paz y la tranquilidad se respiraban por cualquier rincón, mi existencia era tortuosa y horrible; me era imposible convivir con los que me rodeaban o participar en actividades buenas, pues casi inmediatamente, volvía a caer en las garras de mi penosa verdad. Y no fueron pocas las veces que mi padre enérgico me cuestionaba sobre lo que me sucedía, y yo, frío y hermético no decía nada de lo que me atormentaba.

Caín

Inesperadamente, la solución a mis problemas llegó a mi vida, y con ella, también algo nuevo para mí que, aún hoy en día, me sigue sin cesar.

Un niño nuevo había llegado al colegio; hijo de una viuda con mucho dinero, había llegado a la ciudad junto con su madre. Ambos aún llevaban el luto, pues la señora vestía de negro y su hijo llevaba un listón en la manga derecha. Este muchacho tenía pocos años más que yo y estaba en un grado superior, pero al igual que a la mayoría de los niños que asistíamos a ese colegio, él llamó poderosamente mi atención.

Su apariencia era la de un joven y no la de un niño. Este sorprendente alumno caminaba entre nosotros como un hombre maduro, como todo un caballero. Jamás lo vi participar en juegos o en peleas. Su firmeza y valentía frente a los profesores nos agradaba a los demás. Su nombre era Max Demian.

Un buen día, y sin saber exactamente por qué, instalaron una nueva clase en nuestro salón. Nosotros, los más pequeños del colegio, cursábamos Historia Sagrada, mientras los mayores estudiaban redacción. Así pues, mientras nos hablaban sobre la historia de Caín, mi atención se centraba en el rostro de Demian; observaba su inteligencia y seguridad para realizar cualquier actividad. Sus movimientos y acciones parecían las de un investigador inmerso en su trabajo y no las de un muchacho en el colegio. No me simpatizaba, en el fondo, sentía algo en contra de él. Me parecía muy seguro de sí mismo, decidido y superior a cualquiera. Sus ojos eran los de un adulto y no los de un muchacho (esto no gustaba a los chicos) que expresaban ironía y melancolía. Inconscientemente, la atracción que ejercía sobre mí, y sobre muchos de nosotros, era muy poderosa. Y cuando su mirada fría y calculadora se colocaba sobre mi persona, inmediatamente volteaba hacia otro lado temerosamente. El aspecto que Demian tenía por aquellos años, era completamente diferente al de cualquier muchacho de su edad, pues desde esos años, él ya tenía una recia personalidad perfectamente definida. Y quizá esto era lo que llamaba poderosamente mi atención, aunque él trataba de pasar inadvertido frente a los demás. Su comportamiento era similar al de un príncipe que, disfrazado como la gente de campo, trata de pasar entre ellos sin que logren notarlo. Un día, al terminar las clases, Demian me siguió, y cuando por fin me alcanzó, me saludó al percatarse de que todos los demás se habían ido. Su saludo fue demasiado formal, aunque la mayoría de los compañeros así saludaban.

—¿Podemos caminar juntos? —me dijo amablemente.

Me sentí halagado e inmediatamente le dije que sí. Para tratar de hacer plática, le expliqué en dónde vivía yo.

—¡Ah! ¿Allí? —dijo con una sonrisa—. Sé cuál es tu casa. En la puerta principal hay algo que llamó mucho mi atención desde que llegué al pueblo.

El hecho de que conociera mejor que yo mi casa me tomó por sorpresa, aunque en verdad, no sabía a qué se refería. Quizá estaba hablando acerca del escudo que está colocado sobre el portón. Este escudo había sido pintado ya en varias ocasiones, pues las lluvias y los vientos lo maltrataban enormemente; no obstante, creo que ese escudo nada tiene que ver con nuestra familia.

—No sé de qué me hablas —le dije tímidamente—. Creo que es un ave o algo así. Debe de tener muchos años, pues mi hogar era un convento.

—Quizá —contestó Demian—. Obsérvalo detenidamente, esas cosas suelen ser muy interesantes. Yo diría que se trata de un gavilán.

Seguimos caminando y él platicaba mientras yo me encontraba hundido en mis pensamientos. De pronto, Demian sonrió como si hubiera tenido una excelente ocurrencia.

—Hoy estuve presente en tu clase —dijo alegremente—. Hablaron sobre Caín, ese personaje que lleva en la frente una marca. ¿Te agradó?

Claro que no me había gustado. No me gustaba nada sobre lo que tuviera que estudiar, pero no me atrevía a decírselo a Demian. El platicar con él era como hacerlo con una persona adulta. Pensando en ello le dije que sí me había gustado.

Él dio unos golpes en mi hombro y dijo:

—No tienes por qué mentir amigo. Sin embargo, esa historia es sumamente rara y en tu clase no te dijeron todo. Tu maestro se concretó a hablar de Dios y el pecado únicamente. Yo creo que...

Volteó y sonriendo me dijo:

—¿En verdad estás interesado? Yo creo que —continuó— la historia de Caín tiene otra interpretación completamente diferente. Por lo general, cualquier cosa que nos enseñan en el colegio es verdad, pero todo puede ser visto desde otro ángulo, pudiendo entender de mejor manera. Un ejemplo de ello puede ser la historia de Caín y la señal que lleva en la frente ¿o, no? Que alguien mata a su hermano durante una pelea puede suceder; que alguien se arrepienta de este hecho, también puede ser; pero que precisamente por ese cobarde hecho lo recompensen con una distinción que lo proteja y que inspire miedo en los demás, eso sí creo que no debe de ser.

—Tienes razón —dije a Demian. Esto de analizar las historias desde otro punto de vista me empezaba a interesar profundamente—. ¿Pero cómo interpretar la historia?

Volvió a darme unos golpes en el hombro y dijo:

—¡Muy fácil! La deshonra fue lo que en un principio existió y en lo que se ha basado la historia. Existió un hombre con la cara marcada que atemorizaba a los demás. Nadie tenía el valor de tocarlo; él y sus hijos eran intocables. Seguramente no era una señal en la frente, algo así como un sello o insignia, pues la vida no es así de ingenua. Tal vez era algo insignificante, pero a la vez inquietante. La mirada de este hombre inspiraba temor y le daba poder. Quizá llevaba una "seña". Esto es lo que conocemos y cada uno de nosotros puede explicarlo como quiera, y como siempre se inclina el hombre por lo sencillo, por eso se habla de esa señal en la frente. No obstante, todos tenían miedo a los hijos de Caín, a los que llevaban esa "seña". Así pues, no era una distinción lo que marcaba a esta familia sino todo lo contrario. Se decía que esos muchachos eran perversos, y en realidad así era. Cualquier hombre con carácter y valor siempre ha sido inquietante para los demás. Era demasiado incómodo para todos que una banda de hombres malévolos anduviera suelta por ahí, así que por ello les pusieron un apodo y les inventaron una historia; de esta manera podían vengarse de ellos y así poder justificar el temor que por ellos sentían. ¿Entiendes lo que te digo?

—Entiendo que Caín no fue tan malo, pero si esto es así, ¿todo lo que hay en la Biblia es mentira?

—Sí y no. Las historias antiguas siempre son verdaderas, pero no siempre tienen la fortuna de ser contadas como en verdad sucedieron las cosas. Yo creo firmemente que Caín fue un gran hombre, y que la historia que hicieron en torno suyo, fue porque muchos le temían. Seguramente todo comenzó como un chisme, como un rumor; lo único verdadero era el estigma que Caín y sus hijos llevaban, algo que los hacía diferentes a los demás.

Mientras más y más hablaba Demian, mi interés y asombro iban en aumento.

—¿Entonces el asesinato de Abel es una mentira? —pregunté temeroso.

—¡Claro que no! Eso fue cierto seguramente. El más fuerte pasó sobre el más débil. Ahora bien, que ellos fueran hermanos, eso sí lo dudo, pero no tiene la menor importancia este hecho, al fin y al cabo todos los hombres somos hermanos ¿o no? Así pues, el fuerte mató al débil. Si fue o no un acto heroico, no lo sé. El caso es que los débiles empezaron a sentir temor de los fuertes y comenzaron a fabricar historias y lamentaciones para poder responder al que les preguntaba "¿por qué no lo matan?", "no podemos, pues él está marcado por Dios en la frente", en lugar de decir "no lo matamos porque somos cobardes". Este es el inicio de esta mentira, pero ya no te quiero quitar más el tiempo. ¡Adiós amigo!

Dio unos pasos y se perdió en la esquina de Altagasse. Yo me quedé tan solo y asombrado por lo escuchado como jamás lo había estado. Tan pronto se fue Demian, pensé que todo lo que me había comentado era lo más increíble del mundo. ¡Caín era un hombre valiente y Abel uno cobarde! La marca de Caín era una distinción. Todo esto era una blasfemia absurda pero ¿dónde estaba Dios?, ¿no había aceptado el sacrificio de Abel?, ¿no lo quería tal vez? ¡Tonterías! En ese momento empecé a sospechar de todo lo que me había platicado Demian, pues quizá él, siendo tan brillante y tan inteligente, sólo había querido burlarse de mí y trataba de avergonzarme frente a todos. Sabía que Demian era listo y que su manera de hablar era casi perfecta, sin embargo todo lo que me había relatado no podía ser.

Cualquiera que fuera la verdad, jamás había meditado tanto sobre la historia de algo, se tratara o no de la Biblia. Es más, jamás nada me había hecho olvidar, aunque fuera por toda una tarde, mi situación esclavizante con Franz Kromer. Al llegar a mi casa empecé a leer la Biblia y todo era claro y preciso con respecto a la historia de Caín y Abel. Pensaba que era inútil estar buscando otra respuesta o interpretación al asunto. ¡Cualquier facineroso se podría autonombrar elegido de Dios! ¡Esto era una locura! Tal vez Demian tenía una cualidad muy especial para decir las cosas de una forma tan natural, y sobre todo, ¡con una mirada única!

Fuera lo que fuera, en mí había un verdadero desorden. Yo había vivido en un mundo claro y transparente; era, de alguna manera, igual a Abel, y ahora, estaba inmerso en el mundo prohibido. Había caído tan bajo y, sin embargo, no había sido todo mi culpa. ¿Qué fue lo que sucedió? En ese instante vino a mi memoria un recuerdo que casi paraliza mi corazón. Esa tenebrosa tarde, cuando dio inicio mi tormento, había sucedido eso mismo con mi padre. Por un momento, sentí que le arranqué la máscara a mi padre y empecé a sentir odio y desprecio hacia él, hacia su mundo y hacia su apariencia. Me sentí como Caín, con un estigma en mi frente que me hacía un ser privilegiado, superior a mi padre, a las personas buenas y a los piadosos; esto, gracias a la maldad y a la perversidad que demostraba en ese momento.

Este pensamiento y sentimiento no fue claro y preciso en ese instante, pero lo intuía, lo sentía, lo saboreaba; esa marea de sentimientos e impulsos peculiares me dañaban, pero a la vez, me hacían sentir orgullo de mí mismo.

¡En verdad que era peculiar la manera en que Demian hablaba de los valientes y los cobardes! ¡Qué manera tan especial de interpretar la señal en la frente de Caín! ¡Era impresionante el brillo en los ojos de Demian, esos ojos que pertenecían a un adulto y no a un jovenzuelo! Súbitamente pensé en una idea confusa: ¿Sería Demian una especie de Caín? ¿Por qué defender a un personaje si no se está identificado con él? ¿Qué era lo que le daba ese poder en sus ojos? ¿Cuál era el motivo que lo hacía hablar despectivamente de los "otros", de los piadosos y temerosos que, en verdad, eran los elegidos de Dios?

Todas estas cuestiones no me llevaron a ningún lado. Mi alma joven era como un pozo de agua en el cual había caído una piedra. Mucho tiempo la historia de Caín, del homicidio y la señal en la frente, marcaron mis intentos de aprendizaje, de dudas y de críticas.

Al igual que yo, muchos de mis compañeros en el colegio sentían el mismo respeto e intriga por Demian. Y aunque de mi boca jamás salió comentario alguno sobre la historia de Caín, muchos compañeros se interesaban de una u otra manera en nuestro nuevo "amigo". Quizá por ello, entre los escolares surgieron infinidad de historias con respecto a Demian. Si tuviera la buena memoria de recordar a todos y cada uno de ellos, cada uno aportaría importantes cualidades o características de Demian; cada uno de ellos tendría su propia concepción con respecto a él. Lo que sí se quedó en mi memoria perfectamente fue que la madre de Demian era una mujer muy acaudalada. Asimismo, se decía constantemente que ni Demian ni su madre iban jamás a la iglesia. Se comentaba entre algunos personajes del colegio que esta familia era judía, mahometana y, en ocasiones, hasta se llegó a comentar que estaban ligados a ritos muy extraños y peligrosos.

Otra cosa que interesaba mucho a las personas que rodeaban a Demian, era el comentar acerca de su impresionante fuerza física. Entre todos los alumnos de su clase, y del colegio entero, él era el más fuerte. En una ocasión, Demian fue retado por otro muchacho a una pelea; cuando el pleito comenzó, Demian tomó con una de sus manos la nuca del enemigo y lo hizo llorar y pedir clemencia; una vez hecho esto, lo humilló delante de todos al gritarle cobarde. Después de este pleito, se corrió la voz de que el perdedor no había podido mover los brazos por varios días; inclusive, después de algunos días, muchos llegaron a creer que el muchacho había muerto. Esto se creyó firmemente hasta que el humillado compañero regresó de nueva cuenta al colegio. Todo lo que rodeaba y decía Demian era muy raro y extraño para los demás. Una temporada, no muy larga, el colegio dejó de hablar sobre Demian, hasta que se empezó a correr la noticia de que nuestro misterioso compañero tenía relaciones con señoritas no muy decentes y que él lo sabía "todo" con respecto a las relaciones con las damas.

Mientras esto transcurría en la escuela, mi eterna esclavitud con Franz Kromer seguía adelante. Y no obstante que en varias ocasiones dejaba de molestarme por días y semanas enteras, el simple hecho de recordar mi eterna deuda, así como su silbido, me hacían sentirme atado de por vida a él. En mis pensamientos y sueños Kromer estaba a mi lado como si se tratara de mi sombra, y como yo siempre he sido una persona que sueña mucho, me convertí en su esclavo en la realidad y en mis fantasías. Siempre soñaba que Kromer abusaba de mí y me lastimaba, me escupía, me hacía hincarme frente a él, y lo peor del caso es que gracias al enorme poder que ejercía sobre mí, me obligaba a participar en atroces actividades y crímenes. El peor de los sueños que jamás tuve por esos días, fue cuando desperté empapado en sudor y con mi corazón latiendo a velocidad desenfrenada; Kromer estaba afilando un gran cuchillo y lo ponía en mis manos, dándome la orden de que fuera a asesinar a mi propio padre. Nos ocultábamos detrás de unos arbustos y esperábamos a que un transeúnte pasara por ahí para asaltarlo y matarlo; al ver que una sombra se acercaba, Kromer me apretaba el brazo y me lanzaba hacia la persona para atacarla; al ver que esa persona era mi padre, despertaba inmediatamente en un sobresalto.

En medio de toda esta locura, constantemente pensaba en la historia de Caín y Abel, pero ya no tanto en Demian. Curiosamente, en uno de mis sueños apareció Demian, sólo que esta vez él ocupaba el lugar de Kromer, abusando de mí y maltratándome. Lo verdaderamente increíble de este sueño, era que mientras estaba Kromer en mis sueños sufría y me angustiaba enormemente, pero cuando era Demian el que me hacía sufrir, lo hacía de una manera gustosa y placentera. Este tipo de sueños lo tuve dos o tres veces nada más, después, volví a los sueños con Kromer.

Me cuesta ya trabajo poder diferenciar mis experiencias reales y oníricas. Lo que sí recuerdo bien es que mi relación con Kromer seguía igual, y no terminó cuando, a base de pequeños hurtos y trabajo terminé mi deuda con él, pues ahora él sabía perfectamente que yo había cometido un sinfín de delitos —constantemente me preguntaba de dónde había sacado la plata— y me tenía en sus garras. No fueron pocas las ocasiones en que me asustaba amenazándome con decirle a mi padre sobre las faltas que había cometido, y yo, con el temor de que él se enterara, prefería seguir por el camino del mal aunque esto me causara un gran dolor. De cualquier manera, y no obstante el gran rencor hacia mi persona, no acababa de lamentar todo eso, o por lo menos no siempre, pues llegué a pensar que las cosas debían ser así, y que sobre mi alma pesaba una enorme deuda que era inútil pagar.

Sabía que mi extraño padecer hacía sufrir a mis padres. Mi cuerpo lo ocupaba un espíritu maligno, ya no pertenecía al mundo bueno de ellos, a ese mundo al que había estado tan cercano y al que ahora veía como un lejano paraíso. El trato que mi madre tenía conmigo era como si yo estuviera enfermo y no el que debería de tener con un ser malvado; sin embargo, mis hermanas eran las que me hacían sentir en verdad lo que yo era, ellas eran cariñosas, pero siempre dejaban en claro que estaba poseído, que era más fácil tenerme lástima que reprocharme mi mal proceder. Tenía muy claro que ellas rezaban por mí de una manera distinta. En varias ocasiones sentí la imperiosa necesidad de una confesión; pero creía que no podría decírselo ni explicárselo a mis padres, pues ellos se limitarían a escucharme y a consolarme con cariño y compasión, pero jamás entenderían realmente lo que sucedía. Seguramente ellos me considerarían una oveja extraviada del rebaño, siendo que en verdad todo era una fatalidad.

Quizá puedas pensar que un chico de casi once años no puede sentir y expresar todo esto. Pero no es para los pequeños para quien escribo mi relato, lo hago para todos aquellos que comprenden mucho mejor al ser humano. El adulto, que ha aprendido a modificar en ideas parte de sus sentimientos, extraña a éstos en el niño y piensa que las experiencias tampoco han existido. Yo te digo que jamás en mi vida he sentido nada tan profundo y hondo como todo lo que te he relatado hasta el momento.

Una tarde lluviosa, mi "amo" me citó en la plaza del Castillo. Al llegar ahí, jugué con el lodo que se formaba con la lluvia y la tierra de la plaza. Yo no llevaba un solo centavo, pero llevaba conmigo dos enormes pedazos de pastel que había apartado en mi casa, por si acaso Kromer me pedía algo. El esperarlo en cualquier esquina ya era para mí una costumbre, y me resignaba a ello sin poner resistencia alguna.

Cuando por fin apareció Kromer, algo extraño había en su actuar. Llegó y me golpeó en el estómago, bromeó conmigo, aceptó gustoso el pastel y hasta me ofreció un cigarrillo que había robado de la tienda. Obviamente rechacé su ofrecimiento, pero me sorprendió su amabilidad y buen trato.

Una vez que se retiró me dijo:

—Oye, la próxima vez que nos veamos ¿podrías traer a tu hermana?, a la más grande. ¿Cómo se llama?

No entendía del todo lo que me decía Kromer. Quedé paralizado ante la idea de llevar a mi hermana a un encuentro con este tipo.

—¿Qué te pasa? ¿No entendiste lo que te dije? ¡Tienes que traerme a tu hermana mayor la próxima vez!

—Kromer, eso que me pides es imposible; además, no creo que ella quiera acompañarme.

Pensé que su nueva orden era sólo para hacer más miserable mi existencia, pues constantemente reía y era feliz al verme atormentado por sus increíbles peticiones. Finalmente, y después de verme sufrir, me proponía un nuevo trato para que no llevara a cabo sus amenazas, haciendo así mayor mi ya de por sí eterna deuda con él.

No obstante, esta vez parecía ser diferente, pues mis negativas a su petición no lo hicieron molestarse como de costumbre.

—Esta bien muchacho —dijo—. Ya tendrás tiempo para pensarlo. Me gustaría conocer a tu hermana. No faltará la oportunidad de hacerlo; quizá un día que salgas con ella a caminar yo puedo aparecer ante ustedes de manera fortuita. En fin, ya nos pondremos de acuerdo para ello.

Al ver que Kromer se alejaba, comencé a darme cuenta de lo que este tipo planeaba. Yo era un niño, pero ya había escuchado que los hombres y mujeres mayores pueden hacer cosas prohibidas, indecentes y misteriosas a escondidas de sus padres. Esta monstruosa exigencia de Kromer había rebasado cualquier límite posible, así que me decidí a jamás prestarme para que algo malo sucediera. Sin embargo, me daba miedo pensar lo que podría pasar y la manera en que Kromer se vengaría de mí.

Angustiado y hundido en mi nuevo problema crucé la plaza con mis manos en los bolsillos. ¡Nuevos tormentos y nueva esclavitud!

Caminaba sin rumbo fijo cuando una voz fuerte pronunció mi nombre. Al escucharlo, no me atrevía a voltear y empecé a correr. Escuché que alguien corría detrás de mí y sentí que una mano me tocaba en la espalda. Al voltear, me di cuenta que era Max Demian. Me detuve y le dije agitado e inseguro:

—¿Eres tú? ¡Vaya susto que me has dado!

Me miró profundamente, como lo hacen los adultos, sensatamente. Había pasado ya mucho tiempo desde nuestra plática.

—Perdón —me dijo con sus modales impecables—. Pero no tienes por qué asustarte de esa manera.

—Es que hay veces en las que no lo puedes evitar.

—Tienes razón. Pero si te asustas así frente a una persona que no te ha hecho nada, seguramente esa persona podrá empezar a imaginar cosas. Primero que nada, dirá que eres un asustadizo, y eso sólo pasa cuando tienes temor. Los cobardes siempre tienen miedo y yo, la verdad, no creo que tú seas un cobarde ¿o sí?... Tampoco creo que seas un héroe. Pueden existir cosas que te atemoricen, pero hombres que te inspiren miedo, eso no debe de ser. Jamás hay que temer a los hombres. O dime, ¿a mí me tienes miedo?

—Claro que no, a ti no te tengo miedo.

—¿Ves? Pero sí existen personas a las que les temes ¿verdad?

—No... lo... sé... Bueno, pero ¿qué quieres de mí?

Demian seguía junto a mí no obstante que mis pasos eran cada vez más rápidos. Su mirada se clavaba en mí y me ponía nervioso.

—Supón que me caes bien —continuó—. No tienes por qué tenerme miedo, pero me gustaría experimentar contigo algo muy divertido, es un juego del cual aprenderás algo... Mira, a mí me gusta practicar un misterioso arte que consiste en leer el pensamiento de los demás. No creas que es brujería o algo malo, pero si no sabes hacerlo bien, los resultados son sumamente extraños. Quiero probar contigo. Ya te dije que me agradas, y me gustaría mucho saber qué es lo que pasa por tu mente. Yo ya di el primer paso al asustarte; me di cuenta de que eres asustadizo. Con ello, me he percatado de que existen cosas y hombres a los que les temes. ¿Por qué? Ya te dije que no debes de tener miedos ni temores hacia nadie, pues si así lo haces, esa persona tendrá siempre poder sobre ti. Por ejemplo, si hacemos algo malo y alguien se entera, él tendrá poderes sobre nosotros. ¿Entiendes lo que te digo?

Lo miré sin parpadear. Su rostro denotaba superioridad e inteligencia, pero a la vez era bondadoso y severo. La verdad no supe qué contestarle. Pensé que frente a mí se encontraba el más grande de todos los magos.

—¿Has comprendido todo lo que te dije? —insistió.

Moví mi cabeza afirmativamente, pues de mi boca no podía salir sonido alguno.

—Como te dije antes —continuó—, esto de leer la mente es muy extraño, pero en el fondo es algo muy fácil. Podría decirte claramente lo que pensaste de mí cuando te platiqué lo que pensaba sobre la historia de Caín y Abel, pero eso nada tiene que ver con lo que te pasa ahora. Es más, estoy seguro de que he aparecido en algunos de tus sueños. Pero eso tampoco importa ahora. Eres un chico brillante. ¡Todos los que nos rodean son tan tontos! Es agradable hablar con gente inteligente de vez en cuando, y sobre todo, poder contar con ellos para todo, ¿no lo crees?

—Claro que sí. Pero no entiendo...

—Mira, regresemos al experimento. Sabemos que el chico "X" es asustadizo; le tiene miedo a una persona con la cual, seguramente, comparte un enorme secreto que no es muy agradable. ¿Voy bien o no?

Al igual que en mis sueños, la sensación me ahogaba. Moví nuevamente mi cabeza afirmativamente. ¿Sabría algo de mi vida?, ¿por qué
salían de su boca cosas que sólo yo sabía?, ¿por qué sentía que él tenía
una visión más clara y exacta de lo que me sucedía?

Demian golpeó con su palma fuertemente mi hombro.

—¡Eso es!, he acertado ¿verdad? Ya lo sabía. Bueno, ahora me gustaría preguntarte algo más, ¿cuál es el nombre del muchacho que te dejó
hace rato en la plaza?

Un temblor constante se adueñó de mí. Mi secreto, mi pecado estaba a punto de salir y yo no quería hacerlo.

—¿De qué chico me hablas? Yo estaba solo en la plaza. Quizá te
confundiste.

Mi respuesta provocó una enorme carcajada a Demian.

—Dímelo de una buena vez —dijo entre risas—. ¿Cómo se llama ese
muchacho?

—Ah, ese chico. Bueno, su nombre es Franz Kromer —murmuré.

Demian movió su cabeza y me frotó amablemente el cabello.

—¡Muy bien! Eres un chico noble. Seremos muy buenos amigos.
Ahora bien, déjame decirte que ese chico Kromer, o cualquiera que sea
su nombre no es de fiar. En su rostro se puede leer muy fácilmente que
es un vago y un vividor. ¿Cuál es tu opinión acerca de él?

—¡Claro que sí! —suspiré—. Es malo y terrible. ¡Es el mismo demonio! ¡Pero que jamás se entere! ¡Por Dios, que nunca lo sepa! ¿Lo conoces?

—No, no tengas miedo por eso. Él ya se fue y no te escuchó, además,
yo jamás lo había visto en mi vida y él no me conoce... por lo menos no
hasta ahora. A mí me agradaría mucho conocerlo. ¿Va al colegio?

—Sí.

—Y ¿en qué clase está?

—Está en el quinto grado. ¡Pero te suplico que no le digas nada! Por
favor, por nuestra nueva amistad, no le menciones nada.

—Tranquilo amigo, no te pasará nada. Seguramente ya no tendrás
ganas de contarme nada más acerca de Kromer ¿verdad?

—¡No, ya no! ¡Déjame tranquilo, por favor!

Demian permaneció callado y tranquilo a mi lado por unos segundos. Después, siguió su plática.

—Perdóname. Hubiéramos podido avanzar un poco más con el experimento, pero no me gustaría atormentarte. Con lo visto, ya te habrás
dado cuenta de que ese miedo que tienes no es nada bueno para ti ¿verdad?
Si un temor que llevamos dentro nos va destrozando, hay que eliminarlo. Tu deber, si quieres algún día llegar a ser un verdadero hombre, es
desterrarlo de tus entrañas ¿comprendes?

—Claro que sí. Sé que tienes razón en lo que dices... pero eso es imposible. Tú no tienes idea...

—Tú te has dado cuenta de que yo sé cosas que tú imaginabas nadie sabía ¿verdad? ¿Le debes dinero a este muchacho?

—Sí, pero eso no es lo peor. Yo... ¡No te lo puedo decir! ¡En verdad no puedo decir más!

—Si yo te diera el dinero que le debes ¿te ayudaría en algo? De ser así, yo con gusto te daría ese dinero.

—No, no se trata de eso tampoco. Y por favor, jamás comentes con nadie esto. ¡Jamás comentes con nadie una sola palabra de esto!

—Tenme confianza Sinclair. Algún día me platicarás todos tus secretos.

—¡Nunca! ¡Jamás! —le grité violentamente a Demian.

—Está bien, como tú lo quieras. Lo único que te digo es que, con el tiempo, seguramente te abrirás y voluntariamente me dirás cosas que te atormentan, o ¿acaso crees que yo soy otro Kromer que te va a sobornar y a esclavizar?

—¡Claro que no! Pero por ahora, no sabes nada...

—Efectivamente, no sé nada. Puedo pensar en lo que en verdad sucede, pero de algo debes estar seguro, yo jamás haré algo como lo ha hecho Kromer. Además, a mí no me debes nada.

El silencio nos invadió y la calma volvió a aparecer en mí poco a poco. No obstante, todo lo que sabía Demian me era más y más misterioso cada vez.

—Tengo que regresar a mi hogar —dijo Demian mientras se acomodaba su abrigo—, pero antes me gustaría comentarte algo. Ahora que somos amigos y que hemos llegado a este punto, espero que te logres librar de este vago. Si no hay ninguna manera de hacerlo, mátalo. Personalmente me agradaría que lo hicieras; es más, te admiraría enormemente. Y si llegaras a necesitar ayuda, puedes contar conmigo.

El temor volvía a hacerme su presa nuevamente. La historia de Caín volvió con más fuerza a mi mente. Todo empezaba a ponerse cada vez peor. Eran demasiados los enigmas a mi alrededor.

—Bueno, es hora de que regreses a casa —me dijo Demian—. Todo saldrá bien; recuerda que lo más sencillo sería eliminarlo, y en estos casos lo más sencillo es siempre lo mejor. Estás en peligro con Kromer.

Cuando por fin llegué a casa, parecía como si me hubiera alejado de ella por años. Su imagen era muy diferente. Mi situación con Kromer ahora tenía un futuro, una esperanza, y lo más importante de todo, es que ¡ya no estaba solo en mi lucha! En ese momento me di cuenta de lo terriblemente abandonado que había estado con mi pena.

Inmediatamente volvieron a mí los pensamientos sobre una confesión ante mis padres, pero esto no remediaría por completo todo. La confesión, o por lo menos una parte de todo lo que sucedía, ya la había efectuado ante un extraño, y el sentimiento de libertad empezaba a embriagarme con su perfume.

De cualquier manera, mis temores tardaron muchos años más en desaparecer. Sabía perfectamente que aún tendría que tener largas y penosas explicaciones con mi enemigo. Mi sorpresa fue mayúscula al ver que todo pasaba de manera oculta, silenciosa y tranquilamente.

A partir de entonces, el silbido de Kromer ya no era tan aterrador. Me negaba a creer lo que experimentaba y estaba alerta a esperar cualquier cambio, pues no quería que esa tranquilidad que sentía se desvaneciera y me tomara todo lo malo por sorpresa nuevamente. ¡Pero esto jamás sucedió! Temeroso de disfrutar mi nuevo estado de libertad, no creía que en verdad existiera. Esta incertidumbre me daba vueltas hasta que un buen día me topé con mi enemigo Kromer. Caminaba por la calle Seilergasse cuando prácticamente chocamos entre la gente. Al darse cuenta de que era yo, Kromer se puso nervioso, volteó la cara y apretó el paso, como si no quisiera que yo me diera cuenta de que era él.

Ese momento fue majestuoso. ¡El enemigo había huido de mí! ¡Ese terrible demonio que tanto me atormentaba, ahora me tenía miedo a mí! La sorpresa y la alegría me embriagaron y me hicieron el chico más feliz.

Pocos días después volví a platicar con Demian, quien me esperaba en la puerta principal del colegio.

—¡Hola! —le dije alegremente.

—Buenos días Sinclair. Quería ver cómo estabas. Creo que ahora Kromer ya no te molesta ¿verdad?

—Tú tienes algo que ver con ello ¿no es cierto? Pero, ¿cómo lograste que me dejara en paz? No entiendo qué fue lo que hiciste. Ahora ya no me molesta para nada.

—Me da gusto por ti amigo. Y si algún día vuelve a molestarte, sólo dile que se acuerde de Demian. En verdad no creo que regrese, pero con ese tipo de personas jamás se sabe.

—Pero, ¿qué fue lo que hiciste? ¿Acaso has peleado con él?, ¿lo has golpeado?

—No, yo no soy aficionado a los golpes. Lo único que hice fue hablar con él de la misma manera en que lo hice contigo; eso fue más que suficiente para que entendiera que lo mejor era que te dejara tranquilo.

—¿No lo habrás sobornado con dinero, verdad?

—No amigo. Eso ya lo hiciste tú y no funcionó.

Demian se alejó de mí, aunque yo tenía todavía la duda de lo que había sucedido entre ellos. Una vez más, este muchacho me había provocado un sentimiento de admiración y recelo, de admiración y de temor, de simpatía y de repudio.

Pensé en verlo pronto y tratar de retomar nuevamente la historia de Caín, jamás logré hacerlo.

Para mí la gratitud es una virtud a la que no le tengo fe, y creo que es un error exigirla a un pequeño, así que no me sorprende la inmensa ingratitud que demostré a Max Demian. Actualmente pienso que si Demian no me hubiera sacado de las garras de Kromer, yo hubiera salido de ellas bastante maltrecho y corrompido para el resto de mis días. Por ello, la liberación que experimentaba en esos años, fue el suceso más maravilloso de mi niñez; pero a mi libertador, a mi salvador, lo hice a un lado en cuanto terminó su obra.

Como te lo he mencionado, la ingratitud que mostré no me sorprende, pero lo que sí lo hace, es la falta de curiosidad que tuve en ese momento. ¿Por qué seguía viviendo día a día tranquilamente sin tratar de acercarme a los misterios que mi amigo Demian me había mostrado? ¿Por qué el deseo de escuchar más sobre Caín, sobre Kromer y la lectura de la mente había sido reprimido por mí?

No lo podía entender, pero así era. Una vez que me vi libre de ataduras infernales, volví a observar ese mundo bueno, limpio y claro que tanto anhelaba cuando estaba yo inmerso en un mundo asfixiante. El terror había terminado; ya no estaba condenado a torturas ni a terribles sueños; nuevamente era un colegial común y corriente. Mi naturaleza me exigía volver cuanto antes a lo que sentía perdido, al equilibrio, a la tranquilidad, y trabajaba a marchas forzadas para dejar en el olvido los horrores del mundo prohibido. La interminable pena que sentía y las brumosas noches que pasé escaparon rápidamente de mi memoria sin dejar ninguna especie de resaca en mí, aparentemente.

También hoy comprendo el hecho de haber olvidado a mi salvador rápidamente. Las lágrimas que me condenaban cada noche y mi esclavitud y servilismo ante Kromer habían hecho que yo escapara de todo lo que me recordara algo de mi pena y castigo; así pues, lo más sencillo era refugiarme en un mundo donde me mimaban, me querían, donde mis padres y hermanas me daban sólo palabras nobles y bellas; regresaba nuevamente a ese mundo puro y agraciado del Dios de Abel.

El mismo día en que platiqué brevemente con Demian, ese día que quedé en plena libertad, hice lo que tantas veces pensé era lo correcto: me confesé. Fui con mi madre y le mostré la alcancía rota; le enseñé que lo que contenía eran fichas de juego y no monedas. Traté de explicarle rápidamente que un vago había estado torturándome por algún tiempo.

Mi madre no entendía todo lo que le decía, pero al ver mis ojos diferentes y al escuchar mi voz como la de antes, sintió que por fin su pequeño estaba curado y regresaba nuevamente al hogar.

Esa noche celebré enormemente mi regreso al mundo que tanto anhelaba. Mi madre me llevó con mi padre y volví a confesar todo. Ahora hubo preguntas y respuestas, además de exclamaciones de asombro. No obstante, mis padres acariciaron mi cabeza como antaño, todo era perfecto, como en los cuentos que mi madre me decía antes de dormir, todo se solucionaba de la mejor manera para todos.

La armonía que se respiraba en cada rincón de mi hogar; me refugié en ella apasionadamente. No me cansaba ni me llenaba todo lo que me rodeaba nuevamente; la paz y la confianza de mis padres. Volví a ser ese chico ejemplar, honrado, y que nuevamente participaba activamente de los rezos y los cantos nocturnos en el hogar. Me sentía como un hombre al cual le acababan de perdonar todos sus pecados.

No obstante toda esta maravilla, sentía que las cosas no estaban completamente en orden. Y quizá aquí esté la respuesta de mi ingratitud hacia Demian. ¡La confesión debía haberla hecho a mi salvador! Seguramente no hubiera sido tan decorativa como lo fue con mis padres, pero por lo menos hubiera sido mucho más fructífera. En ese momento me era posible volver a arraigarme fuertemente a mi mundo perdido; había regresado y había sido aceptado nuevamente. Demian no entraba en ese mundo. Y de manera muy diferente, pero Demian era como Kromer, un corruptor. Ambos estaban arraigados al mundo prohibido del cual yo no quería volver a saber nada. Prefería quedarme con Abel y no contribuir a la glorificación de Caín. Yo estaba con Abel y eso era lo correcto.

Hasta aquí, lo que sentía por fuera. Por dentro, sin embargo, había cambiado enormemente. Me sabía libre de las demoníacas garras de Kromer, pero no había sido gracias a mí. Intenté caminar por las veredas de un mundo que resultó ser demasiado difícil. Fui ayudado por un amigo y corrí sin pensarlo a refugiarme en las faldas de mamá, en el seguro redil de una puerilidad resignada y piadosa. Volví a ser más niño y más dependiente que antes. Quizá me vi obligado a sustituir la dependencia de Kromer por otra nueva, pues sabía que era incapaz de andar solo por el mundo. Mi corazón había escogido ciegamente a mis padres, al mundo bueno y perfecto, aunque sabía perfectamente que no era el único. Si no lo hubiera hecho de esa manera, hubiera elegido a Demian como mi confesor. Pensé que sus extraños pensamientos me habían orillado a hacerlo con mis padres y no con él, pero en el fondo sabía que no era otra cosa más que el miedo. Y sabía perfectamente que mi amigo Demian me hubiera exigido mucho más de lo que mis padres lo hicieron; hubiera intentado hacerme más independiente con estímulos y alientos, con burlas e ironías. Eso lo sé perfectamente, y no hay nada que atormente más a un hombre que seguir el camino que lo lleve a uno consigo mismo.

No obstante, después de seis meses, no pude aguantar más las ganas de preguntar a mi padre, mientras realizábamos un paseo, ¿por qué había personas que pensaban que Caín era mejor que Abel?

La sorpresa invadió a mi padre y me comentó que esa interpretación era muy antigua, que databa de los principios del cristianismo. Me comentó que esa enseñanza se había esparcido en ciertas sectas, una de las cuales llevaba el nombre de "cainitas". Obviamente, todo eso no era más que una diabólica intervención que trataba de desmoronar la fe de los cristianos. Y es que si esto fuera cierto, hubiera resultado que Dios se había equivocado, y el Dios que nos ponían en la Biblia, no sería el único, sino uno falso y deleznable. Esa fue la explicación de mi padre acerca de los "cainitas". No obstante, esa herejía, como él la llamaba, había desaparecido hacía muchos años, y le tomaba por sorpresa que un compañero de la escuela tuviera idea de lo que era eso. De cualquier manera, me aconsejó no pensar más en ello y olvidar completamente el asunto.

El mal ladrón

Y aunque parezca lo contrario, dentro de mi infancia hubo también cosas bellas, amables y delicadas. Por ejemplo, podría yo mencionar la paz que reinaba en mi hogar, el cariño que todos sentían por mí, la vida bonita y sencilla que me rodeaba y el ambiente caluroso y lleno de afecto que siempre me envolvía. Pero lo realmente importante es narrar los pasos que me llevaron a ser lo que soy. Cualquier momento bello y agradable es una simple isla y paraíso que jamás quiero volver a pisar.

Y ahora que recuerdo mis años como un adolescente, no mencionaré nada que no me haya ayudado a salir adelante, a deshacerme de las ataduras que tan firmemente tenía.

Constantemente llegaban a mí cosas del mundo prohibido cargadas de miedos, violencia y remordimiento. Su llegada siempre intempestiva ponía en constante riesgo la paz en la que yo hubiera deseado estar por siempre.

Llegaron los años en donde tuve que darme cuenta de que el mundo bueno, perfecto y luminoso debía de ocultarse para darle paso a mi instinto primordial. Al igual que cualquier hombre, cuando el sexo apareció en mi vida, apareció también el enemigo maligno y tenebroso, la tentación, lo prohibido y lo pecaminoso. La necesidad y la curiosidad de este nuevo sentimiento: placer y pecado —el enorme misterio de la pubertad—, no tenía cabida en el mundo materno, en mi hogar y en la paz infantil. Así pues, hice lo que la mayoría siempre lleva a cabo: viví una doble vida en la que era un niño de casa, y también, la de un adolescente que busca respuestas a escondidas de este mundo bello. Mi conciencia seguía aferrada a la familia y a lo bueno, negando las perspectivas de un nuevo mundo mientras vivía en mis sueños, en los instintos y deseos ocultos, los cuales eran la base de esa vida consciente; los puentes que había fabricado mientras pasaba por este trance cada vez eran más endebles, y el mundo del niño se iba derrumbando en mi interior. Y al igual que la mayoría de los padres, los míos jamás fueron de gran ayuda en el despertar de mi sexualidad, pues en la casa, en mi mundo, jamás se tocaba el tema. Lo que sí hacían, y de una manera sumamente eficaz, era reforzar mis esfuerzos desesperados por negar algo tan real y a seguir actuando en un mundo infantil al cual ya no pertenecía, y el cual, con el paso de cada día, se hacía más irreal y falso. Ignoro si la labor de un padre o de una madre puedan ayudar en este respecto, y por ello, no reprocho nada a los míos. Terminar con esta fase y lograr encontrar la vereda correcta era algo que sólo me competía a mí; lamentablemente, mi proceder no fue el correcto, al igual que pasa con todos los niños bien nacidos que llegan a esta encrucijada.

Cualquier hombre pasa por esta difícil situación durante su vida; para los que pertenecen al grueso de la comunidad, aquí es donde nace la más grande oposición entre el avance de sí mismo en la vida y el mundo que lo envuelve; es ahí exactamente donde se hace más difícil el camino que nos lleva hacia adelante. Miles son los que experimentan la muerte y el renacimiento, que en verdad es nuestro destino; ese momento, es donde el mundo infantil se rompe como una bola de cristal, llevando en su interior lo que amamos, nuestra seguridad y nuestro bienestar, dejándonos solos y frente a la frialdad del universo que nos envuelve.

Bueno, regresemos ahora a nuestra historia. Los sentimientos y sueños que me anunciaron el final de mi niñez no tienen mayor importancia para contarlos en este momento. Lo único que vale la pena mencionar, es que el mundo prohibido, el mundo oculto y pecaminoso, había regresado a mi vida. Lo que alguna vez yo había visto en mi enemigo Franz Kromer, ahora estaba en mí. Este hecho hizo que, desde afuera, el mundo prohibido volviera a tenerme entre sus garras.

Habían pasado ya varios años desde que tuve mi experiencia con Kromer. Esos oscuros y tormentosos años se veían tan lejanos que parecían un mal sueño. Kromer había desaparecido para siempre de mi vida, y ya no sentía nada cuando en alguna ocasión coincidíamos en la calle o en el mercado. Pero a diferencia de esto, la principal figura de mi tragedia, Max Demian, jamás había dejado de estar presente en mi vida. Y no importaba que mucho tiempo estuvimos alejados y al margen, él siempre estuvo presente y visible en mi vida. Y cuando llegué a estos años, él se fue acercando poco a poco, haciéndome sentir nuevamente su influencia y poder.

Trato de recordar todo lo referente a Demian por esos años. Quizá el hecho de no hablar con él por más de un año, y sólo saludarlo de lejos me hace no recordar exactamente cómo regresó a mi vida. En una ocasión, lo vi a lo lejos burlándose y riéndose irónicamente de mí, bueno, eso pensé yo, pero no pasó a más. La tremenda influencia y ayuda que

Demian me había dado en mis años de infante parecían olvidados por ambas partes.

No obstante, ahora que recuerdo su figura, la veo en cada momento significativo de esa época y yo no me percataba de ello entonces. Lo recuerdo asistiendo al colegio, lo recuerdo misterioso, solo y callado al igual que un planeta magnífico rodeado de pequeñas estrellas y que sólo obedece a sus propias leyes. En verdad nadie sentía simpatía por él; nadie trataba de acercarse a él y hacer migas. La única que siempre le hablaba era su madre, pero aun sus relaciones parecían las de dos personas adultas y no las de una madre e hijo. Todos los profesores trataban de no molestarlo, pues aunque era un excelente alumno, jamás trató de gustar a nadie mediante tretas o acciones comunes. Asimismo, de vez en cuando llegaban a nuestros oídos algunas réplicas o contestaciones llenas de ironía que Demian hacía a los profesores que lo molestaban.

Cuando cierro los ojos, aparece la imagen de este personaje tan clara y nítida. ¿Dónde estará hoy? Claro, ahora lo recuerdo. Frente a mi casa, en la calle. Dibujaba en un pequeño trozo de papel el escudo que colgaba de mi portón; el escudo del ave. Yo estaba parado en mi ventana, oculto detrás de las cortinas y observando detenidamente a Demian. Su rostro, igual al de un adulto, no dejaba de mirar el escudo del ave; era claro y frío en cada una de sus expresiones; parecía un investigador, calculando con los ojos llenos de experiencia.

Nuevamente recuerdo haberlo visto. Tiempo después de encontrarlo dibujando fuera de mi casa, lo vi saliendo del colegio y estaba, junto a otros muchachos, rodeando un caballo caído. El animal estaba enredado en las varas de un carro, respiraba dolorosa y lentamente; sus ojos dilatados parecían pedir ayuda y la sangre empezaba a pintar el suelo en el cual yacía. Al retirar mi vista de ese cuadro terrible, vi el rostro de Demian. Estaba en un segundo plano de la escena con su aire elegante y tranquilo de siempre. Sus ojos no se apartaban de la cabeza del animal moribundo, tenía toda su atención fija en los ojos del caballo pero no expresaba sentimiento alguno. Yo no podía apartar la mirada de Demian, pues sentía en mi subconsciente algo muy especial y extraño.

Al observar detenidamente a Demian, me di cuenta que su rostro era el de un hombre maduro; así mismo, sentí como que algo había cambiado en él, algo era diferente en Demian. Al seguir observando su rostro, aprecié el de una mujer; ya no era un rostro viril o de niño, joven o maduro, era un rostro que reflejaba sabiduría milenaria y mística. De algún modo, sentí como que ese rostro había sido sellado por edades diversas a las que nosotros vivimos. Los animales, los árboles y las estrellas tienen en ocasiones esa expresión. Yo no tenía conocimiento de ello entonces, y aunque ahora como adulto puedo expresarlo claramente, en ese momento mis sentimientos me indicaban lo mismo. Quizá era buen mozo, y no sabía si me agradaba o lo detestaba; tampoco eso está muy claro en mí.

Mis recuerdos no me dicen nada más de él, y quizá algo de lo que he mencionado tenga su origen en impresiones posteriores.

Fueron muchos los años que pasaron antes de volver a tener una relación cercana con él. Demian no había recibido la confirmación al igual que sus demás compañeros en la escuela. Este acontecimiento dio pie a nuevos y diversos rumores acerca de él. Se volvió a decir que era judío o pagano; que él y su madre no tenían religión alguna o que pertenecían a una secta prohibida y peligrosa.

Por lo que respecta a este punto, creo haber escuchado por ahí que Demian vivía en amasiato con su propia madre, y que lo más seguro era que su educación hubiera estado fuera de toda confesión, hasta que por fin ella decidió, por el bien de su hijo, confirmarlo al igual que los demás. Dos años más tarde que sus compañeros, Demian fue confirmado. Durante algunos meses fue mi compañero en el aula donde se nos daba la clase preparatoria para la confirmación.

Por un tiempo, traté de mantenerme al margen de Demian. Los rumores y misterios que rodeaban a este muchacho me obligaban a ello; sin embargo, mi enorme deuda con él y el hecho de haberme salvado de mi esclavitud hacia Kromer, era lo que en verdad me hacía estar lejos de él. Además, por esa época, yo estaba muy ocupado tratando de resolver mis propios secretos. La clase preparatoria para la confirmación coincidió con la aclaración definitiva de los problemas sexuales. Y no obstante mi buena voluntad, el interés en los temas religiosos se veía opacado por mi enorme deseo de conocer a fondo todo lo relacionado con el sexo. Todo lo que escuchaba de los profesores religiosos estaba tan fuera de mi mente que, aunque sabía de la belleza y de lo importante que eran para mi futuro, no me eran interesantes o de actualidad esas enseñanzas. Por el momento, mi preocupación tenía un alto grado y no era precisamente algo relacionado con Dios, sino con el mundo prohibido y oscuro.

Este hecho hizo que sintiera despreocupación e indiferencia por estas clases, aumentando mi interés por Demian. Todo indicaba que debíamos de unirnos nuevamente. Intentaré explicar paso a paso cómo fue. Todo empezó en la primera clase. El profesor de Religión había llegado para hablarnos sobre la historia de Caín y Abel sin que yo me percatara de ello. Yo me encontraba medio dormido todavía, así que no hice caso a las palabras del maestro. Súbitamente, el párroco levantó la voz y empezó a detallar emocionado el tema de la marca de Caín en la frente. Ahí fue cuando yo sentí que algo me llamaba o me indicaba lo que debía de hacer. Levanté la mirada y busqué a Demian. Él se encontraba sentado en las primeras filas, pero al verlo, su cabeza giró hacia mí y, con una risa entre burlona y grave, me vio fijamente a los ojos. Y aunque esa mirada fue por sólo unos segundos, inmediatamente enfoqué toda mi atención en la cátedra del profesor. Escuché cada palabra sobre el estigma en la frente de Caín, y sentí que todo lo que oía no era la verdad, pues creía que la interpretación podría ser diferente.

Fue ahí, en esa aula y en ese momento, cuando volví a quedar ligado fuertemente a Demian.

Y curiosamente, apenas surgió de nuevo en mi corazón ese sentimiento de unión con Demian, vi cumplido que él también había sentido lo mismo. Por ese entonces yo creía mucho en las casualidades, así que al ver que Demian, por arte del destino, cambiaba su asiento en la clase de religión y se sentaba justo delante de mí empecé a creer que esto era lo correcto. Y dentro de esa atmósfera de hospicio que se respiraba a diario en el colegio, era muy agradable percibir el aroma a jabón que despedía la nuca de Demian. Dos días después, Demian volvió a cambiarse de lugar, esta vez ocuparía el pupitre que estaba a mi lado. Este lugar no lo abandonó durante el invierno y la primavera.

Ahora, las clases matinales eran tan diferentes, dejaron de ser aburridas y monótonas; es más, no podía esperar a que amaneciera para llegar a la escuela y sentarme junto a Demian. Muchas veces escuchábamos atentamente al párroco y una mirada de Demian bastaba para que enfocara mi atención en una historia diferente, en una frase extraña, y otra mirada, era suficiente para despertar mi crítica y duda con respecto a lo que escuchaba.

Asimismo, también nos comportábamos como malos estudiantes, no haciendo caso alguno a las palabras del profesor. Demian era muy juicioso frente a los profesores y condiscípulos. Jamás se comportaba tontamente como cualquier colegial; jamás se reía, hablaba o provocaba que algún profesor lo reprimiera frente a los demás. Él, con voz baja, señas y miradas, sabía despertar en mí las ideas que tenía él en mente. Este tipo de travesuras eran muy constantes entre nosotros.

Un día, me dijo quienes eran los compañeros que más le interesaban y la manera en que los estudiaba. A unos los conocía perfectamente. En una ocasión me dijo antes de entrar a clase:

—Cuando te haga esta señal con el dedo pulgar, Fulano o Mengano volteará a vernos o se rascará el cuello...

Ya en el transcurso de la clase, cuando casi había olvidado lo que Demian había mencionado antes, veía que me hacía la señal con su dedo, volteaba a ver al compañero y efectivamente, hacía lo que Demian me había dicho. Traté de convencer a Demian que hiciera lo mismo con el profesor pero él no accedió. No obstante, una vez llegué a clase y le comenté que no había estudiado nada de lo que nos dejaron el día anterior, así que esperaba que el profesor no me cuestionara. Ya en el salón de clases, la mirada del párroco recorrió a todos sus alumnos mientras decía que alguien tenía que recitar un fragmento del catecismo. Su mirada se detuvo en mí. Conforme se iba acercando a mi persona, una extraña cosa sucedió al profesor. Sus labios estaban a punto de mencionar mi nombre pero se puso inquieto y nervioso, empezó a jalar el cuello de su camisa blanca y a distraerse. En ese momento Demian se le acercó y, sin parpadear, parecía que le quería hacer una pregunta. Pocos minutos después, el profesor tosió varias ocasiones y escogió a otro compañero para rezar el catecismo.

Conforme pasaban los días y las bromas que Demian le jugaba a los demás, me empecé a dar cuenta que yo también era parte de ese juego. Muchas veces, camino al colegio, sentía que Demian me seguía, y al voltear rápidamente, efectivamente, ahí estaba la figura de mi amigo.

—¿En verdad puedes hacer que alguien piense lo que tú quieres? —le pregunté.

—No —dijo—; eso es imposible. Nadie tiene libre voluntad, aunque el párroco diga lo contrario. Nadie puede pensar lo que desea, ni lograr que otra persona haga lo que él quiera. Lo que sí se puede hacer, es observar detenidamente a alguien; generalmente, con el tiempo puedes llegar a decir exactamente lo que siente o piensa, logrando saber y predecir lo que va a hacer en ese momento. Es fácil, pero la mayoría de las personas desconoce cómo hacerlo. Obviamente, esto lleva un poco de práctica y paciencia. Por ejemplo, dentro de las mariposas podemos encontrarnos con una especie nocturna en la que las hembras son menor en cantidad que los machos. Estas mariposas se reproducen de la misma manera que los demás insectos: el macho fecunda a la hembra, quien después pone los huevos. Ahora, si llegas a capturar una mariposa hembra y la alejas de su hábitat, los machos por la noche son capaces de volar kilómetros enteros para fecundar a su mariposa hembra. Los machos son capaces de sentir la presencia de una mariposa hembra ¡a kilómetros de distancia! Este fenómeno, comprobado científicamente, es imposible de explicar. Quizá sea un sentido del olfato o algo similar, al igual que sucede con los perros de caza que logran seguir un rastro casi imperceptible. ¿Lo ves?, la naturaleza está llena de este tipo de fenómenos que nadie puede explicar. Lo que yo pienso, es que si hubiera un mayor número de mariposas hembras, los machos no tendrían esta cualidad. Si cuentan con él es porque se han visto obligados a ejercitarlo y a hacerlo más fino para lograr un objetivo determinado. Ese es el misterio. Y lo mismo pasa con lo que tú mencionas. Mira bien a ese caballero y sabrás más cosas de él, que lo que él mismo sabe.

En ese momento estuve a punto de mencionar "adivinación de pensamiento" y de traer nuevamente la historia de Kromer. No obstante, con respecto a ese asunto, algo muy curioso pasaba entre nosotros, pues jamás mencionamos nada al respecto, no obstante saber perfectamente que ese hecho había marcado mi vida. Parecía que nunca habíamos estado involucrados en nada juntos o de que cada uno de nosotros había olvidado por completo lo sucedido. En un par de ocasiones nos topamos con Franz Kromer en la calle, pero ni en esos momentos hablamos o mencionamos nada al respecto.

—¿Qué me dices de la voluntad? —pregunté a Demian—. Dices que tenemos libre albedrío, pero también dices que alguien sólo tiene que concentrar su voluntad en algo para conseguirlo. Esa es una contradicción. Si yo no soy quien manda y ordena en mi voluntad, no podré concentrarla de manera libre para llegar a mis metas.

Me dio una palmada en la espalda, al igual que lo hacía cuando realizaba algo que le gustaba.

—¡Eso es! —exclamó con una sonrisa—. Siempre debes preguntar, nunca te quedes con la duda. Lo que preguntas es muy fácil. Siguiendo con el ejemplo de las mariposas, si una de ellas se concentra sobre una estrella o algo similar, no podría obtenerla; por ello, ni siquiera pierde el tiempo en eso. Siempre buscar lo que en verdad tiene algo de valor o sentido para ella; buscará algo que le sea vital o necesario. Es por eso que hace algo tan impresionante, desarrollando un sentido extra que ningún otro animal tiene. El ser humano tiene un campo de acción mucho más vasto e interesante que el de los animales. Lamentablemente, nos encontramos en un círculo tan pequeño que no podemos dejar. Yo tengo la capacidad de crear fantasías o de anhelar cualquier cosa; por ejemplo, no sería imposible que fuera al Polo Norte ¿verdad?, pero sólo lo puedo realizar si en verdad el deseo tiene raíces fuertes en mí, si en verdad todo mi ser lo desea. Cuando esto pasa, si intentas algo que tu propio ser interior te está ordenando, seguramente logrars llegar a tu meta. Ahora bien, si intento que nuestro profesor no vuelva a usar gafas fracasaría pues es tan sólo un juego. Pero cuando en verdad deseé que en el otoño me cambiaran de lugar lo logré fácilmente. Un día se presentó un chico que había estado enfermo y que su nombre empezaba con una letra anterior al mío. Como alguien tenía que hacerle un lugar al frente, a mí me tomaron en cuenta, y cuando por fin regresó a clases, a mí me mandaron al lugar que ahora ocupo, junto a ti.

—Tienes razón —dije sorprendido—. Todo eso del cambio de lugar a mí también me hizo sentir algo muy extraño. Desde el momento en que nos fuimos interesando el uno por el otro, fuiste acercándote a mí poco a poco. Pero, ¿cómo lo hiciste? En un principio no lograste llegar a mi lado sino que estabas frente a mí. ¿Cómo lograste que te cambiaran a mi lado?

—Bueno, cuando empecé a sentir ganas de cambiar de asiento, no tenía idea del lugar que prefería. Sabía que me quería ir para atrás nada más. Mi voluntad era reunirme nuevamente contigo, pero aún no estaba consciente de ello. Y mientras esto sucedía, tu voluntad me llamó, y cuando por fin estuve al frente tuyo, supe que mi deseo estaba cumplido a medias, y de que todo lo que había hecho era únicamente para estar contigo.

—Bueno, pero cuando ya estabas frente a mí, no entró nadie nuevo al salón, ¿cómo lograste sentarte a mi lado precisamente?

—Simplemente llegué temprano y me senté a tu lado; al chico que ocupaba ese lugar pareció no molestarle, así que no hice nada especial para ello. El que notó el cambio fue el párroco; sabe perfectamente que mi nombre es Demian y que la D no debe estar sentada con la S, pero esta situación no llega a su conciencia porque mi voluntad se lo impide. Él sabe que algo esta raro cuando nos ve juntos en el salón y empieza a pensar en ello, pero yo hago algo tan sencillo como mirarlo fijamente a los ojos. Pocas son las personas que aguantan la mirada y que no se ponen nerviosas. Si tú quieres algo de otra persona, míralo inesperadamente y con firmeza a los ojos; si no logras ver cierto nerviosismo o inquietud en esa persona, no obtendrás lo que quieres. En mi experiencia personal, sólo he conocido una persona que no ha respondido a mi sistema.

—¿Quién?, dime —pregunté arrebatadamente.

Demian me volteó a ver con una mirada reflexiva, intensa; volteó la cara hacia otro lado sin decir una palabra, y a pesar de mi gran curiosidad, no tuve valor para volver a preguntarle de quién se trataba.

No obstante, estoy casi seguro de que esa persona que soportaba la intensa mirada de Demian era su madre. Ellos parecían compartir un fuerte lazo emocional y espiritual. Nunca habló de ella frente a mí, y mucho menos me invitó a conocer su hogar. Así pues, eran muy vagas las referencias que yo tenía de su madre.

Por esos años, intentaba imitar a mi "maestro". Muchas veces concentré mi voluntad en algún deseo para tratar de conseguirlo. Para mí, todos ellos eran deseos de primera necesidad, pero lamentablemente, jamás logré nada serio. Quizá por ello, jamás tuve el valor de comentar a Demian acerca de mis fallidos intentos por lograr algo, así como él jamás me preguntó nada sobre ello.

Por lo que se refiere a mis creencias religiosas, éstas comenzaban a parecerme débiles y faltas de credibilidad conforme pasaba más tiempo con Demian. No obstante, mi capacidad mental avanzaba enormemente a comparación de los demás compañeros de clase. Muchos de ellos seguían creyendo en Dios y en teorías tan increíbles e infantiles como la de la Santa Trinidad y la de la Inmaculada Concepción en las cuales, desde mi punto de vista en ese momento, sólo podían creer ignorantes o gente poco pensante. Yo ya no creía en ellas. Y aun cuando hubiera tenido un poco de duda al respecto, sabía perfectamente hasta dónde llevaba una vida piadosa y bella, como en mi casa, y a la cual seguía respetando. Y no obstante seguir asistiendo a los actos religiosos, Demian me había enseñado a considerar e interpretar de otra manera los relatos y dogmas; a partir de mi amistad con Demian, pensaba con más libertad cualquier cosa que salía de la Biblia. Yo siempre seguí las interpretaciones de manera tranquila, aunque en ocasiones me parecieran tan mal interpretadas como la historia de Caín. Y mientras teníamos nuestras clases preparatorias para la confirmación, el párroco comentó la historia del Gólgota, un pasaje más osado aún y que despertó en mí una enorme intriga. La historia bíblica de la Pasión y Muerte del Salvador causó en mí una gran impresión desde pequeño; mi padre siempre leía los viernes santos el relato de la Pasión y a mí me emocionaba demasiado el hecho de pensar vivir en ese mundo dolorosamente bello de Getsemaní y del Gólgota; me parecía un mundo lleno de muerte y tan vivo a la vez, y más cuando escuchaba la pasión según San Mateo. Ese enigmático mundo me estremecía poderosamente. Inclusive hoy en día, este pasaje de la Biblia despierta en mí ciertos sentimientos encontrados.

Cuando llegó a su fin la cátedra del párroco, Demian me dijo reflexivamente:

—Sinclair, hay algo que no me agrada del todo: vuelve a leer detenidamente el relato de la Pasión y verás que encuentras algo que no tiene sentido. Pon atención a los ladrones. ¡Es fabulosa la imagen de las tres cruces en la colina! ¿Por qué nos vienen con la sentimentalista historia del ladrón bueno? Si durante toda su vida fue un vil ladrón, y sólo Dios sabe cuántas fechorías más haya hecho, ahora se presenta arrepentido, con lágrimas en los ojos y doliéndose de lo que hizo. ¿Qué caso tiene que una persona así se arrepienta justo antes de morir? No se trata más que de una dulce y falsa anécdota enmarcada en una bella escena de la Biblia. Si se te diera la oportunidad de escoger entre dos ladrones a un amigo, a uno al que le debieras de entregar toda tu confianza, seguramente no elegirías al que llora y se arrepiente ¿verdad? Elegirías al que tiene carácter, al fuerte. Él no se arrepiente ni cambia de ideas; sigue adelante por la vereda que ha escogido y acepta los premios y castigos que ésta le ha dado. Y en el último instante, frente al diablo mismo, se mantiene firme en sus ideales. Te puedo asegurar que él también es un descendiente de Caín ¿no crees?

La mente me daba vueltas a gran velocidad. Pensaba que la historia de la Pasión me era muy familiar desde mi niñez, pero ahora descubría que mi visión era muy limitada, sin imaginación y con poca personalidad. No obstante, la visión de Demian ante este hecho no me sonaba del todo bien, pues amenazaba conceptos que tenía la obligación de salvar.

No, era imposible jugar de esa manera con cualquier cosa que escuchara, incluso las cosas más santas.

Demian, igual que otras veces, se dio cuenta de que me resistía a creerle antes de que yo mencionara una sola palabra.

—Sé muy bien lo que me vas a decir —dijo tranquilamente—. ¡Uno siempre se estanca con lo mismo! Pero voy a decirte una cosa: esta es una de las partes en la que se pueden ver claramente todas las fallas de nuestra religión. El Dios del Antiguo y del Nuevo Testamento es, lógicamente, una figura maravillosa, pero eso no es lo que debe representar. Es lo bueno, lo paternal, lo bello, lo noble y también lo sentimental y lo elevado, ¿de acuerdo? Pero en el mundo podemos encontrarnos con cosas muy distintas a eso, las cuales, siempre se le adjudican al demonio. Si esto es así, se está eliminando la mitad de lo que hay en nuestro mundo. Siempre se ha glorificado a Dios como Padre de toda vida, y sin embargo, se oculta la sexualidad que está relacionada al pecado, y que es el verdadero origen de la vida misma. Entiende que no estoy en contra de la veneración de Dios. ¡En absoluto! Pero creo que deberíamos de venerar y santificar al mundo entero y no sólo a la mitad de él, a esa parte oficial y correcta que está en la Biblia. Creo que lo mismo que se alaba el lado bueno de Dios, también debería rendírsele culto a ese otro lado, que se dice, pertenece al Diablo. Creo que eso sería lo correcto. Y si esto no es así, deberíamos de fabricar un Dios que uniera lo bueno y lo malo, y ante el cual no deberíamos de cerrar los ojos ante hechos tan naturales y tan esenciales para el hombre.

Demian, muy contrario a su manera de ser, se emocionó tremendamente al decirme lo anterior.

No obstante, pronto recobró su semblante tranquilo y normal.

Sus palabras habían causado una gran herida en mis pensamientos y sentimientos que, desde muy pequeño, me acompañaban a cada hora, a cada minuto, y que nunca me había atrevido contarle a nadie. Las palabras de mi amigo acerca de Dios y el Diablo, sobre el mundo que se aceptaba y el que no, estaban ya en mi mente, sólo que para mí siempre fueron dos mundos diferentes, uno bueno y uno malo. El descubrir que mi problema, ese que no había comentado jamás a nadie, también era el mismo para los demás, apareció ante mí como una divina sombra, pues me pude dar cuenta de que mis ideas, pensamientos y sentimientos estaban dentro de la corriente eterna de las grandes ideas de cualquier otro hombre. Descubrir esto no fue agradable, aunque sí muy reconfortante y alentador. Era duro saberlo, pues ello implicaba responsabilidad, soledad y un adiós definitivo a los años como niño de casa.

Una vez que salió de mí por primera vez mi gran secreto, compartí mi idea de los dos mundos a Demian, y él vio cómo inmediatamente se reflejaban las ideas y pensamientos de ambos. No obstante, jamás se aprovechó de ello, al contrario, me escuchó atentamente, me vio fijamente a los ojos, hasta que me vi obligado a esconder la mirada ante su casi animal instinto de dominio.

—Ya tendremos más tiempo para hablar sobre esto —interrumpió Demian—, me he dado cuenta que tu pensamiento es mucho más amplio que tus palabras, pero también pude notar que jamás has vivido completamente tus pensamientos; eso está mal; únicamente el pensamiento vivido tiene valor. Por el momento, lo único que sabes en verdad es que tu mundo bueno era sólo la mitad de tu mundo entero, y has tratado de limitar o alejar la otra parte del mundo, de la misma manera que lo hacen los pastores y los profesores. ¡Eso no será por siempre! Cuando una persona empieza a pensar, jamás se mantiene en esa parte del mundo exclusivamente.

Las palabras de Demian retumbaban en todo mi cuerpo fuertemente.

—No obstante —grité desesperado—, no puedes negar que en verdad existen cosas ilícitas y repugnantes, que esas cosas nos están prohibidas y que debemos de renunciar a ellas. Tengo clara conciencia de la existencia de crímenes y vicios, pero el simple hecho de que estén en el mundo, no quiere decir que yo seré un criminal o un vicioso.

—Es imposible que en una sola charla podamos aclarar todos esos puntos —dijo Demian tranquilamente—. Claro que nadie te está diciendo que mates, violes o asesines a mujeres o a niños. Pero te falta llegar a un punto donde verás claramente lo que en realidad significa "permitido"; por el momento sólo tienes en tus manos una parte de la verdad. ¡Pronto tendrás en tus manos toda la verdad! Por el momento, y desde hace un año aproximadamente, llevas en tu interior un instinto mucho más fuerte que el de todos los demás, lo cual está prohibido en ese mundo bueno que tú conoces.

—Los griegos, por ejemplo —continuó Demian—, han divinizado y venerado este instinto. Piensa que lo que ahora conocemos como "prohibido", mañana puede ser algo normal y aceptado. Por ejemplo, cualquiera puede acostarse con una dama si antes fue con un sacerdote y se casó con ella, pero en otros lados no es así como se hace. Es por ello que cada uno de nosotros debe de buscar lo que está "permitido" y lo que está "prohibido" con respecto a sí mismo. Puede darse el caso de que alguien jamás haga algo "prohibido" y, no obstante ello, ser un perfecto bribón, y viceversa. Si una persona no piensa y no logra ser su propio juez, siempre se someterá a las "prohibiciones" que aparezcan en su camino; eso es lo más fácil. Pero también hay hombres que sienten la ley en sí mismos; ellos hacen cosas que los hombres de honor no harían o que tienen "prohibidas", y dejarían de hacer cosas permitidas por el mundo correcto. Eso está dentro de cada uno de nosotros.

Demian hizo una pausa y parecía haberse arrepentido de haber hablado tanto conmigo. Yo, por mi parte, entendí por qué callaba repentinamente. Demian, aunque estaba acostumbrado a comentar sus ideas en una charla amable, no era de los que hablaban por hablar. Así que se daba cuenta de que yo estaba en verdad interesado en su plática; también en mí había un cierto placer por la charla intelectual; en otras palabras, faltaba la seriedad absoluta.

Y al volver al último renglón del párrafo anterior, vuelvo a leer "seriedad absoluta", lo cual me lleva a otro pasaje que compartí con Demian en esos años post infantiles y que me marcaron profundamente.

Se acercaba el día de nuestra confirmación y el párroco nos habló sobre la Última Cena. Hundido en la importancia de este histórico hecho, el profesor cuidó al máximo cada expresión y detalle del mismo, logrando que la clase tuviera un claro ambiente de recogida unción. No obstante, mi pensamiento estaba en otro lugar: en Demian. En espera de la confirmación, que no era otra cosa que la acogida de la comunidad religiosa, constantemente pensaba en el valor real y verdadero de esos seis meses. Creía que todo lo aprendido no se lo debía a la clase, sino a la influencia de Demian. Sentía que no iba a ser recibido en la Iglesia, sino en algo muy diferente, más complejo. Creía que llegaría a una nueva orden del pensamiento y de la personalidad que existía en la Tierra y cuyo representante o emisario no era otro más que Demian.

Traté de eliminar esa idea, pues a pesar de todo, quería experimentar al máximo mi confirmación con dignidad y seriedad, aunque ésta no fuera compatible con mi manera de pensar. Todo fue en vano; el pensamiento jamás me abandonó y poco a poco se fue amalgamando con la ceremonia religiosa. Mi intención era celebrarla de manera diferente a la de los demás. A diferencia de todos mis compañeros, yo iba a entrar en un mundo lleno de ideas nuevas que me había mostrado mi amigo.

En esos días, antes de la ceremonia religiosa, volvimos a discutir apasionadamente sobre algún tema. Demian permaneció alejado y molesto unos momentos debido a mis fuertes y petulantes palabras.

—Hablamos mucho —dijo seriamente—. Las palabras ingeniosas no tienen el más mínimo valor y lo único que logran es alejarte de ti mismo. Hay que saber compenetrarse en sí mismo, de la misma manera en que lo hacen las tortugas.

Momentos después, ingresamos al salón. Dio inicio la clase y traté de poner atención a la misma sin que Demian ni nada me perturbara. Sin embargo, en unos cuantos minutos, sentí como me invadía una terrible sensación de vacío y de frialdad, la cual provenía del lugar en donde Demian se sentaba. Esta sensación se hacía tan insoportable que, al fin, dirigí mi mirada hacia mi amigo.

Demian estaba sentado muy recto y callado como siempre. No obstante, su apariencia no era la misma de siempre. Jamás había visto a mi compañero así. Por un momento pensé que tenía los ojos cerrados, pero me di cuenta de que no era así, los tenía abiertos, pero no veían, no miraban. Su mirada se dirigía hacia adentro, hacia una remota lejanía. Demian estaba sentado sin movimiento alguno, parecía que ni siquiera respiraba; parecía como una estatua de piedra. Su rostro estaba completamente pálido y lo único que aún parecía tener vida en mi amigo eran sus negros cabellos. Sus finas manos descansaban en el pupitre como objetos sin vida, no obstante mostrarse firmes y como cubriendo algo lleno de una vida oculta.

Esa escena me hizo temblar. ¡Está muerto!, llegué a pensar y estuve a punto de pedir ayuda, pero sabía perfectamente que mi amigo estaba aún vivo. Inquieto, pero fascinado a la vez por ese espectáculo, no dejé de verlo un solo segundo. Observé detenidamente su cara y vi una pétrea y pálida máscara, y pensé que lo que estaba a mi lado era el verdadero Demian. El Demian que hablaba y me hacía pensar era sólo una parte de él, muy común ya para mí. Pero el que ahora tenía frente a mí era nuevo y misterioso. Ese Demian era ancestral, animal, bello, frío, muerto y, a la vez, lleno de una fabulosa vida. ¡Y lo único que lo rodeaba era el silencio, el éter, los espacios siderales, la solitaria muerte!

Estremecido, me di cuenta de que Demian se había apartado de todo para encontrarse en sí mismo. Jamás había estado yo tan solo. Su presencia me faltaba, me era necesaria y estaba a miles de kilómetros de distancia.

No me cabía en la cabeza cómo era posible que sólo yo me diera cuenta de lo que pasaba. ¡Todos debían darse cuenta y estremecerse ante ese hecho! Lamentablemente, nadie se fijó en mi amigo. Su apariencia rígida, como la de un ídolo, no se vio perturbada por una mosca que jugueteaba en su nariz y luego en sus labios.

¿A dónde había ido? ¿Qué estaba sucediendo? ¿Cuáles eran sus sentimientos? ¿Estaría en el cielo o en el infierno?

No pude preguntarle nada de lo que pensaba. Al final de la clase, por fin pude verlo respirar y vivir nuevamente. Nuestras miradas se cruzaron y me pude dar cuenta de que era el mismo de antes. ¿De qué misterioso lugar venía Demian? Se veía cansado, aunque el color había regresado a su piel y sus manos volvían a tener ese gracioso movimiento; no obstante, su oscuro cabello carecía de ese brillo tan especial.

Durante los siguientes días intenté llevar a cabo un ejercicio en mi cuarto. Consistía en sentarme derecho e inmovilizar los ojos; no movía uno solo de mis músculos y esperaba a ver qué tanto tiempo lograba mantener esta posición, tratando de averiguar qué era lo que sentía. Lo único que logré con esto, fue un cansancio tremendo y un parpadeo incontrolable.

Días después de la confirmación, de la cual no recuerdo gran cosa, todo había cambiado. Mi niñez se había esfumado ante mí. Mis padres me veían ahora con cierto embarazo y mis hermanas llegaron a parecerme ajenas. Una vaga desilusión me ayudó a que se fueran para siempre algunos de mis sentimientos y mis alegrías más comunes. Ahora el jardín parecía haber perdido su habitual perfume, el bosque carecía de cualquier interés, el mundo se presentaba como una cocina con viejos y sucios trastos, y los libros no eran más que un puñado de hojas, y la música, simple ruido estridente. Creo que lo que sentía en ese momento, es lo que un árbol siente en otoño cuando ve caer una a una cada hoja de sus ramas; pero esto no indicaba mi muerte, simplemente tenía que esperar de la misma manera en que lo hace el árbol.

Mis padres habían tomado la decisión de que, después de las vacaciones, yo asistiría a otro colegio lejos de la casa por primera vez en mi vida. Muchas veces mi madre se acercó a mí con especial ternura, tratando de despedirse poco a poco. Seguramente, intentaba llenar mi corazón de amor, recuerdos y nostalgias para que cuando estuviera lejos de ellos no me sintiera tan mal. La verdad, lo único que me preocupaba en esos momentos, era que Demian estaba de viaje y yo... solo.

Beatriz

Una vez que las vacaciones terminaron, mis padres me acompañaron a la ciudad en la que ahora viviría y estudiaría. Me internaron en una pensión para estudiantes con todas las recomendaciones imaginables. Este internado estaba a cargo de un profesor del Instituto. Mis padres se hubieran sorprendido de haber sabido las cosas a las que me estaban exponiendo al dejarme ahí.

Por mi mente sólo pasaba una constante preocupación: ¿algún día llegaría a ser un buen ciudadano y un hijo ejemplar, o mi naturaleza me llevaría a realizar cosas horrendas? La última vez que tuve la gran oportunidad de ser feliz en mi hogar, bajo el cuidado de mis padres, la había desperdiciado.

El enorme vacío y soledad que estaba experimentando en mi nuevo lugar después de la Confirmación y las vacaciones, era algo que iba a tardar mucho tiempo en asimilar. Y no me costó ningún trabajo despedirme de la casa en verdad, fue tan sencillo hacerlo que hasta sentí un poco de vergüenza por ello. Mis hermanas derramaban lágrimas y yo no podía hacerlo. Me asombré de mi frialdad, pues yo siempre había sido un niño sentimental y bueno, y ahora mi cambio era radical. Poco me importaba el mundo exterior, y por varios días, no hacía más que escuchar mis pensamientos misteriosos y oscuros que fluían de mi mente. En realidad había crecido mucho durante las vacaciones, tanto que ahora me presentaba al mundo como un muchacho alto, sumamente delgado e inmaduro. En mí, a diferencia de muchos otros, era difícil encontrar el atractivo adolescente, cosa que me preocupaba mucho, ya que pensaba que nadie jamás se enamoraría de mí. En ocasiones, el recuerdo de mi amigo Max Demian me llenaba de nostalgia, aunque no eran pocas las veces que lo culpaba por mi lamentable situación frente a la vida, que para mí era un tremendo lastre que tenía que llevar.

En un principio, nadie me aceptaba en el internado. Los primeros días ahí, yo era el centro de bromas y juegos absurdos; después simplemente me ignoraban y se alejaban de mí, pues decían que era un cobarde y un antipático muchacho. Sentí tanto lo que ellos pensaban de mi persona, que en verdad me involucré con mi nueva imagen, hundiéndome aún más en mi soledad. Sentía un gran desprecio por todo lo que veía a mi alrededor, aunque en el fondo la nostalgia y la tristeza de estar lejos de lo mío me desesperaba. Por lo que respecta a la educación recibida en el internado, los primeros días se concentraron en reafirmar conocimientos ya adquiridos, pues parecía que las clases ahí iban mucho más atrasadas que las que había tenido en mi vieja ciudad. Este suceso provocó en mí un sentimiento despectivo ante los demás, pues aún los veía como infantes.

Así las cosas, pasaron diez y ocho meses aproximadamente. Las vacaciones en casa no trajeron nada nuevo a mi vida, así que regresé más contento de lo que esperaba al colegio.

Una costumbre que había adquirido era el dar largos paseos por los alrededores. Estos paseos me ayudaban a pensar en mil cosas y me daban una gran felicidad llena de melancolía, de desprecio al mundo que me rodeaba y hasta a mí mismo. En un paseo durante los primeros días de noviembre, vi la ancha vereda a través del parque desierto. Ésta estaba cubierta con las flores que caían de los viejos árboles y las cuales yo pisaba sin misericordia alguna. El aroma era una graciosa combinación de humedad y amargura, y los árboles lejanos eran difíciles de ver, ya que la niebla los ocultaba perfectamente. Al llegar al final del camino me detuve indeciso, observé fijamente la negra hojarasca y aspiré ansiosamente ese aroma declinante de vida marchita, sintiendo en mi interior algo que saludaba y respondía. En verdad, la vida no sabía a nada.

En ese momento, de entre los arbustos que rodeaban el parque, salió un figura que se dirigía a mí. Yo no hice demasiado caso y empecé a caminar hasta que escuché:

—¡Eh Sinclair, espera!

Al voltear y ver de quién se trataba, me di cuenta de que era Alfonso Beck, el muchacho más grande del internado. Me parecía agradable y no tenía nada que reclamarle en verdad, claro, exceptuando que siempre me trataba como un niño, al igual que lo hacía con los demás internados. Su apariencia irónica y paternal combinaba con su enorme tamaño y fuerza. Muchos decían que Beck tenía dominado por completo al director del internado, cosa que lo convertía en un verdadero héroe entre todos.

—¿Qué haces por estos rumbos? —dijo alegremente con ese tono que usan los mayores para con los niños mientras se acercaba—. Seguramente vienes aquí para inspirarte y hacer versos ¿no?

—¡Estás loco! —le dije bruscamente.

Sus carcajadas retumbaron en cada árbol del parque y empezó a caminar junto a mí. Su charla me parecía extraña, pues yo, hace mucho tiempo, no platicaba con nadie.

—Yo te entiendo muy bien Sinclair. Es algo muy especial el caminar por este parque entre la niebla y hundido en tus pensamientos ¿verdad? Por ello, no es raro que se caiga en la tentación de hacer versos. Aquí puedes escribir sobre la naturaleza muerta o la juventud que se pierde que, a la larga, son la misma cosa. Al igual que Heinrich Heine.

—Yo no soy tan sentimental —volví a contestarle secamente.

—Es lo mismo. Lo que en verdad debe de hacer un hombre por estos días, es encontrar un lugar caliente y agradable donde se pueda disfrutar de un delicioso vaso de vino o algo por el estilo. ¿Me acompañas? Estoy solo. ¿No te gusta la idea? No quisiera pervertirte chico, si es que tú eres de esos que no hacen nada malo.

En poco tiempo estábamos los dos instalados en una taberna ubicada en los límites de la ciudad con un par de vasos con vino de dudosa calidad. Al principio me sentía incómodo, pero por lo menos era algo nuevo para mí. En unos cuantos minutos, y bajo los efectos del licor, me solté más con mi compañero. El embriagante vino me había hecho sentir como si hubiera abierto una ventana por la que entraba el mundo lleno de colores y de luz. ¡Hace mucho que mi alma no se desahogaba! Empecé a fanfarronear y, de repente, saqué la historia de Caín y Abel.

Beck me escuchaba atentamente. ¡Finalmente había encontrado a quién darle algo! Conforme avanzaba mi relato, nada más sentía cómo golpeaba alegremente mi hombro y me llamaba constantemente "muchacho del demonio". Esto, me hacía completamente feliz y me daba más ánimos para seguir adelante hablando y comunicando todo lo que había reprimido por tanto tiempo; además, la sensación de ser reconocido por alguien y de valer frente a los ojos de una persona mayor era insuperable. Al finalizar mi charla, me dijo que era un chico fenomenal, cosa que embriagó mi alma como el vino lo había hecho con mi cuerpo. Por fin, el mundo se llenaba de luces y colores, y las ideas me llegaban de distintas maneras, el fuego y el ingenio fluían incesantemente en mí.

Charlamos sobre los profesores y los compañeros del internado y llegamos a las mismas conclusiones. También los griegos y paganos formaron parte de nuestra plática, pero lo que en verdad interesaba a Beck, era alguna aventura amorosa de mi pasado. Lamentablemente, ese terreno jamás había sido pisado por mi persona; no había nada que platicar al respecto. Y todo lo que guardaba celosamente de mi vida anterior, de mis sueños y fantasías, era demasiado para sacarlo al calor del vino y de la amena charla.

Por su parte, Beck tenía una amplia experiencia con las mujeres, así que escuché atentamente cada una de sus historias. Todo lo que para mí era increíble en este ramo, aparecía ante mí como algo real y normal. Alfonso Beck, a sus dieciocho años, tenía ya la experiencia. Él sabía, por ejemplo, que las muchachas sólo buscaban ser cortejadas y presumir de ello, aunque eso no era lo verdadero. Y que si en verdad se quería conseguir algo, debía de buscarse a mujeres casadas, pues ellas eran mucho más inteligentes que las doncellas. Por ejemplo, la señora Jaggelt, encargada de la tienda de cuadernos y lápices, era una mujer con la cual se podía entender cualquiera, y las cosas que habían sucedido detrás de su local podrían ser publicadas en un libro.

La fascinación y atracción sobre estas cosas era enorme, claro que esta historia jamás provocaría que yo me enamorara de la señora Jaggelt, pero su historia era interesante. Las posibilidades eran tales —por lo menos para los mayores— que yo jamás las hubiera imaginado. No obstante, dentro de toda esa maravilla que se abría ante mí, también se podía sentir algo de falsedad. Lo que yo entendía como amor, me sabía menos vulgar de lo que ahí se me planteaba, no obstante que la vida y la aventura eran una realidad. Y precisamente frente a mí, sentado en una taberna, se encontraba alguien que lo había vivido y que le era muy natural.

Después de esto, la plática cayó en un bache. Había ya dejado de ser ese endiablado chico y regresaba al muchacho común y corriente que escucha a un adulto. Sin embargo, a la hora de comparar mi anterior vida con lo que experimentaba ahora, esto era algo paradisíaco y delicioso.

Asimismo, poco a poco fui dándome cuenta de que lo que hacía estaba prohibido; desde el estar en la taberna hasta nuestra entretenida conversación. Quizá ello, hizo que saboreara más intensamente el momento.

Recuerdo perfectamente esa noche: ya muy tarde emprendimos el regreso al internado. Lo único que nos indicaba el camino, eran los viejos faroles de las oscuras y mojadas calles de la ciudad. Mis pasos eran torpes y lentos, ¡por primera vez en mi vida estaba borracho! No era agradable, al contrario, era una sensación bastante molesta, pero en el fondo, esto era atractivo y dulce; era una orgía, una rebelión, la vida y el espíritu. Beck tuvo la atención de llevarme casi cargado hasta el internado, al cual nos escabullimos por una ventana para que nadie nos viera.

Al día siguiente, después de una infernal y breve noche de sueño, una inusitada tristeza me embargó. Sentado en mi cama, todavía llevaba puesta la camisa del día anterior; el pantalón y las botas estaban regadas por toda la habitación. El aroma que se encerraba en ese cuarto era a tabaco, vómito y licor, y en medio de una resaca tremenda, de un horrible dolor de cabeza y de una sed abrasadora, apareció ante mi alma una imagen evocada por mucho tiempo. Observé mi ciudad natal y el hogar donde había crecido; vi a mis padres, a mis hermanas, el bello jardín, mi habitación perfectamente ordenada, el colegio y la Plaza Central; pude ver también a Demian y a las clases de religión. Todo era bello e iluminado y tenía un gran resplandor ante mis ojos. La pureza y divinidad de todo lo que aparecía ante mí había sido —y ahora me daba perfecta cuenta— mío hasta el día de ayer. A partir de ese momento, todo se había hundido, todo lo había perdido ya para siempre, ya no me pertenecía, ya no era parte de eso y me daba asco lo que había hecho, me remontaba hasta los primeros años en que tuve conciencia y veía el amor, cariño y ternura que mis padres siempre me expresaron, revivía cada navidad, cada mañana en que mi madre besaba cándidamente mi frente y, ahora, todo eso estaba roto a mis pies y yo lo pisoteaba sin respeto alguno, estoy seguro que si en ese momento se acercaran a mí los verdugos y me llevaran a la horca por sacrílego, seguramente no opondría resistencia alguna, al contrario, hubiera ido gustoso a mi muerte y la consideraría justa.

Eso era yo finalmente. ¡Yo, que despreciaba a todo el mundo! ¡Yo, que me sentía superior en pensamientos a todos y que sólo los compartía con Demian! Eso era yo, basura, escoria, un sucio borracho, repugnante y grosero; me había convertido en una bestia salvaje dominada por sus bajos instintos. ¡Yo, que provenía de un hogar donde todo era armonía, paz y esperanza; el que había disfrutado de la música de Bach y de hermosos poemas! Todavía provocaba en mí asco y repugnancia esa risa mía, la de un borracho, la estúpida risa que brotaba por cualquier cosa. En eso me había convertido.

Y a pesar de todo esto, para mí era un verdadero placer sufrir todas estas lamentaciones. Tenía tanto tiempo vagando a ciegas por la vida y sin que mi corazón vibrara por sentir algo realmente intenso, que esos reproches y el terror que experimentaba en lo más hondo de mi alma, los recibía gustoso. Por lo menos, se trataba de sentimientos ardientes que hacían latir mi corazón. Desconcertado, y en medio de toda esa miseria, me sentí libre, como si una nueva primavera llegara.

Pero para cualquiera que me viera sin saber qué pensaba o sentía, iba yo intempestivamente cuesta abajo. Esa primera borrachera no fue la última, pues dentro del internado, había una costumbre muy añeja de salir de parranda constantemente a las tabernas. Dentro de ese "selecto" grupo que asistía a las tabernas, yo era el más joven de todos, en poco tiempo dejaron de verme como un chiquillo que tenían que soportar, y me convertí en un cabecilla, atrevido y conocido cliente de las tabernas. Nuevamente estaba ya dentro de ese mundo prohibido del que había salido una vez; ahora me encontraba en un lugar privilegiado dentro de él.

Frente a esta situación, yo me sentía mal. Estaba viviendo en una constante autodestrucción, y mientras a los ojos de los demás yo era audaz, valiente y parrandero, para mi alma no era más que un ser condenado a la destrucción total.

Todavía está fresco en mi memoria el recuerdo de un domingo en que salía de una cafetería y, al ver jugando inocentemente a unos niños con sus ropas limpias y perfectamente peinados, las lágrimas escurrieron por mis mejillas. Y mientras yo me divertía alrededor de una sucia mesa llena de vasos con licor, asustando a mis compañeros con mi cinismo habitual, en el fondo de mi ser, todavía sentía un enorme respeto y cariño por todas esas cosas de las cuales ahora me burlaba. Yo seguía arrodillándome frente a la imagen de mis padres, de mi hogar, de Dios.

La falta de identificación con mis nuevos amigos, mi soledad y mi dolor tenían una explicación. Entre todos los compañeros, incluso entre los que se jactaban de ser los más fuertes, no era yo más que un chico perdido y cínico que sólo se burlaba de profesores, del colegio, de la familia y de la Iglesia con singular osadía e ingenio. También tenía la peculiaridad de hacer mío cualquier chiste obsceno o indecente con singular facilidad. Lo único que me abstenía de hacer con mis compañeros, era ir en busca de damas. Sentía una gran soledad y un enorme deseo de amor, un deseo tan grande, que mis palabras no me podían sacar de ese laberinto oscuro y enredado. Siempre que veía caminar frente a mí a las mujeres arregladas, bellas, contentas y con esa gracia femenina, las veía como sueños inalcanzables, demasiado buenos y perfectos para alguien como yo.

También, por algún tiempo no pude entrar jamás a la papelería de la señora Jaggelt, pues el simple hecho de mirarla me subía los colores a la cara, ya que recordaba lo que mi amigo Beck me había platicado sobre ella.

Y no obstante esta lejanía y soledad que sentía con mis compañeros, nunca fui capaz de separarme de ellos. Me es imposible recordar ahora si alguna vez encontré felicidad o estímulos en esa vida llena de brumas y de alcohol, pero recuerdo perfectamente que nunca me acostumbré al vino hasta el punto de hacerme insensible a las penosas molestias que seguían al exceso. Todo eso era ya como una obligación. Siempre hacía lo que yo pensaba era lo correcto; de no ser así, no sé lo que en verdad hubiera hecho conmigo mismo. Tenía un gran temor de los intensos arrebatos de ternura, de amor y de timidez a los que constantemente regresaba. Sobre todo, tenía un gran temor de los pensamientos eróticos que tenía día tras día.

En esa época, lo que más extrañaba era la presencia de un amigo verdadero. De entre mis compañeros de parranda, había dos que no me eran del todo desagradables, pero ambos huían de mí constantemente.

Ellos formaban parte de los chicos buenos y mis actitudes e inclinaciones ya no eran un secreto para nadie en el internado. Todos me veían como un chico perdido y bajo cuyos pies todo se estremecía. Los profesores también sabían de mis aventuras, es más, en varias ocasiones había sido reprimido fuertemente por mi proceder, y la expulsión definitiva de la institución era algo que ya se daba por hecho. Yo tenía conocimiento de ello, pues había dejado de ser un alumno bueno, limitándome a no esforzarme más en las clases para mejorar. Ya no podía durar demasiado tiempo así.

Dios tiene infinidad de maneras de llevarnos a la soledad y encontrarnos con nosotros mismos. Creo que para mí, el camino que había tomado era el que el Señor había elegido. Era una verdadera pesadilla. Me veía caminar ansioso y sin aspiraciones, igual que un hombre afectado por un mal sueño de noches de parranda, vino y cigarrillos, por una vereda fea y sucia, llena de basura e insectos. Esto fue lo que a mí me pasó. Así fue como aprendí a encontrarme solo y a levantar una puerta celosamente vigilada por tremendos guardianes entre mi infancia y mi actual situación. Esto fue el despertar, el inicio de la nostalgia por esa persona que tanto conocía y que ahora no reconocía: yo.

Todavía recuerdo el tremendo susto que me llevé cuando vi a mi padre en el internado; él había llegado alarmado por las cartas que el director le había enviado, pero cuando me visitó nuevamente en el invierno, me encontró con un gesto duro e indiferente ante sus regaños y reproches, a sus peticiones de que cambiara e, incluso, al recuerdo de mi madre. Finalmente, su enojo fue tal, que me juró que si yo no presentaba algún cambio favorable, dejaría que me expulsaran del internado y me llevaría a la correccional. ¡Gran cosa! Al marcharse, sentí pena por él. No había logrado nada conmigo y tampoco había encontrado la manera de llegar a mí. Por momentos, llegué a pensar que le estaba muy bien empleado.

Cualquier cosa que pudiera llegar a ocurrirme me tenía sin cuidado. Yo siempre mantenía, muy a mi manera —con parrandas y alcohol—, mi lucha contra el mundo. Ese era un modo de manifestar mi repudio, pero también con eso, me destruía. Cuando me daba cuenta de ello, planteaba la siguiente situación: "Si el mundo era incapaz de usar a los hombres como yo, si ellos no tenían ninguna función o papel importante dentro de él, entonces nosotros debíamos tomar el camino de la destrucción. Para el mundo".

La Navidad en ese año fue bastante triste. Cuando llegué a casa, mi madre se asustó por lo que vio. Había crecido mucho y mi rostro reflejaba en cada gesto, en los rasgos cansados y en su gris tono mi modo de vida. Mi tímido bigote, así como las gafas que había empezado a usar apenas unos meses atrás, me hacían un perfecto desconocido ante los ojos de los míos. Las risas burlonas de mis hermanas poco me importaron. Todo fue penoso y sumamente amargo esas vacaciones navideñas; las pláticas con mi padre en su despacho, la visita de los familiares, pero sobre todo la Noche Buena. Esta noche siempre había sido la más festejada y alegre de todas las fiestas en casa; el amor y la gratitud que se respiraba en el ambiente renovaba los lazos entre mis padres, entre mis hermanas y entre todos los que ahí se reunían. Esta ocasión nada de eso se presentó. Como cada año, mi padre leyó el evangelio de los pastores que "cuidan sus rebaños en el campo" y mis hermanas abrieron sin emoción alguna sus regalos. No obstante ello, la voz de mi padre sonaba diferente y su apariencia envejecida y lerda llamaron mi atención. Mi madre estaba muy triste, y para mí esta escena fue muy penosa e indeseable. Nada tenía objeto esa noche; los regalos, el árbol, los votos de felicidad, el Evangelio... Aún así, los alfajores despedían un aroma a nostalgia, a recuerdos bellos que en verdad ya no eran tales. Estaba ansioso porque la noche llegara a su fin al igual que esas vacaciones.

Así transcurrió el invierno. Los profesores me habían amenazado nuevamente con la expulsión definitiva del internado. Eso sucedería pronto, y todo por mi causa.

No tenía noticia alguna de Demian y odiaba el olvido en el que me había tenido. Nunca lo vi durante todo ese tiempo. Al principio, en mi estancia dentro del internado le había mandado dos cartas que jamás contestó. Quizá por ello, no quise visitarlo mientras estaba en mi ciudad natal.

Ya en la primavera, y justamente en el mismo parque donde me topé por primera vez con Beck, veía como el verdor regresaba a los árboles y al césped, pero también recuerdo haber visto a una mujer que llamó poderosamente mi atención. Esto sucedía en una de mis caminatas por la tarde en la que me hundía en mis penosos pensamientos, pues cada vez mi salud era más débil y mi situación económica empeoraba. Ya debía bastante dinero a mis compañeros y mi crédito en tiendas de cigarrillos y licores era muy malo. En verdad estas preocupaciones no eran tan importantes, como ya tampoco lo era el ser expulsado del internado, ser recluido en una correccional o el hecho de quitarme la vida. Lo que en verdad me preocupaba, era el vivir entre tantas cosas ingratas a la vez.

La mujer era alta y delgada, vestía elegantemente y tenía un rostro infantil, inteligente y sumamente expresivo. Pensé un momento sólo en ella y caí enamorado inmediatamente de su gracia. Era el tipo de mujer que yo admiraba y empezó a ocupar parte en todas mis fantasías. No era mucho mayor que yo, pero estaba más cerca a la madurez física. Su elegancia y su cercanía a la madurez femenina le daban un aire gracioso y una juventud facial que me atrapó.

Nunca había tenido el valor para acercarme a una dama que llamara mi atención, y esta vez no iba a ser la excepción. No obstante, la impresión que me había dado esta mujer era mucho más profunda y el amor que sentí por ella influenció enormemente mi vida.

Nuevamente, volvió a erguirse frente a mis ojos como una imagen perfecta y sublime. ¡Ah, ninguna necesidad o deseo era tan grande y fuerte como el de venerar y adorar a esa mujer! La llamé Beatriz; aunque yo no había leído a Dante; pero el nombre me era familiar por una pintura inglesa de la que tenía una copia. La pintura exponía una delicada figura femenina de largos miembros, cabeza fina y manos bellas. La hermosa muchacha que había visto en el parque no tenía gran parecido al de la pintura, pero mostraba esa delgada forma —un poco masculina— que tanto me gustaba, además de tener un rostro puro y espiritual.

Jamás le dije una sola palabra a Beatriz, pero por esa época, influyó enormemente en mis actos. Su imagen siempre estaba presente en mi mente, me abrió un santuario, y me hizo su fiel devoto que rezaba cada noche en su templo perfecto. De un día para otro dejé de ser uno más de los chicos que se lanzaban a la parranda y a las aventuras nocturnas. Nuevamente estaba solo. Regresó a mí ese amor por la lectura y los largos paseos por el parque.

Este cambio trajo las burlas y los chistes de mis compañeros. No me importaba eso, pues ahora tenía nuevamente algo que podía admirar y venerar; nuevamente la vida me obsequiaba algo misterioso, bello y que colmaba todos mis sentimientos. Volví a ser dueño de mi persona, aunque en verdad, sólo era un esclavo y servidor de una imagen casi santa para mí.

Me es imposible recordar esos años sin cierta emoción. Nuevamente trataba de reconstruir sinceramente ese mundo bueno y luminoso sobre las ruinas que había dejado. Nuevamente mi vida tenía como objetivo el deseo de dar fin a lo tenebroso y lo malo que estaba en mi interior, permaneciendo a toda costa del lado bueno e iluminado, de rodillas ante mis dioses. Este brillante mundo era, asimismo, una creación únicamente mía; no se trataba de una fuga en búsqueda de los brazos tiernos y amables de mi madre o de la seguridad irresponsable, se trataba de una vocación, una servidumbre creada por mí, llena de responsabilidades y de disciplina. La sexualidad, bajo cuyo yugo vivía y trataba de huir, debía de hacerse más pura con este nuevo fuego, convirtiéndose ahora en devoción y espíritu. Ya no cabía nada repulsivo o doloroso en ese mundo; las tormentosas noches, las imágenes grotescas y obscenas, el escuchar secretos a través de puertas prohibidas y el morbo tenaz debían salir por siempre. Y el lugar que antes ocupaban estas terribles cosas, ahora lo llenaría un espléndido altar en honor a mi bella Beatriz; cada vez que me consagrara a ella, lo haría al mundo espiritual, a los mismos dioses. Toda esa parte de mi vida que me regalaba excesos y pecados, la sacrificaba por la que daba luz y amor. A fin de cuentas, lo que yo buscaba no era el placer mismo o la felicidad, sino la pureza, la belleza, lo espiritual.

El culto practicado a Beatriz cambió por completo mi vida. Unas horas antes de verla, seguía siendo el muchacho cínico e inmaduro, y a partir del momento en que la vi, era un devoto ministro de un templo, esperando llegar pronto a la santidad. Y no sólo me alejé de la vida mala a la que me había ya acostumbrado, sino que traté de infundir en todas mis cosas, hasta en las más comunes —comida, lenguaje y vestido—, la pureza, la dignidad y lo noble de mi nuevo despertar. Era un muchacho correcto y decente, caminaba derecho y con pasos más lentos pero firmes. Quizá los que veían todo mi cambio sin saber su motivo me veían extrañados y con cierta comicidad, pero yo sabía perfectamente que eso no era más que un servicio divino.

Dentro de las actividades nuevas que estaban encaminadas a expresar mi nuevo espíritu, hubo una muy significativa. Empecé a trazar figuras en un pedazo de papel. Esto tuvo su origen en que la pintura inglesa de Beatriz que guardaba celosamente, no tenía parecido alguno con mi diosa.

Yo tenía la firme intención de pintarla tal y cual la veían mis ojos. Sumamente emocionado con esta idea, logré juntar en mi nueva habitación —tenía pocos días en ella solo—, papel, colores, pinceles, vasos, lápices y todo lo necesario para emprender mi nueva etapa. El ver reunido todo el material y los colores me emocionaba mucho. Entre esos colores, uno en particular llamaba mi atención; se trataba de un verde fogoso que me hacía recordar una bella porcelana.

Trataba de tener mucha paciencia, pues sabía que iniciarse en el arte de la pintura era muy difícil. Empecé trazando cosas sencillas como flores y pequeños paisajes que mi mente fabricaba; seguí con árboles y un puente romano con varios cipreses. Muchas veces me hundía en ese nuevo juego de colores y figuras, feliz como un niño con juguete nuevo. Después, comencé a dibujar a Beatriz.

Los primeros intentos fueron fallidos y terminaron en el cesto de la basura. Mientras más trataba de recordar los detalles de la cara de Beatriz que sólo había visto a lo lejos, menos lo lograba. Finalmente me di por vencido y empecé a dibujar un rostro cualquiera siguiendo mis instintos y dejando libre mi mano al trazar líneas sobre el papel. Cuando terminé ese rostro, no me fue del todo desagradable, así que seguí con mi técnica en nuevos dibujos. Cada vez los rostros eran más expresivos y se iban acercando a lo que yo deseaba, aunque en verdad estaban lejos de lo verdadero.

Así pues, poco a poco fui dejando más y más libre mi imaginación en cada dibujo que hacía, llenando espacios y trazando líneas caprichosamente. Finalmente un día, y sin yo percatarme de ello, observé un rostro que me inspiraba algo muy especial que ningún otro rostro lograba. No era la cara de Beatriz, ni pretendía serlo, era algo irreal y muy valioso. Tenía más los rasgos de un muchacho que de una mujer; el pelo no era dorado sino oscuro, rojizo; la barbilla era dura y contrastaba con la roja y delicada boca. Todo el dibujo, en su conjunto, era un poco rígido, parecido a una máscara, pero estaba lleno de vida y era impresionante.

Al ver detenidamente mi dibujo, una impresión muy particular sacudió mi cuerpo. Parecía un icono, una imagen sagrada, mitad hombre y mitad mujer, carente de edad, realista y soñadora, fría y viva. Esa cara tenía que decirme algo, algo muy importante y muy mío. En verdad se parecía a una persona que conocía, pero no sabía a quién.

Muchos fueron los días que el retrato me acompañó por toda mi vida. Lo escondía en un pequeño cajón y le echaba llave para que nadie lo descubriera y se fuera a burlar de mí. Y cuando estaba a solas en la noche, sacaba el dibujo y hablaba con él, lo sujetaba a la pared con un pequeño clavo sobre mi cabecera y lo veía hasta que el sueño me vencía. Cuando amanecía, mi primera mirada del día era para ese retrato.

Fue por esos años cuando, al igual que en mi infancia, los sueños volvieron a mi vida. Durante varios años jamás había tenido un sueño hasta esos días. Éstos, traían imágenes muy diversas, y el rostro que había dibujado, aparecía bello y horrible, vivo y muerto, hablando y callado, bueno y malo.

Una mañana que desperté de uno de esos sueño por fin pude reconocerlo. Su mirada me era tan familiar y parecía llamarme por mi nombre; me reconocía como lo hace una madre con su hijo y sentía que me había estado esperando desde siempre. Con el corazón agitado observé por un largo rato mi dibujo, sus cabellos oscuros, su fina boca, su frente recia y clara (curioso reflejo que dan ciertos colores al secarse), y sentí que cada momento que pasaba era como si me acercara más al reconocimiento absoluto, al reencuentro y a la identificación exacta.

Salté de mi cama, me paré justo enfrente de mi dibujo y lo vi directamente a los ojos grandes verdes y fijos; uno de ellos, el derecho, estaba más alto que el izquierdo. En ese momento, vi claramente cómo parpadeó levemente, y con ese parpadeo lo reconocí inmediatamente... ¡Cómo pude tardarme tanto en darme cuenta! Era Demian.

Ya por la tarde, me puse a comparar cada rasgo del dibujo con la imagen que tenía guardada en mi memoria de Demian. No eran exactamente los mismos, aunque eran semejantes; pero a pesar de todo, efectivamente era Demian.

Durante el verano, el sol entraba libremente por mi ventana, que daba hacia el oeste. Conforme moría la tarde, mi habitación se oscurecía, así que se me ocurrió colgar el dibujo de Beatriz o, mejor dicho, Demian, de los cristales y observar cómo los últimos rayos solares lo atravesaban. El rostro se esfumó; pero los ojos enmarcados de un vivo rojo, la claridad de la frente y la boca fina e intensa ardían sobre la blanca superficie. Permanecí sentado mucho tiempo frente al dibujo, aun cuando ya no había nada de luz, poco a poco me fui llenando de una sensación muy extraña, pues sentía que ese dibujo no era Beatriz o Demian, sino que la persona que ahí había dibujado era yo. El retrato no se parecía a mí en lo más mínimo —y no era necesario que así fuera—, pero representaba mi vida, mi interior, mi futuro y mis demonios. Si alguna vez llegara a tener un amigo, seguramente sería como el retrato; si llegara a tener una amante, su rostro sería idéntico al de mi dibujo. Mi vida y mi muerte estaban reflejados en ese pedazo de papel.

Por esos días empecé a leer algo que me impresionó como jamás nada leído lo había hecho. Inclusive, jamás he vivido tanto un libro, exceptuando quizá a Nietzsche. Se trataba de un libro de Novalis que contenía cartas y sentencias, muchas de las cuales no entendía, pero que me interesaban mucho. Unas palabras de este libro, llamaron poderosamente mi atención y las escribí al pie del retrato: "Destino y sentimiento son nombres de un solo concepto". Ahora todo estaba claro.

Muchas veces encontré de nueva cuenta a la muchacha que puse el nombre de Beatriz, sólo que ahora ya no me atraía tanto como cuando la observé por primera vez. Seguí teniendo un suave recuerdo y una intuición sensible, pero nada más. "Sigues unida a mí, pero no tú misma, sino tan sólo tu imagen; eres una parte de mi destino".

Una vez más, volví a sentir una enorme nostalgia por Demian. No había tenido noticias suyas desde hacía varios años. Lo vi sólo una vez durante las vacaciones. Y ahora recuerdo que no incluí este encuentro en mis anotaciones, y creo haberlo hecho por venganza y por amor propio. Tengo que hacerlo ahora.

En unas vacaciones de verano, caminaba yo sin nada especial que hacer por las calles de mi ciudad, evidenciando a cada paso mi vida de excesos. Miraba con desprecio los rostros viejos de las personas de siempre, cuando vi, del otro lado de la calle, que se acercaba mi amigo Demian. El verlo me emocionó mucho. Inmediatamente regresó a mi mente la historia de Franz Kromer. ¡Espero que Demian haya olvidado esos momentos! No era grato deber algo a Demian por ello; aunque, sabía yo que había sido una historia infantil y estúpida y que en verdad no estaba en deuda con él.

Demian parecía esperar mi consentimiento para saludarnos, así que cuando me acerqué a él tratando de no mostrar mis emociones, me tendió la mano derecha. ¡Ese era un nuevo saludo entre amigos! ¡Firme, viril y al mismo tiempo distante y cálido!

Me miró de arriba a abajo por unos momentos y me dijo:

—Has crecido amigo Sinclair.

Él parecía no haber cambiado nada, seguía tan maduro y tan joven como siempre.

Caminamos juntos por unos momentos y hablamos de miles de cosas sin relevancia alguna. No tocamos ningún tema del pasado, ni hablamos tampoco sobre el tema de las cartas que le había enviado y que él jamás contestó.

En esos días todavía no existían ni Beatriz ni el retrato, aún estaba hundido en mi etapa de autodestrucción. Invité a mi amigo a entrar a una bodega en las afueras de la ciudad. Con ese estúpido tono fanfarrón que había adquirido en el internado, pedí que me dieran una botella de vino, llené un par de vasos, brindé por nosotros y bebí rápidamente mi vaso, al igual que lo hacía con mis compañeros de colegio.

—¿Visitas constantemente tabernas? —preguntó.

—Claro —contesté tranquilamente—; ¿qué le vas a hacer? Finalmente, es lo más divertido por aquí.

—¿En serio? Quizá tengas razón. Claro que deben de tener algo bello, la emoción del lugar, el vino y otras cosas. Pero yo veo que la gente asidua a esos lugares ha perdido por completo la exaltación báquica. Para ellos es un hábito llegar a una taberna y beber vino nada más por hacerlo. Una noche de verdadera embriaguez y orgía a la luz de las antorchas, eso sí vale la pena, pero pasarse varias horas sentado frente a una mesa y tomando un vaso tras otro lleno de vino barato, ¿qué puedes encontrar de bello en eso? ¿Puedes imaginarte a Fausto sentado una noche y otra en una tertulia de café?

Llené de nueva cuenta mi vaso y bebí vino mientras lo miraba hostilmente.

—Bueno, no todos podemos ser Fausto ¿verdad? —contesté seco.

Me vio sorprendido por mi respuesta, soltó una sonrisa y siguió adelante con su altivez acostumbrada.

—Claro, no tiene caso discutir sobre ello. De cualquier manera, la vida de un borracho o de un libertino es quizá mucho más intensa que la de cualquier rico intachable. Además, y no recuerdo en dónde lo leí, la vida del parrandero es una de las mejores maneras de prepararse para el misticismo. Gente como San Agustín, que empezó a abandonarse al placer, son los que se convierten en videntes.

La desconfianza empezó a brotar de mi interior y no deseaba que Demian me dominara. Contesté indiferente:

—¡Sí, cada quién hace lo que mejor le parece! A mí, para ser sincero, no me llama la atención ser profeta o algo así.

Demian me miró de una manera fuerte e inteligente y me dijo:

—Querido amigo, no era mi intención molestarle. Además, ni tú ni yo sabemos el por qué vacías ahora tu vaso. Pero lo que está en tu interior, eso que calma tu vida, sí sabe por qué lo haces. Es bueno saberlo y estar consciente de ello, de que hay algo en nosotros que todo lo sabe, que todo lo quiere y que todo lo hace mejor que nosotros. Ahora discúlpame, me tengo que ir a casa.

Nos despedimos fríamente y Demian partió. Yo me quedé en la taberna muy enojado por lo que había pasado. Terminé de tomarme la botella y al marcharme, un señor me dijo que mi compañero había pagado todo. Esto hizo que mi enojo y mal humor subieran.

Todos mis pensamientos coincidieron en este suceso, así que Demian los ocupaba todos. Las palabras que me dijo en esa taberna regresaron a mi mente más fuertes, más vivas y se tatuaron ahí: "Y es bueno tener conciencia de que en nuestro interior hay algo que lo sabe todo".

Vi nuevamente el dibujo colgado de la ventana totalmente apagado. No obstante, los ojos parecían seguir brillantes y luminosos. Esa era la mirada de Demian, o quizá se trataba de aquel que dentro de mí todo lo sabe.

Mis ganas de volverme a encontrar con Demian crecían mucho día a día. No sabía nada de él ni sabía cómo poder llegar con mi amigo. Lo único que había llegado a mis oídos, era que al terminar sus estudios en el colegio, había salido de la ciudad con su madre, seguramente con la intención de continuarlos en otro lugar.

Traté de recordar cada cosa de Demian, desde mis épocas con Franz Kromer. ¡Cuántas cosas que me había enseñado en esos días surgían nuevamente! Y lo curioso, era que todas ellas aún tenían sentido, me importaban y no caducaban. Inclusive sus palabras sobre el libertinaje que me molestaron durante nuestro último encuentro, surgieron claramente de mi alma. ¿Y si eso era lo que me había pasado? ¿Acaso yo no había caído en la embriaguez y en la disipación para luego levantarme por un impulso vital que me había cambiado, que me había encaminado hacia la pureza y a la nostalgia de lo bueno, de lo santo?

Conforme caía la noche, recordaba cada una de las palabras de Demian. Era una noche lluviosa, al igual que esa tarde cuando Demian me cuestionó acerca de mi situación con Franz Kromer y descubrió mi secreto. Enlazando unos con otros, siguió la cascada de recuerdos: pláticas camino a clases de religión y, finalmente, surgió el de mi primer encuentro con Demian. ¿De qué charlamos esa vez? No podía recordarlo bien al principio, pero al fin, después de muchos esfuerzos, por fin recordé. Estábamos afuera de mi casa, después de que él me había dicho sobre la historia de Caín, observando el viejo y maltratado escudo que colgaba de nuestro portón. Recuerdo que él me dijo que ese escudo le interesaba mucho y que debíamos de fijarnos bien en esas cosas. Durante la noche, soñé con mi entrañable amigo y con el escudo que cambiaba constantemente de forma. En este extraño sueño, Demian sostenía en sus manos el escudo, unas veces gris y pequeño, otras grande y rojo, pero según sus palabras, siempre era el mismo. Finalmente, mi amigo me obligaba a comerme el escudo y sentía con tremendo espanto como esa ave adquiría vida en mí y me devoraba las entrañas. Completamente asustado, desperté.

Todavía no salía el sol. Desperté bien y escuché que caía agua en el piso de mi habitación. Me levanté y vi que la ventana estaba abierta y que por ella entraba el agua de la lluvia; cerré la ventana y sentí que pisaba algo blanco que había caído al suelo. Ya en la mañana, me di cuenta de que lo que había pisado en la noche era mi dibujo. Mojado y arrugado, traté de arreglarlo. Lo coloqué en el interior de un libro para que se secara y no se arrugara más, y al cabo de unos días, cuando saque el libro para ver cómo se encontraba mi pintura, la encontré en perfectas condiciones, sólo que estaba un poco diferente. La boca se había afinado un poco más y ya no era tan roja como antes. ¡Ahora sí era Max Demian!

Inmediatamente me puse a trabajar en un nuevo dibujo; ahora trataría de dibujar el ave heráldica que en mis sueños me devoraba. No recordaba del todo cómo era, y muchos detalles escapaban a mi memoria, ya que se trataba de un escudo viejo, descuidado y que había sido pintado infinidad de veces, al igual que el portón de mi casa. El ave estaba parada sobre algo; quizá eran unas flores, un cesto, un nido o la copa de algún árbol. Sin tomar mucho en cuenta esto, empecé los trazos según lo que había en mi memoria, pero guiado casi exclusivamente por lo que me dictaba mi interior. Utilicé colores muy vivos, dándole un espectacular dorado a la cabeza del animal. Después, caprichosamente, terminé el dibujo en unos cuantos días.

El resultado final fue un ave de rapiña con una puntiaguda cabeza de gavilán; la mitad de su cuerpo estaba sumergida en una esfera que representaba el mundo prohibido, de la cual salía el animal como si se tratara de un enorme huevo. Mientras más detalladamente observaba mi dibujo, más se parecía al escudo rojo que había visto en mi sueño.

Aun cuando tuviera los datos exactos de Demian, no hubiera podido mandarle una carta o un mensaje. No obstante, y guiado por esa oscura intuición que regía mi camino por esos días, decidí enviarle el dibujo sin importar que llegara o no a sus manos. No escribí una sola letra en él, ni nombre ni fecha, simplemente lo recorté con cuidado en la parte de las esquinas, compré un sobre grande y lo mandé a su antigua casa en mi ciudad natal. Lo eché al correo y regresé al internado.

Estaba próximo un examen muy difícil, por lo cual tenía que estudiar más de la cuenta. Desde que había dejado la vida ligera y de borracheras, los profesores me habían abierto nuevamente los brazos con la esperanza de que mejorara en todo. No se trataba de que ahora sí era un excelente alumno, pero era muy gratificante que ni yo, ni nadie más en el colegio, se acordaba que unos meses atrás mi expulsión de ahí era inminente.

Mi padre me escribía nuevamente como en un principio sin regaños o amenazas, pero, por mi parte, no tenía la más remota intención de comentar con nadie el por qué de mi cambio tan radical. Si bien les parecía, tanto a los profesores como a mis padres que todo había sido obra de la casualidad y nada más. El cambio experimentado por mí no me acercó más a mis compañeros ni a nadie en especial, simplemente me hizo regresar a mi soledad habitual. No obstante, sabía que este cambio me acercaba a Demian, hacia un destino lejano. Yo no tenía idea de ello, pues estaba en el ojo del huracán. Todo había iniciado con Beatriz, pero desde hacía algún tiempo, vivía en un mundo irreal, lleno de dibujos extraños y de mis recuerdos de Demian. Inclusive, en ese mundo, ya había desaparecido mi diosa por completo. Y aunque hubiera deseado mucho contar a una persona mis sueños, mis esperanzas y mis cambios, sabía que no podía hacerlo.

Pero ¿por qué quería hacerlo?

El pájaro rompe el cascarón

El ave de mis sueños estaba en camino buscando a mi amigo cuando, inesperadamente, recibí una respuesta.

Un día, después del descanso entre clases, encontré un papel que estaba colocado entre las hojas de un libro sobre mi pupitre. El papel estaba doblado por la mitad, una costumbre en el internado cuando alguien recibía un mensaje de un compañero y que no quería que nadie se enterara. La sorpresa fue muy grande para mí, pues yo jamás había tenido contacto de ese tipo con ninguno de los compañeros de clase, así que no sabía de quién se podría tratar. Por un momento pensé que se trataría de una broma o algo parecido, así que no hice mucho caso y dejé el recado entre las hojas del libro.

Ya durante la clase, y cuando me proponía a cotejar una información del profesor en mi libro, el papel volvió a caer en mis manos. Esta vez lo desdoblé y pude ver apenas unas pocas palabras escritas en él. Al verlas rápidamente, mis ojos quedaron quietos sobre una sola de esas palabras. Emocionado, y con el corazón latiendo fuertemente, leí detenidamente todas y cada una de las palabras que contenía ese papel: "El pájaro rompe el cascarón. El huevo es el mundo. El que quiera nacer, tiene que romper un mundo. El pájaro vuela hacia dios, el dios se llama Abraxas".

Leí una y mil veces las líneas escritas y caí en un profunda y larga meditación. No había duda alguna, esa era la respuesta de Demian. Sólo él y yo sabíamos de la existencia de esa ave. Le había llegado mi dibujo, lo había comprendido y me estaba ayudando a interpretar. No obstante, seguía una duda en mi cabeza: ¿Qué relación había entre todo eso?, y más que nada, ¿quién era Abraxas? Nunca antes había leído o escuchado ese nombre. "¡El dios lleva por nombre Abraxas!".

Terminó la clase y jamás supe de qué se trató. Dio comienzo una nueva, que en realidad era la última de esa mañana. Un joven estudiante recién egresado de la universidad estaba a cargo de la cátedra. A todos nos agradaba el maestro, pues era muy joven y no se daba importancia como los demás.

En ese curso leíamos, siempre bajo su dirección, a Herodoto. Esta lectura era de las pocas cosas que en verdad habían llegado a interesarme, no obstante, ese día no logré poner la atención de siempre. Abrí el libro y fingí estar siguiendo la lectura, pero la verdad, yo estaba hundido en mis pensamientos, en el mensaje y en todo lo que eso desataba. Por otra parte, había corroborado lo que Demian me había enseñado en la clase de religión muchas veces: lo que se quiere con bastante fuerza siempre se consigue. Si durante la clase yo me hundía en mis pensamientos sin dar molestias o llamar la atención de los demás, podría estar seguro de que el maestro jamás me molestaría. Pero si me encontraba distraído o adormilado, el profesor se paraba frente a mí inmediatamente y me cuestionaba con respecto a la clase. Lo curioso es que, cuando uno en verdad pensaba profundamente en algo y estaba ajeno a lo que le rodeaba, siempre había algo raro que lo protegía. Asimismo, había practicado y corroborado el poder que tenía en la mirada. También en mis tiempos de estudiante al lado de Demian, nunca había logrado obtener el éxito que él me decía y me mostraba claramente, pero ahora sabía por mi propia experiencia, que con la mirada y el pensamiento se podían lograr cosas sorprendentes.

Yo me encontraba a miles de kilómetros de la clase, de Herodoto y de todos mis compañeros cuando, súbitamente, la voz del doctor Follen me regresó al momento y me despertó bruscamente. Escuché su voz; estaba frente a mí y creí haber escuchado mi nombre salir de su boca. Lo raro es que no me estaba mirando, así que respiré tranquilo.

En ese momento volví a escuchar su voz, su voz volvía a repetir esa palabra mágica y misteriosa: "Abraxas".

De inmediato traté de seguir su explicación que, según recuerdo, decía más o menos algo así: "Por lo que respecta a las doctrinas de aquellas sectas y comunidades místicas de la antigüedad, no debemos de pensar en ellas como simples o ingenuas, aunque así nos podría parecer desde el punto de vista racionalista. En la antigüedad podíamos encontrarnos con una profunda técnica mentalista para elaborar una gama muy compleja de verdades filosóficas y místicas, ya que en esos años no se contaba con una ciencia como en la actualidad. Muchas veces nos encontramos con brujería y cosas superficiales, que llevaron a engaños y asesinatos despiadados, pero también en la magia podemos toparnos con un origen noble y de pensamientos sumamente profundos, como por ejemplo, en la doctrina Abraxas de la cual les hablé hace unos minutos. Este nombre se relaciona con fórmulas mágicas de los griegos y se le considera en varias partes del mundo el nombre de un poderoso hechicero, al igual que hay miles en los pueblos salvajes. Sin embargo, parece ser que Abraxas es mucho más que un simple hechicero o brujo. Podemos pensar que es el nombre de un dios que tiene la particularidad y el poder de unir lo divino con lo demoníaco".

El joven profesor continuó su cátedra cuidadosamente, que la mayoría de los alumnos seguía a medias, y como jamás volvió a mencionar el nombre de Abraxas, poco a poco fui también perdiendo el interés, refugiándome nuevamente en mis pensamientos.

"Unir lo divino con lo demoníaco"... Esa frase seguía retumbando en mi cabeza, ya que con ella podía unir mis reflexiones. Todo ello me resultaba muy familiar debido a las charlas que había sostenido con Demian en los últimos años de nuestra amistad, recordaba perfectamente que él me dijo que todos venerábamos a un dios que sólo representaba la mitad del mundo arbitrariamente arrancada del mundo en su totalidad. Esa parte que todos amaban y respetaban era la clara y la buena, pero que también la otra mitad debería ser venerada y respetada, así que era necesario crear a un dios que abarcara ambos mundos, el divino y el demoníaco. Así pues, Abraxas era el dios que tenía parte de los dos mundos, pues en él se podía ver a Dios y al Diablo.

Pasé muchos días intentando seguir esa pista sin muy buenos resultados. Busqué afanosamente en la biblioteca algo sobre Abraxas y nada. Yo no estaba acostumbrado a esta clase de investigaciones que, de una manera u otra, lo único que buscan son verdades que en verdad no sabemos cómo utilizar.

La imagen de Beatriz, como lo mencioné páginas atrás, se había ido perdiendo poco a poco, hasta que, finalmente, desapreció de mi vida por siempre. Su dulce imagen y todo lo que me había despertado al verla en el parque ya no satisfacía mi alma ahora.

Pero en las noches sin poder dormir, encerrado en mis pensamientos, volvió a nacer nuevamente. Regresó a mí la inesperada nostalgia de la vida y la necesidad de amor y adoración por mi Beatriz. Ahora, mi espíritu reclamaba nuevas imágenes y nuevas metas. Sin embargo, esos deseos que nacían nuevamente, no encontraban satisfacción, y me era imposible tratar de engañarles con muchachas cualquiera, de esas que satisfacían las necesidades de mis compañeros. Nuevamente empecé a tener sueños, y no sólo en las noches, sino que durante el día también. Imágenes, ideas y deseos inundaban mi mente y me alejaban de todo lo que me rodeaba, hasta que llegó el momento en que vivía más en mis sueños que en la realidad.

Había una cierta fantasía o sueño que se repetía constantemente y que llegó, con el tiempo, a significar algo importante para mí. Este sueño tenaz e importante era el siguiente: Regresaba a casa de mis padres y encima del portón se veía resplandeciente el ave majestuosa, dorada y con un fondo azul. Mi madre salía y me recibía en la puerta, pero al momento de que yo entraba en la casa y la intentaba abrazar, ella ya no era mi madre, sino una figura alta y bella, muy similar a Max Demian y a mi primer dibujo, pero al mismo tiempo me parecía lejana, arrogante y demasiado femenina. Esta persona jamás vista antes me llamaba y me abrazaba de una manera muy profunda, vibrante y cariñosa. Aquí, sentía una extraña combinación de sentimientos, pues a la vez que sentía algo divino en esos brazos, también sentía algo malévolo y criminal. Esa persona que me abrazaba contenía demasiados recuerdos añejos de mi madre y demasiados recuerdos de Demian también. Su abrazo era algo más de lo permitido por las leyes del respeto, pero era pura bienaventuranza. Cuando despertaba de este sueño, en ocasiones la felicidad invadía todo mi ser; otras, un miedo terrible se apoderaba de mí, como si hubiera cometido el peor de los pecados.

Poco a poco y sin darme mucha cuenta de ello, se fue creando un enlace entre esta imagen interior y el mensaje que me llegó desde el exterior acerca del dios que tanto buscaba. Este enlace se hizo cada vez más íntimo, más estrecho, y empecé a sentir que ese sueño conjuraba a Abraxas. Felicidad combinada con angustia, hombre y mujer entrelazados, lo más sagrado y lo más perverso, la mayor de las culpas bajo la sombra de lo más inocente; este era mi sueño de amor, este era Abraxas. Ahora me daba cuenta de que el amor no era un bajo instinto animal como el de mis compañeros de parranda; ni tampoco era una adoración espiritual como la que sentía por Beatriz, era ambas cosas y mucho más. Era ángel y demonio, hombre y mujer en uno, ser humano y animal, bien y mal, anhelo y pecado. Sentía por él un gran deseo, pero también una enorme repulsión; y siempre estaba presente, por encima de mí mismo.

La siguiente primavera iba a abandonar el colegio para asistir a la Universidad, aunque por el momento no había decidido a cuál iría ni qué es lo que iba a estudiar. Mi tenue bigote iba en aumento y me había convertido ya en todo un hombre, no obstante mi gran desorientación. La única cosa de la que estaba seguro, era de mi voz interior, de mi sueño. Esto me hizo seguir ciegamente su guía. Esto me era muy complicado y cada mañana trataba de rebelarme en contra de ello. Muchas veces llegué a pensar que estaba mal de la mente o que quizá nunca lograría ser un hombre común. Sin embargo, podía hacer cualquier cosa que me indicaran; con un poco de concentración y trabajo podía leer y entender a Platón, resolver cualquier problema matemático o seguir cualquier fórmula química. Sólo había una cosa que era incapaz de hacer: erradicar la meta que se había instalado en mi mente y evitar que se dibujara en mis ojos, de la misma manera que lo hacía cualquiera de mis compañeros cuando decía que él quería ser doctor, abogado o artista. Esto me era imposible. Seguramente algún día llegaría a ser alguien en la vida, lamentablemente no tenía manera de saberlo. Quizá tendría que buscar por ahí y por allá por muchos años y, al final, no llegaría a ningún lado. Y si algún día llegara a mi meta, ésta seguramente sería terrible, tormentosa y temible. Por una sola vez en mi vida deseaba sentir que de mi interior brotaba espontáneamente esa cosa que todos podían hacer y yo no. ¿Por qué me resultaba tan difícil?

Muchas veces, en mi loca intención por descubrir lo que deseaba hacer, fracasé pintando lo que mi corazón me indicaba. Si alguna vez hubiera logrado mi propósito, se lo hubiera enviado a Demian. ¿Dónde estaba ahora? No tenía la más mínima idea ¿Cuándo volvería a estar junto a él?

La paz que reinaba en mi ser mientras Beatriz influenciaba todo lo que hacía era ya cosa del pasado. En esos momentos había creído encontrar una isla de sosiego en un inmenso mar de preocupaciones y dudas. Eso siempre me pasaba: siempre que algo me parecía bueno, cuando soñaba algo que me hacía sentir bien, poco a poco iba perdiendo fuerza y se secaba por completo. No tenía caso ni siquiera recordarlo. En esos momentos mi existencia estaba llena de anhelos incumplidos y de tensa espera que llegaba a enloquecerme. La bella imagen de mi sueño aparecía frente a mí más clara que si la tuviera presente en mi realidad; podía tocarla, hablar con ella, llorarle y hasta maldecirla. Muchas veces la llame madre y me arrodillé frente a ella; la nombré amor y me besaba saciando mi sed; le gritaba demonio o mujerzuela o vampiro o asesino. Lo mismo me inspiraba dulces sueños que grotescas obscenidades; para ella nada era demasiado bueno o malo.

Todo ese invierno mi interior pasó por terribles tormentas que me es difícil describir. La soledad era mi compañera eterna y no me molestaba. Vivía al lado de Demian, del ave, de la imagen de mi sueño que era mi destino y al lado de mi amada. Eso me era suficiente para vivir, ya que estaba enfocado hacia lo inmenso y lo lejano, conduciéndome hacia Abraxas. Pero yo no tenía control sobre ninguno de estos sueños o pensamientos; era imposible darles voluntad, colores o texturas. Ellos eran los que tenían el dominio sobre mí, ellos me vivían.

Sin embargo, nada en el mundo exterior podía afectarme. Ya no sentía miedo por ninguna persona. Todos mis compañeros lo sabían de alguna manera y siempre me veían con un respeto oculto que me hacía reír. Si así lo deseaba, podía invadir sus pensamientos más íntimos, sorprendiéndolos siempre con ello. Esto no lo hacía constantemente, sólo de vez en cuando, ya que estaba más ocupado en mis problemas y no en los de los demás. Anhelaba dar algo mío al mundo, relacionarme con él y luchar en su contra. En ocasiones, al caminar por las noches en las calles, me era imposible regresar a mi hogar hasta que daban las doce de la noche, pues creía firmemente que a esas horas me toparía con mi amada en cualquier esquina o en alguna ventana. Esto me angustiaba y no lo soportaba, pues pensaba que todo esto me llevaría a quitarme la vida.

En esos días, la mera casualidad, como la llama la gente corriente, me hizo encontrar un refugio bastante singular. Y no es que existan las casualidades, simplemente, cuando alguien busca algo, siempre lo encuentra. Es el deseo de la persona el que hace que las cosas sucedan, su necesidad lo lleva a ello.

En uno de mis paseos por la ciudad había escuchado un órgano emitir notas agradables en una pequeña iglesia que estaba en los límites del pueblo. Nunca me había detenido a escuchar bien, hasta que esa noche decidí detener mi camino para disfrutar de ese sonido. La música era de Bach, me acerqué más y vi que la puerta estaba cerrada. La calle estaba vacía, así que me senté en la banqueta y me dispuse a disfrutar de la música. El órgano era muy bueno, aunque en verdad no era muy potente; pero lo que me maravilló, fue la habilidad de la persona que ejecutaba perfectamente cada nota de música. Sabía que el hombre que estaba frente al instrumento entendía perfectamente el tesoro que encerraba esa música y se esforzaba por sacarlo, como si en ello le fuera la vida. Yo nunca he sido un especialista en técnicas musicales, pero desde mis años infantiles he sentido la música como algo innato y natural.

Una vez que terminó de ejecutar a Bach, el organista se dispuso a interpretar algo más moderno, quizá Roger. En la iglesia casi no había luz y sólo se podía ver un pequeño destello a través de la ventana. Aguardé a que terminara de tocar y caminé un rato enfrente de la iglesia hasta que salió el fenomenal músico. Era un hombre fuerte y bajo, mucho mayor que yo pero que aún guardaba cierto aire de juventud. Sus pasos eran rápidos y firmes; casi corría al caminar, hasta que se perdió en la oscuridad de la noche.

Asistí muchas veces más a la iglesia, me sentaba junto a la entrada y caminaba por fuera. Una ocasión encontré la puerta abierta y entré al lugar. Estuve más de media hora sentado solo ahí, sufriendo un frío muy intenso mientras el organista tocaba en la parte superior del templo. Una leve luz que emitía una lámpara de gas era todo lo que alumbraba ese sitio. La música no sólo parecía provenir de él, pues todo era afín a lo que estaba escuchando, era como si estuvieran enlazadas todas las cosas por una misteriosa conexión. El sonido que emitía era fervoroso, real y piadoso, pero no piadoso como los beatos y clérigos, sino más bien como los mendigos de la Edad Media; esos que se entregaban por completo a un sentimiento por su mundo, muy superior a cualquier confesión. Desde Bach, hasta los maestros italianos anteriores a él, eran interpretados con una majestuosidad y una exquisitez única.

Cada melodía de cada autor me decía lo mismo que el alma del organista expresaba con su música; me invadía la nostalgia, mi comunión con el mundo y mi separación de él. Mi atención, tensa, no se podía desprender de esa fervorosa entrega y de la inmensa curiosidad de lo maravilloso que presenciaba.

Una noche seguí al músico sin que éste se diera cuenta cuando salía de la iglesia y lo vi entrar en una taberna muy pequeña. Instintivamente entré detrás de él y lo vi, por primera vez, claramente. Tomó asiento en un rincón del lugar; llevaba un sombrero y pidió una jarra de vino. Su rostro era tal y como lo había imaginado: feo y un cuanto salvaje, inquieto, terco y voluntarioso. No obstante, su tierna e infantil boca contrastaba con su rostro; su barbilla era indecisa. Su fuerza y su virilidad, estaban ubicadas en sus ojos y en la frente, pues lo demás en su cara era suave y blando. Sus ojos orgullosos y hostiles eran lo que más me agradaba.

Disimuladamente, me senté en una mesa frente a él. La taberna no tenía gente más que nosotros. Al verme ahí, se molestó y parecía querer echarme del lugar. Sostuve la mirada con la de él y me dijo:

—¿Qué es lo que me ve?, ¿le puedo ayudar en algo?

—No señor —respondí—, ya lo ha hecho.

El extraño hombre sólo frunció el ceño.

—¡Ah! ¿A usted le gusta la música? Yo creo que esa afición es para tontos.

Sin mostrar timidez respondí inmediatamente:

—He tenido la oportunidad de escucharlo varias veces en la iglesia de las afueras —dije—. No es mi intención molestarlo, pero pensé encontrar en usted algo especial, no sé bien qué, pero sí algo especial. No me haga caso, yo seguiré escuchándolo en la iglesia.

—Siempre echo la llave a la puerta.

—Hace unos días usted olvidó hacerlo, así que entré y disfruté escucharlo tocar. De cualquier manera, si está cerrado, me siento junto a la puerta y disfruto de su música.

—¿En serio? La próxima vez que vaya puede entrar, seguramente estar más cómodo y más caliente. Si así lo desea, sólo tiene que tocar la puerta bastante duro para que lo escuche, pero no lo haga si estoy tocando. Pues bien, ¿qué es lo que me quería decir? Usted es joven, parece un colegial o ¿acaso es usted músico?

—No, simplemente me agrada escuchar música; pero esa música que usted interpreta, la incondicionada, esa que hace que el hombre se haga uno con el cielo y el infierno. Pienso que mi fascinación por la música, se debe a que ella no tiene moral alguna. Todo lo que he encontrado en mi vida tiene moral, y yo anhelo encontrar algo sin ella, lo moral

siempre ha llevado a mi vida cosas dolorosas. Quizá no entienda bien...
¿Usted conoce de un dios que es divino y demoníaco a la vez? Por ahí he
escuchado que existe uno.

El músico se acomodó en su silla, echó su sombrero un poco hacia
atrás y se rascó la frente. Me vio como si me estuviera juzgando y me
preguntó en voz baja:

—¿Qué tanto conoce ese dios del que me está hablando?

—Lamentablemente poco conozco de él; de hecho, sólo su nombre:
Abraxas.

El hombre volteó a su alrededor desconfiado de que alguien pudiera estar escuchando nuestra plática. Se levantó y caminó hacia mi mesa
misteriosamente; se sentó y me dijo:

—Ya lo sabía. ¿Quién es usted?

—Soy un alumno del liceo.

—¿Y cómo supo de la existencia de Abraxas?

—Casualmente lo escuché.

Golpeó la mesa tan fuerte, que uno de los vasos se volteó y regó el
vino por la mesa.

—¡Casualidad! No me venga usted con eso. Cada vez que se llega a
tener noticias de Abraxas no es por casualidad. Me gustaría decirle algo
respecto a ese dios.

Acomodándose de nueva cuenta en la silla, se me acercó y me dijo
con una mueca:

—Aquí no lo haré; otro día será. ¡Tome!

Sacó de los bolsillos de su viejo abrigo unas castañas asadas y las
arrojó sobre la mesa.

Yo no dije una sola palabra; las tomé y empecé a comerlas con toda
tranquilidad.

—Vamos a ver —me dijo después de unos minutos—. ¿Cómo supo
usted de... él?

Inmediatamente le contesté:

—Fue durante unos años en los que me encontraba yo muy solo y
vulnerable. Recordé mi relación de hacía varios años con un viejo amigo, del cual sospecho varias cosas, y le mandé un dibujo que realicé en
el colegio y que no era más que un ave saliendo de un mundo esférico.
El tiempo pasó, y cuando había perdido cualquier esperanza de recibir
noticias de mi amigo, llegó un papel a mis manos que decía: "El pájaro
rompe el cascarón. El huevo es el mundo. El que quiere nacer, tiene
que romper un mundo. El ave vuela hacia dios; el dios se llama Abraxas".

Sin decir una sola palabra, mi compañero de mesa siguió comiendo
castañas y bebiendo vino.

—¿Pedimos otra jarra de vino? —preguntó con la boca llena de castañas.

—Gracias. No me gusta beber —contesté.

Se rió un poco decepcionado de mi respuesta y me dijo:

—Como guste. A mí sí me agrada beber. Estaré todavía un buen rato aquí. Si usted así lo desea, puede marcharse.

Días después estuve con él en la iglesia mientras tocaba, pero él no estuvo tan comunicativo conmigo. Después me condujo por una vieja calle hasta una antigua construcción. Entramos a la mansión y subimos hacia un cuarto muy grande en penumbras. Ahí se encontraba un piano, un enorme estante lleno de libros y un escritorio muy maltratado. Todo esto daba una atmósfera de sabiduría a esta descuidada habitación.

—¡En verdad tiene muchos libros aquí! —dije con gran admiración.

—Muchos de ellos son de mi padre, con el cual comparto esta casa... Así es, todavía vivo con mis padres, aunque en este momento no pueda presentarlos a usted, ya que mi situación no es muy bien vista en esta casa. Yo soy un hijo no muy querido, una oveja descarriada. Mi padre es reconocido y honrado por todo el mundo; es un sacerdote y predicador muy importante en la ciudad. Y ya que estoy abriéndome a usted, yo soy el hijo en quien tenía puestas sus esperanzas, lamentablemente, he tomado el camino erróneo y me tachan de loco. Mis estudios fueron en Teología, y unos meses antes de terminar la carrera, decidí abandonar la facultad. No obstante, creo que sigo estudiando esta carrera, nada más que a mi modo. Todavía me parecen interesantes los dioses que la gente se va creando en cada una de las épocas. Por el momento estoy dedicado a la música, y parece ser que muy pronto me dar n trabajo como organista. Si esto es así, pronto regresaré al seno de la iglesia...

Eché un vistazo hacia los libreros, esforzándome por ver con la tenue luz de la habitación. Pude observar libros griegos, latinos, hebreos, y más. Cuando regresé a ver qué hacía el músico, me percaté de que se había sentado en el suelo, y recargándose en una de las paredes, manipulaba en la penumbra.

—Acérquese, por favor. Vamos a filosofar un poco; no diremos una sola palabra, sólo nos recostaremos boca abajo en el piso y pensaremos unos momentos —dijo.

Se acercó a la chimenea, que en un principio no había logrado ver yo, y la encendió con una cerilla que tenía en la mano. Pronto, las llamas se erguían vacilantes frente a nosotros. Me recosté a su lado sobre una vieja alfombra y, al igual que él, miré atentamente las llamas de la chimenea. Así permanecimos una hora aproximadamente sin decir una sola palabra; lo único que hicimos, fue ver cómo jugaban y se entrelazaban las brasas hasta que se consumieron.

—La veneración al fuego no es lo más tonto que el hombre ha creado —dijo en voz baja mi nuevo amigo.

Después de estas palabras, ninguno de los dos volvimos a decir nada. Hundido en la magia del fuego, soñaba y observaba figuras que se formaban con el humo y las cenizas. Súbitamente me sorprendí. El músico había lanzado un poco de resina al fuego y una pequeña y delgada llama surgió de ella. Claramente logré ver la cabeza amarilla del gavilán de mi ave heráldica. Brillaban hilos dorados que formaban redes de las llamas agonizantes, aparecieron algunas letras y figuras y vinieron a mi mente recuerdos de caras, animales, plantas y más objetos raros y sin sentido. Cuando salí de mi sueño, miré a mi compañero y observé que su mentón se recargaba sobre sus puños y no perdía detalle de las cenizas. Su mirada era fervorosa, fanática.

—Es hora de retirarme —le dije suavemente.

—De acuerdo. Después nos veremos.

Mi compañero no movió ni un solo dedo, y como la luz de la habitación se había extinguido, traté de salir del lugar casi a tientas. En el pasillo y las escaleras estuve a punto de caer varias veces, hasta que por fin logré salir de la casa. Ya en la calle, volví la mirada hacia la casa donde había estado; observé la fachada y me di cuenta de que ninguna de las ventanas emitía brillo alguno. Lo único que logré ver claramente, era una placa de metal que brillaba en el portón gracias a la luz de la calle; en ella se podía leer: "Pistorius, párroco".

Cuando llegué a mi casa, subí a mi habitación después de cenar, y entendía que nada había yo sabido acerca de Abraxas o de Pistorius; también, me di cuenta de que entre mi compañero y yo apenas habíamos cruzado unas cuantas palabras, nada más. No obstante esto, sentía que mi visita a ese lugar había sido de enorme provecho. Estaba contento además porque mi amigo me había prometido una nueva pieza musical en nuestro siguiente encuentro; se trataba de una "pascalle" de Busethude.

Sin yo tener idea alguna, el organista Pistorius me había dado una clase mientras yo permanecía tirado en el piso boca abajo en la chimenea de su descuidado cuarto. Ver el fuego y sus juegos me había hecho un bien, pues me había confirmado y había hecho más fuertes mis tendencias en lo que creía, y que yo jamás había fomentado. Lentamente todo se fue haciendo más claro, pues desde mi infancia, yo había sentido cierta inclinación por ver las figuras que la naturaleza formaba caprichosamente, y no sólo las observaba, sino que quedaba atrapado en su magia y en su lenguaje tan peculiar. Por ejemplo, siempre llamaron mi atención las largas y retorcidas raíces de los enormes árboles del bosque, las piedras que cambiaban de color con los rayos del sol, el aceite que hacía figuras sobre algún río, las grietas en los cristales y más. Todas estas cosas me habían cautivado desde que era un niño, especialmente el agua y el fuego, las nubes, el humo, el polvo, pero sobre todo, las manchas coloridas que observaba al cerrar los ojos. Durante mis visitas a Pistorius volvió a mí esa gran fascinación por las cosas naturales, pues la alegría y la fuerza que me daba el hecho de llevar a cabo todo ello, intensificaba en mi ser la conciencia propia, y todo esto gracias a la magia del fuego.

De las pocas experiencias que he tenido a lo largo de mi camino hacia lo que en verdad es mi meta vital, puedo encontrar ésta en un lugar primordial. Siempre que nos hundimos en las figuras vacilantes, barrocas y extravagantes de la naturaleza, logramos tener un sentimiento de concordancia entre lo que es nuestro mundo interior y la voluntad que las ha creado. Tendemos a pensar que son nuestras creaciones y las vemos jugar y vacilar hasta que desaparece esa barrera que separa a los hombres de la naturaleza; y llegamos a un punto en el que no tenemos idea si lo que estamos viendo proviene de impresiones externas o internas. No hay nada que nos indique de una manera clara y sencilla que nosotros también somos creadores, y de que nuestra alma participa activamente en la creación del mundo. Algo divino actúa en nuestro interior y en la naturaleza misma, así que si el mundo exterior desapareciera, cualquiera de nosotros podría volver a crearlo, pues cada cosa que hay en él, ríos, montañas, árboles, flores y todo lo creado por la Naturaleza, ya ha sido creado por nosotros, tiene su origen en el alma; y la esencia de nuestra alma es la eternidad; escapa de nuestra comprensión, pero nos hace sentir amor y creación con enorme fuerza.

Todo esto que menciono ahora, lo vi confirmado en un libro de Leonardo Da Vinci. En él, se hacía mención a lo sugestivo e interesante que era el contemplar un muro al que miles de personas habían escupido.

Frente a esas manchas de la pared húmeda, Leonardo Da Vinci había experimentado el mismo sentimiento que Pistorius y yo habíamos percibido frente al fuego.

En el siguiente encuentro que tuve con el músico, me dio una explicación más amplia:

—Siempre imaginamos que los límites de nuestra personalidad son muy estrechos. Aceptamos sólo aquello que entendemos como personal y propio, pero cada persona es el mundo total; y al igual que nuestro cuerpo forma parte de la historia de la evolución —incluyendo peces y animales más antiguos—, también tenemos en nuestras almas lo que desde el principio han llevado las almas de los hombres. Todos los dioses y demonios que han existido en las diversas culturas como la griega, la oriental y demás, todos ellos se encuentran en nuestro interior; están vivos y presentes como deseos, caminos a seguir o posibilidades activas. Si algún día todo ser humano muriera y sólo quedara un niño pequeño vivo con ciertas dotes, él sería capaz de encontrar el trayecto de las cosas y haría todo nuevamente, desde dioses, demonios y paraísos hasta leyes, mandatos antiguos, nuevos testamentos y libros sagrados.

—Bueno —interrumpí—, y ¿dónde queda entonces el valor individual?, ¿cuál es la razón para esforzarnos si ya tenemos todo en nosotros mismos?

—¡No! —dijo violentamente Pistorius—. Hay una diferencia abismal entre el llevar el mundo en sí mismo y el saber que esto es así. Un demente puede tener ideas que haya tenido Platón, mientras que un niño y devoto estudiante del colegio de Hernuht puede recrear complicadas conexiones mitológicas que aparecen en los gnósticos o en Zoroastro, ¡pero no tienen idea de ello! Y si ellos no lo saben, son como objetos inertes o animalitos. Seguramente usted no ve hombres en todas las personas que caminan diariamente por la calle; el hecho de que caminen en dos piernas y tarden nueve meses en nacer no significa que sean hombres ¿verdad? Usted reconoce que muchos de ellos son ovejas, peces, gusanos, sanguijuelas o cualquier animal inferior. Todos tienen posibilidades de llegar a ser hombres, pero sólo cuando se dan cuenta de ello y aprenden a llevar a su mente esta idea, logran disponer de esta cualidad...

Conversaciones de este tipo solíamos tener mi amigo y yo. Pocas veces me enseñaba algo nuevo que me sorprendiera. No obstante, todas estas charlas me ayudaban mucho a formarme, a deshacerme de la piel, a romper el cascarón en el que vivía. Después de cada charla con Pistorius, sacaba un poco más la cabeza del cascarón y me sentía libre, hasta que un día, por fin, logré sacar la cabeza de ave de rapiña y destruí por completo el cascarón del mundo que me sofocaba. Constantemente comentábamos nuestros sueños, logrando que mi amigo me diera una interesante y acertada interpretación de ellos. Viene a mi mente un curioso caso. Mi sueño consistía en que yo volaba, pero no por mi propia voluntad, sino que era lanzado por los aires debido a una fuerza completamente ajena a mí. Lo que yo experimentaba al volar, era agradable y emocionante en un principio, pero no pasaba mucho tiempo antes de que el miedo me invadiera al observar que llegaba a enormes alturas. En ese momento, descubría que era capaz de controlar la elevación y el descenso con mi propio aliento y me daba mucho gusto.

Este sueño, según mi amigo Pistorius, me indicaba lo siguiente:

—Ese impulso que lo hace volar, no es otra cosa que el patrimonio humano que todos tenemos. Es el sentimiento de unión con las raíces de toda fuerza. No obstante, de repente nos invade el terror y esto es sumamente peligroso. Es por ello que a muchas de las personas no les gusta volar y se sienten mejor al caminar de la mano de los preceptos legales y por la banqueta. Usted no lo hace así, pues sigue volando, como en realidad debe de ser, y cuando descubre lo sensacional de esto, también cae en el entendimiento de que usted es el amo de lo que pasa, que esa gran fuerza incontrolable que lo impulsa está dentro de usted y que la puede controlar con un pequeño timón u órgano. ¡Esto es genial! Si no tuviera este timón, seguramente se perdería en los aires como lo hacen las personas locas. Ellos, tienen unas intuiciones más hondas que las personas que prefieren caminar, pero desconocen el control y se pierden en un abismo. Usted no Sinclair; usted logra dominar esa fuerza. ¿Cómo lo hace? Eso es algo que quizá usted desconozca por ahora, pero lo logra por medio de un órgano nuevo, un regulador respiratorio. Con ello, usted puede ver lo poco individual de su alma y sus estratos más profundos. ¡Esto no es nada nuevo! ¡Ha existido a través de los años! Es lo que los peces usan como órgano de equilibrio: la vesícula natatoria. Inclusive, todavía se pueden encontrar algunos peces en los que la vesícula natatoria es como un pulmón que, cuando así lo necesitan, les es útil para respirar. Usted hace en sus sueños lo mismo que estos animales, por medio de su respiración, controla el vuelo.

Dicho esto, Pistorius me dio un tomo de zoología y me mostró ilustraciones y nombres de esos primitivos peces. Cuando me di cuenta de que en mí vivía una función primaria de las épocas evolutivas, un raro escalofrío recorrió todo mi cuerpo.

La pelea de Jacob

Me sería imposible resumir en esta parte todo lo que mi amigo músico me enseñó acerca de Abraxas. Además, lo más importante, que le aprendí a Pistorius, fue el dar un paso hacia adelante en el camino hacia mí mismo. Por esos años tenía yo dieciocho años y era un joven un tanto vulgar, maduro en ciertas cuestiones y retraído en otras tantas. Cuando veía a otros muchachos de mi edad y me comparaba con ellos, muchas veces me sentía derrotado frente a ellos. No obstante, también en ocasiones salía airoso de la comparación. Jamás llegué a entender, o siquiera a compartir las alegrías y la vida de mis compañeros en el colegio, reprochándome el hecho. Sentía como si yo estuviera muy lejos de ellos y la vida misma me cerrara las puertas.

Pistorius, un ser sumamente misterioso, pero extravagante, me infundió esa cualidad tan rara para mí por esos años: el respeto y cariño hacia mí mismo. Este acto lo reforzó encontrando siempre algo importante en mis sueños, en mis pláticas, en mis ideas y en mi forma de ser. Siempre me tomó como a una persona adulta y no como a un muchacho.

—Usted me ha dicho —comentó una ocasión—, que su gusto por la música era porque ésta carecía de moralidad. Correcto. Pero lo que en verdad debe importarle, es que usted no es un moralista tampoco. Usted no tiene que estarse comparando con cualquiera, y si fue la naturaleza la que lo ha creado murciélago, usted jamás debe de soñar con ser un tigre. Muchas veces se ve como alguien extraño y raro y se siente mal por haber tomado veredas diferentes a las de los demás. ¡Olvídese de eso! Observe detenidamente las llamas del fuego y sus nubes; y en el momento en que aparezcan los presagios y empiece a escuchar las voces de su alma, sígalas sin preguntar el por qué o sin preguntar ¿qué pensaría tal persona de esto? Olvídese de los sentimientos e ideas de sus padres, de sus profesores y de todas las demás personas. Si no lo hace, usted se estará echando a perder verdaderamente, abandonará el camino y no será más que un fósil. Mi buen Sinclair, recuerde que nuestro dios es Abraxas; él es dios y demonio en uno; contiene los dos mundos. Él jamás se opondrá a ninguno de sus sueños, fantasías o pensamientos. Nunca lo olvide. Él lo abandonará cuando llegue a ser normal e irreprochable. Lo dejará libre y buscará otra persona en la cual actuar.

Recuerdo que mi sueño de amor era el más frecuente y fiel de todos. ¡Se repitió más de mil veces! En él me veía entrando a mi vieja casa por el gran portón que tenía el escudo; yo deseaba dar un abrazo a mi madre y en lugar de ella, estaba una mujer grande, mitad hombre y mitad mujer. Esa figura me inspiraba, a la vez, mucho temor y demasiado amor. No tenía el valor de platicar este sueño a Pistorius. Este sueño lo guardaba perfectamente en un rincón muy oscuro de mi alma, pues aunque le había revelado todo lo demás, esto, simplemente me era imposible.

Cada vez que me sentía afligido por algo, pedía a mi amigo que interpretara en el órgano de la iglesia el "pascalle" de Bustehude. Sentado en el oscuro templo, viajaba al compás de esa extraña e íntima música; me perdía de todo lo que me rodeaba y me dejaba llevar por sus notas. Esas melodías me hacían sentir bien y empezaban a aflorar las voces de mi alma.

Varias ocasiones, nos quedábamos en la iglesia observando cómo la luz entraba y salía por los enormes vitrales.

—Es extraño —dijo Pastorius—, que yo fuera estudiante de teología y que hubiera estado a punto de convertirme en sacerdote. En realidad, el error más grande que tuve fue solamente en mi formación. Estoy seguro de que mi vocación es el sacerdocio, lamentablemente, creo que me declaré satisfecho demasiado rápido y me puse en las manos de Jehová antes de entrar en contacto con Abraxas. No obstante, cualquier religión es hermosa, pues todas son alma, desde el cristianismo hasta la Meca.

—Entonces —pregunté—, usted pudo haber sido un sacerdote.

—No amigo —contestó muy serio—. Si yo hubiera entrado en el sacerdocio, hubiera tenido que mentir, pues nuestra religión se practica de una manera muy extraña. Nuestra religión cree que es obra de la razón. Quizá si hubiera sido un sacerdote católico, hubiera podido seguir adelante, pero uno protestante ¡jamás! Los pocos protestantes verdaderos —conozco unos pocos—, siempre se apegan a la letra, por ejemplo, a ellos jamás se les podría decir que Dios para mí no es un hombre, es un héroe, un mito, una enorme sombra en la que los hombres se ven proyectados contra la pared de lo eterno. Y por lo que respecta a los demás protestantes, a los que asisten al templo sólo para escuchar palabras coherentes, para sentirse bien con ellos mismos, para participar en algo o cualquier otro pretexto, a ellos, ¿qué se les puede decir? ¿Convertirlos? ¿Usted piensa eso? A mí no me llama la atención. Un sacerdote no debe de convertir a nadie en ninguna religión; él debe vivir entre los que creen, entre sus semejantes y debe portar el sentimiento que envuelve a su dios.

Después de una breve pausa, mi amigo siguió adelante:

—Nuestra nueva religión, esa en la que hemos escogido como dios a Abraxas, es muy hermosa, amigo mío. En verdad, es lo mejor que tenemos. Ella está todavía en pañales, aún no tiene alas para volar y llegar a todos. Y como una religión solitaria no es nada, tenemos que hacerla más grande, hacerla colectiva, darle un culto, adeptos, fiestas y misterios...

De repente, Pistorius no dijo nada más y quedó en un profundo trance.

—Y ¿no sería posible que unos pocos, o inclusive una sola persona, realizara estos actos? —pregunté con cierta duda.

—Claro que sí —contestó—. De hecho, yo realizo esto desde hace varios años. He tenido cultos que me podrían costar mi libertad si se llegaran a conocer. Pero creo que esto no es el camino correcto, o por lo menos, no todavía.

Dicho esto, golpeó mi hombro sorpresivamente, provocándome un pequeño susto.

—Usted también debe tener sus cultos propios. Estoy seguro de que hay cosas que usted se reserva y no me cuenta; quizá un sueño o una de sus fantasías. No es que los quiera conocer, pero ¡vívalos y dedíqueles templos! Esto no es lo ideal, pero es una manera de empezar. El que usted, yo y otros más logremos renovar el mundo un día, es algo que quizá pronto veremos. Ahora, lo mejor que podemos hacer es renovarlo desde nuestro interior, de lo contrario, jamás lograremos nuestro objetivo. ¡Tómelo en cuenta Sinclair! Cuenta usted con dieciocho años y no anda, como la mayoría de los muchachos de su edad, tras las prostitutas. Usted tiene sueños y deseos de un amor diferente, verdadero. Esto no debería asustarlo pues ¡es su mejor patrimonio! Personalmente perdí muchos años de mi juventud tratando de extinguir esos sueños. Eso es algo que no hay que hacer. Una vez que se conoce a Abraxas, no debemos de hacerlo. No hay nada a qué tenerle miedo, ni pensar si es o no correcto lo que nos piden nuestros sueños.

Asombrado por ello le dije:

—¡Pero es imposible hacer todo lo que a uno le viene en gana! ¡No se puede asesinar a una persona por el hecho de que no nos agrade!

Mi amigo se acercó y me dijo suavemente:

—Hay ocasiones en las que se permite todo, hasta el asesinato. Casi siempre es un error y no le estoy diciendo que haga todo lo que le pasa por su pensamiento. Pero usted no debe de limitar ideas con una falsa moral, si aparecen es porque algo tienen de sentido. No nos debemos matar en una cruz por ello, mejor tomemos todos del mismo cáliz y elevemos nuestras almas pensando en el sacrificio. De esta forma podemos tratar con amor y tolerancia cualquier pensamiento que, a la larga, nos mostrará su sentido... Si alguna vez llega a su mente algo verdaderamente pecaminoso e insensato como matar o cometer algún gran delito, imagine que es Abraxas quien así está pensando en su mente. El hombre al que usted quiere dar muerte no es una persona en específico, sino tan sólo un disfraz. Siempre que sentimos odio por un hombre, lo que en verdad no aprobamos es algo de nosotros que se refleja en él. Piense que lo que no se encuentra en nuestro interior nunca nos preocupa.

Estas palabras de Pistorius me llegaron muy hondamente. Me quedé mudo. Y lo que más me había impresionado en estas palabras, es que coincidían mucho con las de Demian, las cuales, llevaba en mí desde hacía muchos años. Ellos dos no se conocían y, sin embargo, me habían dicho exactamente lo mismo.

—Todo lo que vemos —continuó—, son las mismas cosas que hay en nosotros. La verdadera realidad es la que se encuentra en nosotros mismos, y si algunos viven en algo tan irreal o ficticio, es porque están aceptando imágenes ajenas a ellos del exterior, ahogando todo lo que ellos tienen en su interior. No obstante, muchos pueden llegar a ser felices de esta manera, pero cuando se enteran de que hay otra cosa, es casi imposible que tomen el camino de los demás, el camino de la gran mayoría es muy sencillo; el nuestro, es sumamente difícil, así que lo mejor es empezar a caminar.

Días después de esta conversación, esperé en vano un par de ocasiones a mi amigo, hasta que un día lo vi caminando por una calle en la noche. Dio la vuelta a una esquina; iba solo y luchando con el fuerte viento helado. Su caminar era errante y muy lento; estaba ebrio. No quise cruzar palabra con él. Pasó justo a mi lado y no me vio; sus ojos estaban desorbitados y parecía que seguía una misteriosa señal desde algún lugar desconocido, intrigado por ello, lo seguí unas cuantas calles. Se alejaba de mí como si un hilo invisible lo jalara. Esta escena me deprimió mucho, así que esa noche regresé a casa con mis sueños.

"Bonita manera de renovar el mundo" pensé en silencio, pero me asustó la manera tan baja y prejuiciosa de mi reproche. ¿Qué sabía yo de sus sueños? Quizá en su borrachera seguía un camino más real del que yo recorría con mi temeroso escrúpulo.

Durante los recreos en el colegio, me percaté de que un compañero de clases buscaba mi compañía y yo nunca le había puesto demasiada atención. Su aspecto era el de un chico débil, flaco, de cabellos rojos y con una mirada y un comportamiento especial. Una tarde, mientras caminaba hacia mi casa, lo vi esperándome en la calle. Me dio el paso y caminó rápidamente tras de mí. Al llegar a mi casa, puede ver cómo se quedaba frente al gran portón.

—¿Se te ofrece algo? —pregunté.

—Me gustaría hablar unos segundos contigo —me dijo tímidamente—. Podrías acompañarme un momento por favor.

Acepté y comencé a caminar a su lado. Sentí su emoción y una cierta esperanza. Pude ver sus blancas manos temblar.

—¿Eres espiritista? —preguntó sin más ni más.

—No, Knauer —dije entre risas—. ¿De dónde has sacado esa idea?

—Pero sabes de Teosofía ¿no es así?

—Tampoco amigo.

—¡No seas así! Sé que tú eres algo especial, lo puedo ver en tus ojos. Estoy completamente seguro de que tú tratas con espíritus. ¡Y no te pregunto esto por simple curiosidad Sinclair! Yo también estoy en esa búsqueda y me siento muy solo.

—A ver, dime qué es lo que te pasa —le dije animándolo—. Pero primero, quiero que entiendas que yo no sé nada de espíritus. Vivo en mis sueños y tú lo has adivinado, los demás viven también entre sueños, pero no en los propios, esa es la diferencia.

—Quizá tengas razón —murmuró—, pero lo que en verdad es importante es saber cuáles son los sueños en los que vivimos... ¿Alguna vez has escuchado algo sobre magia blanca?

Confesé mi ignorancia al respecto.

—Bueno, pues consiste en que debes aprender a dominarte. Esta es una manera de hacerse inmortal y de obtener poderes mágicos. ¿Nunca has realizado alguno de esos ejercicios?

Al interesarme en los ejercicios y recibir evasivas del chico, empecé a caminar y lo dejé solo. Esta fue la única manera de que empezara a contarme al respecto.

—Mira, si por ejemplo quiero dormirme o concentrarme en algo, hago el siguiente ejercicio: pienso en un nombre, en una palabra o en una figura geométrica y la imagino con fuerza en mi cabeza, lo más intensamente posible, hago esto hasta que logro sentirla; después, la llevo a mi garganta y, así, hasta que ocupe todo mi cuerpo. Con ello, logro una tremenda fuerza y seguridad que nada ni nadie me puede perturbar.

Comprendí vagamente lo que me quería explicar, pero me di cuenta de que había algo más que le preocupaba al chico; su agitación y nerviosismo no eran comunes. Traté de preguntar cosas más concretas y me expuso lo que en verdad deseaba.

—Tú eres virgen ¿verdad? —preguntó con cierto recelo.

—¿A qué te refieres? ¿Estás hablando de sexo?

—Así es. Yo lo soy desde hace un par de años; desde que me involucré en la magia. Antes tenía el vicio de... tú sabes. ¿Alguna vez has estado con una dama?

—No —le dije—. Todavía no ha llegado la que espero.

—Pero si llegara a tu vida y tú pensaras que es la indicada, ¿te acostarías con ella?

—Claro... Siempre y cuando ella también lo quisiera —dije en tono de burla.

—Estás en un error amigo. Sólo teniendo una real continencia desarrollamos nuestras energías interiores. Yo lo estoy haciendo desde hace dos años y un mes. ¡Es sumamente difícil! En ocasiones creo que no voy a aguantar más.

—Knauer, yo pienso que la virginidad no es tan importante.

—Lo sé —dijo molesto—, eso lo dicen todos. Pero no esperaba esta respuesta de ti. El que desea caminar por la vereda de la superioridad, de la espiritualidad, debe mantenerse virgen. ¡No hay duda de eso!

—Muy bien, si eso es lo que piensas, sigue así. Yo no comprendo por qué un hombre que se abstiene de tener relaciones sexuales debe de ser más "puro". O dime, ¿has logrado erradicar el sexo también de tus pensamientos?

Me miró tranquilo y dijo:

—No, claro que no. Pero hay otro camino. Por las noches, constantemente sueño con cosas tan terribles que ni yo mismo me atrevo a recordar. ¡Son sueños horribles amigo!

En ese momento vino a mi memoria lo que mi amigo músico me había dicho sobre los sueños ocultos, y aunque sabía perfectamente de lo que se trataba, no pude explicárselo al muchacho. Me era imposible aconsejar a Knauer sin haber tenido yo la experiencia. Así pues, me quedé callado y sentí una tremenda humillación al no poder ayudar a una persona que me pedía auxilio.

—¡He intentado todo! —decía entre sollozos el chico—. He usado agua fría, nieve, ejercicios y ¡nada! Todas las noches despierto de un sobresalto y tratando de olvidar todo. Y lo que más me preocupa, es que todo lo que había logrado avanzar en este tiempo, se ha ido perdiendo por los sueños que tengo. Ahora me es imposible concentrarme u olvidarme de las cosas, y en las noches no puedo pegar los ojos. Sé que no voy a aguantar mucho tiempo. Si me rindo y caigo en la tentación, seré más miserable que cualquiera que no lucha por nada. ¡Lo comprendes Sinclair!

Moví mi cabeza afirmativamente, pero no pude decir nada. Sentía que el chico me empezaba a aburrir y me asustaba el hecho de que la desesperación y sufrimiento de Knauer, no causaban en mí la más mínima emoción. Lo único que sabía, era que no podía ayudarlo con su problema.

—¿No vas a decirme nada? —preguntó triste y abatido—. ¿No me puedes indicar el camino? ¿Cómo le haces tú? ¡Tiene que haber una manera!

—No puedo ayudarte amigo. Por lo que se refiere a esto, me es imposible orientarte. Muchas veces yo no he recibido ayuda. Lo que debes hacer es pensar bien y reconocer qué es lo que te dice tu alma, no hay otra manera. Si eres incapaz de encontrarte a ti mismo, no encontrarás espíritus que te indiquen el camino. Créeme Knauer.

El muchacho me vio desilusionado y completamente callado. Su mirada se llenó de rencor, me hizo una mueca y me gritó:

—¡Eres un hipócrita! ¡Sé que tú también tienes tu vicio! Te piensas muy inteligente y la verdad es que te revuelcas en la basura como yo y como muchos otros. ¡Eres un cerdo como yo! ¡Todos somos unos cerdos!

Empecé a alejarme del muchacho, aunque él me siguió unos metros insultándome. De pronto se paró y camino hacia el otro lado. En ese momento sentí compasión y asco y no lo pude evitar hasta que llegué a mi casa y subí a mi cuarto; ahí saqué mis dibujos y me entregué con mucha pasión a mis propios sueños. Inmediatamente vino el del portón y el escudo, el de mi madre y la mujer desconocida. Esa ocasión pude ver perfectamente los rasgos de la mujer, así que inmediatamente me puse a dibujar.

Unos días después, cuando por fin terminé el retrato, lo colgué en una pared de mi habitación. Coloqué una lámpara frente a él y me paré justo como lo hago ante el espejo. Lo observé detenidamente y seguí así, quizá en búsqueda de alguna respuesta. La cara era muy similar a la de Demian, aunque tenía también ciertas características mías. Un ojo estaba más arriba que el otro, pero ambos mostraban fatalidad.

Ignoro el tiempo que estuve parado frente al dibujo. El esfuerzo que realizaba había enfriado tremendamente mi pecho. Cuestioné esa imagen y la culpe, la acaricié y me arrodillé frente a ella; la nombre madre, amor, perdida, prostituta y Abraxas. Mientras hacía esto, surgían en mí las palabras que Pistorius —o ¿acaso había sido Demian?, no lo recordaba—, me había dicho acerca de la lucha entre Jacob y el ángel: "No te dejaré hasta que me hayas bendecido".

El dibujo, iluminado por la lámpara, cambiaba cada vez que invocaba algo. Se ponía claro y brilloso y después oscuro y negro; cerraba sus ojos como si estuvieran muertos y después los abría lanzando miradas de fuego. Era hombre, mujer, muchacha, niño, animal, se convertía en una mancha y regresaba a tomar su forma original. Finalmente cerré mis ojos obedeciendo una fuerza interior y logré ver el dibujo dentro de mí, majestuoso y con mayor fuerza. Intenté arrodillarme ante él pero como estaba tan inmerso en mí, me fue imposible separarlo de mi ser; sentí como si hubiera asimilado completamente a mi yo.

En ese momento comencé a escuchar un bramido muy grave y misterioso; algo así como una tormenta de primavera. Esta nueva sensación me hizo temblar espantado de algo tan lleno de angustia y completamente desconocido. Miles de estrellas se encendieron y se apagaron ante mis ojos y una gran cantidad de viejos recuerdos pasaron por mi mente. Tiempos de infancia, existencias anteriores y hasta estados primitivos llenaron esas imágenes. No obstante, estos recuerdos que cubrían toda mi vida, parecían no terminar, al contrario, mostraban un futuro, me alejaban del presente y me llevaban a nuevas formas de vida. En ellas podía observar imágenes muy claras y cegadoras, de las cuales, no puedo recordar una sola.

Ya bastante entrada la noche, desperté de un profundo sueño. No me había quitado mis ropas y estaba acostado sobre mi cama. Sentí como que debía de recordar algo sumamente importante, pero no sabía qué era. Cuando encendí la luz, poco a poco se fueron aclarando las cosas. Miré en busca del dibujo, pero éste ya no estaba donde lo había colgado y tampoco estaba sobre la mesa. Entonces me pareció recordar que le había prendido fuego, o ¿acaso soñé que lo quemaba y que después me lo comía?

La incertidumbre se apoderó de mí. Inquieto, me puse mi sombrero, tomé mi abrigo y salí de mi casa. Caminé calles y plazas como un vagabundo. Llegué a la capilla donde mi amigo tocaba el órgano y espié desesperado por las ventanas siguiendo mi instinto. Crucé la zona de prostitutas y me percaté que varias ventanas tenían las luces encendidas. Adelante se podían ver casas en plena construcción, con ladrillos en el piso, cubiertos de polvo y nieve. Seguí caminando y recordé la casa que estaba en construcción, y a la cual, Kromer me había llevado por primera vez para ajustar cuentas. Un edificio se levantaba ante mis ojos esa gris noche. Parecía esa vieja casa donde inició mi aventura con el mal. Me vi forzado a entrar por un impulso poderoso; intenté escapar pero me fue imposible.

Caminé sobre tablas y ladrillos hasta que llegué al centro de la casa en ruinas. El aroma era de humedad y frialdad. Montones de arena se levantaban por todos lados. Súbitamente, una voz espantada se escuchó:

—¡Sinclair! ¡Oh Dios! ¿De dónde vienes?

Justo a mi costado derecho salió una figura humana muy delgada; era un muchacho fantasmal con cabellos desalineados. En cuanto lo vi de cerca, supe inmediatamente que era Knauer.

—¿Cómo llegaste hasta este lugar? —preguntó muy perturbado—. ¿Cómo me encontraste?

No entendí lo que me quería decir.

—Yo no te busqué —dije nervioso; las palabras salían con demasiado esfuerzo de mi torpe boca y lengua.

Me vio sumamente sorprendido.

—¿No estabas buscándome?

—No. Algo me trajo a este lugar. ¿Acaso me llamaste? Tienes que haberlo hecho ¿Qué haces aquí? Ya es muy tarde.

Me abrazó fuertemente y dijo:

—Sí, ya sé que es muy tarde. ¡Oh, Sinclair, tú no me olvidaste! ¿Me perdonas?

—¿Qué debo de perdonarte?

—¡Fui tan injusto contigo!

En ese momento recordé nuestra plática. Ya habían pasado varios días, que en lo personal, me parecían una eternidad. Súbitamente supe lo que estaba pasando. Entendí por qué habíamos llegado ambos a ese lugar y qué era lo que Knauer iba a hacer.

—¿Querías suicidarte?

Se estremeció ante mí y bajó la cabeza.

—Sí. No sé si hubiera tenido el valor para terminar mi obra, estaba esperando que saliera el sol para hacerlo.

Lo lleve afuera de la casa y los primeros rayos de luz aparecieron en el horizonte. Caminé tomado del brazo del chico y le dije:

—Regresa a tu hogar y no digas nada a nadie. Perdiste el camino Knauer, y has estado caminando sin rumbo fijo. No somos unos cerdos como lo piensas, somos hombres, fabricamos dioses y peleamos con ellos, y luego nos bendicen.

Caminamos juntos un rato más en silencio y nos separamos. Al llegar a mi casa, ya el sol había salido completamente.

Lo mejor que me pudo suceder en esa ciudad fueron los momentos con Pistorius; su órgano, su chimenea y las lecturas griegas que compartimos sobre Abraxas. Una ocasión, mi amigo me leyó una traducción de los Vedas y me enseñó a recitar la sagrada "Om". Pero lo que en verdad me ayudo en mi evolución interior no fueron estos estudios o lecciones, sino algo tan ajeno a ello que ni yo entendía en ese momento: el progreso de mi conocimiento acerca de mi persona; la confianza que iba en aumento sobre mis sueños, ideas e intuiciones; y la revelación más y más clara sobre el poder interno que tenía.

El entendimiento con Pistorius era enorme. Para poder tenerlo junto a mí o lograr que me hablara sobre algo, lo único que necesitaba era pensar con cierta fuerza en él y listo. Era ya capaz de preguntarle lo que fuera sin que estuviera presente, al igual que lo hacía con Demian. Lo único que necesitaba para lograrlo, era mi pensamiento y enfocar mis preguntas hacia él con mi mente. Toda la fuerza psíquica que ponía en ello, regresaba a mí inmediatamente, aclarándome cualquier duda. Pero la persona que me traía la respuesta no era Pistorius o Demian, era esa figura creada por mí; esa especie de hombre-mujer, de amor-odio que siempre estaba en mí. Ahora ya no vivía solamente en mis sueños y dibujada en un papel, sino que se había convertido en la imagen ideal, en mí mismo.

Por lo que se refiere a mi relación con Knauer, el frustrado suicida, te puedo decir que se convirtió en algo curioso y hasta cómico. Desde la noche en que le salvé la vida, se había vuelto un servil compañero. Se me acercaba con extraños deseos y cuestiones raras. Deseaba ver espíritus, aprender brujería y no creía en mí cuando le decía que yo no estaba metido en esas cosas. Ante sus ojos, yo era capaz de cualquier cosa. Me daba mucha risa que llegara a mí con cuestiones tan extravagantes cuando estaba yo tratando de solucionar un problema propio, y que precisamente sus locas preguntas me dirían la respuesta que buscaba tan intensamente. Muchas veces aparentaba estar enojado y lo apartaba de mi lado, pero no podía negar el hecho de que él también me era enviado, que de él surgía algo hacia mí. Pude darme cuenta de que él también era un guía, o quizá, una vereda. Cualquier libro y escrito que me traía me enseñó mucho más de lo que pude imaginar, aunque en ellos él buscaba todas las respuestas y soluciones del mundo.

Con el tiempo, Knauer se fue de mi vida sin más. Con él no fueron necesarias las explicaciones, pero con Pistorius sí. Con mi amigo músico me pasó algo sumamente curioso al final de mis años como estudiante en el internado.

Cualquier persona, por muy buena que sea, se ve en la obligación de vulnerar en una o varias ocasiones las hermosas virtudes de la piedad humana y la gratitud. Algún día tiene que romper el lazo que lo une a sus padres y a sus profesores y sentir la fría soledad, aunque muchos de ellos no la soporten y regresen a someterse de nueva cuenta. De mis padres y su mundo, el mundo bello de mi infancia, me había desprendido sin pelear de una manera lenta y casi insensible, eso me dolía, y durante mis visitas al hogar me amargaba todo el tiempo. No obstante, no me lastimaba el corazón y lo podía soportar.

Esto es muy diferente si nuestra veneración y amor son distintos a lo anterior y corresponden a una inclinación personal, cuando hemos logrado un verdadero lazo de amistad con una persona. Cuando esto sucede, es sumamente amargo y triste el vernos obligados a dejarlos, cada razonamiento que tenemos para alejarnos del amigo o maestro se convierte en una espada envenenada que lastima nuestro corazón; y mientras más tratamos de hacer para separarnos sin intentar que nos duela, esos golpes nos llegan hasta el rostro. Las personas que tienen una moralidad rígida, sienten infidelidad o ingratitud por estos hechos; el corazón escapa atemorizado a esconderse en los valles virtuosos de nuestra infancia. Me era muy difícil entender que esta ruptura debía hacerse algún día, que tenía que cortar también ese lazo que nos unía fuertemente.

Lentamente fue surgiendo un sentimiento contrario a seguir aceptando incondicionalmente la guía de Pistorius. En los meses vitales de mi adolescencia, mi mundo había girado en torno suyo, de su amistad, de su consejo y de su presencia; era lo mejor que había tenido.

Gracias a él, Dios me había dado la fuerza para aceptarme tal y como era. Sus palabras habían traducido mis sueños. Y ahora sentía una gran resistencia en contra de mi amigo; pensé escuchar enseñanzas de él y creí haber captado sólo una parte de mi ser.

Jamás hubo una discusión entre nosotros; jamás rompimos ni tuvimos algún problema. Sólo hubo una sola palabra mía, quizá inofensiva, que indicó el momento preciso en que se rompió una ilusión entre nosotros.

El hecho de nuestra separación me venía atormentando desde hacía varios días, transformándose en terrible realidad un domingo en su habitación de genio. Tirados frente al fuego de la chimenea, me hablaba acerca de los misterios, las formas de la religión que estudiaba y en los que meditaba y cuyo posible futuro le preocupaba. Pero a mí, más que vital y trascendente, me resultaba curioso. Pensaba que era una búsqueda bajo las ruinas de mundos antiguos. De repente, empecé a sentir rechazo a su actitud espiritual, hacia su culto y sus mitologías.

—Pistorius —dije interrumpiéndolo y con una maldad que me asustó—, debería usted de contarme alguno de sus sueños, uno verdadero. Eso que me está platicando es muy... ¡arqueológico!

Jamás había hablado así a mi amigo, y yo mismo me di cuenta de ello. Me avergoncé de haberlo herido en su corazón, de haber utilizado una broma irónica que él mismo había creado y que, ahora, yo le lanzaba a la cara sin más ni más.

Mi amigo se dio cuenta de ello y se calló inmediatamente. Lo observé herido y vi que su cara perdía color.

Después de un largo y tenso silencio, lanzó un leño a la chimenea y me dijo tranquilo:

—Tiene razón Sinclair. Es muy inteligente para su edad. Nunca más lo molestaré con mis "arqueologías".

Sus palabras sonaban tranquilas, pero pude sentir perfectamente su herido corazón. ¿Qué había hecho yo?

Casi lloré e intenté demostrarle cariño, pedirle perdón, reafirmarle mi amistad, gratitud y respeto. Pasaron por mi mente palabras emocionantes pero no pude pronunciarlas. Me quedé tirado en el piso con la mirada en el fuego. Él tampoco mencionó una sola palabra. Esa fue nuestra actitud hasta que el fuego se consumió; y en cada llama que se apagaba, también se apagaba algo tan profundo y bello que jamás regresaría.

—Creo que me malinterpretó —dije como un último esfuerzo por remendar mi falta.

Esas palabras vacías y estúpidas salieron de mi boca sin siquiera pensarlas.

—Entiendo —murmuró triste mi amigo—. Tiene usted razón.

Paró por unos segundos y continuó:

—En la medida que un hombre pueda tener razón contra otro hombre.

"¡No, no! —gritaba algo en mi interior—, no tengo razón". Pero jamás pude decirlo. Sabía perfectamente que con esa palabra le había mostrado una debilidad esencial, su miseria y su llaga. Su meta era "arqueológica" y él buscaba con la mirada vuelta hacia atrás. Era un verdadero romántico. Lo vi todo tan claro en ese momento; justamente lo que Pistorius había sido para mí, jamás podría serlo para él mismo, ni siquiera darse lo que él me había entregado. Me había llevado por un sendero que él, mi guía, también debía dejar.

¡Cómo pude expresarme así! Mi intención no era lastimarlo ni provocar una catástrofe. Había salido de mi boca algo que no pensé llegara a tales dimensiones hasta que lo dije; había caído ante una pequeña idea maliciosa, pero se convirtió en una fatalidad. Había cometido una grosería pequeña e irrelevante que él tomó como una sentencia.

¡Ojalá mi amigo se hubiera molestado, me hubiera reclamado o me hubiera golpeado en ese momento! No fue así. Todo eso lo tuve que hacer en mi interior. Si él hubiera podido sonreír. No lo logró y eso me indicó el tamaño de su dolor.

Mi amigo, al recibir callado el bajo golpe de su alumno y reconocer en mi indiscreción su futuro, me obligó a sentir asco por mí al tiempo que me daba cuenta de mi grave error. Cuando solté el terrible golpe, pensé que lo hacía sobre un hombre alerta y dispuesto a defenderse, pero no era así; se trataba de un hombre callado, inofensivo y que se rendía sin decir nada.

Mucho tiempo pasamos frente al fuego, donde cada figura que se formaba me recordaba tiempos felices con Pistorius. No pude resistirlo más, así que me levanté y me fui de ahí. Pasé por la puerta del cuarto, por los pasillos y las escaleras oscuras; llegué a la calle, me paré frente a la casa, la observé detenidamente esperando que mi amigo se asomara por una ventana y me pidiera que regresara. Todo fue inútil. Caminé errante varias horas por la ciudad esa noche. Crucé parques, plazuelas y suburbios. Esa noche sentí por primera vez en mi vida la señal de Caín sobre mi frente.

Reflexioné sobre el hecho y mis pensamientos me sentenciaban y defendían a mi amigo, acabando siempre en lo contrario. Muchas veces estuve a punto de arrepentirme y retirar las palabras hirientes que lancé al rostro de mi indefenso amigo, pero ellas eran verdad. Comprendí a mi amigo y logré rehacer ante mis ojos su sueño: ser sacerdote. Lo que más anhelaba era predicar la nueva religión, enseñar un fervor nuevo, lleno de amor y adoración, crear nuevos mitos. Esto estaba lejos de ser su misión. Le agradaba mucho estar en años pasados; conocía demasiado acerca de Egipto, de la India y de Abraxas. Su amor estaba enlazado a imágenes que la tierra ya había visto, dándose cuenta en su interior al mismo tiempo de que todo debía de ser nuevo y surgir de un suelo virgen. Quizá su misión era la de auxiliar a otros hombres para que lograran llegar a sí mismos, exactamente como lo había hecho conmigo. Pero su misión no era darles lo inaudito, los nuevos dioses. ¡Eso era! Cada uno tiene su misión, y ésta, no era elegida, definida o administrada por voluntad propia. Desear nuevos dioses y querer dar algo nuevo al mundo era un grave error. No existían deberes, sólo el de encontrarse a sí mismo, afirmarse interiormente y seguir el camino sin ocuparse de la meta que había al final de éste; ese descubrimiento me conmovió, pues era el resultado de la terrible experiencia que había tenido con mi amigo. Muchas veces jugué con el futuro y me imaginaba papeles que supuestamente debía de llevar a cabo; un poeta, profeta, pintor o cualquier otro que se me ocurriera. Eso no era cierto. Mi misión no era escribir, predicar o dibujar, nadie lo sabía en verdad. La misión de cada hombre es llegar a sí mismo. Podríamos ser poetas, locos, asesinos o profetas, eso era irrelevante, pues al final, lo realmente vital para cada uno, es encontrar su destino y vivirlo intensamente. Cualquier otra cosa era evasión, buscar un refugio, amoldarse a las cosas, mostrar miedo ante la individualidad. Esta imagen surgió enorme y sagrada ante mis ojos. Quizá ya lo había sentido, pero jamás lo había vivido. Sabía que no era más que un proyecto de la naturaleza hacia lo desconocido, lo nuevo o, también, hacia la nada. Esté proyecto nacía de las profundidades y debía sentir en mí su voluntad y completa identificación.

La soledad ya la conocía perfectamente, pero esta nueva soledad era inevitable.

No traté de reconciliarme con Pistorius. Seguimos siendo amigos aunque nuestra relación cambio mucho. En una sola ocasión habló él de esto:

—Deseo ser sacerdote y lo sabe usted. Más que nada, me gustaría ser el sacerdote de la religión nueva que vemos usted y yo. Sé que jamás lo lograré, y esto lo sé desde hace mucho tiempo. Tendré que conformarme con funciones de menor rango, quizá frente al órgano o de cualquier otra forma. Lo que sí debe ser es tener a mi alrededor algo hermoso y santo, música de órgano y misterio, símbolo y mito. Deseo vivir eso y no alejarme jamás, esa es mi debilidad Sinclair, pues sé que esas debilidades no debería de permitírmelas, ya que sólo demuestran mi flaqueza y un falso lujo. Creo que sería más grande y justo si me presento al destino con ambiciones. Pero no puedo, es lo único que no soy capaz de hacer. Usted quizá lo logre algún día. Es muy complicado; en verdad, es lo único complicado que hay en esto amigo mío. Mil veces ha ocupado mis sueños esta idea, pero no puedo llevarla a cabo, siento miedo. No me es posible presentarme desnudo y solo. Yo también soy un pobre perro sin fuerza que necesita un poco de calor y amor de los suyos. Cualquier persona que carezca de deseos, exceptuando su destino, ha perdido familia y amigos; se encuentra solo en un universo frío. ¿Entiende lo que le digo? Es lo mismo que Jesús en Getsemaní. Han existido mártires que no se han opuesto a su crucifixión; esto no los hace héroes; no estaban libres; ellos querían algo amable y familiar; tenían ideales y modelos a seguir. El que sólo quiere cumplir con su destino, carece de modelos e ideales. Esta es la vereda que andaré. Personas como nosotros están siempre solas; aunque nosotros tenemos nuestra amistad y nos revelamos deseando lo extraordinario. Lamentablemente, debemos de renunciar también a ello si queremos seguir por el camino elegido. No podemos ser revolucionarios, mártires o héroes. Eso sería inconcebible.

Efectivamente, no se podía ni imaginar todo eso, pero podía soñarlo, presentirlo e intuirlo. En ocasiones, cuando logramos la perfecta serenidad espiritual, podemos llegar a visualizarlo. En ese momento, me veía profundamente y trataba de ver mi destino. Lo que reflejaran ellos, sabiduría, locura, amor o maldad no me interesaba. Nada de eso se podría escoger. Lo único a lo que debemos de aspirar, es a nosotros mismos, a nuestro destino. Mi amigo Pistorius me había llevado por ese camino.

Esos días para mí fueron de locura en mi interior. Cada paso que daba era un peligro grave. Lo único que podía observar era una negrura abismal que se abría frente a mí; y todos los caminos me llevaban hacia el mismo lugar. En mi mente veía un maestro semejante a Demian y en sus ojos se podía ver claramente mi destino. Tome un papel y escribí: "Mi guía me ha dejado solo. Estoy en medio de la oscuridad. Me es imposible seguir solo. ¡Ayúdame!".

Deseaba enviárselo a Demian pero no lo hice. Cada vez que lo quería hacer, pensaba que era una tontería pedir ayuda. No obstante, memoricé la frase que escribí y la recitaba en mi interior a menudo. Era mi compañera en todo momento. Entonces empecé a comprender lo que era una oración.

Mis días escolares llegaban a su fin. Mi padre había preparado todo para que fuera unos días de vacaciones a la casa antes de partir a la

Universidad. Todavía no tenía claro a qué facultad asistiría. Mis padres decidieron que estudiara un semestre filosofía. No me importó mucho, es más, cualquier otra facultad me hubiera parecido bien.

Eva

Durante las vacaciones, fui a visitar la casa que alguna vez fue de mi amigo Demian y de su madre. Pude ver a una mujer grande caminar tranquilamente por el jardín. Me acerqué a ella, y me dijo que la casa le pertenecía. Recordaba perfectamente a la madre de Demian y a él, pero desconocía el lugar al que habían ido a vivir. Al ver mi enorme interés por localizarlo, la anciana amablemente me invitó al interior de la casa. Me llevó a la sala y me mostró un enorme libro donde guardaba una fotografía de la madre de Demian. Difícilmente la recordaba, pero al observar la fotografía casi caigo desmayado. ¡Era la imagen de mis sueños! La madre de Demian era la mujer que aparecía constantemente en mis sueños; su porte era delgado, un poco masculino, su cara bella y atractiva, demonio y madre, destino y amada. ¡Era ella!

Una salvaje emoción recorrió todo mi cuerpo al saber que la imagen de mis sueños estaba en la tierra, viva y real. ¡La mujer de mis destinos existía! ¿Dónde podría encontrarla? ¡Era la madre de Demian!

No tardé muchos días en iniciar mi viaje. ¡Vaya viaje! Iba sin descansar de un lugar a otro, siempre guiado por mi inspiración y con la única idea de encontrar a esa mujer. Tenía días en los que veía constantemente figuras que me recordaban a la madre de Demian; muchas veces seguí a mujeres parecidas por las calles de ciudades nuevas para mí pensando que eran ella. Otros días, sentía que no tenía caso alguno la búsqueda y que sería imposible encontrarla, así que me sentaba en un parque y me hundía en mis pensamientos tratando de verla nuevamente. Sin embargo, poco a poco, la imagen fue perdiendo fuerza y se iba haciendo borrosa. Durante las noches no podía dormir, y sólo lograba dormir unos cuantos minutos mientras viajaba en tren. Una ocasión que llegué a Zurich, una bella mujer de cascos ligeros trató de charlar conmigo un momento. No le puse atención, agaché la cabeza y seguí caminando como si ella no estuviera ahí. Hubiera preferido la muerte antes de mostrar cierto interés en una mujer que no era la que yo buscaba, aunque sólo fueran unos cuantos segundos.

Sentía que mi destino me jalaba; presentía que el encuentro estaba cercano y me volvía loco viendo que aún no era cierto mi mágico encuentro. Otra ocasión, en una estación de tren —me parece ser que en

Innsbruck—, vi por la ventanilla del tren a una mujer muy parecida a la madre de Demian, pero al darme cuenta que no era ella, me hundí en una tremenda depresión. Una noche, apareció nuevamente la imagen en mis sueños, pero al despertar, me sentí sumamente avergonzado de lo que estaba tratando de hacer, así que opté por regresar a casa.

Dos semanas después de mi regreso, inicié mis estudios en la Universidad de H. Me sentía defraudado por la imagen de mis sueños. El curso de Historia de Filosofía era muy simple y vulgar, al igual que toda le gente que asistía a esa Universidad. Todo era predecible; todo seguía un patrón establecido; todos los estudiantes hacían las mismas cosas y los rostros juveniles y alegres de todos los compañeros tenían una expresión vacía e impersonal. Yo gozaba mi libertad; trataba de llevar una vida tranquila y ordenada en una pequeña casa de la ciudad. En la mesa de mi casa tenía un par de volúmenes de Nietzsche. Él era con el único que vivía; lograba entender su soledad, veía claramente el destino que lo empujaba sin descanso, sufría y me alegraba de cualquier cosa que le pasara, pero sobre todo me sentía dichoso de que alguien había tomado la senda correcta y había terminado su trayecto.

Durante el otoño, caminaba por las calles de la ciudad y escuché los cantos estudiantiles en una de las tabernas. Por las ventanas del lugar salía demasiado humo de cigarrillos, risas y voces embriagadas por el vino.

Más adelante, en otra taberna más grande, también pude escuchar la alegría juvenil que invadía el lugar. Por cualquier parte de la ciudad estaba presente la comunidad, el sentido gregario, el rechazo hacia el destino y el escondite del rebaño.

Seguí con mi recorrido pensando en todo ello, pero de repente pude ver cómo dos personas me rebasaban y parte de lo que iban platicando llegó a mis oídos involuntariamente:

—¿No cree usted que es muy parecida a la cabaña de adolescentes en un pueblo de negros?; y todo es así, inclusive los tatuajes están aún de moda. Mire usted, ésta es la joven Europa.

El sonido de esa voz me sonó muy familiar y me advirtió algo. Seguí los pasos de los extraños por unas calles oscuras. Uno de ellos era bajo y vestía elegantemente; se trataba de un japonés. Esto lo corroboré cuando un reflejo de una farola le dio en la cara amarilla y redonda. Nuevamente su compañero le dijo:

—Pero supongo que también entre ustedes los japoneses pasa lo mismo. Son pocos los lugares en donde los hombres no forman parte del rebaño. Aquí hay algunos.

Esas palabras me estremecieron y me hicieron emocionarme enormemente. Pude reconocer la voz. ¡Era Demian!

Seguí todavía los pasos de esos hombres por calles oscuras de la ciudad por mucho tiempo disfrutando y escuchando las conversaciones de mi amigo Demian. Sonaba todavía igual que en aquellos años de mi infancia; su voz era segura y tranquila, firme y poderosa. Todo iba de maravilla. Lo había encontrado al fin.

Al llegar a una calle angosta se despidió de su oriental amigo y abrió la puerta de una casa. Demian dudo, volteó y caminó nuevamente. Yo estaba del otro lado de la calle y lo esperaba ansiosamente. Con el corazón agitado en mi pecho lo vi dirigirse hacia mí altivo y orgulloso. Vestía un abrigo oscuro y llevaba un bastón. Caminando lentamente llegó a mí, se quitó el sombrero y pude ver su rostro blanco, su boca fina y su amplia frente.

—¡Demian! —exclamé muy emocionado.

Me dio la mano y dijo:

—¡Al fin llegaste Sinclair! Te estaba esperando. —¿Sabías que estaba en esta ciudad?

—No exactamente, pero sabía que vendrías. No te había visto hasta ahora que nos has estado siguiendo.

—Entonces ¿te diste cuenta de que era yo?

—Claro. Te veo cambiado, pero la señal no se puede ocultar.

—¿Cuál señal?

—Antes la conocimos como la señal de Caín, ¿lo recuerdas? Esa es nuestra señal. Siempre ha estado contigo y por eso me acerqué a ti. Ahora, se ve más clara que antes.

—No sabía que yo tenía una señal; ¿es cierto eso? Una vez te dibujé y me sorprendió mucho que el dibujo también tenía características mías. Supongo que eso se debe a la señal.

—Claro. No sabes el gusto que me da verte nuevamente. Mi madre se pondrá muy contenta también.

Al escuchar esto, la alegría que sentía se hizo aún mayor.

—¿Tu madre? ¿Vive contigo? Oye Demian, pero ella no me conoce.

—Eso no importa, pues sabe muchas cosas sobre ti. Ella sabrá que eres tú sin que yo le mencione una sola palabra... Hemos pasado muchísimo tiempo sin saber nada de ti.

—He tenido la intención de escribirte varias ocasiones pero me era imposible. En los últimos meses me invadió un sentimiento de que pronto te encontraría. Todos los días esperaba que llegara el momento de hacerlo.

Me tomó del brazo y comenzamos a caminar. Su tranquilidad me fue invadiendo poco a poco mientras charlábamos como en los viejos tiempos. Platicamos acerca de nuestros tiempos de escolares, de las clases de religión y de nuestro no muy agradable encuentro durante las vacaciones. Curiosamente, tampoco en esta ocasión tocamos el tema de Franz Kromer, la causa de nuestro primer encuentro y el lazo más fuerte entre nosotros.

Una cosa llevó a la otra y, de repente, estábamos enfrascados en una plática sumamente extraña. Continué el tema que Demian tocaba con el japonés y comenté acerca de la vida estudiantil. De ese tema brincamos a uno muy diferente. No obstante ello, en el lenguaje de Demian todo era de una sincronía y una perfección absoluta.

Comentó sobre el espíritu europeo y el signo de la época que vivíamos.

—Por cualquier parte —dijo—, se extiende la manada o el grupo, pero difícilmente se expande la libertad y el amor. El espíritu de la corporación, desde las escuelas y universidades, hasta los altos mandos de los gobiernos, no son creados más que por la necedad del hombre. Esa solidaridad de la que tanto nos hablan y presumen, no es más que el producto del temor y la falta de imaginación. En el fondo, esta solidaridad, esta unión está vieja y carcomida, a punto de desmoronarse.

—La comunidad   siguió Demian—, es algo hermoso, pero lo que estamos viendo crecer en todas partes no es la comunidad en realidad. La verdadera comunidad nacerá, nueva, del conocimiento mutuo de todos los individuos y cambiará por un momento al mundo entero. Eso que hoy existe con el nombre de comunidad es un grupo de gente que sigue patrones, un rebaño. La unión de estos hombres es provocada por el temor que se tienen entre sí, y todos se refugian entre los suyos; los empresarios en su rebaño, los obreros en el suyo y los intelectuales en el suyo... Y ¿de qué tienen miedo? De estar de acuerdo con sus propias ideas. Sienten temor de seguir sus propios instintos y forman una comunidad llena de individuos miedosos. Todos ellos creen que las leyes bajo las cuales viven son eternas, y que ni sus religiones ni su moral son necesarias para seguir adelante. Por más de 100 años, a lo único que Europa ha canalizado sus esfuerzos, es a construir fábricas y a estudiar antiguas culturas. Cada europeo sabe perfectamente la cantidad de pólvora que es necesaria para aniquilar a otra persona, pero ignoran la manera de rezar a Dios o de pasar un momento agradable. ¡Fíjate en las tabernas llenas de estudiantes! ¡Mira los lugares en donde los ricos llegan para reírse! ¡Es un horror! Querido amigo, de todo esto nada bueno va a salir. Los hombres que se juntan por el miedo y están llenos de maldad, jamás lograrán tener confianza de su vecino. Su única fidelidad es hacia unos ideales caducos, eliminando a cualquiera que crea en unos nuevos. Sé que habrá enormes problemas muy pronto, ya lo verás. Estos conflictos no cambiarán al mundo como lo ven ellos. Llegará el día en que los obreros tomarán las vidas de sus patrones; también pronto Alemania y

Rusia iniciarán una guerra y nada cambiará. Lo único que variará, serán los personajes a la cabeza. No obstante, estos hechos no serán del todo inútiles, pues abrirán los ojos de unos cuantos y verán la miseria de los actuales ideales; se verán obligados a derrocar a dioses de la edad de piedra y adorarán a los nuevos. El mundo, tal y como lo vemos Sinclair, lo único que desea es morir, hundirse; y lo logrará.

—¿Y nosotros que papel jugaremos entonces? —pregunté.

—¿Nosotros? De seguro nos hundiremos junto a él. Tú y yo también podemos morir en manos de alguien; pero eso no nos acabará. Todo lo que hayamos dejado en torno nuestro, nuestra presencia, nuestras enseñanzas, nuestra esencia, juntará otras voluntades y seguiremos vivos. Así, mostraremos nuestra voluntad, la voluntad de la humanidad, que la Europa trató de ahogar con tantos técnicos y fábricas. Cuando esto suceda, se entenderá que la voluntad de los hombres jamás se identificará con las sociedades, con los países, con las asociaciones o con las iglesias actuales. Entenderán que lo que la Naturaleza quiere con la humanidad está en cada individuo, en ti y en mí. Esto lo podemos ver claramente en Jesús o en Nietzsche. Cuando los hombres actuales caigan, y con ellos sus comunidades, habrá sitio para que surjan las corrientes que, de manera natural, pueden cambiar de forma a diario, pero que siempre son las importantes.

Ya muy entrada la noche, logramos llegar a un jardín con un riachuelo.

—Aquí vivimos —dijo Demian—, espero que pronto vengas a visitarnos.

Con una alegría casi nueva para mí, emprendí el camino hacia mi casa. La noche era fresca y estaba llena de caminantes que, ebrios y tambaleantes trataban de regresar a sus casas. Muchas veces había sentido cierta discrepancia entre sus alegres y absurdas vidas y la mía solitaria. Pocas veces los envidiaba, pero las más me reía sarcásticamente de sus destinos. Hoy pensaba en ello nuevamente, pero más tranquilo y sin importarme tanto ese hecho; es más, veía su mundo lejano y remoto. Vinieron a mi mente los honrados filisteos de mi ciudad natal, señores ancianos llenos de dignidad que platicaban cosas pasadas de sus años estudiantiles como si ello fuera el paraíso o la libertad perdida; rendían verdadero culto a sus románticos años de infantes.

¡En todos lados era igual! Los hombres siempre estaban buscando la felicidad y la libertad en un punto de sus vidas que ya habían dejado atrás. Esto lo hacían por el terrible miedo que les daba la responsabilidad propia y la de destino. Bebían y gozaban mucho durante un par de años, pero inmediatamente después, se unían al rebaño y se convertían en señores al servicio de la comunidad. Era cierto lo que decía Demian:

Nuestro mundo está podrido, y el mundo estudiantil ya no parecía tan estúpido; no al menos comparado con los hombres temerosos.

Al llegar a mi casa —del otro lado de la ciudad—, me acosté y ocupé mi mente sólo en la promesa que ese día me había deparado. Cuando yo quisiera, mañana mismo, iría a visitar a Demian... y a su madre. No me importaba que los estudiantes se acabaran las barricas de vino; que se tatuaran el rostro o que el mundo estuviera lleno de corrupción y a punto de caerse, lo que en verdad me interesaba, era que mi destino llegara a mí con una nueva imagen.

Caí dormido ya cerca del amanecer. Un nuevo día llegó, y con él una verdadera fiesta. Era una de esas mañanas especiales y solemnes; muy parecidas a las vísperas de Navidad de mis años infantiles. Agitado por todo lo que había pasado la noche anterior, comencé un nuevo día que sería decisivo. Veía cómo todo mi mundo se transformaba expectante, comprensivo y solemne. Inclusive la lluvia de otoño era perfecta y llena de música para mis oídos. Era la primera vez que el mundo exterior era tan bello como el interior, mezclándose ambos en una sensación especial. Había una fiesta en mi alma y la vida me parecía amable y llena de armonía. Veía a mi alrededor las casas, las caras y todo lo que alcanzaban mis ojos me parecía bello; todo era como debía de ser; ya no tenía ese aspecto vacío de lo cotidiano, de lo de siempre; se había convertido en naturaleza expectante, lista para recibir el destino de la manera más respetuosa posible. Esta era mi infantil visión del mundo en las mañanas navideñas. Me parecía imposible que el mundo estuviera lleno de tanta belleza. Mi costumbre de estar ensimismado me había hecho perder el sentido de lo que ocurre afuera, de que la pérdida de brillantes colores estaba ligada a la pérdida de la infancia y que había que extinguir la libertad y la madurez del alma renunciando a ese leve resplandor. Pero ahora veía que todo eso sólo se había cubierto, y que ahora que era un hombre libre que había renunciado a la felicidad infantil podía ver al mundo brillante y disfrutar de mi visión de niño a la vez.

Estaba parado frente al jardín en donde me había despedido de Demian la noche anterior. Escondida tras la sombra de unos árboles, se levantaba una casa pequeña, de cuyas brillantes ventanas se podían ver claramente las paredes con cuadros y libreros llenos de enseñanzas. La puerta principal llevaba a un pequeño salón muy agradable y tibio. Una sirvienta grande, vestida de blanco me llevó a él y tomó mi abrigo y sombrero.

Ya solo en el salón, vi a mi alrededor y me reencontré en mi sueño. En una pared de madera oscura, en la parte más alta, se encontraba un cuadro muy familiar; estaba protegido por un cristal y el marco era negro. Se trataba del ave con cabeza amarilla de gavilán saliendo del cascarón del mundo. Lo observé emocionado por varios minutos y sentí una mezcla de alegría y dolor; era como si en ese preciso momento todo lo que había hecho a lo largo de mi vida regresara a mí como respuesta o confirmación. Pasaron frente a mis ojos un sinfín de imágenes: la casa de mis padres con su escudo y el portón; el joven Demian dibujando ese escudo; yo siendo un niño y bajo la influencia maligna de Kromer; yo dibujando en mi cuarto de colegial con mi alma atrapada en una red de sentimientos confusos. Todos y cada uno de mis momentos emergieron de mi interior y hacían un ruido de aceptación, de aprobación.

La mirada se me nubló al seguir viendo el cuadro. Súbitamente baje la vista y vi, a través de una puerta, la imagen erguida de una mujer vestida de negro: ¡era ella!

No pude decir nada. La bella y majestuosa dama me sonrió con un rostro que, al igual que el de Demian, carecía de edad, mostrando una enorme voluntad. Sus ojos eran la realización máxima y su saludo me hizo sentir que regresaba a casa. Silenciosamente tendí mis manos; ella las tomó y sentí una firmeza y un calor sin igual.

—Usted es Sinclair, lo he reconocido inmediatamente. ¡Bienvenido!

Su voz, profunda y cálida, me supo al mejor de los vinos. Levanté los ojos y observé un rostro sereno de profundos ojos negros; su boca era fina, fresca y madura; su frente despejada y majestuosa mostraba levemente un signo.

—¡Estoy encantado! —dije y le besé las manos—. Siento como si toda mi vida hubiera sido un largo viaje y, ahora, llego a mi país.

La madre de Demian sonrió dulcemente.

—Al país jamás se llega —dijo con tierna voz—. Pero cuando las veredas amigables se cruzan, todo el Universo es como nuestro anhelado país.

Eso era lo que yo había sentido en mi camino hacia ella. Su voz y sus palabras eran muy semejantes a las de Demian, pero también eran distintas. Todo lo que ella expresaba era más maduro, más cálido y más natural. Al igual que su hijo no aparentaba ser un chico, ella no daba la impresión de ser madre de un hombre; su aspecto dulce y juvenil se reflejaba en su cara, en su cabello terso, en su dorada piel y en su floreciente boca. Se levantaba ante mis ojos orgullosa y más grandiosa que en mis sueños. Su mirada cumplía cada promesa y estar junto a ella era la felicidad.

Así pues, la nueva imagen que me mostraba mi destino, ya no era como antes, severa y dolorosa, se había convertido en amable y paciente. En ese momento no tomé ninguna resolución ni tampoco realicé juramento alguno... Llegué a la meta, a la cumbre de mi camino, y desde ahí, lo veía seguir más grande y más brillante, rodeado de hermosos árboles y aromatizado por los delicados perfumes de los jardines cercanos. Cualquier cosa que siguiera poco me importaba; yo era feliz por haber encontrado a esa mujer, escuchar su voz y respirar su esencia. Si era madre, amante o diosa, poco me importaba; para mí era suficiente saber que estaba viva y que mi camino estuviera cerca del suyo.

Su delicada mano me señaló el dibujo que había hecho:

—No pudo hacer más feliz a Max con ese dibujo —dijo tiernamente—. De hecho, a mí me dio mucho gusto también. Estábamos esperándolo, y cuando nos llegó el dibujo, supimos que pronto llegaría con nosotros. Cuando usted era un pequeño niño, Sinclair, mi hijo llegó del colegio y me dijo: "hay un chico en la escuela que tiene la señal en la frente; tiene que ser mi amigo". Ese chico era usted. Su camino no ha sido sencillo, pero sabíamos que usted lo lograría. En una ocasión, durante las vacaciones, usted tuvo un encuentro con Max; creo que usted ya tenía diez y seis años. Max me comentó acerca de ello...

La interrumpí:

—Lamento mucho que usted se haya enterado de ese encuentro. Esos años fueron los peores y los más miserables.

—Así es. Max me comentó: "Ahora Sinclair está enfrentando lo más difícil. Ha intentado nuevamente refugiarse en la colectividad; incluso pasa tiempo en las tabernas. La señal de su frente se ha opacado, pero sigue quemándolo". ¿Verdad?

—¡Así es! Por esa época me encontré con Beatriz, y también a mi nuevo guía: Pistorius. Entendí por qué durante mis primeros años me ligué a Max y por qué me era imposible separarme de él. Querida señora, madre mía, por esos días pensé en varias ocasiones que tenía que matarme. ¿El camino es tan difícil para todos?

Su mano acarició mi cabello suavemente, como si el viento jugara con él.

—Siempre es complicado nacer. El ave tiene que sufrir para romper el cascarón, eso ya lo sabe perfectamente usted. Pero vuelva sus ojos hacia atrás y pregúntese realmente si su camino fue tan difícil. ¿Sólo fue difícil? ¿Acaso no encontró en él cosas muy bellas? ¿Podría usted decirme si hay otro camino tan bello y tan difícil como ese?

Moví mi cabeza lentamente pensando en ello.

—Fue difícil —dije lentamente—, fue difícil hasta que llegó el sueño.

Ella asintió con su cabeza y me miró fijamente.

—Así es, debemos de encontrar cada uno nuestro sueño; cuando lo hacemos, el camino ya no es tan difícil. Ahora, debemos entender que no hay un sueño eterno; cada sueño es remplazado por otro nuevo y no debemos de aferrarnos a uno exclusivamente.

Me estremecí al escuchar sus palabras. ¿Acaso eran un aviso? ¿Eran una advertencia? No me importaba lo que fuera, estaba dispuesto a dejarme llevar por ella y no investigar cuál era mi meta.

—No sé —dije—, cuánto dure mi sueño. Ojalá fuera para siempre. Bajo la imagen del ave ha salido mi destino a recibirme, al igual que lo hace una madre, una amante. Yo pertenezco a él y nada más.

—Mientras dure su sueño, usted debe prestarle fidelidad —afirmó ella enérgicamente.

La tristeza me hizo su presa en ese momento y quise morir ahí mismo. Sentí que las lágrimas brotaban incesantes de mi alma. ¡Hacía mucho tiempo que no lloraba!

Me separé bruscamente de ella y fui hacia la ventana, en donde vi unas hermosas flores con mis ojos turbios. Escuché su voz detrás de mí; sonaba tierna y tranquila, como un vaso de delicioso vino.

—Sinclair, usted es un niño. Su destino lo quiere. Llegará el día en que le pertenezca absolutamente, como usted lo anhela, claro, si le es fiel.

Más tranquilo, volví a ver su cara. Me tendió su mano.

—Son pocos mis amigos —dijo con una bella sonrisa—, pocos los que me llaman Frau Eva. Usted, si así lo desea, puede llamarme también así.

Me llevó a la puerta, la abrió y me hizo un gesto indicándome el jardín.

—Max lo está esperando.

Caminé aturdido bajo la sombra de esos árboles; no sabía si estaba despierto o estaba profundamente inmerso en uno de mis sueños. La lluvia se escuchaba graciosa en las hojas de los árboles. Llegué al jardín que llegaba hasta el río y me introduje en un cobertizo pequeño. Ahí estaba Demian boxeando con un costal de arena. Me asombró verlo así, pues el cuerpo de mi amigo era asombroso. No llevaba camisa y podía observar su amplio pecho, su cabeza masculina y firme, sus brazos fuertes llenos de músculos; sus movimientos surgían de su esbelta cintura y coincidían graciosamente con sus grandes hombros.

—¡Demian! —grité—. ¿Qué es lo que haces?

Su risa llenó el cobertizo.

—Hago ejercicio. Prometí al oriental que lucharía con él. Su habilidad es como la de un gato, pero conmigo no podrá. Aún me debe una pequeña humillación.

Se detuvo, se vistió y me dijo:

—¿Estuviste con mi madre?

Así es. ¡Es una mujer maravillosa! ¡Eva! ¡Ese nombre es el de la perfección! Ella es la madre de todas las criaturas.

Me observó pensativo.

—¿Te dijo su nombre? ¡Vaya suerte de muchacho! Eres el primero a quien le dice su nombre tan pronto. Puedes estar orgulloso.

Desde ese día, crucé la puerta de ese hogar como hijo, hermano, pero sobre todo, como amante. Cuando se cerraba detrás de mí la puerta del jardín, es más, en cuanto veía los altos árboles que ahí crecían, me sentía feliz. Afuera me aguardaba la "realidad", las calles, las casas, los hombres, las bibliotecas, los salones de clases... Adentro encontraba amor y sueños de fábula. En esa casa se vivía fuera del mundo, nos hundíamos en nuestros pensamientos y pláticas acerca del exterior. Y no estábamos separados por paredes o muros, sino por la manera de ver las cosas. Nuestro trabajo era crear una isla dentro de ese mundo, quizá mostrar otra posibilidad de vida. Yo, que estaba completamente solo la mayoría del tiempo, pude conocer la comunión entre gente que estaba igual de sola que yo. Jamás llamaron mi atención las fiestas de los dichosos y los elegantes; jamás los envidié o me dolió que no fueran mis amigos. Poco a poco me fui iniciando en el misterio de los que llevan la "señal".

Para el resto del mundo, todos los que llevamos la señal no éramos más que personas raras, locas y peligrosas. Despertábamos de un sueño y anhelábamos llegar a una vigilia aún más perfecta, mientras que la aspiración y la felicidad de los demás era solamente unir estrechamente opiniones, ideas, deberes, vidas y fortunas a los del rebaño. Nosotros, los marcados, éramos la representación de la Naturaleza hacia lo individual y lo futuro, mientras que el resto de los hombres sólo vivían en una voluntad de permanencia. Ellos creían que la humanidad —a la que amaban de igual manera que nosotros—, era algo establecido que se tenía que cuidar y conservar. Nosotros, en cambio, pensábamos que era un futuro lejano hacia lo que todos íbamos caminando, y cuya imagen nadie conocía y cuyas leyes aún no estaban escritas en ningún lado.

Además de Eva, Max y yo, nuestro círculo estaba compuesto de astrólogos, cabalistas, un discípulo de Tolstoi y personas sensibles como naturalistas y vegetarianos que estaban en la búsqueda, al igual que nosotros. Algunos, más cercanos a nosotros, hurgaban en el pasado los esfuerzos de la humanidad para buscar dioses e imágenes diferentes. Sus estudios me hacían recordar a mi querido Pistorius. Siempre llevaban libros, traducían textos en antiguas lenguas, nos enseñaban símbolos y ritos pasados tratando de mostrar cómo el patrimonio de la humanidad estaba basado en ideales extraídos de sueños del alma inconsciente, de sueños en los que el hombre seguía a oscuras las posibilidades de un porvenir. Esta fue la manera en que recorrimos el inmenso laberinto de los dioses antiguos hasta el inicio del cristianismo. Pudimos observar las confesiones de personas solitarias y los cambios que presentaba cada religión conforme pasaba de pueblo a pueblo. Todo lo que descubrimos fue una crítica de nuestro tiempo y de la Europa actual, que había intentado por todos los medios posibles, dar al hombre armas nuevas y poderosas, perdiéndose en un profundo hoyo de espiritualidad. De una manera, el mundo había ganado en muchas cosas, pero había perdido su alma.

Y por lo que se refiere a esto, había personas que apoyaban y defendían esperanzas y doctrinas redentoras muy diferentes. Podíamos encontrar budistas que anhelaban convertir a Europa en discípula de Tolstoi o de otras tendencias muy extrañas.

Nosotros, en nuestro íntimo círculo, oíamos todo y entendíamos sus doctrinas sólo como símbolos. Los marcados, no debíamos perder el tiempo pensando en cómo formar el nuevo mundo. Cada doctrina y confesión nos parecía muerta y sin sentido. Nuestra concepción se basaba solamente en que cada persona tiene el deber y la obligación de encontrarse a sí mismo, de que viva entregado completamente a la fuerza interna de la naturaleza que él posee, sólo así estará preparado para cualquiera que sea su destino.

No obstante las diferencias, todos los que nos reuníamos sentíamos un ocaso de las cosas actuales muy próximo. Demian comentaba constantemente:

—Es imposible saber lo que pasará. El alma de Europa es como un animal que ha pasado muchos años encadenado. Una vez que se sienta libre sus acciones no serán muy tranquilas. Y no importan los caminos que tome, lo que debe preocuparnos es si finalmente surgirá la luz verdadera en el alma, esa que ha estado dormida y engañada por miles de años. Ese día será el nuestro; ese día se nos necesitará, no como guías o legisladores —porque nosotros no viviremos las leyes nuevas—, sino como personas dispuestas a seguir e ir a donde nos lleve nuestro destino. Cualquier hombre es capaz de hacer cosas increíbles cuando ve amenazados sus ideales, pero ninguno lo hace si se presenta un ideal novedoso o un movimiento que parezca peligroso y misterioso. Las pocas personas que estamos marcadas, al igual que Caín, despertamos temor entre los hombres de mentes pequeñas. Cualquier hombre que ha trabajado sobre el camino de la humanidad, lo ha hecho porque su destino no estaba lejos. Moisés, Buda, Napoleón o Bismarck así lo hicieron. Nadie puede escoger la ola que lo arrastrará, ni el camino que habrá de seguir. Si Bismarck hubiera entendido a los socialdemócratas y hubiera aceptado sus inspiraciones, hubiera sido un político prudente, pero jamás un hombre de destino. Y lo mismo sucedió con Napoleón, con César, con Ignacio de Loyola y con muchos más. Veamos esto desde un punto de vista biológico e histórico. Cuando los cambios en la tierra sacaron a los animales marinos a la superficie, hubo ejemplares preparados para ello, se prepararon para aceptar su destino, para adaptarse a lo nuevo e inesperado, logrando salvar así su especie. Nadie me puede asegurar si los animales que lo lograron eran los conservadores o los revolucionarios. Lo único cierto, es que ellos estaban preparados y lograron seguir viviendo. Ese es el motivo por el cual deseamos estar preparados.

Muchas veces asistía Frau Eva a las conversaciones que sosteníamos, y participaba en ellas de manera muy activa. Todos sentíamos que ella era una persona que sabía escuchar y digna de toda nuestra confianza y comprensión. Muchos de nosotros, al platicar de eso, sentíamos que todo lo que hablábamos y exponíamos, tenían su origen en la bella dama y que, por algo misterioso, todo regresaba a ella. Personalmente, me sentía extremadamente feliz con el simple hecho de sentarme a su lado, escuchar su dulce voz de vez en cuando y sentirme parte del ambiente de espiritualidad y madurez que estaba a su alrededor.

Ella tenía la capacidad de ver cuando yo presentaba cualquier cambio, duda o renovación. Tenía el presentimiento de que los sueños que tenía no eran otra cosa más que inspiraciones que provenían de ella. Cuando se los platicaba, los entendía y le parecían naturales; en ninguno de ellos encontró problemas, seguramente por su clara intuición. Hubo un tiempo en que mis sueños no eran más que la reproducción de pláticas que ella y yo teníamos. Soñé que el mundo estaba cambiando y que yo, y Demian algunas veces, esperábamos preocupados el gran destino. Esto no era del todo claro, pero llevaba los rasgos de Frau Eva, es decir, podría ser elegido o rechazado por ella, pero ese era mi destino.

Muchas veces me dijo con una sonrisa:

—Su sueño no es completo. Usted ha olvidado lo más importante.

Efectivamente, y en ese momento, comenzaba a recordar cierto pasaje de mi sueño que me parecía increíble haber olvidado.

Muchas veces esto me atormentaba. Sentía que me sería imposible estar junto a ella sin poder abrazarla. Este sentimiento también podía ella percibirlo, y cuando una tarde me vio llegar a su hogar con esta confusión y preocupación, me tomó de la mano, me llevó a un rincón apartado y me dijo:

—No se entregue a pasiones que en verdad no crea. Sé muy bien lo que usted quiere. Esos deseos tiene que dejarlos o hacerlos suyos en verdad. El día que usted llegue a pedir llevando en sí la plena seguridad de lograr ese deseo, la petición y la satisfacción coincidirán en un solo instante. Lo que usted hace ahora es pedir y reprocharse al mismo tiempo; usted le tiene miedo a sus deseos. Tiene que dominar esta situación. Déjeme platicarle una pequeña historia.

Comenzó a contarme la historia de un chico que se enamoró de una estrella.

—Este joven amaba a su estrella a las orillas del mar, estiraba sus brazos pretendiendo tocarla, soñaba con ella y sólo pensaba en ella. Él sabía, o por lo menos eso creía, que jamás podría abrazar a su estrella. Él pensaba que su destino sería el de amarla sin esperanza de poder tenerla jamás. Con ello en mente edificó todo un poema vital de renuncia y de sufrimiento silencioso y fiel que lo habría de purificar y perfeccionar. En cada uno de sus sueños siempre estaba presente la estrella. Una noche estaba junto al mar, sobre un acantilado, observando a lo lejos su estrella y expresándole todo su amor. En el clímax de su expresión amorosa, el chico dio unos pasos al frente y se lanzó al vacío para poder llegar a su estrella. No obstante, en el preciso momento de lanzarse por el aire, pensó que le sería imposible llegar a ella, cayendo en la plaza completamente destrozado. Este joven no había sido capaz de amar completamente, pues si en el momento de tratar de alcanzar su estrella hubiera creído firmemente en la consumación de su amor con ella, hubiera podido volar hasta donde ella se encontraba.

—El amor no se pide —continuó la dama—, ni se exige. Debe de tener la fuerza para llegar a la certeza, atrayendo en lugar de extraer. Sinclair, por el momento, su amor es atraído por mí. El día que usted sea el que me atraiga, yo iré a usted. No quiero ser un regalo, deseo ser ganada.

Días después, Frau Eva me platicó otra historia. Se trataba de un caballero que amaba sin esperanza alguna. Este hombre se había encerrado dentro de sí mismo y pensaba que la llama de su amor lo consumía lentamente. El mundo dejó de existir para él. Era incapaz de observar el cielo azul o los verdes bosques; le era imposible escuchar los riachuelos o las notas del arpa; todo lo que le rodeaba había desaparecido, dejándolo solo y muy triste. Sin embargo, su amor creció de tal manera, que prefirió seguir muriendo dentro de sí mismo antes de dejar de amar a la mujer de sus sueños. En ese momento, se dio cuenta de que su amor consumía todo lo que veía contrario en él, haciéndolo fuerte y logrando que su lejana amada fuera atraída hacia él. No obstante, cuando la tuvo cerca y le extendió sus brazos, vio en ella un cambio enorme, y sorprendido por esto, se dio cuenta de que había llamado a su lado a todo eso que él sentía perdido. Frente a él se encontraban el cielo, los bosques y los riachuelos; todo lo que sentía perdido regresó con nuevos colores, aromas y sonidos y ahora eran suyos. Se percató de que, en lugar de ganar una sola mujer, había logrado tener al mundo entero en su corazón, y cada estrella que en el cielo resplandecía, hacía que él reflejara el placer por toda su alma... Este hombre había amado y, por medio de su amor, logró encontrarse a sí mismo. No obstante, la inmensa mayoría de los hombres ama para perderse.

Lo único que le daba sentido a mi vida, era el amor que sentía por Frau Eva. No obstante, ella cambiaba de un día para otro. En ocasiones sentía que no era ella en sí lo que atraía mi alma, sino que lo que me llamaba era el símbolo de mí mismo que veía en ella y que me acercaba cada vez más a mi persona. Muchas veces sus palabras eran respuestas de mi subconsciente a cuestiones que me preocupaban enormemente. Ciertos momentos, cuando el deseo me consumía, besaba cualquier cosa que hubieran tocado las manos de mi amada, logrando que la realidad y el símbolo vencieran al amor sensual y espiritual. Quizá en mi cuarto pensaba en ella con tranquila intensidad, sintiendo sus manos y su boca en la mía. Podía sentir estar a su lado, observar su cara, hablar con ella y no saber si en verdad estaba realmente con ella o lo estaba soñando. Empecé a vislumbrar cómo un amor podía ser eterno y no morir jamás. Siempre que leía en las letras de un libro alguna idea nueva, era como si Eva besara mi boca; y cuando ella pasaba suavemente sus dulces manos sobre mis cabellos, o su delicada boca me sonreía e irradiaba en mí una bella luz de esperanza, era como si hubiera logrado un importante progreso espiritual. Cualquier cosa que me fuera vital o que fuera parte de mi destino, podía tomar la figura de Eva. Ella era capaz de convertirse en cualquier pensamiento que tuviera, y cada pensamiento mío era Eva.

Sentía miedo de las vacaciones de Navidad en casa de mis padres por el simple hecho de alejarme quince días de Eva. No fue así. Me sentía muy bien estando en el hogar de mis padres y pensar en ella. Cuando terminaron estos días de descanso, regresé a mi universidad y pasé un par de días sin visitar a mis amigos, gozando ese sentimiento de independencia y seguridad física que experimentaba. Otra cosa que me gustó de esos días, era que en mis sueños tenía un acercamiento a Eva muy diferente y con nuevas formas simbólicas. Algunas veces, ella se convertía en el mar donde desembocaba yo. Otras, ella era una estrella lejana a la cual llegaba yo caminando, encontrándonos en cierto punto del espacio y sintiendo una mutua atracción; permanecíamos juntos y dábamos vueltas de la mano por órbitas cercanas, felices de estar juntos.

Cuando por fin regresé a verla, comenté a Eva sobre mis nuevas fantasías.

—Hermoso sueño Sinclair —me dijo con una sonrisa—. Hágalo realidad.

Unos días antes de que la primavera llegara, pasó algo que jamás olvidaré. Llegué a casa de Max en la tarde y una de las ventanas estaba abierta, llevando el aroma denso de los jacintos por toda la estancia. No vi a nadie por ahí, así que subí al estudio de mi amigo, toqué la puerta y entré sin esperar una respuesta, como siempre lo hacía.

El cuarto estaba completamente oscuro, con las cortinas cerradas. Pude ver que la puerta que llevaba al pequeño laboratorio químico de Max estaba abierta; de ella salía la luz clara y bella que anunciaba la próxima llegada de la primavera. Pensando que no había nadie, cerré las cortinas.

Al lado de otra ventana, sentado en una silla y con un rostro muy diferente al de siempre, pude ver a mi amigo Max Demian. El recuerdo de haberlo visto así antes me fulminó como un rayo. Demian estaba quieto, con los brazos inmóviles y las manos caídas sobre sus muslos. Se encontraba un poco inclinado hacia adelante; sus ojos veían sin ver, estaban completamente abiertos pero sin vida; parecían un par de cristales que reflejaban la luz. Su cara estaba pálida y semejaba el rostro de una vieja máscara de museo. Demian no parecía estar vivo.

Exactamente así lo había visto cuando yo era apenas un niño. Al igual que ahora, en esos años sus ojos estaban viendo hacia adentro, sus manos inertes, y una mosca jugueteando alrededor de su faz. Ahora, al igual que hace años, tenía el mismo semblante intemporal; su cara estaba exactamente igual que cuando lo vi así por primera vez en nuestro salón.

Un miedo incontrolable me invadió y salí corriendo del **cuarto**. Bajé la escalera rápidamente y me topé con Eva. Su rostro estaba pálido y se veía agotada; jamás la había visto así. Una sombra entraba por la ventana. El sol y la luz que éste emitía habían desaparecido sin razón alguna.

—Entré al cuarto de Max —dije en voz baja a Eva—. ¿Ha pasado algo? Lo vi dormido o meditando, no lo sé. Una vez lo vi así.

—¡No le habrá despertado! —dijo rápido.

—No, claro que no. Salí rápido de su habitación. Pero por favor, dígame ¿qué es lo que pasa?

Pasó su mano por la frente y me dijo:

—Tranquilo Sinclair, no sucede nada. Max se ha retirado; no tardará en volver.

Tranquilamente, Eva salió caminando hacia el jardín sin importarle la inminente lluvia. Sabía que era necesario dejarla sola, así que me quedé en la casa y caminé de un lado a otro respirando el aroma de los jacintos. Observé mi dibujo del ave en la pared y aspiré muy triste el aroma que invadía el hogar de mis amigos ese día. ¿Por qué pasaba todo esto? ¿Cuál era el motivo?

Eva regresó a la casa con el pelo un poco humedecido por las gotas de lluvia. Se acercó a un gran sillón y se sentó en él muy cansada. Me acerqué amablemente y besé la cabeza húmeda de Eva. Sus ojos reflejaban tranquilidad y serenidad, pero las gotas de su cabeza me supieron a lágrimas.

—¿Quiere que vaya a acompañar a Max? —pregunté en voz baja.

Ella sólo esbozó una leve sonrisa.

—No sea infantil Sinclair —dijo en voz alta, tratando de romper el sortilegio—. Retírese por favor y vuelva más tarde. No puedo hablar con usted ahora.

Salí corriendo de la casa y de la ciudad y me oculté en las montañas que vigilaban celosamente ese lugar. Una pertinaz lluvia caía y las nubes volaban bajo y atemorizadas bajo una poderosa visión. El viento en la ciudad corría levemente, sin embargo, en las alturas era tempestuoso. De repente, entre las grises nubes, se podía ver una luz clara y bella del sol oculto.

En ese momento, pude observar una nube ligera y de color amarillo que llegaba hasta donde estaban amontonadas las grises. En unos cuantos segundos, una figura se formó con el azul y el amarillo del cielo; era una enorme ave que se alejaba del caos azul y desaparecía volando. En ese momento empezó una gran tormenta y la lluvia cayó torrencialmente con granizo. Un trueno muy leve, pero terrible, cayó sobre el azotado paisaje. Más tarde regresó el sol, y sobre las montañas que cubrían al bosque, brilló la blanca nieve. Al regresar, mojado y sin aliento, Demian abrió la puerta y me recibió. Lo acompañé al cuarto y observé un mechero de gas que estaba rodeado de miles de papeles. Me dio la impresión de que mi amigo había estado trabajando en algo.

—Toma asiento —dijo—. Seguramente estás agotado. El tiempo está muy feo y puedo ver que has estado caminando allá afuera. En unos momentos nos subirán el té.

—Hoy pasa algo —dije vacilante—; no es sólo esta tormenta.

Max me vio de manera muy rara y me preguntó:

—¿Viste algo?

—Sí. Observé una imagen muy clara entre las nubes.

—¿Qué imagen?

—Era el ave.

—¿El gavilán? ¿Estás seguro de ello? ¿El ave de los sueños?

—Sí, era mi ave. Amarilla y enorme voló hacia el cielo azul oscuro.

Demian tomó aliento hondamente. La sirvienta llegó con el té.

—Por favor sírvete Sinclair... ¿No habrá sido tu imaginación?

—No, Demian. Esas cosas no se ven casualmente.

—Efectivamente. Esto debe de tener algún significado. ¿Sabes cuál es?

—No. Creo que se trata sólo de una conmoción, un avance hacia el destino. Creo que todos tenemos algo que ver.

Demian caminaba inquieto por toda la habitación.

—Un avance en el destino —dijo pensativo—. Eso mismo he soñado esta noche, y mi madre tuvo ayer un presentimiento que le decía exactamente lo mismo. Yo soñé que subía por una escalera, a lo largo de una torre o de un tronco. Cuando llegaba a la cima, observaba al país en fuego; se trataba de una enorme llanura con ciudades y pueblos. No te puedo decir detalladamente todo, pues aún no está muy claro.

—¿Ese sueño lo refieres a ti? —pregunté.

—Por supuesto. Nunca se sueñan cosas que no nos pertenezcan. Pero, efectivamente, no me es exclusivo. Sé perfectamente cuando un sueño presagia movimientos en mi alma, pero hay otros que, extrañamente, presagian el destino de estos, pero jamás he tenido uno que haya sido una profecía cumplida. Su interpretación siempre es incierta. Lo que en verdad sé, es que tuve un sueño que no me es exclusivo. Este sueño es la continuación de otros en los que tuve presagios que te he comentado ya. No creo que el hecho de que nuestro mundo esté desmoronándose sea suficiente para predecir una catástrofe o ruina. Pero desde hace varios años he tenido sueños que me hacen pensar seriamente en el fin del mundo viejo. En un principio eran visiones lejanas, pero conforme han pasado los años, se han hecho más reales y fuertes. Lo único que sé perfectamente, es que algo grande y terrible está por llegar, y eso me concierne. Sinclair, creo que vamos a vivir lo que tantas veces hemos platicado. La renovación del mundo es inevitable; huele a muerte, pues nada nuevo surge si no es de la muerte. Esto es más grande de lo que yo tenía en mente.

Preocupado por las palabras de Max, lo miré fijamente y le pregunté:

—¿Podrías decirme algo más de tu sueño?

Su cara se mostró adusta y evasiva.

—No.

En ese momento, la puerta se abrió, y tras ellas entró Frau Eva.

—¿Siguen aquí? ¿Están tristes?

El cansancio que mostraba su rostro minutos antes había desaparecido por completo. Demian la vio tiernamente y le sonrió. Eva llegó a nosotros como lo hace cualquier madre amorosa que quiere calmar a los hijos que están preocupados por algo.

—No estamos tristes madre; hemos pensado un poco sobre los nuevos signos. Pero esto no nos preocupa. Cualquier cosa que vaya a suceder, sucederá pronto; y en ese momento, sabremos qué es lo que debemos hacer.

Yo estaba muy triste y me sentía mal por todo lo que había vivido esa tarde. Cuando me despedí de mis amigos, atravesé el salón y el aroma de los jacintos me pareció débil, marchito y fúnebre. Una sombra nos cubría.

El principio del fin

Logré que me dejaran quedarme durante el verano en la Universidad. Pasábamos todos los días fuera de la casa, en el jardín junto al río. Ya se había ido el japonés, no sin antes ser vencido por mi amigo Max. Otro de los personajes que había ya partido era el discípulo de Tolstoi. Max salía a montar todos los días, y esto me daba la oportunidad de pasar momentos a solas con Eva.

Muchas veces me sorprendí de la paz y tranquilidad que reinaban en mi vida. Mi costumbre de encontrarme solo, de renunciar a todo y de hundirme en mis penas, hacían que la Universidad y esa bella ciudad me parecieran un verdadero paraíso en el cual podía vivir tranquilamente, hechizado por todos esos mágicos momentos. Estaba seguro de que se trataba del inicio de la nueva comunidad superior de la que tanto hablábamos. No obstante, la tristeza se fue apoderando de mí lentamente, pues comprendí que la felicidad y todo lo bello que sentía no podía ser para siempre. No me estaba permitido vivir en el placer y en la abundancia; mi destino era la tristeza y la zozobra. Pensaba que algún día llegaría el momento en que tendría que despertar de todas esas bellas cosas e imágenes de amor para enfrentar mi soledad y el mundo frío en el que vivía, y al cual pertenecía desde siempre.

Durante esos momentos, respiraba gustoso la ternura de estar al lado de Eva. Era feliz de que mi destino aún se mostrara benévolo conmigo. Los días de verano transcurrieron rápidamente. El semestre en la Universidad estaba próximo a finalizar, así que la despedida de Eva era inminente. No debía de pensar en ello, me dedicaba a disfrutar todos y cada uno de los momentos a su lado sin preocuparme por lo que el futuro me depararía. Esos habían sido mis años felices; los años en que me había realizado completamente. ¿Qué era lo que seguía? Quizá tendría que empezar nuevamente a luchar en contra de adversidades, volver a sufrir nostalgias, volver a encontrarme solo.

Un día, este terrible pensamiento se adueñó con tal fuerza de mí, que sentí que las llamas de mi amor por Eva me consumían. Se acercaba el día en que ya no podría verla ni escuchar sus pasos firmes por su casa; sus flores ya no estarían más en mi mesa. Y ¿qué había logrado yo? Lo único que logré fue soñar y mecerme en su tranquilidad, pero no la gané; en lugar de llevarla hacia mí y luchar por su amor, sólo había soñado. Vino a mi mente cada palabra que me había dicho sobre el verdadero amor; esas palabras que parecían un sutil consejo, una latente atracción, una bella promesa. Y ¿qué había yo hecho al respecto? Absolutamente nada.

Me paré en el centro de mi habitación y concentré todo mi poder en un solo pensamiento: Frau Eva. Deseaba encontrar la fuerza en mi alma para poder demostrarle mi amor, para que llegara a mí. Eva tenía que llegar a mí y pedirme un abrazo; mi boca tenía que saciar su sed con el amor de sus labios maduros.

Así permanecí varios minutos hasta que un frío invadió todo mi cuerpo. Sabía que de mí emanaba una poderosa fuerza. Por unos segundos algo se contrajo con mucha intensidad en mi interior, algo muy claro y sumamente frío. Sentí cómo mi corazón se convertía súbitamente en un cristal helado que congeló mi pecho. Eso era lo que yo manifestaba.

Cuando desperté de ese terrible trance, sentí que algo venía hacia mí. Estaba muy cansado, pero deseoso de ver entrar a Eva en mi habitación bella y radiante.

El cabalgar de un caballo a lo lejos llamó mi atención; el sonido de su trote se escuchaba cada vez más cercano. Fui corriendo hacia la ventana y vi que mi amigo Max bajaba de su corcel. Bajé las escaleras y fui a su encuentro.

—¿Sucede algo Demian? ¿Está bien tu madre?

Max no escuchó una sola palabra mía. Su rostro pálido y lleno de sudor me decía algo que no entendía. Amarró las riendas de su caballo, tomó mi brazo y comenzamos a caminar por las calles.

—¿Sabes qué ha sucedido?

Yo no tenía la menor idea.

Demian sujetó mi brazo con gran fuerza y me vio con una mirada muy extraña y compasiva.

—Así es Sinclair, la cosa va a estallar. Hay graves problemas en Rusia...

—¿Una guerra acaso? No pensé que esto llegara a pasar.

Demian casi susurraba sin importarle que la calle estuviera solitaria.

—Todavía no se declara, pero es seguro que habrá guerra. Desde aquella vez que platicamos sobre ello, no te he vuelto a contar acerca de mis sueños, pero he tenido tres avisos desde entonces. No se trata del fin del mundo, ni de un terremoto o una revolución; se trata de una guerra. ¡Vas a ver que tremendo impacto! Muchos la recibirán gozosos; es más, sé que hay personas que están ansiosas porque empiece la guerra. ¡Qué vida tan insípida! Y esto es sólo el principio Sinclair, pues será una inmensa guerra, una guerra de proporciones impresionantes. No obstante, sólo será el inicio. Está por comenzar lo nuevo, así que las personas que se aferran a lo viejo y a lo establecido sufrirán mucho. ¿Tú que piensas hacer amigo?

La confusión de la noticia me dejó mudo por unos segundos. Lo que me había dicho mi amigo me parecía increíble, como si se tratara de una mentira.

—No lo sé. ¿Tú qué vas a hacer?

Encogió sus hombros e hizo una mueca de duda. Después, con un brillo muy especial en sus ojos me dijo:

—En cuanto pueda y empiece todo me voy a incorporar. Soy oficial Sinclair.

—En serio; ¡no tenía idea!

—Así es. Esa fue una de mis adaptaciones. Tú sabes que nunca ha sido de mi agrado el llamar la atención y que siempre he intentado hacer lo que creo correcto. Yo espero que dentro de una semana ya esté al frente de la batalla.

—¡Oh, Dios!

—No tienes por qué alarmarte amigo. Sé bien que muy dentro de mí, la idea de mandar matar a una persona no me hace feliz, pero eso no es lo verdaderamente importante. Es el momento de participar dentro de esta gran rueda. Tú deberías entrar también. Seguramente te enrolarán en la lucha.

—¿Y tu madre?

En ese momento recordé todo lo que había hecho esa tarde en mi habitación. ¡Qué manera de cambiar el mundo en unos cuantos segundos! Mis fuerzas estaban enfocadas en llamar lo más bello y sagrado para mí, y ahora, súbitamente, el destino me golpeaba la cara con algo amenazador y terrible.

—No tenemos que preocuparnos por mi madre amigo. Ella es la más segura en todo el mundo... ¿Tan grande es tu amor por ella?

—¿Acaso tú lo sabías Demian?

Su sonrisa franca y su noble mirada me hicieron entender lo torpe de mi pregunta.

—¡Claro que estaba enterado! Nunca nadie había llamado a mi madre por su nombre; es más, nadie jamás la había llamado Eva sin amarla. Ahora bien, ¿qué pasó hoy?, ¿le has hablado, verdad? O ¿fue a mí a quien llamaste?

—No, a la que he llamado toda la tarde fue a tu madre... a Eva.

—Ella lo sabía. Me dijo que viniera a visitarte justo cuando le estaba platicando lo que pasaba en Rusia.

En ese momento empezamos a caminar rumbo a mi casa. No volvimos a decir nada al respecto, ni de la guerra ni de mi amada Eva. Al llegar a mi hogar, Demian soltó su caballo, montó en él y emprendió el camino.

Al llegar a mi habitación, me di cuenta de lo abrumado y agotado que me habían dejado las nuevas que me trajo Demian, pero sabía que gran parte de mi cansancio, se debía al tremendo esfuerzo que realicé antes de que él llegara. ¡Eva me había escuchado! ¡Logré alcanzarla con mis pensamientos y mi corazón! Ella misma hubiera venido a mis brazos... ¡Cuánta belleza y qué extraño era todo a la vez! Era tiempo de pensar en la guerra. Demian sabía que llegaría. El cambio fundamental del mundo no iba a pasar junto a nosotros, sino que nos iba a arrollar con toda su fuerza; el momento de ellos estaba próximo y el mundo nos necesitaba en su transformación. La razón asistía una vez más a mi amigo Demian: no había tiempo para sentimentalismos. No obstante, era bastante curioso que algo tan solo y aislado como el "destino" uniera a tantas personas en todo el mundo.

Estaba preparado para lo que viniera. Al llegar la tarde, salí a caminar por la ciudad para ordenar mis ideas. El ambiente era de excitación por todas las calles; la palabra "guerra" se escuchaba en cualquier rincón.

Tomé rumbo hacia casa de mis amigos y cené con ellos en su jardín. Estábamos solos los tres y ninguno mencionó la palabra "guerra" en toda la velada. Cuando tuve que retirarme, Eva me dijo:

—Querido Sinclair, usted me llamó hoy y sabe el motivo por el cual no acudí. Jamás olvide que ahora conoce la manera de contactar; siempre que sienta la necesidad de que alguien con la señal acuda a usted, puede hacer uso de este llamado.

Dicho esto, Eva se levantó y se perdió en la oscuridad del jardín. Alta, bella y con majestuosidad caminó frente a nosotros desapareciendo entre árboles callados; lo único que alcancé a ver cuando se perdió en el jardín, fueron unas brillantes luces semejantes a estrellas que su cabeza irradiaba.

El fin de esa noche llegó. Todo lo que tenía que suceder pasó rápidamente. La guerra dio inicio y Demian se fue. Su aspecto era diferente al que comúnmente veía casi a diario; un uniforme gris con capa y gorra militar lo hacían verse diferente. Lo acompañamos al tren Eva y yo. Ya de regreso, me despedí de mi querida Eva; no me tomó mucho tiempo hacerlo. Ella me besó en la boca y me abrazó por unos minutos; sentí su tibio pecho mientras sus enormes ojos brillaban frente a los míos.

Todos los hombres vivían un sentimiento de hermandad. Todos tenías frases y pláticas patriotas y honrosas. Lo que no sabían muy bien, era que todos ellos veían al destino sin máscaras delante de ellos. Jóvenes salían de los cuarteles y abordaban trenes para incorporarse al servicio. En muchas caras logré ver una señal —no la nuestra—, una hermosa señal que tenía olor a amor y muerte. Me fundí en un abrazo con personas que no conocía, pensando que ese sentimiento que llevaban dentro los obligaba a quererse. Ese sentimiento de hermandad tenía su origen en la inminente confrontación con el destino que estaba por llegar.

Para cuando el invierno llegó, yo ya estaba listo y al frente de la batalla.

En un principio, y no obstante la sensación de lucha y cambio, me sentí defraudado. Anteriormente me había cuestionado infinidad de veces por qué eran tan pocos los hombres que lograban vivir para un ideal. Pero ahora lograba entender que los hombres pueden llegar a entregar sus vidas por un ideal, aunque no fuera el suyo, sino uno común y que se transmitía.

Con el paso de los días logré sentir estima por algunos de esos hombres y empecé a ver que los había catalogado en menos de lo que realmente eran. A pesar de la uniformidad que el ejército lograba en todos los que participaban en la batalla, pude ver a muchos que, con arrogancia, se acercaban a la voluntad del destino, en plena vida o a punto de perderla. Varios de ellos mostraban en todo momento una mirada fuerte y terca que jamás ve el fin de las cosas, mostrando completa entrega a lo terrible. Sin importar sus ideas, estos hombres siempre estaban preparados para participar y formar lo que sería el futuro. Y poco les importaba que el futuro se presentara obstinado a no cambiar en lo más mínimo, a seguir con las bases tradicionalistas de siempre, a su concepción de guerra, heroísmo y honor, y que cualquier grito de la humanidad quedara aún más lejos que ahora; todo eso era superficial, lo mismo que la finalidad de la guerra en cuestiones políticas. Se podía sentir, muy en el fondo, que un embrión de cambio se estaba formando; algo muy semejante a una nueva humanidad. Esto lo sabía por el simple hecho de ver a muchos —varios fueron los que cayeron muertos junto a mí—, que habían logrado ver que el odio, la muerte, el rencor y la aniquilación no eran el objeto de la guerra. Los primitivos sentimientos, inclusive los más salvajes, no estaban dirigidos al enemigo; la acción sangrienta de ellos, sólo era un espejo que reflejaba el interior, un alma partida en dos que necesita desfogarse, aniquilar, matar y morir para lograr volver a renacer. Un ave tremenda luchaba por salir del cascarón; el mundo era el cascarón y éste tenía que caer hecho pedazos.

Durante una noche de primavera, me había tocado hacer guardia en una granja ocupada por mi compañía. Un viento tranquilo y caprichoso se sentía esa noche. En el cielo, varias nubes pasaban como marchando y ocultando en momentos a la bella luna. Ese día en particular, había estado bastante inquieto y preocupado por algo. Mientras estaba en mi puesto, pensaba en las grandes imágenes que estaban a mi alrededor; creía fervientemente que las imágenes eran mi vida. Ellas eran Eva, eran Demian. Recargado sobre un árbol veía el cielo que, caprichosamente, formaba imágenes reales para mí. Mi pulso inconstante, la insensibilidad de mi piel al ligero viento y las imágenes en mi cabeza me indicaban que algún guía estaba cerca de mí.

Pude ver en las nubes una enorme ciudad de la que salían muchos hombres que se esparcían en enjambres. Al centro de ellos estaba una luz de brillantes estrellas y de un majestuoso tamaño. Su cara era la de mi amada Eva. Vi cómo entraban a ella los hombres; como si se tratara de una cueva enorme en la cual desaparecían. Una vez que entraron todos, la mujer se sentaba en el suelo y en su frente brillaba la gran señal. Parecía estar cansada y dormitaba; cerró sus ojos y su cara hizo una terrible mueca de dolor. Súbitamente, se escuchó un estridente grito y de su frente salieron millones de estrellas que volaron por el oscuro cielo.

Una de esas brillantes estrellas llegó hasta mí, como si me estuviera localizando. Frente a mí explotó en mil pedazos y me hizo volar algunos metros; caí al suelo y el mundo entero se desmoronó a mi alrededor. Me encontraron junto al árbol, cubierto de lodo y con graves heridas en mi cuerpo.

Acostado en una oscura cueva escuchaba el sonido de cañones muy cerca de ahí. Después, me subieron a una carreta y empecé mi travesía por caminos desérticos. Dormía gran parte del tiempo o me desmayaba por el cansancio. Cuando mis sueños eran lo suficientemente profundos, más grande era la atracción hacia algo que me llamaba desde afuera. Opté por obedecer a esa fuerza de mi exterior que se había adueñado de mí.

Desperté tendido en un establo; mi cama era la paja y no había ninguna luz que me alumbrara. Una persona piso mi mano, pero mi interior me indicaba que debía seguir adelante; la fuerza que me llamaba seguía atrayéndome. Nuevamente emprendí mi viaje en la carreta y luego me llevaron en una camilla por unas escaleras; el llamado se hacía cada vez mayor, así que sólo tenía la necesidad de llegar al lugar donde me llamaban. Finalmente, estaba ahí.

Una vez que llegué a mi destino, me di cuenta de que la noche había llegado. Por fin estaba consciente del todo, pues me percaté de que, hacía unos minutos apenas, el deseo y la atracción me invadieron. Estaba tirado en el suelo de un gigantesco cuarto y pensé que ese era el lugar del cual había sido llamado. Observé a mi alrededor y encontré un colchón junto al mío; en él estaba un hombre herido. Levantó un poco su cabeza y me vio. Logré ver claramente la señal en la frente. Se trataba de Max Demian.

Ninguno de los dos pudimos decir una sola palabra; quizá él no lo deseó en ese momento. Cerca de su cabeza se encontraba una lámpara que iluminaba su bello rostro. Lo único que hizo fue sonreírme.

Muchos fueron los minutos que se dedicó a verme fijamente. Luego se me acercó y murmuró:

—Sinclair.

Con la mirada le dije que le entendía perfectamente.

Nuevamente sonrió de manera compasiva.

—¡Sinclair! ¡Muchacho! —dijo con una sonrisa.

Nuestras bocas se encontraban muy cerca. Su voz casi era imperceptible, pero continuó:

—¿Recuerdas a Franz Kromer?

Le dije que sí con mi cabeza y también le sonreí.

—Pequeño Sinclair, escucha bien lo que te voy a decir. Tengo que irme. Quizá alguna vez necesites de mi ayuda para luchar en contra de Kromer o contra cualquier otro personaje. Si me llamas no me apareceré toscamente, en caballo o en tren. Ahora, tendrás que escuchar muy bien dentro de ti para que te des cuenta de que estoy ahí. ¿Entiendes lo que te digo? Hay otra cosa más. Eva me dijo que si algún día te iba mal, te diera un beso que ella me dejó antes de partir... Cierra tus ojos amigo.

Hice caso a la orden de Demian y sentí sobre mi boca un leve beso; en los labios había un poco de sangre que parecía no querer desaparecer. En ese momento caí dormido.

A la mañana siguiente me despertó una enfermera que iba a curar mis heridas. Al voltear a ver a mi amigo, sólo vi a un hombre extraño y muy mal herido a mi lado. Jamás lo había visto antes.

El tratamiento de la enfermera me dañó mucho. A partir de ese momento, todo lo que ha pasado en mi vida me ha dañado. Pero cuando logro encontrar la llave, bajo hacia mi interior y me encuentro con el oscuro espejo donde descansan las imágenes del destino; llego allí, me inclino sobre la negra superficie del espejo y veo mi propia imagen, esa imagen que se refleja es muy parecida a él, a mi amigo, a mi guía.

El último verano de Klingsor

(1920)

Nota preliminar

El pintor Klingsor pasó el último verano de su vida, a sus cuarenta y dos años, en aquellas zonas sureñas próximas a Pampambio, Kareno y Lugano, que tiempo atrás había saboreado durante sus frecuentes visitas. Allí vieron la luz sus últimos trabajos, aquellas paráfrasis libres sobre formas del mundo visible, aquellos cuadros extraños, luminosos y a la vez enigmáticos, oníricos, con árboles arqueados y casas arboriformes, que los entendidos prefieren a los de su época "clásica". A la sazón su paleta exhibía colores muy seleccionados y brillantes: cadmio amarillo y rojo, verde veronés, esmeralda, cobalto, violeta cobalto, bermellón francés y esmalte geranio.

La noticia de la muerte de Klingsor sorprendió a sus amigos en el tardío otoño. Algunas de sus cartas contenían premoniciones o anhelos de próxima muerte. Tal vez esto dio pie al rumor de que él mismo se había quitado la vida. Otros rumores, que siempre acompañan a personalidades polémicas, apenas si ofrecían mayor consistencia. Muchos aseguraban que Klingsor era ya desde meses atrás un enfermo mental y, un crítico de arte poco avisado intentó explicar el elemento desconcertante y extático de sus últimos cuadros por aquella supuesta locura. Mayor fundamento que estas habladurías lo ofrece la variopinta leyenda de la afición de Klingsor a la bebida. Esta afición a la bebida era una realidad, y nadie la reconocía con mayor franqueza que el propio interesado. En ciertos períodos, y concretamente en los últimos de su vida, no sólo se entregaba a frecuentes libaciones, sino que buscaba conscientemente la borrachera como anestesia de sus dolores y de una melancolía que muchas veces se le hacía intolerable. Li-Tai-Po, el poeta de abismales canciones báquicas, era su favorito, y en los momentos de trance solía llamarse a sí mismo Li-Tai-Po, y a uno de sus amigos Thu-Fu.

Sus obras le sobreviven, y no menos actual se mantiene, en el exiguo círculo de sus íntimos, la leyenda de su vida y de aquel último verano.

Klingsor

Había llegado un verano ardiente y fugaz. Los días tórridos, prolongados, se encendían cual banderas flamígeras; a las breves noches sofocantes de luna, seguían breves y cálidas noches de lluvia; enfebrecidas y esplendorosas transcurrían las semanas, raudas como ensueños y pletóricas de imágenes

A medianoche, tras un paseo nocturno, Klingsor estaba en el pequeño balcón de piedra de su taller. A sus pies se hundía en vertiginoso desnivel el viejo jardín, poblado de una masa oscura de tupidas copas de árboles: palmeras, cedros, castañas, ciclamores, hayas rojas, eucaliptos, abrazados por plantas trepadoras como viburnos, bejucos y glicinas. Sobre la negrura vegetal centelleaban en tenues reflejos las grandes hojas relucientes de las magnolias estivales, con las níveas flores semiabiertas, del tamaño de cabezas humanas, pálidas como la luna y el marfil, que exhalaban una íntima fragancia de limón, penetrante y sutil. Desde indecisa lejanía llegaba una música en ondas lánguidas; era acaso una guitarra, acaso un piano, no podía precisarse. De pronto en los corrales lanzó un grito un pavo, dos y tres veces, y con el sonido corto, atroz y seco de su voz atormentada, desgarró la noche en que se sumía el bosque, cual si brotara desde lo hondo el dolor de todo el reino animal, enorme y estridente. La luz de las estrellas se diluía en el valle; elevada y serena se alzaba en el bosque interminable una blanca capilla, embrujada y vetusta. El lago, las montañas y el cielo se fundían en la lejanía.

Klingsor se asomaba al balcón en mangas de camisa, los brazos desnudos apoyados en la barandilla de hierro y, descifraba, un tanto malhumorado y con mirada ardiente, el lenguaje de las estrellas en el cielo empañado y el de las débiles lucecillas sobre la bóveda negra e informe de los árboles. El pavo le sacó de su ensimismamiento. Era de noche, era tarde, y había que ir a dormir sin falta y a todo trance. Tal vez, si pudiera dormir realmente durante unas cuantas noches siete u ocho horas, los ojos volverían a ser dóciles y pacientes, el corazón se aquietaría y las sienes dejarían de dolerle. Mas para entonces habría pasado el verano, aquel frenético y ardiente sueño de verano, y con él innumerables copas se derramarían sin beber, innumerables miradas de amor quebrarían sin respuesta, innumerables imágenes irrecuperables se extinguirían sin ser vistas.

Colocó la frente y los ojos doloridos sobre la fría barandilla de hierro, y esto le produjo un frescor momentáneo. Quizá, dentro de un año o antes, aquellos ojos quedarían ciegos, y el fuego se apagaría en su corazón. No, nadie era capaz de soportar aquella vida ardiente, ni siquiera Klingsor que poseía diez vidas. Nadie podía resistir por mucho tiempo, día y noche, todo su incendio, todo su volcán; nadie podía estar en llamas día y noche, más allá de un breve período, con largas horas diarias de labor frenética, con largas horas nocturnas de inflamados pensamientos, siempre gozando, siempre creando, todos los sentidos y nervios lúcidos y alerta, como un castillo en cuyo interior suena, día tras día, la música y arden, noche tras noche, miles de cirios. Esto tiene que terminar, se han gastado muchas fuerzas, se ha apagado mucho brillo en los ojos, mucha vida se ha desangrado ya.

De pronto se echó a reír y se desperezó. Recordó que todo esto lo había sentido a menudo, lo había pensado y lo había temido. En todos los períodos fecundos y apasionados de su vida, ya desde la primera juventud, había vivido a ese ritmo, había quemado su cirio por ambos cabos, con un sentimiento, ora eufórico ora afligido, de pronta desaparición, de holocausto, con ansia desesperada de apurar el cáliz y con una profunda e íntima angustia ante el final. Muchas veces había vivido así, muchas veces había vaciado la copa, muchas veces se había consumido en llamas. En ocasiones el final había sido plácido, como un inconsciente y profundo letargo invernal. Otras veces la cosa había sido terrible: insensata destrucción, dolores intolerables, médicos, triste resignación, triunfo de la debilidad. Y el final de cada período sangriento había sido cada vez más funesto, más triste, más aniquilador. Pero siempre había logrado sobrevivir, y tras algunas semanas o meses, tras la tortura o el embotamiento había llegado la resurrección, y con ella ardientes creaciones, nueva y deslumbrante borrachera de vida. Así había ocurrido, y los períodos de tormento y de fracaso, los intervalos fatídicos, se hundían en el olvido. Era mejor así. Todo discurriría como otras veces.

Sonrió al acordarse de Gina, a la que había visto aquella tarde y cuya dulce imagen le había tenido ocupado durante el camino de vuelta a casa, ya anochecido. ¡Qué bella era aquella muchacha y qué cálida en su ardor, todavía inexperto y medroso! Con ternura y zalamería repitió, como susurrándole una vez más al oído: "¡Gina Gina! ¡Cara Gina! ¡Carina Gina! ¡Bella Gina!"

Volvió a la habitación y encendió la luz. De una pequeña pila desordenada de libros extrajo un tomo de poemas encuadernado en rojo; le había venido a la memoria una estrofa, el fragmento de un poema que a él se le antojaba indeciblemente bello y tierno. Hojeó largo rato, hasta que lo encontró:

> *No me dejes en la noche, en el dolor,*
> *mi adorada, mi claro de luna.*
> *Oh tú, mi lucero, mi lámpara,*
> *mi sol, mi rayo de luz.*

Hondamente saboreó el vino turbador de estas rimas. Qué bello, qué entrañable y hechicero era "Oh, tú mi lucero", y "Mi claro de luna".

Paseó ante el alto ventanal con el rostro iluminado, recitó los versos, se los recitó a Gina, la amada lejana: "Oh, tú, mi claro de luna", y su voz se empañaba de ternura.

Luego abrió la carpeta, que tras la larga jornada de trabajo aún retenía consigo. Extrajo el álbum de bocetos, el pequeño, su preferido, y buscó los últimos dibujos, los de aquel mismo día y el anterior. Allí estaba el picacho con las densas sombras de las rocas; le había dado la figura de un rostro grotesco; el peñasco parecía gritar, partirse de dolor. Allí el pequeño pozo de piedra, semicircular, en la pendiente del monte; el arco morado, sombreado en negro; un granado florecido en rojos pétalos. Todo esto se lo reservaba para sí, eran apuntes íntimos para él solo, la nota apresurada y curiosa del momento, leve recuerdo de cada instante en que la naturaleza y el alma sintonizan en forma nueva y pura. Y luego otros esbozos mayores en color, hojas blancas con planos luminosos a la aguada: la villa roja en el bosquecillo, llameante como un rubí sobre verde terciopelo, y el puente de hierro de Castiglia, rojo sobre la montaña verdiazul; a su lado el muelle violeta, la calle rosada. Más bocetos: la chimenea de la tejería, el cohete rojo ante el verde claro de los árboles, el indicador de camino azul, el cielo violáceo con espesas nubes laminadas. Esta hoja estaba bien, podía quedar así. Al pintar la entrada del establo tuvo un contratiempo; el color castaño rojizo, ante el cielo bruñido, era correcto y muy expresivo; el apunte estaba casi terminado, pero el sol dio de lleno en la hoja mientras pintaba y le produjo un tremendo dolor de ojos. Luego tomó un prolongado baño de ojos en un riachuelo. Pero el caoba frente al azul metálico quedó allí, estaba bien, sin dejarse falsificar o malograr en lo más mínimo. Sin el *caput mortuum* no se hubiera conseguido. Aquí, en este terreno, radicaba el misterio. Cabe soslayar las formas de la naturaleza, su distribución en el espacio, su espesor y su finura, cabe esquivar todos los medios honestos que permiten imitar a la naturaleza. También cabe, sin duda, falsear los colores, cabe realzarlos, rebajarlos, interpretarlos de mil maneras. Pero si se quiere recomponer un trozo de naturaleza, entonces no hay más remedio que concertar unos cuantos colores con exactitud, en idéntica relación, con el mismo equilibrio que poseen en la naturaleza. En este punto hay que reconocer la servidumbre, aquí no hay más remedio que ser naturalista, incluso aunque se utilice el naranja en lugar del gris o el granza en lugar del negro.

A todo esto había transcurrido un día más y la cosecha había sido parva: la hoja con la chimenea de la fábrica, el tono morado en la otra hoja y, acaso, el boceto con el pozo. Si a la mañana siguiente el cielo estaba cubierto, iría a Carabbina, donde se encontraba el cobertizo de las lavanderas. Posiblemente volvería a llover; en ese caso permanecería en casa y atacaría el cuadro del riachuelo al óleo. Por de pronto, ¡a acostarse! Ya era la una pasada.

En el dormitorio se quitó la camisa, se echó agua en los hombros, salpicando el suelo de piedra roja, saltó a la alta cama y apagó la luz. A través de la ventana se divisaba brumoso el Monte Salute, cuyas formas Klingsor había perfilado innumerables veces desde el lecho. Del desfiladero del bosque se escuchó un graznido de lechuza, hondo y cavernoso como el sueño, como el olvido.

Cerró los ojos y pensó en Gina y en el cobertizo poblado de lavanderas. Dios mío, cuántos temas le esperaban, cuántos cálices para apurar. No hay cosa en la tierra que no merezca pintarse. No hay mujer en el mundo que no haya que amar. ¿Por qué existía el tiempo? ¿Por qué ese estúpido sucederse y no una simultaneidad arrebatada, capaz de saciar? ¿Por qué yacía en aquel momento en su lecho, como un viudo, como un viejo? Durante el breve trayecto de la vida se puede gozar, se puede crear, pero siempre se canta una canción tras otra, nunca suena la sinfonía entera con los cientos de voces e instrumentos actuando simultáneamente.

En tiempos remotos, a la edad de doce años, él había sido el Klingsor de las diez vidas. Los muchachos jugaban a bandidos; cada bandido tenía diez vidas, y el que era tocado con la mano o con el dardo por su perseguidor, perdía una vida. Se podía resistir y quedar libre con seis, con tres, incluso con una vida; sólo en la décima vida se perdía todo. Pero él, Klingsor, había hecho cuestión de honor el mantener sus diez vidas y sentía como una vergüenza quedar con nueve o siete vidas. Así había sido de muchacho, en ese período increíble, cuando nada en el mundo es imposible, nada arduo, cuando todos amaban a Klingsor, cuando a todos aplaudía Klingsor, cuando todo pertenecía a Klingsor. Y así había continuado; siempre había disfrutado de diez vidas. Y aunque jamás había alcanzado la plena satisfacción, ni la imponente sinfonía total, la verdad es que su canción tampoco había sido unísona ni pobre, siempre había poseído unas cuerdas más que los otros en su música, unos hierros más en su fragua, unos táleros más en el bolsillo y unos corceles más en su coche. Alabado sea Dios.

Cómo se dejaba sentir toda la misteriosa quietud del jardín nocturno, cual hálito de una mujer dormida. Cómo graznaba el pavo. Cómo ardía el fuego en el pecho, cómo latía el corazón y gritaba, sufría, se regocijaba y sangraba. El verano transcurría delicioso en aquella altura de Castagnetta, él vivía espléndidamente entre aquellas viejas y nobles ruinas y contemplaba maravillado, allá abajo, las espaldas de oruga de cientos de bosques de castaños. Era hermoso descender, en alas de la curiosidad, de aquel viejo y noble mundo de bosque y castillos, recrearse con espectáculos variopintos y reproducirlos en todo su alegre colorido: la fábrica, el ferrocarril, los tranvías azules, las columnas de anuncios en el muelle, los orgullosos pavos reales, mujeres, sacerdotes, automóviles. Y qué bello, qué torturador y qué incomprensible era este sentimiento de su alma, este amor y ansia ardiente por cada partícula de vida, este dulce e impetuoso impulso de mirar y de dar forma y, al mismo tiempo, aquella secreta conciencia, oculta bajo delgada película, de la puerilidad y caducidad de toda su obra.

La breve noche estival se fue disipando entre delirios, la niebla ascendía de las verdes honduras del valle, en millares de árboles hervía la savia, innúmeros sueños bullían en el ligero sopor de Klingsor, su alma se paseaba por la sala de espejos de su vida, en la que todas las imágenes se multiplicaban, presentándose cada vez con nueva faz y nuevo significado y componiendo nuevas combinaciones, como si alguien agitase un cielo estrellado en el cubilete.

Una imagen onírica, entre muchas otras, le fascinó y le hizo estremecerse: Estaba tendido en un bosque y tenía en su seno a una mujer pelirroja, una morena se apoyaba en su hombro y una tercera se arrodilló a su lado, le tomó la mano y besó sus dedos. En torno pululaban mujeres y chicas, algunas todavía niñas con largas y delgadas piernas, otras en plena juventud, otras maduras y con señales de experiencia y de fatiga en los rostros curtidos. Todas le amaban, y todas querían ser amadas por él. Entonces estalló la guerra y la furia entre las mujeres; la pelirroja agarró a la negra por los cabellos y la arrojó al suelo, pero ella a su vez fue derribada, y todas se precipitaron unas sobre otras; chillaban, laceraban, mordían, herían, padecían; risotadas, bramidos y alaridos de dolor resonaron en confuso e ininterrumpido griterío. Corrió la sangre, los arañazos hicieron presa y se cebaron en los cuerpos.

Con una sensación de tristeza y pesadilla despertó Klingsor unos minutos y sus ojos quedaron clavados en el vano de la pared. Aún perduraban ante su mirada los rostros frenéticos de las mujeres; a muchas de ellas conocía por sus nombres: Nina, Hermine, Elizabeth, Gina, Berta, y aún las conjuraba desde el sueño con voz enronquecida: "Niñas, basta. Me estáis engañando; no debéis despedazaros entre vosotras; tenéis que despedazarme a mí, a mí".

Louis

Louis el Cruel llegó como caído del cielo. Se presentó de improviso. Era viejo amigo de Klingsor, viajero empedernido, el hombre imprevisto, que había hecho del ferrocarril su vivienda y de la mochila su taller. Los cielos de aquellos días destilaron horas placenteras, soplaron vientos propicios. Los dos amigos pintaron juntos en el Monte de los olivos y en Cartago.

—¿Este género de pintura tendrá algún valor? —exclamó Louis en el Monte de los Olivos, tumbado en cueros sobre el césped y con la espalda enrojecida de sol—. Uno pinta *faute de mieux*, amigo. Si tuvieras siempre a tu vera la chica que te gusta, y en el plato la sopa que cada día necesitas, no te molestarías en practicar esta extravagante puerilidad. La naturaleza tiene decenas de miles de colores, y nosotros nos empeñamos en reducir la escala a veinte. Esto es la pintura. Nunca estamos contentos, y todavía tenemos que dar de comer a los críticos de arte. Una buena sopa de pescado a la marsellesa, *caro mío*, acompañada de un Borgoña templado, y luego un filete a la milanesa, para postre peras y queso de Gorgonzola, y un café turco: éstas son realidades, señor mío, éstos sí son valores. Cuidado que se come mal aquí, en vuestra Palestina. Ay, me gustaría estar bajo un cerezo, que las cerezas vinieran a mi boca, y que justo sobre mi cabeza se alzase en la escalera la morena ardiente que hemos encontrado esta mañana temprano. Klingsor, deja a un lado la pintura.

Te invito a una buena comida en Lugano, pronto es la hora.

—¿En serio? —preguntó Klingsor guiñando el ojo.

—En serio. Antes tengo que ir rápido a la estación. Bueno, te confieso con franqueza que he telegrafiado a una amiga diciéndole que estoy a morir; puede llegar hacia las once.

Klingsor se echó a reír y retiró del caballete el estudio que había comenzado.

—Tienes razón, chaval. Vamos a Lugano. Ponte la camisa, Luigi. Las costumbres aquí son muy inocentes, pero por desgracia no puedes ir desnudo a la ciudad.

Marcharon a la pequeña ciudad, fueron a la estación, llegó una mujer bonita, comieron por lo fino y bien en un restaurante, y Klingsor, que en sus meses de vida campestre había olvidado por completo estas cosas, estaba sorprendido de que en el mundo existieran cosas tan gratas como truchas, filetes de salmón, espárragos, vino blanco de Chablis, Dóle de Valais y Benedictine.

Después de comer sobrevolaron los tres, en el funicular, la escarpada ciudad, atravesando casas, ventanas y jardines colgantes. Fue un bello espectáculo. Siguieron sentados y descendieron de nuevo, para subir y bajar por segunda vez. El mundo era maravilloso y extraño, variopinto, un tanto problemático, un tanto inverosímil, pero maravilloso. El caso es que Klingsor se sentía un poco cohibido; su preocupación era mantener una cierta frialdad para no enamorarse de la bella amiga de Louis.

Entraron de nuevo en un café, pasearon por el parque meridional, que se encontraba vacío, y se tumbaron al borde del agua bajo árboles gigantescos. Vieron muchas cosas que reclamaban el pincel o la paleta. Casas rojas de pedrería sobre un verde intenso, árboles-serpientes y árboles-melenas, teñidos de azul y pardo.

—Tú has pintado cosas muy bonitas, Luigi —dijo Klingsor— y que a mí me gustan mucho: mástiles de bandera, payasos, circos. Pero lo que más me gusta es una mancha en tu cuadro del carrusel nocturno. En ese cuadro, sabes, ondea sobre el toldo violeta, en medio de la noche y por encima de todas las luces, una pequeña bandera color rosa claro; algo realmente bello, mudo, solitario, estremecedoramente solitario. Es como un poema de Li-Tai-Po o de Paul Verlaine.

En esa simple banderita rosa está todo el dolor y la resignación del mundo, y también la risa sana en medio del dolor y la resignación. El haber pintado esta banderita justifica toda tu vida. Yo cotizo muy alto tu banderita.

—Sí, ya sé que te gusta.

—También a ti te gusta. Mira, si tú no hubieras pintado una cosa así, todas las buenas comidas, y vinos, y mujeres, y cafés de nada te servirían; serías un pobre diablo. En cambio así eres un diablo rico, un tío con simpatía entre la gente. Mira, Luigi, yo pienso muchas veces como tú: todo nuestro arte es simplemente un sustitutivo, un sustitutivo penoso y que pagamos muy caro, de lo que nos falta de vida, de animalidad, de amor. Pero en realidad no es así. La verdad es muy otra. Se sobrevalora el elemento sensible cuando se mira lo espiritual como mera pieza de recambio al faltarnos lo sensible. Lo sensitivo no vale un ápice más que el espíritu, y a la inversa. Todo es uno, todo es igual de bueno. Da lo mismo que abraces a una mujer o compongas un poema. Si lo principal es el amor, arder, conmoverse, es indiferente que seas monje del monte Athos o un vividor de París.

Louis le lanzó una larga mirada con ojos burlones.

—Joven, habla más llano.

Con la bella señora se pasearon por la comarca. En el arte de mirar los dos eran expertos, estaban bien dotados. En su gira por pequeñas ciudades y aldeas vieron Roma, vieron Japón, vieron Oceanía, y nuevamente deshicieron las ilusiones con sus dedos juguetones; su capricho encendía estrellas en el cielo y volvía a apagarlas. A través de la noche turgente lanzaron sus bengalas: el mundo era una pompa de jabón, una opereta, una alegre locura.

Louis, el pájaro, se paseaba en bicicleta por las lomas, no paraba, mientras Klingsor pintaba. Klingsor sacrificaba algún día al ocio, luego se sentaba al aire libre y se ponía a trabajar encarnizadamente. Louis no quería saber de trabajo. Louis partió de improviso, acompañado de la amiga, y desde remotas tierras escribió una tarjeta. Repentinamente se presentó de nuevo, cuando ya Klingsor lo daba por perdido. Apareció ante la puerta con el sombrero de paja y la camisa abierta, como si nunca se hubiera ausentado.

Una vez más Klingsor apuró, de la más dulce copa de su época juvenil, el licor de la amistad. Tenía muchos amigos, eran muchos los que le querían, a muchos había entregado y abierto su impetuoso corazón, pero sólo dos de éstos escucharon de sus labios en aquel verano el antiguo grito del corazón: el pintor Louis y el poeta Hermann, a quien llamaba Thu-Fu.

Algunos días Louis se sentaba en su silla de pintor en pleno campo, a la sombra de un peral, de un ciruelo, mas no pintaba. Se sentaba, pensaba, sujetaba el papel en el caballete y escribía, escribía mucho, escribía muchas cartas. ¿Es feliz la gente que escribe tantas cartas? Escribía con ansia él, Louis, el despreocupado; durante una hora su mirada no se despegaba del papel. Había muchas cosas que callaba y le daban que hacer. Por eso Klingsor le quería.

Klingsor se comportaba de otro modo. No era capaz de callar. No podía reservar su corazón. Pocos sabían de los hondos sufrimientos de su vida, pero sus íntimos sí sabían. Padecía frecuentemente de angustia, de melancolía, a menudo yacía sumido en el abismo de las tinieblas, de cuando en cuando irrumpían sobre su cielo densas sombras de la vida pretérita y lo oscurecían. En tales trances le hacía bien ver el rostro de Luigi. Y a veces en tales trances le confiaba sus cuitas.

Pero a Louis no le gustaban estas flaquezas. Klingsor se habituó a abrir su corazón al amigo, y cayó en la cuenta demasiado tarde de que por ese camino le iba a perder.

Louis comenzó a hablar otra vez de su partida. Klingsor sabía que podría retenerle aún por tres o por cinco días; pero súbitamente le enseñaría la maleta ya hecha y partiría de viaje, para no volver en una larga temporada.

Qué breve era la vida, qué irrecuperable era todo. Al único de sus amigos que entendía plenamente su arte, cuyo arte era próximo y gemelo al suyo, le había importunado y espantado, le había molestado y enfriado, todo por simple flaqueza y comodidad, por una necesidad pueril, inconsiderada, indecente, de no tener secretos con el amigo, de no guardar las distancias. Qué idiota, qué pueril había sido. Así se flagelaba Klingsor, pero ya era demasiado tarde.

Los últimos días pasearon juntos por los valles dorados. Louis estaba de excelente humor. Partir de viaje era el placer vital de su corazón alado. Klingsor sintonizó con él. Ambos habían reencontrado el antiguo tono ligero, juguetón y burlesco, y no lo dejaron ya escapar. Al atardecer se sentaron en el jardín de la taberna. Encargaron pescado frito y arroz con setas, y vertieron marrasquino sobre los melocotones.

—¿Adónde viajas mañana? —preguntó Klingsor.

—No lo sé.

—¿Te acompaña la bella?

—Sí. Tal vez. ¿Quién sabe? No preguntes tanto. Como final, vamos a tomar un buen vino blanco. Yo pido Neuchâtel.

Bebieron. De pronto exclamó Louis:

—Es bueno que yo me vaya, vieja foca. A veces, cuando nos sentamos juntos, como ahora, se me ocurre de improviso algo estúpido. Me viene la idea de que aquí se sientan los dos pintores con que cuenta nuestra dilecta patria, y entonces experimento una sensación horrible en las rodillas, como si ambos estuviéramos fundidos en bronce y tuviéramos que estar en un monumento cogidos de la mano, como Goethe y Schiller. Estos no tienen la culpa de estar ahí eternamente y permanecer juntos dándose la mano de bronce, hasta volverse poco a poco siniestros y aborrecibles. Acaso ellos eran unos tíos simpáticos y gente encantadora; de Schiller yo leí en tiempos algún fragmento y era realmente bonito. Ahora se ha convertido en un bicho famoso, tiene que estar al lado de su hermano siamés, una cabeza de yeso junto a la otra, y sus obras completas son traídas y llevadas, y se explican en clase. Algo horrible, imagina que un profesor, dentro de cien años, se dirige así a los alumnos de segunda enseñanza: "Klingsor, nacido en 1877, y su coetáneo Louis, llamado el Glotón, renovadores de la pintura, representan la liberación del naturalismo del color; hablando en rigor, estos dos artistas pasan por tres períodos netamente diferenciados..." Preferiría morir hoy mismo bajo las ruedas de la locomotora.

—Sería más indicado que cayeran bajo las ruedas los profesores.

—No existen locomotoras tan grandes. Ya sabes lo poquita cosa que es nuestra técnica.

Aparecían ya algunas estrellas. De pronto Louis chocó su vaso con el de su amigo.

—Ea, vamos a brindar y a beber. Luego me monto en mi bicicleta, y adiós. Nada de larga despedida. El hostelero está pagado. Salud, Klingsor.

Chocaron los vasos, bebieron. En el jardín Louis montó en la bici, agitó el sombrero y partió. Noche y estrellas. Louis estaba en la China. Louis era una leyenda.

Klingsor sonrió triste. Cuánto le gustaba aquel pájaro emigrante. Durante largo rato estuvo parado en la gravilla del jardín; su mirada resbalaba por la pendiente de la calle vacía.

La jornada de Kareno

En compañía de los amigos de Barengo y con Agosto y Ersilia, emprendió Klingsor, a pie, el viaje a Kareno. En las horas matinales, entre el fuerte aroma de los serbales y salpicados del rocío de las telarañas en las lindes del bosque, se sumergieron en el valle de Pampambio, donde dormían en la calle dorada, aletargadas por el sopor estival, unas casas de color chillón, torcidas y decrépitas, y en el arroyo seco las blancas mimbreras bruñidas se doblaban pesadamente sobre los prados amarillentos. Por la calle ornada de rosas, la pintoresca caravana de amigos se bañaba en la niebla del verde valle: los hombres exhibían el blanco y el amarillo en lino y seda, las mujeres el blanco y el rosa, mientras la sombrilla de Ersilia, de espléndido verde veronés, relucía como una joya en sortija mágica.

El doctor se lamentaba melancólico y afable:

—Es una lástima, Klingsor; sus maravillosas acuarelas se tornarán dentro de diez años todas blancas; estos colores por los que usted siente predilección no perduran.

Klingsor:

—Sí, y algo peor todavía: Su hermoso cabello trigueño se volverá de aquí a diez años gris, y un poco más tarde nuestros preciados huesos yacerán en alguna fosa, incluso, ay, su bella y sana osamenta, Ersilia. Niños, vamos a empezar alguna vez a ser un poco razonables en la vida. Hermann, ¿qué dice Li-Tai-Po?

Hermann, el poeta, se detuvo y recitó:

Como un relámpago se extingue la vida,
su brillo apenas dura para ser vislumbrado.
Mientras tierra y cielo quedan perennemente inmóviles,
cuán raudo vuela el tiempo versátil ante la faz humana.
Oh tú, que posas con la copa llena a rebosar, sin apurarla,
¿a quién, dime, a quién aguardas todavía?

—No —dijo Klingsor—, me refiero al otro poema en verso rimado, el de los cabellos que al amanecer aún seguían siendo oscuros.

Hermann recitó seguidamente los versos:

Al amanecer, todavía, tus cabellos fulguraban cual negra seda,
al atardecer, ya la nieve ha posado sobre ellos.
Quien no quiera, en vida, padecer la muerte,
alce la copa y rete a la luna en amistosa lid.

Klingsor rió a placer con su voz un tanto ronca.

—Bravo, Li-Tai-Po. Adivinaba mucho, sabía muchas cosas. También nosotros sabemos un poco de todo; él es nuestro sabio hermano mayor. Este día de locura sería de su agrado. En el atardecer de un día así sería bello morir la muerte de Li-Tai-Po, bogando en la barquilla sobre el río sosegado. Veréis cómo hoy todo va a ser maravilloso.

—¿Qué muerte es esa que padeció Li-Tai-Po en el río? —preguntó la pintora.

Pero Ersilia interrumpió con su hermosa voz profunda:

—No, ya basta. Al que hable una palabra más sobre la muerte, le retiro mi amor. *Finisca adesso, brutto* Klingsor.

Klingsor fue hacia ella, riendo:

—Cuánta razón tiene, *bambina*. Si pronuncio una palabra más sobre la muerte, ya me puede dar con la sombrilla en ambos ojos. Pero, en serio, hoy es un día maravilloso, queridos. Hoy canta un pájaro, un pájaro de leyenda, ya al amanecer lo he oído. Hoy sopla un viento, viento de fábula; es el niño celeste que despierta a las princesas durmientes y hace brotar de las cabezas la inteligencia. Hoy brota una flor, es una flor de ensueño, color azul, florece sólo una vez en la vida, y quien logra cortarla se hace con la felicidad.

—¿Quiere decir algo con eso? —preguntó Ersilia al doctor. Klingsor la oyó.

—Quiero decir que este día no vuelve más, y quien no lo come, y bebe, y gusta, y huele, no tendrá una segunda ocasión en toda la eternidad. Nunca jamás brillará el sol como hoy; hoy el sol forma una constelación en el cielo, una conjunción con Júpiter, conmigo, con Agosto y Ersilia y con todos nosotros; una conjunción que no se repetirá nunca, nunca más, en años mil. Por eso querría ahora colocarme un rato a su izquierda, porque trae suerte, y llevar su sombrilla de esmeralda; a su luz mi testa parecerá un ópalo. Pero usted también debe colaborar y cantarnos una canción, una de sus bellísimas canciones.

Tomó el brazo de Ersilia. Su rostro anguloso destacaba levemente en la sombra verdiazul del quitasol del que estaba enamorado y cuyos colores vivos le hechizaban. Ersilia arrancó a cantar:

> *Il mio papa non vuole*
> *ch'io spos'un bersaglier...*

Se unieron las voces. Se internaron por el bosque y siguieron cantando, hasta que el declive del terreno se hizo muy pronunciado y empezó el camino escarpado que conducía cuesta arriba, como una escalera, por entre helechos, a la gran montaña.

—Qué asombrosamente lineal es esta canción —elogió Klingsor—. Papá está contra los amantes, como pasa siempre. Estos toman un cuchillo, bien cortante, y dan muerte a papá. Ese es el camino. Lo hacen de noche, nadie los ve a excepción de la luna, que no los traiciona, y de las estrellas, que son mudas, y del buen Dios, que ya les perdonará. Qué bello y qué sincero. Por una cosa así un poeta hoy sería lapidado.

Seguían el estrecho sendero del monte entre sombras de castaños entreveradas de franjas de luz. Cuando Klingsor levantaba la vista, veía ante sí las gráciles pantorrillas de la pintora que florecían rosáceas por entre las medias transparentes. Si miraba atrás, veía cómo se arqueaba sobre la negra cabeza de Ersilia la turquesa de la sombrilla. Bajo ésta lucía la seda violeta de Ersilia, el único color oscuro entre todas aquellas figuras.

Junto a una granja pintada de azul y naranja se velan manzanas verdes caídas sobre el prado, frescas y agrias. Las probaron. La pintora habló entusiasmada de una excursión sobre el Sena, en París, antes de la guerra. Ay, París, y qué felices tiempos.

—Eso no volverá. Nunca jamás.

—Ni debe volver —exclamó el pintor con vehemencia y agitando airado la aguda cabeza de gavilán—. Nada debe volver. ¿Para qué? ¿Qué veleidades de niño son ésas? Se diría que la guerra trocó todo lo de antes en un paraíso, aun lo más estúpido, aun lo más inútil. Sí, París, y Roma, y Arles, fueron muy bellos. Pero ¿es que lo de hoy y aquí es menos bello? El paraíso no es París, ni el tiempo de paz; el paraíso está aquí, ahí arriba, en el monte, y dentro de una hora nos encontraremos en él y seremos los buenos ladrones a los que se dirá: "Hoy estarás conmigo en el paraíso".

Salieron de las sombras jaspeadas del sendero a la amplia y abierta calzada, que llevaba en grandes espirales y por un espacio despejado y cálido hasta la altura. Klingsor caminaba el último, los ojos protegidos con gafas de verde oscuro, y se paraba a menudo para contemplar las figuras en movimiento y sus pintorescas constelaciones. De propósito no se había provisto de nada para trabajar, ni siquiera del álbum de notas, y sin embargo, se detenía constantemente, emocionado por lo que veía. Su delgada figura se erguía solitaria, blanca imagen en la calzada rojiza, al borde del bosque de acacias. El estío respiraba cálidamente sobre la montaña, la luz descendía en vertical, desde el valle fluía el color en sus mil tonalidades. Sobre las próximas montañas, que concertaban su verde y rojo con el blanco de las aldeas, emergían cordilleras azulosas y tras ellas, más ingrávidas y más azules, nuevas cadenas de montañas y, ya en remota e irreal lejanía, los picachos cristalinos de montes nevados. Sobre el bosque de acacias y castaños destacaba limpia y poderosa la crestería roqueña y la cima gibosa de Monte Salute, rojiza y violeta claro. Pero el espectáculo más hermoso eran las personas, lucientes como flores en el verdor. Cual escarabajo gigante brilla la sombrilla color esmeralda; bajo ella el cabello azabache de Ersilia; y luego la esbelta y nívea pintora de blancas carnes y rostro sonrosado y todos los demás. Klingsor lo sorbía todo con ojos ávidos, pero su pensamiento estaba en Gina. Sólo dentro de una semana podía volver a verla. Ella trabajaba en una oficina de la ciudad, tecleando sobre la máquina. Rara vez consiguió verla, y jamás sola. La quería, precisamente a ella, que nada sabía de él, que no le conocía ni le comprendía, para quien él no era más que un ave exótica, un célebre pintor extranjero. Realmente extraño era que sus exigencias hicieran presa en ella y que ningún otro cáliz amoroso le llenara. No estaba habituado a andar largos caminos por una mujer. Ahora los andaba por Gina, por estar una hora junto a ella, por palpar sus finos dedos chiquitos, por deslizar su zapato bajo el de ella, por estamparle un beso apresurado en la nuca. Reflexionaba sobre su propio caso, que le resultaba tan gracioso como enigmático. ¿Era el comienzo del ocaso? ¿Era ya la vejez? ¿Era sólo la añoranza del cuarentón por la veinteañera?

Habían coronado la cumbre, y más allá se abría a la mirada un nuevo panorama: el monte Gennaro, erguido e irreal, hecho de puras pirámides y conos escarpados y puntiagudos, el sol oblicuo detrás, toda la altiplanicie emergiendo bañada en luz sobre las sombras de intenso violeta. Entre el allende y el aquende el aire rutilante, y perdido en hondura abismal el brazo de mar, delgado y azul, reposando fresco tras el verde flamear del bosque.

Una diminuta aldea sobre la cumbre: una finca señorial con su pequeña vivienda, cuatro o cinco casas de piedra, pintadas de azul y rosa, una capilla, una fuente, cerezos. El grupo hizo alto al sol junto a la fuente, pero Klingsor siguió adelante y penetró a través de un portón arqueado en una finca umbría. Allí se alzaban tres casas de color azulado con pequeñas ventanas, entre ellas hierba y guijarros, una cabra, ortigas. Una niña escapó ante él corriendo; la atrajo, sacó del bolsillo chocolate. Ella se detuvo; la tomó de la mano, la acarició y le dio de comer el chocolate. La niña era tímida y hermosa, una rapaza morena, de oscuros ojos de animal asustado, de gráciles piernas desnudas y lustrosas.

—¿Dónde vives? —le preguntó.

Ella corrió a la próxima puerta, que se encontraba abierta entre el terreno, muy accidentado, de las casas. De un sombrío habitáculo de piedra, cual caverna de tiempos prehistóricos, salió una mujer, la madre, que recibió también el obsequio del chocolate. De entre sus vestidos desaseados sobresalía el cuello moreno, un rostro ancho y sólido, tostado de sol y bello, amplios labios abultados, un dulce y primitivo encanto; el sexo y la maternidad se expresaban honda y calladamente en sus rasgos asiáticos pronunciados. El se le acercó en ademán seductor, ella retrocedió sonriendo y colocó a la niña en medio de ambos. El pintor se marchó, decidido a volver un día. Le gustaría pintar a aquella mujer, o ser su amante, siquiera por una hora. Lo era todo: madre, niña, amante, animal, Virgen.

Regresó lentamente donde sus compañeros, con el corazón embargado de sueños. Sobre los muros de la finca, cuya vivienda estaba vacía y cerrada, había viejas y toscas balas de cañón, amarradas. Una caprichosa escalera conducía entre malezas a un bosquecillo y una colina. En la cúspide, un monumento: un busto, barroco y solitario, estilo Wallenstein, con bucles y perilla rizada. Espectros y fantasmas envolvían la montaña bajo la ardiente luz de mediodía, se presentía el prodigio, el mundo cobraba una tonalidad diferente, lejana. Klingsor bebió en la fuente, una mariposa macaón llegó volando y libó de las gotitas salpicadas en el borde de piedra calcárea.

Después de la cresta, la calzada de montaña seguía adelante, entre castaños y nogales, entre sol y sombra. En un recodo, una capilla de tránsito, vetusta y de tono amarillo; en la hornacina, antiguas pinturas borrosas, una cabeza de santo, angelical e infantil, un fragmento de vestido rojo y pardo; el resto, desconchado. A Klingsor le encantaban las imágenes antiguas cuando topaba con ellas inesperadamente, le gustaba ese género de frescos, le complacía el retorno al polvo y a la tierra de bellas obras de arte.

Más árboles, vides, camino tórrido y cegador. Otro recodo: era el final, súbito e inesperado: un portal oscuro, una gran iglesia, alta, de piedra roja, que cantaba al cielo jubilosa y presumida; una plaza llena de sol, de polvo y de paz; cárdeno césped calcinado, que crujía bajo las plantas; luz meridional refractada de los muros deslumbrantes; una columna; sobre ella una figura, imperceptible por el torrente de sol; un pretil de piedra en torno a la amplia plaza, abierta al azul infinito. Detrás estaba la aldea, Kareno, antiquísima, angosta, sombría, sarracena; lóbregas cavernas de piedra entre ladrillo pardo y macilento; callejas estrechas hasta la angustia y sumidas en tiniebla; pequeñas plazas que de pronto se abren, clamorosamente, a la plena luz del sol. África y Nagasaki. Arriba, el bosque; abajo el precipicio azul; en el firmamento, nubes blancas, compactas, saturadas.

—Es gracioso —comentó Klingsor—, cuánto tiempo tiene que pasar hasta que uno se entera de las cosas. Hace años, cuando hice un viaje a Asia, pasé en el expreso nocturno a seis kilómetros de aquí, o a diez, y no me enteré de nada. Mi punto de destino era Asia, y entonces tenía verdadera necesidad de emprender aquel viaje. Pero todo lo que encontré allí, lo encuentro hoy aquí: bosque virgen, temperatura tórrida, bellos y extraños seres humanos sin angustia, sol, santuarios. Ha tenido que pasar tanto tiempo hasta ofrecérseme esta oportunidad de visitar en un solo día tres continentes. Están aquí. Bienvenida, India. Bienvenida, África. Bienvenido, Japón.

Los amigos conocían a una joven señora que vivía en aquellas alturas, y Klingsor disfrutó mucho con la visita a la desconocida. La apodó Reina de las montañas, evocando el título de un misterioso relato oriental que había leído en los libros de infancia.

La caravana rompió impaciente la marcha a través de la garganta azul de las callejas. Ni una persona, ni un ruido, ni una gallina, ni un perro. Mas en la penumbra de un arco de ventana divisó Klingsor una muda figura: era una muchacha hermosa, de ojos negros y con un pañuelo rojo en torno al cabello azabache. Su mirada, que espiaba calladamente a los forasteros, tropezó con la de él; durante un instante hombre y chica se miraron a los ojos, en plenitud y seriedad; dos mundos extraños se encontraban por un momento. Luego, ambos se intercambiaron, en breve e íntima sonrisa, el eterno saludo de los sexos, con su vieja, dulce y ansiosa hostilidad. El extranjero dobló la esquina de la casa, y en el baúl de los recuerdos de la muchacha quedó una imagen más entre las imágenes, un sueño entre sus sueños. En el corazón nunca saciado de Klingsor se clavó el pequeño aguijón; titubeó un momento y pensó en volverse, pero Agosto le llamó y Ersilia empezó a cantar. Se desvaneció el muro de sombra y apareció una pequeña plaza inundada de luz y sumida en silencio, con dos palacios amarillos, refulgiendo en aquel mediodía embrujado. Estrechos balcones de piedra y postigos cerrados: espléndido escenario para el primer acto de una ópera.

—Llegada a Damasco —exclamó el doctor—. ¿Dónde vive Fátima, la perla de las mujeres?

La respuesta llegó, sorpresivamente, del palacio menor. De la fría oscuridad, por detrás de la puerta entreabierta del balcón, brotó una extraña nota musical, que se repitió una y diez veces en idéntico tono, luego en octava, otras diez veces: estaban afinando un piano, un piano que emitía sus notas en medio de Damasco.

Allí tenía que vivir ella. Pero la casa parecía carecer de puertas, sólo un muro color amarillo rosáceo con dos balcones. Arriba, en el revoque de la fachada, una vieja pintura: flores azules y rojas y un papagayo. Allí debería haber una puerta pintada, y al llamar tres veces, y pronunciar la fórmula de Salomón, se abriría el portón esmaltado, el peregrino percibiría la fragancia de esencias persas y de entre los cortinajes aparecería en su alto trono la reina de las montañas. A sus pies las esclavas se sientan en cuclillas sobre las gradas. El papagayo pintado emprende el vuelo entre gritos y va a posarse sobre el hombro de su señora.

Dieron con una minúscula puerta en una calleja adyacente. Resonó un violento campanillazo, cual diabólico artilugio. Una escalera empinada, y angosta conducía arriba. Era incomprensible cómo había entrado aquel piano en la casa. ¿Por la ventana? ¿Por el tejado?

Un gran perro negro se abalanzó sobre ellos, y tras él un cachorro rubio. La escalera crujía. Allá al fondo el piano entonaba por undécima vez la misma nota. De un recinto enlucido en rosa emanaba una luz difusa. Se abrieron unas puertas. ¿Había allí un papagayo?

De pronto apareció la Reina de las montañas, grácil y airosa flor, ceñida y elástica, vestida toda de rojo, una pura llama, trasunto de juventud. A los ojos de Klingsor se disiparon mil caras imágenes acariciadas y en su lugar saltó, esplendorosa, la nueva. En el acto supo que la pintaría, pero no al natural; pintaría el rayo que le había herido, el poema, el timbre dulce y áspero; la juventud, el rojo, el rubio, la amazona. La contemplaría una hora, acaso muchas horas. La contemplaría andando, sentada, riendo, tal vez bailando, acaso la oiría cantar. El día había culminado, había hallado su propio sentido. Lo que después pudiera venir era regalo, era superfluo. Siempre sucedió así: la gran experiencia nunca llega sola, siempre le preceden pájaros precursores, siempre se adelantan mensajeros y heraldos; la mirada materna de animal asiático bajo aquella puerta, la bella morena en la ventana de la aldea, este y aquel signo.

De pronto sintió un estremecimiento: Si yo tuviera diez años menos, sólo diez, la hacía mía, la poseía, la capturaba. Pero no, eres demasiado joven, reinecita escarlata, demasiado joven para el viejo hechicero Klingsor. El te admirará, te estudiará hasta aprenderte de memoria, te pintará, dejará grabada para siempre la canción de tu juventud; pero no hará ninguna peregrinación por ti, no subirá ninguna escala por ti, no cometerá ningún crimen por ti ni cantará ninguna serenata bajo tu bello balcón. No, nada de eso hará, desventuradamente, el viejo pintor Klingsor, la bestia decrépita. El no te va a amar, no te va a lanzar la mirada que ha lanzado a la asiática, y a la morena de la ventana, que acaso no es menos joven que tú. Para ellas Klingsor no es demasiado viejo, sólo lo es para ti, Reina de las montañas, encarnada flor de las cumbres. Para ti, clavel peregrino, es demasiado viejo. A ti no te basta el amor que Klingsor puede brindarte entre un día saturado de trabajo y una noche saturada de vino tinto. Tanto mejor te sorberán y se empaparán de ti mis ojos, grácil bólido, y sabrán de ti cuando tú te hayas apagado para mí.

A través de espacios con pavimento de piedras y arcos abiertos llegaron a un salón, donde salvajes figuras barrocas, en estucado se retorcían sobre altas puertas, y en torno al friso oscuro delfines pintados, blancos corceles y cupidos sonrosados nadaban por un mar quimérico densamente poblado. Unas pocas sillas y en el suelo las piezas del piano descuartizado, era lo único que había en el gran espacio; pero dos tentadoras puertas daban a dos pequeños balcones abiertos a la espléndida plaza de la ópera, y enfrente, en un ángulo, se exhibían ufanos los balcones del vecino palacio, pintados también con figuras; allí flotaba un purpúreo y obeso cardenal como una doradilla. No siguieron adelante. En el salón desembalaron las provisiones, cubrieron una mesa y se sacó vino, un exótico vino blanco del norte, evocador de un tropel de recuerdos. El afinador de pianos había emprendido la huida; el piano de cola, destripado, enmudecía. Klingsor contempló pensativo las cuerdas puestas al descubierto, luego cerró cuidadosamente la tapa. Le dolían los ojos, pero en su corazón cantaba el día estival, cantaba la madre sarracena y cantaba el sueño azul y turgente de Kareno. Comió y chocó su vaso con los otros, habló sin reservas y con ganas, y entretanto oscuramente trabajaba el aparatito en su taller. Su mirada giraba en torno al clavel peregrino, en torno a la flor ígnea, como el agua en torno al pez; un cronista diligente se alojaba en su cerebro y escribía formas, ritmos y movimientos con exactitud matemática.

La charla y las risas llenaron el salón vacío. Discreto y afable reía el doctor, honda y cordial Ersilia, fuerte y sísmico Agosto, ligera cual avecilla la pintora; circunspecto hablaba el poeta, bromista Klingsor; atenta y un tanto esquiva se movía la reina rubí, rodeada de delfines y corceles; estaba en todos los sitios, se colocaba junto al piano, posaba en una almohadilla, cortaba pan y escanciaba vino con mano de doncella inexperta. El jolgorio inundaba el frío salón, ojos negros y azules fulguraban, ante los ventanales abiertos del balcón vigilaba extático el ardiente mediodía.

El vino exquisito fluyó límpido a los vasos, dulce contrapeso a la comida simple y fría. Límpido fluía también el rojo fulgor del vestido de la reina por el alto salón, límpidas y alertadas le seguían todas las miradas de los hombres. Ella desaparecía y volvía ceñida de un chal verde. Se esfumaba y tornaba tocada de un pañuelo azul.

Tras la comida, fatigados y ahítos, se arrancaron para el bosque, y se sentaron en el césped y el musgo. Las sombrillas resplandecían, bajo los sombreros de paja florecían los rostros, el cielo ardía en llama fulgurante. La Reina de las montañas yacía rubia en la verde hierba, su fino cuello emergía níveo de entre las llamas, sus botas altas reposaban compactas y expresivas en los breves pies. Klingsor, a su vera, leía en ella, la estudiaba, se empapaba, igual que de muchacho leyera y se empapara de la historia embrujada de la Reina de las montañas. Unos descansaban, otros dormitaban, quiénes charlaban, quién andaba en guerra con las hormigas o se le antojaba oír deslizarse culebras, cáscaras de castañas quedaban prendidas del cabello de las mujeres. Recordaron a los ausentes, que habrían sintonizado con aquella hora; no eran muchos; se añoró a Louis el Cruel, amigo de Klingsor, el pintor de los carruseles y los circos; su espíritu fantástico flotaba sobre la tertulia.

La tarde se fue esfumando cual si hubiera sido un año vivido en el paraíso. En la despedida hubo mucha euforia; Klingsor lo llevaba todo en el corazón: la reina, el bosque, el palacio y el salón de los delfines, los dos perros, el papagayo.

Al bajar la montaña, rodeado de los amigos, se le fue apoderando gradualmente el humor alegre y desenvuelto que sólo experimentaba durante los escasos días en que voluntariamente dejaba de lado el trabajo. Tomando la mano de Ersilia, de Hermann, de la pintora, bailó mientras descendían por la calzada soleada, entonó canciones, gozó como un niño con chistes y juegos de palabras y río a placer. Corrió por delante de los demás y se escondió para tramar una emboscada y asustarlos.

Descendían rápidos, pero el sol se daba más prisa; en el *palazetto* ya se había traspuesto detrás de la montaña, y abajo en el valle ya anochecía. Equivocaron el camino y descendieron demasiado, estaban hambrientos y cansados y tuvieron que renunciar al plan que habían trazado: paseo por los campos de mieses hasta Barengo y cena de pescado en el restaurante de la aldea marinera.

—Queridos —habló Klingsor, que se había sentado sobre un muro del camino—, nuestros planes eran muy bonitos y yo hubiera agradecido mucho una buena cena entre los pescadores o en el Monte d'oro. Pero no vamos a llegar tan lejos, al menos yo no. Me siento cansado y tengo hambre. No doy un paso más si no es hacia el próximo *grotto*, que no está lejos. Allí habrá pan y vino, ya es bastante. ¿Quién viene conmigo?

Fueron todos. Encontraron el *grotto*; en pequeñas terrazas del abrupto bosque había bancos de piedra y mesas en la espesura del arbolado; el tabernero trajo vino fresco de la bodega cavada en la roca; el pan ya estaba allí. Se sentaron y comieron en silencio, contentos de poder al fin descansar. El día expiraba tras la alta arboleda, la montaña azul se tornó tenebrosa, la roja calzada palidecía, allá abajo se oía renquear un coche por la carretera y ladrar un perro, despuntaban en el cielo estrellas y en la tierra luces, sin distinguirse unas de otras.

Klingsor, feliz, se sentó, descansó, contempló la noche, se sació despaciosamente de pan negro y vació en silencio las tazas azuladas llenas de vino. Una vez harto, comenzó de nuevo a charlar y a cantar, se balanceó al compás de las canciones, jugó con las mujeres, aspiró la fragancia de sus cabellos. El vino le pareció bueno. Viejo seductor, logró fácilmente hacerles desistir de ponerse en camino; bebió, escanció, brindó con ternura, encargó más vino. Lentamente comenzaron a surgir de las azuladas tazas de barro, símbolo de caducidad, policromos hechizos que transmutaron el mundo y pintaron estrellas y luces.

Allí estaban sentados como soberanos, balanceándose en trémulo vaivén sobre el abismo del mundo y de la noche, pájaros en jaula dorada, sin raíces, ingrávidos, frente a las estrellas. Cantaron como pájaros, cantaron canciones exóticas, desde el corazón ebrio lanzaron sus fantasías a la noche, al cielo, al bosque, al universo enigmático y embrujado. Llegó la respuesta de la estrella y de la luna, del árbol y de la montaña, se posaron entre ellos Goethe y Hafis, Egipto emitió su aroma cálido y Grecia su hondo hálito, Mozart sonreía, Hugo Wolf tocaba el piano en la noche frenética.

Un ruido los sobresalta, una luz los fulmina: bajo ellos, atravesando las entrañas de la tierra, corría veloz con cien ventanitas de luz ofuscante, un tren en dirección a la montaña y la noche. Allá arriba, en el cielo, reteñían campanas de una iglesia invisible. Sigilosamente trepó la media luna por la mesa, se reflejó en el oscuro vino, destacó de entre la tiniebla los labios y los ojos de una mujer, sonrió, siguió remontándose y cantó a las estrellas. El espíritu de Louis el Cruel se acurrucaba, solitario, en un banco y escribía cartas.

Klingsor, rey de la noche, con sublime diadema en la cabeza, recostado en el trono pétreo, dirigió la danza del universo, llevó el compás, conjuró la luna y dejó que pasara el tren. Se había marchado lejos, igual que una estrella se precipita al confín del firmamento. ¿Dónde estaba la Reina de las montañas? ¿No sonaba un piano en el bosque, no ladraba en la lejanía el perrito desconfiado? ¿No seguía ella con un pañuelo azul en la cabeza? Ea, viejo mundo, cuida no te desplomes. Aquí, el bosque. Allí, la lóbrega montaña. Atención al compás. Vosotras, estrellas, sois azules y rojas, como en la canción popular: "Tus ojos encarnados y tus labios azules".

Pintar es cosa bella, un juego placentero para niños aplicados. Otra cosa es, más grandiosa e imponente, dirigir estrellas, prolongar en el mundo el ritmo de la propia sangre, los colores de la propia retina, acompasa las pulsaciones de la propia alma al viento de la noche. Lejos de aquí, montaña lóbrega. Transfigúrate en nube, vuela a Persia, llueve sobre Uganda. Ven, espíritu de Shakespeare, cántanos tu loca canción ebria de la lluvia que cae cada día.

Klingsor besó una diminuta mano femenina y se reclinó en unos senos femeninos que respiraban dulcemente. Bajo la mesa un pie jugaba con el suyo. No supo de quién era la mano o el pie, pero adivinó la ternura en torno a sí, volvió a sentir, agradecido, antiguos hechizos: aún era joven, aún estaba lejos del fin, aún irradiaba encanto, aún le amaban ellas, las buenas y tímidas mujercitas, aún contaban con él.

Se elevó más alto todavía. Con voz susurrante, cantarina, comenzó a recitar una prodigiosa epopeya: la historia de un amor, o mejor, de un viaje a Oceanía, donde descubriera, en compañía de Gauguin y de Robinson, la isla de los papagayos y fundara el estado soberano de las Islas Afortunadas. Cómo resplandecían los millares de papagayos a la luz vespertina, cómo se reflejaba su plumaje azul en la verde bahía. Su grito y el de cientos de grandes monos le saludaron con un clamor como de trueno a él, Klingsor, en el momento en que proclamó su República independiente. Encargó al blanco cacatúa la formación de un gobierno, y con el cálao gruñón bebió vino de palmera en pesadas copas de coco. Oh, aquella luna, la luna de las noches felices, la luna posada sobre la choza lacustre del juncal. Kül Kalüa era el nombre de la princesa, tímida y morena; airosa y esbelta caminaba por el bosque de bananas, rutilando cual miel bajo el techo jugoso de hojas gigantes, ojos de coraza en el dulce rostro, sangre felina en la espalda fuerte y flexible, salto fenilo en las elásticas articulaciones y en las piernas nervudas. Kül Kalüa, niña, sangre virgen e inocencia infantil de la sagrada Oceanía, millares de noches yaciste junto al pecho de Klingsor, y cada noche era nueva, más íntima y dulce que las anteriores. Oh, la fiesta de los gnomos, cuando las vírgenes de la Isla de los papagayos danzaban delante de Dios.

La noche, cuajada de estrellas, se fue echando sobre la isla, sobre Robinson y Klingsor, sobre las historias y sobre el auditorio; la montaña se dilataba tiernamente, cual vientre y senos que respiran con dulzura, bajo los árboles y las casas, y los pies de los humanos; con paso apresurado danzaba delirante la húmeda luna sobre el hemisferio celeste, perseguida por las estrellas en un vals silencioso y frenético. Cadenas de estrellas se engarzaron, fúlgido cable del funicular que lleva al paraíso. El bosque virgen se oscurecía en gesto maternal, el lodo originario olía a destrucción y procreación, se deslizaba la serpiente y el cocodrilo. Todo el torrente de las imágenes se desbordó sin riberas.

—Mañana volveré a pintar —dijo Klingsor—. Pero ya no pintaré estas casas, estas gentes y estos árboles. Pintaré cocodrilos y estrellas de mar, dragones y serpientes purpúreas, y todo en devenir, todo en evolución, todo en ansia de hacerse hombre, en ansia de hacerse estrella, en ansia de nacimiento y de corrupción, en ansia de Dios y de muerte.

Interfiriendo el rumor suave de sus palabras, y en la hora ebria y caótica de la noche, sonó clara y profunda la voz de Ersilia. Cantaba para sí, dulcemente, la canción del *bel mazzo di fiori*. La canción derramaba paz, Klingsor la escuchó como si procediera de una lejana isla flotante, salvando mares de tiempo y soledad. Klingsor volcó su taza de vino vacía, sin escanciar más. Escuchaba. Una niña cantaba. Una madre cantaba. ¿Era uno un ser descarriado y loco, anegado en el lodazal del mundo, un vagabundo y una carroña, o era uno un crío estúpido?

—Ersilia —dijo obsequioso—, tú eres nuestra buena estrella.

A través del bosque tenebroso y abrupto, pecho arriba, obstruidos por ramas y raíces, se abrieron paso, en busca del camino conocido. Alcanzaron la linde del bosque y llegaron al campo; el estrecho sendero del maizal respiraba el aura nocturna y sabía a retorno a casa; el brillo lunar se reflejaba en las hojas del maíz, resbalando oblicuamente sobre la hilera de vides. Entonces empezó a cantar Klingsor, quedamente, con su voz un tanto ronca; cantó suave y largo, en alemán y en malayo, con letra y sin letra. En el susurro de la canción dejó escapar su plétora represada, igual que un muro en sombra irradia al atardecer la luz diurna almacenada.

Aquí se despidió uno de los amigos, más allá otro desapareció entre los pámpanos, por un minúsculo sendero. Todos se fueron, cada cual por su cuenta, todos emprendieron el retorno a casa, cada cual se quedó solo bajo el firmamento. Una mujer besó a Klingsor, dándole las buenas noches, sorbiendo ardiente su boca. Todos se largaron, se liquidó el grupo. Cuando Klingsor subía solitario las escaleras hacia su vivienda, aún seguía cantando. Cantaba y alababa a Dios y a sí mismo, loaba a Li-Tai-Po y encomiaba el buen vino de Pampambio. Como un dios, reposaba en la nube de la afirmación.

"Soy por dentro —cantaba— una esfera de oro, la cúpula de una catedral; ahí se cae de hinojos, ahí se reza; el oro irradia de los muros, en la vieja imagen sangra el Salvador, sangra el corazón de María. Nosotros sangramos también, errabundos, estrellas y cometas, siete y catorce espadas atraviesan nuestro sacro pecho. Te quiero, mujer rubia y morena, quiero a todas, incluso a las filisteas; sois pobres diablos como yo, sois pobres niñas y semidiosas fracasadas, como el borracho Klingsor. Te saludo, vida amada. Te saludo, muerte amada".

Klingsor a Edith

Querida estrella del cielo estival:

Con qué sinceridad me has escrito, y qué dolorosamente me acucia tu amor, cual perenne canción, cual perenne reproche. Pero estás en el buen camino, al confesarme —y confesarte— todos los sentimientos de tu corazón. Mas no hables de sentimientos bajos, de sentimientos viles. Todos son buenos, óptimos, también el odio, también la envidia, también los celos, también la crueldad. Vivimos sólo de nuestros pobres, bellos y magníficos sentimientos, y cada sentimiento que lastimamos, es una estrella que apagamos.

Yo no sé si amo realmente a Gina. Lo dudo mucho. No haría ningún sacrificio por ella. Yo no sé si soy capaz de amar. Soy capaz de desearme y buscarme a mí mismo en otras personas, de escuchar el eco, de ansiar un espejo, soy capaz de ir tras el placer, y todo esto puede parecer amor.

Caminamos los dos, tú y yo, por el mismo laberinto por el laberinto de nuestros sentimientos, que en este perverso mundo escasean, y nos tomamos la venganza, cada cual a su manera, de este perverso mundo. Pero nosotros vamos a mantener vivos nuestros sueños, porque sabemos qué dulce sabe el vino de la ilusión.

Claridad sobre los propios sentimientos y sobre el "alcance" y las consecuencias de sus acciones sólo la poseen las personas buenas y seguras, sanas y salvas, que creen en la vida y no dan un paso que no puedan aprobar mañana y pasado mañana. Yo no tengo la suerte de contarme entre ellas, y siento y actúo como quien no cree en el mañana y considera cada día como si fuera el último.

Mi querida y fina señora, yo me esfuerzo, sin lograrlo, por expresar mis pensamientos. Los pensamientos expresados son siempre tan vacíos... Vamos a vivirlos. Yo siento en el fondo, con gratitud, que tú me comprendes, que hay algo en ti que me es afín. Lo que yo no sé es cómo hay que registrar esto en el libro de la vida, si nuestros sentimientos de amor, de benevolencia, de gratitud, de compasión, son sentimientos maternales o infantiles; eso es lo que yo no sé. Muchas veces veo a la mujer como vieja libertina resabiada, y otras como una niña pequeña. Muchas veces la mujer más casta me resulta la más atractiva, otras muchas la que más me atrae es la más lasciva. Todo lo que soy capaz de amar, es hermoso, es santo, es infinitamente bueno. Por qué, por cuánto tiempo, en qué grado, es algo que no puede medirse.

Yo no te amo a ti sola, bien lo sabes; tampoco amo a Gina sola; mañana y pasado mañana amaré otras figuras, pintaré otras imágenes. Pero no me arrepentiré de ningún amor que haya sentido ni de ninguna torpeza o listeza en que por su causa haya incurrido. Tal vez a ti te quiero porque eres parecida a mí. A otras quiero porque son de otro modo que yo.

Es de noche, muy tarde; la luna pende sobre el monte Salute. Cómo ríe la vida, cómo ríe la muerte.

Arroja al fuego esta carta idiota, y arroja con ella a…

Tu Klingsor

La música del ocaso

Había llegado el último día de julio, el mes predilecto de Klingsor; el gran período festivo de Li-Tai-Po fenecía para no volver; dorados girasoles del jardín clamaban mirando el azul. Acompañado del fiel Thu-Fu,

Klingsor peregrinó este día a través de unos paisajes que amaba: suburbios calcinados, carreteras polvorientas bajo altos árboles, chozas pintadas de rojo y naranja en la ribera arenosa, camiones y cargaderos de los barcos, largos muros violáceos, pobre gente de color. Al atardecer de este día se sentó en el límite de un arrabal, entre el polvo, y pintó los toldos policromos y los coches de un carrusel. Estuvo sentado en cuclillas al borde de la carretera, sobre el campo calvo y chamuscado, embebido en los fuertes colores de los toldos. Se concentró en el lila desteñido de una franja, en el alegre verde y rojo de los pesados coches-vivienda, en la armadura pintarrajeada de blanco y azul. Se ensañó fieramente con el cadmio, atacó con furia el cobalto dulce y frío y trazó pinceladas rezumantes de granza por el cielo amarillo y verde. Una hora más, quizá no tanto, y todo acabado; llegará la noche, y mañana comienza ya agosto, el mes encendido, delirante, que tanta angustia mortal mezcla en sus copas ardientes.

La guadaña estaba afilada, los días declinaban, la muerte reía escondida tras el follaje amarillento. Suena claro y canta brioso, cadmio. Presume por todo lo alto, granza opulento. Ríe estrepitoso, amarillo limón. Ven, montaña azul oscuro de la lejanía. En mi corazón os llevo, lánguidos árboles polvorientos. Cuán fatigadas estáis, ramas piadosas, cómo os dejáis caer, rendidas. Os estoy sorbiendo, dulces apariencias. Yo os finjo perduración e inmortalidad, yo, el más caduco, el más incrédulo, el más triste, el más medroso ante la muerte. Julio está quemado, agosto se quemará raudo; súbito, en las mañanas de rocío nos hará tiritar, desde el follaje dorado, el gran espectro. Súbito, noviembre cribará el bosque. Súbito reirá el gran fantasma, súbito se nos helará el corazón, súbito se nos desprenderá la carne dulce y rosada de los huesos, en el yermo aullará el chacal, rudo entonará su canción maldita el alimoche. Un periódico nefando de la gran capital traerá mi foto, y al pie: "Pintor egregio, expresionista, gran maestro del color, fallecido el día 16 del mes corriente".

Respirando odio trazó un surco de azul parisino bajo el coche verde de los gitanos. Respirando amargura marcó con amarillo cromo la arista de los guardacantones. Respirando honda desesperación puso bermellón en un punto vacío, exterminó el blanco retador, luchó encarnizadamente por la perduración, clamó con el verde y el amarillo napolitano al Dios inexorable. Arrojó sarcástico más azul al insípido verde disperso, implorante encendió luces íntimas en el cielo vespertino. La pequeña paleta llena de colores puros, vírgenes, de la más clara luminosidad; he ahí su consuelo, su torreón, su arsenal, su libro de horas, sus cañones, desde los que disparaba contra la muerte malvada. De nada servía, los disparos eran vanos; pero disparar era bueno, era dicha y consuelo, era vida, era triunfo.

Thu-Fu había ido a visitar a un amigo que vivía allí, entre la fábrica y el cargadero, en su castillo encantado. En aquel momento volvió trayéndole consigo: era el astrólogo armenio.

Klingsor, con el cuadro acabado, respiró hondo al ver junto a sí ambos rostros, la rubia y abundante cabellera de Thu-Fu y la negra barba y la boca sonriente de blancos dientes, del mago. Y con ellos vino también la Sombra, la alargada, la oscura, con los ojos hundidos en profundas cavernas. Bienvenida, Sombra, querida compañera.

—¿Sabes qué día es hoy? —preguntó Klingsor a su amigo.

—El último de julio, creo.

—Hoy he realizado un horóscopo —dijo el armenio, y he visto que esta noche me iba a traer algo. Saturno está inquieto, Marte neutral, Júpiter domina. Li-Tai-Po, ¿no es usted hijo de julio?

—Yo nací el dos de julio.

—Lo imaginaba. Sus astros están confusos, amigo, sólo usted puede interpretarlos. Le rodea la fecundidad como una nube que está próxima a reventar. Sus astros se muestran extraños, Klingsor, usted tiene que notarlo.

Li recogió sus utensilios. Se había apagado el mundo de su pintura, se había apagado el cielo gualda y verde, se había hundido la bandera azul claro, quedaba asesinado y marchito el hermoso amarillo. Tenía hambre y sed, la garganta llena de polvo.

—Amigos —dijo cordial— vamos a permanecer juntos esta noche. Ya no volveremos a reunirnos los cuatro; esto no lo leo en las estrellas: está escrito en mi corazón. Mi mes de julio ha pasado, sus últimas horas se están consumiendo en la oscuridad, la gran Madre clama desde las profundidades. Jamás el mundo ha sido tan bello, jamás un cuadro mío tan espléndido; cruza un relámpago, suena la música del ocaso. Vamos a cantar juntos la música dulce y trémula, vamos a quedarnos aquí, vamos a beber vino y comer pan.

Junto al carrusel, cuyo toldo acababa de ser quitado para la función de noche, había unas mesas entre árboles; una sirvienta coja andaba ajetreada, a la sombra se levantaba un pequeño restaurante. Se quedaron allí y comieron en las mesas de tabla, trajeron pan y se escanció vino en las tazas de arcilla. Ardían luces bajo los árboles, allá arriba empezó a retumbar el organillo del carrusel, lanzando violentamente contra la noche su música deshilachada y estridente.

—Trescientas copas quisiera vaciar esta noche —gritó Li-Tai-Po, y chocó su vaso con la Sombra—. A tu salud, Sombra, eterno soldado de plomo. Salud, amigos. Salud luces eléctricas, lámparas de arco y lentejuelas lucientes del carrusel. Oh si estuviera aquí Louis, el pájaro huidizo. Acaso ha volado ya al cielo por delante de nosotros. Acaso vuelva mañana, el viejo chacal, no nos encuentre más, le estalle la risa y coloque lámparas de arco y astas de bandera en nuestra tumba.

El mago se fue en silencio y trajo más vino, mientras sus dientes blancos sonreían en los rojos labios.

—La melancolía —dijo mirándole a Klingsor— es una cosa que no se debía tolerar. Es muy fácil: basta una hora, una horita de concentración con los dientes apretados y la melancolía queda expulsada para siempre.

Klingsor observó atentamente sus labios sus dientes bruñidos, que antaño, en un momento crucial, estrangularan y despedazaran la melancolía. ¿Era también posible para él lo que había sido posible para el astrólogo? Oh, la dulce y fugaz mirada a jardines lejanos: la vida sin angustia, la vida sin melancolía. Sabía que este jardín no era asequible para él, sabía que su destino era otro, que Saturno le miraba desde otro ángulo, que Dios quería ejecutar otras canciones en sus cuerdas.

—Cada cual tiene sus estrellas —comentó Klingsor, dejando caer las palabras—. Yo sólo creo en una cosa: en el ocaso. Viajamos en un carruaje sobre el abismo, y los caballos se han espantado. Nos hallamos en el ocaso todos; tenemos que morir, tenemos que nacer de nuevo; ha llegado el momento del gran viaje. Se produce en todos los campos: la gran guerra, la gran transformación en el arte, el gran derrumbe de los Estados de Occidente. En la vieja Europa ha muerto todo lo que era nuestro bien y nuestro patrimonio; nuestra espléndida razón se ha vuelto demencia, nuestro dinero es papel, nuestras máquinas sólo son capaces de disparar y de explotar, nuestro arte es un suicidio. Nos hundimos, amigos, es nuestro destino; sintonizamos en la tonalidad Tsing Tse.

El armenio escanció vino.

—Como usted quiera —repuso—. Cabe decir sí, y cabe decir no; es un juego pueril. El ocaso es algo que no existe. Para que se diera el ocaso y la aurora, debía haber un abajo y un arriba. Pero no hay abajo y arriba fuera del cerebro humano, en la sede de las ilusiones. Toda oposición se resuelve en ilusiones: la contraposición blanco y negro es ilusoria, muerte y vida es ilusión, bueno y malo es ilusión. Es cuestión de una hora, una hora crucial de dientes apretados: después, el reino de las ilusiones queda superado.

Klingsor se recreaba escuchando su buena voz.

—Hablo de nosotros —contestó—, hablo de Europa, de nuestra vieja Europa, que durante dos milenios había creído ser el cerebro del mundo. Esto se nos va. ¿Te figuras tú, mago, que no te conozco? Eres un emisario de Oriente, un mensajero que viene a mí, tal vez un espía, acaso un general disfrazado. Tú estás aquí, porque aquí comienza el final, porque aquí has barruntado el ocaso. Pero has de saber que perecemos gustosos, morimos gustosos, no nos defendemos.

—También puedes decir: naceremos gustosos —rió el asiático—. A ti te parece ocaso, a mí me parece, quizá, nacimiento. Ambas cosas son ilusión. El hombre que imagina la tierra como una plataforma inmóvil bajo el firmamento, es el que ve y cree en la aurora y el ocaso... Y todos, casi todos los hombres imaginan la plataforma inmóvil. Pero los astros nada saben de la aurora y del ocaso.

—¿No han perecido las estrellas? —exclamó Thu-Fu.

—Para nosotros, para nuestros ojos.

El armenio llenó las tazas; siempre escanciaba él, servicial y sonriente. Con el cántaro vacío se fue por más vino. La música del carrusel sonaba alborozada.

—Vamos allá, eso es bonito —propuso Thu-Fu.

Se colocaron junto a la pintada barrera. Contemplaron el carrusel girando locamente entre el fulgor hiriente de lentejuelas y espejos. Un tropel de niños clavaba ávidamente los ojos en el brillante espectáculo. Por un instante Klingsor intuyó, conmovido y regocijado, todo el sentido primitivo y negroide de aquella máquina giratoria, de aquella música mecánica, de aquellas imágenes y colores frenéticos y chillones, de aquellos espejos y estrambóticas columnas ornamentales; todo aquello poseía los rasgos del curandero y el chamán, del hechicero y del arcaico arte del encantamiento, y todo el desenfrenado derroche de esplendor no era en el fondo otra cosa que el brillo seductor de la cuchara metálica que el lucio toma por un pececillo y a la que se siente arrastrado.

Todos los niños tenían que montar en el carrusel. A todos los niños daba dinero Thu-Fu, a todos los niños invitó la Sombra. Se apiñaban en torno a los donantes, se entusiasmaban, suplicaban, daban las gracias. Había una hermosa niña rubia, de doce años: todos le dieron dinero y montó en todas las rondas. Al resplandor de los focos ondeaba suavemente su breve falda sobre las bellas piernas infantiles. Un niño lloraba. Unos muchachos se pegaban. Restallaron con furia los platillos junto al organillo, vertieron fuego en el ritmo, opio en el vino. Los cuatro permanecieron largo rato en el barullo.

Luego volvieron a sentarse bajo el árbol. El armenio escanció vino en las tazas y evocó el ocaso con sonrisa abierta.

—Trescientas copas hemos de vaciar hoy —cantó Klingsor—. Su cráneo amarillento ardía en incendios, su risa estallaba sonora; la melancolía, ese gigante, se postraba de hinojos en su estremecido corazón. Brindó, hizo el elogio del ocaso, del afán de morir, del temple Tsing Tse. La música del carrusel sonaba estentórea. Pero en lo íntimo del corazón se albergaba la angustia; el corazón no quería morir, el corazón odiaba la muerte.

De pronto estalló en la noche, fieramente, una segunda música, penetrante, fogosa, desde el mismo restaurante. En la planta baja, junto a la chimenea, cuya cornisa rebosaba de botellas de vino bellamente ordenadas, se desató una ametralladora, una ametralladora salvaje, brutal, alborotada. El dolor gritó en tonos desafinados, el ritmo reducía con imponente apisonadora las frenéticas disonancias. Había gente, había luz, ruido, chicos y chicas bailando, también la sirvienta coja, también Thu-Fu. Este bailó con la muchachita rubia, Klingsor la contemplaba: leve y graciosa ondulaba su corto vestido de verano en torno a las bellas y gráciles piernas; el rostro de Thu-Fu florecía en sonrisa de amor. Los demás abandonaron el jardín y se sentaron al borde de la chimenea, próximos a la música, en medio del alboroto. Klingsor vio sonidos y oyó colores. El mago tomó botellas de la chimenea, las abrió y escanció. La sonrisa iluminaba su rostro moreno e inteligente. La música sonaba atronadora en la sala, de escasa altura. El armenio iba abriendo poco a poco una brecha en la hilera de viejas botellas alineadas en la chimenea, igual que un ladrón de templos va despojando, cáliz tras cáliz, los ornamentos de un altar.

—Eres un gran artista —le susurraba el astrólogo a Klingsor, mientras le llenaba la taza—. Eres uno de los más grandes artistas de este tiempo. Tienes razón en apodarte Li-Tai-Po. Pero eres un hombre atormentado, un pobre hombre, acosado y angustiado. Has entonado la canción de ocaso, cantando te albergas en tu propia casa incendiada, a la que tú mismo has prendido fuego, y eso no te hace bien, Li-Tai-Po, aunque diariamente vacíes cien copas y brindes con la luna. Eso no te hace bien, te hace mucho daño, cantor del ocaso. ¿No quieres recapacitar? ¿No quieres vivir? ¿No quieres perdurar?

Klingsor bebió y repuso con su voz algo enronquecida:

—¿Es que se puede torcer el destino? ¿Existe la libre voluntad? ¿Es que eres tú, astrólogo, capaz de orientar de otro modo mis estrellas?

—Orientar no, sólo puedo interpretarlas. Sólo tú mismo puedes orientarte. Existe la libre voluntad. Se llama magia.

—¿Por qué he de practicar la magia, si puedo practicar el arte? ¿No es el arte tan valioso, tan bueno como la magia?

—Todo es bueno. Nada es bueno. La magia destruye ilusiones. La magia destruye esa ilusión, la peor de todas, que llamamos "tiempo".

—¿Eso no lo hace también el arte?

—Lo intenta. ¿No es suficiente prueba el mes de julio que has pintado y que guardas en tus carpetas? ¿Has suprimido el tiempo? ¿No sientes miedo ante el otoño, ante el invierno?

Klingsor suspiró y calló. Bebió en silencio. El mago llenó en silencio su taza. El piano mecánico, desatado, alborotaba alocadamente; entre los danzantes el rostro de Thu-Fu se movía como un ángel. El mes de julio tocaba su fin.

Klingsor jugaba con las botellas vacías sobre la mesa, ordenándolas en círculo.

—Estos son nuestros cañones —gritó—, con estos cañones extermina-mos el tiempo, exterminamos la muerte, exterminamos la infelicidad. Contra la muerte he disparado también con colores: con el verde subi-do, con el bermellón explosivo, con el dulce esmalte geranio. Muchas veces la he alcanzado en la frente, blanco y azul he arrojado a sus ojos. Muchas veces la he puesto en fuga. Otras muchas pienso aún alcanzar-la, castigarla, eludirla. Mirad al armenio, nos abre otra vieja botella, y el sol que lleva dentro, el sol del verano fenecido, nos dispara a la sangre. También el armenio nos ayuda a disparar contra la muerte, tampoco el armenio conoce otra arma contra la muerte.

El mago partió el pan y se sentó.

—Yo no necesito ningún arma contra la muerte, porque no existe la muerte. Lo que existe es otra cosa: miedo a la muerte. Éste sí se puede curar, contra éste hay un arma. Es suficiente una hora para superar el miedo. Pero Li-Tai-Po no quiere. Li ama la muerte, ama su miedo a la muerte, su melancolía, su infelicidad; ha sido el miedo el que le ha ense-ñado todo lo que sabe y todo lo que nos hace quererle.

Brindó en gesto burlón. Sus dientes resplandecían, el rostro apare-cía cada vez más jovial, el sufrimiento parecía serle ajeno. Nadie contestó. Klingsor disparó con el cañón del vino contra la muerte. La muerte se hallaba situada, majestuosa, ante las puertas de la sala, henchida de gente, vino y música de baile. Majestuosa se situaba la muerte ante las puertas, levemente se agitaba a la vera de la acacia oscura, siniestra acechaba en el jardín.

Allá afuera todo era muerte, todo estaba lleno de muerte; sólo aquí, en la sala diminuta y ruidosa, se luchaba aún, se luchaba magníficamen-te, con valentía, contra el negro sitiador, que bramaba a través de las ventanas.

Con mueca burlona miró el mago sobre la mesa, con mueca burlona llenó las tazas. Klingsor había roto ya muchas tazas, él le daba otras. También el armenio había bebido mucho, pero se mantenía tan firme en su asiento como aquél.

—Vamos a beber, Li —dijo en leve mofa—. A ti te gusta la muerte, tú quieres perecer, quieres la muerte. ¿No decías esto, o es que me he confundido o tú me has confundido a mí, y al final, a ti mismo? Vamos a beber, Li, vamos a extinguirnos.

A Klingsor le estalló la cólera. Se levantó, irguió su figura de viejo gavilán con la cabeza afilada, escupió en el vino y rompió su taza contra el suelo. El rojo líquido se desparramó por la sala, los amigos palidecie-ron, la gente rió.

Pero el mago, silencioso y sonriente, fue por una nueva taza, la llenó sonriente y la ofreció a Li-Tai. Entonces sonrió Li, sonrió él también. La sonrisa recorrió su rostro consumido cual fulgor de luna.

—Chavales —gritó—, dejadle hablar a este tipo extraño. Sabe mucho, el viejo zorro, viene de una madriguera recóndita y profunda. Sabe mucho pero no nos entiende. Es demasiado viejo para entender a los niños. Es demasiado cuerdo para entender a los locos. Nosotros, los moribundos, sabemos de la muerte más que él. Nosotros somos hombres, no estrellas. Ved mi mano, que sostiene una tacita azul llena de vino. Esta mano morena sabe mucho. Ha pintado con muchos pinceles, ha arrancado de las tinieblas muchos trozos de mundo y los ha puesto ante los ojos de los hombres. Esta mano morena ha acariciado la mejilla de muchas mujeres, y ha seducido a muchas jovencitas, ha recibido muchos besos, han caído lágrimas sobre ella, Thu-Fu le ha dedicado un poema. Esta mano querida, amigos, estará pronto repleta de tierra y de gusanos, ninguno de vosotros la volverá a tocar. Bien, justamente por eso la amo. Amo mi mano, amo mis ojos, amo mi vientre blanco y blando, los amo con dolor, con mofa y con ternura, porque muy pronto se van a corromper y pudrir. Sombra, amiga oscura, viejo soldado de plomo sobre la tumba de Andersen, esto también va contigo, querida. Brindemos, vivan nuestros miembros y nuestras vísceras.

Brindaron. La Sombra sonreía oscuramente con sus ojos hundidos, cavernosos... Y súbitamente algo atravesó la sala, como un viento, como un espíritu. De pronto enmudeció la música, como ahogada; los danzantes se esfumaron, tragados por la noche, y la mitad de las luces se apagaron. Klingsor miró hacia las puertas tenebrosas. Allá fuera estaba la muerte. La vio. La olió. La muerte olía como las gotas de lluvia en los setos de la carretera.

Entonces Li arrojó lejos de sí la jícara, empujó la silla y salió lentamente de la sala. Se internó en el jardín oscuro y siguió caminando en la tiniebla, solo, mientras relampagueaba sobre su cabeza. Le pesaba el corazón en el pecho, cual losa sobre un sepulcro.

Atardecer de agosto

Al declinar la tarde llegó Klingsor —había pasado las horas vespertinas al sol y al viento, cerca de Manuzzo y Veglia, pintando— muy fatigado, atravesando el bosque de Veglia, a la pequeña y apacible población de Canvetto. Consiguió abordar a una anciana tabernera que le llevó una taza de loza llena de vino; se sentó sobre un tocón de nogal, abrió la mochila, donde encontró aún un trozo de queso y algunas ciruelas, y consumió su cena. La anciana se sentó a su lado, nívea, achacosa y desdentada, con el cuello trabajado de arrugas y antiguos ojos apagados, y le contó de la vida de su granja y de su familia, de la guerra, de la carestía, de la situación del campo, de vino y leche y de su precio, de nietos muertos y de hijos emigrados; las estaciones y constelaciones de aquella humilde vida rústica quedaron patentes en toda su belleza ruda y sobria, mezcla de gozo y preocupación, de miedo y de vigor. Klingsor comió, bebió, descansó, escuchó, preguntó por los hijos y por el ganado, por el párroco y el obispo, elogió amablemente el flojo vino, le ofreció la última ciruela, le dio la mano, le deseó una noche feliz y se encaminó lentamente, apoyado en el bastón y cargado con la mochila, monte arriba, a través de los claros del bosque, en dirección al refugio nocturno.

Era el momento áureo del atardecer. Aún relumbraba doquier, mortecina, la luz del día, mas la luna avanzaba ya su tenue fulgor y los primeros murciélagos flotaban en el aire de verdes destellos. La luz postrera perfilaba suavemente el lindero del bosque, claros castaños destacaban entre densas sombras, una choza amarilla irradiaba débiles reflejos de la luz diurna absorbida, reluciendo delicadamente como un topacio gualda; los estrechos senderos color rosa y violeta serpenteaban a través de praderas, viñas y bosque; aquí y allá, ya, una rama de acacia amarillenta; el cielo crepuscular, dorado y glauco, sobre los montes de terciopelo azul.

Oh, poder trabajar ahora, en el último y fascinante cuarto de hora del día estival plenario, que nunca más volverá. Qué indeciblemente bello es todo ahora, qué apacible, benévolo y dadivoso, qué saturado de Dios.

Klingsor se sentó en la fresca hierba, requirió, automáticamente el lápiz y nuevamente, sonriendo, dejó caer la mano. Sentía un cansancio mortal. Sus dedos palparon la hierba seca, la mórbida tierra reseca. Cuán larga espera hasta que todo este espectáculo, sabroso y apasionante, haya terminado. Cuán larga espera hasta tanto que la mano y la boca se llenen de tierra. Por aquellos días Thu-Fu le había remitido un poema que recordaba de memoria y recitó lentamente:

> *Del árbol de mi vida van cayendo*
> *hoja tras hoja.*
> *Oh mundo de vértigo,*
> *cómo sacias,*
> *cómo sacias y extenúas,*
> *cuán ebrios nos dejas.*
> *Lo que hoy es llama ardiente*
> *súbitamente se extinguirá.*

Pronto gemirá el viento
en torno a mi tumba parda,
sobre el infante tierno
se plegará la madre.
Sus ojos quiero volver a ver,
su mirada será mi estrella.
Que el resto fenezca y se marchite,
todo muere, todo anhela morir.
Sólo la eterna Madre perdura
que alumbró nuestro ser.
Su dedo juguetón escribe
en el aire fugaz nuestro nombre.

Bien, todo estaba bien. De sus diez vidas, ¿cuántas le quedaban aún a Klingsor? ¿Tres? ¿Dos? Siempre le quedaba más de una, siempre alguna otra además de su honrada y consuetudinaria vida cosmopolita y burguesa. Y había creado mucho, había visto mucho, había pintado muchas hojas y lienzos, había conmocionado muchos corazones en amor y odio; en el arte y en la vida había traído mucho escándalo y mucho viento fresco al mundo. Había amado a muchas mujeres, había destruido muchas tradiciones y santuarios, a muchas cosas nuevas se había aventurado. Muchas copas llenas a rebosar había vaciado, muchos días y noches estrelladas había respirado, bajo muchos soles se había tostado, en muchas aguas había nadado. Ahora posaba aquí en Italia, o en la India, o en la China. El viento estival soplaba caprichoso en las copas de los castaños, el mundo era bueno y perfecto. Daba igual que pintase aún cien cuadros o diez, que viviera diez estíos más o sólo uno. Estaba cansado, muy cansado. "Todo muere, todo anhela morir". ¡Magnífico Thu-Fu!

Iba siendo hora de volver a casa. Llegaría renqueante a su habitación, le recibiría el viento a través del balcón. Encendería la luz y desembalaría sus bocetos. Acaso el interior del bosque, con mucho amarillo cromo y azul de China, era bueno, con el tiempo sería un cuadro. Bien, ya era tarde.

Pero continuó sentado, mientras le daba el viento en el cabello y en la chaquetilla flotante y pringada, y había sonrisa y dolor en el corazón crespuscular. Blando y flojo soplaba el viento, blandos y silentes vagaban los murciélagos por el cielo mortecino. Todo muere, todo gusta de morir. Sólo la eterna Madre perdura.

Podía dormir allí mismo, al menos una hora; hacía calor. Apoyó la cabeza sobre la mochila y miró al cielo. Qué bello es el mundo, cómo satura y fatiga.

Rumor de pasos descendió monte abajo, pasos fuertes de chanclos de madera. Entre helechos y retamas apareció una figura, una mujer, los colores de su vestido no eran ya perceptibles. Se acercaba a paso moderado y seguro. Klingsor dio un salto y dijo las buenas noches. Ella se asustó un poco y se detuvo un instante. La miró al rostro. La conocía, no sabía de dónde. Era guapa y morena, bellos y robustos resplandecían sus dientes.

—Hola —exclamó, y le dio la mano. Sintió que algo le ligaba a aquella mujer, algún pequeño recuerdo.

—¡Madonna! Usted es el pintor de Castagnetta. ¿Me ha reconocido?

Sí, ahora cayó en la cuenta. Era la campesina de Tavernetal, en cuya casa había estado en el ya remoto y confuso pasado de aquel verano; había pintado durante unas horas; había bebido agua de la fuente, había dormitado una hora a la sombra de la higuera, y al final, había recibido de ella una copa de vino y un beso.

—Usted no ha vuelto ya —se quejó—. Después de todo lo que me prometió.

Había un tono de desenfado y provocación en su voz grave. Klingsor se reanimó.

—*Ecco*, tanto mejor que hayas venido tú. Qué dicha para mí, precisamente ahora que estoy tan solo y triste.

—¿Triste? No me venga con cuentos, señor, usted es un guasón, no se le puede creer una palabra. Bueno, tengo que seguir adelante.

—Oh, entonces la acompaño.

—Este no es su camino, y no es necesario. ¿Qué me puede pasar?

—A ti nada, pero a mí sí. Qué fácilmente podría venir alguien, gustarte, ir contigo y besar tus dulces labios y tu cuello y tu hermoso pecho, alguien en lugar de mí. No, eso no puedo permitirlo.

Le había puesto la mano en la nuca y no la soltó ya.

—Cielo, mi niña. Tesoro. Mi dulce ciruelita. Muérdeme o te como.

La besó, mientras ella retrocedía riendo, en la boca abierta y fuerte. Entre resistencias y repulsas la mujer cedió. La besó de nuevo; ella sacudía la cabeza, reía, intentaba desprenderse. La atrajo a sí, juntó labios con labios y le puso la mano en el pecho. Su cabello olía a verano, a hierba, retama, helecho, zarzamora. Klingsor respiró profundamente, retiró la cabeza, y en aquel momento vio aparecer, diminuta y blanca, la primera estrella en el cielo mortecino. La mujer calló, su rostro se había vuelto serio; suspiró, tomó la mano de él y la apretó más fuerte contra su propio pecho. El se inclinó dulcemente, puso su brazo en las curvas, que no se resistieron, y la acostó en la hierba.

—¿Me quieres? —preguntó ella como una niña pequeña—. ¡*Povera me!*

Apuraron la copa, el viento rozó levemente sus cabellos y llevó en sus alas el hálito de la pareja.

Antes de la despedida Klingsor hurgó en su mochila y en el bolsillo de la chaqueta, por si tenía algo para regalarle. Halló una cajita de plata, aún medio llena de tabaco; la vació y se la entregó.

—No, no es un regalo, te lo aseguro. Sólo un recuerdo, para que no me olvides.

—Yo no te olvido —contestó ella, y añadió—. ¿Volverás?

El se estremeció. La besó lentamente en ambos ojos.

—Volveré —dijo.

Durante un rato estuvo escuchando, inmóvil, sus pasos monte arriba; a través de la pradera y del bosque, las suelas de madera crujían sobre tierra, rocas, ramaje y raíces. Desapareció. El bosque yacía lóbrego en la noche y el viento acariciaba lánguido la tierra dormida. Algo, tal vez un hongo, tal vez un helecho podrido, despedía un olor áspero y penetrante, olor a otoño.

Klingsor no se resolvía a volver a casa. ¿Para qué subir ahora la cuesta, para qué ir a la habitación, con todas las imágenes en la cabeza? Se tendió en la hierba y contempló las estrellas; finalmente le entró el sueño y se durmió, hasta que, ya bien entrada la noche, le despertó un grito de animal, o un golpe de viento, o el fresco del rocío.

Entonces emprendió la ascensión hacia Castagnetta. Encontró su casa, su puerta y su habitación. Había cartas y flores; habían venido amigos a verle.

Con todo lo cansado que estaba, desembaló, en plena noche, sus bártulos, según su vieja y tenaz costumbre, y revisó a la luz de la lámpara los bocetos del día.

El interior del bosque era bonito: la maleza y las peñas refulgían en la sombra, heridas por los reflejos solares, frescas y preciosas como un tesoro. Había acertado al trabajar sólo con amarillo cromo, naranja y azul, dejando de lado el verde de cinabrio. Estuvo largo rato contemplando la hoja.

Mas ¿para qué? ¿Para qué tanta hoja rebosando color? ¿Para qué todo el esfuerzo, todo el sudor, todo el goce creador, fugaz y embriagante? ¿Hay una liberación? ¿Hay un reposo? ¿Hay una paz?

Agotado, apenas desvestido, se hundió en la cama, apagó la luz e invocó el sueño musitando los versos de Thu-Fu:

Pronto gemirá el viento
en torno a mi tumba parda.

Klingsor escribe a Louis el Cruel

Caro Luigi: Hace mucho tiempo que no se escucha tu voz. ¿Sigues viviendo en la luz? ¿Están ya los buitres royendo tu osamenta?

¿Alguna vez has hurgado tú con una aguja de punto en el reloj de pared que se ha parado? Yo lo hice una vez, y vi que de pronto el demonio se introducía en la maquinaria y alborotaba toda la marcha; las manecillas se disputaron la esfera, con un chirrido extraño giraron vertiginosamente, *prestissimo*, hasta que con la misma brusquedad todo paró en seco y el reloj entregó el espíritu. Exactamente igual sucede ahora entre nosotros: el sol y la luna se persiguen como asesinos por el cielo, el tiempo se le escapa a uno, como por el agujero de un saco. Esperemos que el final vendrá también repentinamente y que este mundo ebrio se venga abajo, en lugar de caer en un *tempo* burgués.

Esta temporada estoy demasiado ocupado para poder pensar en algo (qué ridículo suena cuando uno pronuncia en voz alta esta frase: "para poder pensar en algo"). Pero al atardecer muchas veces te echo en falta. Entonces se infiltró casi siempre por algún lugar del bosque, en una de las numerosas bodegas, y degusto el rico tinto, que casi nunca es bueno, pero ayuda a soportar la vida y provoca el sueño. Alguna vez en el *grotto* me he dormido sentado a la mesa, y en medio de las sonrisas irónicas de los nativos he demostrado que mi neurastenia no es cosa tan grave. A veces hay a mi lado amigos y chicas y ejercitamos los dedos en la plástica de miembros femeninos y hablamos de sombreros y tacones, y sobre arte. En ocasiones se logra una grata atmósfera; entonces gritamos y reímos toda la noche, y la gente se alegra de que Klingsor sea un tío tan divertido. Hay aquí una mujer muy guapa que cada vez que la veo, pregunta apasionadamente por ti.

El arte que ambos producimos sigue estando, como diría un profesor, en una dependencia demasiado estrecha respecto del objeto (lo exquisito sería pintar charadas de imágenes). Nosotros seguimos pintando, si bien con caligrafía algo libre y suficientemente escandalosa para el buen *burgeois*, las cosas "reales": hombres, árboles, ferias, ferrocarriles, paisajes. Con ello comulgamos con un cierto convencionalismo. El buen burgués llama "reales" aquellas cosas que pueden percibirse y describirse en forma similar por todos o por muchos. Yo tengo intención de pintar una temporada, mientras dure este verano, sólo fantasías, especialmente sueños. En parte se trata de tu idea de pintar a lo loco y en plan sorpresivo, un poco al estilo de las fábulas de Collofino, el cazador de conejos de la catedral de

Colonia. Aunque noto que el suelo se adelgaza un tanto bajo mis plantas y siento ya poca nostalgia de más años y más hazañas, me gustaría, sin embargo, lanzarle aún a la cara a este mundo algunos cohetes estrepitosos. Últimamente me escribió un comprador de cuadros diciendo que constataba con gran admiración que en mis recientes producciones estaba viviendo una segunda juventud. Algo de eso es cierto. Tengo la impresión de que ha sido este año cuando he comenzado a pintar de verdad. Mas el trance que estoy pasando no es tanto una primavera cuanto una explosión. Es asombroso la cantidad de dinamita que se esconde aún en mí; pero la dinamita se quema mal en la cocina económica.

Querido Louis, muchas veces me he alegrado en definitiva de que ambos, viejos calaveras, seamos en el fondo tan conmovedoramente pudorosos y seamos más propensos a empinar juntos que a comunicarnos nuestros sentimientos, a seguir así, viejo erizo.

Estos días hemos celebrado en el *grotto* próximo a Berengo una fiesta de pan y vino. Nuestras canciones, viejas canciones romanas, sonaban fantásticas, a media noche, en la altura del bosque. Cuidado que basta con poco para sentirse feliz, cuando se llega a cierta edad y el frío comienza a adueñarse de los pies: ocho o diez horas de trabajo diario, un litro de piamontés, media libra de pan, un Virginia, unas cuantas amigas, y siempre calor y verano a todo pasto. Todo esto lo tenemos, el sol funciona espléndidamente, mí cara está calcinada como una momia.

Algunos días tengo la sensación de que acabo de empezar la vida y el trabajo, pero otras imagino que he trabajado duro a lo largo de ochenta años y tengo derecho a descansar. Para todos llega el fin, querido Louis, también para mí y para ti. Sabe Dios qué cosas te estoy diciendo; se ve que no me encuentro del todo bien. Padezco hipocondrías, me duelen mucho los ojos, y a veces me persigue el recuerdo de un tratado sobre desprendimiento de retina que leí hace años.

Cuando me asomo a mi balcón, que tú bien conoces, me convenzo de que aún tenemos que seguir trabajando un buen rato. El mundo es indeciblemente bello y polifacético; a través de este verde balcón prominente, el mundo retiñe día y noche, me grita y me insta, y siempre me lanzo fuera y me apodero de un trozo de él, un trozo minúsculo. Ahora, con la sequía estival, el verde paisaje se ha tornado maravillosamente diáfano y rubescente; jamás hubiera pensado que aún iba a echar mano del rojo inglés y el caoba siena. Está a las puertas el pleno otoño: rastrojeras, la vendimia, la cosecha del maíz, bosques rojizos. Una vez más voy a vivir todo esto, día a día, y voy a pintar unos cientos de estudios. Pero luego presiento que voy a emprender el camino de la interioridad y pintaré, como hice en una época juvenil, desde el recuerdo y la fantasía; compondré poemas y urdiré sueños. Es inexcusable.

Un gran pintor parisino, a quien un joven artista pidiera consejo, le dijo: "Joven, si usted quiere ser pintor no olvide que ante todo es preciso comer bien. En segundo lugar, es importante la digestión: cuide una eliminación regular. Y tercero, tenga siempre a mano una amiga guapa." Sí, debo pensar que yo tengo bien aprendida esta cartilla del arte y apenas me ha faltado nada en esos puntos. Pero este año, maldita sea, no me ha ido muy bien en cosas tan simples. Como poco y mal, muchos días sólo pan, a veces me da guerra el estómago (te aseguro: el estómago es lo más inútil que cabe pensar), y no poseo una auténtica amiguita, sino que trato con cuatro o cinco mujeres, y tan pronto sufro agotamiento como hambre. Algo le falta al aparato de relojería; desde que le he pinchado con la aguja se ha puesto en marcha de nuevo, pero a celeridad endiablada, y chirría extrañamente. Qué fácil es la vida cuando se está sano. Nunca te he escrito una carta tan larga, salvo quizá en la época en que discutíamos sobre las paletas. Voy a terminar. Son sobre las cinco de la madrugada. Despunta el alba. Saludos de tu...

Klingsor

Posdata: Recuerdo me dijiste que te gustaría tener un cuadrito mío, a ser posible el cuadrito chino, con la cabaña, el sendero rojo, los árboles recortados verde veronés y la lejana ciudad de juguete al fondo. Ahora no te lo puedo mandar, ni siquiera sé dónde estás. Pero es tuyo, y no quería dejar de decírtelo.

Klingsor envía a su amigo Thu-Fu un poema
(*de los días en que pintaba su autorretrato*)

> *Sentado estoy, ebrio, en la floresta trémula,*
> *las ramas musicantes ha corroído el otoño;*
> *a la bodega corre, entre murmullos,*
> *a llenar mi garrafa el tabernero.*
> *Mañana, mañana aplicará la muerte pálida*
> *su guadaña crujiente a mi carne roja.*
> *Tiempo ha, lo sé, me está acechando*
> *el siniestro enemigo.*
> *Por burlarle, media noche me paso cantando,*

al bosque lánguido recito mi ebria canción balbuciente;
mi cantar, mi beber tiene un sentido:
mofar, zaherir su amenaza.
Harto he creado, harto he sufrido,
peregrino de largo sendero.
Al atardecer me siento,
apuro la copa y espero estremecido
la rebruñida hoz
que mi cabeza desgaje del corazón palpitante.

El autorretrato

Durante los primeros días de septiembre, tras largas semanas de extraordinaria sequía y sol ardiente, llegaron algunas lluvias. En estas jornadas pintó Klingsor, en el salón de altos ventanales de su *palazzo* de Castagnetta, su autorretrato, que actualmente se exhibe en Francfort.

Este bello cuadro, terrible y encantador a la vez, su última obra completamente acabada, marca el final de su trabajo veraniego, el final de un período de inaudita labor esplendorosa, trepidante, como su cima y apoteosis. A muchos ha sorprendido el hecho de que todos los que conocieron a Klingsor le reconocieran en el acto e indefectiblemente, pese a que jamás un retrato ha estado tan alejado de una similitud natural.

Al igual que todas las obras tardías de Klingsor, este autorretrato puede estudiarse desde los puntos de vista más divergentes. Para algunos —en general, personas que no conocieron al pintor—, el cuadro es ante todo una sinfonía de colores, un tapiz maravillosamente concertado que produce, no obstante toda su policromía, un efecto sedante y ennoblecedor. Otros ven en él un último, audaz y desesperado intento de liberación de la objetividad: la faz pintada como un paisaje, el cabello que evoca el follaje y la corteza arbórea, órbitas oculares como grietas de roca; según ellos, este cuadro rememora la naturaleza del mismo modo que ciertas crestas montañeras sugieren un rostro humano y ciertas ramas de árbol sugieren manos y piernas sólo desde lejos, sólo en alegoría. Muchos, por el contrario, ven en esta obra el ser y el rostro de Klingsor descuartizado e interpretado por él mismo con inexorable psicología, una prodigiosa confesión, una confesión despiadada, frenética, conmovedora, atroz. Otros finalmente, y entre ellos algunos de sus más acerbos adversarios, ven en este retrato simplemente un producto y síntoma de la supuesta locura de Klingsor. Comparan la cabeza del cuadro con el original visto en perspectiva naturalista, con fotografías, y encuentran

en las deformaciones e hipérboles de las formas rasgos negroides, dege-
nerados, atávicos, animales. Algunos de éstos reparan también en el aire
apoteósico, alucinado y fantástico de este cuadro y ven en él una especie
de autoadoración, una blasfemia y autoglorificación, una suerte de pa-
ranoia religiosa. Todos estos tipos de consideración, y muchos otros,
son posibles.

Durante los días en que trabajó en este cuadro, Klingsor no salía
fuera, salvo de noche por vino; comía sólo pan y fruta, que le traía la
patrona, no se rasuraba y en aquel desamparo, con los ojos hundidos
bajo la frente quemada, ofrecía realmente un aspecto sobrecogedor. Pintaba sentado y de memoria; sólo de cuando en cuando, más bien en los
descansos, iba al gran espejo, anticuado, festoneado de rosales, de la
pared norte; estiraba la cabeza, dilataba los ojos y hacía muecas. Muchos, innumerables rostros contempló, más allá del rostro de Klingsor,
enmarcados en la desangelada guirnalda de rosas; muchos rostros pintó dentro del suyo propio: rostros de niños dulces y asombrados, sienes
juveniles plenas de sueños y ardor, ojos burlones de borracho, labios de
sediento, de perseguido, de doliente, de buscador, de calavera, de *enfat
perdu*. La cabeza la construyó mayestática y brutal, cual deidad de selva
virgen, un Jehová celoso y enamorado de sí mismo, un monstruo al que
se ofrendan primicias y vírgenes. Estos eran algunos de sus rostros. Otro
era el del caído, del que va a perecer, del que acepta el ocaso: el musgo
crece en torno a su cráneo, viejos dientes torcidos, arrugas que surcan la
piel marchita, y en las arrugas costra y moho. Esto es lo que más gusta
del cuadro a algunos de sus amigos. Ellos dicen: aquí está el hombre,
ecce homo, hombre fatigado, anhelante, salvaje, infantil y refinado de
nuestra era tardía, el europeo agonizante, con hambre de muerte, depu-
rado con todas las nostalgias, enfermo de todos los vicios, sabedor
entusiasta del propio ocaso, dispuesto a todo progreso, maduro para
todo receso, puro ardor y cansancio, entregado al destino y al dolor como
el morfinómano a la droga, aislado, carcomido, arcaico, Fausto y
Karamazov a la vez, animal y sabio, totalmente despojado, totalmente
apático, totalmente desnudo, lleno de miedo pueril ante la muerte y lleno de rendida disposición a morir.

Y más allá, a mayor profundidad, aún que todos estos rostros, dormían rostros más lejanos, más hondos, más antiguos, prehumanos,
animales, vegetales, minerales, como si el último hombre de la tierra
evocara súbitamente, en el instante antes de morir, todas las figuras de
la historia precedente y de la edad juvenil del mundo.

Durante estos días de feroz tensión Klingsor vivió como un ser extático. Por la noche se anegaba en vino y luego, con una candela en la
mano, se colocaba delante del viejo espejo y contemplaba su rostro en
la luna, el rostro de sonrisa melancólica del bebedor. Una tarde tuvo

consigo una querida, en el diván de estudio, y mientras la estrechaba desnuda, clavó su mirada, más allá de los hombros de ella, en el espejo y vio junto a la cabellera suelta de la modelo su propio rostro consumido, lleno de voluptuosidad y de asco ante la voluptuosidad, con ojos enrojecidos. Le encargó volver al día siguiente, pero el terror se había apoderado de ella y no apareció más.

De noche dormía poco. Se despertaba con frecuencia con sueños angustiosos, con sudor en el rostro, desolado y cansado de vivir, y saltaba inmediatamente de la cama, clavaba la mirada en el espejo del armario y leía el paisaje desolador de aquellas facciones arruinadas, sombrío, lleno de odio, o sonriente, como recreándose en el propio mal. Tuvo un sueño en el que era azotado, le clavaban agujas en los ojos, le desgarraban la nariz con garfios, y dibujó este rostro martirizado, con las agujas en los ojos, al carbón, sobre la tapa de un libro que tenía a mano; después de su muerte descubrimos el extraño dibujo. Tuvo un ataque de neuralgia facial y se mantuvo encorvado sobre el respaldo de una silla, rió y gritó de dolor, posó su rostro desfigurado ante la luna del espejo, contempló los rictus y se mofó de sus lloros.

Y no fue sólo su rostro, o sus mil rostros, lo que pintó en este cuadro; no sólo los ojos y labios, el doloroso desfiladero de la boca, las peñas resquebrajadas de la frente, las manos sarmentosas, los dedos convulsos, el sarcasmo del intelecto, la muerte en los ojos. En la obstinada, exuberante, densa y espasmódica escritura de su pincel pintó su propia vida, su amor, su fe, su desesperación, Pintó series de mujeres desnudas, cual pájaros abatidos por la tempestad, víctimas sacrificadas al ídolo Klingsor: pintó un jovencito con cara de suicida; pintó además lejanos templos y bosques, un vicio dios barbudo, poderoso y estúpido, un pecho de mujer traspasado por un puñal, mariposas con rostros en las alas, y al fondo del cuadro, al borde del caos y la muerte, un lívido fantasma gris que con un dardo, minúsculo como una aguja, pinchaba el cerebro del autorretratado Klingsor.

Al cabo de una hora de estar pintando, se le apoderaba el desasosiego, corría y salía disparado de la habitación como un rayo, las puertas se agitaban tras él, tiraba las botellas del armario, los libros de las estanterías, los manteles de las mesas, se tendía en el suelo a leer, se asomaba a las ventanas a respirar profundamente, buscaba viejos dibujos y fotografías y llenaba suelos, mesas, cama y sillas de todos los cuartos con papeles, fotos, libros y cartas. Todo se revolvía en triste confusión cuando entraba por la ventana una ráfaga de viento o lluvia. Entre los trastos viejos encontró su foto de la niñez, a los cuatro años, en blanco vestido de verano, con un rostro infantil levemente altivo bajo el cabello rubio. Encontró las fotos de los padres, también fotos de novias de juventud. Todo aquello le trabajaba, le excitaba, le exaltaba, le torturaba, le zarandeaba;

lo cogía todo, volvía a tirarlo, hasta que bruscamente lo abandonaba, se encorvaba sobre el caballete y seguía pintando. Trazaba con más hondura los surcos en el suelo rugoso del autorretrato, construía más amplio el templo de su vida, expresaba con más vigor la eternidad de todo existir, con más llanto su caducidad, con más dulzura su imagen risueña, con más ironía su repulsa contra la putrefacción. Luego volvía a saltar como un ciervo herido, y a trote de animal capturado recorría las habitaciones. Le cruzaban ráfagas de alegría y el profundo deleite creador, cual húmeda y alborozada tormenta, hasta que nuevamente el dolor le arrojaba al suelo y le lanzaba al rostro fragmentos de su vida y de su arte. Rezaba ante su cuadro, y luego escupía contra él. Estaba loco, como lo está todo creador. Pero en su locura creadora hacía con perfecta cordura, como un sonámbulo, todo lo que convenía a su obra. Creía firmemente que en aquel cruel combate en torno a su retrato no sólo se decidía el destino y responsabilidad de un individuo, sino lo humano, lo universal, lo necesario. Sentía que se enfrentaba con un deber, con una misión, y que toda la angustia y la maldición, todo el delirio y el vértigo pasado, había sido sólo la angustia y la maldición de este destino. Ya no quedaba angustia ni maldición; sólo el impulso hacía adelante, el golpe y la herida, el triunfo y el ocaso. Triunfó y pereció, padeció y rió y salió a flote, mató y murió, dio a luz y nació.

Un pintor francés quiso verle. La patrona le llevó a la antesala; el desorden y la suciedad imperaban en la estancia revuelta. Vino Klingsor: con manchas de color en los brazos y en el rostro lívido, sin rasurar, se puso a medir a grandes zancadas la habitación. El extranjero le traía saludos de París y de Ginebra, y le expresó sus respetos. Klingsor paseaba de acá para allá, parecía no oírle. El huésped enmudeció, perplejo, e hizo ademán de retirarse. Entonces Klingsor fue a él, le puso la mano llena de pintura sobre el hombro y le miró á los ojos.

—Gracias —dijo lentamente, fatigado—, gracias, querido amigo. Yo trabajo, yo no sé hablar. Se habla demasiado. No se enfade conmigo, y salude a mis amigos, dígales que les quiero.

Y desapareció, yéndose al otro cuarto.

Una vez terminado el cuadro, tras aquellos días de martirio, lo dejó encerrado en la cocina vacía y fuera de uso. Nunca lo mostró a nadie. Luego tomó veronal y se pasó un día y una noche durmiendo. Después se lavó, se afeitó, se mudó de ropa y se vistió, se encaminó a la ciudad y compró fruta y cigarrillos para regalárselos a Gina.

Siddhartha
(1922)

Primera Parte

Querido Romain Rolland:

Desde el otoño de 1914, en que sentí también de pronto la enorme crisis de la vida espiritual que había estallado poco antes y, usted y yo, nos dimos la mano desde orillas remotas, con la fe puesta en la misma necesidad de crear contactos supranacionales, desde ese día, he tenido el deseo de ofrecerle algún signo exterior de mi estima que fuera, a la vez, una muestra de mi quehacer creativo y le permitiera echar una mirada sobre mi propio ideario. Le ruego aceptar esta dedicatoria de la primera parte de mi obra de tema hindú, aún inconclusa.

Afectuosamente suyo

Hermann Hesse

Capítulo I

El hijo del Brahmán

Al cobijo de la casa o bajo el Sol, a la orilla del río junto a las barcas, a la sombra de los sauces y las higueras, creció Siddhartha, el hijo hermoso del brahmán, el joven halcón, junto con Govinda, su amigo, también hijo de un brahmán. El sol bronceó sus claras espaldas a la orilla del río, al bañarse y al hacer las abluciones sagradas durante sus ritos religiosos. Sus ojos negros se cubrían de inquietudes en el bosque sagrado, durante sus juegos infantiles, escuchando los cantos de la madre, en los sacrificios divinos, en las lecciones de su padre, el sabio, o en las conversaciones con sus maestros. Hacía tiempo que Siddhartha tomaba parte en las conversaciones de los sabios, se ejercitaba en la polémica con Govinda, en el arte de la meditación y en el servicio de la introspección. Ya comprendía la palabra de las palabras, solía pronunciar silenciosamente el Om, lo pronunciaba hacia afuera con la espiración, con el alma concentrada y la frente nimbada por el resplandor de los espíritus que piensan con diafanidad. Ya comprendía en el interior de su alma las enseñanzas de Atman, indestructible, unido al Universo.

El corazón de su padre estaba lleno de alegría por el hijo, el inteligente, el sediento de ciencia, en el que veía formarse un gran sabio y un gran sacerdote, un príncipe entre los brahmanes. El pecho de su madre saltaba de contento cuando le veía caminar, cuando le veía sentarse y levantarse; Siddhartha, el fuerte, el hermoso, el que andaba sobre sus piernas esbeltas, el que la saludaba con toda dignidad.

El amor se conmovía en los corazones de las jóvenes hijas de los brahmanes cuando Siddhartha pasaba por las calles de la ciudad, con la frente luminosa, con los ojos reales y las estrechas caderas.

Pero más que todas ellas le amaba Govinda, su amigo, el hijo del brahmán. Amaba los ojos de Siddhartha y su encantadora voz, amaba su andar y la completa dignidad de sus movimientos, amaba todo lo que Siddhartha hacía y decía, y amaba, sobre todo, su espíritu, sus altos y fogosos pensamientos, su ardiente voluntad, su elevada vocación.

Govinda decía: "Este no será un brahmán cualquiera, ni un perezo-
so oficiante en los sacrificios, ningún avaricioso comerciante de conjuros
milagrosos, ningún vano y vacío orador, ningún malvado y astuto sacerdote, ni tampoco un buen cordero, un estúpido cordero en el rebaño
de los muchos". No, y tampoco Govinda quería ser un brahmán como
uno de los cien mil que hay. Quería seguir a Siddhartha, el amado, el
magnífico. Y si Siddhartha llegaba un día a ser dios, si algún día tenía
que ir hacia el Esplendoroso, Govinda quería seguirle como su amigo,
como su acompañante, como su criado, como su escudero, como su
sombra.

De esta forma amaban todos a Siddhartha. A todos causaba alegría,
era un placer para todos. Pero él, Siddhartha, no encontraba alegría ni era
un placer para sí mismo. Vagando por los senderos floridos del huerto
de higueras, sentado a la sombra azul del bosque de la contemplación,
lavando sus miembros en el baño diario de la expiación, sacrificando en
el sombrío bosque de mangos, en la inmensa dignidad de sus gestos,
querido de todos, siendo la alegría de todos, no tenía, sin embargo,
ninguna alegría en el corazón. Le asaltaban sueños y enigmáticos pensamientos de las fluyentes aguas del río, de las refulgentes estrellas de la
noche, de los ardientes rayos del sol; le venían sueños e intranquilidades
del alma con el humo de las hogueras de los sacrificios, de las exhalacio-
nes de los versos del Rig-Veda, destilados gota a gota por los maestros
de los viejos brahmanes.

Siddhartha había empezado a alimentar dentro de sí el descontento.
Había empezado a sentir que el amor de su padre y el de su madre, y
hasta el amor de su amigo Govinda, no le harían feliz para siempre
y todo el tiempo, ni le tranquilizarían ni le satisfarían. Había empezado
a sospechar que su venerado padre, sus otros maestros y los sabios
brahmanes ya le habían enseñado la mayor parte y lo mejor de su ciencia, que ya habían vaciado en su vaso expectante todo su contenido, y el
vaso no estaba lleno, el espíritu no esta saciado, el alma no estaba tranquila, el corazón no estaba silencioso. Las abluciones estaban bien, pero
eran agua, no borraban los pecados, no aplacaban la sed del espíritu,
no aliviaban las penas del corazón. Los sacrificios eran excelentes, así
como las invocaciones de los dioses. Pero ¿era esto todo? ¿Daban felicidad los sacrificios? ¿Y qué había de los dioses? ¿Era cierto que Prajapati
había creado el mundo? ¿No era él el Atman, Él, el Único, el Todo y
Uno? ¿No eran los dioses formas creadas como tú y yo, sujetas al tiempo, perecederas? ¿Era pues, bueno, era justo, era una acción tan llena de
sentido sacrificar a los dioses? ¿A quién otro había que hacer sacrificios,
a quién otro rendir culto más que a Él, al Único, a Atman? ¿Y dónde
encontrar a Atman, dónde moraba Él, dónde latía su corazón eterno
sino en el propio yo, en lo más íntimo, en lo indestructible que cada uno

lleva en sí? Pero ¿dónde estaba este yo, este íntimo, este último? No era carne y hueso, no era pensamiento ni conciencia, como enseñaban los más sabios. ¿Dónde estaba, pues? ¿Dónde? ¿Adónde dirigirse? ¿Al yo, a mí, a Atman? ¿Había otro camino que mereciera la pena buscarlo? ¡Ah, nadie le mostraba este camino, nadie lo conocía, ni el padre, ni los maestros y sabios, ni las santas canciones de los sacrificios! Todo lo sabían los brahmanes y sus libros santos; ellos lo sabían todo, por todo se habían preocupado, por la creación del mundo, por la conversación, el alimento, el inspirar y el espirar, la ordenación de los sentidos, los hechos de los dioses. Sabían infinitamente mucho; pero ¿de qué valía saber todo esto si ignoraban el Uno y lo Único, lo Más Importante, lo Único Importante?

Cierto que muchos versos de los libros sagrados, que los Upanishadas del Sama-Veda, hablaban de este Más Íntimo y Último en versos magníficos. "Tu alma es todo el mundo", estaba allí escrito, y escrito estaba también que el hombre que duerme en el sueño profundo se acerca a su Más Íntimo y habita en Atman. En estos versos se encerraba una ciencia maravillosa, todo el saber de los más sabios estaba aquí concentrado en mágicas palabras, puro como la miel recolectada por las abejas. No, no era de despreciar el cúmulo de conocimientos reunidos y conservados aquí por toda una serie de generaciones de sabios brahmanes. Pero ¿dónde estaban los brahmanes, dónde los sacerdotes, dónde los sabios o penitentes que habían logrado no simplemente saber, sino vivir, toda esta ciencia profundísima? ¿Dónde estaba el conocedor que, habiendo reposado en Atman durante el sueño, mostrara sus maravillas durante la vigilia, la vida, el andar, el hablar y las acciones?

Siddhartha conocía a muchos venerables brahmanes, a su padre ante todo, el puro, el sabio, el más venerable. Su padre era digno de admiración, serena y noble era su conducta, pura su vida, sabia su palabra, sutiles y profundos pensamientos habitaban en su frente; pero también él, él que tanto sabía, ¿vivía feliz? ¿Tenía paz? ¿No era también un buscador, un sediento? ¿No tenía que estar siempre buscando en las fuentes sagradas y beber en ellas como un sediento, en los sacrificios, en los libros, en los diálogos de los brahmanes? ¿Por qué había de afanarse cada día en la purificación, él, el incensurable? ¿No estaba Atman en él, no manaba en su corazón la fuente ancestral? ¡Había que buscar esta fuente ancestral en el propio yo, había que apropiársela! Todo lo demás era vagar, inquirir, errar.

Así eran los pensamientos de Siddhartha, esta era su sed, estos sus dolores.

Recitaba a menudo para sí estas palabras de una Chandogya-Upanishada: "En verdad, el nombre del brahmán es Satyam; cierto que quien sabe esto entra a diario en el mundo celestial". El mundo celestial brillaba cercano a menudo, pero nadie lo había alcanzado del todo, nadie había apagado la última sed. Y de todos los sabios y sapientísimos varones que él conocía y cuyas enseñanzas había recibido, ninguno de todos ellos había alcanzado del todo el mundo celestial que había de aplacarles la eterna sed.

—Govinda— dijo Siddhartha a su amigo—, Govinda querido, ven conmigo bajo el banano, procuremos meditar.

Se iban bajo el banano, se sentaban en el suelo: aquí, Siddhartha, veinte pasos más allá, Govinda. Mientras se sentaba, dispuesto a recitar el Om, Siddhartha repetía murmurando estos versos:

> *Om es el arco; la flecha, el alma;*
> *Brahma es de la flecha el blanco,*
> *que debe alcanzar infaliblemente.*

Cuando hubo transcurrido el tiempo acostumbrado de ejercicios de meditación, Govinda se levantó. Había llegado la noche, era hora de las abluciones vespertinas. Gritó el nombre de Siddhartha. Siddhartha no respondió. Siddhartha estaba ensimismado, sus ojos miraban fijamente a un punto muy lejano, la punta de su lengua asomaba un poco entre los dientes, parecía no respirar. Estaba sentado, completamente extasiado, pensando en Om; su alma, como flecha, había partido hacia Brahma.

Una vez pasaron por la ciudad de Siddhartha unos samanas, ascetas peregrinos, tres secos y apagados hombres, ni viejos ni jóvenes, con las espaldas polvorientas y ensangrentadas, casi desnudas, abrasadas por el sol, rodeados de soledad, extraño y enemigo del mundo, extranjeros y chacales hambrientos en el reino de los hombres. Tras ellos soplaba ardiente un perfume de serena pasión, de servicio destructor, de despiadado ensimismamiento.

Por la noche, después de la hora de examen, Siddhartha le dijo a Govinda:

—Mañana temprano, amigo mío, Siddhartha se irá con los samanas. Quiere ser un samana.

Govinda palideció, pues había oído aquellas palabras y en el rostro inmóvil de su amigo leía la decisión imposible de desviar, como la flecha que partió silbando del arco. En seguida, y a la primer mirada, Govinda conoció que Siddhartha iniciaba ahora su camino, que su destino principiaba ahora, y con él, el suyo también. Y se puso pálido como una cáscara de banana seca.

—¡Oh, Siddhartha!—exclamó—, ¿te lo permitirá tu padre?

Siddhartha miró a lo lejos, como quien despierta. Con la rapidez de una saeta, leyó en el alma de Govinda, leyó la angustia, leyó la resignación.

—¡Oh, Govinda! —dijo en voz baja—, no debemos prodigar las palabras. Mañana, al romper el día, tengo que iniciar la vida de los samanas. No hablemos más de ello.

Siddhartha entró en el cuarto donde su padre estaba sentado sobre una estera de esparto, y se colocó a su espalda, y allí estuvo hasta que su padre se dio cuenta de que había alguien tras él. Habló el brahmán:

—¿Eres tú, Siddhartha? Di lo que tengas que decir.

Siddhartha le respondió:

—Con tu permiso, padre mío. He venido a decirte que deseo abandonar tu casa mañana e irme con los ascetas. Es mi deseo convertirme en un samana. Quisiera que mi padre no se opusiera a ello.

El brahmán calló, y calló tanto tiempo, que en la ventana se vio caminar a las estrellas y cambiar de forma antes que se rompiera el silencio en la habitación. Mudo e inmóvil, permanecía el hijo con los brazos cruzados; y las estrellas se movían en el cielo. Entonces habló el padre:

—No es propio de brahmanes pronunciar palabras enérgicas e iracundas, pero mi corazón está disgustado. No quisiera oír por segunda vez este ruego de tu boca.

El brahmán se levantó lentamente. Siddhartha estaba mudo, con los brazos cruzados.

—¿A qué esperas? —preguntó el padre.

Habló Siddhartha:

—Ya lo sabes.

El padre salió disgustado del cuarto; disgustado se acercó a su cama y se tendió en ella. Al cabo de una hora, como el sueño no viniera a sus ojos, el brahmán se levantó, paseó de un lado para otro, salió de la casa. Miró al interior por la pequeña ventana del cuarto y vio en él a Siddhartha, con los brazos cruzados, inmóvil. Su túnica clara resplandecía pálidamente. Con el corazón intranquilo, el padre volvió a su lecho.

Una hora más tarde, como el sueño no viniera a sus ojos, el brahmán se levantó de nuevo, paseó de aquí para allá, salió delante de la casa, vio salir la luna. Miró al interior del cuarto por la ventana, allí estaba Siddhartha inmóvil, con los brazos cruzados; en sus piernas desnudas relumbraba la luz de la luna. Con el corazón preocupado, el padre se volvió a la cama.

Y volvió pasada una hora, y volvió pasadas dos horas, miró por la ventana, vio a Siddhartha en pie, a la luz de la luna, a la luz de las estrellas, en las tinieblas. Y volvió a salir de hora en hora, silencioso, miró dentro del cuarto, vio inmóvil al que estaba en pie; su corazón se llenó de enojo, su corazón se llenó de intranquilidad, su corazón se llenó de vacilaciones, se llenó de dolor.

Y en la última hora de la noche, antes que viniera el día, volvió de nuevo, entró en el cuarto, vio en pie al joven, que le pareció grande y como extraño.

—Siddhartha —dijo—, ¿qué esperas?

—Ya lo sabes.

—¿Vas a estarte siempre así, en pie, esperando, hasta que sea de día, hasta que sea mediodía, hasta que sea de noche?

—Estaré en pie, esperando.

—Te cansarás, Siddhartha.

—Me cansaré.

—Tienes que dormir, Siddhartha.

—No dormiré.

—Te morirás, Siddhartha.

—Moriré.

—¿Y prefieres morir antes que obedecer a tu padre?

—Siddhartha siempre ha obedecido a su padre.

—Entonces, ¿renuncias a tu propósito?

—Siddhartha hará lo que su padre le diga.

El primer resplandor del día penetró en la estancia. El brahmán vio que las rodillas de Siddhartha temblaban ligeramente. Pero en el rostro de Siddhartha no vio ningún temblor; sus ojos miraban a lo lejos. Entonces conoció el padre que Siddhartha ya no estaba con él, ni en la casa; ya le había abandonado.

El padre tocó las espaldas de Siddhartha.

—Irás al bosque —dijo— y serás un samana. Si en el bosque encuentras la felicidad, vuelve y enséñame a ser feliz. Si encuentras la decepción, entonces vuelve y juntos ofrendaremos a los dioses. Ahora ve y besa a tu madre, dile adónde vas. Para mí aún hay tiempo de ir al río y hacer la primera ablución.

Quitó la mano de encima del hombro de su hijo y salió. Siddhartha se tambaleaba cuando intentó caminar. Se impuso a sus miembros, se inclinó ante su padre y fue junto a su madre para hacer lo que su padre había dicho.

Cuando a los primeros albores del día abandonó la ciudad todavía silenciosa, lentamente, con sus piernas envaradas, surgió tras la última choza una sombra que allí estaba agazapada, y se unió al peregrino. Era Govinda.

—Has venido —dijo Siddhartha, y sonrió.

—He venido —dijo Govinda.

Capítulo II

Con los samanas

En la noche de aquel día llegaron junto a los ascetas, los descarnados samanas, y les ofrecieron acompañamiento y obediencia. Fueron admitidos.

Siddhartha regaló su túnica a un pobre brahmán en la calle. No traía puesto más que un paño a la cadera y un lienzo sucio de tierra y descosido, colgado de los hombros. Comió solo una vez al día, y nunca alimentos cocidos. Ayunó quince días, ayunó veintiocho días. Le disminuyó la carne en los muslos y en las mejillas. Sueños ardientes flameaban en sus ojos agrandados, en sus dedos secos crecían las uñas, y en el mentón, una barba seca e hirsuta. Su mirada se volvió fría como hielo cuando se encontraba con una mujer; su boca se contraía en una mueca de desprecio cuando pasaba por una ciudad con gentes bien vestidas. Vio negociar a los comerciantes, vio ir a la caza a los príncipes, a los doloridos llorar a sus muertos, a las cortesanas ofrecerse lascivas, a los médicos afanarse por sus enfermos, a los sacerdotes señalar el día de la siembra, amar a los amantes, a las madres callar a sus hijos; y todo esto no era digno de las miradas de sus ojos, todo era mentira, todo era pestilente, todo olía a engaño, todo falseaba los sentimientos, la dicha y la belleza, y todo era inconfesada putrefacción. El mundo sabía amargo. La vida era sufrimiento.

Había una meta ante Siddhartha, una sola: vaciarse, vaciarse de sed, vaciarse de deseo, vaciarse de sueño, vaciarse de alegría y dolor. Morir para sí mismo, no ser más un yo, encontrar la paz en el corazón vacío, estar abierto al milagro por la introspección: esta era su meta.

Cuando todo el yo estuviera vencido y muerto, cuando cada anhelo y cada impulso callara en el corazón, entonces debería despertar el Último, lo más íntimo del ser, que no es ya el Yo, el gran misterio.

Silencioso permanecía Siddhartha en pie bajo los perpendiculares rayos del sol, ardiendo de dolores, ardiendo de sed, y así se quedaba hasta que ya no sentía dolor ni sed. Silencioso estaba en pie bajo la lluvia;

las gotas de agua caían de su pelo sobre los hombros llenos de frío, sobre las heladas caderas y piernas, y así permanecía el penitente hasta que los hombros y las piernas dejaban de sentir frío, hasta que callaban y se quedaban quietos. En silencio, agachado entre los espinos, la sangre brotaba roja de la piel ardiente, el pus de las úlceras, y Siddhartha permanecía rígido, inmóvil, hasta que la sangre dejaba de brotar, hasta que nada le punzaba, hasta que nada le quemaba.

Siddhartha sentado muy derecho aprendía a contener la respiración, a regularla y suprimir el alentar. Aprendía, empezando por la respiración a aquietar los latidos del corazón, a espaciarlos, hasta casi suprimirlos.

Adoctrinado por el más anciano de los samanas, Siddhartha ejercitaba el ensimismamiento, ejercitaba la meditación. Si una garza volaba sobre el bosque de bambúes, Siddhartha tomaba la garza en el alma, volaba sobre el bosque y la montaña, se convertía en garza, comía pescados, pasaba hambres de garza, hablaba con graznidos de garza, moría muerte de garza.

Si un chacal aparecía muerto al borde del arenal, el alma de Siddhartha se deslizaba dentro del cadáver, se convertía en un chacal muerto, yacía en la arena, se hinchaba, olía mal, se corrompía, era despedazado por las hienas, era desollado por los buitres, se convertía en esqueleto, se volvía polvo, se esparcía por la campiña. Y el alma de Siddhartha regresaba, estaba muerta, estaba corrompida, estaba esparcida como el polvo; había gustado la turbia embriaguez de los remolinos, atormentado por una nueva sed como un cazador en el puesto; esperaba conocer dónde terminaría el remolino, dónde estaba el fin de las causas, dónde empezaba la eternidad sin dolores.

Mataba sus sentidos, mataba sus recuerdos, se salía de su yo para introducirse en mil formas extrañas: era animal, carroña, piedra, árbol, agua, y al despertar se volvía a encontrar a sí mismo; luciera el sol o la luna, volvía a ser un yo, giraba en remolinos, sentía sed, vencía la sed, volvía a sentir sed otra vez.

Mucho aprendió Siddhartha entre los samanas; aprendió a andar muchos caminos fuera de su yo. Recorrió el camino del ensimismamiento por el dolor, por el voluntario sufrir, y venciendo al dolor, al hambre, a la sed, a la fatiga. Recorrió el camino del ensimismamiento por la meditación, por el vacío del pensamiento de los sentidos de toda imagen. Aprendió a andar estos y otros caminos, perdió mil veces su yo, permaneció horas y días hundido en el No-Yo. Pero aunque estos caminos partían del yo, su meta estaba siempre en el mismo Yo. Si Siddhartha huyó mil veces de su Yo, si permanecía en la nada, en la bestia, en la piedra, el regreso era inevitable, insoslayable la hora en que se volvían a encontrar, bajo el resplandor del sol o de la luna, a la sombra o bajo la lluvia, Siddhartha y su yo, y volvía a sentir el tormento del remolino impuesto.

Junto a él vivía Govinda, su sombra; seguía su mismo camino, se imponía los mismos trabajos. Raramente hablaban entre sí más de lo que exigían sus tareas y servicio. A veces iban juntos por las aldeas, mendigando el alimento para sí y sus maestros.

—¿Qué te parece, Govinda? —solía preguntar Siddhartha durante estas correrías implorando la caridad—. ¿Crees que vamos por buen camino? ¿Habremos de alcanzar la meta?

Y Govinda respondía:

—Hemos aprendido mucho, y seguiremos aprendiendo. Tú llegarás a ser un gran samana, Siddhartha. Todo lo has aprendido en seguida, los viejos samanas te admiran con frecuencia. Llegarás a ser un santo, ¡oh, Siddhartha!

Y Siddhartha le decía:

—A mí no me parece así, amigo mío. Lo que he aprendido hasta ahora entre los samanas, ¡oh, Govinda!, lo hubiera podido aprender pronto y con facilidad, en cualquier taberna de barrio de burdeles, entre carreteros y jugadores de dados, hubiera podido aprenderlo, amigo mío.

Govinda contestaba:

—Siddhartha se burla de mí. ¿Cómo hubieras podido aprender ensimismamiento, el contener la respiración, la insensibilidad ante el hambre y el dolor, entre aquellos miserables?

Siddhartha decía en voz baja, como si hablara para sí:

—¿Qué es el ensimismamiento? ¿Qué es el abandono del cuerpo? ¿Qué es el ayuno? ¿Qué la contención del aliento? Es la huida del Yo, es un breve alejarse del tormento del ser Yo, es un corto embotamiento frente al dolor y la falta de sentido de la vida. La misma huída, el mismo breve embotamiento encuentra el boyero en el mesón cuando bebe su vino de arroz o la leche de coco fermentada. Entonces no siente ya su Yo, ya no siente el dolor de la vida, entonces encuentra un breve embotamiento. Encuentra, dormitando sobre su taza de vino de arroz, lo mismo que Siddhartha y Govinda encuentran cuando se evaden de sus cuerpos, tras largos ejercicios, y permanecen el No-Yo. Así es, ¡oh, Govinda!

Govinda replicaba:

—Eso dices, ¡oh, amigo!; pero sabes que Siddhartha no es ningún boyero, ni un samana, un bebedor. Cierto que el que bebe encuentra fácilmente el embotamiento, cierto que con facilidad halla la evasión y el descanso; pero vuelve pronto del sortilegio y vuelve a encontrarlo todo como antes, no se ha hecho más sabio, no ha adquirido conocimientos, no ha subido más alto ni un peldaño.

Y Siddhartha habló con una sonrisa:

—No lo sé, no he sido nunca bebedor. Pero que yo, Siddhartha, en mis ejercicios y éxtasis solo encuentro breves embotamientos y que estoy tan lejos de la sabiduría y de la liberación como cuando era niño en el vientre de la madre, eso lo sé bien Govinda, eso lo sé muy bien.

Y otra vez, cuando Siddhartha y Govinda salieron del bosque para pedir por las aldeas algo de comer para sus hermanos y maestros, empezó Siddhartha a hablar, y dijo:

—¿Estaremos, ¡oh, Govinda!, en el buen camino? ¿Nos vamos acercando al conocimiento? ¿Nos acercamos a la redención? ¿O no estaremos quizá caminando en círculo, nosotros, que pensábamos salir de él?

Govinda dijo:

—Hemos aprendido mucho, Siddhartha; y aún nos queda mucho por aprender. No caminamos en círculo, vamos hacia arriba, el círculo es una espiral, hemos subido ya muchos escalones.

Respondió Siddhartha:

—¿Qué edad crees tú que tendrá nuestro samana más anciano, nuestro venerado maestro?

Govinda contestó:

—Quizá tenga sesenta años.

Y Siddhartha repuso:

—Tiene sesenta años y no ha alcanzado el Nirvana. Tendrá setenta y ochenta, y tú y yo seremos igual de viejos y seguiremos ejercitándonos, seguiremos ayunando y meditando. Pero no alcanzaremos el Nirvana, ni él ni nosotros. ¡Oh, Govinda!, creo que ninguno de todos los samanas que hay alcanzará quizá el Nirvana. Encontramos consuelos, encontramos embotamientos, aprendemos habilidades con las que nos engañamos. Pero lo esencial, la senda de las sendas no la encontramos.

—¡No pronuncies —dijo Govinda—, tan terribles palabras Siddhartha! ¿Cómo es posible que entre tantos hombres sabios, entre tantos brahmanes, entre tantos severos y venerables samanas, entre tantos hombres sabios, santos e introvertidos, ninguno encuentre el Camino de los Caminos?

Pero Siddhartha respondió con una voz que tenía tanto de triste como de irónica:

—Pronto, Govinda, tu amigo dejará esta senda de los samanas, por la que tanto ha caminado contigo. Padezco sed, ¡oh Govinda!, y en este largo camino del samana no ha menguado en nada mi sed. Siempre he tenido sed de conocimientos, siempre he estado lleno de interrogaciones. He preguntado a los brahmanes, año tras año, y he preguntado a los Vedas, año tras año. Quizá, ¡oh Govinda!, hubiera sido tan bueno,

tan prudente, tan sano, haber preguntado al rinoceronte o al chimpan-
cé. He empleado mucho tiempo y todavía no he llegado al fin para
aprender esto, ¡oh Govinda!: ¡que nada se puede aprender! Yo creo que
no hay esa cosa que nosotros llamamos "aprender". Hay sólo, ¡oh mi
amigo!, una ciencia que está por todas partes, que es Atman; está en
mí, en ti y en cada ser. Y de esta forma empiezo a creer que esta ciencia
no tiene enemigos más encarnizados que los sabios y los instruidos.

Entonces Govinda se paró en el camino, levantó la mano y habló:

—¡No atormentes, Siddhartha, a tu amigo con semejantes palabras!
En verdad que ellas angustian mi corazón. Y piensa solamente en qué
queda la santidad de la oración, la dignidad de los brahmanes, la religiosidad de los samanas, si fuera como dices, que no hay nada que
aprender. ¿Qué sería, entonces, ¡oh Siddhartha!, de lo que en la tierra
tenemos por santo, por venerable y más preciado?

Y Govinda recitó para sí un verso de una Upanishada:

> *Quien meditando, con el alma purificada,*
> *se hunde en Atman,*
> *no puede describir con palabras*
> *el gozo de su corazón.*

Pero Siddhartha callaba. Reflexionaba sobre las palabras que
Govinda le había dirigido, y pensaba cada frase hasta el fin. "Sí —decía
para sí con la cabeza humillada—, ¿qué queda de todo lo que nos parecía santo? ¿Qué queda? ¿Qué se conserva?" Y movió la cabeza.

Una vez, cuando ambos jóvenes llevaban viviendo unos tres años
con los samanas y habían tomado parte en todas sus prácticas, llegó
hasta ellos, por diversos caminos y rodeos, una noticia, un rumor, una
leyenda: había aparecido uno llamado Gotama, el Sublime, el Buda, el
cual había vencido en sí el dolor del mundo y había sujetado la rueda de
las reencarnaciones. Recorría los campos enseñando a las gentes, rodeado de jóvenes, sin poseer nada, sin patria, sin mujer, envuelto en el manto
amarillo de los ascetas, pero con la frente radiante, como un bienaventurado, y los brahmanes y los príncipes se inclinaban ante él y se
convertían en discípulos suyos.

Esta leyenda, este rumor, esta fábula, resonaba por todas partes,
exhalaba su aroma aquí y allá; en las ciudades hablaban de él los
brahmanes; en el bosque, los samanas; cada vez penetraba más el nombre de Gotama, el Buda; en los oídos de los jóvenes, para bien y para
mal, en alabanzas y en injurias.

Como cuando en una comarca reina la peste y se difunde la nueva
de que hay un hombre, un sabio, un experto, cuya palabra y aliento

basta para librar a cualquiera de la epidemia, e igual que este rumor atraviesa todo el país y todos hablan de ello, muchos creen, muchos dudan, pero muchos también son los que se ponen al punto en camino para ir en busca del Sabio, del Salvador, así recorrió la región aquella nueva, aquella perfumada leyenda de Gotama, el Buda, el Sabio de la descendencia de Sakya. Según los creyentes, poseía los más altos conocimientos, recordaba su encarnación anterior, había alcanzado el Nirvana y ya no volvería a entrar en el círculo ni se hundiría en la turbia corriente de la transmigración. Se decían de él cosas increíbles y maravillosas: que había hecho milagros, que había vencido al demonio, que había hablado con los dioses. Pero sus enemigos y los incrédulos decían que este tal Gotama era un embaucador, que pasaba los días en una vida de delicias, que despreciaba los sacrificios, que carecía de instrucción y no conocía ni los ejercicios ni la mortificación.

Dulcemente sonaba la leyenda de Buda; estas nuevas exhalaban cierto encanto. El mundo estaba enfermo, la vida era difícil de soportar, y ved que aquí parece brotar una fuente, aquí parece oírse la llamada de un mensajero llena de consuelo, dulce, llena de nobles promesas. Por todas partes donde resonaba el rumor de Buda, por toda la India, escuchaban los jóvenes, sentían añoranza, alentaban esperanzas, y entre los hijos de los brahmanes de las ciudades y aldeas cualquier peregrino era muy bien recibido si traía noticias de él, del Sublime, del Sakyamuni.

También había llegado hasta los samanas del bosque, hasta Siddhartha, hasta Govinda, la leyenda, lentamente, a gotas, cada gota preñada de esperanzas, cada gota llena de dudas. Hablaban poco de ello, pues el anciano de los samanas era poco amigo de esta leyenda. Había sabido que aquel pretendido Buda había sido antes un asceta y había vivido en el bosque, y luego se había entregado a la buena vida y a los placeres del mundo y no daba mucha importancia a este Gotama.

—¡Oh Siddhartha! —dijo un día Govinda a su amigo—. Hoy estuve en la aldea y un brahmán me invitó a entrar en su casa, y en su casa estaba el hijo de un brahmán de Magadha, el cual ha visto con sus propios ojos al Buda y ha escuchado sus enseñanzas. En verdad que entonces sentí un dolor en el pecho, y pensé para mí: "¡Ojalá pudiera yo también, ojalá pudiéramos ambos, Siddhartha y yo, conocer la hora en que recibiéramos lección de la boca de aquel bienaventurado!" Di, amigo, ¿no podríamos ir nosotros también a su encuentro y escuchar de los labios del Buda la lección?

Habló Siddhartha:

—Siempre, ¡oh Govinda!, he pensado que Govinda permanecería entre los samanas, siempre he creído que su meta era llegar a los sesenta o a los setenta, practicando siempre las reglas y ejercicios que adornan a los samanas. Pero mira: yo conocí poco a Govinda, sabía poco de su corazón. De modo que ahora quieres, mi fiel amigo, tomar la senda y llegar hasta allí donde el Buda enseña su doctrina.

Habló Govinda:

—Te gusta bromear. ¡Puedes bromear cuanto quieras, Siddhartha! Pero ¿no te ha venido en gana, no ha despertado en ti el deseo de escuchar esta doctrina? ¿Y no me has dicho en otra ocasión que no seguirías por más tiempo el camino de los samanas?

Sonrió Siddhartha a su manera, con lo que el tono de su voz adquirió un matiz de tristeza y una sombra de mofa, y dijo:

—Bien has dicho, Govinda, bien has dicho y bien has recordado. Sin embargo, también deberías recordar lo otro que a mí me oíste, es decir, que estoy cansado y desconfío de todas las doctrinas y enseñanzas y que es poca mi fe en las palabras de los maestros que llegan hasta nosotros. Mas, ¡ea, querido!, estoy dispuesto a escuchar aquellas enseñanzas, aunque creo de todo corazón que el mejor fruto de ellas ya lo hemos saboreado.

Habló Govinda:

—Tu buena disposición regocija mi corazón. Pero dime, ¿cómo es posible que antes de escuchar la doctrina del Gotama hayamos gustado ya sus mejores frutos?

Habló Siddhartha:

—¡Gocemos de este fruto y esperemos lo demás, oh Govinda! Pero este fruto que ya hemos de agradecer al Gotama, ¡consiste en que nos llama para sacarnos de entre los samanas! Si nos ha de dar otras cosas y algo mejor, ¡oh amigo!, esperemos en ello con corazón tranquilo.

Aquel mismo día dio a conocer Siddhartha al anciano de los samanas su decisión de dejarlos. Se lo dio a conocer con la cortesía y humildad que conviene a un joven y a un alumno. Pero el samana se llenó de enojo al ver que los dos jóvenes querían abandonarlos, y habló vociferando y profirió groseros insultos.

Govinda estaba asustado y perplejo, pero Siddhartha se inclinó sobre el oído de Govinda y susurró:

—Ahora quiero demostrar al viejo que he aprendido algo entre ellos.

Mientras se acercaba al samana, con el alma concentrada prendió la mirada del anciano con la suya, le hechizó, le hizo callar, se apropió de su voluntad, le impuso la suya, le ordenó que hiciera silenciosamente lo que le pedía. El anciano quedó mudo, sus ojos miraban fijamente, su voluntad estaba paralizada, sus brazos pendían inertes, estaba sin fuerzas, preso en el encanto de Siddhartha. Pero los pensamientos de Siddhartha se habían apoderado de los del samana, y éste debía hacer todo lo que el otro le ordenara. Y así, el anciano se inclinó varias veces, hizo ademán de bendecirlos una y otra vez y pronunció, vacilante, una piadosa oración de despedida. Y los jóvenes respondieron agradecidos a las inclinaciones, a los votos de ventura, y salieron de allí saludando.

Por el camino, dijo Govinda:

—¡Oh Siddhartha!, has aprendido con los samanas más de lo que yo creía. Es muy difícil, dificilísimo, hechizar a un viejo samana. En verdad que si te hubieras quedado allí habrías aprendido pronto a caminar sobre las aguas.

—No codicio el andar sobre el agua —dijo Siddhartha—. Que los viejos samanas se den por contentos con semejantes artes.

Capítulo III

Gotama

En la ciudad de Savathí todos los niños conocían el nombre del Sublime Buda, y todas las casas estaban dispuestas a llenar las escudillas de los jóvenes de Gotama, los mudos mendicantes. Cerca de la ciudad estaba la residencia preferida de Gotama, el bosque Jetavana, que el rico comerciante Anathapindika, un rendido adorador del Sublime, había regalado a éste y a los suyos.

A esta comarca les habían traído los relatos y respuestas que dieron a los dos jóvenes ascetas cuando preguntaban por la residencia de Gotama. Y cuando llegaron a Savathí, en la primera casa que se detuvieron a pedir, les ofrecieron comida y comieron, y Siddhartha preguntó a la mujer que le trajo la comida:

—Quisiéramos saber, bondadosa señora, dónde vive el Buda, el Venerado, pues somos dos samanas del bosque que venimos en busca del Perfecto para verle y escuchar de su boca la doctrina.

Habló la mujer:

—En verdad que habéis acertado con el camino, samanas del bosque. Sabed que en Jetavana, en el jardín de Anathapindika, está el Sublime. Allí podréis pasar la noche, peregrinos, pues hay bastante sitio para los innumerables romeros que llegan hasta aquí para escuchar su doctrina.

Entonces Govinda, lleno de alegría exclamó:

—¡Qué gozo! ¡De este modo hemos alcanzado nuestra meta y el final de nuestro camino! Pero dinos, madre de los peregrinos, ¿conoces tú al Buda? ¿Le has visto con tus propios ojos?

Habló la mujer:

—Muchas veces he visto al Sublime. Muchos días le he visto pasar por las calles, silencioso, con su túnica amarilla, o alargar la escudilla en las puertas de las casas para recibir la limosna y retirarse de allí con la escudilla llena.

Govinda escuchaba encantado, y quiso seguir preguntando y oyendo, pero Siddhartha le exhortó a seguir andando. Dieron las gracias y se fueron, y no necesitaron preguntar apenas por el camino, pues no eran pocos los peregrinos y monjes de la comunidad de Gotama que se encaminaban hacia el Jetavana. Y llegaron allí de noche, aquello era un continuo llegar de gente que gritaba pidiendo albergue, que todos recibían. Los dos samanas, acostumbrados a la vida del bosque, encontraron pronto un abrigo tranquilo, y en él descansaron hasta la mañana.

A la salida del sol contemplaron con asombro la gran cantidad de creyentes y curiosos que habían pernoctado allí. Por todos los caminos del magnífico parque paseaban monjes vistiendo túnicas amarillas, otros estaban sentados bajo los árboles, aquí y allá, sumidos en la meditación o conversando de cosas espirituales. El sombroso jardín parecía una ciudad, lleno de gente que pululaba como hormigas. La mayoría de los monjes salieron con las escudillas a implorar la caridad por la ciudad, para la comida del mediodía, la única que hacían al día. También el Buda mismo, el Iluminado, solía hacer por la mañana el recorrido mendicante.

Siddhartha lo vio, y en seguida lo reconoció, como si un dios se lo hubiera mostrado. Lo vio: un hombre sencillo con una capucha amarilla, con la escudilla de las limosnas en la mano, caminando silencioso.

—¡Míralo! —dijo Siddhartha en voz baja a Govinda—. Ese es el Buda.

Govinda miró atentamente al monje de la capucha amarilla, que no parecía diferente en nada de los cien otros monjes. Y pronto le reconoció también Govinda: éste es. Y ambos lo siguieron con la mirada.

El Buda siguió su camino, humilde, abismado en sus pensamientos. Su rostro no era ni alegre ni triste, y parecía que les sonreía. Sonreía con una sonrisa velada, tranquila, silenciosa, semejante a la de un niño sano. Caminaba, llevaba el capillo y echaba el paso como todos sus monjes, como estaba prescrito. Pero su rostro y su paso, su mirada baja, su mano caída, y sobre todo los dedos de aquella mano caída, hablaban de paz, hablaban de perfección, no buscaba nada, no anhelaba nada, respiraba suavemente en una placidez imperturbable, en una luminosidad infinita, en una intangible paz.

Así caminaba Gotama hacia la ciudad para recoger las limosnas, y los dos samanas le reconocieron solamente en la perfección de su paz, en la quietud de su figura, en la que no había ningún deseo, ningún anhelo, ningún esfuerzo, solo luz y paz.

—Hoy escucharemos la doctrina de su boca —dijo Govinda.

Siddhartha no respondió nada. Sentía poca curiosidad por aquella doctrina, no creía que pudiera enseñarle nada nuevo; sin embargo, igual que Govinda, había conocido una y otra vez el contenido de aquella doctrina del Buda, aunque por informes de segunda y tercera mano. Pero miraba atentamente la cabeza del Gotama, los hombros, los pies y aquella mano caída, y le parecía que cada miembro de cada dedo de aquella mano era una doctrina que hablaba, respiraba, exhalaba y despedía resplandores de verdad. Este hombre, este Buda, era verdadero hasta en los gestos de su último dedo. Este hombre era santo. Nunca había reverenciado tanto Siddhartha a un hombre, nunca había amado tanto a un hombre como a éste.

Ambos siguieron al Buda hasta la ciudad y regresaron silenciosos, pues habían decidido ayunar aquel día. Vieron volver a Gotama, le vieron comer en corro con sus jóvenes —lo que comía no hubiera saciado a un pájaro— y le vieron dirigirse a la sombra de un bosquecillo de mangos.

Pero al atardecer, cuando cedió el calor y todo era viviente en el campamento, se reunieron y escucharon la predicación del Buda. Oyeron su voz, la que también era perfecta, extraordinariamente reposada, llena de paz. Gotama explicaba la doctrina del dolor, del futuro, del padecer, del camino para la supresión del sufrir. Sus palabras fluían serenas y claras. Dolor era la vida, el mundo estaba lleno de dolor, pero se había encontrado la redención del dolor: encontraba la redención el que seguía el camino del Buda.

Con dulce, pero firme voz hablaba el Sublime, enseñaba las cuatro proposiciones esenciales, enseñaba los ocho senderos, pacientemente recorría el acostumbrado camino de la doctrina, el ejemplo, la repetición, y su voz se cernía clara y tranquila sobre los oyentes, como una luz, como un cielo estrellado.

Cuando el Buda terminó su charla —ya se había hecho de noche—, salieron de las filas muchos peregrinos y pidieron la admisión en la comunidad, se refugiaron en su doctrina y Gotama les aceptó, y dijo:

—Bien habéis comprendido la doctrina, bien ha sido anunciada. Seguidla y caminad hacia la santidad para preparar el fin de todo dolor.

Entonces avanzó Govinda y con timidez dijo:

—Yo también me refugiaré en el Sublime y en su doctrina. Y pidió ser admitido en la comunidad de jóvenes, y fue recibido.

En cuanto el Buda se retiró a descansar, Govinda se volvió hacia Siddhartha y dijo vehemente:

—Siddhartha, no me está permitido hacerte ningún reproche; ambos hemos oído al Sublime, ambos hemos escuchado su doctrina. Govinda ha oído la doctrina y se ha refugiado en ella. Pero tú, venerable hermano, ¿no quieres andar también el sendero de la redención? ¿Vacilas? ¿Quieres esperar aún?

Siddhartha despertó como de un sueño cuando oyó las palabras de Govinda. Se le quedó mirando a la cara. Luego habló en voz baja, con mucha seriedad:

—Govinda, amigo mío, acabas de dar el paso decisivo, ahora has elegido tú el camino. Siempre, ¡oh Govinda!, has sido mi amigo, siempre has caminado tras de mí. A menudo he pensado: "¿No dará Govinda alguna vez un paso solo, sin mí, por propia voluntad?" Mira: ahora te has portado como un hombre y has elegido por ti mismo tu senda. ¡Ojalá la sigas hasta el fin, oh amigo mío! ¡Ojalá encuentres la redención!

Govinda, que no había comprendido aún enteramente, repitió con un tono de impaciencia su pregunta:

—Habla, ¡te lo ruego, amigo mío! ¡Dime cómo es posible que tú, mi docto amigo, no vengas a refugiarte junto al sublime Buda!

Siddhartha puso su mano en el hombro de Govinda:

—Ya has oído mi voto, ¡oh Govinda! Lo repetiré: ¡Ojalá sigas la senda hasta el fin! ¡Ojalá encuentres la redención!

En este momento conoció Govinda que su amigo le había dejado, y empezó a llorar.

—¡Siddhartha! — gritó, sollozando.

Siddhartha le habló amistosamente:

—¡No olvides, Govinda, que ahora perteneces a los samanas de Buda! Has renunciado a tu patria, a tus padres, a tu futuro y bienes, has renunciado a tu propia voluntad, a la amistad. Así lo quiere la doctrina, así lo quiere el Sublime. Así lo has querido tú mismo. Mañana, ¡oh, Govinda!, te dejaré.

Aún pasearon un buen rato los dos amigos por el bosque, luego se tendieron en el suelo, pero no encontraron el sueño. Y Govinda no hacía más que instarle a que le dijera por qué no se había refugiado en la doctrina de Gotama, qué faltas encontraba en aquella doctrina. Pero Siddhartha se negó a hacerlo, y dijo:

—¡Date por contento, Govinda! La doctrina del Sublime es buena, ¿cómo habría de encontrar en ella ninguna falta?

Al amanecer de la mañana siguiente, un discípulo de Buda, uno de sus monjes más ancianos, recorrió el bosque llamando a todos aquellos que habían aceptado la doctrina para investirles la túnica amarilla e instruirles en las primeras lecciones y deberes. Entonces Govinda se levantó, abrazó una vez más al amigo de su juventud y se unió al cortejo de los novicios.

Pero Siddhartha se quedó paseando por el bosque lleno de sus pensamientos.

Allí le encontró Gotama, el Sublime, y cuando le saludó reverente y vio que la mirada del Buda estaba llena de bondad y calma, el joven cobró ánimos y pidió permiso al Sublime para dirigirle la palabra. El Sublime, con un gesto mudo, le dio autorización para ello.

Habló Siddhartha:

—Ayer, ¡oh Sublime!, tuve la dicha de escuchar tu maravillosa charla. Junto con mi amigo he venido de lejos para conocer tu doctrina. Mi amigo se ha quedado con los tuyos, se ha refugiado en ti. Pero yo continuaré mi peregrinaje.

—Sea como gustes— dijo el Sublime cortésmente.

—Demasiado atrevidas son mis palabras —prosiguió Siddhartha—, pero no quisiera dejar al Sublime sin haberle comunicado mis pensamientos con toda sinceridad. ¿Querría el venerable Buda concederme unos instantes?

El Sublime le autorizó con un gesto mudo.

Habló Siddhartha:

—Una cosa, ¡oh, venerable maestro!, me ha admirado de tu lección. Todo en ella es enteramente claro, todo en ella es concluyente. Muestras el mundo como una cadena completa, nunca interrumpida; como una cadena eterna, soldada con causas y efectos. Nunca se ha visto esto tan claro, nunca ha sido representado de manera tan irrefutable; ciertamente que el corazón de todo brahmán ha de latir con más fuerza y amor cuando contemple el mundo a través de tu doctrina, viéndolo enteramente concatenado, sin lagunas, claro como un cristal, no dependiendo de la casualidad ni de los dioses. Si es bueno o malo, si la vida es en sí dolor o alegría, está por dilucidar, y es posible que no sea cosa muy esencial aclararlo, pero la unidad del mundo, la interdependencia de todo suceso, lo grande y lo pequeño circundado por la misma corriente, por la misma ley de las causas, del ser y del morir, todo esto resplandecía en tu hermosa lección, ¡oh Perfecto! Pero, según tu doctrina, esta unidad y consecuencia de todas las cosas se rompe sin embargo en un punto, a través de una laguna insignificante irrumpe en este mundo de unidad algo extraño, algo nuevo, algo que antes no estaba y que no puede ser señalado y probado: es tu teoría sobre el vencimiento del mundo, de la redención. Con esta pequeña laguna, con esta pequeña interrupción, se rompe de nuevo la eterna ley del mundo. Te ruego me perdones que formule esta objeción.

Gotama le ha escuchado en silencio, inmóvil. Luego habló el Perfecto con su voz bondadosa, con su atenta y clara voz:

—Has escuchado la lección, ¡oh, hijo de brahmán!, y te felicito por haber meditado tanto sobre ella. En ella has encontrado una laguna, una falta. Ojalá sigas meditando sobre esta doctrina. Pero tú, que estás ansioso de saber, ten cuidado con la espesura intrincada que son las opiniones y con las discusiones. Las opiniones carecen de fundamento, pueden ser hermosas u odiosas, prudentes o insensatas, cualquiera puede aceptarlas o rechazarlas. Pero la doctrina que has escuchado de mis labios no es mi opinión, y su meta no es aclarar el mundo a los ansiosos de saber. Su fin es otro; su fin es la redención del dolor. Esto es lo que Gotama enseña, no otra cosa.

—No te enojes conmigo, ¡oh, Sublime! —dijo el joven—. No te he dicho esto para buscar una controversia contigo. Tienes razón cuando dices que las opiniones sirven de poco. Pero permíteme que añada esto otro: no he dudado ni un momento de ti. No he dudado ni un momento que eres Buda, que has alcanzado la meta, la más alta, hacia la cual se encaminan tantos miles de brahmanes e hijos de brahmanes. Tú has encontrado la redención de la muerte. La has logrado por tu propia búsqueda, en tu propio camino, pensando, meditando por el conocimiento, por inspiración. ¡No la has alcanzado por una doctrina! ¡Y yo creo, oh, Sublime, que a nadie se le puede procurar la redención por una doctrina! ¡A nadie podrás, oh, Venerable, decir ni comunicar por palabras o por una doctrina lo que te sucedió en el momento de tu transfiguración! Gran contenido el de la doctrina del transfigurado Buda, bien enseña a vivir rectamente y a evitar el mal. Pero esta doctrina tan clara, tan venerable, no contiene una cosa: no contiene el misterio que el mismo Sublime ha experimentado, él solo entre cientos de miles. Por esto continuaré mi peregrinación, no en busca de otra doctrina mejor, pues sé que no la hay, sino para abandonar todas las doctrinas y todos los maestros y para alcanzar solo mi meta o morir. Pero siempre pensaré en este día, ¡oh, Sublime!, y en la hora en que mis ojos vieron un santo.

Los ojos del Buda miraron tranquilamente la tierra, su rostro impenetrable relumbraba sereno, lleno de resignación.

—¡Ojalá tus pensamientos —dijo el Venerable lentamente— no caigan en el error! ¡Ojalá alcances tu meta! Pero dime: ¿no has visto el tropel de mis samanas, de mis numerosos hermanos, que han buscado refugio en mi doctrina? ¿Y crees tú, samana forastero, crees tú que les estaría mejor abandonar mi doctrina y volver a la vida del mundo y del placer?

—Lejos de mí está tal pensamiento —exclamó Siddhartha—. ¡Ojalá perseveren todos en tu doctrina, ojalá alcancen todos su meta! ¡No me pertenece juzgar la vida de los demás! Sólo la mía, yo solo he de elegir, yo solo he de rehusar. Los samanas buscamos la redención del yo, ¡oh, Sublime! ¡Si yo fuera ahora uno de tus jóvenes, oh, Venerable, tendría miedo a que me sucediera que sólo en apariencia, sólo engañosamente, quedara mi yo en paz y liberado, de que sin embargo siguiera viviendo en la verdad y se hiciera más grande, pues entonces yo tendría la doctrina, tendría mi sucesión, tendría mi amor hacia ti, tendría la comunidad de los monjes hecha a mi yo.

Gotama miró con una media sonrisa, con inconmovible resplandor y amistad, al forastero a los ojos y le despidió con un gesto apenas perceptible.

—Cuerdo eres, ¡oh, samana! —dijo el Venerable—. Sabes hablar cuerdamente, amigo mío. ¡Guárdate de la demasiada cordura!

El Buda se alejó de allí, y su mirada y su media sonrisa quedaron grabadas para siempre en el recuerdo de Siddhartha.

"Todavía no he visto yo a ningún hombre que mire así, que sonría así, que se siente y ande así —pensaba—. Así me gustaría a mí poder mirar y sonreír, poder andar y sentarme, tan libre, tan majestuosa, tan oculta, tan clara, tan infantil y misteriosamente. Tan verdaderamente solo aparece y camina el hombre, que ha penetrado en lo más íntimo de sí mismo. Pues bien: yo también intentaré penetrar en lo más íntimo de mí mismo". "Vi a un hombre —pensaba Siddhartha—, al único ante el cual podía bajar la mirada. Ante ningún otro bajaré mis ojos, ante ningún otro. Ninguna doctrina me seducirá ya, no habiéndome seducido la doctrina de este hombre". "El Buda me ha robado —pensó Siddhartha—, me ha robado, pero me ha regalado mucho más. Me ha robado un amigo, el cual creía en mí y ahora cree en él, el cual era mi sombra y ahora es la sombra de Gotama. Pero me ha regalado a Siddhartha, a mí mismo".

Capítulo IV

Despertar

Cuando Siddhartha abandonó el bosquecillo en el que quedaba el Buda, el Perfecto, en el que quedaba Govinda, sintió que en aquel bosque deba también su vida pasada y se separaba de él. Este sentimiento, que le llenaba por entero, le dio que pensar mientras caminaba lentamente. Pensó profundamente, como si se dejara ir al fondo en unas aguas profundas, hasta los fundamentos de este sentimiento, hasta allí donde descansan las causas, pues el conocer las causas le parecía que era pensar, y sólo por este medio se convertirían los sentimientos en conocimiento y no se perderían, sino que se haría real y empezaría a brillar lo que hay en ellos.

Mientras caminaba lentamente, Siddhartha meditó. Comprobó que ya no era un joven, sino un hombre. Comprobó que algo se había desprendido de él, como la piel vieja de una serpiente, que ya no había en él algo que le había acompañado y había poseído durante toda su juventud: el deseo de tener maestros y de escuchar a los maestros. Al último maestro que había encontrado en su camino, al más alto y sabio maestro, al Santo, al Buda, también lo había abandonado, había tenido que separarse de él, no había podido aceptar su doctrina.

El pensador iba caminando lentamente y se preguntaba: "¿Qué es lo que esperabas aprender en las lecciones y en los maestros y no pudieron enseñarte a pesar de lo mucho que te instruyeron?" Y halló: "Lo que yo quería aprender era la esencia y el sentido del yo. Quería vencer y librarme del yo. Pero no podía vencerlo, sino engañarlo, no podía huir de él, sino solamente ocultarme ante él. ¡En verdad que nada ha ocupado tanto mi pensamiento como éste: mi yo, este enigma de mi vivir, de que yo sea uno, separado y diferenciado de todos los demás, de que yo sea Siddhartha! ¡Y de ninguna cosa en el mundo sé menos que de mí mismo, de Siddhartha!"

El pensador se detuvo en su lento caminar, retenido por este pensamiento, y pronto surgió de este uno nuevo, un pensamiento que rezaba:

"Si no sé nada de mí, si Siddhartha es para mí tan extraño y desconocido, se debe a una sola causa: yo tenía miedo de mí, ¡huía de mí mismo! Buscaba a Atman, buscaba a Brahma, tenía la intención de desmenuzar mi yo para buscar en su interior el germen, el Atman, la vida, lo divino, el último fin. Pero me perdía".

Siddhartha abrió los ojos y miró en derredor, una sonrisa iluminaba su rostro, y una profunda sensación de despertar de un largo sueño le recorrió todo el cuerpo hasta la punta de los pies. Y pronto volvió a correr, corrió veloz, como un hombre que sabe lo que tiene que hacer.

"¡Oh —pensó, respirando hondamente—, ahora no quiero dejar escapar a Siddhartha! Ya no quiero empezar mi pensar y mi vida con Atman y con el dolor del mundo. Ya no quiero matarme y despedazarme para encontrar un misterio entre las ruinas. Ya no me enseñarán ni el Yoga-Veda, ni el Atharva-Veda, ni los ascetas, ni ninguna otra doctrina. Quiero aprender en mí mismo, quiero ser discípulo, quiero conocerme a mí mismo, quiero conocer el secreto de Siddhartha".

Miró en torno a sí, como si viera el mundo por primera vez. ¡El mundo era hermoso, el mundo era policromo, el mundo era extraño y misterio! Aquí era azul; allí amarillo; más allá, verde; el cielo y el río fluían; las montañas y el bosque estaban inmóviles, todo era hermoso, mágico y lleno de misterio, y en medio de todo esto, él, Siddhartha, el que había despertado en el camino hacia sí mismo. Todo esto, el amarillo y el azul, el río y el bosque, penetraba por primera vez en Siddhartha a través de los ojos, ya no era el encantamiento de Mara, ya no era el velo de Maya, ya no era la multiplicidad insensata y casual del mundo visible, despreciable para el brahmán que piensa profundamente, que desdeña la multiplicidad, que busca la unidad. El azul era azul, el río era río, y aunque en el azul y en el río y en Siddhartha vivía oculto lo singular y divino, el arte y el sentido divino era precisamente el que había puesto aquí el amarillo, el azul; allá, el cielo, el bosque, y en medio, a Siddhartha. El sentido y el ser no estaban por ahí tras de las cosas, sino que estaban en ellas, en todas.

"¡Cuán sordo y torpe he sido! —pensó el caminante—. Cuando uno lee un escrito cuyo sentido quiere penetrar, no desprecia los signos y letras ni lo llama engaño, casualidad y corteza baladí, sino que lo lee, lo estudia con cariño, letra por letra. Pero yo, que quise leer el libro del mundo y el libro de mi propio ser, he despreciado los signos y las letras por amor de un sentido presentido de antemano, he motejado de engañoso al mundo visible, he llamado a mi ojo y a mi lengua fenómenos casuales y despreciables. No, esto ha pasado, he despertado, he despertado de verdad y hoy he nacido".

Mientras Siddhartha pensaba todo esto, se detuvo varias veces, de repente, como si hubiera una serpiente ante él en el camino.

De pronto comprendió también muy claramente que él, que en realidad había despertado o era como un recién nacido, debía empezar de nuevo y enteramente desde el principio su vida. Cuando en esta misma mañana dejó el bosque de Jetavana, el bosque de aquel Sublime, ya despierto, ya en camino hacia sí mismo, tenía intención y le parecía natural y evidente volver a sus años de ascetismo, en su patria y junto a su padre. Pero ahora, en este momento en que se hallaba detenido, como si hubiera una serpiente en el camino, despertó también a este convencimiento: "Ya no soy el que antes era, ya no soy asceta, ya no soy sacerdote, ya no soy brahmán. ¿Qué puedo hacer entonces en casa y junto a mi padre? ¿Estudiar? ¿Hacer sacrificios? ¿Practicar el ensimismamiento? Todo esto ha pasado ya, todo esto ya no está en mi camino"

Siddhartha permaneció inmóvil, y durante un instante, durante una inspiración, su corazón se heló, lo sintió helarse en el pecho como un animalillo, como un pájaro o una liebre cuando ve cuán solo está. Ha carecido de patria durante años y no lo ha sentido. Ahora lo siente. Antes, aun en los éxtasis más profundos, seguía siendo hijo de su padre, seguía siendo brahmán, un religioso. Ahora no era más que Siddhartha, el despertado, nada más. Respiró profundamente, y por un instante sintió frío y se estremeció. Nadie estaba tan solo como él. Ningún noble que no pertenecía a los nobles, ningún comerciante que no pertenecía a los comerciantes y buscaba refugio entre ellos, compartía su vida, hablaba su lenguaje. Ningún brahmán, que no contaba entre los brahmanes y vivía con ellos; ningún asceta, que no encontraba refugio en el estado de los samanas, y hasta el habitante más solitario de un valle no era uno ni estaba solo, también le rodeaban circunstancias, pertenecía a una clase que eran para él una patria. Govinda era monje, y mil monjes eran sus hermanos, llevaban su vestido, creían su credo, hablaban su lenguaje. Pero él, Siddhartha, ¿a qué clase pertenecía? ¿Qué vida había de compartir? ¿Qué lenguaje hablaría?

Desde ese instante en que el mundo se fundía a su alrededor, en que estaba tan solo como una estrella en el cielo, desde este instante Siddhartha surgió de la frialdad y del desaliento más que antes, más concentrado. Se daba cuenta de que esto era el último estremecimiento del despertar, el último espasmo del nacimiento. Y pronto volvió a caminar con paso raudo e impaciente, no hacia su casa, no hacia su padre; siempre sin mirar atrás.

Segunda Parte

Dedicada a Wilhelm Gundert, mi primo en el Japón.

Capítulo V

Kamala

Siddhartha aprendió muchas cosas nuevas a cada paso que dio por su camino, pues el mundo había cambiado y su corazón estaba encantado. Veía salir el sol sobre las montañas y ponerse tras las lejanas playas rodeadas de palmeras. Por la noche veía en el cielo las estrellas guardando su orden eterno, y la hoz de la luna navegando como un barco en el azul. Veía árboles, estrellas, bestias, nubes, arcos iris, rocas, hierbas, flores, arroyos y ríos, relámpagos de rocío en los matorrales al amanecer, altas montañas lejanas azules y pálidas, pájaros cantores, abejas y vientos que soplaban plateando los campos de arroz.

Todo esto, múltiple y abigarrado, había existido siempre; siempre habían brillado el sol y la luna, siempre había susurrado el río y la abeja, pero en los primeros tiempos todo esto no había sido para Siddhartha más que un velo ligero y engañoso ante los ojos, observado con desconfianza, destinado a ser traspasado por los pensamientos y a ser destruido, porque no era un ser, pues el ser está más allá de lo visible. Pero ahora sus ojos liberados se detenían de esta parte de acá, veía y conocía lo visible, buscaba una patria en este mundo, no buscaba el ser, no apuntaba a ningún más allá. Bello era el mundo cuando se le miraba así, sin buscar nada, tan sencilla e infantilmente. Bella la Luna y las montañas, bello el arroyo y la ribera, el bosque y las rocas, la cabra y la cetonia, la flor y la mariposa. Bello y amable era caminar así por el mundo, tan infantilmente, tan despierto, tan accesible a lo próximo, tan sin desconfianza. El sol quemaba en la piel de otra forma, la sombra del bosque refrescaba de modo distinto, el agua de los arroyos y cisternas sabía de otra manera, como la calabaza y las bananas. Breves eran los días; cortas las noches; las horas pasaban raudas como una vela en el mar; bajo la vela, un barco lleno de tesoros, lleno de alegrías. Siddhartha vio un pueblo de simios caminando por la alta bóveda del bosque y escuchó un canto salvaje y codicioso. Siddhartha vio un carnero que perseguía a una oveja, con la que se apareó. En un charco cubierto de juncos vio al esturión acechar su cena, haciendo huir ante él al tropel de pececillos plateados, revolviendo el agua con sus movimientos impetuosos.

Todo esto había sido siempre así, y no lo había visto; su espíritu nunca había estado allí. Ahora sí estaba en ello, le pertenecía. Por sus ojos pasaban luces y sombras; por su corazón, las estrellas y la Luna.

Siddhartha recordó también por el camino todo lo que había experimentado en el jardín Jetavana, la doctrina que en él escuchó, la del divino Buda, la despedida de Govinda, la conversación con el Sublime. Sus propias palabras, las que dirigió al Sublime, volvían a su recuerdo, palabra por palabra, y comprendió con asombro que había dicho allí cosas que entonces no sabía de cierto: su tesoro y misterio, el del Buda, no era la doctrina, sino lo inexpresable y no enseñable que sintió en el momento de su transfiguración; esto era precisamente lo que él empezaba a sentir. Ahora debía sentirse a sí mismo. Ya hacía mucho que sabía que su ser era Atman, un ser eterno como Brahma. Pero nunca había encontrado realmente este ser, porque había querido atraparlo con la red del pensamiento. También estaba seguro de que el cuerpo no era este ser propio, ni el juego de los sentidos, ni tampoco el pensamiento ni la razón, ni la ciencia aprendida, ni el arte adquirido, ni sacar conclusiones e hilar nuevos pensamientos de lo ya pensado. No, tampoco este mundo del pensamiento estaba de este lado ni conducía a ninguna parte si se mataba el yo accidental de los sentidos y se alimentaba, en cambio, el yo accidental del pensamiento y del saber. Tanto los pensamientos como los sentidos eran cosas hermosas; tras ellas estaba oculto el último significado; importaba escuchar a las dos, jugar con las dos, ni despreciarlas a ambas ni sobreestimarlas: escuchar las voces secretas de su interior. No quería aspirar a nada que no le mandaran aspirar las voces, no quería permanecer junto a nada que no le hubieran aconsejado las voces. ¿Por qué había estado en otro tiempo Gotama, en el momento de los momentos, sentado bajo el Bo, donde le alcanzó la iluminación divina? Había oído una voz, una voz en su propio corazón, que le ordenaba buscar descanso bajo este árbol, y había pospuesto las mortificaciones, los sacrificios, las abluciones u oraciones, el comer y el beber, el dormir y el soñar, y había obedecido a la voz. Obedecer así, no las órdenes exteriores, sino solamente la voz, estar así dispuesto, esto era lo bueno, esto era lo necesario y no lo otro.

La noche en que durmió en la choza de paja de un barquero, a la orilla del río, Siddhartha tuvo un sueño: Govinda estaba ante él, vestido con una túnica amarilla de asceta. Govinda aparecía muy triste, y le preguntó: "¿Por qué me has abandonado?" Entonces abrazó a Govinda, y cuando le atrajo hacia sí y le besó, Govinda se convirtió en una mujer, cuya túnica se entreabrió mostrando un pecho henchido, sobre el que descansó Siddhartha y del que bebió leche dulce y fuerte. Aquella leche sabía a mujer y a hombre, a sol y a bosque, a bestias y a flores, a todas las frutas, a todos los placeres. Aquella bebida emborrachaba y hacía perder el conocimiento.

Cuando Siddhartha despertó, brillaba el pálido río a través de la puerta de la cabaña, y en el bosque se oía profundo y armonioso el canto oscuro del búho.

Y cuando rompió el día, Siddhartha rogó a su huésped, el barquero, que le llevara sobre el río. El barquero le llevó en su balsa de bambúes sobre el río, que brillaba rojizo con el arrebol de la aurora.

—¡Es un río muy hermoso! —dijo Siddhartha a su acompañante.

—Sí —dijo el barquero—, un río muy hermoso, yo lo amo sobre todas las cosas. Le he escuchado con frecuencia, con frecuencia he mirado en sus ojos, y siempre he aprendido algo de él. Se puede aprender mucho de un río.

—Te doy gracias, mi bienhechor —dijo Siddhartha cuando desembarcó en la otra orilla—. No tengo nada que regalarte, querido, ni dinero para pagarte el pasaje. Soy un hombre sin patria, un hijo de brahmán, un samana.

—Ya lo veo —dijo el barquero—, y no esperaba de ti ni dinero ni regalos. Ya me lo darás otra vez.

—¿Tú crees? —preguntó Siddhartha, regocijado.

—Ciertamente. También he aprendido esto del río: ¡todo vuelve! Tú también, samana, volverás un día. Ahora, ¡que te vaya bien! Ojalá tu amistad sea mi recompensa. Acuérdate de mí cuando ofrendes a los dioses.

Se separaron sonriendo, Siddhartha se regocijó pensando en la llaneza y amistad del barquero. "Es como Govinda —pensó, sonriendo—. Todos los que me encuentro en mi camino son como Govinda. Todos son agradecidos, aunque son ellos los que tienen derecho al agradecimiento. Todos son sumisos, todos son inclinados a la amistad, están dispuestos a obedecer, poco a pensar. Los hombres son como niños".

Al mediodía atravesó una aldea. Ante las chozas de barro jugaban los niños con semillas de calabaza y conchas, gritaban y se peleaban, pero todos huyeron atemorizados al ver al samana. Al otro extremo de la aldea, el camino cruzaba un arroyo, y a la orilla del arroyo había una mujer joven lavando la ropa. Cuando Siddhartha la saludó, levantó la cabeza y le miró con una sonrisa, viendo Siddhartha brillar sus ojos. Pronunció una bendición sobre ella, como era costumbre de los caminantes, y preguntó qué distancia había hasta la ciudad. Ella entonces se levantó y se acercó a él, refulgiéndole graciosamente la húmeda boca en el rostro joven. Cambió algunas bromas con él, le preguntó si había comido y si era verdad que los samanas duermen solos en el bosque por la noche y no pueden tener ninguna mujer a su lado. Luego puso ella su pie izquierdo en el derecho de él e hizo un movimiento, como el que hace la mujer cuando provoca al hombre a aquella manera de gozar amoroso que los libros sabios llaman "trepar al árbol". Siddhartha sintió que la sangre le hervía, y como recordara en aquel instante el sueño pasado, se inclinó un poco sobre la mujer y besó los botones morenos de sus pechos. Al levantar los ojos vio su rostro que sonreía lleno de deseo y sus ojos empequeñecidos suplicando con vehemencia.

También Siddhartha sentía deseos ardientes y la fuente del sexo se movía; pero como todavía no había tocado nunca a una mujer, vaciló un momento, mientras sus manos estaban ya dispuestas a asir las de ella. Y en este instante escuchó estremecido la voz de su interior, y la voz decía no. Entonces desapareció del rostro sonriente de la joven mujer todo encanto y no vio nada más que la húmeda mirada de una hembra ardiente. La acarició amistoso la mejilla, se apartó de ella y desapareció con pies ligeros por entre un bosquecillo de bambúes, dejándola desilusionada.

En ese mismo día llegó por la noche a una gran ciudad, y se alegró, pues anhelaba la compañía de la gente. Había vivido mucho tiempo en el bosque, y la choza de paja del barquero, en la que había pasado la noche, era el primer techo que le cobijaba desde hacía mucho tiempo.

Delante de la ciudad, junto a un bello bosquecillo cercado, encontró el caminante un pequeño séquito de criados y criadas cargados con cestos. En medio, en una silla de manos muy adornada que traían entre cuatro, venía sentada sobre cojines rojos y bajo un toldillo de colorines una mujer, la señora. Siddhartha se detuvo a la entrada del parque de recreo, miró a los criados, a las criadas, los cestos, la silla, y en la silla, a la dama. Bajo unos cabellos muy rizados y muy negros vio un rostro luminoso, muy delicado, muy discreto, una boca roja como un higo recién abierto, unas cejas cuidadas y pintadas formando un arco alto, unos ojos negros sensatos y despiertos, un cuello esbelto y blanco emergiendo de entre unas telas verdes y doradas, unas manos finas y largas con pulseras de oro en las muñecas.

Siddhartha vio cuán hermosa era, y su corazón sonrió. Se inclinó profundamente cuando la silla estuvo cerca, y al incorporarse la miró a la cara; leyó por un instante en los ojos prudentes y muy arqueados, respiró un aroma que no conocía. La señora inclinó la cabeza sonriendo un momento, y desapareció dentro del jardín, y los criados tras ella.

"Entro con buenos augurios en la ciudad", —pensó Siddhartha—. Se le ocurrió entrar en el jardín, pero examinó su figura y comprendió que no era extraño que los criados y criadas le hubieran mirado con desprecio, con desconfianza, rechazándole.

"Todavía soy un samana —pensó—, todavía soy un asceta y un mendigo. No puedo seguir así, así no puedo entrar en el jardín". Y sonrió.

Al primer hombre que pasó por el camino le interrogó sobre aquel parque y le preguntó el nombre de la dama, y supo que aquel era el jardín de Kamala, la famosa cortesana, y que tenía, además del jardín, una casa en la ciudad.

Luego entró en la ciudad. Ahora tenía un objetivo. Siguiendo su plan vagó por la ciudad, recorrió sus calles, se detuvo en las plazas, descansó en la escalinata de piedra del río. Al anochecer hizo amistad con un mozo de barbería, al que había visto trabajar a la sombra de una arquería, al que volvió a encontrar pidiendo a la puerta de un templo de Visnú, al que contó la historia de Visnú y Laksmi. Pasó la noche tendido junto a los botes del río, y muy de mañana, antes que los primeros parroquianos vinieran a la barbería, se hizo afeitar y cortar el pelo por su amigo, se peinó y se ungió el cabello con un fino aceite. Luego se bañó en el río.

Cuando la hermosa Kamala se retiró al atardecer a su jardín, a la puerta estaba Siddhartha, se inclinó y recibió el saludo de la cortesana. Al último criado del cortejo le hizo una seña y le rogó que hiciera saber a su señora que un joven brahmán deseaba hablarle. A poco regresó el criado, pidió al que esperaba que le siguiera, lo condujo en silencio hasta un pabellón donde reposaba Kamala en un diván y le dejó a solas con ella.

—¿No eres tú el que ayer me saludó ahí afuera?— preguntó Kamala.

—Sí, ayer te vi y te saludé.

—Pero ¿no tenías ayer una barba y largos cabellos y polvo en el pelo? —Bien lo observaste, todo lo viste. Viste a Siddhartha, el hijo del brahmán, que dejó su patria para convertirse en un samana y que ha sido samana durante tres años. Pero ahora he dejado esta senda y he llegado a esta ciudad, y lo primero que encuentro antes de entrar en ella eres tú. Es decir, ¡que he venido a ti, oh, Kamala! Eres la primera mujer a la que hablo sin bajar los ojos a tierra. Nunca más abatiré la mirada cuando me encuentre con una mujer hermosa.

Kamala sonreía y jugaba con su abanico de plumas de pavo real. Y preguntó:

—¿Y sólo para decirme esto ha venido a mí Siddhartha?

—Para decirte esto y para darte gracias por ser tan bella. Y si no te desagrada, Kamala, quisiera rogarte que fueras mi amiga y maestra, pues no sé nada de este arte en el que tú eres maestra. Kamala se echó a reír.

—¡Nunca me ha sucedido, amigo, que un samana viniera del bosque a mí y quisiera que yo le enseñara! ¡Nunca me ha sucedido que un samana de largos cabellos viniera a mí con unos harapos en torno a las caderas! Muchos jóvenes vienen a mí, y entre ellos, muchos hijos de brahmanes, pero vienen con hermosos vestidos, traen finos zapatos, tienen perfumado el cabello y dinero en la bolsa. Así son, samana, los jóvenes que se acercan a mí.

Habló Siddhartha:

—Ya empiezo a aprender de ti. Ayer también aprendí algo. Me quité la barba, me peiné, unté mis cabellos con aceite. Poco es lo que me falta, hermosa: vestidos finos, zapatos elegantes, dinero en la bolsa. Mira, Siddhartha se ha propuesto cosas más difíciles que estas y las ha alcanzado. ¿Cómo no va a conseguir lo que ayer se propuso: ser tu amigo y aprender de ti las alegrías del amor? Me encontrarás dócil, Kamala; he aprendido cosas más difíciles que las que tú has de enseñarme. Así que dime: ¿no te basta Siddhartha como es, con aceite en el pelo, pero sin vestidos, sin zapatos, sin dinero?

Kamala exclamó, riendo:

—No, querido; no basta eso. Debe tener vestidos, vestidos hermosos, y zapatos, zapatos lindos, y mucho dinero en la bolsa, y regalos para Kamala. ¿Te enteras, samana de los bosques? ¿Te has dado cuenta?

—Me he dado cuenta muy bien —exclamó Siddhartha—. ¡Cómo no darse cuenta de lo que viene de una boca así! Tu boca es como un higo recién abierto, Kamala. También mi boca es roja y fresca, te gustará; lo has de ver. Pero dime, hermosa Kamala, ¿no tienes temor del samana de los bosques que viene a aprender el amor?

—¿Por qué he de tener temor de un samana, de un simple samana de los bosques, salido de entre los chacales y que no sabe todavía lo que son las mujeres?

—¡Oh!, el samana es fuerte y no teme a nadie. Podría forzarte, hermosa muchacha. Podría raptarte. Podría hacerte mal.

—No, samana, eso no me causa temor. ¿Ha tenido miedo nunca un samana o un brahmán de que alguien pudiera venir y robarle su sabiduría, su piedad y su profundidad de espíritu? No, pues todo esto le pertenece, y solo da parte a quien él quiere y cuando quiere. Así es y lo mismo sucede con Kamala y con las alegrías del amor. ¡Bella y roja es la boca de Kamala, pero intenta besarla contra la voluntad de Kamala y no alcanzarás ni una gota de dulzura de sus labios, que saben dar tantas dulzuras! Eres dócil, Siddhartha, así que aprende esto: el amor se puede mendigar, comprar, recibirlo regalado, encontrarlo en la calle, pero no se puede robar. Te has trazado un camino falso. No; sería una pena que un joven tan apuesto como tú quisiera obrar así.

Siddhartha se inclinó y dijo sonriendo:

—Sería una verdadera pena, Kamala, ¡tienes razón! Sería una pena grandísima. No, ¡no se ha de perder ni una gota de dulzura de tu boca, ni de la mía! Quedamos en que Siddhartha volverá cuando tenga lo que le falta: vestidos, zapatos, dinero. Pero dime, noble Kamala, ¿no podrías darme un consejo?

—¿Un consejo? ¿Por qué no? ¿Quién no querrá dar un consejo a un pobre, a un ignorante samana, que viene de entre los chacales del bosque?

—Amada Kamala, aconséjame: ¿dónde iré para alcanzar cuanto antes estas tres cosas?

—Amigo, eso lo sabe cualquiera. Debes hacer lo que has aprendido, y exigir por ello dinero, vestidos y calzado. De otra forma, el pobre nunca llegará a tener dinero. ¿Qué sabes hacer?

—Sé pensar. Sé esperar. Sé ayunar.

—¿Nada más?

—Nada más. También sé hacer versos. ¿Quieres darme un beso por un poema?

—Te lo daré si me gusta. ¿Cómo dice ese verso?

Siddhartha recitó este poema, después de haber pensado un momento:

> En el umbroso vergel entra la hermosa Kamala,
> a la puerta del jardín está el moreno samana.
> Al ver esta flor de loto, se inclina profundamente,
> y Kamala le responde con una sonrisa.
> El joven piensa: mejor que ofrendar a los dioses
> es ofrendar a la hermosa Kamala.

Kamala aplaude ruidosamente, y las pulseras de oro acompañan sus palmadas con tintineos armoniosos.

—Bellos son tus versos, broncíneo samana, y en verdad que no pierdo nada si te doy un beso por ellos.

Le atrajo hacia sí con los ojos; él inclinó su rostro sobre el de ella, y puso su boca sobre la otra boca, que parecía un higo recién abierto. Kamala le besó largamente, y con profundo asombro sintió Siddhartha cómo le enseñaba, cuán sabia era, cómo le dominaba; le rechazó, le volvió a atraer a sí, y siguió una serie de besos, todos diferentes unos de otros. Respirando profundamente se incorporó; parecía en aquel momento un niño asombrado de la profusión de ciencia y conocimientos que se ofrecían a sus ojos.

—Tus versos son muy hermosos —exclamó Kamala—; si yo fuera rica te daría montones de oro por ellos. Pero te va a ser difícil ganar con tus versos todo el dinero que necesitas. Pues necesitas mucho dinero para ser amigo de Kamala.

—¡Cómo sabes besar, Kamala!— balbució Siddhartha.

—Sí, lo hago bastante bien; por eso no me faltan vestidos, zapatos, pulseras y otras bellas cosas. Pero ¿qué va a ser de ti? ¿No sabes otra cosa más que pensar, ayunar y rimar?

—Conozco también los cantos de los sacrificios —dijo Siddhartha—, pero no quiero volver a cantarlos. Sé también muchos conjuros, pero no quiero volver a pronunciarlos. He leído manuscritos...

—Alto —interrumpió Kamala— ¿Sabes leer? ¿Sabes escribir?

—Sí. Y muchos también. —La mayoría no saben. Yo tampoco. Es una suerte que sepas leer y escribir. También podrás valerte de los conjuros.

En este momento llegó corriendo una criada y susurró al oído de la señora un recado.

—Tengo visita —dijo Kamala—. Vete en seguida, Siddhartha; nadie debe verte aquí, ¡tenlo muy presente! Mañana volveré a recibirte.

Ordenó a la criada que diera una túnica blanca al piadoso brahmán. Sin darse cuenta de nada, Siddhartha se vio llevado de allí por la criada, introducido en una casa del jardín, obsequiado con una túnica, conducido a la espesura y rogado insistentemente que saliera cuanto antes del parque.

Lleno de contento hizo lo que le pedían. Acostumbrado a moverse en el bosque, salió silenciosamente del jardín saltando la cerca. Muy contento regresó a la ciudad, con la túnica enrollada bajo el brazo. En un mesón donde entraban muchos viajeros se colocó a la puerta, pidió silenciosamente de comer y recibió un trozo de pastel de arroz. "Quizá mañana —pensó— no tenga que pedir de comer".

El orgullo se apoderó de él de repente. Ya no era ningún samana, era indigno andar pidiendo. Dio el trozo de pastel de arroz a un perro y se quedó sin comer.

"Sencilla es la vida que aquí llevan —pensó Siddhartha—. No tiene dificultades. Todo era difícil, penoso y al fin desesperanzador cuando todavía era samana. Ahora todo es fácil, fácil como la lección de besos que Kamala me dio. Necesito dinero y vestidos, casi nada, pequeñeces que no me quitarán el sueño".

Anduvo preguntando por la casa de Kamala, y allí se encontró al día siguiente.

—Todo va bien —dijo ella saliéndole al encuentro—. Te esperan en casa de Kamaswami, el comerciante más rico de esta ciudad. Si le agradas te dará un empleo. Sé prudente, broncíneo samana. He logrado que otro le hablara de ti. Sé amistoso con él, es muy poderoso. ¡Pero no seas tan modesto! No quiero que seas su criado, sino su igual; de lo contrario no estaré contenta de ti. Kamaswami empieza a ser viejo y comodón. Si le agradas te confiará muchas cosas.

Siddhartha le dio gracias y sonrió, y cuando Kamala se enteró de que no había comido nada ni ayer ni hoy, mandó traer pan y frutas, y le sirvió.

—Has tenido suerte —dijo al despedirle—; una puerta tras otra van abriéndose ante ti. ¿Cómo puede ser esto? ¿Tienes un talismán?

Dijo Siddhartha:

—Ayer te dije que sabía pensar, esperar y ayunar; pero te pareció que esto no servía para nada. Pero sirve de mucho, Kamala, ya lo verás. Comprobarás que el estúpido samana aprendió muchas cosas en el bosque que vosotros no sabéis. Anteayer era yo un mendigo harapiento, ayer ya besé a Kamala, y pronto seré un comerciante y tendré dinero y todas esas cosas en las que pones tanta estima.

—Sí —dijo ella—. Pero ¿qué sería de ti sin mí? ¿Qué serías si Kamala no te ayudara?

—Querida Kamala —dijo Siddhartha, y se irguió—; cuando me llegué a ti en el parque di el primer paso. Era mi intención aprender el amor junto a aquella hermosa mujer. Desde el momento en que tomé aquella determinación sabía también que lo conseguiría. Sabía que me ayudarías; lo supe al recibir tu primera mirada a la puerta del jardín.

—¿Y si yo no hubiera querido?

—Quisiste. Mira, Kamala: cuando arrojas una piedra al agua se va al fondo por el camino más corto. Así sucede cuando Siddhartha se propone algo. Siddhartha no hace nada, espera, piensa, ayuna, pero avanza a través de las cosas del mundo, como la piedra a través del agua, sin hacer nada, sin moverse; es empujado, se deja caer. Su meta le atrae, pues no deja penetrar nada en su alma que pueda entorpecerle el camino hacia su meta. Esto es lo que Siddhartha aprendió junto a los samanas. Esto es lo que los necios llaman sortilegio, y creen que el sortilegio es obrado por los demonios. Los demonios no hacen nada, no hay demonios. Todos pueden obrar prodigios, todos pueden alcanzar su meta si saben pensar, si saben esperar, si saben ayunar.

Kamala le escuchaba. Le gustaba su voz, le gustaba la mirada de sus ojos.

—Quizá sea así como dices, amigo. Pero quizá sea también porque Siddhartha es un guapo mozo, porque su mirada agrada a las mujeres, por lo que la dicha viene a su encuentro.

Siddhartha se despidió con un beso.

—Ojalá sea así, maestra mía. Ojalá te agrade por siempre mi mirada. ¡Ojalá que venga siempre la dicha de ti!

Capítulo VI

Entre los hombres-niños

Siddhartha fue a casa del comerciante Kamaswami, una vivienda suntuosa, y unos criados le introdujeron en una habitación adornada con costosos tapices, donde esperó al amo de la casa.

Kamaswami entró; era un hombre vivo, ágil, de pelo recio y canoso, de ojos cautos, prudentes, de boca codiciosa. Se saludaron amistosamente amo y huésped.

—Me han dicho— empezó a decir el comerciante— que eres un brahmán, un hombre instruido, pero que buscas empleo en casa de un comerciante. ¿Es que has caído en la pobreza, brahmán, para verte obligado a solicitar un empleo?

—No —dijo Siddhartha—, no he caído en la pobreza, ni he estado nunca en ella. Sabrás que vengo de los samanas, con los que he vivido mucho tiempo.

—Si vienes de los samanas, ¿cómo puedes dejar de estar en la pobreza? ¿Es que los samanas no carecen de todo?

—Yo carezco de todo —dijo Siddhartha—, es como tú piensas. Ciertamente que carezco de todo. Sin embargo, carezco de todo voluntariamente; por eso no estoy en la pobreza.

—¿Y de qué quieres vivir si no tienes nada?

—Todavía no he pensado en ello, señor. He vivido en la pobreza más de tres años, y nunca he pensado de qué vivir.

—Entonces es que has vivido de la hacienda de otro.

—Posiblemente. También los comerciantes viven de los bienes de los demás.

—Bien hablado. Pero no toma lo de los otros de balde; les da a cambio sus mercancías.

—Así es como debe ser en realidad. Todos toman, todos dan; así es la vida.

—Pero permite: si tú no tienes nada, ¿qué puedes dar?

—Cada cual da lo que tiene. El guerrero da fuerza; el comerciante da mercancías; el maestro, enseñanzas; el labrador, arroz; el pescador, peces.

—Muy bien. ¿Y qué es lo que tú tienes para dar? ¿Qué es lo que tú has aprendido, qué es lo que sabes?

—Yo sé pensar. Yo sé esperar. Yo sé ayunar.

—¿Eso es todo?

—¡Creo que eso es todo!

—¿Y para qué sirve? Por ejemplo, ¿para qué sirve el ayunar?

Para mucho señor. Cuando un hombre no tiene nada de comer, ayunar es lo más razonable que puede hacer. Por ejemplo, si Siddhartha no hubiera aprendido a ayunar, hoy tendría que aceptar cualquier trabajo en tu casa o en cualquier otra parte, pues el hambre le hubiera obligado a ello. Pero, de esta forma, Siddhartha puede esperar tranquilamente, no conoce la impaciencia, no conoce la necesidad, puede dejarse sitiar largo tiempo por el hambre y puede reírse de todo. Por esto es bueno ayunar, señor.

—Tienes razón, samana. Espera un momento. Kamaswami salió y volvió con un rollo de papel, que alargó a su huésped, mientras le preguntaba:

—¿Sabes leer esto? Siddhartha examinó el rollo, en el que esta escrito un contrato, y empezó a leer su contenido.

—Perfectamente —dijo Kamaswami—. ¿Y querrías escribirme algo en esta hoja?

Le dio una hoja y un carboncillo, y Siddhartha escribió en ella y se la devolvió:

Kamaswami leyó:

"Escribir es cosa buena, pero mejor es pensar. La prudencia es buena, pero la paciencia es mejor".

—Escribes muy bien —elogió el comerciante—. Tenemos que hablar de muchas cosas. Te ruego que por hoy seas mi huésped.

Siddhartha dio gracias y aceptó, y vivió en la casa del comerciante. Le trajeron vestidos y zapatos, y un criado le preparaba a diario el baño. Dos veces al día le servían una comida magnífica, pero Siddhartha solo comía una vez al día, y no comía carne, ni bebía vino. Kamaswami le habló de su negocio, le enseñó los almacenes y la tienda, le mostró las cuentas. Siddhartha aprendió muchas cosas nuevas, escuchaba mucho y hablaba poco. Y recordando las palabras de Kamala, no se subordinó nunca al comerciante, le obligó a que le tratara como a su igual, y mejor que a su igual. Kamaswami dirigía su negocio con atención y muchas veces con apasionamiento, pero Siddhartha lo consideraba todo como un juego, cuyas reglas se esforzaba en aprender, pero cuyo contenido no le rozaba el corazón.

No llevaba mucho tiempo en casa de Kamaswami cuando ya tomó parte en el negocio de su amo. Pero a diario, a las horas que ella le marcaba, visitaba a la hermosa Kamala, bien vestido, bien calzado, y pronto pudo llevarle regalos. Mucho le enseñó su boca roja y discreta. Mucho le enseñó su mano delicada y suave. A él, que en amor era todavía un muchacho y por esto estaba inclinado a arrojarse ciego e insaciable al placer como a un abismo, le enseñó a fondo la lección de que no se puede encontrar placer sin dar placer, y que cada gesto, cada caricia, cada contacto, cada mirada, cada trocito del cuerpo tiene su secreto, que prepara la dicha para despertar al iniciado. Le enseñó que los amantes, después de una fiesta de amor, no pueden separarse uno de otro sin admitirse mutuamente, sin estar vencido igual que él ha vencido, para que no aparezca la saciedad o el vacío en ninguno de los dos y el maligno sentimiento de haber abusado o de que han abusado de él. Pasó horas maravillosas junto a la hermosa y prudente artista, fue su discípulo, su amante, su amigo. Aquí, junto a Kamala, estaba el valor y el sentido de su vida actual, no en el comercio de Kamaswami.

El comerciante le encargó la redacción de cartas y contratos y se acostumbró a discutir con él los negocios más importantes. Pronto se dio cuenta de que Siddhartha entendía muy poco de arroz y algodón, de fletes y mercados, pero sí de que tenía buena mano y de que le superaba en calma e indiferencia y en el arte de saber escuchar e influir en las gentes extrañas.

—Este brahmán —dijo una vez a un amigo— no es un verdadero comerciante, ni lo será nunca; no pone su alma en el negocio. Pero posee el secreto de aquellas personas a las que el éxito sonríe siempre, ya por haber nacido bajo buena estrella, ya por sortilegio, ya por algo que ha aprendido entre los samanas. Siempre parece estar jugando con el negocio, nunca lo acepta en su interior, nunca le domina, nunca teme al fracaso, nunca le preocupa la pérdida.

El amigo aconsejó al comerciante:

—Dale un tercio de las ganancias en los negocios que inicie para ti; pero que pague también un tercio de las pérdidas cuando las haya. Con esto pondrá más celo en los asuntos. Kamaswami siguió el consejo.

Pero Siddhartha se preocupó poco de ello. Si ganaba, lo aceptaba con indiferencia; si había pérdida, sonreía y decía:

—¡Eh, mira, esto no ha ido muy bien!

En realidad parecía que los negocios le tenían sin cuidado. Una vez viajó a una aldea para comprar una cosecha de arroz. Pero cuando llegó ya habían vendido el arroz a otro almacenista. Sin embargo, Siddhartha se quedó varios días en aquel pueblo, convidó a los aldeanos, regaló monedas de cobre a sus hijos, asistió a una boda y regresó muy satisfecho del viaje. Kamaswami le hizo algunos reproches por no haber regresado en seguida, por haber malgastado el dinero. Siddhartha respondió:

—¡Déjate de regaños, querido amigo! Nunca se logra nada con ellos. Si te he causado una pérdida, yo la pagaré. Estoy muy contento de este viaje. He conocido a mucha gente, me he hecho amigo de un brahmán. Los niños han cabalgado sobre mis rodillas, los labradores me han enseñado sus tierras, nadie me ha tratado como a un comerciante.

—¡Muy bonito todo eso! —gritó Kamaswami, malhumorado—; sin embargo, tú eres un comerciante, creo yo. ¿O es que sólo viajaste por capricho?

—Efectivamente —dijo, sonriendo Siddhartha—, he viajado por capricho. ¿Por qué si no? He conocido hombres y comarcas, he gozado de amistades y confianzas, he encontrado amigos. Mira, querido, si yo hubiera sido Kamaswami, al ver que la compra había fracasado, me hubiera vuelto con premura y lleno de enojo, y hubiera perdido tiempo y dinero en realidad. De esta forma, en cambio, he aprendido, he gozado de paz, no he molestado a los demás ni a mí mismo con enojos y premuras. Y si alguna vez vuelvo por allí para comprar quizá una cosecha venidera, o con cualquier otro motivo, todos me recibirán amistosamente y con calor, y me alabaré de no haberme mostrado antes malhumorado. Así que déjalo estar, amigo, y no te disgustes reprendiéndome. Si llega el día en que veas que Siddhartha te perjudica, di una palabra y Siddhartha se irá por su camino. Pero hasta entonces deja que vivamos contentos los dos.

Vanos fueron también los intentos de hacer ver a Siddhartha que estaba comiendo su pan, el del comerciante. Siddhartha comía su propio pan, mejor dicho, ambos estaban comiendo el pan de los demás, el pan de todos. Nunca prestaba oídos Siddhartha a las preocupaciones de Kamaswami, y Kamaswami las tenía en abundancia. Si una operación amenazaba ruina, si un envío se extraviaba, si un deudor no podía pagar, nunca pudo Kamaswami convencer a su socio de que era útil pronunciar palabras de preocupación o de cólera, tener arrugas en la frente, dormir mal. Cuando Kamaswami le dijo una vez que todo lo que sabía lo había aprendido de él, le contestó:

—¡No digas tonterías! De ti no he aprendido otra cosa que el precio de un cesto de pescado o el tanto por ciento que debe rentar un dinero prestado. Esa es toda tu ciencia. Contigo no he aprendido a pensar, querido Kamaswami; antes bien, procura tú aprenderlo de mí.

En realidad no tenía el alma en el negocio. Los negocios eran buenos y le daban dinero para Kamala, y le traían más de lo que necesitaba. Por lo demás, Siddhartha no sentía simpatía y curiosidad más que por los hombres, cuyos negocios, trabajos, preocupaciones, diversiones y locuras habían sido antes para él cosas tan extrañas y lejanas como la Luna. Fácilmente logró hablar con todos, vivir con todos, aprender de todos, pero estaba convencido de que había algo que le separaba de ellos: su cualidad de samana. Veía vivir a los hombres de una manera infantil o bestial que le agradaba y despreciaba al mismo tiempo. Les veía afanarse, les veía sufrir y envejecer por cosas que le parecían enteramente indignas de este precio, por el dinero, por pequeños goces, por pequeños honores, los veía disputar entre sí e injuriarse. Los veía quejarse de dolores, de los que el samana se reía, y sufrir por privaciones que un samana no sentía.

Siempre estaba dispuesto a recibir todo lo que estos hombres le traían. Bienvenidos eran para él los comerciantes que le ofrecían lino, bienvenidos los que estaban llenos de deudas y venían a contraer otra, bienvenidos los mendigos que se pasaban más de una hora contándole la historia de su pobreza, y ninguno de los cuales era tan pobre como un samana. A los ricos comerciantes extranjeros no los trataba ni mejor ni peor que al criado que le afeitaba, y al vendedor ambulante, del que se dejaba engañar en unas monedas al comprarle bananas. Cuando Kamaswami se le acercaba para lamentarse de sus contrariedades o para hacerle reproches por una operación le escuchaba con interés, se admiraba de él, intentaba comprenderle, le daba un poco la razón, todo lo que le parecía imprescindible, y le dejaba para atender al primero que venía en su busca. Pues eran muchos los que venían a él; muchos, para tratar con él; muchos, para engañarle; muchos, para sondearle; muchos, para excitar su compasión; muchos para oír su consejo. El daba consejo, se compadecía, regalaba, se dejaba engañar un poco, y todo este juego y la pasión que todos los hombres ponían en este juego ocupaban su pensamiento tanto como en otro tiempo habían entretenido a los dioses y a Brahma.

De cuando en cuando sentía en el fondo del pecho una voz apagada, mortecina, que amonestaba quedamente, que se quejaba débilmente, tanto que apenas la entendía. Después se daba cuenta por un momento de que llevaba una vida extraña, que hacía cosas pomposas, que no eran más que un juego, que estaba demasiado alegre y a veces sentía paz, pero que la propia vida se deslizaba sin embargo a su lado y no le rozaba. Como un jugador juega con su pelota, así jugaba él con sus negocios, con los hombres que le rodeaban, los contemplaba, se divertía con ellos; con el corazón, con la fuente de su ser, nunca estaba en nada de esto. La fuente manaba en alguna parte, lejos de él, manaba y manaba invisible; no tenía nada que ver con su vida. Y a veces se sobrecogía ante estos pensamientos y deseaba que le fuera concedido a él también el poder compartir la infantil actividad del día con pasión y con el corazón, vivir de verdad, trabajar de verdad, gozar y vivir de verdad, en lugar de estar allí sólo como simple espectador.

Pero siempre volvía junto a la hermosa Kamala, aprendía el arte de amar, practicaba el culto del placer, donde más que en parte alguna es una misma cosa el dar y recibir; charlaba con ella, aprendía de ella, le daba consejos y los recibía. Ella le comprendía mejor que Govinda le había comprendido en otro tiempo, era semejante a él. Una vez le dijo:

—Eres como yo, eres distinta a la mayoría de la gente. Eres Kamala, no otra, y dentro de ti hay una paz y un refugio en el que penetras a veces y puedes estar a solas contigo misma, como yo también suelo hacer. Pocos hombres tienen esto, y, sin embargo, todos podrían tenerlo.

—No todos los hombres son juiciosos— dijo Kamala.

—No—dijo Siddhartha—, no consiste en eso, Kamaswami es tan juicioso como yo, y no obstante no tiene un refugio dentro de sí. Otros lo tienen, los que en espíritu son semejantes a los niños. La mayoría de los hombres, Kamala, son como hojas que caen del árbol, revolotean en el aire, vacilan y caen al suelo. Pero otros, unos pocos, son como estrellas que recorren un camino fijo, no las alcanza el viento y llevan en sí su propia ley y su propio rumbo. Entre todos los sabios y samanas que he conocido no encontré más que uno de estos y no le puedo olvidar. Es aquel Gotama, el Sublime, el profeta de aquella doctrina. Miles de jóvenes escuchan cada día su doctrina, siguen a diario sus preceptos, pero todos ellos son hojas desprendidas, no llevan en sí mismos la doctrina y la ley. Kamala le observó con una sonrisa.

—Otra vez vuelves a hablar de él —dijo—, vuelves a tener pensamientos de samana. Siddhartha calló, y se entregaron al juego del amor, uno de los treinta o cuarenta juegos distintos que Kamala sabía. Su cuerpo era flexible como el del jaguar y como el arco del cazador; quien había aprendido de ella el amor, era perito en muchos deleites y conocía muchos secretos. Mucho tiempo estuvo jugando con Siddhartha: le sedujo, le rechazó, le forzó, le abrazó, se alegró de su maestría, hasta que le venció y descansó agotado a su lado.

La cortesana se inclinó sobre él, le miró largamente a la cara, a los ojos fatigados.

—Eres el mejor amante que he tenido —dijo pensativa—. Eres más fuerte que los otros, más tratable, más complaciente. Bien has aprendido mi arte, Siddhartha. Cuando sea vieja quiero tener un hijo tuyo. Y, sin embargo, querido, sigues siendo un samana; sin embargo, no me amas, no amas a nadie. ¿No es así?

—Es posible —dijo Siddhartha, fatigado—. Soy como tú. Tú tampoco amas. ¿Cómo podrías si no practicar el amor como un arte? Los seres de nuestra clase quizá no pueden amar. Los hombres-niños si pueden; éste es su secreto.

Capítulo VII

Sansara

Hacía tiempo que Siddhartha venía viviendo la vida del mundo y del placer sin pertenecer a ella. Sus sentidos, a los que durante los años ardientes del samana había matado, habían vuelto a despertar, había gozado de la riqueza, del placer, del poderío; sin embargo, había seguido siendo con el corazón un samana, como Kamala, la inteligente, había adivinado. Su vida seguía asentada en el arte de pensar, de esperar, de ayunar; los hombres infantiles del mundo seguían siendo extraños para él, como él lo era para ellos.

Los años pasaban y Siddhartha apenas se daba cuenta. Se había hecho rico; hacía tiempo que poseía una casa y una servidumbre propias, y una quinta fuera de la ciudad, junto al río. Las gentes le querían, venían a él cuando necesitaban dinero o consejo, pero nadie había intimado con Siddhartha, excepto Kamala.

Aquel alto y luminoso estar despierto, que en otro tiempo, en los albores de su juventud había experimentado, en los días que siguieron al sermón de Gotama, después de la separación de Govinda, aquella tensa esperanza, aquel orgulloso aislamiento sin doctrinas ni maestros, aquella flexible disposición para escuchar la voz divina en el propio corazón, se habían convertido, poco a poco, en recuerdos, se habían hecho perecederos; lejana y mansa susurraba la fuente bendita, que antes había manado próxima, que antes había susurrado dentro de él. Era cierto que lo que había aprendido con los samanas, con Gotama, con su padre el brahmán, había permanecido mucho tiempo en él: vida frugal, alegría en el pensar, las horas de meditación, secretos conocimientos de sí mismo, del eterno yo, que no es cuerpo ni conciencia. Mucho de aquello había quedado en él, pero aquellas cosas habían ido desapareciendo unas tras otras y se habían cubierto de polvo. Como el torno del alfarero, una vez puesto en marcha gira mucho tiempo y va disminuyendo su velocidad lentamente hasta inmovilizarse, así giró por mucho tiempo en el alma de Siddhartha la rueda del ascetismo, la rueda del pensar, la rueda del discernimiento, y siguió girando siempre, pero lenta y vacilante, próxima a detenerse. Lentamente, como penetra la humedad en el tronco del árbol moribundo, hinchándole y pudriéndole, así había penetrado en el alma de Siddhartha el mundo y la indolencia; lentamente fueron pudriendo su alma, volviéndola pesada, fatigándola, adormeciéndola. En cambio, sus sentidos se habían vuelto más vivos, habían aprendido mucho, habían experimentado mucho.

Siddhartha había aprendido a llevar un negocio, a ejercer el poder sobre los hombres, a gozar con las mujeres; había aprendido a llevar hermosos vestidos, a mandar a los criados, a bañarse en aguas perfumadas. Había aprendido a comer platos cuidadosamente preparados, pescado, también carne y aves, especias y confitería, y a beber vino, que nos vuelve perezosos y nos hace olvidar. Había aprendido a jugar a los dados y al ajedrez, a contemplar a las bailarinas, a dejarse llevar en una silla, a dormir en un blando lecho.

Pero siempre se había sentido diferente de los demás y superior a ellos; siempre los había mirado con un poco de mofa, con un poco de orgulloso desprecio, con aquel desprecio precisamente que siempre siente un samana hacia la gente del mundo. Si Kamaswami estaba enfermo, si estaba enojado, si se sentía ofendido, si le atormentaba con sus preocupaciones de comerciante, Siddhartha lo consideraba todo con orgullo. Lenta e imperceptiblemente, al venir el tiempo de la recolección o la época de las lluvias, su orgullo se apaciguaba, se acallaba su sentimiento de superioridad. Solo lentamente, en medio de su creciente enriquecimiento, Siddhartha había recogido algo del modo de ser de los hombres-niños, algo de su infantilismo y de su angustia. Y sin embargo los envidiaba, los envidiaba tanto más cuanto más se parecía a ellos. Los envidiaba por lo único que a él le faltaba y ellos poseían, por la importancia que querían dar a su vida, por el apasionamiento de sus alegrías y angustias, por la mezquina, pero dulce dicha de su eterno enamoramiento. Estos hombres estaban siempre enamorados de sí mismos, de sus mujeres, de sus hijos, de los honores o del dinero, de sus planes o de sus esperanzas. Pero él no aprendió esto de ellos, esto precisamente no, esta alegría o esta locura infantiles; aprendió de ellos precisamente lo desagradable, lo que él mismo despreciaba. Con mucha frecuencia le sucedía que a la mañana siguiente de una velada en sociedad, se quedaba en el lecho y se sentía descontento y fatigado. Sucedía que se ponía irascible e impaciente si Kamaswami le aburría con sus problemas. Se reía demasiado alto cuando perdía a los dados. Su rostro era siempre más prudente y espiritual que el de los demás, pero sonreía raras veces, y tomaba alguna de aquellas expresiones que tanto suelen verse en las caras de la gente adinerada; aquellas expresiones del descontento, de la enfermedad, del mal humor, de la indolencia, del egoísmo. Lentamente se fue apoderando de él la enfermedad del alma de los ricos.

Como un velo, como una fina niebla fue cayendo sobre Siddhartha la fatiga, lentamente, cada día un poco más tupido, cada mes un poco más sombrío, cada año un poco más pesado. Como un vestido nuevo que envejece con el tiempo, pierde sus hermosos colores, aparecen las manchas, surgen las arrugas, se deshilacha en los dobleces y empiezan a aparecer aquí y allá rasgaduras, así le ocurrió a la nueva vida de Siddhartha; la vida que inició después de la separación con Govinda, envejeció, perdió con los años los colores y el brillo, se acumularon sobre ella las arrugas y las manchas, y ocultos en el fondo, mirando ya odiosamente hacia fuera, esperaban la decepción y el asco. Siddhartha no lo notaba. Sólo se daba cuenta de que aquella clara y segura voz de su interior, que antes estaba despierta en él y siempre le había guiado en sus tiempos esplendorosos, ahora estaba muda.

El mundo le había atrapado; el placer, el ansia, la pereza, y últimamente también aquel lastre que él siempre había tenido por el más insensato y al que había despreciado y escarnecido más: la codicia de bienes. También le tenían sujeto la propiedad, la posesión y la riqueza; ya no eran estas para él un juego y una frivolidad, sino cadenas y hierros. Por un extraño y sutil camino había venido Siddhartha a caer en esta última dependencia insultante: por el juego a los dados. Desde el momento mismo en que había dejado de ser en su corazón un samana, Siddhartha empezó a jugar con furor y pasión por ganar dinero y joyas, afición que había adquirido en otro tiempo, creyéndola una inofensiva costumbre de los hombres-niños. Era un temido jugador; pocos se arriesgaban a enfrentársele por ser muy elevadas sus posturas. Jugaba por una necesidad de su corazón: el perder y el derrochar el maldito dinero le causaba una alegría colérica; de ninguna otra manera más clara y burlona podía mostrar su desprecio de la riqueza, del ídolo de los comerciantes. Jugaba fuerte y despiadado, odiándose a sí mismo, despreciándose a sí propio, embolsaba miles, tiraba miles, perdía el dinero, perdía las joyas, perdía una casa, volvía a ganar, volvía a perder. Aquella angustia, aquella angustia temerosa e inquietante que sentía al arrojar los dados, al hacer una de aquellas posturas tan elevadas, le satisfacía ya agradaba y procuraba renovarla siempre, acrecentarla siempre, hacerla cada vez más excitante, pues sólo en esta sensación sentía algo así como un gozo, algo así como una borrachera, algo así como una vida realzada en medio de su vida saciada, indiferente, insípida. Y después de cada gran pérdida pensaba en nuevas riquezas, se entregaba al comercio, exigía severamente el pago de las deudas, pues quería seguir jugando, quería seguir derrochando, quería seguir mostrando a la riqueza todo su desprecio. Siddhartha perdió la calma en las pérdidas

comerciales, perdió la paciencia ante los pagadores morosos, perdió la
bondad de corazón ante los pordioseros, perdió el gusto de regalar y
prestar el dinero al solicitante. Él, que perdía diez mil en una postura y se
reía de ello, era en la tienda severo y minucioso, ¡soñaba a menudo con
el oro! Y todas las veces que despertaba de este odioso embrujamiento,
todas las veces que se miraba al espejo de la pared de su dormitorio,
viéndose envejecer y afearse; todas las veces que le acometía el asco y la
vergüenza, volvía al placer del juego, al ensordecimiento del placer, del
vino, y de allí, al ansia de amontonar riqueza. En este insensato círculo
se movía fatigándose, envejeciendo, enfermando.

Entonces tuvo un sueño admonitorio. Había estado al atardecer con
Kamala en su hermosa quinta. Se habían sentado bajo los árboles, y durante la conversación, Kamala había pronunciado unas palabras
reflexivas, palabras tras las cuales se ocultaba la tristeza y la lasitud. Le
había pedido que hablara de Gotama, y no se cansaba de oírle ensalzar
la tranquilidad y la belleza de su boca, la bondad de su sonrisa, la
majestuosidad de su andar. Después de haber hablado un buen rato del
sublime Buda, Kamala suspiró y dijo:

—Algún día, quizá muy pronto, yo también iré en pos de ese Buda.
Le regalaré mi parque y me refugiaré en su doctrina.

Pero luego le había incitado, le había atraído al juego del amor con
doloroso ardor, entre mordiscos y lágrimas, como si quisiera exprimir
las últimas y dulces gotas de aquel gozo vano y pasajero. Nunca había
sido tan evidente para Siddhartha la semejanza del placer con la muerte. Luego estuvo tendido a su lado, y el rostro de Kamala reposó muy
cerca del suyo, y en sus ojos y en las comisuras de su boca leyó claramente, como no lo había leído nunca con tanta claridad, un receloso
escrito, un escrito de finas líneas, de suaves surcos; un escrito que recordaba el otoño y la vejez, y que Siddhartha mismo, que ya estaba en los
cuarenta, tenía canas entre sus cabellos negros. En el rostro bello de
Kamala estaba escrito el cansancio, cansancio de haber recorrido un largo camino, que no tenía ningún alegre final, cansancio y un comenzar a
marchitarse, y una inquietud secreta, no confesada, quizá no pensada
tampoco: temor a la vejez, temor al otoño, temor de tener que morir.
Se despidió de ella suspirando, con el alma llena de disgusto y de secreto desasosiego.

Luego, Siddhartha pasó la noche en casa, rodeado de bayaderas,
bebiendo vino, fingiendo ser superior a sus iguales, lo que ya no era; bebió mucho vino, y mucho después de la medianoche se fue a la cama,
cansado, y sin embargo, excitado, próximo al llanto y a la desesperación; esperó mucho tiempo y en vano que viniera el sueño, con el corazón
lleno de una aflicción que nunca creyó poder soportar, lleno de un hastío del que se sentía traspasado como del tibio y dulzón gusto del vino,

de la música demasiado dulce y melancólica, de las sonrisas demasiado blandas de las bailarinas, del perfume demasiado dulce de sus cabellos y pechos. Pero más que todas estas cosas, estaba asqueado de sí mismo, de su cabello oloroso, del aliento vinoso de su boca, del somnoliento cansancio y disgusto de su piel. Como cuando uno que ha comido y bebido demasiado devuelve entre fatigas, pero se alegra del alivio que siente, así deseaba el desvelado librarse, en una oleada de asco, de estos deleites, de estas costumbres, de toda esta vida insensata y hasta de sí mismo. Cuando ya clareaba y empezaba a despertar la primera actividad en la calle, delante de su casa de la ciudad, se quedó traspuesto y atrapó por unos momentos el sueño.

Y soñó: Kamala tenía en una jaula de oro un extraño pájaro cantor. Con este pájaro soñó. Soñó que este pájaro se había quedado mudo, el pájaro que en otros tiempos siempre cantaba por las mañanas, y como le sorprendiera este silencio, se acercó a la jaula y miró al interior de ella: allí estaba el pajarillo, muerto y tieso en el suelo. Lo sacó fuera, lo meció un momento en la mano y luego lo arrojó a la calle, y en el mismo momento se estremeció terriblemente y sintió un dolor en el corazón, como si con aquel pajarillo muerto hubiera arrojado de sí todo lo bueno y de valor que tenía dentro.

Al despertar sobresaltado de este sueño, se sintió sumido en profunda tristeza. Le parecía que había llevado una vida despreciable e insensata; en las manos no le había quedado nada vivo, nada apreciable o digno de conservarse. Estaba solo y vacío, como un náufrago en la orilla.

Siddhartha se retiró, sombrío, a una quinta de placer, que le pertenecía; cerró las puertas, se tendió bajo un mango, sintió la muerte en el corazón y el horror en el pecho; vio y sintió que algo moría en él, se marchitaba e iba a su fin. Poco a poco reunió sus pensamientos y volvió a recorrer el camino de su vida, desde los primeros días que podía recordar. ¿Cuándo había sentido una dicha, un verdadero placer? ¡Oh!, sí, muchísimas veces lo había experimentado. En sus sueños de adolescente lo había gozado, cuando alcanzaba la alabanza de los brahmanes, cuando, dejando atrás a los de su edad, recitando los versos sagrados, discutiendo con los sabios, se había ganado el puesto de ayudante en los sacrificios. Entonces había sentido en su corazón: "Un camino se abre ante ti, hacia el cual eres llamado; los dioses te esperan". Y otra vez, de joven, cuando la meta cada vez más alta de toda meditación le sacó y arrastró del tropel de aspirantes al Nirvana, cuando corría entre dolores en torno al sentido de Brahma, cuando cada nuevo conocimiento sólo hacía encender nueva sed, cuando, en medio de la sed, en medio de los dolores, volvió a sentir: "¡Adelante! ¡Adelante! ¡Has sido llamado!" Percibió aquella voz cuando dejó su patria y eligió la vida de los samanas, y otra vez, cuando abandonó a los samanas para ir hacia aquel Perfecto, y cuando dejó a éste para correr hacia lo incierto. ¡Cuánto tiempo hacía que no oía esta voz, cuánto tiempo que no alcanzaba una cima, qué llano y yermo su camino, cuán largos años sin un fin elevado, sin sed, sin exaltación, contentándose con pequeños placeres, y, sin embargo, siempre insatisfecho! Todos estos años se había esforzado, sin saberlo, en ser un hombre como todos estos, como estos niños, y con ello su vida había sido más miserable y pobre que la de ellos, pues sus fines no eran los de él, ni sus preocupaciones; todo este mundo de los hombres como Kamaswami había sido solamente un juego para él, una danza que se contempla, una comedia. Sólo Kamala le era amada, sólo ella tenía un valor para él. Pero ¿seguía siéndolo? ¿La necesitaba todavía? ¿O era ella la que le necesitaba a él? ¿Estarían representando una comedia sin fin? ¿Era necesario vivir para esto? ¡No, no era necesario! Esta comedia se llamaba Sansara, un juego de niños, un juego encantador para ser jugado una vez, dos, diez veces. Pero ¿toda una vida?

Entonces Siddhartha se dio cuenta de que el juego había llegado a su fin, de que ya no podía seguir jugándolo. Un estremecimiento recorrió todo su cuerpo, por fuera y por dentro, y sintió que algo había muerto.

Todo aquel día lo pasó sentado bajo el mango, pensando en su padre, pensando en Govinda, pensando en Gotama. ¿Tuvo que abandonar todo esto para convertirse en un Kamaswami? Siguió sentado allí cuando ya había cerrado la noche. Al mirar hacia arriba, vio las estrellas y pensó: "Aquí estoy sentado bajo mi mango, en mi quinta". Sonrió un poco. ¿Era necesario, pues, era verdad, no era una comedia insensata que él poseyera un mango, un jardín?

También aquello acabó, también murió esto en él. Se levantó, se despidió del mango y del jardín. Como había pasado todo el día sin comer, sintió un hambre terrible, y pensó en su casa de la ciudad, en su cuarto y en su cama, en la mesa con sus manjares. Sonrió, fatigado; se sacudió y se despidió de todas estas cosas.

En aquella misma hora abandonó Siddhartha su jardín, abandonó la ciudad y no volvió nunca más. Kamaswami le hizo buscar mucho tiempo, creyendo que habría caído en manos de los ladrones. Kamala no le hizo buscar. Cuando supo que Siddhartha había desaparecido, no se maravilló. ¿No lo había esperado siempre? ¿No era un samana, un apátrida, un peregrino? La última vez que estuvieron juntos lo había presentido, y se alegraba en medio del dolor de la pérdida, de haberle atraído tan íntimamente hacia su corazón aquella última vez, de haberse sentido penetrada y poseída una vez más tan enteramente por él.

Cuando recibió la primera noticia de la desaparición de Siddhartha, se acercó a la ventana, donde, en una jaula de oro, tenía un pájaro cantor. Abrió la puerta de la jaula, sacó el pajarillo y lo dejó volar. Se quedó mirándolo volar largo rato. Desde aquel día no volvió a recibir a ningún visitante más, y mantuvo cerrada su casa. Pero al poco tiempo tuvo la certeza de que estaba embarazada de la última unión con Siddhartha.

Capítulo VIII
En el río

Siddhartha caminaba por el bosque, lejos ya de la ciudad, y sólo sabía que ya no podía volver atrás, que la vida que había llevado estos últimos años había terminado y la había apurado hasta la saciedad. El pájaro cantor de su sueño había muerto. Muerto estaba el pájaro cantor de su corazón. Se había hundido profundamente en el sansara, había sorbido por todas partes hastío y muerte, como un cisne sobre agua, hasta saciarse. Saciado estaba de fastidio, de miseria, de muerte; ya no había en el mundo nada que le pudiera atraer, alegrar o consolar.

Deseaba ardientemente no saber ya nada de sí, gozar de paz, estar muerto. ¡Si viniera un rayo y le fulminara! ¡Si apareciera un tigre que le despedazara! ¡Si hubiera un vino, un veneno, que le aturdiera, que le hiciera olvidar y dormir sin ningún despertar! ¿Había alguna suciedad con la que no se hubiera emporcado, algún pecado o locura que no hubiera cometido, alguna tristeza del alma que no se hubiera echado encima? ¿Era posible seguir viviendo? ¿Era posible seguir respirando, sentir hambre, volver a dormir, volver a acostarse con una mujer? ¿No había concluido para él aquel círculo? ¿No se había cerrado?

Siddhartha llegó al gran río del bosque, al mismo río que, siendo joven y viniendo de la ciudad de Gotama, atravesó con el barquero. A sus orillas se detuvo, vacilante. El cansancio y el hambre le habían debilitado. ¿Y por qué había de seguir caminando? ¿Adónde iría? ¿Hacia qué meta? No, ya no había ninguna meta, ya no había más que el profundo y doloroso deseo de arrojar de sí todo aquel sueño desordenado, de escupir aquel vino insípido, de poner fin a esta vida lamentable y llena de ignominia.

Sobre la orilla del río se encorvaba un árbol, un cocotero, en cuyo tronco se apoyó Siddhartha de espaldas, rodeó con los brazos el tronco y miró hacia las verdes aguas, que se deslizaban a sus pies; miró hacia arriba y se halló enteramente poseído del deseo de dejarse caer en ellas.

Un horrible vacío se reflejó en las aguas, en respuesta al horrible vacío de su alma. Sí, había llegado a su fin. Ya no había para él otra cosa que anularse, que romper la imagen malograda de su vida y arrojarla sonriendo burlonamente a los pies de los dioses. Este era el gran crimen de que se acusaba: ¡la muerte, la destrucción de la forma, que odiaba! ¡Ojalá le comieran los peces a este perro de Siddhartha, a este cuerpo insensato, echado a perder y marchito; a esta alma relajada y profanada! ¡Ojalá le devoraran los peces y los cocodrilos, ojalá le destrozaran los demonios!

Con rostro desfigurado miraba a las aguas, vio reflejado en ellas su rostro, y escupió. Con profundo cansancio, soltó los brazos del tronco del árbol, se enderezó un poco para caer verticalmente, y cayó con los ojos cerrados en busca de la muerte.

Entonces surgió de las apartadas regiones de su alma, del pasado de su vida fatigada, un son. Era una palabra, una sílaba, que pronunció para sí, sin conciencia, con voz balbuciente. Era el viejo principio y final de todas las oraciones brahmánicas, el sagrado "Om", que significaba tanto como "el Perfecto" o "la Consumación". Y en el instante en que el sonido "Om" hirió el oído de Siddhartha, su adormecido espíritu despertó de repente, y reconoció la locura de su acción.

Siddhartha se estremeció profundamente. ¡Así estaba, tan perdido, tan confuso y abandonado de todo conocimiento, que había podido salir en busca de la muerte y había dejado alentar dentro de sí este deseo, este deseo infantil: encontrar la paz anulando su cuerpo! Lo que no habían logrado en todos los tormentos de estos últimos tiempos, todas las decepciones, todas las desesperanzas, lo alcanzó en el momento en que el Om penetró en su conciencia: que se reconociera en su miseria y en su error.

"¡Om! —dijo para sí—. ¡Om!" Y recordó todo lo que había olvidado de Brahma, de la indestructibilidad de la vida, de la divinidad.

Pero todo esto no duró más que un instante, como un relámpago. Siddhartha se desplomó al pie del cocotero, puso su cabeza sobre las raíces del árbol y cayó en un profundo sueño. Un sueño profundo y libre de ensueños, como no lo había tenido en mucho tiempo.

Cuando al cabo de muchas horas despertó, le parecía que habían transcurrido diez años; oyó el suave deslizarse de las aguas, no supo dónde estaba ni quién le había traído aquí; abrió los ojos, miró con extrañeza los árboles y el cielo sobre él, y recordó dónde estaba y cómo había llegado hasta aquí. Pero necesitó para esto un buen espacio de tiempo, y el pasado le parecía envuelto en un velo, infinitamente lejano, infinitamente indiferente. Sólo sabía que había abandonado su vida anterior (en el primer momento de recobrar la conciencia, esta vida pasada le parecía una lejana encarnación, como un temprano nacimiento de su yo actual), que lleno de hastío y aflicción había intentado quitarse la vida, pero que junto a un río, bajo un cocotero, le había venido a los labios la sagrada palabra Om, luego se había adormecido y ahora miraba al mundo como un hombre nuevo. Pronunció en voz baja la palabra Om, con la que se había adormecido, y le pareció que aquel largo sueño no había sido otra cosa que un prolongado y profundo coloquio con Om, un pensar en Om, una sumersión en Om, un penetrar enteramente en Om, en lo Sin Nombre, en lo Perfecto. ¡Que sueño tan prodigioso aquel! ¡Nunca le había refrescado tanto un sueño, renovado y rejuvenecido! ¡Quizá estaba realmente muerto y había reencarnado bajo una nueva forma! Pero no, se reconocía, reconocía sus manos y sus pies, conocía el paraje en que se encontraba, conocía este yo en su pecho, a este Siddhartha voluntarioso, extravagante; pero este Siddhartha había cambiado, sin embargo, estaba renovado, notablemente despierto, gozoso y lleno de curiosidad.

Siddhartha se incorporó, entonces se vio sentado frente a un hombre, un hombre extraño, un monje de amarilla túnica, con la cabeza afeitada, en postura de estar meditando. Examinó al hombre, que no tenía cabellos ni barba, y a poco reconoció en aquel monje a Govinda, el amigo de su juventud; Govinda, el que había buscado refugio junto al sublime Buda. Govinda había envejecido, él también, pero su rostro seguía teniendo los antiguos rasgos que hablaban de celo, de fidelidad, de anhelo, de inquietud. Pero cuando Govinda, al sentir sus miradas, abrió los ojos y le miró, Siddhartha se dio cuenta de que Govinda no le reconocía. Govinda se alegró de encontrarle despierto, se comprendía que llevaba allí mucho tiempo sentado, esperando a que despertara, aunque no le había reconocido.

—He dormido —dijo Siddhartha—. ¿Cómo has llegado hasta aquí?

—Has dormido— respondió Govinda—. No es bueno dormir en semejante sitio, donde abundan las serpientes y en una senda frecuentada por todas las fieras del bosque. Yo, ¡oh, señor!, soy un discípulo del sublime Gotama, el Buda, del Sakyamuni; venía peregrinando por este camino con unos cuantos de los nuestros, te vi tendido y durmiendo en un lugar donde es peligroso dormir. Intenté despertarte, ¡oh señor!, y entonces vi que tu sueño era muy profundo; me retrasé de los míos y me senté frente a ti. Y luego me parece que yo también me he dormido, en vez de velar tu sueño. He cumplido mal mi tarea, la fatiga me rindió. Pero ahora que ya has despertado, déjame marchar para que pueda reunirme con mis hermanos.

—Te agradezco, samana, que hayas velado mi sueño —habló Siddhartha—. Amables sois los discípulos del Sublime. Ahora ya puedes marchar.

—Me voy, señor. Que el señor siga bien.

—Gracias, samana.

Govinda hizo el ademán de saludo y dijo:

—Adiós.

—Adiós, Govinda —dijo Siddhartha.

El monje se detuvo.

—Perdona, señor, ¿de qué conoces mi nombre?

Siddhartha sonrió y le dijo:

—Te conozco, Govinda, de la choza de tu padre, y de la escuela de los brahmanes, y de los sacrificios, y de nuestra ida junto a los samanas, y de aquella hora en que tú buscaste refugio en el Sublime en el bosquecillo de Jetavana.

—¡Tú eres Siddhartha! —exclamó Govinda en voz alta—. Ahora te reconozco, y no comprendo cómo no he podido hacerlo antes. Sé bienvenido, Siddhartha; grande es mi alegría al volver a verte.

—Yo también me alegro de ello. Has sido el vigilante de mi sueño, te doy gracias por ello otra vez, aunque no necesitaba ningún celador. ¿Adónde vas, oh amigo?

—A ninguna parte. Nosotros los monjes siempre estamos de camino, mientras no llueve; siempre andamos de pueblo en pueblo, vivimos según nuestra regla, enseñamos la doctrina, aceptamos limosnas, seguimos nuestro camino. Siempre así. Pero tú, Siddhartha, ¿a dónde vas?

—También a mí me ocurre lo propio, amigo. No voy a ninguna parte. Estoy de camino solamente. Peregrino.

Govinda habló:

—Dices que peregrinas, y te creo. Pero perdona, ¡oh, Siddhartha!, no pareces un peregrino. Llevas vestidos de rico, calzas zapatos como una persona de calidad, y tu pelo, que huele a aguas perfumadas, no es el cabello de un peregrino ni el cabello de un samana.

—Querido amigo, bien lo observas todo, todo lo ven tus ojos. Pero yo no he dicho que sea un samana. Digo que peregrino. Y así es: voy peregrinando.

—Peregrinas —dijo Govinda—. Pero pocos peregrinan en semejante vestido, pocos con semejante calzado, pocos con semejantes cabellos. Nunca he encontrado un peregrino semejante en mis muchos años de peregrinaje.

—Te creo, Govinda. Pero ahora, hoy, has tropezado con un peregrino así, con estos zapatos, con este vestido. Recuerda querido: pasajero es el mundo de las formas, pasajero, muy pasajeros son nuestros vestidos, y lo que cubre nuestros cabellos, y hasta nuestros cabellos y cuerpo mismos. Traigo vestidos de rico, como bien has observado. Los traigo porque he sido rico, y traigo el pelo como la gente mundana y voluptuosa por haber sido uno de ellos.

—Y ahora, Siddhartha, ¿qué eres?

—No lo sé; sé tan poco sobre esto como tú. Estoy de camino. Era un rico y ya no lo soy, y no sé lo que seré mañana.

—¿Has perdido tu riqueza?

—La he perdido, o ella a mí. La he perdido o me la han robado. Rápidamente gira la rueda de la fortuna, Govinda. ¿Qué se ha hecho del brahmán Siddhartha? ¿Qué del samana Siddhartha? ¿Qué del rico Siddhartha? Rápidamente cambia lo perecedero, Govinda, bien lo sabes.

Govinda miró largamente al amigo de su juventud, con duda en los ojos. Luego le saludó como se saluda a la gente principal, y siguió su camino.

Siddhartha le siguió con la mirada, sonriendo; amaba cada vez más a este fiel, a este angustiado. ¡Y cómo podría dejar de amar a nadie después de este sueño maravilloso, traspasado como estaba por el Om! En esto precisamente consistía el encanto operado en él por el sueño y el Om, en que todo lo amaba, en que sentía un alegre amor por todo lo que veía. Y precisamente por esto ahora le parecía que si antes había estado tan enfermo era porque no había podido amar a nada ni a nadie.

Siddhartha siguió con la mirada al monje que se alejaba, con rostro sonriente. El sueño le había fortalecido, pero el hambre le atormentaba mucho, pues hacía dos días que no comía nada, y estaba muy lejos el tiempo en que sabía resistir el hambre. Con pena y sin embargo, también con risas pensó en aquel tiempo. Entonces, ahora lo recordaba, se había vanagloriado delante de Kamala de tres cosas, era capaz de tres habilidades nobles e invencibles: ayunar, esperar, pensar. Aquel había sido su tesoro, su poder su fuerza, su más firme báculo; había aprendido aquellas tres artes en los activos y penosos años de la juventud, no en otra época. Y ahora le habían abandonado, ya no era capaz de realizar ninguna de las tres: ni ayunar, ni esperar, ni pensar. ¡Las había trocado por lo más miserable, por lo más perecedero, por el placer de los sentidos, por el buen vivir y la riqueza! En realidad, mal le había ido en todo. Y ahora, así le parecía, se había convertido en un verdadero hombre-niño.

Siddhartha reflexionó sobre su situación. Le costó trabajo pensar: en el fondo, no tenía ninguna gana de ello, pero hizo un esfuerzo.

"Ahora —pensó—, puesto que todas estas cosas pasajeras se han desprendido de mí, me encuentro de nuevo bajo el sol, como estuve de niño: nada es mío, nada puedo, nada sé, nada he aprendido. ¡Qué raro es todo esto! ¡Ahora, que ya no soy joven, cuando mi pelo empieza a encanecer, cuando empiezan a abandonarme las fuerzas, ahora empiezo de nuevo, ahora empiezo a ser niño!"

Otra vez hubo de reír. ¡Sí, qué extraño era su Destino! Volvió atrás con él, y se encontró vacío y desnudo y estúpido en el mundo. Pero no sintió pena por ello, no, sino que le vinieron ganas de reír, ganas de reírse de sí mismo, ganas de reírse de este mundo extravagante e insensato.

"¡Me iré contigo aguas abajo!", dijo para sí, sonriendo, y al decirlo posó su mirada sobre el río, y vio al río caminar también aguas abajo, siempre peregrinando aguas abajo, contento y cantarín. Esto le agradó mucho, y sonrió amistosamente al río. ¿No era este el río en el que quiso ahogarse una vez hace cien años, o es que lo había soñado?

"Mi vida era extraña en verdad —pensaba—; tomó caprichosos rodeos. De niño sólo me ocupé de los dioses y de los sacrificios. De joven, de ascetismos, de pensar y meditar; busqué a Brahma, reverenciaba lo eterno en Atman. De hombre me fui tras los penitentes, viví en el bosque, padecí calores y fríos, aprendí a pasar hambre, aprendí a matar el cuerpo. Milagrosamente encontré el conocimiento en la doctrina del gran Buda, sentí circular dentro de mí, como mi propia sangre, la ciencia de la unidad del mundo. Pero también me aparté del Buda y de la gran ciencia. Fui y aprendí junto a Kamala el placer del amor, aprendí junto a Kamaswami a comerciar, amontoné el oro, derroché el dinero, aprendí a amar a mi estómago, aprendí a adular a mis sentidos. Tuve que emplear muchos años en perder el espíritu, en olvidar otra vez el pensar, la unidad. ¿No es como si yo, lentamente, dando un gran rodeo, me hubiera convertido de hombre en niño, de pensador en hombre-niño? Y, sin embargo, este camino ha sido muy bueno, y sin embargo no ha muerto en mi pecho el pájaro.

"Pero ¡qué camino! He tenido que pasar por un sin fin de estupideces, por multitud de vicios, por muchísimos errores, por numerosos ascos y decepciones y penas, solamente para volver a ser niño y poder empezar de nuevo. Pero así tenía que ser; mi corazón decía sí, y mis ojos sonreían. He tenido que soportar la desesperación, he tenido que hundirme hasta el pensamiento más insensato de todos, el pensamiento del suicidio, para poder alcanzar la gracia, para volver a sentir a Om, para poder volver a dormir como es debido. He tenido que ser un loco para volver a encontrar en mí a Atman. He tenido que pecar para poder seguir viviendo. ¿Adónde puede llevarme aún mi camino? Este camino es extravagante, discurre en meandros, quizá se cierra en círculo. Pero vaya como vaya, quiero recorrerlo".

Milagrosamente sintió en su pecho hervir la alegría.

"¿Por qué —preguntaba a su corazón— por qué tienes esta alegría? ¿Procede de este largo sueño, de este buen sueño que me ha hecho tanto bien? ¿O de la palabra Om, que pronuncié? ¿O quizá de que me he liberado, de que he realizado mi fuga, de que al fin vuelvo a ser libre y estoy como un niño bajo el sol? ¡Oh, qué deliciosa huía! ¡Oh, la alegría de volver a la libertad! ¡Qué puro y hermoso es aquí el aire! ¡Qué gusto da respirar! Allí, de donde vengo, allí huele a ungüentos, a especias, a vino, a abundancia, a pereza. ¡Cómo odiaba yo este mundo de los ricos, de los glotones, de los jugadores! ¡Cómo llegué a odiarme a mí mismo por haber permanecido tanto tiempo en este mundo espantoso! ¡Cómo me he odiado, cómo me he envenenado, apenado, envejecido y maleado! ¡No, nunca más volveré a creer, como antes solía hacer con gusto, que Siddhartha era prudente! ¡Pero el haber acabado con aquel odiarme a mí mismo y con aquella vida insensata y yerma me ha hecho mucho bien, me agrada, he de elogiarlo! ¡Te alabo, Siddhartha! ¡Después de tantos años de insensatez has vuelto a tener un arranque genial, has hecho algo, has oído cantar en tu pecho al pájaro y le has seguido!"

Así se alababa, tenía alegría dentro de sí, escuchaba curioso a su estómago, que gruñía de hambre. Ahora tenía un poquito de dolor, un poquito de miseria, y así sentía que en estos últimos tiempos y días había bebido y devuelto, había comido hasta la desesperación y la muerte. Así está bien. Todavía hubiera podido permanecer mucho tiempo junto a Kamaswami, ganar dinero, malgastarlo, cebar su vientre y dejar secar su alma; hubiera podido seguir viviendo mucho tiempo en este infierno grato y bien acolchado, pero no hubiera llegado esto: el momento del desconsuelo completo y de la desesperación, aquel momento supremo en que se inclinó sobre las aguas del río y estaba dispuesto a aniquilarse. Por haber sentido esta desesperación, este profundo hastío, y por no haber sucumbido bajo ellos, por seguir estando vivos en él el pájaro, la alegre fuente y la voz, por eso sentía esta alegría, por esto reía, por esto resplandecía su rostro bajo los cabellos encanecidos.

"Es bueno —pensaba— saborear por sí mismo todo lo que ha sido necesario aprender. Que el placer mundano y la riqueza no son cosa buena ya lo aprendí de niño. Hace tiempo que lo sabía, pero hasta ahora no lo he experimentado. Y ahora lo sé, lo sé no sólo con el recuerdo, sino con los ojos, con el corazón, con el estómago. ¡Venturoso de mí que lo sé!"

Reflexionó mucho tiempo sobre su transformación, escuchó al pájaro, que cantaba de alegría. ¿No había muerto este pájaro dentro de él? ¿No había sentido su muerte? No, algo distinto había muerto en él, algo que ya hacía tiempo había deseado que muriera. ¿No era aquello que en otro tiempo, en sus años ardientes de penitencia, había querido matar? ¿No era su yo, su pequeño, su receloso, su orgulloso yo, con el que había luchado tantos años, al que había vencido tantas veces, el que después de aniquilado volvía siempre a resurgir, prohibiéndole toda alegría,

haciéndole sentir temor? ¿No era cierto que hoy, al fin había encontrado
su muerte, aquí, en el bosque, en este río apacible? ¿No era por esta
muerte por lo que ahora era como un niño, tan lleno de confianza, tan
sin temor, tan lleno de alegría?

También ahora comprendía Siddhartha por qué siendo brahmán,
siendo penitente, había luchado en vano con este yo. ¡El saber demasiado le había impedido vencerlo, la mucha mortificación, el mucho obrar
y el mucho esforzarse! Había vivido lleno de orgullo, siempre el más
cuerdo, siempre el más celoso, siempre un paso delante de los demás,
siempre el prudente y el espiritual, siempre el sacerdote o el sabio. En
este sacerdocio, en este orgullo, en esta espiritualidad se había encasti-
llado su yo, allí estaba firmemente asentado y crecía, mientras él creía
matarlo con ayunos y penitencias. Ahora lo veía, y veía también que la
voz interior había tenido razón, que ningún maestro le había podido
liberar. Por esto hubo de salir al mundo, hubo de perderse en el placer y
el poder, en la mujer y el dinero; hubo de convertirse en un comerciante,
en jugador, en bebedor y en codicioso, hasta que dentro de él murieron
el sacerdote y el samana. Por eso hubo de soportar estos años odiosos, el
hastío, el vacío, la insensatez de una vida yerma y perdida hasta el
fin, hasta la amarga desesperación, para que también pudiera morir
el sensual Siddhartha, el ambicioso Siddhartha. Había muerto; un nuevo
Siddhartha había despertado del sueño. También él llegaría a ser viejo,
también tenía que morir alguna vez; Siddhartha era perecedero, perece-
dera era toda forma. Pero hoy era joven, era un niño, el nuevo Siddhartha,
y estaba lleno de alegría.

Estando en estos pensamientos, escuchaba sonriente a su estómago,
oía agradecido a una abeja zumbar. Miró alegre la corriente, nunca le
había agradado tanto el agua como ahora, nunca había comprendido
tan recia y bellamente la voz y la parábola del agua corriente. Le parecía
que el río le quería decir algo singular, algo que él no sabía aún, que aún
le estaba esperando. En este río había querido suicidarse Siddhartha, y
en él se había ahogado hoy el viejo, el desesperado Siddhartha. Pero el
nuevo Siddhartha sentía un profundo amor hacia este caudal, y deter-
minó en su interior no abandonarlo tan pronto.

Tercera Parte

Capítulo IX

El barquero

"En este río quiero vivir —pensó Siddhartha—. Es el mismo que atravesé en mi ida hacia los hombres-niños. Entonces, un amable barquero me pasó el río, quiero ir junto a él. En su choza se inició para mí una nueva vida, que se ha hecho vieja y ha muerto. ¡Ojalá que mi camino, que mi nueva vida encuentre allí su principio!"

Miró delicadamente la corriente, sus transparentes linfas verdes, las cristalinas líneas de su dibujo lleno de misterios. Vio ascender del fondo perlas luminosas, vio flotar sobre sus espejos una pompas que reflejaban el azul del cielo. Con mil ojos le miraba el río, con sus verdes, con sus blancos, con sus cristales, con su celeste azul. ¡Cómo amaba esta agua, cómo le encantaban, cuán agradecido estaba a ellas! Oía hablar a la voz en su corazón, que despertaba de nuevo y le decía: "¡Ama estas aguas! ¡Permanece junto a ellas! ¡Aprende de ellas!" ¡Oh, sí, él quería aprender de ellas, quería escucharlas! Quien comprendiera a esta agua y sus misterios, le parecía que llegaría a comprender muchas otras cosas, muchos misterios, todos los misterios.

Pero de todos los misterios del río, hoy no veía más que uno, que había conmovido su alma. Vio que esta agua corría y corría, corría sin cesar, y sin embargo siempre estaba allí, siempre era la misma y, no obstante, ¡siempre era nueva! No lo comprendía, sólo sentía moverse los presentimientos, los recuerdos lejanos, las voces divinas.

Siddhartha se levantó, era insoportable el hambre que sentía. Prosiguió su camino, resignado, por el sendero de la orilla, en contra de la corriente, escuchando el rumor del agua y las voces de su estómago.

Cuando llegó al lugar del pasaje, allí estaba la barca y el mismo barquero que en otro tiempo había trasbordado al joven samana; Siddhartha le reconoció, aunque él también había envejecido mucho.

—¿Quieres pasarme el río? —preguntó.

El barquero, asombrado de ver solo a un señor tan principal y caminando a pie, le recibió en la barca y desatracó.

—Hermosa vida has elegido —dijo el pasajero—. Debe de ser bello vivir en esta agua y deslizarse sobre ellas.

El remero se inclinó sonriendo:

—Sí que es bello, señor, como dice. Pero ¿no es hermosa toda vida, no es hermoso todo trabajo?

—Posiblemente si. Pero yo te envidio por la tuya.

—¡Ah!, pronto perdería el gusto por ella. Esto no es para gente bien vestida.

Siddhartha sonrió.

—Es la segunda vez que han reparado en mis vestidos en este día, es la segunda vez que son mirados con desconfianza. ¿Querrías quedarte con ellos? Me pesan mucho. Además, has de saber que no tengo dinero para pagarte el pasaje.

—El señor bromea —sonrió el barquero.

—No bromeo, amigo. Mira: ya en otra ocasión me pasaste el río por caridad. Hazlo hoy también, y quédate con mis vestidos en pago de tu estipendio.

—¿Y quiere el señor continuar su camino sin vestidos?

—¡Ah!, preferiría no seguir adelante. Me gustaría más, barquero, que me dieras un delantal viejo y me retuvieras a tu servicio, como aprendiz, pues antes habrías de enseñarme a manejar un barco.

El barquero se quedó mirando al forastero.

—Ahora ya sé quién eres —dijo al fin—. Dormiste una noche en mi choza hace mucho tiempo, es posible que haga más de veinte años, y te pasé el río, y nos despedimos como buenos amigos. ¿No eras tú un samana? Lo que no recuerdo es tu nombre.

—Me llamo Siddhartha, y era un samana la última vez que me viste.

—Entonces se bienvenido, Siddhartha. Yo me llamo Vasudeva. Espero que hoy también seas mi huésped y que duermas en mi cabaña, y que me cuentes de dónde vienes y por qué te pesan tanto esos hermosos vestidos.

Habían llegado a la mitad del río y Vasudeva se afianzó en los remos para vencer la corriente. Trabajaba reposadamente, la mirada puesta en la proa, con sus brazos robustos. Siddhartha iba sentado y le miraba, y recordaba que ya la otra vez, en aquel último día de su época de samana, había brotado el amor en su corazón hacia este hombre. Aceptó agradecido la invitación de Vasudeva. Cuando llegaron a la otra orilla le ayudó a amarrar el bote a las estacas; luego el barquero le rogó que entrara en la choza, le ofreció pan y agua, y Siddhartha comió con placer, y comió también con gusto del fruto del mango que Vasudeva le dio. Después, al ponerse el sol, se sentaron sobre un tronco, junto a la orilla, y Siddhartha refirió al barquero su vida y su alcurnia, como lo había visto hoy ante sus ojos, en aquella hora de desesperación. Su relato duró hasta bien entrada la noche.

Vasudeva le escuchó con toda atención. Se enteró de su genealogía, de su niñez, de todo lo que aprendió, de todo lo que buscó, de todas sus alegrías, de todas sus calamidades. Ésta era una de las virtudes mayores del barquero: la de saber escuchar como pocos. El orador se dio cuenta de que Vasudeva recibía sus palabras tranquilo, abierto, esperando, sin perder ninguna, sin esperar ninguna con impaciencia, sin elogiarlas ni censurarlas, limitándose a escuchar. Siddhartha sentía cuán placentero es tener un oyente así, volcar en su corazón la propia vida, los propios anhelos, los propios dolores.

Cuando Siddhartha estaba terminando su relato, cuando habló del árbol junto al río y de su profunda caída, del sagrado Om y de que al despertar del sueño había sentido un amor muy grande por el río, el barquero redobló la atención, enteramente entregado a la narración, con los ojos cerrados.

Pero cuando Siddhartha calló, y después de un largo silencio, dijo Vasudeva:

—Es lo que yo pensaba. El río te ha hablado. También se te muestra propicio, también te habló. Eso es bueno, muy bueno. Quédate conmigo, Siddhartha, amigo mío. En otro tiempo tuve mujer, pero ya hace tiempo que murió, y desde entonces vivo solo. Ahora puedes vivir tú conmigo; hay sitio y comida para los dos.

—Te lo agradezco —dijo Siddhartha—, te lo agradezco y acepto. Y también te doy gracias, Vasudeva, por haberme escuchado con tanta atención. Pocos son los hombres que saben escuchar, y pocos he encontrado que lo hagan como tú. Tendré que aprender también esto de ti.

—Lo aprenderás —dijo Vasudeva—, pero no de mí. El río es el que me ha enseñado a escuchar; tú también lo aprenderás de él. Lo sabe todo, todo se puede aprender de él. Mira, hoy has aprendido de las aguas que es bueno tender hacia abajo, hundirse, buscar el fondo. El rico y culto Siddhartha quiere ser remero, el sabio brahmán Siddhartha aspira a convertirse en barquero: esto también te lo ha enseñado el río. También aprenderás lo demás.

Siddhartha habló después de una larga pausa:

—¿Y qué es lo demás, Vasudeva?

Vasudeva se levantó.

—Se ha hecho tarde —dijo—, vamos a dormir. No puedo decirte qué es lo "demás", oh, amigo. Tú lo aprenderás; quizá ya sepas lo que es. Mira, yo no soy ningún letrado, no sé hablar, no sé pensar. Yo no sé más que escuchar y ser piadoso, no he aprendido otra cosa. Si yo supiera hablar y enseñar sería quizá un sabio, pero no soy más que un barquero, y mi tarea es transportar gente sobre este río. He pasado a muchos miles, y para todos ellos mi río no era más que un impedimento en su camino. Ellos viajaban por dinero y por negocios, para asistir a una boda, para hacer una peregrinación, y el río estaba en su camino, y para eso estaba allí el barquero: para que los pasara prontamente al otro lado. Unos pocos entre miles; unos pocos, cuatro o cinco, han dejado de considerar el río como un impedimento en su camino, han escuchado su voz, le han obedecido, y el río es sagrado para ellos como ha sido para mí. Vayamos a descansar, Siddhartha.

Siddhartha se quedó con el barquero y aprendió a manejar la embarcación, y cuando no había que hacer nada en el río trabajaba con Vasudeva en el arrozal, recogía leña, recolectaba bananas. Aprendió a labrar un remo, aprendió a reparar la barca y a trenzar cestos, y estaba contento con todo lo que había aprendido, y los días y los meses pasaban velozmente. Pero el río le enseñó mucho más de lo que pudiera enseñarle Vasudeva. Constantemente le estaba enseñando. De él aprendió ante todo a escuchar, a escuchar con tranquilo corazón, con el alma abierta, esperanzada, sin pasión, sin deseo, sin prejuicios, sin opinión.

Vivía amistosamente junto a Vasudeva, y a veces cambiaban entre sí unas palabras, pocas y bien meditadas. Vasudeva era poco amigo de hablar; pocas veces conseguía Siddhartha hacerle entrar en conversación.

—¿Has aprendido tú también —le preguntó una vez— aquel secreto del río que dice que no hay tiempo?

El rostro de Vasudeva se distendió en una clara sonrisa.

—Sí, Siddhartha —dijo—. Así es, como tú dices: que el río es igual en todo su recorrido, en sus fuentes como en su desembocadura, en la cascada, en el vado, en el rápido, en el mar, en la montaña, por todas partes igual, y para él no hay más que presente, sin futuro sombrío.

—Eso es —dijo Siddhartha—. Y cuando lo aprendí contemplé mi vida y vi que era también un río, y que el Siddhartha mozo y el Siddhartha hombre y el Siddhartha viejo sólo estaban separados por sombras, no por realidades. Tampoco había pasado en los anteriores nacimientos de Siddhartha, como no habría futuro cuando muriera y volviera a Brahma. Nada ha sido, nada será; todo es, todo tiene ser y presente.

Siddhartha habló con entusiasmo. Estaba encantado de lo que había aprendido. ¡Oh!, ¿no era tiempo de dolor, tiempo de atormentarse y llenarse de temor, no se había orillado y vencido en el mundo todo lo difícil, todo lo enemigo, en cuanto se había logrado vencer al tiempo? Había hablado con entusiasmo, pero Vasudeva le sonrió, radiante, e hizo gestos aprobatorios, acarició con la mano el hombro de Siddhartha y se volvió a su trabajo.

Y otra vez, cuando el río se desbordó a causa de las lluvias y mugía reciamente, dijo Siddhartha:

—¿No es verdad, oh, amigo, que el río tiene muchas voces, muchísimas voces? ¿No tiene la voz de un rey, de un guerrero, de un toro, de un ave nocturna, de una parturienta, de un sollozante y mil otras voces?

—Así es —respondió Vasudeva—; todas las voces de las criaturas están en su voz.

—¿Y sabes tú —prosiguió Siddhartha— qué palabra pronuncia si te es dado escuchar al tiempo todas esas diez mil voces?

El rostro de Vasudeva sonrió venturosamente, se inclinó sobre Siddhartha y pronunció en sus oídos la sagrada palabra Om. Y esta era precisamente la que Siddhartha había escuchado. Y de vez en vez, su sonrisa era más parecida a la del barquero, casi era igual de radiante, casi igual traspasada de dicha, luminosa igualmente en mil arrugas, tan infantil, tan anciana. Muchos caminantes, cuando veían a los dos barqueros, los creían hermanos. Con frecuencia se sentaban juntos en la orilla sobre el tronco de árbol, callaban y escuchaban el rumor del agua, para ellos no era la del agua, sino la voz de la vida, la voz del que es, del ser eterno. Y a veces sucedía que ambos, escuchando al río, pensaban en la misma cosa, en una conversación de días atrás, en uno de sus pasajeros, cuyo rostro y destino les preocupaba; en la muerte, en su infancia, y que ambos, en el mismo instante, cuando el río les había dicho algo bueno, se miraban uno a otro, pensando los dos en lo mismo, regocijados los dos por la misma respuesta a la misma pregunta.

Emanaba de la barca y de ambos barqueros algo que muchos de los pasajeros percibían. Sucedía con bastante frecuencia que algún viajero, después de haber mirado al rostro de cualquiera de los dos barqueros, empezaba a relatar su vida, refería sus penas, confesaba sus maldades, pedía consuelo y consejo. Sucedía a veces que uno pedía permiso para pasar una noche con ellos y escuchar al río. Sucedía también que acudían muchos curiosos, a los que habían contado que en aquel pontón vivían dos sabios o magos o santos. Los curiosos formulaban muchas preguntas, pero no obtenían contestación alguna, y no encontraban ni encantadores, ni sabios; sólo veían dos viejos hombrecillos que parecían ser mudos y algo extravagantes y tímidos. Y los curiosos se reían y se divertían al comprobar cómo se esparcía este rumor infundido entre el pueblo insensato y crédulo.

Los años pasaban y nadie los contaba. Una vez llegaron unos monjes peregrinos, discípulos de Gotama, el Buda, que rogaron les pasaran en la barca, y los barqueros supieron por ellos que volvían a toda prisa junto a su maestro, pues se había propagado la noticia de que el Sublime estaba enfermo de muerte y pronto moriría por última vez en este mundo, para alcanzar la redención. No mucho después llegó un nuevo tropel de peregrinos, y luego otro y otro, y todos los monjes y los demás viajeros no hablaban de otra cosa que de Gotama y de su próxima muerte. Y como si se tratara de una concentración militar o de asistir a la coronación de un rey, los hombres acudían de todas partes, formando hileras interminables como de hormigas; llegaban como empujados por un sortilegio al lugar donde el gran Buda esperaba su muerte, donde había de realizarse el prodigio de que el sumo Perfecto de toda una época de la Tierra se fuera a la Gloria.

Mucho pensó Siddhartha en este tiempo en el sabio moribundo, en el gran maestro, cuya voz exhortó a pueblos enteros y despertó a cientos de miles de personas, cuya voz él también había escuchado en otro tiempo, cuyo rostro santo había contemplado con veneración en otro tiempo también. Pensó amistosamente en sí mismo, en el camino de su perfección, y recordó sonriendo las palabras que el Sublime le dirigiera siendo un joven todavía. Fueron unas palabras, así se lo parecía, orgullosas y llenas de cordura; sonriendo las recordó. Se sabía muy allegado a Gotama, aunque no había podido aceptar su doctrina. No; el que busca de verdad la verdad no puede aceptar ninguna doctrina, al menos el que quiera encontrarla de verdad. Pero el que la ha encontrado puede sancionar toda doctrina, todo camino, toda meta, pues ya nada le separa de los mil otros que viven en la eternidad, que respiran la Divinidad.

En una de aquellas tardes en que cruzaron el río tantos peregrinos hacia el Buda moribundo, pasó por allí Kamala, la más hermosa de las cortesanas de otro tiempo. Hacía mucho que se había retirado de su vida anterior, había regalado su parque a los monjes de Gotama, había buscado refugio en su doctrina, contaba entre las amigas y bienhechoras de los peregrinos. Acompañada del joven Siddhartha, su hijo, se había puesto en camino al saber la próxima muerte de Gotama, vestida sencillamente y a pie. Se había puesto en camino hacia el río con su hijito, pero el muchacho se cansó pronto, quería volver a casa, quería descansar, quería comer, lloraba y pataleaba. Kamala tenía que detenerse con frecuencia, estaba acostumbrado a imponer su voluntad, tenía que darle de comer, tenía que consolarle, tenía que reñirle. No comprendía por qué había de realizar con su madre esta penosa peregrinación hacia un lugar desconocido, hacia un hombre extraño, que era santo y que estaba muriendo. Aunque se muriera, ¿qué le importaba al muchacho?

Los peregrinos no estaban lejos de la barca de Vasudeva cuando el pequeño Siddhartha obligó a su madre a hacer un nuevo alto. También Kamala estaba cansada, y mientras el muchacho trepaba a un banano, se sentó en el suelo, cerró un poco los ojos y descansó. Pero de pronto lanzó un grito lamentable, el niño la miró horrorizado y vio que estaba mortalmente pálida y que de entre sus vestidos salía una serpiente negra que la había mordido.

Corrieron presurosos en busca de socorro y llegaron cerca de la barca, pero Kamala cayó a tierra, sin poder incorporarse ya más. El muchacho gritó lastimeramente mientras besaba y abrazaba a su madre, la cual le acompañó en sus gritos de socorro. Vasudeva los oyó, acudió presuroso, cogió en brazos a la mujer, la llevó hasta la barca, el muchacho les siguió, y pronto estuvieron los tres en la choza, donde Siddhartha estaba encendiendo el fuego. Este miró a los recién llegados; primero el rostro del muchacho, que le recordó prodigiosamente el pasado. Luego vio a Kamala, a la que reconoció en seguida, aunque ésta seguía inconsciente en los brazos del barquero, y entonces comprendió que aquel era su propio hijo, cuyo rostro tanto le había impresionado, y el corazón latió con fuerza en su pecho.

Lavaron la herida de Kamala, pero ya estaba negra y su cuerpo hinchado; le dieron a beber un brebaje salutífero y volvió en sí. La tendieron en la cama de Siddhartha, y este permaneció inclinado sobre aquella a la que tanto había amado en otro tiempo. A Kamala le parecía estar soñando, y miró sonriente aquellos rostros amigos, se fue dando cuenta lentamente de su estado, recordó la mordedura, llamó angustiada a su hijo.

—Está a tu lado, no te inquietes —dijo Siddhartha.

Kamala le miró a los ojos. Habló con lengua pesada, paralizada por el veneno.

—Has envejecido mucho, querido —dijo—, tienes el pelo blanco. Pero pareces enteramente aquel joven samana que, sin vestidos y con los pies llenos de polvo, se acercó a mi jardín. Te pareces a él mucho más que cuando nos dejaste a Kamaswami y a mí. Te pareces a él en los ojos, Siddhartha. ¡Ah!, yo también envejecí; ¿me recuerdas aún?

Siddhartha sonrió:

—Te reconocí en seguida, amada Kamala.

Kamala señaló a su niño y dijo:

—¿Le reconoces también a él? Es tu hijo.

Sus ojos se enturbiaron y cerraron. El muchacho lloró. Siddhartha le sentó en sus rodillas, le dejó llorar, acarició sus cabellos, y al ver el rostro del niño recordó una oración brahmánica aprendida de pequeño. Lentamente, con voz cantarina, empezó a recitarla; las palabras fluían del pasado y de la infancia. Y con este cantar la criatura se tranquilizó, sollozó de cuando en cuando y se durmió. Siddhartha le acostó en la cama de Vasudeva. Vasudeva estaba en el fogón y cocía arroz. Siddhartha le dirigió una mirada que él le devolvió sonriendo.

—Se morirá —dijo Siddhartha en voz baja.

Vasudeva asintió con la cabeza; sobre su rostro amistoso jugueteaba el reflejo del fuego del hogar.

Kamala volvió en sí otra vez. El dolor descomponía su rostro; los ojos de Siddhartha leyeron el dolor en su boca, en sus mejillas pálidas. Lo leía tranquilo, atento, esperando, sumergido en su dolor.

Kamala lo sentía; su mirada buscó los ojos de él.

—También veo —dijo— que tus ojos han cambiado. Son ahora muy distintos. ¿En qué reconozco que eres Siddhartha? Lo eres y no lo eres.

Siddhartha no dijo nada; sus ojos miraban silenciosos los de ella.

—¿Lo has logrado? —preguntó Kamala—. ¿has encontrado la paz?

El sonrió y puso su mano entre las de ella.

—Lo veo —dijo—. Yo también la encontraré.

—Ya la has encontrado —susurró Siddhartha.

Kamala seguía mirándole a los ojos invariablemente. Pensaba que había querido peregrinar hacia Gotama para contemplar el rostro de un ser perfecto, para respirar su paz, y que en vez de encontrarse con Gotama había dado con Siddhartha, y era igual, enteramente igual que si hubiera llegado a ver al otro. Quería decirle todo esto, pero su lengua ya no obedecía a su voluntad. Le miraba silenciosamente, y él veía apagarse la vida en sus ojos. Cuando el último dolor quebró el brillo de sus ojos, cuando el último estremecimiento recorrió sus miembros, cerró los párpados con sus dedos.

Allí permaneció sentado un largo rato mirando el rostro como adormecido. Largo rato estuvo contemplando su boca, su boca vieja y fatigada, con los labios que habían adelgazado, y recordó que en otro tiempo, en la primavera de sus años, había comparado aquella boca con un higo abierto. Permaneció mucho tiempo junto a la muerta, leyendo en el pálido rostro, en las fatigadas arrugas; se reconoció en sus rasgos, vio su propio rostro reclinado así, igualmente pálido, igualmente apagado, y vio su rostro y el de ella cuando eran jóvenes, con aquellos labios rojos, con los ojos ardientes, y la sensación del presente y de la simultaneidad le atravesó enteramente, junto con el sentimiento de la eternidad. Sintió profundamente, más profundamente que otras veces, la indestructibilidad de cada vida, la eternidad de cada instante.

Cuando se incorporó, Vasudeva le tenía preparado un poco de arroz, Pero Siddhartha no quiso comer nada. En el establo donde estaba la cabra, ambos viejos se prepararon un lecho de paja y Vasudeva se echó a dormir. Pero Siddhartha salió fuera y se sentó delante de la choza, escuchando al río, repasando el pasado, conmovido y envuelto por todos los tiempos de su vida. Y de cuando en cuando se levantaba, se acercaba a la puerta de la casa y escuchaba si el niño dormía.

Muy de mañana, mucho antes de que apareciera el sol, salió Vasudeva del establo y se acercó a su amigo.

—No has dormido —dijo.

—No, Vasudeva. Aquí he estado sentado, escuchando el río. Muchas cosas me ha dicho, me ha llenado profundamente de pensamientos saludables, con pensamientos de la Unidad.

—Has sufrido un dolor, Siddhartha; y sin embargo veo que no hay tristeza en tu corazón.

—No, querido amigo. ¿Cómo podría estar triste? Yo, que fui rico y feliz, soy ahora más rico y venturoso. Me ha sido regalado mi hijo.

—Bienvenido tu hijo a mi casa. Pero ahora pongámonos al trabajo, porque hay mucho que hacer. Kamala ha muerto en el mismo lecho donde murió mi mujer. Levantaremos una pira en la misma colina donde en otro tiempo se alzó la de mi mujer.

Mientras dormía el niño levantaron la pira funeraria.

Capítulo X
El hijo

Tímido y lloroso asistió el muchacho al entierro de su madre; sombrío y tímido escuchó decir a Siddharta que le saludaba como a hijo y que se quedaría a vivir con él en la choza de Vasudeva. Permaneció sentado todo el día en la colina de los muertos, pálido, sin querer comer, cerrada la mirada, cerrado el corazón, defendiéndose y resistiéndose contra el destino.

Siddhartha le cuidaba y le dejaba a su libre albedrío, respetando su dolor. Siddhartha comprendía que su hijo no le conocía, que no le podía amar como a un padre. Lentamente vio y comprendió también que aquel muchacho de once años estaba muy mimado, que había crecido en medio de la opulencia, que estaba acostumbrado a los manjares más finos, a un lecho blando, a mandar a los criados. Siddhartha comprendió que aquel niño entristecido y mimado no podía hacerse de pronto y voluntariamente a convivir con un extraño y a vivir en la pobreza. No le forzó a nada; hacía muchos trabajos por él, buscaba para él los mejores bocados. Pensaba ganarse al niño con amistosa paciencia.

Se consideró rico y feliz cuando llegó a él el niño. Pero como el tiempo pasara y el muchacho siguiera mostrándose extraño y sombrío, como demostrara tener un corazón orgulloso y terco, como no quisiera hacer ningún trabajo, ni respetar a los ancianos, como se dedicara a robar la fruta a Vasudeva, Siddharta empezó a comprender que con su hijo no había venido a él la dicha y la paz, sino el dolor y las preocupaciones. Pero le amaba y prefería los dolores y preocupaciones del amor, que la dicha y la paz sin el muchacho.

Desde que el joven Siddhartha llegó a la choza, los viejos se habían repartido el trabajo. Vasudeva había vuelto a realizar solo el oficio de barquero, y Siddhartha, para estar junto al hijo, se había encargado de la choza y del campo.

Mucho tiempo, muchos meses esperó Siddhartha a que su hijo le comprendiera, a que aceptara su amor, a que le correspondiera quizá.

Largos meses esperó Vasudeva observando lo que ocurría, y esperó en silencio. Un día en que el joven Siddhartha había atormentado mucho a su padre con su obstinación y caprichos y le había roto dos platos de arroz, Vasudeva tomó aparte a su amigo por la noche y le dijo:

—Perdóname, pero quiero hablarte con corazón amigo. Veo que te atormentas, veo que tienes una gran pena. Tu hijo querido, te causa muchos sinsabores igual que a mí. Este pajarito está acostumbrado a otra vida, a otro nido. No ha huido de la ciudad, como tú, asqueado de las riquezas y de aquella vida, sino que ha tenido que dejar todo aquello en contra de su voluntad. He preguntado al río, oh, amigo, le he preguntado muchas veces. Pero el río se ríe, se ríe de mí, se ríe de ti y de mí. Se ríe de nuestra necedad. Las aguas quieren correr hacia las aguas, la juventud hacia la juventud; tu hijo no está en el sitio donde pueda prosperar. ¡Pregunta tú también al río, escúchalo!

Siddhartha miró preocupado al rostro de su amigo, en el cual había muchas arrugas de inalterable serenidad.

—¿Es que tendré que separarme de él? —preguntó en voz baja, confundido—. ¡Déjame pensarlo algún tiempo, querido! Mira, estoy luchando por él, aspiro a conquistar su corazón, quiero ganarlo con amor y con amistosa paciencia. También el río le hablará a él alguna vez; también él es llamado.

La sonrisa de Vasudeva floreció más cálida.

—Oh, sí, él también ha sido llamado, él también pertenece a la vida eterna. ¿Pero sabemos tú y yo para qué es llamado, hacia qué camino, hacia qué acciones, hacia qué sufrimientos? No serán pequeños sus dolores, pues su corazón es ya orgulloso y duro; mucho tiene que padecer, mucho ha de extraviarse, muchas injusticias ha de hacer, cometerá muchos pecados. Dime, amigo mío: ¿no educas a tu hijo? ¿No le fuerzas? ¿No le golpeas? ¿No le castigas?

—No, Vasudeva, no hago nada de eso.

—Ya lo sabía. No le fuerzas, no le pegas, no le ordenas, porque sabes que la blandura es más fuerte que la dureza, el agua más fuerte que la roca, el amor más fuerte que la violencia. Está muy bien, te alabo. Pero, ¿no es un error por tu parte creer que no le fuerzas, que no le castigas? ¿No le tienes atado con tu amor? ¿No le avergüenzas a diario y se lo haces más grave con tu bondad y paciencia? ¿No obligas a este muchacho orgulloso y mimado a vivir en una choza con dos ancianos que no comen otra cosa que bananas y para los que un plato de arroz es un manjar delicioso, cuyos corazones son viejos y reposados y tienen otro ritmo que el del niño? ¿No está forzado con todo esto?

Siddhartha miró compungido a tierra. Luego preguntó en voz baja:

—¿Qué crees que debo hacer?

Habló Vasudeva:

—Llévale a la ciudad, llévale a la casa de su madre; todavía habrá allí criados, dáselo a ellos. Y si no hay nadie allí llévale a un maestro, no por la instrucción, sino para que se relacione con otros muchachos, con muchachas, con el mundo, que es el suyo. ¿No has pensado en esto?

—Lees en mi corazón —dijo Siddhartha, entristecido—. He pensado en ello con frecuencia. Pero mira, ¿cómo he de entregarlo al mundo no teniendo un corazón puro? ¿No se volverá sensual?, ¿no se perderá en el placer y en el poderío?, ¿no caerá en los mismos errores de su padre?, ¿no se perderá enteramente, quizá en el sansara?

La sonrisa del barquero resplandeció más clara; tocó delicadamente el brazo de Siddhartha y dijo:

—¡Pregunta al río sobre ello, amigo! ¡Escúchale reírse de eso! ¿Crees tú de verdad que cometiste tantas locuras para ahorrárselas a tu hijo? ¿Y podrás proteger a tu hijo del sansara? ¿Con qué? ¿Con lecciones?, ¿con oraciones?, ¿con advertencias? ¿Has olvidado, querido, aquella historia aleccionadora de Siddhartha, el hijo del brahmán, que aquí mismo me contaste una vez? ¿Quién protegió al samana Siddhartha contra el sansara, contra el pecado, contra la codicia, contra la locura? ¿Fueron bastante a defenderle la piedad de su padre, las advertencias de sus maestros, su propia ciencia y su propia virtud? ¿Qué padre o qué maestro le pudo preservar de vivir la vida, de mancharse con la vida, de cargarse con sus pecados, de ahogarse con amargas bebidas, de encontrar su camino? ¿Crees tú, querido, que este camino le es ahorrado a nadie? ¿Quizá a tu hijito, porque le amas y quieres ahorrarle dolores y decepciones? Pero aunque murieras por él diez veces no podrías evitarle la parte más insignificante de su destino.

Nunca había pronunciado Vasudeva tantas palabras. Siddhartha le dio gracias amablemente, entró en la choza preocupado y no pudo conciliar el sueño. Vasudeva no le había dicho nada que no hubiera pensado él mismo. Pero aquel consejo era irrealizable. Más fuerte que aquellas razones era su amor por el hijo, su ternura, su angustia de perderle. ¿Había puesto nunca tanto corazón en ninguna cosa; había amado a nadie así tan ciegamente, tan dolorosamente, tan vanamente y, sin embargo, con tanta felicidad?

Siddhartha no podía seguir el consejo de su amigo, no podía desprenderse de su hijo. Se dejaba mandar por el muchacho, se dejaba despreciar por él. Callaba y esperaba. Empezaba a diario la muda lucha de la amabilidad, la guerra silenciosa de la paciencia. También Vasudeva callaba y esperaba amistosamente, prudentemente, bondadosamente. Ambos eran maestros en el arte de la paciencia.

Un día, como el rostro del niño le recordara el de Kamala, Siddhartha rememoró unas palabras que esta le dirigió en los tiempos de la juventud.

"Tú no puedes amar", le había dicho, y él le había dado la razón y se había comparado con una estrella, y a los hombres-niños con las hojas marchitas, y, sin embargo, había sentido también en aquellas palabras un reproche. En realidad nunca se había perdido ni entregado enteramente a otro ser, nunca se había olvidado tanto de sí mismo, ni había cometido las locuras del amor por culpa de otro; nunca había podido hacerlo, y esto era, como entonces le pareció, la gran diferencia que le separaba de los hombres-niños. Pero ahora, desde que estaba allí su hijo, él también, Siddhartha, se había vuelto un hombre-niño que padece por causa de otro, que ama a otro, perdido en un amor, que se ha vuelto loco por causa de un amor. Más tarde sintió también una vez en la vida esta fuerte y extraña pasión; sufrió con ella, sufrió lamentablemente, y sin embargo era dichoso, se sentía renovado por algo, se sentía enriquecido en algo.

Bien sabía que este amor, este ciego amor hacia su hijo era una pasión, algo demasiado humano, un verdadero sansara, una turbia fuente, un agua oscura. No obstante sentía al mismo tiempo que no carecía de valor, que era necesario, que procedía de su propio ser. También este gozo quería ser expiado, también estos dolores querían ser paladeados, también estas locuras querían ser cometidas.

Entre tanto, el hijo le dejaba cometer sus locuras, le embaucaba, le dejaba humillarse a diario ante sus caprichos. Este padre no tenía nada que le encantara y nada que él pudiera temer. Era un buen hombre, un padre bondadoso, quizá demasiado piadoso, quizá un santo; pero todo esto no eran singularidades que pudieran atraer al hijo. Este padre le aburría, este padre que le tenía preso en su miserable choza le aburría, y la más odiosa astucia de este viejo socarrón era que le devolvía sonrisas por sus travesuras, amabilidades por sus insultos, bondad por maldad. El muchacho hubiera preferido que le amenazara, que le maltratara.

Llegó un día en que el sentir del joven Siddhartha se reveló abiertamente contra su padre. Este le había encargado que saliera a recoger leña, pero el muchacho no se movió de la choza, obstinado y furioso, pataleando el suelo, apretando los puños y arrojando a la cara de su padre frases llenas de odio y desprecio.

—¡Ve tú a buscarla! —gritó furioso—. ¡Yo no soy tu criado! Ya sé que no me pegarás; no te atreves a hacerlo. Ya sé que quieres castigarme a todas horas y empequeñecerme con tu piedad e indulgencia. ¡Quieres que yo llegue a ser como tú: tan piadoso, tan apacible, tan sabio! Pero yo, óyelo bien, aunque te duela, ¡prefiero ser un ladrón de caminos y un asesino e irme a los infiernos antes de parecerme a ti! ¡Te odio; tú no eres mi padre, aunque hayas sido el amante de mi madre!

El furor y el odio le hacían proferir terribles insultos contra su padre. Luego escapó corriendo de la choza y no volvió hasta muy entrada la noche. Pero a la mañana siguiente desapareció. Con él desapareció también una cestita tejida con mimbres teñidas de dos colores, en la que los barqueros guardaban las monedas de cobre y plata que recibían como precio del pasaje de los viajeros. También había desaparecido el bote; Siddhartha lo descubrió al otro lado del río. El muchacho había huido.

—He de seguirle —dijo Siddhartha, que temblaba de pena desde que oyera a su hijo dirigirle aquellos insultos del día anterior—. Un niño no puede andar solo por el bosque. Perecería. Tendremos que armar una balsa, Vasudeva, para atravesar el río.

—Lo haremos —dijo Vasudeva—, para recuperar nuestra barca que el joven nos ha robado. Pero a él deberías dejarlo marchar, amigo; ya no es un niño y sabrá arreglárselas. Busca el camino de la ciudad y hace bien, no olvides esto. Ha hecho lo que tú deberías haber hecho. Con esto procura seguir su camino. Ah, Siddhartha, te veo sufrir, pero sufres unas penas de las que uno se podría reír, de las que tú mismo pronto te reirás.

Siddhartha no respondió. Empuñó el hacha y empezó a construir una balsa con bambúes, y Vasudeva le ayudó a atar los palos con cuerdas de fibras. Luego subieron a ella, la empujaron hasta la otra orilla, deslizándose a favor de la corriente.

—¿Para qué has traído el hacha? —preguntó Siddhartha.

Vasudeva dijo:

—Pudiera ser que se hubieran perdido los remos de nuestra barca.

Pero Siddhartha adivinó lo que su amigo pensaba. Pensaba que el muchacho habría tirado al agua los remos, o los habría destrozado, para vengarse o para impedir que le persiguieran. Y, efectivamente, la barca no tenía remos. Vasudeva señaló el fondo de la barca y miró sonriendo al amigo, como si quisiera decirle: "¿Sabes lo que quiere decirte tu hijo? ¿No ves que no quiere ser perseguido?" Pero no lo dijo con palabras. Se puso a labrar unos nuevos remos. Siddhartha se despidió para ir en busca del huido. Vasudeva no se lo impidió.

Cuando Siddhartha llevaba un buen rato caminando por el bosque le vino el pensamiento de que su búsqueda era inútil. "O el muchacho, pensaba, ya había llegado a la ciudad o, si aún estaba en camino, se mantendría oculto de su perseguidor". Y como siguiera pensando halló también que no estaba preocupado por su hijo, que sabía muy bien que su hijo ni había perecido, ni le amenazaba peligro alguno en el bosque. No obstante corrió sin parar, no ya para salvarle, sino por el deseo de volver a verle, quizá por última vez. Y corriendo llegó hasta la ciudad.

Cuando alcanzó la amplia carretera que conducía a la ciudad se detuvo a la puerta de la quinta que perteneció en otro tiempo a Kamala, donde la vio por primera vez sentada en la silla de manos. El pasado surgió en su alma, volvió a verse allí, joven, como un barbudo samana, medio desnudo, con el cabello lleno de polvo. Siddhartha se detuvo allí mucho tiempo mirando por la puerta entreabierta del jardín, viendo pasearse bajo los árboles a los monjes de amarilla túnica.

Allí estuvo un buen rato rememorando la historia de su vida pasada. Largo tiempo estuvo mirando a los monjes, pero en vez de verlos a ellos vio al Siddhartha de aquel tiempo, vio a la joven Kamala paseando bajo los altos árboles. Claramente se vio a sí mismo, cómo fue recibido por Kamala, cómo recibió su primer beso, cómo miró orgulloso y despectivo hacia su brahmanismo, cómo inició su vida mundana lleno de orgullo y deseos. Vio a Kamaswami, vio a los criados, vio los festines, los jugadores de dados, los músicos, el pájaro canoro de Kamala en la jaula; volvió a vivir todo esto, respiró el sansara, volvió a sentirse viejo y fatigado, sintió otra vez el hastío, sintió otra vez el deseo de aniquilarse, sanó una vez más como el santo Om.

Después de haber permanecido mucho tiempo a la puerta del jardín, Siddhartha pensó que el deseo que le había traído hasta ciudad era un deseo insensato, que no podía ayudar en nada a su hijo, que no podría hacerle volver. Sentía profundamente en su corazón el amor hacia el huido, como una llaga, y sentía al propio tiempo que aquella llaga no se la habían dado para escarbar en ella, sino para que sangrara y resplandeciera. Pero le entristeció que, en aquella hora, la llaga no sangrara ni resplandeciera. En el lugar de la meta del deseo que le había traído hasta aquí halló el vacío. Triste, se dejó caer al suelo, sintió morir algo en su corazón, sintió el vacío, no vio ya alegría alguna, ningún fin. Estaba hundido en sus reflexiones y esperó. Esto había aprendido en el río: esperar, tener paciencia, escuchar. Y allí estaba escuchando, sentado en el polvo de la carretera, escuchando su corazón cómo latía fatigado y triste, esperando una voz. Así permaneció muchas horas escuchando, no vio ya más imágenes, se hundió en el vacío, se dejó caer sin descubrir un camino. Y cuando sintió arder la llaga pronunció en voz baja el Om, se sintió sumergido en el Om. Los monjes del jardín le vieron, y como llevara allí sentado varias horas y el polvo empezara a cubrir sus cabellos, uno se llegó hasta él y puso delante de Siddhartha dos plátanos. El anciano no lo miró.

De este envaramiento le sacó una mano que le tocó en el hombro. Pronto reconoció este contacto delicado y honesto y volvió en sí. Se levantó y saludó a Vasudeva, que le había seguido. Y cuando miró al rostro amigo de Vasudeva, a las diminutas arrugas iluminadas por una sonrisa, los ojos alegres, sonrió también. Vio ahora los dos plátanos delante de él, los recogió, dio uno al barquero y se comió el otro. Después se volvió silencioso hacia el bosque con Vasudeva, atravesó el río en la barca y entró en casa. Ninguno habló de lo que hoy había sucedido, ninguno pronunció el nombre del muchacho, ninguno habló de su huida, ninguno habló de la llaga. Siddhartha se tendió en su lecho, y cuando, al cabo de un rato, Vasudeva se acercó a ofrecerle un tazón de leche de coco, lo halló dormido.

Capítulo XI

Om

La llaga ardió mucho tiempo. Siddhartha tuvo que pasar el río a muchos caminantes que traían consigo un hijo o una hija, y a ninguno de ellos veía sin envidiarlos, sin que pensara: "Cientos, miles de personas poseen el más preciado tesoro. ¿Y por qué yo no? Hasta los malos, hasta los ladrones y asesinos tienen hijos, y los aman, y son amados por ellos, y yo no". Así pensaba, tan simplemente, tan sin razón; se había vuelto semejante a los hombres-niños.

Ahora veía a los hombres de diverso modo que antes, menos ladinos, menos orgullosos y, por tanto, más calurosos, más curiosos, más interesados por sus semejantes. Cuando pasaba el río a los caminantes en la forma acostumbrada, hombres—niños, negociantes, soldados, mujeres, ya no le parecían gente extraña como antes; los comprendía, los comprendía y compartía no sólo sus pensamientos y puntos de vista, sino también los impulsos y deseos que impelían sus vidas; sentía como ellos. Aunque estaba cerca de la perfección y le apenaba su última desgracia, le parecía que todos aquellos hombres—niños eran sus hermanos; sus vanidades, codicias y ridiculeces perdían para él lo que tenían de ridículo, se habían vuelto más comprensibles, más dignos de ser amados, y hasta más dignos de estimación. El ciego amor de una madre hacia su hijo, el estúpido y ciego orgullo de un padre presumido por su único hijito, la ciega y salvaje tendencia a adornarse y a agradar a los hombres de una mujer joven y vanidosa; todos estos impulsos, todas estas niñerías, todos estos anhelos y codicias simples, insensatos, pero monstruosamente fuertes, vivos, operantes, ya no eran para Siddhartha ninguna niñería; veía que los hombres vivían por ellos, por ellos trabajaban, viajaban, hacían la guerra, lo sufrían todo, todo lo soportaban, y por ellos podía amarlos, veía la vida, lo viviente, lo indestructible, el Brahma en cada una de sus pasiones, en cada uno de sus actos. Estos hombres eran dignos de ser amados y admirados por su ciega fidelidad, por su ciega reciedumbre y tenacidad. Nada les faltaba, en nada les aventajaba el sabio y el pensador más que en una futilidad, en una sola cosa: en que tienen conciencia de la unidad de toda vida.

Y Siddhartha dudaba muchas veces si este saber, estos pensamientos, merecían ser estimados tanto o si no serían más que una niñería del hombre pensador, del hombre-niño pensador. En todo lo demás, los hombres del mundo y el sabio eran de la misma condición; con frecuencia eran muy superiores a él, como en muchas ocasiones podían parecer superiores las bestias a los hombres, en su tenaz y recto obrar impuesto por la necesidad.

Lentamente fue floreciendo y madurando en Siddhartha la conciencia de lo que era en realidad la ciencia, de lo que era en realidad la sabiduría, de lo que era en realidad la meta de su larga búsqueda. No era otra cosa que una disposición del alma, una facultad, un arte secreto, de poder pensar en cada momento, en medio de la vida, en la idea de la unidad, de poder sentir y respirar la unidad. Floreció lentamente en él, resplandeció en las facciones del rostro infantil de Vasudeva: armonía, conciencia de la eterna perfección del mundo, sonrisas, unidad.

Pero la herida seguía ardiendo; con amargura y añoranza pensaba Siddhartha en su hijo, alimentaba su amor y ternura en su corazón, dejaba que el dolor le mordiera y cometió todas las locuras del amor. Aquella llama no se apagaba.

Y un día en que la llaga ardía poderosamente, Siddhartha se fue al río, empujado por la añoranza; montó en la barca con intención de ir a la ciudad y buscar a su hijo. El río se deslizaba blandamente, era la estación seca, pero su voz sonaba extrañamente: ¡se reía! Se reía claramente. El río reía, se reía claramente del barquero. Siddhartha se detuvo, se inclinó sobre el agua para escuchar mejor, y en las mansas aguas vio reflejado su rostro, y en aquel retrato había algo que le hacía recordar algo olvidado, y haciendo un esfuerzo de imaginación lo encontró: este rostro se parecía a otro que en otro tiempo había conocido, amado y hasta temido. Se parecía al rostro de su padre, al rostro del brahmán. Y recordó cómo siendo joven había obligado a su padre a permitirle irse con los penitentes, cómo se despidió de él, cómo se fue y no volvió más. ¿No había sufrido su padre el mismo dolor por él que ahora él sufría por su hijo? ¿No hacía ya mucho tiempo que su padre había muerto, solo, sin haber vuelto a ver a su hijo? ¿No debía él de esperar este mismo destino? ¿No era esto una comedia, una extraña cosa, esta repetición, este correr en un círculo nefasto?

El río se reía. Sí, así era; se repetía lo que no había sido sufrido hasta el fin y solucionado; sufriría siempre los mismos dolores. Pero Siddhartha volvió a empuñar los remos y bogó hacia la choza, pensando en su padre, pensando en su hijo, sintiendo que el río se reía de él, en desacuerdo consigo mismo, abocado a la desesperación, y no menos dispuesto a reírse en voz alta de sí y de todo el mundo. ¡Ah!, ya no florecía la llaga, ya se rebelaba su corazón contra el destino, ya no irradiaba su dolor alegría y victoria. Sin embargo, sintió esperanzas, y llegando a la choza, sintió un irrefrenable deseo de abrir su pecho a Vasudeva, de mostrarle todo al maestro de los oyentes, de decírselo todo.

Vasudeva estaba sentado en la choza y tejía un cesto. Ya no conducía la barca, sus ojos empezaban a debilitarse, y no sólo sus ojos, sino también sus brazos y manos. Sólo permanecían inmutables y florecientes la alegría y la benevolencia de su rostro.

Siddhartha se acercó al anciano y empezó a hablar lentamente. Habló de lo que nunca habían hablado, de su ida a la ciudad aquella vez, de la ardiente llaga, de su envidia al ver a los otros padres felices, de su conocimiento, de la locura de semejantes deseos, de su lucha inútil contra ellos. Todo lo relató, todo lo dijo, aun lo más penoso; todo se dejó decir, todo se dejó mostrar; pudo referirlo todo. Descubrió su llaga, refirió también su huida de hoy, su marcha por el río, una escapada infantil; su intención de llegarse hasta la ciudad, y cómo el río se había reído.

Mientras hablaba, —y habló mucho—; mientras Vasudeva le escuchaba con rostro sereno, Siddhartha sintió que su oyente le escuchaba con más atención que de costumbre, que sus dolores, sus angustias, le penetraban, que sus secretas esperanzas le traspasaban, volvían a él desde el otro lado. Mostrar su llaga a este oyente era como bañarla en río hasta que se enfriara y fuera una sola cosa en el río. Mientras hablaba, mientras le informaba y se confesaba, Siddhartha sintió que aquel no era Vasudeva, que aquel no era un hombre que le escuchaba, que aquel oyente inmóvil embebía su confesión como un árbol a la lluvia, que aquel ser inmóvil era el mismo río, el mismo Dios, el mismo Eterno. Y cuando Siddhartha cesó de pensar en sí y en su llaga, se apoderó de él la noción de cambio operado en Vasudeva, y cuanto más pensaba en ello, tanto menos milagroso le parecía, tanto más comprendía que todo estaba en orden y era natural que Vasudeva desde hacía mucho tiempo, casi desde siempre, había sido siempre así, que él mismo no se había dado cuenta de ello, y que él no era muy distinto del otro. Sentía que miraba ahora al viejo Vasudeva como el pueblo mira a los dioses, y que aquello no podía durar; empezó a despedirse de Vasudeva con el corazón. Y siguió hablando.

Cuando terminó de hablar, Vasudeva levantó su mirada afable y algo fatigada hacia él; no habló, le lanzó una oleada de silencioso amor y serenidad, de comprensión y entendimiento. Tomó la mano de Siddhartha, le llevó hasta la orilla del río, se sentó con él en tierra y sonrió a las aguas.

—Le has oído reír —dijo—. Pero no lo has oído todo. Escuchemos y oirás algo más.

Prestaron atención. Claramente se oía el polifónico canto del río. Siddhartha miró a las aguas, y sobre ellas distinguió unas figuras: vio a su padre, solo, entristecido por el hijo; se vio a sí mismo, solo trabado por los lazos de la añoranza del hijo lejano; vio a su hijo, solo también, precipitándose por el camino ardiente de sus jóvenes deseos, cada cual dirigido hacia su fin, todos sufriendo. El río cantaba con su voz dolorosa, cantaba vehemente, corría nostálgicamente hacia su destino, su voz sonaba quejumbrosa.

—¿Oyes? —preguntó Vasudeva, con una mirada muda. Siddhartha asintió.

—¡Escucha mejor! —susurró Vasudeva.

Siddhartha se esforzó en escuchar con más atención. La imagen del padre, su propia imagen, la imagen de su hijo, se fundían unas con otras; también apareció la imagen de Kamala y se fundió, y la imagen de Govinda, y otras imágenes, y todas sobrenadaban en las aguas, formando un río, añorantes, codiciosas, sufrientes, y la voz del río sonaba anhelante, llena de dolor, llena de intranquilo deseo. El río caminaba hacia su término; Siddhartha veía el río formado por él y los suyos y todos los hombres que había visto antes, todas las olas y aguas, apresurarse dolorosamente hacia sus fines, muchos fines, hacia la cascada, el lago, la torrentera, el mar, y todos los fines eran alcanzados, y a cada uno le sucedía otro, y las aguas desprendían vapores que ascendían hacia el cielo, ya fuera fuente, arroyo, río, esforzándose de nuevo, corriendo de nuevo. Pero la voz anhelante había cambiado. Seguía sonando dolorosamente; pero otras voces se le unían, voces de alegría y dolor, voces buenas y malas, rientes y tristes, cientos de voces, miles de voces.

Siddhartha escuchó. Escuchaba ahora con toda atención, enteramente vació, absorbiéndolo todo; sentía que al fin había aprendido a escuchar. Ya otras muchas veces había oído todo esto, todas aquellas voces en el río; pero hoy sonaban de modo distinto. Ya no sabía distinguir aquellas numerosas voces, ni las alegres de las llorosas, ni las infantiles de las de los hombres; pertenecían a todos juntos, lamentos del que añora, risas del sabio, gritos del colérico y gemidos del moribundo; todo era uno, todo entremezclado y enredado mil veces. Y todo junto, todas las voces, todos los fines, todos los anhelos, todos los dolores, todos los goces, todo lo bueno y lo malo, todo junto formaba el mundo. Todo ello formaba el río del acaecer, la música de la vida. Y aunque Siddhartha escuchaba atentamente este río, esta canción a mil voces; aunque no oía el dolor ni la risa, aunque no acordaba su alma a ninguna voz ni penetraba con su yo en ellas, sino que escuchaba el todo, percibía la unidad, y la gran canción de las mil voces venía a concentrarse en una sola palabra, que se llamaba Om: la perfección.

—¿Oyes? —volvió a preguntar la mirada de Vasudeva.

La sonrisa de Vasudeva resplandecía luminosamente; sobre todas las arrugas de su viejo rostro se cernía esta sonrisa, como sobre todas las voces del río flotaba el Om. Su sonrisa resplandecía luminosa cuando miró al amigo, y luminosamente brilló también en la cara de Siddhartha la misma sonrisa. Su llaga florecía, su dolor lanzaba destellos, su yo se había fundido en la unidad.

En ese momento cesó Siddhartha de luchar con el Destino, cesó de padecer. En su rostro floreció la serenidad del saber, al que no se opone ninguna voluntad, que conoce la perfección, que está de acuerdo con el río del devenir, con la corriente de la vida, lleno de compasión, lleno de gozo compartido, entregado a la corriente, perteneciente a la Unidad.

Cuando Vasudeva se levantó de su asiento en la orilla, cuando miró a Siddhartha a los ojos y vio brillar en ellos la serenidad del saber, le tocó el hombro suavemente con la mano, como tenía por costumbre, y dijo:

—He estado esperando esta hora, querido amigo. Ha llegado ya, déjame ir. He esperado mucho tiempo este instante, he sido mucho tiempo el barquero Vasudeva. Ya basta. ¡Adiós choza, adiós, río; adiós, Siddhartha!

Siddhartha se inclinó profundamente ante el que se despedía.

—Lo esperaba —dijo en voz baja—. ¿Te vas al bosque?

—Me voy al bosque, me voy hacia la Unidad —dijo Vasudeva, radiante.

Se alejó, radiante; Siddhartha le siguió con la mirada. Le miraba alejarse con profunda alegría; con profunda seriedad contempló su paso lleno de paz, su cabeza llena de resplandores, su figura llena de luz.

Capítulo XII

Govinda

Govinda permaneció algún tiempo con otros monjes, durante un descanso en la finca de recreo que la cortesana Kamala había regalado a los discípulos de Gotama. Oyó hablar de un viejo barquero, que vivía en el río a una jornada de distancia y que era tenido por sabio. Cuando Govinda reemprendió el camino, eligió el que pasaba por la choza del barquero, curioso por conocerle. Aunque siempre había vivido según la regla, aunque los monjes de su edad y de su discreción le miraban con respeto, en su corazón no se había extinguido la intranquilidad y el afán de buscar.

Llegó al río, rogó al viejo que le pasara al otro lado, y cuando bajaron de la barca, dijo al anciano:

—Muchas amabilidades has tenido para con nosotros los monjes y peregrinos; a muchos de nosotros has llevado en tu barca. ¿No eres tú también, barquero, uno que anda buscando el recto sendero?

Habló Siddhartha, sonriendo con los ojos ancianos:

—¿Andas buscándolo tú también, ¡oh, venerable!, a pesar de tus años y del hábito de monje de Gotama que llevas?

—Es cierto que soy viejo —habló Govinda—, para andar buscando, pero no he dejado de hacerlo. Nunca cesaré en la búsqueda, ese es mi parecer. Tú también, me parece, has buscado. ¿Quieres decirme algo, honorable anciano?

Habló Siddhartha:

—¿Qué puedo yo decirte, venerable amigo? ¿Quizá que buscas demasiado? ¿Qué por tanto buscar no encuentras nada?

—¿Cómo es eso? —preguntó Govinda.

—Cuando alguien busca —dijo Siddhartha—, suele ocurrir fácilmente que sus ojos sólo ven la cosa que anda buscando, que no puede encontrar nada, que no deja entrar nada dentro de él, porque siempre está pensando en la cosa buscada, porque tiene un fin, porque está poseído por este fin. Buscar significa tener un fin. Pero encontrar quiere decir ser libre, estar abierto a todo, no tener un fin. Tú, venerable, quizá eres en realidad un buscador, pero aspirando a tu fin no ves muchas de las cosas que están cerca de tus ojos.

—Sigo sin entenderte —dijo Govinda—. ¿Qué quieres decir?

Habló Siddhartha:

—En otro tiempo, ¡oh, venerable!, hace muchos años, estuviste otra vez en este río, y encontraste en sus orillas un durmiente, y te sentaste junto a él para velar su sueño. Pero no le reconociste, ¡oh Govinda!

Asombrado, como un encantado, el monje miró a los ojos del barquero.

—¿Eres Siddhartha? —preguntó con voz tímida—. ¡Tampoco te he reconocido esta vez! ¡Te saludo con todo el corazón, Siddhartha; cordialmente me alegro de volver a verte! Has cambiado mucho, amigo. ¿Y te has hecho barquero?

Siddhartha sonrió afablemente.

—Sí, un barquero. Muchos deben cambiar mucho, Govinda; deben llevar toda clase de vestimentas, y uno de esos soy yo, querido. Sé bienvenido, Govinda, y quédate esta noche en mi choza.

Govinda pasó la noche en la choza y durmió en el lecho que había sido antes de Vasudeva. Muchas preguntas hizo al amigo de su juventud, mucho hubo de contarle Siddhartha de su vida.

A la mañana siguiente, cuando llegó la hora de continuar las peregrinación, Govinda preguntó, no sin vacilaciones:

—Antes de partir, Siddhartha, permíteme que te haga una pregunta más. ¿Tienes una doctrina? ¿Tienes una fe o una ciencia que seguir para que te ayude a vivir y a hacer el bien?

Habló Siddhartha:

—Ya sabes, querido, que cuando era joven, cuando vivíamos entre los penitentes del bosque, solía desconfiar de las doctrinas y de los doctrinarios y solía volverles las espaldas. Sigo siendo igual. Sin embargo, he tenido desde entonces muchos maestros. Una hermosa cortesana fue mucho tiempo mi maestra, y un rico comerciante fue mi maestro, y algunos jugadores de dados. Una vez también lo fue un joven Buda caminante; se sentó junto a mí, una vez que me quedé dormido en el bosque, durante una peregrinación. También de él aprendí, también le estoy agradecido, muy agradecido. Pero donde más he aprendido es en este río y de mi antecesor, el barquero Vasudeva. Era un hombre muy sencillo, no era ningún pensador, pero sabía lo necesario; era tan bueno como Gotama, era un ser perfecto, un santo.

Dijo Govinda:

—Me parece, Siddhartha, que, como siempre, bromeas un poco. Ya sé, y te creo, que nunca has seguido a un maestro. Pero ¿no has encontrado por ti mismo, aunque no sea una doctrina, algunos pensamientos, algunos conocimientos que te sean propios y te ayuden a vivir? Si pudieras hablarme de ellos, me llenarías el corazón de ventura.

Habló Siddhartha:

—Sí, he tenido pensamientos y conocimientos a veces. He sentido en mí, durante una hora o durante todo un día, muchas veces la ciencia como se siente la vida en el corazón. Muchos eran pensamientos, pero me sería difícil comunicártelos. Mira, Govinda mío: este es uno de los pensamientos que he encontrado: La sabiduría no es comunicativa. La sabiduría que un sabio intenta comunicar suena siempre a necedad.

—¿Bromeas? —preguntó Govinda.

—No bromeo. Digo lo que he hallado. Se pueden transmitir los conocimientos, pero la sabiduría no. Se la puede encontrar, se la puede vivir, se puede ser arrastrado por ella, se puede hacer con ella milagros, pero no se la puede expresar y enseñar. Esto era lo que ya de pequeño sospeché muchas veces, lo que me apartó de los maestros. He encontrado un pensamiento, Govinda, que podrás tomar a broma o por sandez, pero que es mi mejor pensamiento. Es el que dice: "¡Lo contrario de cada verdad es igualmente cierto!" O sea, una verdad sólo se deja expresar y cubrir con palabras cuando es unilateral. Unilateral es todo lo que puede ser pensado con pensamientos y dicho con palabras; todo unilateral, todo parcial, todo carece de integridad, de redondez, de unidad. Cuando el sublime Gotama, enseñando, hablaba del mundo, lo dividía en sansara y nirvana, en mentira y verdad, en dolor y liberación. No hay otra solución, no hay otro camino para el que quiere enseñar. Pero el mundo mismo, el que existe a nuestro alrededor y dentro de nosotros, no es unitarelal. Un hombre nunca es enteramente sansara o enteramente nirvana, nunca es un hombre enteramente santo o enteramente pecador. Parece que es así, porque estamos bajo el poder del engaño de que el tiempo es algo real. Pero el tiempo es una cosa ficticia, Govinda, lo he comprobado muchas veces. Y si el tiempo no es real, el breve espacio de tiempo que parece haber entre el mundo y la eternidad, entre el dolor y la bienaventuranza, entre el mal y el bien, también es una ilusión.

—¿Cómo es eso? —preguntó Govinda, angustiado.

—Escúchame, Govinda, ¡escúchame bien! El pecador, como yo o como tú, es pecador, pero antes volverá a ser otra vez Brahma, habrá de alcanzar antes el nirvana, habrá de ser antes Buda. Y ahora mira: ¡este antes es una ilusión, es una parábola! El pecador no está en camino de convertirse en Buda, no está realizando un desenvolvimiento, aunque en nuestro pensamiento no sepa representarse la cosa de otro modo. No, en el pecador está hoy y siempre el futuro Buda, su destino está todo entero en él, tú puedes adorar al Buda oculto en ti, en todo el que existe. El mundo, amigo Govinda, no es imperfecto o en camino de perfecciones lentamente: no, es en cada momento perfecto, todo pecado trae en sí la gracia, todo niño lleva ya en sí al anciano; todo recién nacido, la muerte; todo moribundo, la vida eterna. A ningún hombre le es posible ver cuánto ha progresado otro hombre en su camino; Buda espera en los ladrones y jugadores de dados, en el brahmán espera el ladrón. En la meditación profunda hay la posibilidad de anular el tiempo, de ver la vida pretérita, la presente y la futura simultáneamente, y todo esto es bueno, perfecto; todo es Brahma. Por esto, todo lo que es me parece bueno, así la muerte como la vida, el pecado como la santidad, la cordura como la insensatez; todo debe ser así, todo necesita solamente mi aprobación, mi consentimiento, mi amable comprensión; de esta forma es bueno para mí, nunca puede dañarme. He aprendido en mi cuerpo y en mi alma que necesito mucho el pecado, que necesito el placer, el deseo de los bienes, la vanidad, y necesito la ignominiosa desesperación para aprender a renunciar a toda resistencia, para aprender a amar al mundo, para no volverlo a comparar con cualquiera de los mundos deseados o ensoñados por mí, con cualquiera de las formas de perfección pensadas por mí, sino dejarlo como es, amarlo tal cual es y pertenecer gustosamente a él. Estos son, ¡oh Govinda!, algunos de los pensamientos que se me han ocurrido.

Siddhartha se agachó, levantó una piedra del suelo y la sopesó en la mano.

—Esto —dijo, jugando con ella—, es una piedra, y con el tiempo será quizá tierra, y de tierra se convertirá en planta, o en animal o en hombre. En otro tiempo yo hubiera dicho: "Esta piedra es simplemente piedra, carece de valor, pertenece al mundo de Maya; pero porque puede convertirse quizá en el ciclo de las transmutaciones, en cuerpo y alma, le doy también valor". Así habría pensado antes quizá. Pero hoy pienso así: esta piedra es piedra, es también animal, es también Dios, es también Buda, no la reverencio y amo porque puede convertirse en esto y lo otro, sino porque lo es todo por siempre jamás, y precisamente por esto, por ser piedra, por ahora se me aparece como piedra; por esto precisamente la amo y veo valor y sentido en cada una de sus vetas y poros, en sus amarillos y grises, en su dureza, en el sonido que produce cuando la golpeo, en la humedad o sequedad de su superficie. Hay piedras que al tacto parecen como de aceite o jabón; y otras como hojas, otras como arena, y cada cual es distinta y reza el Om a su manera, cada una es Brahma, pero al mismo tiempo es piedra, aceitosa o jabonosa, y esto es precisamente lo que me agrada y me parece maravilloso y digno de adoración. Pero no quiero hablar más de esto. Las palabras no benefician en nada al sentido oculto, lo que es siempre igual debe ser siempre algo distinto cuando se lo expresa, se debe falsear un poco, se debe presentar de un modo un poco extravagante. Sí, y esto también es muy bueno y me agrada mucho, con esto también estoy muy de acuerdo: que lo que para un hombre tiene mucho valor y está lleno de cordura, para otro siempre suena a sandez.

Govinda escuchaba silencioso.

—¿Por qué me has dicho lo de la piedra? —preguntó, vacilante, después de una pausa.

—Lo dije sin intención. O quizá porque amo a la piedra y al río y a todas estas cosas que vemos y de las cuales podemos aprender. Yo puedo amar a una piedra, Govinda, y también a un árbol o a un trozo de corteza. Pero no puedo amar las palabras. Por eso las doctrinas no son para mí, no tienen dureza, no tienen peso ni color, ni aristas, ni olor, ni gusto; no tienen más que palabras.

Quizá sea esto lo que te impide encontrar la paz, quizá sean las muchas palabras. Pues también son simples palabras redención y virtud, sansara y nirvana. No hay ninguna cosa que sea nirvana; solo hay la palabra nirvana.

Habló Govinda:

—El nirvana, amigo, no es sólo una palabra. Es un pensamiento.

Siddhartha prosiguió:

—Un pensamiento, ciertamente. He de confesarte, querido, que no hallo mucha diferencia entre pensamiento y palabra. Dicho con más claridad, no espero mucho de los pensamientos. Espero más de las cosas. Aquí, en esta barca, por ejemplo, había un hombre, mi antecesor y maestro, un santo varón que ha creído muchos años en el río, casi en nada. Ha notado que la voz del río le hablaba, de ella aprendió, ella le educó y enseñó; el río era un dios para él; durante muchos años ignoró que cada viento, cada nube, cada pájaro, cada escarabajo es tan divino y tan sabio y puede enseñar tanto como el reverenciado río. Cuando este santo varón se fue al bosque, lo sabía todo; sabía más que tú y que yo, sin haber tenido maestros, sin libros, únicamente por haber creído en el río.

Govinda dijo:

—Pero todo eso que tú llamas cosas, ¿es algo real, algo sustancial? ¿No será solo un engaño de Maya, no será más que imagen y apariencia? Tu piedra, tu árbol, tu río, ¿son, pues, realidades?

—Eso tampoco me preocupa mucho —dijo Siddhartha—. Las cosas pueden ser apariencia o no, yo también lo seré entonces, y siempre

serán mis iguales. Esto es lo que las hace ser amadas y dignas de veneración para mí: que son mis iguales. Por esto puedo amarlas. Y esto forma
una doctrina de la que puedes reírte: el amor, ¡oh, Govinda!, me parece
ser el motivo de todo. Examinar el mundo, explicarlo, despreciarlos, es
posible que sea tarea de los grandes pensadores. Pero a mí sólo me queda poder amar al mundo, no despreciarlo, no odiar ni al mundo ni a mí;
poder observarle a él y a mí y a todos los seres con amor, admiración y
respeto.

—Esto lo comprendo bien —dijo Govinda—. Pero precisamente esto
es lo que el sublime reconoce como engañoso. Exige bondad, indulgencia, padecimiento, pero no amor; nos prohibe encadenar nuestro corazón
con el amor por las cosas terrenales.

—Ya los sé —dijo Siddhartha; su sonrisa resplandecía áurea—. Ya
lo sé, Govinda. Y mira: ya estamos en medio de la espesura de las opiniones, en una batalla de palabras. Pues no puedo negar que mis palabras
sobre el amor están en contradicción, en aparente contradicción con las
palabras del Gotama. Precisamente por esto desconfío tanto de las palabras, pues sé que esta contradicción es aparente. Sé que soy una sola
cosa con Gotama. ¡Cómo, entonces, no ha de conocer Él el amor; Él, que
ha conocido la existencia humana en su caducidad, en su nulidad, y, sin
embargo, amó tanto a los hombres que empleó toda una larga y penosa
vida en ayudarlos, en instruirlos! También en él, también en tu gran
maestro, amó más las cosas que las palabras; sus acciones y su vida son
más importantes que sus discursos, son más importantes sus ademanes
que sus opiniones. Veo su grandeza no en sus discursos ni en sus pensamientos, sino en sus actos, en su vida.

Los dos ancianos permanecieron largo tiempo en silencio. Luego
habló Govinda, en tanto se inclinaba como despedida.

—Te doy gracias, Siddhartha, por haberme comunicado tus pensamientos. Son, en parte, extraños; no todos los he comprendido en seguida.
Sea como sea, te lo agradezco, y te deseo días tranquilos.

Pero pensó secretamente para sí: "Este Siddhartha es un hombre
extraordinario; tiene pensamientos extraños, su doctrina suena a demencia. No suena así la doctrina del Sublime, que es pura, clara, comprensible;
que no contiene nada loco o risible. Pero las manos y pies de Siddhartha,
sus ojos, su frente, su alentar, su sonrisa, su saludo, su paso, me parecen
distintos a sus pensamientos. Nunca, desde que nuestro sublime Gotama
penetró en el nirvana, he encontrado un hombre ante el cual haya dicho:
'¡Este es un santo!' Sólo él, este Siddhartha, me lo ha parecido. Su doctrina
puede aparecerme extraña, sus palabras pueden sonar alocadas, pero su
mirada y sus manos, su piel y sus cabellos, todo en él respira pureza,
expande paz, irradia serenidad, dulzura y santidad, lo que no he visto en
ningún otro hombre desde la última muerte de nuestro sublime maestro".

Mientras Govinda pensaba así, y en su corazón nacía la contradicción, volvió a inclinarse ante Siddhartha a impulsos del amor. Se inclinó profundamente ante el que seguía sentado con toda tranquilidad.

—Siddhartha —dijo—, hemos envejecido. Difícilmente volverá ninguno de nosotros a ver al otro bajo esta forma. Veo, querido, que has encontrado la paz. Reconozco que yo no la he encontrado. Dime algo más venerable, ¡dame algo que yo pueda asir y comprender! Dame algo para el camino. Con frecuencia, mi camino es difícil, tenebroso, Siddhartha.

Siddhartha calló y le miró con su sonrisa tranquila. Govinda le miró fijamente a la cara, con angustia, con ansia. En sus ojos aparecía escrito el dolor y el eterno buscar, el eterno no encontrar.

Siddhartha le miró y sonrió.

—¡Inclínate sobre mí! —susurró al oído de Govinda—. ¡Inclínate más sobre mí! ¡Así, más cerca! ¡Muy cerca! ¡Bésame en la frente, Govinda!

Pero mientras Govinda, admirado e impulsado, sin embargo, por un gran amor y los presentimientos, obedecía sus palabras, inclinándose sobre él y rozando su frente con los labios, le sucedió algo maravilloso. Mientras su pensamiento estaba ocupado todavía con las palabras prodigiosas de Siddhartha, mientras se esforzaba en vano y con cierta resistencia en pensar más allá del tiempo, en imaginarse el nirvana y el sansara como una sola cosa, mientras luchaban dentro de él cierto desprecio para las palabras del amigo con un inmenso amor y reverencia, le sucedió esto:

Dejó de ver el rostro de su amigo Siddhartha, y en su lugar vio otros rostros, muchos, una larga serie, un caudaloso río de rostros, cientos, miles de ellos, que llegaban y pasaban, y sin embargo, todos parecían permanecer, aunque se renovaban y cambiaban continuamente, y todos eran Siddhartha. Vio el rostro de un pez, de una carpa con las fauces dolorosamente distendidas; un pez moribundo, con los ojos quebrados; vio el rostro de un niño recién nacido, rojo y lleno de arrugas, predispuesto al llanto; vio el rostro de un asesino, al que vio clavar un cuchillo en el vientre de un hombre; vio en el mismo segundo a este criminal, arrodillado y cargado de cadenas, ofreciendo el cuello al verdugo, que le decapitó de un golpe de espada; vio los cuerpos desnudos de hombres y mujeres entregados a furiosas luchas de amor; vio cadáveres extendidos, quietos, fríos, vacíos; vio cabezas de animales, de cerdos, de cocodrilos, de elefantes, de toros, de pájaros; vio dioses, Krishnas, Agnis; vio todas estas figuras y rostros en mil relaciones entre ellas, ayudándose mutuamente, amándose, odiándose, destruyéndose, volviendo a nacer; cada una era un deseo de morir, un apasionado y doloroso testimonio de caducidad, y sin embargo, ninguno moría, sólo se transformaba, volvía a nacer, recibía siempre un nuevo rostro, sin que mediara tiempo alguno entre uno y otro rostro, y todas estas figuras y rostros descansaban, fluían, se engendraban, flotaban y discurrían unos sobre otros, y sobre todo ello había constantemente algo sutil, incorpóreo, pero existente, como un fino cristal o hielo, como una piel transparente, una campana, forma o máscara de agua, y esta máscara sonreía, y esta máscara era el rostro sonriente de Siddhartha, que él, Govinda, en este mismo instante, rozaba con los labios. Y de esta forma, Govinda vio esta sonrisa de la máscara, esta sonrisa de la unidad sobre las figuras que pasaban, esta sonrisa de la simultaneidad sobre los mil nacimientos y muertes; esta sonrisa tranquila, fina, impenetrable, quizá bondadosa, quizá burlesca, sabia, múltiple, de Gotama, el Buda, como él mismo la había visto cien veces con reverencia. Así sonreían los que habían alcanzado la perfección, como él bien sabía.

No sabiendo ya el tiempo que había transcurrido, si aquella visión había durado un segundo o cientos de años, no sabiendo si aquello era propio de Siddhartha o de Gotama, o del Yo y Tú; herido en lo más íntimo como por una saeta divina, cuya punzada sabía dulce; íntimamente encantado y redimido, Govinda permaneció todavía un momento inclinado sobre el rostro de Siddhartha que acababa de besar, que acababa de ser escenario de todas las figuras, de todo ser y existir. El rostro estaba inmutable; después de haberse vuelto a cerrar bajo la superficie la profundidad de las mil arrugas, sonreía tranquilo, sonreía suave y delicadamente, quizá muy bondadoso, quizá muy burlesco, exactamente como había sonreído el sublime.

Govinda se inclinó profundamente, corrieron las lágrimas, de las que no se dio cuenta, por su viejo rostro; como un fuego ardió el sentimiento del más íntimo amor, de la más humilde veneración, en su corazón. Se inclinó profundamente hasta tierra, ante ese hombre que permanecía sentado, inmóvil, y cuya sonrisa le recordaba todo lo que había amado en la vida, todo lo que en su vida había sido valioso y sagrado.

El lobo estepario

(1927)

Introducción

Este libro contiene anotaciones que nos quedan de aquel hombre, que, así como él muchas veces se nombraba, le llamábamos: el lobo estepario. No hay por qué analizar si la obra requiere un prólogo introductor; a mí, en todo caso, me es una necesidad añadir a sus hojas, algunas en las que podré plasmar el recuerdo que tengo de tal individuo. No es mucho lo que conozco de él, y más precisamente desconozco su pasado y su origen. Sin embargo, de su personalidad mantengo una marcada impresión, y a pesar de todo, debo confesar, un recuerdo simpático.

El lobo estepario era un hombre de aproximadamente cincuenta años, que hace algunos se presentó en casa de mi tía en busca de una habitación amueblada. Rentó el cuarto del doblado y una pequeña habitación contigua, regresó al poco tiempo con dos baúles y un gran cajón que contenía libros, y vivió en nuestra casa durante unos nueve o diez meses. Vivía apaciblemente y para sí, y si no hubiera sido porque nuestras habitaciones eran contiguas, lo que produjo algunos encuentros casuales en la escalera o en el pasillo, no hubiéramos siquiera llegado a conocernos, ya que no era un hombre sociable, al contrario: era insociable, en una magnitud que yo no había visto antes; era justamente, como él se nombraba algunas veces, un lobo estepario, un ser extraño, salvaje, y sombrío, de un mundo distinto al mío. Yo no sabía, de verdad, hasta que leí sus anotaciones, en que profundo aislamiento llevaba su vida, con motivo de su predisposición y de su sino, y de cómo él mismo estaba consciente de este aislamiento como su propia predestinación. No obstante, yo ya lo había conocido desde antes en un ligero encuentro y en algunas pláticas, y el retrato que se podía concluir de sus anotaciones, en el fondo coincidía con el que, más pálido y defectuoso, yo me había creado por nuestro conocimiento personal.

Por casualidad estaba yo presente cuando el lobo estepario entró por primera vez en nuestra casa a rentar un cuarto a mi tía. Llegó al mediodía, todavía los platos estaban sobre la mesa, yo contaba con media hora antes de tener que regresar a mi oficina. Todavía recuerdo la impresión extraña y un poco contradictoria que me ocasionó en el primer momento. Entró por la puerta de cristal, después de que llamó por la campana, y mi tía le preguntó lo que quería desde el pasillo, todavía en penumbras. Sin embargo, el lobo estepario había levantado olfateante su cabeza afilada y rasurada, y, oliendo alrededor con su nerviosa nariz, dijo, antes de responder o de indicar su nombre: "¡Oh!; aquí huele bien". Y mientras decía esto sonreía, al igual que mi tía, pero a mí me resultaron más bien jocosas estas palabras de saludo y tuve algo en contra de él.

—Bien —dijo—; vengo por la habitación que está en renta.

Hasta que los tres subimos las escaleras hasta el doblado, pude observar mejor al hombre. No era muy alto, sin embargo poseía los andares y la posición de cabeza que tienen los hombres corpulentos, iba con un abrigo de invierno moderno y cómodo, y, respecto a lo demás, vestía decentemente, pero con abandono, estaba afeitado y tenía muy corto el cabello, que por algunos lados comenzaba a tener tonalidades grises. Su manera de caminar no me gustó en lo más mínimo en un principio; tenía algo de penoso y dudoso, que no concordaba con su perfil agudo y fuerte, ni con el tono y temperamento de su conservación. Fue hasta después cuando noté que se encontraba enfermo y le costaba trabajo caminar. Con una sonrisa extraña, que también me pareció desagradable, echó una ojeada a la escalera, a las paredes y ventanas, y a las altas alacenas en el hueco de la escalera; todo eso parecía agradarle; no obstante, también le parecía ridículo. En general, todo el hombre daba la impresión de que llegaba desde un mundo extraño, como de países ultramarinos, y que le resultaba muy bonito aquí, sí, pero también un tanto cómico. Era, no puedo negarlo, cortés, hasta agradable, de inmediato estuvo satisfecho y no puso objeción con la casa, la recámara, el precio por el alquiler y el desayuno, no obstante, en torno a él existía una atmósfera extraña y, evidentemente, no buena y hostil. Alquiló el cuarto, y también la alcoba de a lado, se enteró de todo lo concerniente a calefacción, agua, servicio y orden doméstico, escuchó todo con atención y amabilidad, estuvo de acuerdo con todo, brindó una señal en el acto por el precio de la renta, y, sin embargo, era como si todo eso no lo hubiera satisfecho totalmente; se encontraba a sí mismo ridículo entre todo ese trato y como si no lo tomara en serio, como si le resultara fuera de lo normal y algo nuevo el rentar un cuarto y hablar en cristiano con los demás, mientras que él estaba por dentro ocupado en cosas totalmente distintas. Algo así fue la impresión que tuve, que hubiera sido bastante mala a no ser porque toda clase de pequeños rasgos la corregían. Antes que nada la cara del sujeto fue lo que me agradó. Me gustaba, a pesar de ese aire de extrañeza. Era un rostro particular y hasta triste, pero despierto, bastante inteligente y espiritual y con las marcas de profundas reflexiones. Y a esto se le unía, para disponerme aún más a la reconciliación, que su tipo de cortesía y amabilidad estaba faltante de orgullo, aún cuando parecía que le costaba un poco de trabajo; había casi emotividad, casi suplicante, cuya explicación averigüé después, pero que desde el primer instante me puso un tanto a su favor.

Antes de terminar el registro de las dos recámaras y de cerrar el trato, había pasado ya el tiempo que yo tenía libre y tuve que ir a mi despacho. Me despedí y lo dejé con mi tía. Cuando regresé por la noche me contó mi tía que el forastero se había quedado con las habitaciones y que un día de esos se mudaría, que le había pedido que no le avisara a la policía su llegada, ya que él, hombre enfermizo, no soportaba ese tipo de formalidades y el andar de aquí para allá en las oficinas de la policía con las molestias que eso conllevaba. Todavía recuerdo cómo me tomó por sorpresa esto y cómo le indiqué a mi tía que no debía permitir esa condición. Justamente a lo poco simpático y excepcional, me pareció que se ajustaba demasiado bien su miedo a la policía, para que no fuera sospechoso. Le dije a mi tía que no debía aceptar de ninguna manera esta extraña pretensión de un hombre por completo desconocido, cuyo cumplimiento le podría traer consecuencias totalmente desagradables. Sin embargo, supe que mi tía ya le había prometido que desempeñaría su deseo y que ella, además, se había dejado fascinar y encantar por el forastero; ella no había tenido inquilinos con los que no hubiera podido mantener una relación afable y cordial, familiar, o dicho mejor: como una madre, de lo cual también habían sabido sacar buen partido algunos inquilinos anteriores.

Durante las primeras semanas todo siguió así, teniendo yo que refutar más de cuatro cosas al nuevo inquilino, mientras que mi tía se ponía de su lado a cada momento con vehemencia.

Como no me agradaba la falta de aviso a la policía, quise por lo menos informarme acerca de lo que mi tía supiera del forastero, de dónde venía y de sus planes. Ella ya sabía varias cosas, a pesar de que él, después de que yo me había ido a mediodía, sólo había estado en la casa por poco tiempo. Le había contado que deseaba pasar algunos meses en nuestra ciudad para poder estudiar en las bibliotecas y conocer las antigüedades de la población. En realidad a mi tía no le gustó que rentara la habitación por tan poco tiempo, pero indudablemente él ya la había ganado a pesar de su aspecto extraño. En conclusión, el cuarto ya estaba alquilado y mis negaciones llegaron con tardanza.

—¿Por qué dijo que olía aquí tan bien? —pregunté.

A esto mi tía, que algunas veces tiene buenas ideas, me respondió:

—Lo supongo perfectamente. En nuestra casa huele a limpieza y orden, a una vida agradable y honrada, y esto es lo que le gustó. Es como si ya hubiera perdido la costumbre y le hiciera falta.

—Bien — pensé—; a mí no me importa. Pero —dije— si no está acostumbrado a una vida honrada y decente, ¿cómo nos vamos a arreglar? ¿Qué es lo que vas a hacer si es sucio y lo mancha todo, o si regresa a casa ebrio todas las noches?

—Ya lo veremos —dijo ella mientras reía, y yo permití que se quedara.

Y efectivamente, mis miedos no tenían una base sólida. El inquilino, si bien no tenía un modo de vida ordenada y razonable, no nos perturbó ni nos afectó; todavía hoy lo recordamos con gusto. Sin embargo, en el fondo, en el alma, ese hombre nos ha incomodado y nos ha fastidiado mucho a los dos, a mi tía y a mí, dicho con claridad, todavía no me deja en paz. A veces, por las noches, sueño con él, y en el fondo me siento intranquilo y nervioso a causa de él, por la sola existencia de alguien así, aun cuando pude tomarle verdadero cariño.

*   *   *

Un carrero trajo dos días después las cosas del forastero, cuyo nombre era Harry Haller. Un baúl muy bonito de piel me dio buena impresión, y otro gran baúl hundido, de camarote, hacía pensar en largos viajes anteriores, o por lo menos tenía pegadas etiquetas amarillentas de hoteles y organismos de transporte de distintos países, hasta transoceánicos.

Después llegó él mismo, aquí comenzó la época en que yo lo conocí poco a poco, a este hombre tan singular. Al comienzo no hice nada de mi parte para eso. Aun cuando Haller llamó mi atención desde el primer momento que lo vi, durante las primeras semanas no di ningún paso para encontrármelo o entablar conversación con él. Por otro lado, tengo que confesar, es cierto que desde el comienzo observé un poco al sujeto; en ocasiones durante su ausencia entré a su habitación, y por natural curiosidad me propuse al espionaje.

Ya he descrito algunos detalles respecto al exterior del lobo estepario. En primera instancia daba la impresión de un hombre superior, no se veía vulgar y con un talento sorprendente; su cara, llena de espiritualidad, y la composición fina e inquieta de sus rasgos expresaban una vida dinámica e interesante, en exceso agitada, bastante delicada y sensible. Cuando se platicaba con él, y él —lo que casi no ocurría— excedía los límites de lo convencional y, dejándose llevar por su particular naturaleza, exponía palabras personales y propias, entonces nosotros no teníamos más enmienda que someternos; él había pensado más que otros hombres, tenía aquella calmada objetividad en cuestiones del espíritu, esa segura capacidad de reflexión y sabiduría que nada más tienen las personas realmente espirituales, las que carecen de cualquier ambición y no desean brillar, ni persuadir a los otros, ni siquiera tener la razón.

De la última época en la que estuvo aquí, recuerdo una expresión en ese sentido, ni siquiera la llegó a emitir, pues solamente fue una mirada. Había comunicado una conferencia en el salón de fiestas del famoso filósofo de la Historia y crítico cultural, un personaje con fama europea; yo había conseguido convencer al lobo estepario, que al comienzo carecía de ganas, de que asistiera a la conferencia. Fuimos juntos y nos sentamos uno junto al otro. Cuando el exponente subió a la tribuna y comenzó el discurso, despojó, por la forma creída y superficial de su aspecto, a más de cuatro escuchas, que se lo habían imaginado como un profeta. Cuando comenzó a hablar, expresando al auditorio algunos elogios y dando gracias por la asistencia de tantos, fue cuando me echó el lobo estepario una mirada inmediata, que criticaba esas palabras e incluso a todo el orador, ¡oh, una mirada inmortal y terrible, sobre cuyo significado se podría escribir todo un libro! Esa mirada no sólo criticaba al orador y destruía al hombre famoso con su fascinante ironía; eso era lo de menor importancia. La mirada era más triste que irónica, era indescifrable y amargamente triste; su contenido era una desilusión silenciosa, verdaderamente irremediable y definitiva, y de cierto modo también transformada en forma y en hábito. Con su desolado resplandor no nada más alumbraba a la persona del orgulloso orador y ridiculizaba poniendo en evidencia la situación del momento, el interés y la disposición del público y el título un poco soberbio del discurso anunciado —no, la mirada del lobo estepario traspasaba penetrante todo el mundo de nuestros días, toda la fiebre de dinamismo y la avidez de arrivismo, la vanidad completa y todo el juego frívolo de un espiritualismo fementido y vacío—. ¡Ay!, y desgraciadamente la mirada va más allá; no nada más llegaba a los defectos y a los desalientos de nuestros tiempos, de nuestra espiritualidad: llegaba hasta el corazón de la humanidad, pronunciaba elocuentemente, en solamente un segundo, la incertidumbre de un pensador, de un sabio tal vez, en la dignidad y en el sentido general de la existencia humana. Esa mirada exclamaba: "¡Mira, estos monos somos nosotros! ¡Mira, así es el hombre!" Y toda gloria, toda discreción, todas las conquistas del espíritu, todos los avances hacia lo magno, lo excelso y lo eterno dentro de lo humano, se vinieron a tierra y se trataba de un juego de monos…

Con esto me he precipitado demasiado y, contra mi objetivo y mi deseo realmente, he dicho en el fondo lo principal sobre Haller, cuando en un comienzo mi idea fue nada más ir descubriendo lentamente su imagen, a medida que refería mi progresivo conocimiento de él.

Ya que me he anticipado de esta manera, es preciso continuar hablando de la misteriosa "extravagancia" de Haller y explicar detalladamente de cómo presentí y llegué a conocer paulatinamente los fundamentos y el significado de esa extravagancia, de este descomunal y terrible aislamiento. Así es mejor, pues me gustaría lo más posible

dejar de lado a mi propia persona. No quiero publicar mis confesiones
ni contar novelas o dedicarme a la psicología, nada más ayudar como
testigo presencial con algún detalle a la imagen del hombre singular
que dejó estos manuscritos del lobo estepario.

Al verlo por primera vez, cuando entró por la puerta de cristal de
mi tía con la cabeza levantada como lo hacen los pájaros y enalteciendo
el buen olor de la casa, me llamó la atención lo típico de este individuo,
mi primera e inexperta reacción contra eso fue la antipatía. Me daba
cuenta (y también mi tía, que para nada es una intelectual, percibía justamente lo mismo) que ese hombre se encontraba enfermo, enfermo del
espíritu, de ánimo o carácter, y me defendía en su contra con el instinto
del hombre saludable. Esta protesta fue suplantada en el transcurso del
tiempo por simpatía, que tenía como principio una gran caridad hacia
este grave y perpetuo paciente, de cuyo encierro y cuya muerte interna
yo lo presenciaba. Durante este periodo fui adquiriendo una conciencia
cada vez más despejada de que la enfermedad de este sujeto no dependía de defectos de naturaleza, sino, más bien, solamente de la gran
cantidad de dotes y facultades disarmónicas que tenía. Pude constatar
que Haller era un genio del sufrimiento, que él, en el sentido de muchos
aforismos de Nietzsche, se había forjado para sí una capacidad vasta de
sufrimiento, genial, temible. También comprendí que el cimiento de su
pesimismo no era ofensa del mundo, sino de él mismo, pues si bien hablaba sin cuidados y con un sentido destructor de instituciones y de
personas, nunca se excluía, siempre era él mismo el primero contra quien
dirigía sus flechas, era él mismo a quien odiaba y negaba...

Aquí debo intercalar una observación psicológica. A pesar de que
no sé mucho de la vida del lobo estepario, tengo, no obstante, un gran
fundamento para pensar que fue educado por padres y maestros amantes, pero rigurosos y muy religiosos, en ese sentido que hace del
"quebranto de la voluntad" el cimiento de la educación. Ahora bien,
esta destrucción y pérdida de la voluntad no resultaron en este estudiante; para eso él era demasiado fuerte y duro, bastante dinámico y
espiritual. En vez de arruinar su personalidad, solamente se logró que
se odiara a sí mismo. Contra sí, contra este objeto ingenuo y noble, dirigió ya toda su vida el genio completo de su fantasía, toda la fuerza de su
capacidad de pensamiento. Pues en esto, y a pesar de todo, tenía un
sentido predominantemente cristiano y de mártir, ya que toda aspereza, toda crítica, toda maldad y odio de que era capaz le desataba ante
todo, y antes que nada, contra su propia persona. Por lo que se refería a
los demás, a los que le rodeaban, no dejaba de hacer continuamente los
intentos más sobrehumanos y serios para quererlos, para hacerles justicia, para no hacerles daño, pues el "ama a tu prójimo" lo tenía tan
profundamente inculcado como el odio a él mismo. De esta manera, su

vida fue una constante prueba de que si no hay amor a la propia persona es de la misma forma imposible amar al prójimo, de que el odio de uno mismo es perfectamente igual, y en conclusión, provoca el mismo retiro y la misma desesperación que el egoísmo más irascible.

Pero ya es momento de que haga a un lado mis ideas y hable de realidades. Lo primero que supe del señor Haller, en parte por mi indagación, y también por las observaciones de mi tía, fue su forma de vivir. Era evidente que se trataba de un hombre, de un individuo de ideas y de libros y que no ejercía ninguna profesión práctica. Permanecía en la cama durante mucho tiempo; algunas veces se levantaba un poco antes del mediodía, y tal como se paraba, con su pijama, caminaba los pocos pasos desde su alcoba al gabinete. El gabinete, un sotabanco grande y amable, con dos ventanas, a los pocos días ya había adquirido un aspecto distinto a la época en la que había sido habitado por otros inquilinos. Se iba llenando con muchas cosas, y al correr del tiempo se llenaba más. En las paredes se presentaban cuadros colgados, o dibujos clavados, algunas veces recortes de revistas, que cambiaban constantemente. Un paisaje meridional, fotografías de una pequeña ciudad de Alemania, ciertamente el pueblo donde nació Haller, pendían allí, entre las brillantes acuarelas de colores, fue más tarde cuando nos enteramos que él las había pintado. Después, el retrato de una joven señora atractiva, o el de una jovencita. Durante un tiempo estuvo colgado en la pared un buda siamés; fue suplido por una réplica de la *Noche*, de Miguel Ángel; luego por un retrato de Mahatma Gandhi. Los libros no nada más llenaban el gran armario-librería, sino que se encontraban por todos lados, sobre las mesas, en el elegante escritorio antiguo, en el diván, encima de las sillas, sobre el suelo, libros divididos entre sus hojas con papel, que constantemente cambiaban. Los libros aumentaban día con día, pues no nada más se traía grandes cantidades de las bibliotecas, sino que recibía comúnmente paquetes por correo. El hombre que vivía aquí podía ser un erudito. Con eso venía bien el humo de tabaco que lo envolvía todo, y las puntas de cigarros y ceniceros que se veían por todas partes. Muchos libros no tenían contenido científico. La mayoría eran obras de poetas de todos los tiempos y países. Una época estuvieron sobre el diván, donde él constantemente pasaba días enteros acostado, seis gruesos tomos de final del siglo XVIII titulada: *Viaje de Sofía*, de Memel a Sajonia. Una edición completa de Goethe y otra de Jean Paul, al parecer eran muy ocupadas, también Novalis, Lessing, Jacobi y Lichtenberg. Algunos tomos de Dostoievski estaban repletos de papeles llenos de notas. Sobre la mesa grande, entre los numerosos libros y escritos, había como costumbre un ramo de flores; donde se hallaba una caja de pinturas, la cual, siempre se encontraba llena de polvo; junto estaban los ceniceros, y, para no pasar por alto, todo tipo de botellas y de bebidas. Había una botella recubierta con una funda de paja, llena continuamente de vino italiano, que él compraba en una tienda de la vecindad; algunas veces también se veía una botella de Borgoña, también de Málaga, y una gruesa botella de kirsch que vi terminarse casi totalmente en muy corto tiempo, para después desaparecer en un rincón del cuarto y llenarse de polvo, sin que el sobrante se redujera. No me justifico del espionaje al que me dedicaba, y confieso que en los primeros tiempos todos estos signos de una vida, aunque repleta de inquietudes espirituales, no obstante desordenada y sin freno, me provocaron antipatía y desconfianza. Ya que nada más soy un hombre burgués y de vida regular; además soy abstemio y no fumo, y esas botellas en la recámara de Haller me gustaban aún menos que todo el atrayente desorden sobrante.

Igual que con el sueño y el trabajo, el forastero vivía de una manera muy diversa y caprichosa respecto a las comidas y bebidas. En varias ocasiones ni siquiera salía a la calle y, si no es por el desayuno, no tomaba nada más; frecuentemente mi tía encontraba sobre el suelo una cáscara de plátano como único resto de su comida. Pero en otras ocasiones comía en restaurantes, algunos buenos y elegantes, otros como pequeños bares de los arrabales. Su salud no era buena; aparte de su problema de las piernas, con el que algunas veces le resultaba difícil subir las escaleras, parecía que sufría de otros padecimientos, y una vez comentó de pasada que desde hace años no digería ni dormía bien. Yo se lo adjudicaba a la bebida. Tiempo después, cuando lo acompañé a alguno de sus bares, presencié cómo ingería los vinos rápidamente y con capricho; pero realmente borracho no lo vi nunca, ni jamás alguien lo ha visto.

Nunca se me olvidará nuestro primer encuentro personal. Sólo nos conocíamos como suelen conocerse los vecinos de habitación en una casa de renta. Una tarde regresaba de mi trabajo y descubrí, para mi sorpresa, al señor Haller sentado en el rellano de la escalera, entre el primero y el segundo piso. Se encontraba sentado en el escalón y se movió para dejarme pasar. Le pregunté que si se sentía mal y me ofrecí a acompañarlo hasta arriba.

Haller me miró, y pude ver que lo había despertado de algo así como un estado letárgico. Poco a poco comenzó a sonreír, con su sonrisa agraciada y lamentable, con la que me ha atormentado tantas veces; después me invitó a sentarme junto a él. Le agradecí y le dije que no acostumbraba sentarme en los peldaños, ante la vivienda de los otros.

—Es cierto —dijo, y sonrió aun más—; usted tiene toda la razón. Pero aguarde un poco; no quiero dejar de mostrarle por qué he tenido que sentarme aquí por un momento.

Y diciendo esto indicaba el espacio delante del primer piso, en el cual vivía una viuda. En el reducido espacio con el piso de *parquet*, entre la escalera, la ventana y la puerta de cristal, había reclinado un armario grande de caoba, con antiguas aplicaciones de metal, y delante del

armario, en el suelo, sobre dos soportes chicos, se encontraban dos plantas en grandes macetas, una azalea y una araucaria. Las plantas se veían
lindas y siempre se encontraban limpias y perfectamente cuidadas; esto
ya había llamado mi atención de forma agradable.

—Ve usted —siguió Haller—, este pasillo minúsculo con la araucaria
huele de una manera fascinante; casi nunca puedo pasar por aquí sin
detenerme un poco. También en la casa de su tía huele bastante bien y
predomina el orden, así como la mayor pulcritud; pero el rincón de esa
araucaria es de tan fascinante pureza, está tan aseado, encerado y lavado, tan perfectamente higiénico, que ciega su resplandor. Siempre que
estoy aquí tengo que respirar con la nariz muy abierta. ¿No lo huele
también usted? Cómo el olor de la cera del suelo, y una ligera reminiscencia de trementina, junto con la caoba, las hojas lavadas de las plantas
y unido con todo lo demás producen un aroma, un máximo de limpieza
burguesa, de afán y exactitud, de obediencia del deber y de devoción de
los detalles. Desconozco quién viva ahí: sin embargo detrás de esos cristales debe existir un paraíso de pulcritud y de higiénica civilidad, de
orden y de exacto y apasionante apego a las pequeñas rutinas y deberes.

Como yo permanecía en silencio, prosiguió:

—Le suplico que no piense que hablo con ironía. Caballero, no hay
cosa que esté más lejana a mi fin que querer de alguna manera burlarme
de esta educación y de este orden. Es cierto que yo vivo en un mundo
distinto, no en éste, y quizá no podría soportar vivir en un lugar con
esas araucarias. Aunque yo sea un viejo y pobre lobo estepario, no dejo
de ser también hijo de una madre, mi madre, al igual, era una señora
burguesa y cultivaba flores, ponía cuidado de las recámaras y de las
escaleras, de muebles y cortinas, y trataba de dar a su hogar y a su vida
la misma pulcritud, limpieza y honestidad como pudiera. A eso me recuerda el hálito a trementina y la araucaria, y es por eso que permanezco
sentado aquí una que otra vez, observando este pequeño silencioso jardín del orden y alegrándome que todavía existan estas cosas en el mundo.

Trató de pararse, sin embargo le costó trabajo y aceptó mi ayuda
cuando quise ayudarle un poco. Me mantuve en silencio; pero había
caído, igual que le había ocurrido a mi tía, en algún hechizo que en ocasiones podía realizar este sujeto extraño. Lentamente subimos los
peldaños, y frente de su puerta, ya con la llave en la mano, me miró a la
cara otra vez expresivo y amable, dijo:

—¿Viene de su despacho? Vaya, de eso no comprendo ni una palabra; yo vivo como alejado, un tanto al margen, ¿sabe usted? Sin embargo,
creo que a usted también le gustan los libros y cosas semejantes; su tía
me ha dicho en una ocasión que usted ha finalizado bien sus estudios
del Gimnasio y que ha sido un buen conocedor del griego. Esta mañana

mientras leía a Novalis, he encontrado una frase. ¿Puedo mostrársela? Le agradará mucho.

Me hizo entrar junto con él a su recámara, donde se percibía un aroma penetrante a tabaco; sacó un libro de una pila de ellos, hojeó, buscó...

—Esta también está bien, muy bien —dijo—; oiga la frase: "Hay que estar orgullosos del dolor; todo dolor es un recuerdo de nuestra condición elevada." ¡Fantástico! ¡Ochenta años atrás que Nietzsche! Sin embargo, no es esta la frase de la que hablaba; aguarde usted, aquí está, vea: "La mayor parte de los hombres no quieren nadar antes de saber." ¿No le parece esto espiritual? ¡No desean nadar, obviamente! Nacieron para la tierra no para el agua. Y, consecuentemente, no desean pensar; han sido creados para la vida, ¡no para pensar! Evidentemente, y el que piensa, el que hace del pensar lo principal, ése podrá quizá llegar muy lejos en esto; y justamente ése ha confundido la tierra con el agua, y tarde o temprano se ahogará.

Yo ya me me encontraba encantado e interesado, por lo que me quedé con él un momento, y desde ese día no era extraño que en la escalera o en la calle, cuando nos topábamos, conversáramos un poco. Al principio, en esas ocasiones, no dejaba yo de sentir que se burlaba de mí, al igual que a la araucaria, nos tenía realmente respeto; estaba tan sugestionado de su encierro, de su natación en el agua, de su distanciamiento, que sin un poco de sarcasmo podía llegar en ocasiones a emocionarse ante cualquier acto común de la vida burguesa cotidiana; por ejemplo, la puntualidad con la que yo iba al trabajo, o el término dicho por un criado o por un conductor de tranvía. Al principio esto se me hacía muy ridículo y exagerado, algo así como una extravagancia señoril o bohemia, un sentimentalismo fingido. Pero cada vez me fui dando cuenta que desde su espacio vacío, desde su forma de ser anormal y su lobuznez esteparia, le asombraba nuestro pequeño mundo burgués y lo amaba, como a lo estable y seguro, como a lo distante e inaccesible, como al hogar y la paz, hacia los cuales no había vía alguna para él. Frente a nuestra asistenta, una compasiva y pobre mujer, siempre se quitaba el sombrero con verdadero respeto, y a veces, cuando mi tía conversaba con él, o le indicaba acerca de la reparación de su ropa o de algún botón que se hubiera desprendido de su ropa, era cuando la escuchaba con atenta y especial consideración, como si se esforzara indecible y exasperadamente por entrar, por cualquier rendija, en este chico mundo pacífico y acostumbrarse a él, aunque sólo fuera por una hora. En la primera plática, frente a la araucaria, se nombró él mismo lobo estepario, esto me asombró y me disgustó bastante. ¿A qué venían esas palabras? Pero terminé por dejar valer la palabra no sólo por rutina, sino que de inmediato entró en mí, en mis pensamientos, no llamaba a ese hombre más que lobo estepario, y todavía hoy no conocería un sobrenombre mejor para este individuo. Un lobo estepario perdido entre nosotros, en las ciudades, dentro de los rebaños; más decisivo no podría explicarlo otra alegoría, ni a su huraño aislamiento, a su aspereza e inquietud, a su nostalgia por un hogar que no tenía.

En una ocasión pude verlo durante toda una velada en un concierto sinfónico, en donde, para mi asombro, lo vi sentado próximo a mí, sin que él lo notara. Primero tocaron algo de Händel, una música noble y hermosa; sin embargo el lobo estepario se encontraba en su asiento ensimismado, alejado de la música y de todo lo que lo rodeaba. Lejano, solitario y ajeno, estaba sentado con un semblante frío, pero repleto de preocupaciones, observando a la nada. Después siguió otra pieza, una pequeña sinfonía de Friedemann Bach, y entonces observé con sorpresa cómo a los primeros compases mi forastero comenzaba a alegrarse, a dejarse llevar; se reconcentró dentro de él y durante diez minutos se veía tan felizmente embelesado y entregado a sueños tan gozosos, que yo ponía mayor atención a él que a la música. Cuando finalizó la pieza, despertó, se sentó más recto, hizo como si se fuera a parar y daba la impresión que deseaba marcharse; no obstante permaneció sentado y escuchó también la última parte. Eran algunas variaciones de Neger, una música que por muchos se le cree algo débil y fatigante. Y también el lobo estepario, que en un comienzo había atendido con tanto esmero y con buena voluntad, de nuevo se perdió, metió sus manos en los bolsillos y se concentró otra vez en él; pero en este momento no estaba alegre y soñador, sino desanimado y molesto; su rostro estaba otra vez lejano, con un tono gris y apagado; daba la impresión de viejo, enfermo y triste. Terminando el concierto, de nuevo lo vi en la calle y lo seguí; tapado con su gabán, andaba como fatigado y desganado hacia nuestro barrio; sin embargo se detuvo frente a un pequeño restaurante pasado de moda, miró dudoso el reloj y terminó por pasar. Yo me dejé llevar por el impulso del momento y entré detrás de él.

Ahí se encontraba sentado en una modesta mesa del café; la encargada y la camarera lo saludaron como a un público conocido, yo saludé y me senté junto a él. Permanecimos una hora allí, tomé dos vasos con agua mineral, a él le sirvieron medio litro y un cuarto más de vino tinto. Le comenté que yo había asistido al concierto, pero él no quiso hablar del tema. Leyó la etiqueta que tenía mi botella y preguntó si quería beber vino, a lo que me invitaba. Cuando escuchó que yo nunca bebía vino, de nuevo puso su rostro inexorable y dijo:

—Sí, usted tiene razón. Yo también he sido abstemio y he ayunado durante muchos años; pero en este momento estoy de nuevo bajo el signo de Acuario, un signo sombrío y húmedo.

Y cuando yo, como una broma tomé este comentario y agregué que me resultaba poco probable que justamente él creyera en la Astrología, volvió a tener el tono bastante cordial, que muchas veces me irritaba, y dijo:

—Muy exacto; desafortunadamente, tampoco en esta ciencia puedo creer.

Me despedí y salí, él no regreso a casa sino hasta muy noche; pero su caminar era el de costumbre, y, como siempre, no se fue de inmediato a la cama (yo escuchaba todo esto a la perfección desde mi cuarto contiguo), sino que todavía se detuvo en su gabinete como una hora entera con la luz prendida.

Tampoco se me puede olvidar otra tarde. Me encontraba yo solo en casa; mi tía había salido y tocaron la puerta, cuando abrí me encontré frente a una señora joven y bastante atractiva, y cuando ella me preguntó por el señor Haller, la reconocí: era la de la fotografía de su habitación. Le indiqué la puerta y me fui; ella estuvo arriba durante un tiempo, pero pronto escuché que los dos bajaban las escaleras, salían animados y muy alegres, platicando con buen humor. Me sorprendió bastante que el solitario tuviera una querida, tan joven, atractiva y elegante, y todas mis conjeturas acerca de él y de su vida se volvieron turbias. Sin embargo, antes de que se cumpliera una hora, él regresó a casa, solo, con su andar pesado y decaído, subió esforzadamente la escalera y permaneció largas horas en su gabinete, moviéndose lentamente de un lado a otro, justamente como un lobo en su jaula; durante toda la noche, casi llegando a la mañana, permaneció la luz encendida en su recámara.

Acerca de estas relaciones desconozco cualquier cosa, y sólo puedo añadir: lo vi de nuevo en la ciudad a lado de esa señora. Iban tomados del brazo, y él se veía feliz; otra vez se admiraba cuanta gracia y hasta inocencia se veía reflejada en su rostro que en ocasiones era sombrío y solitario y entendí a esa mujer y la simpatía de mi tía hacia este individuo. No obstante también regresó esa noche triste y digno de compasión; me lo topé en la puerta de la calle, llevando bajo el abrigo, como en más de cuatro ocasiones, la botella de vino italiano, y con ella permaneció sentado durante media noche arriba, en su madriguera. Me daba mucha compasión. Pero ¿qué vida tan incapaz, desamparada y perdida era la suya?

Bien, ya se ha comentado demasiado. No se requiere más información ni narraciones para dejar claro que el lobo estepario llevaba la vida de un suicida. Y, no obstante, no creo que se privara de la vida en aquella ocasión en que repentinamente y sin decir adiós, pero después de terminar lo que tenía por hacer, dejó un día nuestra ciudad y desapareció. No hemos vuelto a escuchar nada más de él, y todavía tenemos algunas cartas que llegaron a su dirección. No dejó más que un manuscrito, compuesto mientras habitaba aquí, y unos cuantos renglones que me dedicó a mí, con el comentario de que podría hacer con eso lo que quisiera. No he podido comprobar, para saber si eran reales algunos contenidos, los acontecimientos de los que habla Haller. No dudo en que la mayor parte sean ficciones; pero no como si fueran meras invenciones sin sentido, sino como un tipo de ensayo de expresión para poder constituir procesos de ánimo profundamente experimentados con el ropaje de sucesos tangibles. Los acontecimientos, en su mayor parte fantásticos, en el escrito de Haller, provienen probablemente de los últimos días en los que estuvo con nosotros, y yo no pongo en duda que les sirve de cimiento un pedazo real de vida externa. En aquel tiempo nuestro inquilino tenía, evidentemente, un comportamiento y un aspecto diferentes; estaba muchas horas fuera de la casa, incluso noches enteras, y sus libros seguían sin que les prestara atención. Las contadas veces que lo encontré, se veía asombrosamente animado y rejuvenecido, algunas realmente feliz. Cierto que al momento le precedía una nueva y grave depresión, permanecía días enteros en cama sin poder comer, y por esos tiempos hubo una desazón sorprendentemente violenta, incluso puede decirse que brutal, con su querida recién llegada, bullicio que puso en revuelta a toda la casa, y por el cual, Haller, al día siguiente, le pidió disculpas a mi tía.

No, estoy convencido de que no se ha quitado la vida. Aún vive; por algún lugar va subiendo y bajando, sobre sus extremidades agotadas, los peldaños de una casa desconocida; en cualquier lugar está mirando fijamente el piso brillante de *parquet* y araucarias debidamente cuidadas; pasa el tiempo en las bibliotecas y las noches en las tabernas, o está recostado sobre un sofá rentado; desde sus ventanas escucha cómo vive el mundo y los hombres, y se conoce fuera de eso, pero no se mata, pues lo que queda de fe dentro de su corazón le dice que debe seguir hasta el fin este martirio, este terrible sufrimiento, que es de lo que, a la postre, tendrá que fallecer. Yo pienso frecuentemente en él; no pudo hacerme la vida más fácil, no tuvo el don de afirmar y animar en mí lo fuerte y alegre, ¡oh, al revés! Pero yo no soy él, y no llevo su estilo de vida, sino la mía: una vida insignificante y burguesa, pero segura y repleta de deberes. Y de esta forma podemos pensar en él con tranquilidad y afecto mi tía y yo, la cual contaría más de él que yo; pero eso queda guardado en su corazón compasivo.

*   *   *

Por lo que respecta a las anotaciones de Haller, estas imaginaciones extraordinarias, por un lado enfermizas, por otro hermosas y colmadas de ideas, he de decir que indudablemente hubiera tirado con arrebato estas hojas si hubieran caído en mis manos y yo desconociera el autor. Sin embargo, por mi trato con Haller se me ha permitido entenderlas un poco e incluso aceptarlas. Tendría reservas de transmitírselas a los demás si solamente viera en ellas ilusiones patológicas de un pobre melancólico solitario.

Sin embargo, en ellas observo algo más: un manuscrito de la época, pues la enfermedad psíquica de Haller es —hoy lo sé— no el sueño de un sólo sujeto, sino una enfermedad de todo un siglo, la neurosis de esa generación de la que Haller forma parte, enfermedad que no solamente ataca a las personas endebles y desventajosas, sino justamente las fuertes, las espirituales, las de mayor talento. Estas anotaciones —y es lo mismo si tienen por base mucho o poco de acontecimientos reales— son una tentativa para vencer la gran enfermedad de la época, no utilizando medios directos ni atenuantes, sino buscando hacer de la misma enfermedad el objeto de la exposición. Significan textualmente un viaje por el infierno, un viaje a veces lleno de angustia, otras animoso, traspasando el caos de un mundo psíquico en tinieblas, iniciado con la voluntad de cruzar el infierno, mirar de frente al caos, resistir hasta el final el mal.

Unas palabras de Haller me dieron la pauta para entenderlo así. En una ocasión, después de una plática acerca de las llamadas crueldades de la Edad Media, me dijo:

—En realidad esas crueldades no lo son así. Un hombre de esos tiempos reprobaría todo el estilo de nuestra vida moderna, ya no como cruel, sino como impío y bárbaro. Cada época, cada cultura, cada costumbre y tradición tiene su forma de ser, con sus afectos y durezas propias, sus crueldades y bellezas; suponen ciertos sacrificios como normales; aceptan algunos males con tolerancia. La vida humana se transforma en dolor verdadero, en un infierno verdadero cuando dos épocas, dos territorios o religiones se entrecruzan. Un hombre de la antigüedad que hubiera tenido que vivir en la Edad Media se habría ahogado amargamente, lo mismo que un salvaje tendría que ahogarse en medio de nuestra cultura. Hay periodos en los que toda una generación se encuentra perdida entre dos épocas, entre dos estilos de vida, de tal forma que debe perder toda naturalidad, toda regla, toda certeza e idealismo. Es evidente que no todos perciben esto de la misma manera. Una naturaleza como la de Nietzsche tuvo que sufrir la desdicha presente con más de una generación por adelantado; lo que él, misántropo e incomprendido, hubo de cautivar hasta la saciedad, lo están sobrellevando hoy millares de individuos.

Demasiadas veces he tenido que recordar estas palabras al leer las observaciones. Haller corresponde a esos que se han enzarzado entre dos épocas, que se han salido de cualquier certeza e inocencia, a esos cuya fortuna es vivir todos los enigmas de la existencia humana engrandecidos como infierno y tormento en sí mismos.

En esto está, a mi juicio, lo que puede significar para nosotros sus anotaciones, y por esto me convencí para publicarlas. Por lo demás, yo no debo salir en su protección; ni reprobarlas; que cada lector lo haga de acuerdo a su conciencia.

Anotaciones de Harry Haller

Sólo para locos

El día había pasado de la manera como deben pasar estos días; lo había malbaratado, lo había debilitado gradualmente con mi modo de vivir; había laborado por un buen rato, dando vueltas a los libros viejos; había sufrido de dolores durante dos horas, como los tiene la gente de alguna edad; había bebido unos polvos y estaba alegre de que el dolor se dejara engañar; me había dado un baño caliente, impregnándome del calorcillo atrayente; había recibido tres veces la correspondencia y revisado las cartas, todas carentes de importancia, y los impresos; ya había hecho mis ejercicios respiratorios, dejando hoy para mayor bienestar los de meditación; había salido por una hora a pasear y había observado dibujadas en el cielo hermosas y frágiles muestras de bonitos cirros. Esto era muy bello, lo mismo que la lectura de los viejos libros y el estar recostado en el baño caliente; sin embargo, en conjunto, no había sido un día resplandeciente, de goce y dicha, sino nada más como esos días que son como deben ser, al menos para mí, desde hace mucho tiempo los días comunes y corrientes; días discretamente lindos, totalmente llevaderos, pasables y cálidos, de un señor descontento y de cierta edad; días carentes de algún dolor en específico, sin preocupaciones fuera de lo común, sin verdadero desaliento y sin desesperanza; días en los que se puede cavilar apacible y objetivamente, sin conmociones ni miedos, hasta la duda de si no habrá llegado el momento de seguir el ejemplo del famoso autor de los *Estudios* y sufrir un incidente al afeitarse.

El que haya gozado los demás días, los malos, los de los achaques de gota o los del temible dolor de cabeza justo detrás de los globos de los ojos, y, transformando, por obra del diablo, cualquier dinamismo de la vista y del oído de algo agradable a un sufrimiento, o aquellos días del desconsuelo del espíritu, esos días espantosos del vacío interno y de la desesperanza, en los que, en medio de la tierra demolida y empobrecida por las sociedades anónimas, nos salen en el camino, con sus mímicas

como un vomitivo, la humanidad y la nombrada cultura con su fementido centelleo de feria, tradicional y de hojalata, condensado todo y
trasladado al límite de lo insoportable dentro del propio yo enfermo; el
que haya vivido esos días infernales, ése debe de estar muy contento
con estos días comunes y mediocres como el de ahora; henchido de agradecimiento se sentará a lado de la amable chimenea y con gratitud
demostrará, al leer el periódico de la mañana, que no se ha pronunciado ninguna guerra ni se ha conformado en ningún lado alguna nueva
dictadura, ni se ha descubierto en política ni en el mundo de los negocios
ninguna manipulación con gran importancia; con agradecimiento tendrá que templar las cuerdas de su lira mohosa para corear un salmo
dando las gracias secamente, regularmente alegre y casi gozoso, con el
cual aburre a su silencioso y apacible dios bonachón y mediocre, como
aletargado con un poco de bromuro; y en la atmósfera de cálida pesadez
de este tedio medio satisfecho, de esta falta de dolor que se agradece,
son como dos hermanos gemelos, el monótono y el adormilado dios de
la mediocridad y el hombre mediocre con algunas canas que canta un
salmo apagado.

Es algo bello esto de la autosatisfacción, carencia de preocupaciones, estos días pasaderos, a ras de tierra, en los que no se aventuran a
gritar ni el dolor ni el placer, donde todo habla bajo y camina de puntillas. Ahora bien, conmigo sucede, desafortunadamente, que no tolero con
facilidad, justamente esta semisatisfacción, que al poco rato me parece
insoportablemente odiosa y repugnante, y debo albergarme exasperado
en otras temperaturas, de ser posible, por el camino de los placeres y
también por necesidad mediante la vía de los dolores. Cuando me encuentro con un periodo carente de placer y de dolor y he inhalado la
cálida e insípida soportabilidad de los llamados días buenos, entonces
mi alma de niño se colma de un sentimiento tan doloroso y de miseria,
que al adormilado dios de la semisatisfacción le aventaría al rostro orgulloso la mohosa lira de la gratitud, me gusta más sentir en mi interior
arder un dolor real y endemoniado que esta cómoda temperatura de estufa. Entonces dentro de mí se infla un fiero interés de sensaciones, de
fuertes impresiones, una furia de esta vida deshonrada, frívola, esterili-
zada y amarrada a reglas, un deseo furioso de hacer añicos cualquier
cosa, por ejemplo, unos establecimientos grandes o una catedral o a mí
mismo, de hacer imprudentes idioteces, de extirpar la peluca a un par
de estatuillas habitualmente respetadas, de equipar a un par de jóvenes
rebeldes con el soñado billete para Hamburgo, de seducir a una chica o
retorcer el pescuezo a algunos apoderados del orden social burgués.
Porque esto es lo que más odiaba, aborrecía y maldecía primordialmen-
te en mi fuero interno: esta autosatisfacción, esta inmunidad y
prosperidad, este prudente optimismo burgués, esta buena alimentación y perfeccionada disciplina de todo lo mediocre, normal y corriente.

En aquella disposición de ánimo finalizaba yo, al oscurecer ese día ordinario y pasadero. No lo acababa de la manera común y conveniente para un hombre un poco enfermo, confiriéndome a la cama preparada y dotada con una botella de agua caliente a manera de imán, sino que, descontento y asqueado por mi escaso trabajo y descorazonado, me puse los zapatos, me metí en mi abrigo, aproximándome a la calle rodeado de niebla y oscuridad, para tomar en la hostería del Casco de Acero lo que los hombres que beben llaman "un vaso de vino", según un antiguo convencionalismo.

Así bajaba yo los peldaños de mi sotabanco, estas patéticas escaleras de la tierra ajena, las escaleras burguesas, barridas, limpias, de una dignísima casa de renta para tres familias, donde a lado del tejado tenía yo mi cuarto. No sé cómo es esto, sin embargo yo, el lobo estepario carente de un hogar, el enemigo antisocial del mundo de la pequeña burguesía, siempre vivo en verdaderas casas burguesas. Esto debe significar un viejo sentimentalismo mío. No vivo en palacios o casas del proletariado, sino solamente en estos nidos de la pequeña burguesía, decentísimos, tediosísimos y perfectamente cuidados, donde hay aroma a trementina y a un poco de jabón y donde uno se sobresalta si en algún momento se da un portazo o si se entra con los zapatos sucios. Indudablemente me gusta este ambiente desde los tiempos de mi infancia, y mi secreta melancolía me transporta a algo así como un hogar, carente de ilusión, repetidas veces, por estos necios caminos. Así es, y me agrada el contraste en el que se encuentra mi vida, mi vida huraña, ajetreada y sin afectos, totalmente sin orden, con esta atmósfera familiar y burguesa. Me satisface respirar en la escalera este aroma a quietud, orden, higiene, decencia y domesticidad, empero de mi odio a la burguesía lleva siempre alguna emoción para mí, y me complace después atravesar la puerta de mi habitación, donde finaliza todo esto, donde entre las pilas de libros me encuentro las colillas de cigarros y las botellas de vino, donde todo es caos, desamparo e incuria, y donde todo, libros, escritos, ideas, se encuentra sellado y empapado por la miseria del solitario, por la problemática de la naturaleza humana, por el impetuoso afán de otorgar de un nuevo entendimiento a la vida del hombre que ha perdido el que llevaba.

Y entonces caminé a lado de la araucaria. Evidentemente, en el primer piso de esta casa converge la escalera en el pequeño recibidor de una vivienda, que indudablemente es todavía más impecable, más aseada y más radiante que las otras, pues este humilde recibidor brilla por un cuidado excepcional, es un radiante y pequeño templo del orden. Encima del piso del *parquet*, que uno no se aventura a pisar, hay dos elegantes taburetes, y encima de cada uno hay una gran maceta; en una florece una azalea; y en la restante una araucaria casi majestuosa, un árbol infantil saludable y recto, de la mayor perfección, e incluso la última hoja acicular de la última rama brilla con la más fresca transparencia. En ocasiones, cuando me no me siento observado, ocupo este lugar como templo, me siento en un peldaño sobre la araucaria, descanso un poco, junto las manos y hacia abajo observo con fervor a este jardín del orden, el cual, con su aspecto emotivo y ridícula soledad me conmueven el alma de una forma diferente. Detrás de este recibidor, por nombrarlo así, en la sombra sacra de la araucaria, presiento un hogar repleto de caoba reluciente, una vida colmada de decencia y de salud, de madrugar y de cumplimiento del deber, felices fiestas familiares moderadas, visitas a la iglesia durante los domingos y dormirse a primera hora.

Con artificial entusiasmo me puse a correr despacio sobre el asfalto de las calles, húmedo por la niebla. Las luces de los faroles, tristes y empañadas, observaban a través de la blanda oscuridad y absorbían del piso mojado los vagos reflejos. Se me presentaron mis años ya olvidados de la juventud; cuánto me gustaban en ese entonces aquellas noches nubladas y oscuras de finales de otoño y del invierno; que ansioso y embriagado inhalaba la atmósfera de soledad y nostalgia, correteado hasta la media noche por la naturaleza discrepante y carente de hojas, metido en el gabán, bajo la lluvia y tormenta, también solitario en ese tiempo, pero colmado de profunda satisfacción y de versos, que luego, en mi habitación escribía a la luz de una vela y sentado en la orilla de la cama. Ahora esto ya había pasado, este cáliz había sido cesante y ya no me volvería a colmar. ¿Tendría que lamentarme? No. No había que lamentar nada del pasado. Era de lamentar lo del momento, lo de hoy, todas estas horas y días que yo iba malgastando, que en mi soledad iba sufriendo, que ya no venían con dones placenteros ni conmociones profundas. Sin embargo, gracias a Dios, no dejaban de ocurrir excepciones: en ocasiones, aunque extrañas, había también horas que llevaban profundas agitaciones y dones divinos, horas devastadoras, que a mí, perdido, de nuevo me trasladaban a lado del palpitante corazón del mundo. Triste y, no obstante, provocado en lo más íntimo, traté de acordarme del último hecho de esta clase. Había sido en un concierto. Tocaban una antigua música majestuosa. Entonces, entre dos compases de un pasaje pianísimo tocado por oboes, de nuevo se me volvió a abrir la entrada al más allá, había atravesado los cielos y observé a Dios en su trabajo, sufrí dolores venerables, y ya no había que poner obstinación a nada más en el mundo, ni había nada a que tener miedo en el mundo, había de afirmar todo y de entregar a mi corazón entero. No permaneció por mucho rato, a lo mucho un cuarto de hora; regresó en sueños aquella noche, y desde esa vez, en medio de los días de tristeza, manaba radiante una que otra ocasión de manera furtiva; en ocasiones lo veía atravesar claramente por mi vida durante algunos minutos, como una huella de oro, divina, profundamente envuelta casi siempre en cieno y polvo, resplandecer de nuevo con chispas de oro, simulando que ya no se perdería de nuevo y, no obstante, perdida otra vez en los profundos abismos. Una vez ocurrió por la noche que, estando despierto en mi cama, comencé de improviso a recitar versos, versos muy hermosos, demasiado originales como para que yo los hubiera pensado, versos que a la mañana siguiente ya no recordaba y que, sin embargo, estaban escondidos en mí como la nuez saludable y bella dentro de una rugosa y vieja cáscara. De nuevo tornó la visión con la lectura de algún poeta, meditando el pensamiento de Descartes o de Pascal; también en otra ocasión surgió, mientras estaba un día con mi querida, y a trasportarme más adentro en el cielo. ¡Ah, es complicado descubrir esa huella de Dios en medio de esta vida que llevamos, en medio de este siglo tan resignado, tan burgués, tan carente de espiritualidad, a la vista de estas arquitecturas, de estos negocios, de esta política, de estos hombres! ¿Cómo no podría ser yo un lobo estepario y un desdichado ermitaño en medio de un mundo, donde ninguno de sus objetivos comparto, ninguno de sus placeres llama mi atención? No puedo soportar mucho tiempo ni en un teatro ni en un cine; con trabajos puedo leer un periódico, casi nunca algún libro moderno; no puedo entender qué tipo de placer y de alegría buscan los hombres en los hoteles y en los ferrocarriles completamente saturados, en los cafés llenos de gente escuchando música molesta y pesada; en los bares y variedades de las elegantes ciudades lujosas, en las exhibiciones universales, en las carreras, en las conferencias para los necesitados de conocimiento, en los grandes lugares de deportes; no puedo comprender ni compartir estos placeres, que, desde luego, a mí me parecerían factibles y por los que tantos millares de personas se esfuerzan y se excitan. Y lo que, a la inversa, me ocurre a mí en las extrañas horas de placer, lo que para mí significa deleite, suceso, sublimación y embriaguez, eso lo desconoce, no lo ama, ni lo busca el mundo, sino tal vez en las novelas; en la vida es considerado una locura. Efectivamente, si el mundo posee la razón, si esta música de los cafés, estas recreaciones en multitud, estos hombres satisfechos con tan poco tienen razón, entonces yo soy el que no la tiene, y es verdad que estoy loco, y por lo tanto soy el lobo estepario que tantas veces me he nombrado, la bestia torcida en un mundo que le parece ajeno e incomprensible, que ya no halla ni su hogar, ni su ambiente, ni su alimento.

Con estas ideas frecuentes seguí caminando por la calle húmeda, cruzando uno de los más serenos y viejos barrios de la ciudad. De repente vi en la oscuridad, del otro lado de la calle, frente a mí, un viejo muro pardo de piedras, al que siempre me agradaba observar; allí estaba siempre, tan viejo y tan carente de preocupación, entre una pequeña iglesia y un antiguo hospital; de día frecuentemente me gustaba poner los ojos en su tosca superficie. Existían tan pocas superficies tan silenciosas, tan buenas y tranquilas dentro de la ciudad, donde, por otro lado, en cada medio metro cuadrado le gritaba a la cara de uno el anuncio de una tienda, un abogado, un inventor, un doctor, un peluquero o un callista. También ahora de nuevo vi al viejo muro gozando tranquilamente su paz, y sin embargo, algo estaba distinto en él; vi una minúscula y bella puerta a la mitad del muro con un arco ojival y me sorprendí, pues en realidad no sabía si esa puerta ya había estado allí o la habían puesto últimamente. Se veía antigua, bastante antigua; posiblemente esa pequeña puerta cerrada, oscura y de madera, había servido como paso hace ya algunos siglos a un soñoliento patio eclesiástico, y aún hoy servía para lo mismo, aunque el convento ya no existiera; y posiblemente yo ya hubiera visto esa entrada, sólo que no la había notado, a lo mejor la acababan de pintar y por eso captaba mi atención. Sea como sea, permanecí de pie observando atentamente hacia aquella orilla, sin cruzar; no obstante, el centro de la calle tenía el piso tan blando y húmedo… permanecí en la otra acera, solamente mirando hacia ese lado; ya era de noche, y me pareció que junto a la puerta había una guirnalda o algo de colores. Y entonces, al afanarme por ver mejor, aprecié sobre el hueco de la puerta un escudo brillante, en el que creía había algo escrito. Apliqué con esfuerzo los ojos y finalmente crucé la calle, aunque hubiera lodo y barro. Entonces miré sobre la puerta, en el verde parduzco y antiguo del muro, un espacio levemente iluminado, por el que desfilaban y se esfumaban con rapidez letras movibles de colores, volvían a aparecer y se desvanecían. También han deshonrado, pensé, este viejo y buen muro para un anuncio luminoso. Mientras, descifré algunas palabras huidizas, eran complicadas de leer y se tenían que adivinar por partes; las letras se mostraban a intervalos distintos, pálidas y difusas, y de inmediato se iban. El hombre que quería hacer su negocio con esto no era diestro, se trataba de un lobo estepario, un pobre diablo. ¿Por qué ponían en juego aquí sus letras, encima de este muro, en el callejón más tétrico de la ciudad vieja, a esta hora, cuando no hay alguien que camine por aquí, y por qué eran tan huidizas y borrosas las letras, tan inconstantes y tan incomprensibles? Sin embargo, lo logré: pude atrapar algunas palabras, una detrás de la otra, decían:

> *Teatro mágico.*
> *Entrada no para cualquiera.*
> *No para cualquiera.*

Traté de abrir la puerta, el antiguo y pesado picaporte no accedía a ningún esfuerzo. El juego de las letras había finalizado, súbitamente terminó, tristemente, como consciente de su falta de utilidad. Caminé hacia atrás algunos pasos, me sumergí en el lodo hasta los tobillos, ya no surgían más letras. El juego se había extinguido. Me mantuve un largo tiempo parado en el lodo y esperé; en vano.

Después, cuando ya había renunciado, ahora sobre la banqueta, cayeron delante de mí un par de letras de colores luminosas sobre el espejo del asfalto.

Leí:

¡Sólo... para... lo... cos!

Los pies se me habían mojado y estaba helado, pero aun así estuve un largo rato al acecho. Nada más. Mientras estuve ahí parado, pensando cómo los bellos fuegos presuntuosos de las leves y pintadas letras habían bailoteado sobre el muro húmedo y sobre el asfalto negro reluciente, se me ocurrió de repente una fracción de mi pensamiento anterior: la alegría de la huella de oro refulgente, que se va tan rápido y no se puede hallar.

Me congelaba y seguí caminando, soñando con esa huella, suspirando por la entrada de un teatro mágico, sólo para locos. En eso ya había ingresado en el barrio del mercado, donde no hacían falta diversiones nocturnas. Cada par de pasos había un anuncio y atraía un aviso: "Orquesta femenina. Varietés. Cine. Dancing", pero todo esto no significaba nada para mí, era para "cualquiera", para ordinarios, como en efecto los veía entrar en grandes grupos por esas puertas. A pesar de eso, mi tristeza estaba un poco aclarada ¡como que me había tocado un saludo de un mundo distinto! Dos letras de colores habían bailado y jugueteado encima de mi alma y habían acariciado acordes espirituales, un resplandor de la huella de oro se había hecho de nuevo visible.

Busqué la pequeña y vieja taberna, que nada había cambiado desde la primera vez que vine a la ciudad, hace unos veinticinco años; también la taberna era la de antes, y algunos de los parroquianos de hoy ya estuvieron antes aquí sentados, frente a los mismos vasos. Entré en el modesto café, aquí uno se podía resguardar. Verdaderamente era un refugio como, por decir algo, el de la escalera a lado de la araucaria; aquí tampoco hallaba hogar o comunidad; sólo encontraba un lugar de observación, frente a un escenario, en el cual gente rara personificaba extrañas comedias; pero tan siquiera este lugar tranquilo tenía algo de valor: no había muchedumbre, ni gritería, ni música, solamente un par de ciudadanos serenos ante mesas de madera sin tapete (¡ni mármoles, ni porcelana, ni peluche, ni latón dorado!), y frente a cada uno, un buen vaso, un buen vino fuerte. Tal vez este par de parroquianos, a los cuales yo conocía de vista, eran verdaderos filisteos y tenían en sus casas, en sus hogares de filisteos, humildes altares domésticos con ídolos de buen contentar; tal vez también eran mozos misántropos y descarrilados al igual que yo, serenos y reflexivos bebedores, de quebrados ideales, lobos de la estepa y pobres diablos también ellos; yo lo desconocía. De cada uno de ellos emanaba hacia aquí una melancolía, un desengaño, una necesidad de rescate; el casado buscaba el entorno de su época de soltero, el viejo funcionario el recuerdo de sus años de estudiante; todos ellos eran muy desolados, y todos eran bebedores y preferían, al igual que yo, estar aquí sentados frente a medio litro de vino de Alsacia a oír una orquesta de jovencitas. Aquí atraqué, aquí se podía soportar una hora, a lo mejor dos. Apenas tomé un sorbo de la Alsacia, cuando me di cuenta que hoy no había comido nada más que el desayuno.

Es increíble todo lo que el hombre puede comer. Durante unos buenos diez minutos estuve leyendo el periódico, permitiendo que el individuo irresponsable entrara por los ojos, el que rumia y se entera de las palabras de otro, pero las regresa sin digerir. Esto tragué, toda una columna entera. Y después comí un gran pedazo de hígado, recortado del cuerpo de una ternera sacrificada. ¡Increíble! Lo mejor era el alsaciano. No me agradan los vinos de fuerza, fogosos, mínimo no para diario, vinos que llaman con fuertes encantos y poseen sabores famosos y especiales. Prefiero casi siempre vinos de la tierra muy puros, ligeros, sencillos, sin un nombre específico; se puede soportar mucho de estos vinos, poseen un sabor tan bueno y placentero, a campo, a tierra, a cielo y a bosque. Un vaso de vino de Alsacia y un pedazo de buen pan, esa es mejor que cualquier comida. Ahora yo ya tenía dentro una porción de hígado, placer único para mí, que es muy extraña la vez que como carne, y tenía enfrente el segundo vaso. También esto era increíble, que en verdes valles de algún lugar buena gente animosa cultivara vides y se sacara vino, para que aquí y allá por el mundo entero, alejados de ellos, algunos ciudadanos desengañados y que silenciosamente inclinan el codo, algunos incorregibles lobos esteparios pudieran sacar de sus vasos un poco de confianza y satisfacción.

Y por mí, ¡que siga siendo tan increíble! Estaba bien, entonaba, regresaba el buen humor. A propósito de la ensalada de palabras del artículo del diario, me salió tardía una risotada liberadora, y súbitamente de nuevo recordé la olvidada melodía de aquellos exquisitos compases de los oboes: como una minúscula y reluciente bomba de jabón la sentí subir en mi interior, brillar, reflejar policromo y pequeño el mundo entero y romperse delicadamente. Si había sido posible que esta minúscula melodía celestial echara secretamente raíces en mi alma y un día completo en mi interior hiciera surgir su fascinante flor con todos los hermosos matices, ¿podría encontrarme yo incorregiblemente perdido? Y aunque yo fuera una bestia descarriada, incapaz de entender al mundo de su alrededor, no dejaba de existir una esperanza en mi vida insensata, algo en mi interior contestaba, era receptor de llamadas de alejados mundos superiores, en mi cerebro habían cobrado vida mil imágenes:

Coros de ángeles de Giotto, de una chica bóveda azul en iglesia de Padua, y a lado de ellos iban Hamlet y Ofelia con una corona de flores, hermosas metáforas de toda tristeza y de toda incomprensión del mundo; ahí se encontraba en el globo ardiendo el aeronauta Gianazzo y tocaba la trompeta; Atila Schmelzle llevaba en la mano su nuevo sombrero; el Borobudur hacía brincar su montaña de esculturas. Y a pesar de que todas estas imágenes habitaran en otros mil corazones, todavía restaban otras diez mil imágenes y melodías desconocidas, para las cuales sólo en mi interior había cobijo, unos ojos que las vieran, unos oídos que las oyeran. El viejo muro del hospital con el viejo color verde pardo, sucia y ruinosa, en donde uno podía imaginarse cientos de frescos en sus grietas y ruinas, ¿quién podía igualarla, quién podía entrar en su espíritu, quién la amaba, quién notaba el encanto de sus colores en dulce desconsuelo? Los viejos libros de los monjes, con las miniaturas suavemente iluminadas, y los libros olvidados por el pueblo de los poetas alemanes de hace doscientos y cien años, todos los tomos usados y desgastados por la humedad, y los impresos y majas de notas con fosilizados sueños de armonías, ¿quién oía sus voces espirituales, picarescas y melancólicas, quién portaba el corazón repleto de su espíritu y de su encanto a través de una edad tan distinta y tan ajena a ellos?, ¿quién recordaba a ese pequeño y duro ciprés en lo más alto de la montaña sobre Gubbio, tronchado y roto por una roca suelta y, no obstante, aferrado a vivir, hasta el punto de surgir una nueva copa sencilla y aromática? ¿Quién le hacía justicia a la esmerada señora del primer piso y a su resplandeciente araucaria? ¿Quién leía de noche sobre el agua del Rin las escrituras que dejaban marcadas las nubes viajeras en el cielo? El lobo estepario. ¿Y quién buscaba entre las ruinas de la propia vida el sentido que se había llevado el viento, quién sufría lo supuestamente absurdo y vivía lo ficticio loco y todavía aguardaba ocultamente en el último caos errante revelación y cercanía de Dios?

Quité mi vaso, que la tabernera deseaba volver a llenar y me paré. Ya no requería más vino. La huella de oro había resplandecido, me había recordado lo eterno, a Mozart y las estrellas. De nuevo podía respirar una hora, podía vivir, podía existir, no necesitaba tolerar tormentos, ni tener temor, ni avergonzarme.

La delicada y leve lluvia impulsada por el viento frío tremolaba alrededor de los faroles y resplandecía con helado brillo cuando salí a la calle solitaria. ¿Ahora adónde? Si hubiera tenido en ese momento una varita de virtud, se me hubiera presentado en ese instante un pequeño y bonito salón tipo Luis XVI, en donde un par de buenos músicos me hubieran tocado dos o tres piezas de Händel y Mozart. Para algo así estaba mi espíritu dispuesto en ese momento, y me hubiera absorto la música noble y tranquila, al igual que los dioses beben el néctar. ¡Oh, si yo tuviera ahora un amigo, un amigo en una buhardilla cualquiera, ocupado en cualquier cosa bajo la luz de una candela y con violín por ahí en

cualquier sitio! ¡Cómo me hubiera adentrado hasta su silencioso resguardo nocturno, hubiera trepado calladamente por las revueltas de
la escalera, y lo hubiera sorprendido, celebrando en su compañía con la
plática y la música dos horas celestiales aquella noche! Frecuentemente,
en la antigüedad había gustado esta felicidad, en años que ya pasaron,
pero también esto se me había ido con el tiempo y me encontraba priva-
do de eso; años decadentes se habían interpuesto entre esto y aquello.

Despacio comencé el camino a mi casa, levanté el cuello del gabán y
apoyé el bastón sobre el piso húmedo. Aunque deseara recorrer el camino
lentamente, de inmediato me encontraría sentado otra vez en mi sotabanco, en mi pequeña irrealidad de hogar, que no era de mi agrado, pero a la
que no podía despreciar, pues ya había pasado para mí el tiempo en
el que pudiera andar por ahí deambulando al aire libre durante la madrugada lluviosa de invierno. Ea, ¡en el nombre de Dios!

Yo no quería echar a perder mi buen humor de la noche, ni con la
lluvia, ni con la gota, ni con la araucaria; aunque no pudiera tener una
orquesta de cámara y aunque no pudiera toparme con un amigo solitario con un violín, esa bonita melodía prevalecía, no obstante, sonando
en mi interior, y yo mismo me la podía tararear claramente cantán-
dola en voz baja en rítmicas inspiraciones. No, también uno se las podía
arreglar sin música de salón y sin el amigo, y era estúpido consumirse
en infructuosos afanes sociables. Soledad era independencia, yo me la
había deseado y lo había logrado después de largos años. Era fría, es
verdad, pero también era apacible, sorprendentemente apacible y grande, como el sereno espacio frío en el que las estrellas se mueven.

De un salón de baile por el que pasé, salió a mi encuentro una violenta música de jazz, tosca y cálida como el hálito de carne cruda. Me
quedé quieto un momento: este tipo de música siempre tuvo, aunque la
reprobaba tanto, un oculto atractivo para mí. El *jazz* me provocaba aversión, pero la prefería diez veces más a toda la música académica de hoy;
llegaba hondamente con su rudo y alegre salvajismo hasta el mundo de
mis instintos, y respiraba una honrada e inocente sensualidad.

Estuve un rato olfateando, respirando por la nariz esta música chi-
llona y sangrienta; aspiré, con envidia y perversidad, el ambiente de
estas salas. La mitad de esta música, la lírica, empalagosa y goteaba
sentimentalismo; la otra mitad era salvaje, caprichosa y potente, y no
obstante, las dos mitades marchaban a la par ingenua y tranquilamente
formando un todo. Era música decadentista. En la Roma de los últimos
emperadores debió existir algo parecido. Evidentemente que compara-
da con Bach, con Mozart, y con música de verdad, era una porquería…,
pero esto mismo era todo nuestro arte, nuestro pensamiento, toda nuestra supuesta cultura, si la comparamos con cultura legítima. Y esta música
tenía la ventaja de tener gran sinceridad, de un evidente innegable

negrismo, y de un humorismo alegre e infantil. Poseía algo de los negros y algo de los americanos, que a nosotros los europeos, en medio de toda su fortaleza, nos parece infantilmente nuevo y aniñado.

¿Europa llegaría a ser así? ¿Se encontraba ya en camino? ¿Se trataba de nosotros los viejos conocedores del mundo antiguo, de la antigua música de verdad, de la antigua poesía auténtica, éramos nosotros solamente una exigua y terca minoría de complicados neuróticos?, ¿que el día de mañana seríamos olvidados y puestos en ridículo? Lo que nosotros citábamos "cultura", espíritu, alma, lo que pensábamos que era hermoso y sacro, ¿era nada más un fantasma, muerto hace tiempo y tenido por real y vivo todavía, únicamente por dos locos como nosotros? ¿Tal vez jamás habría sido auténtico ni habría estado vivo? ¿Habrá siempre podido ser una quimera eso por lo que tanto nos esforzamos los locos?

El antiguo barrio de la ciudad me dio asilo. Estaba la pequeña iglesia esfumada e irreal, envuelta en un tono gris. Súbitamente se me presentó el suceso de la tarde, con la misteriosa puerta de arco ojival, con la inexplicable placa encima, con las letras luminosas jugueteando burlescamente. ¿Qué decían sus letras? *"Entrada no para cualquiera y Sólo para locos"*. Analicé con la vista el muro de la otra acera, queriendo en mi interior que el encanto de nuevo comenzara y la inscripción otra vez me invitara a mí, loco, y la pequeña puerta me dejara entrar. Ahí tal vez se encontrara lo que yo deseaba, ahí quizá tocaran mi música.

La oscura pared de piedra me miraba apacible, cubierta de niebla densa, hermética, profundamente abismada en su sueño. Y en ningún lugar se encontraba esa puerta, en ninguna parte ese arco ojival, únicamente el muro sombrío, silenciosa, sin paso. Sonriente proseguí con mi camino, saludé cortésmente con la cabeza al muro: "Buenas noches muro, ya no te despierto. Ya llegará el tiempo en el que te derriben, te llenaran de codiciosos anuncios comerciales, pero mientras todavía sigues ahí, todavía eres bello, silencioso y me agradas."

Surgiendo frente a mí de una oscura embocadura, me asustó un sujeto, un solitario que se recogía tarde, con paso cansado, con una playera azul y una gorra en la cabeza; encima de los hombros portaba un palo con un anuncio y frente al vientre, sujeto con una correa, un cajón abierto, como los llevan los vendedores en las ferias. Despacio caminaba frente a mí. No se volteó para mirarme; si no lo hubiera saludado y ofrecido un cigarrillo. Con la luz del primer farol traté de leer su anuncio rojo pegado al palo, pero oscilaba, no podía comprenderse nada. Entonces le hablé y le pedí que me mostrara su anuncio. Se quedó parado y sostuvo el asta un poco más recta, en ese instante pude leer las letras vacilantes e inseguras:

Velada anarquista
Teatro mágico
Entrada no para cual...

—Lo he estado buscando —grité con alegría—. ¿Qué es esa velada? ¿Dónde? ¿Cuándo?

Él regresó a su camino.

—No es para cualquiera —dijo con indiferencia, con voz soñolienta, y caminó deprisa.

Ya se encontraba fatigado y deseaba llegar cuanto antes a su casa.

—Aguarde —le grité corriendo detrás de él—. ¿Qué es lo que usted lleva en el cajón? Le compraré algo.

Sin detenerse metió la mano en su cajón; mecánicamente sacó un pequeño folleto y me lo entregó. Lo tomé de inmediato y lo guardé. Al tiempo que desabrochaba mi abrigo para sacar dinero, dio vuelta por una puerta cochera, la cerró y desapareció. En el patio todavía se escuchaban sus pesados pasos, primero encima de las lozas de piedra, después subiendo una escalera de madera, después ya no escuché más. Y de pronto, yo también me encontré muy fatigado y tuve la sensación de que ya era muy tarde y que estaría bien regresar a casa. Corrí con mayor rapidez, y cruzando la apacible calleja del arrabal llegué a mi barrio de las antiguas murallas, donde viven los empleados y los pequeños rentistas en casas de alquiler sencillas y listas, detrás de un poco de pasto y de hiedra. Atravesando por la hiedra, por el pasto, por el pequeño abeto, alcancé la puerta de mi casa, encontré la cerradura, hallé la llave de la luz, me deslicé junto a las puertas de cristal, pasé por los armarios barnizados y a lado de las macetas abrí mi habitación, mi pequeña apariencia de hogar, donde me aguardaban el sillón y la estufa, el tintero y la caja de pinturas, Novalis y Dostoievski, igual que a los demás, los hombres verdaderos, cuando regresan a sus hogares, los aguardan la madre o la esposa, las criadas, los perros y los gatos.

Cuando me deshice del abrigo húmedo, volví a tocar el pequeño folleto. Lo saqué, se trataba de un libro mal impreso, en papel corriente, como esos cuadernos *El hombre que había nacido en enero* o *Arte de hacerse en ocho días veinte años más joven*.

Pero cuando me acomodé en el sillón y me puse los lentes de leer, vi, con sorpresa y con la excitación de que pronto se me abría de par en par la puerta del destino, el título en la cubierta de este folleto de feria: *Tractac del lobo estepario. No para cualquiera*.

Y lo que seguía era el contenido del escrito, que yo leí de una sola vez, con la tensión creciente.

Tractac del Lobo Estepario

(No para cualquiera)

Érase una vez un sujeto, cuyo nombre era Harry, llamado el lobo estepario. Caminaba con dos pies, llevaba ropa y era un hombre, pero en el fondo era, de verdad, un lobo estepario. Había aprendido demasiado de lo que las personas con buen entendimiento pueden conocer, y era una persona muy inteligente. Pero había algo que no había aprendido: a estar conforme con él mismo y de su vida. Esto no pudo lograrlo. Tal vez eso viniera de que en el fondo de su corazón sabía (o creía saberlo) que siempre no era un ser humano, sino un lobo de la estepa. Que discutan los inteligentes de si de verdad era un lobo, si en algún momento tal vez antes de su nacimiento, había sido transformado por obra de un hechizo de lobo a hombre, o si había nacido evidentemente hombre, pero con un alma de lobo estepario y poseído o dominado por ella, o por último, si esta creencia de que era un lobo sólo era producto de su imaginación o un estado patológico. No iba a dejar de ser probable, por ejemplo, que este hombre en su infancia hubiera sido tal vez fiero, indomable y desordenado, que sus educadores hubieran tratado de matar en él a la bestia y justamente por eso hubieran hecho arraigar en su imaginación la idea de que, efectivamente, era de verdad una bestia, cubierta únicamente con una leve funda de educación y sentido humano. Mucho e interesante se podría decir de esto y hasta escribir libros acerca del particular; no obstante, con ello no se daría ningún servicio al lobo estepario, pues para él era indiferente si el lobo se había metido en su persona por arte de magia o a la fuerza, o que fuera sólo una fantasía de su espíritu. Lo que los otros pudieran pensar acerca de esto, y hasta lo que él mismo pensara de esto, no tenía validez para el propio interesado, no lograría alejar de ninguna manera al lobo de su persona.

El lobo estepario tenía, por consiguiente, dos naturalezas, una humana y la otra lobuna; ésa era su fortuna. Y puede ser que ésta no sea tan peculiar y extraña. Se han observado muchos hombres que en su interior tenían un poco de perro, de zorro, de pez o de víbora, sin que eso significara tener dificultades en su vida. En este tipo de personas habitaba el hombre y el zorro, o el hombre y el pez, uno a lado del otro, y ninguno de los dos le ocasionaba daño a su pareja; es más, se ayudaban los unos a los otros, y en muchos hombres que han llevado una buena carrera y los envidian, el zorro o el mono fueron los que hicieron su fortuna. Esto lo conoce todo el mundo.

En Harry, al revés, era otra cosa; en él no iban el hombre y el lobo a la par, y mucho menos se daban ayuda entre ellos, sino que se encontraban en odio frecuente y mortal, y cada uno vivía solamente para el martirio del otro, y cuando dos son enemigos a muerte y se encuentran dentro de una misma sangre y de una misma alma, entonces eso resulta una vida imposible. En fin, cada cual tiene su suerte. Y ninguna es sencilla.

Ahora bien, a nuestro lobo estepario le pasaba, como a todos los seres mixtos que, en cuanto a su sentir, vivía consecuentemente unas veces como lobo, otras como hombre; pero que cuando era lobo, el hombre dentro de él se encontraba siempre al acecho, observando, enjuiciando y criticando, y en los periodos en los que era el hombre, hacía lo mismo el lobo. Por ejemplo, cuando Harry en su calidad de hombre tenía un hermoso pensamiento, o tenía una sensación noble y delicada, o producía una de las llamadas buenas acciones, entonces el lobo que llevaba en su interior le mostraba los dientes, se reía y le enseñaba con sangriento sarcasmo lo tanto que le resultaba ridícula toda esta distinguida representación a un lobo de la estepa, a un lobo que en su corazón tenía perfecta conciencia de lo que le gustaba, que era correr despacio por las estepas, beber de repente sangre o cazar alguna loba, y desde el punto de vista del lobo cualquier acción humana tenía que resultar consecuentemente jocosa, absurda, tonta e inútil. Pero exactamente lo mismo pasaba cuando Harry se sentía lobo, actuaba como tal, cuando les mostraba los dientes a los demás, cuando inhalaba odio y se convertía en enemigo terrible de todos los hombres, con sus costumbres y maneras desmentidas y desnaturalizadas. Era entonces cuando en él se ponía en guardia el lado de hombre que llevaba, lo llamaba animal y bestia, echándole a perder y corrompiendo cualquier placer en su esencia de lobo, salvaje y repleta de salud.

Así estaban las cosas con el lobo estepario, y es sencillo imaginarse que Harry no llevaba una vida placentera y venturosa. Pero con esto no se trata de decir que fuera desdichado en una medida peculiar (aunque él mismo así creyera, como todos los hombres piensan que los sufrimientos que les tocaron son los más grandes del mundo). Esto no se debería decir de las personas. Quien no lleva en su interior un lobo, no tiene tampoco por qué ser feliz. Y hasta la vida más desdichada tiene sus horas refulgentes y sus pequeñas flores de dicha en la arena y el desierto. Y esto le sucedía también al lobo estepario. Generalmente era muy desdichado, eso no se puede contradecir, y también podía hacer desgraciados a otros, más si los amaba y ellos a él. Pues todos los que lo querían, no veían más que alguna de las dos partes. Algunos lo querían como hombre distinguido, inteligente y particular, y se quedaban espantados y desengañados cuando de repente descubrían en él al lobo. Y esto no tenía arreglo, pues Harry deseaba, como cualquier sujeto, ser amado en su totalidad y no podía, por eso mismo, frente aquellos cuyo cariño le importaba mucho, ocultar al lobo y rehusarlo. Sin embargo, había otros que amaban justamente al lobo, justamente a lo espontáneo, salvaje, indómito, aventurado y vehemente, y a éstos, a su vez, les provocaba después una desilusión y pena que de repente el fiero y perverso lobo fuera además un hombre, poseyera en su interior afanes de nobleza y de dulzura y además deseara oír a Mozart, leer versos y tener ideales de humanidad. Particularmente eran éstos los más desilusionados e irritados, y de esta manera llevaba el lobo estepario su propia duplicidad y diferencia interior al igual que todas las existencias fuera de lo común con las que se ponía en contacto.

No obstante, quien supuestamente conocía al lobo estepario y que se imagina una vida lamentable y destrozada, está equivocado, no sabe nada. No sabe (ya que no existen las reglas sin excepción y un solo pecador es en algunas circunstancias preferido por Dios a noventa y nueve justos) que en la situación de Harry no faltaban las excepciones y momentos alegres, que él podía dejar respirar, pensar y sentir alguna vez al lobo y alguna vez al hombre libremente y sin irritarse; es más, rara vez los dos hacían las paces y vivían unidos en amor y compañía, de manera que no nada más dormía uno cuando el otro velaba, sino que los dos se iban fortaleciendo y cada uno de ellos aumentaba el valor del otro. También en la vida de este hombre parecía, como cualquiera en el mundo, que repetidamente todo lo habitual, lo conocido, lo superfluo y lo ordinario no debían tener más encomienda que lograr un intervalo allí, aunque fuera minúsculo, una interrupción, para dar lugar a lo asombroso, a lo extraordinario, a la gracia. Si estas horas breves y raras de felicidad compensaban y amortiguaban el destino funesto del lobo estepario, de manera que la dicha y el infortunio al final quedaban emparejados, o tal vez la ventura breve, pero intensa, de aquellas horas abstraía todo sufrimiento y aun lanzaba un saldo favorable, esto de nuevo es una cuestión, sobre la cual la gente desocupada puede profundizar a gusto. También el lobo cavilaba con asiduidad sobre ella, y estos eran sus días más inactivos e inservibles.

A propósito de esto, aun hay que decir más. Hay muchas personas de genio parecido a Harry; numerosos artistas esencialmente pertenecen a esta especie. Estos hombres tienen en su interior dos almas, dos naturalezas; en ellos existe lo divino y lo demoníaco, la sangre materna y la paterna, la capacidad de dicha y la capacidad de sufrimiento, tan rivales y confusos lo uno junto y dentro de lo otro, como estaban en Harry el lobo y el hombre.

Y estas personas, cuya vida es muy agitada, a veces viven en sus anormales momentos de felicidad algo tan fuerte y tan indeciblemente sublime, la espuma de la complacencia fugaz salta con reiteración tan alta y deslumbrante por encima del mar del sufrimiento, que este transitorio relámpago de felicidad alcanza y embruja radiante a otras personas. Así se originan, como admirable y prófuga espuma de felicidad sobre el mar del sufrimiento, todas esas obras de arte, en las cuales un solo hombre apenado se glorifica por un momento tan alto sobre su propio destino, que su dicha resplandece como una estrella, y a todos aquellos que la ven les parece algo eterno y como su propio sueño de felicidad. Todos estos hombres, llámense como sea sus hechos y sus obras, no tienen realmente, por lo general, una verdadera vida, es decir, su vida no es ninguna esencia, no tiene forma, no son héroes o artistas o pensadores del mismo tipo que otros jueces, médicos, zapateros o maestros, sino que su existencia es una tendencia y un flujo y reflujo eternos e ingratos, está infeliz y dolorosamente desgarrada, es terrorífico y no tiene sentido, si no se está preparado para ver dicho sentido exactamente en aquellos insuficientes momentos, hechos, ideas y obras que centellean por arriba del caos de una vida así. En los hombres de este género ha nacido el pensamiento peligroso y aterrador de que acaso toda la vida humana sólo sea un gran error, un aborto vehemente y desgraciado de la madre universal, un salvaje ensayo y espantosamente desdichado de la naturaleza. Pero también entre ellos es donde ha surgido la otra idea de que tal vez el hombre no sea únicamente un animal medio razonable, sino un hijo de los dioses y destinado a ser inmortal.

Toda especie humana posee sus caracteres, sus sellos, cada una tienen sus virtudes y sus vicios, cada una posee su pecado mortal. A los caracteres del lobo estepario pertenecía el que era un hombre nocturno. La mañana significaba para él una mala parte del día, lo espantaba y jamás le trajo nada placentero. Nunca estuvo totalmente alegre en una mañana cualquiera de su vida, jamás hizo algo bueno en las horas que quedan antes del medio día, nunca tuvo buenas ocurrencias ni pudo darse alegría en esas horas a él mismo ni a los otros. Solamente con el curso de la tarde se iba entonando y animando, y solamente casi al llegar la noche se le veía, en sus buenos días, fecundo, dinámico y en ocasiones fogoso y feliz. Nunca a tenido hombre alguno una necesidad tan honda y enardecida de independencia como él. Cuando era joven, pobre y costándole trabajo ganarse el pan, optaba por pasar hambre y caminar con la ropa desgarrada, si así salvaba un poco de independencia. Jamás se vendió por dinero ni por comodidades, jamás a mujeres o a poderosos; más de cien ocasiones tiró y alejó de sí lo que a ojos de todos los demás constituía sus excelencias y ventajas, para mantener a cambio su libertad. Ninguna idea le era más odiosa y aterradora que la de tener que ocupar un cargo, esclavizarse a una distribución del tiempo, obedecer a otros. Un despacho, tribunal, un negociado eran cosas para él tan detestables como la muerte, y lo más temible que pudo vivir en sueños fue la prisión en un cuartel. A todos estos entornos, en ocasiones por medio de grandes sacrificios. En esto radicaba su fortaleza y su virtud, aquí era rígido e incorruptible, aquí su carácter era firme y recto. Pero a esta virtud estaban profundamente encadenados su sufrimiento y su destino. Le ocurría lo que les pasa a todos; lo que él, por un impulso muy íntimo de su ser, buscó y deseó con el mayor anhelo, logró tenerlo, pero en una medida más grande de la que es conveniente a los hombres. En un comienzo fue un sueño y su dicha, luego su agrio destino. El hombre poderoso en el poder perece; el hombre del dinero, en el dinero; el servicial y el humilde, en el servicio; el que anda buscando el placer, en los placeres.

Y así sucumbió el lobo estepario en su independencia. Logró su objetivo, cada vez fue más independiente, nadie tenía algo que ordenarle, a nadie tenía que rendir cuentas, nada más y con libertad determinaba él a su querer lo que debía de hacer y lo que tenía que dejar. Pues todo hombre fuerte logra indudablemente aquello que va buscando con verdadero furor. Pero en medio de la libertad obtenida se percató de que su independencia era la muerte, que se encontraba solo, que el mundo lo dejaba de una manera amarga, que los hombres no le importaban para nada; es más, que él tampoco a sí mismo, que despacio se iba adentrando a un ambiente cada vez más tenue de falta de trato y de alejamiento. Porque ya notaba que la soledad y la independencia no eran su objetivo ni su ahínco, eran su destino y su condenación, que su mágico anhelo se había logrado y ya no se podía quitar, que de nada servía extender los brazos abiertos lleno de melancolía y con el corazón repleto de buena voluntad, otorgando solidaridad y unión; ahora lo dejaban solo. Y no es que fuera aborrecible, despreciado y antipático con los demás. Al contrario, tenía muchas amistades. Muchos lo querían bien. Pero se trataba nada más de simpatía y cortesía lo que encontraba; lo invitaban, le obsequiaban cosas, le escribían bellas cartas, pero nadie se le acercaba espiritualmente, por ningún lado florecía compenetración con alguien, y nadie estaba dispuesto ni era capaz de compartir su vida. Ahora estaba bañado en soledad, una atmósfera de serenidad, un alejamiento del mundo que lo rodeaba, una imposibilidad de relación contra la cual no podía nada, ni la voluntad, ni la aspiración, ni la melancolía. Este era uno de los caracteres más importantes de su vida.

Otro era que habría que clasificarlo entre los suicidas. Aquí se debe agregar que es un error llamar suicidas únicamente a las personas que realmente se asesinan. Entre éstas hay bastantes que se hacen suicidas por casualidad y de cuya esencia no entra en el suicidismo. Entre los hombres sin personalidad, sin un sello marcado, sin fuerte destino, entre los hombres ordinarios y de rebaño, existen muchos que fallecen por su suicidio, sin por eso formar parte de aquellos que por su naturaleza deben contarse entre los suicidas, muchos, tal vez la mayoría, no ponen mano sobre ellos mismos, en realidad. El "suicida" —y Harry era uno— no es totalmente preciso que se encuentre en una relación violenta con la muerte; esto también se puede lograr sin ser suicida. Pero es particular en un suicida sentir su yo, es lo mismo si hay razón o no, como un germen especialmente peligroso, incierto y comprometido, que siempre se considera muy expuesto y en peligro, como si se encontrara encima del estrechísimo pico de una roca, donde un leve empuje externo o una leve debilidad interior bastarían para jalarlo al vacío. Este tipo de hombres se caracteriza en el trayecto de su camino, porque el suicidio significa para ellos la forma más probable de morir, por lo menos en su idea propia. Este temperamento, que por lo regular se manifiesta en la primera juventud y no renuncia a estos hombres durante su vida, no supone de ninguna forma una fuerza vital esencialmente debilitada; al contrario, entre los "suicidas" se encuentran naturalezas sorprendentemente ávidas y hasta intrépidas. Pero así como existen naturalezas que a la mínima indisposición se apegan a la fiebre, así estas naturalezas, que llamamos "suicidas", y que por lo general son muy delicadas y sensibles, se apegan, a la más minúscula conmoción, a entregarse vivamente con el valor y la fuerza de responsabilidad para ocuparse del hombre y no nada más de los mecanismos de los fenómenos vitales, si poseyéramos algo como lo que debiera ser una antropología, algo así como una psicología, serían conocidas estas realidades de todo el mundo.

Lo que hemos comentado aquí con respecto a los suicidas, se refiere todo, evidentemente, sólo a la superficie, es psicología, un trozo de física. Considerada metafísicamente, la cuestión se encuentra de otra forma y mucho más clara, pues en este contexto los "suicidas" se nos presentan como los agredidos del sentimiento de la determinación, como esas almas para las que ya no se considera un fin de su vida su propia perfección y evolución, sino una disgregación, regresando a la madre, a Dios, a todo. De estas naturalezas hay bastantes perfectamente incapaces de ejecutar un suicidio real, porque han reconocido hondamente su pecado. Para nosotros son, no obstante, suicidas, pues ven la salvación en la muerte, no en la vida; están preparados para eliminarse y entregarse, a extinguirse y retornar al inicio.

Como la fuerza puede transformarse también en una debilidad (es más, en algunos casos se transforma necesariamente), así generalmente logra, al contrario del suicida común, hacer de su supuesta debilidad una fuerza y un apoyo, lo hace efectivamente con sorprendente frecuencia. Entre estos casos entra también el de Harry, el lobo estepario. Como miles en su especie, de la idea de que en toda ocasión le está abierto el sendero de la muerte, no nada más se hacía una trampa nostálgica-infantil, sino que de esa misma idea se creaba un consuelo y un sostén. Es verdad que en él, como en todos los sujetos de su clase, cualquier conmoción, cualquier dolor, toda mala situación en la vida, despertaba de inmediato el deseo de alejarse de ella por medio de la muerte. Pero paulatinamente se formó de esta predisposición una filosofía útil para la vida. La franqueza con la idea de que esa salida exagerada estaba frecuentemente abierta, le otorgaba fuerza, lo hacía curioso para apresurar los dolores y los momentos desagradables, y cuando le iba muy mal, podía exponer su sentimiento con feroz alegría, con una especie de perversa alegría: "Tengo gran curiosidad por ver cuánto es realmente capaz de soportar un hombre. En cuanto llegue al límite de lo soportable, sólo habrá que abrir la puerta y ya se encontrará afuera". Hay bastantes suicidas que de esta idea pueden sacar fuerzas sorprendentes.

Por otro lado, a todos los suicidas les es natural la lucha con la tentación del suicidio. Todos saben bastante bien, en cualquiera de los rincones de su alma, que el suicidio es, efectivamente, una salida, pero muy vergonzosa e ilegal, que en el fondo es más noble y más hermoso dejarse vencer y expirar por la vida en sí que por la propia mano. Esta ciencia, esta mala conciencia, cuyo génesis es el mismo que el de la mala conciencia de los nombrados autosatisfechos, obliga a los suicidas a una frecuente lucha contra su tentación. Ellos luchan de la misma forma que el cleptómano lucha contra su vicio. También al lobo estepario le era perfectamente conocida esta lucha; con todo tipo de armas la había mantenido. Por fin llegó a la edad de cuarenta y siete años a una ocurrencia feliz y humorística que en ocasiones le provocaba alegría. Fijó la fecha en que cumpliría cincuenta años como el día en el cual se podía permitir el suicidio. En ese día, así lo convino con él mismo, estaría en libertad de ocupar la puerta por si había un caso de apuro, o a no ocuparla, según el aspecto del tiempo, aunque pasase lo que fuera, aunque enfermara, perdiera su dinero, experimentara sufrimientos y amarguras, ¡todo se encontraba emplazado, todo podía por mucho durar estos pocos años, meses, días, cuyo número se reducía frecuentemente! Y, efectivamente, aguantaba ahora con mayor facilidad bastantes incomodidades que antes lo torturaban más y más tiempo, y que tal vez lo conmovían hasta los tuétanos. Cuando por cualquier razón le iba especialmente mal, cuando a la desolación, al encierro y a la depravación de su vida se le adjudicaban dolores o pérdidas particulares, entonces les podía decir a los dolores: "¡Aguardad dos años, no más, y seré vuestro dueño!" Y después se sumergía con cariño en la idea de que el día que cumpliera cincuenta años, llegarían por la mañana cartas y felicitaciones, mientras que él, seguro de su navaja de afeitar, les decía adiós a todos los dolores y cerraba la puerta detrás de él. Entonces verían la gota en las articulaciones, la nostalgia, el dolor de cabeza, y el dolor de estómago dónde permanecían.

*   *   *

Todavía falta explicar el fenómeno concreto del lobo estepario y, sobre todo, su relación particular con la burguesía, relatando estos acontecimientos a sus leyes principales. Tomemos como principio, ya que esto se ofrece por sí mismo, esa relación que tenía con lo "burgués".

El lobo estepario estaba, según su propia valoración, totalmente fuera del mundo burgués, ya que desconocía la vida familiar y las ambiciones sociales. Se sentía totalmente como individualidad excluida, ya sea como individuo ajeno y enfermizo solitario, ya como hipernormal, como un sujeto de habilidades geniales y por encima de las pequeñas normas de la vida ordinaria. Estaba consciente de que repudiaba al hombre burgués y se sentía orgulloso de no serlo. Esto, sin embargo, vivía en varios aspectos de un mundo burgués; poseía dinero en un banco y ayudaba a parientes pobres; es cierto que se vestía sin cuidado, pero decentemente para no llamar la atención; trataba de vivir en paz con la autoridad, con el recaudador de contribuciones y todos los poderes semejantes. Sin embargo, lo atraía un fuerte y oculto anhelo frecuente hacia el mundo de la pequeña burguesía, hacia las apacibles y decentes casas de familia, con jardincitos pulcros, escaleras relucientes y toda su modesta atmósfera de orden y de limpieza. Le gustaba poseer pequeños vicios y sus extravagancias, sentirse extraburgués, como entre extraño y como un genio, pero no habitaba ni vivía jamás, por llamarlo así, en los arrabales de la vida, donde ya no existe la burguesía. Ni se encontraba en la sección de los hombres violentos y de excepción, ni entre los delincuentes y mal avenidos con la ley, sino que permanecía siempre habitando en los dominios de la burguesía, con cuyas costumbres, reglas y atmósfera no dejaba de estar relacionado, aunque incompatible y rebelde. Además, había crecido con una educación de pequeña burguesía y desde entonces había conservado bastantes conceptos y rutinas. En teoría no estaba en contra de la prostitución, pero hubiera sido incapaz de tomar en serio a una prostituta y de tomarla realmente como su igual. Al acusado de delitos políticos, al revolucionario o al dirigente espiritual acosado por el Estado y por la sociedad podía valorar como a un hermano, pero a un ladrón, salteador o asesino no hubiera sabido qué hacer, como no fuera condolerlos de una forma un poco burguesa.

De este modo siempre reconocía y afirmaba con una mitad de su persona y de su actividad lo que con la otra mitad rechazaba y lidiaba.

Educado con rigidez y buenas costumbres en una casa culta de la burguesía, estaba siempre acoplado con parte de su alma al orden de este mundo, todavía después de haberse individualizado tiempo atrás por arriba de cualquier medida posible en una atmósfera burguesa y de haberse librado del contenido ideal y del credo de la burguesía.

Lo "burgués", pues, como un estado siempre secreto de lo humano, no es más que el ensayo de una compensación, el interés de un término medio de acuerdo entre los múltiples extremos y dilemas confrontados de la humana conducta. Si tomamos como ejemplo cualquiera de estos dilemas de confrontación, a saber, el de un santo y un juerguista, se entenderá de inmediato nuestra metáfora. El hombre posee la habilidad de entregarse totalmente a lo espiritual, al afán de aproximación a lo divino, al paradigma de los santos. Por el contrario, también posee la facultad de entregarse totalmente a la vida del instinto, a los apetitos sensuales y de digerir toda su aspiración a la obtención de los placeres de ese instante. Uno de los caminos termina en el santo, en el mártir del espíritu, en la propia resignación y sacrificio por amor a Dios. El otro camino termina en el juerguista, en el mártir de los sentidos, en el propio sacrificio en altares de la putrefacción y el aniquilamiento. Ahora bien, el burgués intenta vivir en un término medio cómodo entre las dos celdas. Nunca tendrá que sacrificarse o entregarse a la embriaguez ni a la moderación, nunca será mártir ni permitirá su exterminio.

Todo lo contrario, su objetivo no es sacrificio, sino conservación del yo, su aspiración no se dirige ni a la santidad ni a lo contrario; la incondicionalidad le es inaguantable; sí quiere servir a Dios, pero también a los placeres del mundo; sí desea ser virtuoso, pero también vivir en la tierra un poco mejor y cómodamente. En conclusión, intenta colocarse en el centro, en medio de los extremos, en una zona templada y placentera, sin vehementes tempestades ni tormentas, y esto lo logra, por supuesto, a pesar de esa intensidad de vida y de sensaciones que provee una existencia encauzada hacia lo incondicional y extremo. Intensivamente sólo se puede vivir a costa del yo. Sin embargo, el burgués no desea nada tanto como al yo (claro que un yo desarrollado sólo limitadamente). Debido a la intensidad logra seguridad y conservación; en vez de posesión de Dios, sólo cosecha serenidad de conciencia; en vez de placer, bienestar; en vez de libertad, comodidad; en vez de fuego abrasador, una agradable temperatura. Por consiguiente el burgués es por naturaleza una criatura de débil impulso vital, temeroso, con miedo a la entrega de sí mismo, sencillo de gobernar. Por eso suplió el poder por el régimen de mayorías, la fuerza por la ley, la responsabilidad por el sistema de votación.

Evidentemente este ser débil y temeroso, aunque exista en una cantidad considerable, no puede mantenerse, que por conciencia de sus cualidades no podría personalizar otro papel en el mundo que el de rebaño de corderos entre errantes lobos. No obstante, vemos que, aunque en tiempos de los gobiernos de naturalezas fuertes, el ciudadano burgués es súbitamente aplastado contra la pared, nunca muere, y a veces hasta parece que domina al mundo. ¿Cómo es posible esto? Ni el gran número de los rebaños, ni la virtud, ni el *sentido común*, ni la organización serían lo suficientemente fuertes para salvarlo del fracaso. No existe medicamento en el mundo que pueda soportar a quien posee la intensidad vital tan debilitada desde el comienzo. Y, no obstante, la burguesía vive, es poderosa y aventajada. ¿Por qué?

La respuesta es esta: por los lobos esteparios. Efectivamente, la fuerza vital de la burguesía no se basa de forma alguna sobre las cualidades de sus miembros comunes, sino sobre las de los sorprendentemente numerosos *forasteros* que puede tener ésa, gracias a lo desdibujado y a la flexibilidad de sus objetivos. Siempre viven dentro de la burguesía numerosos temperamentos fuertes y fieros. Nuestro lobo estepario, Harry, es un ejemplo particular. Él, que se ha individualizado fuera del contexto de un hombre burgués, que conoce los encantos de la cavilación, al igual que las temibles alegrías del odio hacia todo y a él mismo, que desaprueba la ley, la virtud y el *sentido común*, es un seguidor imprescindible de la burguesía y no se puede salir de ella. Y así acampan alrededor de la masa burguesa, verdadera y genuina, grandes secciones de la humanidad, muchos millares de vidas y de inteligencias, cada una de las cuales, aunque se sale del contexto de la burguesía y estaría llamada a una vida de incondicionalidad, es, no obstante, captada por sentimientos inofensivos hacia las formas burguesas y contagiada un poco de su debilitación en la intensidad vital, se agarra de alguna manera a la burguesía, quedando así atada, dominada y obligada a ella. Pues a ésta le queda al revés el principio de los poderosos: "Quien no está contra mí está conmigo."

Si analizamos en este campo el alma del lobo estepario, se descubre éste como un hombre, al cual su grado enaltecido de individuación lo cataloga con los no burgueses, pues toda individuación suprema se dirige hacia el yo y se inclina después a su exterminio. Observamos cómo siente en su interior fuertes estímulos, tanto a la santidad como al libertinaje, pero debido a una debilitación u ociosidad no pudo saltar en el inescrutable espacio vacío, quedando atado al pesado astro materno de la burguesía. Ésta es una circunstancia en el Universo, éste su atadero. La gran mayoría de los intelectuales, la gran parte de los artistas corresponden a esta especie. Solamente los más fuertes de ellos traspasan la atmósfera de la tierra burguesa y llegan al cosmos; todos los sobrantes se distinguen o defieren, desprecian a la burguesía pero pertenecen a ella, la engrandecen y glorifican, al tener que afirmarla para poder seguir viviendo. Estas numerosas vidas no llegan a lo trágico, sin embargo sí a una desventura y desdicha bastante notables, y en ese infierno se han de cocer y madurar sus talentos. Los pocos que logran apartarse con violencia, logran lo absoluto y perecen de forma admirable; son los trágicos, su número es menor. No obstante, a los demás, los que forman parte de los sometidos, los que tienen talentos que frecuentemente son objeto de grandes honores por parte de la burguesía, a éstos les está abierto un tercer imperio, un mundo irreal, pero soberano: el humorismo. Los lobos esteparios sin tregua ni descanso, estos mártires eternos, a los cuales se les niega la potencia necesaria para lo trágico, para abrirse camino a los espacios cósmicos, que se sienten atraídos hacia lo imperioso y, sin embargo, no pueden coexistir dentro de él: a esos se les otorga, cuando su espíritu se ha fortalecido y se ha hecho tradicional en el sufrimiento, la salida adaptable al humorismo. El humorismo siempre es algo burgués, aunque el verdadero burgués sea incapaz de entenderlo.

En su mundo irreal encuentra realización el anhelo enmarañado y complejo de todos los lobos esteparios; aquí se puede no nada más afirmar al sacro o al juerguista, encogiendo los polos hasta juntarlos, sino además comprender en la afirmación al propio burgués. Indudablemente al poseído de Dios le es muy probable afirmar al criminal, y viceversa; no obstante, a los dos, y a todos los otros seres absolutos les resulta imposible afirmar ese término medio, tibio y neutro, lo burgués. Únicamente el humorismo, el grandioso invento de los detenidos en su llamamiento hacia lo más grande, de los casi trágicos, de los desdichados de la mayor capacidad, sólo el humorismo (tal vez el producto más característico y más extraordinario de la humanidad) lleva a cabo este imposible, resguarda y domina todos los ámbitos de la naturaleza humana con los centelleos de sus prismas. Vivir en el mundo, como si no fuera éste, respetar la ley y al propio tiempo permanecer arriba de ella, tener, "como si no se tuviera", renunciar, como si no se tratara de esto —tan sólo el humorismo se encuentra en condiciones de llevar a cabo todas estas exigencias, preferidas y formuladas frecuentemente, de una sabiduría superior a la vida.

Y en caso de que el lobo estepario, quien no carecía de facultades y aptitud para eso, consiguiera en el laberinto de su infierno terminar de cocer y de exhalar esta mágica bebida, entonces se encontraría a salvo. Todavía le falta demasiado para eso. Pero la probabilidad, la esperanza, existe. Quien lo aprecie, quien sienta simpatía por él, debe desearle este tipo de salvación. Es cierto que de esta manera él permanecería por siempre dentro de lo burgués, sin embargo sus tormentos serían pasaderos y fructíferos. Su relación con la burguesía, en amor y odio, extraviaría la sentimentalidad y su atadura a este mundo dejaría de martirizarlo frecuentemente como una vergüenza.

Para lograr esto o tal vez para, por último, poder todavía arriesgarse a saltar en el espacio, un lobo estepario en algún momento tendría que enfrentarse consigo mismo, mirar profundamente en el caos de la propia alma y llegar a una entera conciencia de sí. Su existencia misteriosa se le presentaría al momento en su plena estabilidad, y desde ahí le resultaría imposible regresar a protegerse, una y otra vez desde el infierno, de sus instintos en los consuelos filosófico sentimentales, y de ellos en el ciego torbellino de su condición lobuna. El hombre y el lobo se encontrarían obligados a reconocerse el uno al otro, sin máscaras sentimentales mentirosas, y a verse fijamente a los ojos. Entonces, o bien explotarían, disolviéndose para siempre, de tal forma que se extinguiera el lobo estepario, o bien acordarían un matrimonio de razón a la luz naciente del humorismo.

Es probable que Harry se tope un día frente a esta última posibilidad. Es probable que un día se llegue a reconocer, ya sea porque en sus manos caiga uno de nuestros pequeños espejos, o porque choque con los inmortales, o porque tal vez encuentre en alguno de nuestros teatros la magia de eso que necesita para liberar su alma desamparada en la pobreza. Mil posibilidades como esta lo esperan, su destino lo llama con fuerza invencible, todos estos sujetos al límite de la burguesía habitan en la atmósfera de estas posibilidades. Una insignificancia basta, y nace un destello.

Todo esto le es bien conocido al lobo estepario, aunque jamás llegue a ver este pedazo de su biografía interior. Intuye su situación dentro del edificio del mundo, intuye y conoce a los inmortales, intuye y le tiene temor a la posibilidad de un encuentro con él mismo, sabe que existe aquel espejo, en el cual siente tan brutal necesidad de mirarse y en el cual teme con mortal angustia verse reflejado.

* * *

Para finalizar nuestro estudio queda por resolver aun una última parte, una mixtificación primordial. Todas las "aclaraciones", toda la psicología, cualquier ensayo de comprensión necesitan, evidentemente, de los medios complementarios, teorías, mitologías, ficciones; y un autor honrado no debería exceptuar al término de una exposición la resolución de estas ficciones. Cuando digo "arriba" o "abajo", ya son una afirmación que necesita explicarse, ya que un arriba y un abajo sólo los hay en el pensamiento, en la abstracción. El mundo en sí desconoce el arriba o abajo.

Para decirlo pronto, así también es una mentira el lobo estepario. Cuando Harry se siente como hombre-lobo y cree que está conformado con dos seres hostiles y antagónicos, eso es nada más una mitología simplificadora. Harry no es un hombre-lobo, y si también nosotros, supuestamente sin fijarnos, favorecimos su ficción, que fue su invento y se lo creyó, intentando considerarlo y explicarlo verdaderamente como un ser doble, como lobo estepario, nos aprovechamos de un engaño con el anhelo de ser comprendidos con mayor facilidad, engaño cuya supresión se debe tratar en este momento.

La bidivisión en lobo y hombre, en espíritu e instinto, por la cual Harry trata de comprender más su fortuna, es una reducción muy irreverente, una violencia hecha sobre la realidad en beneficio de una explicación admisible, pero errónea, de las contradicciones que este hombre halla en sí mismo y que le figuran la raíz de sus numerosos sufrimientos. Harry halla en él mismo un "hombre", esto es, un mundo de ideas, sentimientos, cultura, de naturaleza sometida y exaltada, y al mismo tiempo encuentra en su interior un "lobo", un mundo sombrío de instintos, de fiereza, de crueldad, de ruda naturaleza, no exaltada. A pesar de esta división aparentemente tan clara de un ser en dos ámbitos que le son incompatibles, no obstante en alguna ocasión ha comprobado, que por un rato, durante algún momento dichoso, se armonizan el hombre con el lobo. Si Harry deseara determinar en cada momento solitario de su vida, en cada una de sus acciones, en cada una de sus sensaciones, qué participación poseyera el hombre y cuál el lobo, se descubriría en un callejón sin salida y se derrumbaría toda su hermosa teoría del lobo. Ya que no existe un solo hombre, ni siquiera el negro primitivo, ni tampoco el idiota, tan admirablemente sencillo que su naturaleza se pueda explicar como la agregación de solamente dos o tres elementos básicos; y querer explicar a un hombre justamente tan característico como Harry con la separación inocente en lobo y hombre, es un intento pueril exasperado. Harry no está conformado con dos seres, sino con ciento, con millares. Su vida fluctúa (como la de todos los hombres) no nada más entre dos polos, por ejemplo el instinto y el alma, o el santo y el juerguista, sino que fluctúa entre millares, entre incontables pares de poros.

No nos debe de sorprender que un hombre tan culto y tan inteligente como Harry se tenga por un lobo estepario, crea poder encerrar la rica y conflictiva trama de su vida en una fórmula tan sencilla, tan arcaica y bestial. El hombre no posee la capacidad de pensar tan desarrollada, y hasta el más espiritual e ilustrado mira al mundo y a él mismo a través del lente de fórmulas llanas, sencillas y engañosas —¡en especial a él mismo!—. Pues parece, en todos los hombres, que es una necesidad natural y totalmente fatal representar cada uno su yo como una unidad. Y aunque esta fantasía sufra repetidamente algún contratiempo grave y alguna sacudida, siempre vuelve a curar y surgir flamante. El juez, sentado enfrente del asesino y mirándole los ojos, escucha hablar un rato al

criminal con su propia voz (la del juez) y además halla en su propio
interior todos los colores, capacidades y perspectivas del otro, vuelve al
momento siguiente a su propia identidad, a ser juez, rápidamente se
resguarda de nuevo en la funda de su yo imaginario, cumple con su
deber y condena a muerte al asesino. Y si alguna vez en las almas humanas organizadas delicadamente y con excepcionales condiciones de
talento brota el presentimiento de su multiplicidad, si como todos los
genios ellas terminan con el mito de la unidad de la persona y se suponen como polipartitas, como un haz de muchos yos, entonces, solamente
que lleguen a enunciar esto, las encierra rápidamente la mayoría, llama
en socorro a la ciencia, demuestra esquizofrenia y protege al mundo de
que de la boca de estos infelices tenga que escuchar un eco de la verdad.
No obstante, ¿para qué perder palabras aquí, decir cosas cuyo conocimiento ya se entiende para todo el que piense, pero que no es una
costumbre decirlas? Consecuentemente, cuando un hombre se adelanta
a extender a una duplicidad la unidad imaginada del yo, resulta casi
ya un genio, por lo menos en todo caso una excepción extraña e interesante. Sin embargo, en realidad ningún yo, ni el más incauto, es una
unidad, más bien es un mundo profundamente variado, un pequeño
cielo de estrellas, un desbarajuste de formas, de sucesiones y de estados,
de herencias y de posibilidades. Que individualmente cada uno se esfuerce por tomar a este caos por una unidad y hable de su yo como si se
tratara de un fenómeno simple, formado sólidamente y delimitado claramente; esta ilusión natural a cualquier hombre (hasta al más elevado)
parece tratarse de una necesidad, una exigencia de la vida, al igual que
el respirar y el comer.

La ilusión descansa en una simple traslación. Como cuerpo, cada
hombre es uno; como alma, jamás. También en poesía, hasta en la más
fina, se vienen manejando desde tiempo remoto con personajes supuestamente completos, en apariencia de unidad. En la poesía que hasta hoy
se conoce, los expertos, los competentes, prefieren el drama, y con razón, pues proporciona (o proporcionaría) la posibilidad máxima de
personificar al yo como conjunto, si con esto no lo refutara la irreverente
apariencia de que cada personaje aislado del drama ha de parecernos
una unidad, ya que se encuentra metido en el interior de un cuerpo
solo, unitario y cerrado. También la estética ingenua considera lo más
sublime al nombrado drama de caracteres, en el que cada figura surge
como una unidad perfectamente acentuada y diferente. Sólo lentamente, y visto desde la lejanía, en algunos va tomando forma la suposición
de que tal vez esto es una estética barata superficial, de que nos menti-
mos al aplicar a nuestros magnos dramáticos los conceptos, grandiosos,
pero no naturales a nosotros, sino simplemente inculcados de belleza
proveniente de la antigüedad, la cual, basándose en el cuerpo visible,
concibió muy propiamente a la ficción del yo, de la persona. En los poemas

de la antigua India este concepto es totalmente desconocido; los héroes de las epopeyas indias no son personas, más bien son nudos de personas, sucesiones de encarnaciones. Y en nuestro mundo moderno existen otras poéticas en las que, tras el velo del personaje o del carácter, del cual el autor apenas si tiene entera conciencia, se trata de personificar una composición anímica. Quien desee poder conocer esto ha de aventurarse a considerar a las figuras de una poesía no como seres particulares, sino como pedazos, lados, o aspectos distintos de una unidad suprema (como el alma del poeta). El que analice, por ejemplo, al *Fausto* de esta forma, conseguirá de Fausto, Mefistófeles, Wagner y todos los restantes una unidad, y solamente en esta unidad suprema, no en las figuras aisladas, es donde se enuncia algo de la verdadera condición del alma humana. Cuando Fausto expresa aquel dictamen tan famoso entre los maestros de la escuela y admirada con tanto terror por el filisteo: *Hay viviendo dos almas en mi pecho*, entonces olvida a Mefistófeles y de numerosas almas que lleva de la misma forma en su pecho. También nuestro lobo estepario cree decididamente que lleva en su pecho dos almas (lobo y hombre), y por eso se siente bastante abrumado. Claro, es que el pecho, el cuerpo jamás es más que uno mismo; sin embargo, las almas que habitan en uno no son dos, ni cinco, sino infinitas; el hombre es una cebolla de cien telas, un tejido formado con numerosos hilos. Esto lo admitieron y lo supieron con precisión los antiguos asiatas, y en el Yoga budista se creó una técnica específica para desenmascarar el mito de la personalidad. Pintoresco y conflictivo es el juego de la vida: el mito por desenmascarar algo que la India se esforzó durante mil años, es el mismo por cuyo sustento y vigorización ha trabajado el mundo occidental con el mismo afán.

Si situamos desde este punto de vista al lobo estepario, comprenderemos por qué sufre tanto bajo su burlesca duplicidad. Piensa, al igual que Fausto, que dos almas ya son bastantes para sólo un pecho y habrían de romperlo. Sin embargo, son demasiado poco, y Harry realiza una espantosa violencia con su alma al intentar explicársela de un aspecto tan limitado. Harry, a pesar de ser un hombre muy inteligente, se forma como un salvaje que no sabe contar más que hasta dos. A una parte de él lo llama hombre; a otro, lobo, y con ello cree estar hasta el final y haberse fatigado. En el "hombre" pone todo lo espiritual que encuentra en su interior, resaltado, o mínimo cultivado, y en el "lobo" todo lo instintivo, fiero y anárquico. Pero de una forma tan sencilla como en nuestros pensamientos, de una manera tan irreverente como en nuestro inocente lenguaje, no suceden las cosas en la vida, y Harry se engaña doblemente al emplear esta teoría primitiva del lobo. Tememos que Harry otorgue al hombre regiones completas de su alma que todavía se encuentran muy alejadas del hombre y, a la inversa, al lobo le da partes de su ser que hace ya bastante tiempo se han salido de la fiera.

Al igual que todos los hombres, Harry piensa que sabe perfectamente lo que es ser humano, no obstante, lo desconoce por completo,
aunque lo suponga frecuentemente en sueños y en otros estados de conciencia difíciles de probar. ¡Si pudiera olvidar estas suposiciones! ¡Si por
lo menos las asimilara todo lo posible! El hombre no es de ninguna
forma un producto estable y duradero (este fue, a pesar de los presentimientos confrontados de sus sabios, el ideal de la antigüedad), es más
bien un intento y una transformación; no es más que el puente angosto y
peligroso de la naturaleza y el espíritu. Lo inspira la audacia más íntima
hacia el espíritu, hacia Dios; hacia la naturaleza, en retorno a la madre, lo llama el más íntimo deseo: entre los dos poderes oscila su vida
temblando con temor. La mayoría de las veces lo que los hombres comprenden bajo el concepto "hombre", no es más que un momentáneo
convencionalismo burgués. Algunos instintos muy toscos son refutados
y prohibidos por este convencionalismo; se pide algo de conciencia, de
civilidad y desbestialización, un pequeño trozo de espíritu no nada más
se permite, sino que se necesita. El "hombre" de este convenio es, como
todo ideal burgués, un compromiso, un leve intento de travesura infantil para estropear tanto a la perversa madre primitiva Naturaleza como
al irritante padre primitivo Espíritu en sus violentas exigencias, y consigue vivir en un término neutro entre ellos. Por eso consiente y tolera el
burgués eso que nombra "personalidad"; pero al mismo tiempo otorga
personalidad a aquel Moloc "Estado" e incita frecuentemente una contra otra. Por eso el burgués quema hoy por hereje o cuelga por criminal
a quien pasado mañana ha de levantar estatuas.

Que el "hombre" no es una cosa creada, sino una exigencia del espíritu, una lejana posibilidad, tan anhelada como temida, y que el sendero
que lo conduce a él, únicamente se va recorriendo a pequeños pedacitos
y bajo horribles tormentos y letargo, justamente por esas extrañas
individualidades a las que hoy se prepara el suplicio y mañana el monumento; esta sospecha también vive en el lobo estepario. No obstante,
lo que en su interior llama "hombre", en rivalidad a su "lobo", no es
más que justamente aquel "hombre" mediocre del convencionalismo
burgués. El sendero al verdadero camino, el sendero a los inmortales,
no deja Harry de predecirlo a la perfección y lo camina de aquí para allá
lentamente con timidez, pagando esto con graves tormentos, con aislamiento doloroso. Pero afirmar y llegar a esa suprema exigencia, a aquella
encarnación pura y buscada por el espíritu, recorrer el único camino
angosto hacia la inmortalidad, eso lo teme él en lo más hondo de su
alma. Perfectamente se da cuenta: eso lo conlleva a tormentos todavía
más grandes, a la exclusión, a la renunciación de todo, tal vez al patíbu-
lo; y aunque al final de este camino la inmortalidad sonríe seductora, no
está dispuesto a sobrellevar todos estos sufrimientos, a morir todas estas muertes. Aun teniendo mayor conciencia que los burgueses del fin

de la encarnación, no obstante cierra los ojos y no quiere saber que el afecto exasperado al yo, el exasperado no desea morir, es el camino más convincente para la muerte eterna, mientras que saber morir, rasgar el velo del enigmático, ir buscando eternamente mutaciones del yo, trasladada a la inmortalidad. Cuando venera a sus favoritos entre los inmortales, por ejemplo a Mozart, jamás lo mira en último término sino con ojos de burgués, y se explica sabiamente la perfección de Mozart únicamente por sus habilidades de músico, en vez de que sea por la grandeza de su generosidad, paciencia en el sufrimiento e independencia frente a los ideales de la burguesía, por su conformismo para ese aislamiento extremo, semejante al del huerto de Getsemaní, que alrededor del que sufre y del que está en momento de reencarnación enrarece toda la atmósfera burguesa hasta transformarla en helado éter cósmico.

Pero nuestro lobo estepario ha sorprendido dentro de él, por lo menos, la duplicidad fáustica; ha conseguido encontrar que a la unidad de su cuerpo no le es esencial una unidad espiritual sino que, en el mejor de los casos, sólo se halla en camino, con una larga procesión por delante, al ideal de esta armonía. Desearía derrotar en su interior al lobo y vivir totalmente como hombre, o a la inversa, rechazar al hombre y vivir, por lo menos, como lobo, una vida estándar, sin desgarramientos. Posiblemente jamás haya observado con atención a un lobo real; hubiera notado que tampoco los animales poseen un alma unitaria, que detrás de la hermosa y limitada forma del cuerpo, también habitan numerosos afanes y estados; también existen abismos en su interior, que incluso el lobo sufre. No, con el "¡Retorno a la naturaleza!" siempre va el hombre por un aparente sendero, repleto de penalidades y esperanzas. Harry no puede volver a transformarse completamente en lobo, no es nada simple y originario, más bien algo complicado y complejo. Incluso el lobo posee dos y más almas dentro de su pecho de lobo, y quien quiere ser un lobo incide en el mismo olvido que el hombre de aquella canción: "¡Feliz quien volviera a ser niño!" El hombre simpático, pero sentimental, que canta la canción del niño feliz, deseará también a la naturaleza, a la inocencia, a los principios, y ha olvidado totalmente que los niños no son felices, que son capaces de muchos conflictos, de muchas discordancias, de todos los sufrimientos.

Ningún camino lleva hacia atrás, ni hacia el lobo ni hacia el niño. En el comienzo de las cosas no hay sencillez ni inocencia; todo lo creado, hasta lo que parece más raso, ya es culpable, ya es complejo, ha sido aventado al torbellino sucio del desarrollo y no puede ya, ya no puede nadar a contracorriente. El camino hacia la inocencia, hacia lo increado, hacia Dios, no va hacia atrás, sino para delante; hacia el lobo o el niño, cada vez más hacia la culpa, cada vez más hondamente al interior de la encarnación humana. Pobre lobo estepario, tampoco con el suicidio se te saca realmente de apuro; debes recorrer el camino más largo, más penoso y más complejo de la humana encarnación, tendrás que multiplicar con frecuencia tu duplicidad; tendrás que enmarañar más tu complicación. En lugar de empequeñecer tu mundo, de simplificar tu alma, cada vez tendrás que abarcar más mundo, tendrás que acoger primero al mundo entero en tu alma dolorosamente ensanchada, para que algún día puedas llegar por fin al descanso. Por este camino marcharon Buda y todos los grandes hombres, unos a sabiendas, otros inconscientemente, mientras la aventura les resultaba bien. Nacimiento significa desunión del todo, significa limitación, alejamiento de Dios, ardua reencarnación. Retorno a todo, anulación de la dolorosa individualidad; llegar a ser Dios quiere decir: haber engrandecido tanto el alma que pueda regresar a entender otra vez todo.

No se habla aquí del hombre que conoce la escuela, la economía política y estadística, ni del que a millones camina por la calle y que no posee mayor importancia que la arena o que la espuma del mar: da igual un par de millones más o menos, son sólo material. No, nosotros tratamos aquí al hombre en sentido supremo, como término del largo camino de la encarnación humana, del hombre de verdad recto, de los inmortales. El genio no es tan extraño como queremos llamarlo con frecuencia; desde luego que tampoco es tan habitual como se disponen las historias literarias y la historia universal y hasta los periódicos. El lobo estepario Harry, a nuestro parecer, sería bastante genio como para intentar la aventura de la encarnación humana, en lugar de siempre sacar a su estúpido lobo estepario en cada aprieto.

Que hombres de esas posibilidades salgan del paso con lobos esteparios y "hay viviendo dos almas en mi pecho", es tan fuera de lo común y desconsolador como que expresen frecuentemente aquella afición temerosa a lo burgués. Un hombre capaz de entender a Buda, un hombre que tiene conocimiento de los cielos y abismos de la naturaleza humana, no debería vivir en un mundo donde el *sentido común*, la democracia y la educación burguesa dominan. Por mera cobardía sigue habitando en él, y cuando lo afligen sus dimensiones, cuando la estrecha celda de burgués le parece demasiado estrecha, entonces se lo apunta a la cuenta de "lobo" y no quiere darse cuenta que en ocasiones el lobo es su mejor parte. A todo lo fiero dentro de él lo nombra lobo y lo tiene en mal concepto, por peligroso, por terror de los burgueses; pero él, que cree ser un artista y poseer sentidos finos, no es capaz de ver que fuera del lobo, detrás del lobo, existen muchas otras cosas dentro; que no todo lo que muerde es lobo; que viven además zorro, dragón, tigre, mono y ave del paraíso. Y que todo este mundo, este edén de miles de seres, aterradores y hermosos, grandes y chicos, fuertes y delicados, es ahogado y formulado por el mito del lobo, al igual que el verdadero hombre que converge en él es ahogado y prisionero por la apariencia de hombre, por el burgués.

Imagínese un jardín con cien tipos de árboles, con mil flores distintas, con cien especies de frutas y otros tantos géneros de hierbas. Pues bien: si el jardinero de este jardín no conoce otra diferencia botánica que lo "comestible" y la "mala hierba", entonces no sabrá que hacer con nueve décimas porciones de su jardín, extraerá las flores más fascinantes, cortará los árboles más nobles, o los odiará y mirará con malos ojos. Eso hace el lobo estepario con las mil flores de su alma. Lo que no tiene lugar en las casillas de "hombre" o de "lobo", ni siquiera lo mira. ¡Y cuántas cosas no cataloga como "hombre"! Todo lo cobarde, lo simio, todo lo estúpido y pequeño, como no sea tan directamente lobuno, lo pone a lado del "hombre", así como le carga al lobo todo lo fuerte y noble únicamente porque todavía no consigue dominarlo.

*   *   *

Nos despedimos de Harry. Lo dejamos continuar solo su camino. Si ya se encontrara con los inmortales, si ya hubiera arribado ahí donde su penosa marcha parece indicar, ¡cómo miraría sorprendido este ir y venir, este indomable y confuso zigzag de su ruta, cómo sonreiría a este lobo estepario, alentándolo, reprobándolo, con lástima y agrado!

Fin del Tractat del lobo estepario

Cuando terminé de leer, se me ocurrió que hace algunas semanas una noche había escrito una poesía un tanto especial que al igual hablaba del lobo estepario. Estuve buscando en el torbellino de mi agitado escritorio, la hallé y leí:

Yo voy, lobo estepario, trotando
por el mundo de nieve cubierto;
del abedul surge un cuervo volando
y no cruzan ni liebres ni corzas el campo desierto.

Me enamora una corza ligera,
en el mundo no existe nada tan lindo y hermoso;
con mis dientes y zarpas de fiera
desgarrara su cuerpo sabroso.

Y tornara mi afán a mi amada,
en sus muslos mordiendo la carne blanquísima
y saciando mi sed en su sangre por mí derramada,
para aullar pronto solo en la noche tristísima.

Una liebre bastará también a mi anhelo;
dulce sabe su carne en la noche callada y oscura.
¡Ay! ¿Por qué me abandona en letal desconsuelo
de la vida la parte más noble y más pura?

Vetas grises obtiene mi rabo peludo;
voy perdiendo la vista, me atacan las fiebres;
hace tiempo que estoy sin hogar y viudo
y que troto y que sueño con corzas y liebres

que mi triste destino me aparta y espanta.
Oigo el aire soplar en la noche de invierno,
hundo en nieve mi ardiente garganta,
y así voy cargando mi mísera alma al infierno.

Ahí tenía yo, pues, dos retratos míos en la mano: el primero era un autorretrato en malos versos, triste y desconfiado como mi persona; el otro era frío y trazado con aspecto de alta objetividad por persona extraña, visto desde afuera y desde lo alto, escrito por alguien que al mismo tiempo sabía más y también menos que yo mismo. Y estos dos retratos juntos, mi poesía nostálgica y oscilante, y el inteligente estudio proveniente de una mano desconocida, los dos me ocasionaban daño, los dos tenían la razón, los dos trazaban con sinceridad mi vida carente de consuelo, ambos enseñaban con claridad lo inaguantable e insostenible de mi fase. Este lobo estepario debía morir, debía poner fin a su odiosa vida con su propia mano, o debía, disuelto en el fuego mortal de una nueva autoinspección, convertirse, quitarse la máscara y sufrir de nuevo una autoencarnación. ¡Ay! Este proceso no me es extraño ni desconocido; lo sabía, ya lo había vivido en varias ocasiones, siempre en periodos de gran exasperación. Cada vez en este trance que me destrozaba espantosamente las entrañas, mi yo de cada etapa había brincado roto en pedazos, siempre lo había sacudido con violencia y lo habían destruido potencias del abismo, cada vez me había traicionado un trozo preferido y justamente amado de mi vida y lo había extraviado para siempre. En una ocasión perdí mi buen nombre burgués al igual que mi fortuna y así aprendí a renunciar a la consideración de esos que hasta ese momento se quitaban el sombrero frente a mí. De la noche a la mañana se derrumbó mi vida familiar: mi mujer, llena de locura, me había sacado de mi casa y de mis comodidades; el amor y la confianza se convirtieron súbitamente en odio y guerra a muerte; colmados de compasión y menosprecio me observaban los vecinos. Entonces comenzó mi aislamiento. Tiempo después, con el correr de los años, años amargos y difíciles, después de que en inexorable soledad y penosa disciplina me fabriqué una nueva vida ascético-espiritual y un nuevo ideal; de haber alcanzado cierta apacibilidad y grandeza de vivir, entregado a ejercicios intelectuales y a una reflexión ordenada con rigidez, también se derrumbó esta forma de vida, perdiendo por un instante su supremo y noble sentido; otra vez me arrojó por el mundo en fieros y cansados viajes, se me juntaban nuevos sufrimientos y nueva culpa. Y cada vez que me quitaba una máscara, se destruía algún ideal, le seguía este terrible vacío y serenidad, este mortal acorralamiento, retraimiento y carencia de relaciones, este triste y oscuro infierno de la falta de cariño y desesperanza, como ahora también debía de aguantar.

En todas estas conmociones de mi vida al final salía siempre ganando alguna cosa, eso no lo podía negar, algo de espiritualidad, de hondura, de liberación; pero también un poco de desolación, de incomprensión y desánimo. Desde el punto de vista de la burguesía de una a otra de estas conmociones mi vida había sido un deseo persistente, una distancia cada vez más grande de lo normal, de lo autorizado, de lo sano. En el transcurso de los años había perdido profesión, familia y patria; me encontraba al límite de los grupos sociales, solitario, sin ser amado, mirado por muchos con desconfianza, en un frecuente aprieto amargo con la opinión pública y con la moral; y aunque todavía vivía dentro del contexto burgués, yo era, con todo mi sentir y mi pesar, ajeno a este mundo. Religión, patria, familia, Estado, ya no tenían valor para mí y ya nada me importaba; la vanidad de la ciencia, de las profesiones y de las artes me ocasionaba náuseas; mis opiniones, mi gusto, toda la manera en que pensaba, con la cual tiempo antes había sabido brillar como un hombre de talento y admirado, ahora se encontraba desvanecida y abandonada, y la gente era sospechosa. A pesar de que en mis dolorosos cambios hubiera obtenido algo invisible e inestimable lo había tenido que pagar caro, y una y otra vez mi vida se había vuelto más rígida, más complicada, más solitaria y peligrosa. Era cierto que no tenía razones para querer continuar este camino, que transportaba a atmósferas cada vez más enrarecidas, idénticas a ese humo en la canción de otoño de Nietzsche.

¡Ah, ya lo entiendo, yo conocía estos trances, estas transformaciones que el destino tiene disponible para sus hijos preferidos y más descontentos, los conocía demasiado bien! Tanto como un cazador insaciable, pero desdichado, conoce las facetas de una cacería, como un antiguo jugador de bolsa puede conocer las etapas de la especulación, de la ganancia, de la inseguridad, de la duda, de la quiebra. ¿Tendría que vivir yo esto de nuevo en la realidad? ¿Todo este sufrimiento, toda esta falsa miseria, todas estas características de la bajeza y minúsculo valor del propio yo, todo este espantoso temor al fracaso, toda esta angustia de muerte? ¿No era más sensato y sencillo evitar la repetición de tantos tormentos, hacerse a un lado? Efectivamente era más sensato y sencillo. Y aunque lo que se afirmaba en el folleto del lobo estepario de los "suicidas" fuera así o de otra forma, nadie podía negarme el placer de ahorrarme con ayuda del gas, la navaja de afeitar o la pistola, la repetición de algún asunto, cuyo amargo dolor había tenido que agradar tantas veces tan profundamente. Por todos los cielos, no existía poder en el mundo que me pudiera exigir pasar una vez más por las pruebas de un encuentro conmigo, con todos sus horrores de muerte, de una nueva disposición, de una nueva encarnación, la cual no tenía por final la paz ni la serenidad, sino nuevamente autodestrucción, en todo caso nueva autoconformación.

Y aunque el suicidio fuese estúpido, miedoso y común, aunque representara una salida vulgar y vergonzante para huir de este torbellino de los sufrimientos, toda salida, incluso la más vil, era preferible; aquí no existía comedia de nobleza y heroísmo, aquí me encontraba yo frente a la simple elección entre un pequeño dolor temporal y un sufrimiento eterno que quema lo indecible. Con bastante frecuencia en mi vida compleja y descarriada había sido yo el noble Don Quijote, había optado por el honor en vez de la comodidad, el heroísmo por la razón. ¡Basta ya, terminemos con todo eso!

Por los cristales ya bostezaba la mañana, la mañana oscura y condenada a un día de lluvia en invierno, cuando al fin me metí en la cama. Transporté a la cama mi valor. Sin embargo, a última hora, en el último margen de la conciencia, en el momento de quedarme dormido, durante un segundo resplandeció como un relámpago frente a mí aquel párrafo admirable del folleto del lobo estepario, en el que se hablaba de los "inmortales", y a esto se le sumaba el recuerdo, que se despertaba dentro de mí, de que alguna vez, y justamente la última vez había sido hace poco, me había sentido lo bastante próximo a los inmortales como para que en un compás de música antigua pudiera yo saborear con ellos toda su sabiduría pacífica, esclarecida y sonriente. Esto se despertó en mí, de nuevo resplandeció y se esfumó, y pesado como una montaña, se situó el sueño sobre mi frente.

Cuando desperté a medio día, otra vez encontré en mi interior la situación aclarada; el folleto se encontraba encima de la mesa de noche, junto a mi poesía, y entre el torbellino de los nuevos sucesos de mi vida, con cortés insensibilidad se acentuaba observándome mi decisión, afirmada y redondeada durante el sueño, después de pasada la noche. No había prisa; mi osadía de morir no era el capricho de una hora: se trataba de una fruta sana, madura, criada lentamente y con buen sazón, sacudida levemente por el viento del destino, cuyo soplo cercano había de convertirla en árbol.

En mi botiquín de viaje llevaba un remedio maravilloso para tranquilizar los dolores, una preparación de opio propiamente fuerte, cuyo deleite no permitía más que en contadas ocasiones, y a menudo durante meses prescindía de él; tomaba este grave estupefaciente únicamente cuando ya no soportaba los dolores materiales. Desgraciadamente, no era justamente para el suicidio. Ya lo había intentado en alguna ocasión hace varios años. Entonces, en una época en que también me rodeaba la desesperación, tuve que tomar una bonita porción, lo suficiente como para matar a seis hombres, pero no me mató.

Me quedé dormido y estuve tendido en un total letargo; pero después, para mi tremenda decepción, me comenzaron a despertar arrebatadas sacudidas en el estómago, vomité todo el veneno sin haber regresado a mí, y me dormí de nuevo para despertar completamente en el centro del día siguiente, con el cerebro hecho trizas, vacío y casi sin memoria. Además de un periodo de insomnio y de molestos dolores estomacales no prevaleció ningún otro efecto del veneno.

Por lo tanto con este remedio no podía contar. Entonces di a mi valor la siguiente forma: en cuanto me encontrara otra vez en un periodo en que necesitara recurrir a aquel preparado de opio, en ese instante se me permitía recurrir a él, en vez de a esta momentánea salvación, a la grande, a la muerte; pero una muerte fehaciente y positiva, con una bala o con la navaja de afeitar. Con esto quedó aclarada la situación: aguardar el momento en el que cumpliría los cincuenta años, según la jocosa recomendación del folleto del lobo estepario, eso me parecía demasiado detallado; todavía faltaban dos años. Podía ser dentro de un año, dentro de un mes, incluso mañana mismo: la puerta estaba de par en par.

No puedo decir que la "resolución" hubiera cambiado en gran magnitud mi vida. Me volvió más indiferente con las dolencias, un poco más descuidado con el uso del opio y del vino, un poco más curioso en cuanto al límite de lo sufrible: eso fue todo. Con mayor fervor siguieron actuando los otros hechos de esa noche. En alguna ocasión leí de nuevo el tratado del lobo estepario, a veces con contemplación y gratitud, como si supiera que hay un mago invisible que dirige mi vida con sabiduría, otras veces con sarcasmo y ofensa contra la simpleza del tratado, que no me permitía entender por completo la tensión y el tono concretos de mi vida. Lo que allí se escribía de los lobos esteparios y de los suicidas podía estar muy bien y ser preciso; se refería a la especie, al tipo, era una distracción ingeniosa; en cambio a mi persona, a mi verdadera alma, a mi sino particular y especial, me parecía que no se podía encerrar en una red tan tosca.

Más específicamente me preocupaba aquella visión o desvarío de la pared de la iglesia, el prometedor letrero de las danzantes letras de luces coincidía con menciones del tratado. Se me había prometido demasiado ahí, enérgicamente habían estimulado mi curiosidad los ecos de aquel mundo raro; con frecuencia meditaba a profundidad sobre esto. Y con mayor claridad cada vez me hablaba el aviso con aquellas inscripciones: "¡No para cualquiera!" y "¡Sólo para locos!" Yo tenía que estar loco y bastante lejos de un "cualquiera" si esas voces llegaban hasta mí y me hablaban de esos mundos. Dios mío, ¿no desde hace ya mucho tiempo me encontraba yo bastante alejado de todos los hombres, de la existencia y pensamiento de las personas normales, no me encontraba desde hace muchísimo tiempo alejado y loco? Y, no obstante, en lo más hondo de mi ser entendía a la perfección la llamada, la invitación a estar loco, aventar lejos de mí a la razón, el obstáculo, el sentido burgués, a entregarme al mundo profundamente agitado y sin leyes del espíritu y de la fantasía.

Después de haber buscado sin respuesta por calles y plazas al hombre del letrero-estandarte y de haber pasado varias ocasiones en alerta por el muro con la puerta invisible, me hallé en el suburbio de San Martín con un sepelio. Al observar la cara de los deudos del muerto, que iban trotando detrás de la carroza fúnebre, tuve este pensamiento: ¿Dónde habita en esta ciudad, dónde habita en este mundo esa persona cuya muerte representaría para mí una pérdida? ¿Y dónde la persona a la cual mi muerte le pudiera significar algo? Ahí estaba Erica, mi amada, es cierto; pero desde hace algún tiempo mantenemos una relación muy alejada, nos veíamos muy rara ocasión, no nos peleábamos, y por ese entonces yo ignoraba en qué lugar estaría. A veces ella me buscaba o yo iba a verla, y como los dos somos personas desoladas y complejas, similares en algún punto del alma y en la enfermedad espiritual, a pesar de esto se mantenía una relación entre los dos. Pero, ¿quizá no respiraría ella y no se sentiría aliviada cuando recibiera la noticia de mi muerte? No lo sabía, como tampoco sabía nada acerca de la legitimidad de mis propias emociones. Hay que vivir dentro de lo normal y de lo posible para poder conocer algo acerca de esto.

Mientras tanto, y siguiendo a un capricho me había sumado a la comitiva y fui detrás del duelo en dirección al panteón, un panteón moderno, de cemento, patentado, tenía crematorio y todos los aditamentos. No obstante, nuestro muerto no fue incinerado, sino que su caja fue depositada en una sencilla fosa en la tierra, yo observaba al párroco y a los demás rapaces de la muerte, empleados de la funeraria, en sus acciones, en las cuales trataban de dar la apariencia de ser una alta ceremonia de gran tristeza, al punto de quedar fatigados de tanto drama, confusión e hipocresía, también por hacer el ridículo. Observé cómo el negro atuendo de su oficio iba flotando de un lugar a otro y cómo se esforzaban por poner a tono al acompañante luctuoso y por obligarlo a rendirse ante la majestad de su muerte. Era trabajo perdido, nadie lloraba; parecía que el muerto era innecesario. Tampoco con la palabra se podía convencer a alguno de que se sintiera con atmósfera de piedad, y cuando el párroco hablaba a los asistentes nombrándolos reiteradamente "caros hermanos de Cristo", todos los silenciosos rostros industriales de estos comerciantes y panaderos, al igual que sus mujeres miraban al suelo con obligada seriedad, hipócritas y confundidos, movidos solamente por el anhelo de que esta acción desagradable tuviera su fin rápidamente. Por fin terminó; los primeros entre los hermanos de Cristo estrecharon la mano del exponente, se limpiaron los zapatos en el primer borde de pasto que estaban llenos de húmedo limo en el que habían depositado a su muerto, de inmediato adquirieron sus caras el aspecto normal y humano, uno de ellos me pareció de pronto conocido: me parecía que era el hombre que portaba aquella noche el anuncio y que me había otorgado el folleto.

En el instante en que supuse reconocerlo, daba media vuelta y se agachaba para acomodarse el pantalón, que terminó por doblarlos sobre sus zapatos, y se alejó con rapidez con un paraguas bajo el brazo. Corrí detrás de él, lo alcancé, lo saludé con la cabeza, sin embargo, él pareció no saber quién era.

—¿No hay velada esta noche?— pregunté e intenté hacerle un guiño, como hacen los que se dicen un secreto.

No obstante desde hace ya mucho tiempo esos ejercicios mímicos me parecían corrientes. ¡Si en mi forma de vida casi había olvidado el habla! Me percaté que nada más había hecho un gesto estúpido.

—¿Velada?— gruñó el individuo, y me miró a la cara con extrañeza— hombre, vaya al Águila Negra si es que se lo pide el cuerpo.

En realidad ya no sabía si se trataba de él. Desesperanzado proseguí mi camino, no sabía adónde, para mí no había metas, ni anhelos, ni deberes. La vida tenía un sabor horriblemente amargo; yo sentía desde hace tiempo que las náuseas crecientes llegaban al límite, que la vida me despreciaba y me arrojaba fuera. Furibundo, corrí por la ciudad gris, todo me parecía que olía a tierra mojada y a sepelio. No, junto a mi lápida no deberían estar ninguno de estos rapaces, con su traje talar y su sermoneo sentimental y de hermano de Cristo. ¡Ah! Lugar al que mirara, donde sea que mandara mis pensamientos, en ningún lugar me esperaba alguna alegría o atractivo, en ninguna parte vislumbraba una seducción, todo olía a corrupción vulgar, a podrida mediocridad, todo era viejo, marchito, pardo, mortecino, agotado. Santo Dios, ¿cómo era posible? ¿Cómo había podido llegar a tal límite yo, el chico lleno de emoción, el poeta, el amigo de las musas, el tenaz viajero, el apasionado idealista? ¿De qué forma había llegado esto tan lento y disimuladamente sobre mí, esta inmovilización, este odio contra la propia persona y contra los demás, esta oscuridad de todos los sentimientos, este perverso y hondo hastío, este infierno miserable de la carencia de corazón y de la desesperanza?

Cuando pasaba por la biblioteca me encontré con un joven profesor, con el que en otro tiempo hablé en alguna ocasión, en mi última estancia en esta ciudad había llegado inclusive a visitar su casa para platicar con él de mitologías orientales, materia a la que me dedicaba en ese entonces. El erudito venía en dirección opuesta, estirado y un poco miope, y sólo me reconoció cuando estaba a punto de pasar junto a él. Se abalanzó hacia mí con gran entusiasmo, y yo, en mi estado lamentable, casi se lo agradecí. Se alegró y se animó, me recordó cosas de nuestras pláticas, aseguró que debía mucho a mis estímulos y que pensaba con regularidad en mí; desde entonces rara vez tenía controversias tan emotivas y prolíficas con compañeros. Me preguntó desde cuándo estaba en la ciudad (mentí: desde hace pocos días) y por qué no lo había buscado. Observé la cara de sabio del hombre amable, encontraba la escena bastante ridícula, pero saboreé la migaja de entusiasmo, el sorbo de afecto, el bocado de reconocimiento. Emocionado abría la boca el lobo estepario Harry, en el seco pescuezo le fluía la baba; se encargó de él, en contra de su voluntad, el sentimentalismo. Sí, salí del paso, pues, engañándolo y diciéndole que nada más estaba aquí por una corta temporada, y que no me encontraba lo bastante bien; de otra forma ya lo hubiera visitado, evidentemente. Y entonces cuando me invitó, afectuoso, a pasar esa velada con él, accedí agradecido, le pedí que saludara a su señora, y a todo esto, por el entusiasmo de sus palabras y sonrisas, me dolían las mejillas que se habían desacostumbrado a estos esfuerzos. Mientras yo, Harry Haller, se encontraba en medio de la calle, asombrado y elogiado, confundido y cortés, sonriendo al hombre afable y mirando su rostro bueno y miope; junto a mí el otro Haller abría la boca, estaba haciendo gestos y pensando qué tipo de compañero tan especial, absurdo e hipócrita era yo, que todavía dos minutos antes había estado furibundo rechinando los dientes contra todo el maldito mundo, y ahora, a la primera exaltación, al primer cálido saludo de un hombre honrado de bien, accedía a todo y me revolcaba como un cerdo en la alegría de un poco de afecto, consideración y amabilidad. De esta manera, se encontraban ahí, frente al profesor, los dos Harrys, ambas figuras sorprendentemente antipáticas, burlándose uno del otro, viéndose mutuamente y escupiéndose a la cara, diseñándose, como siempre en tales circunstancias, una vez más la cuestión: si esto simplemente era bobería y debilidad humanas, determinación general de la humanidad, o si este egoísmo sentimental, esta falla de carácter, esta degeneración y contradicción de los sentimientos era nada más una especialidad personal loboesteparíesca. Si la bajeza era genérica de la humanidad, ¡ah!, entonces mi depreciación de mundo podía desligarse con pujanza renovada; si sólo era debilidad mía, se me presentaba razón para una orgía del autodesprecio.

Con la lucha entre los dos Harrys quedó casi olvidado el profesor; de nuevo volvió a parecerme molesto, y me apuré a librarme de él. Durante mucho tiempo estuve mirando como se desvanecía entre los árboles sin hojas del paseo, con el paso cándido y algo burlón de un idealista, de un creyente. Apasionadamente, se libraba la batalla dentro de mí, mientras yo cerraba y de nuevo estiraba los dedos oprimidos, en la lucha con la gota que iba pasando veladamente, hube de confesar que me había sorprendido con una invitación para comer a las siete y media, obligación de cortesías, charla científica y contemplación de satisfacción extraña. Colérico, me fui a casa, mezcle agua con coñac, me tragué con ella mis píldoras para la gota, me acosté en el diván y traté de leer. Cuando, al fin, conseguí leer un rato en el *Viaje de Sofía*, de Memel y Sajonia, un fascinante novelón del siglo XVIII, de nuevo recordé la invitación y de que no estaba afeitado y tenía que vestirme. ¡Sabe Dios por qué había accedido! ¡En fin, Harry, párate, pon a un lado tu libro, enjabónate, ráscate la barba hasta sacarte sangre, vístete y complace a tus semejantes! Y mientras me enjabonaba, pensé en el sucio hoyo de lodo en el panteón, donde esta mañana habían depositado al desconocido, y en las caras tiesas de los aburridos hermanos de Cristo, y ni siquiera me podía reír de todo eso. Me parecía que ahí terminaba, en ese hoyo sucio de lodo, con las tontas palabras confusas del predicador, con las estúpidas caras confusas de la comitiva fúnebre, a la vista desconsolada de todas las cruces y tumbas de mármol y latón, con todas estas flores falsas de alambre y de cristal, no nada más el desconocido, yo terminaría un día u otro sepultado en el lodo ante la confusión y la hipocresía de los asistentes, no nada más, sino que así terminaba todo, todos nuestros anhelos, toda nuestra cultura, nuestra fe, nuestra felicidad y nuestro placer de vivir que se encontraba tan enfermo y rápidamente tendría que ser enterrado ahí. Un panteón era nuestro mundo cultural, aquí eran Jesucristo y Sócrates, eran Mozart y Haydn, Dante y Goethe, nombres borrosos sobre tumbas de hojalata colmadas de orín rodeados de hipócritas y asistentes confusos, que hubieran dado cualquier cosa por todavía creer en las tumbas de latón que en otro tiempo les habían resultado sagradas, y cualquier cosa por decir aunque únicamente fuera una palabra seria y honrada, de tristeza, sin esperanzas para este mundo desaparecido y a los cuales, solamente les quedaba el confuso y ridículo dar vueltas en torno a una tumba. Rabioso, terminé por cortarme la barba como acostumbro, y durante un rato traté de arreglarme la herida; sin embargo tuve que volver a cambiarme el cuello que me acaba de poner limpio, y no encontré explicación de por qué hacía todo esto, pues no tenía las mínimas ganas de acudir a la cita. Pero una de las partes de Harry estaba de nuevo personificando una novela, llamaba al profesor un hombre simpático, suspiraba por un poco de aroma de humanidad, de sociedad y de plática, se acordó de la hermosa mujer del maestro, encontró en el fondo placentero pasar una velada con tan amables anfitriones, y me ayudó a pegarme en la barbilla un tafetán, me ayudó a vestirme y a ponerme una corbata; a propósito, y sutilmente me alejó de seguir mi verdadero deseo de permanecer en casa. Al mismo tiempo pensaba: en este momento me visto y salgo a la calle, visito al profesor y cambio con él cortesías, todo esto como inercia, esto mismo hacen la mayor parte de los hombres a todas horas; a la fuerza y, ciertamente, sin desearlo, van de visita, mantienen pláticas, están por horas sentados en sus negocios y oficinas, todo a la fuerza, mecánicamente, sin quererlo: todo podría ser realizado por máquinas o tal vez dejarse de hacer. Y esta mecánica por siempre sin interrupción es lo que les impide, al igual que a mí, criticar a la propia vida, reconocer y sentir su estupidez y ligereza, su insignificancia espantosamente burlesca, su tristeza y su irreparable vanidad. ¡Oh, y tienen razón, infinita razón, los hombres de vivir así, en jugar esos jueguitos, en esforzarse por sus cosas importantes, en lugar de luchar contra la entristecedora mecánica y observar exasperados en la nada, como yo lo hago, al hombre descarriado! Cuando a veces en estas hojas desprecio y hasta ridiculizo a los hombres, ¡no crea nadie que por eso les atribuyo la culpa, que los acuso, que quisiera hacer a los otros responsables de mi miseria! ¡Pero yo, que he llegado tan allá que me encuentro al límite de la vida, donde se cae en la oscuridad sin fondo, efectúo una injusticia y miento si trato de engañarme a mí mismo y a los demás, de que esta mecánica todavía funciona para mí, como si también yo perteneciera aún a ese mundo infantil del eterno jugueteo!

La noche se desarrolló de una forma grandiosa, en armonía con todo esto. Me quedé parado frente a la casa de mi conocido, mirando para arriba a las ventanas. Aquí vive este hombre —pensé— y va haciendo año tras año su trabajo, lee y comenta textos, busca la relación entre las mitologías de Asia Menor y de la India, y al mismo tiempo se encuentra contento, pues cree en el valor de su trabajo, cree en la ciencia de la cual es un súbdito, cree en el valor de la mera ciencia, del almacenamiento, pues tiene fe en el progreso, en la evolución. No estuvo en la guerra, no experimentó el estremecimiento debido a Einstein de los fundamentos del pensamiento humano hasta hoy (eso piensa él, que sólo le importa a los matemáticos), no ve cómo por cualquier sitio se prepara la próxima conflagración; cree que los judíos y los comunistas son odiosos, es un niño bueno, sin ideas, alegre, que se da importancia a él mismo, es muy envidiable. Me decidí rápidamente y entré, fui recibido por la criada que llevaba un delantal blanco, y por no sé qué presentimiento, me fijé a la perfección a dónde llevaba mi sombrero y abrigo. Me condujo a una habitación clara y templada, y me invitó a esperar, en vez de susurrar una oración o dormitar un poco, seguí un impulso infantil y tomé con las manos el objeto más cercano que se me ofrecía. Era un cuadro pequeño con su marco, que tenía su lugar sobre la mesa redonda, obligado a permanecer de pie con una leve inclinación, por un soporte de cartulina en la parte posterior. Era un grabado que representaba al poeta Goethe, un anciano con carácter y extrañamente peinado, con la cara hermosamente dibujada, en la cual estaban presentes los famosos ojos de fuego, el rasgo de soledad con un leve velo de cortesanía, la trágica apariencia, en los cuales el pintor había puesto particular esfuerzo. Había logrado dar a este viejo demoníaco, sin agresión de su profundidad, un tinte algo académico y al mismo tiempo teatral de autodominio y de integridad, y representarlo, dentro de todo, como un viejo señor realmente hermoso que podía servir como adorno en cualquier casa burguesa. Tal vez este cuadro no era más necio que todos los cuadros de este tipo, todos estos bellos redentores, apóstoles, héroes, genios y políticos emanados por inventores dedicados; tal vez me incitaba de esa manera nada más por cierta pedantería virtuosa; sea de eso lo que quiera, me puso de cualquier manera los pelos de punta, a mí, que ya estaba lo bastante animado y cargado, esta reproducción vanidosa y satisfecha de sí mismo del viejo Goethe como un opositor fatal y me hizo ver que no me encontraba en un lugar conveniente. Aquí se encontraban en su elemento antiguos maestros admirablemente estilizados y excelencias nacionales, pero no lobos esteparios.

Si en ese momento hubiera entrado el dueño de la casa, tal vez hubiera podido retirarme con pretextos admisibles. Sin embargo, fue su mujer la que entró y yo me entregué a mi destino, aunque intuyendo la catástrofe. Nos saludamos, y a la primera discordancia le siguieron otras nuevas. La señora me felicitó por mi buena apariencia, sin embargo, yo era perfectamente consciente de que había envejecido desde nuestro último encuentro; el darme la mano ya me había hecho recordar irremediablemente el dolor en los dedos que estaban atacados por la gota. Sí, enseguida me preguntó cómo se encontraba mi buena mujer, y tuve que confesarle que mi mujer me había dejado, y que nuestro matrimonio estaba terminado. Respiramos cuando el profesor entró. Él también me saludó cortésmente, y la tensión y comicidad de la situación encontraron la expresión más fascinante que se puede imaginar. Traía un periódico del partido militarista e incitador de la guerra, y después de haberme dado la mano, mostró el periódico y comentó que ahí se señalaba algo de un tocayo mío, un publicita Haller, que debía ser un mal bicho y un socio sin patria, que se había burlado del káiser y había expuesto la opinión de que su patria no era menos culpable que los países enemigos en el arranque de la guerra. ¡Qué tipo debía ser! Ah, pero aquí llevaba el mozo lo suyo, la redacción había dado buena cuenta de un mal bicho, y lo había puesto en la columna. Cuando vio que no tenía interés pasamos a otra cosa, pero los dos no pudieron si quiera imaginarse que ese enloquecido estaba frente a ellos, no obstante, era yo mismo. Bien, ¿para qué armar un escándalo e inquietar a la gente? Me reí internamente, aunque di por perdido poder gozar de algo agradable esta noche. Mantengo ese instante en la memoria. Justamente ese momento, cuando el profesor hablaba del traidor a la patria, Haller, se concretaba en mí el maligno sentimiento de depresión y desilusión que se había ido sumando en mi interior desde la escena del panteón, y no había dejado de crecer hasta ser una terrible opresión, un malestar corporal (en el bajo vientre), en una sensación sofocante y angustiosa de fatalidad. Yo sentía que algo me estaba vigilando, que un peligro me amenazaba por atrás. Por fortuna nos avisaron que la comida estaba lista. Nos aproximamos al comedor y mientras me afanaba por decir una y otra vez, o por preguntar cosas indiferentes, comía más de lo que acostumbraba y a momentos me sentía más lamentable. ¡Dios mío! —pensaba— ¿Por qué nos atormentamos de esta manera? Notaba que mis anfitriones tampoco se sentían bien y de que estar animados requería esfuerzo, tal vez porque yo ocasionaba un efecto tan lamentable, o tal vez porque había algún disgusto en la casa. Me preguntaron numerosas cosas, a las cuales no podía dar una respuesta sincera; pronto me encontré envuelto en verdaderas farsas y a cada palabra debía luchar contra una sensación de asco. Por último, para cambiar de rumbo, comencé a relatar el sepelio que había visto. Pero no conseguía encontrar el tono, mis incursiones por el campo del humorismo provocaban un efecto desconcertante, cada vez nos apartábamos más; en mi interior el lobo estepario se reía a mandíbula batiente, y en los postres los tres estábamos bien callados.

Regresamos a esa pequeña habitación para tomar café y licor, tal vez esto nos ayudaría. Pero entonces de nuevo llamó mi atención el príncipe de los poetas, aunque había sido puesto a un lado junto a la cómoda. No lograba desentenderme de él, y no sin dejar de oír voces internas que me anunciaban el peligro, lo tomé otra vez en la mano y comencé a habérmelas con él. Yo estaba como enajenado del sentimiento de que la situación era inaguantable, de que ahora debía lograr animar a mis huéspedes, despojarlos y moderarlos a mi tono, o al contrario, ocasionar de una vez la explosión.

Es de suponer —dije— que Goethe en la vida real no haya tenido este aspecto. Esta vanidad, esta noble actitud, esta magnanimidad lanzando miradas corteses a los distinguidos concurrentes y bajo la máscara varonil de este mundo de la más fascinante sentimentalidad. Se puede tener mucho contra él, incluso yo tengo muchas cosas contra el viejo repleto de aptitud, pero personificarlo así, no, eso ya es demasiado.

Pero la señora de la casa terminó de servir el café con el rostro lleno de sufrimiento, luego salió rápidamente de la habitación, y su marido, un tanto alterado y lleno de censura, me confesó que este retrato de Goethe pertenecía a su mujer, y que ella sentía una predilección especial por él. "E incluso si usted estuviera objetivamente en lo cierto, lo que yo pongo en tela de juicio, no tienen ningún derecho a expresarse tan duramente".

—Usted tiene razón —admití—. Desgraciadamente es una costumbre, un vicio en mí, optar por expresarme lo más crudamente posible. Lo que, por otro lado, también Goethe lo hacía en sus buenos momentos. Es cierto que este delicado y cursi Goethe de salón jamás hubiese utilizado una expresión cruda, sincera, inmediata. Le pido a usted y a su mujer mil disculpas, tenga la bondad de comunicarle que soy esquizofrénico. Y también, le pido permiso para despedirme.

El caballero lleno de azoramiento opuso algunas objeciones; de nuevo mencionó esos bellos y llenos de estímulos que habían sido en otros tiempos nuestros diálogos, e incluso, que mis hipótesis acerca de Mitra y de Grichna le habían hecho profunda impresión, y que hoy también esperaba..., etc. Le agradecí y le dije que sus palabras eran muy amables, pero que desafortunadamente su interés por Grichna, al igual que mi complacencia en diálogos científicos, habían desaparecido totalmente y definitivamente, que hoy lo había engañado un millón de veces, por ejemplo, que no llevaba en la ciudad algunos días, sino muchos meses, pero que hacía una vida para mí solo y que no estaba ya en condiciones de visitar casas distinguidas, ya que para empezar, siempre estoy de mal humor y atacado por la gota, y en segundo término, borracho la mayor parte de las veces. Además, para dejar las cosas claras y tan siquiera no terminar como un embustero, tenía que confesarle al estimado señor que me había ofendido grandemente. Él había hecho suya la posición estúpida y obstinada, digna de un militar sin ocupación, pero no de hombre de ciencia, en que se colocaba un periódico reaccionario con respecto a las opiniones de Haller. Que este "mozo" y socio sin patria era yo, y que le iría mejor a nuestro país y al mundo, si por lo menos los contados hombres capaces de pensar se declararan partidarios de la razón y del amor a la paz, en vez de incitar ciegos y fanáticos a una nueva guerra. Esto es todo, y con esto: adiós.

Me paré, me despedí de Goethe y del profesor, tomé mis cosas del perchero y salí corriendo. Fuertemente aullaba dentro de mi alma el lobo dañino. Una increíble escena se desarrolló entre los dos Harrys. Pues de inmediato comprendí que esta hora vespertina pero confortable tenía para mí mucha importancia, más que para el indignado profesor, para él se trataba de un desengaño y una pequeña molestia, en cambio para mí, era un último fracaso y un echar a correr, era mi despedida del mundo burgués, moral y erudito, era la victoria del lobo estepario. Significaba despedirme derrotado y salir huyendo, una declaración propia de quiebra, una despedida inconsolable, irreflexiva y carente de gracia. Le dije adiós a mi mundo anterior y a mi patria, a la burguesía, a la moral y la erudición, no de otra manera que el hombre que tiene una úlcera de estómago se despide de la carne de cerdo. Rabioso, corrí a la luz de los faroles, rabioso y lleno de tristeza mortal. ¡Qué día tan desconsolado, tan penoso, tan siniestro, desde la mañana hasta la noche, desde el panteón hasta la casa del profesor! ¿Para qué? ¿Por qué? ¿Existía alguna razón para seguir echando sobre mí más días como éste, para seguir devorando más alimentos así? ¡No! Y por eso debía ponerle fin a la comedia esta noche. ¡Vete a casa Harry, y córtate el cuello! Ya has esperado demasiado.

De un lado para otro corrí por las calles, en un estado deplorable. Evidentemente, había sido estúpido de mi parte afrentar a la buena gente el adorno de su salón, era necio y grosero, pero yo no podía, no pude hacerlo de otra manera, ya no soportaba esta vida dócil, de farsa y corrección. Y ya que, por lo visto tampoco soportaba la soledad, ya que la compañía conmigo se había convertido en inconfesablemente odiada y me ocasionaba tanto asco, ya que el vacío de mi infierno me ahogaba dando vueltas, ¿qué salida podía tener aún? Ya no existía alguna. ¡Oh, padre y madre míos! ¡Oh, lejano fuego de mi juventud! ¡Oh, ustedes, miles de alegrías, de trabajos, de esfuerzos de mi vida! Nada de eso me quedaba, ni siquiera arrepentimiento, sólo asco y dolor. Me parecía que nunca como ahora me había hecho tanto mal el simple hecho de vivir.

En una desventurada taberna de las afueras reposé unos instantes, tomé agua con coñac, de nuevo comencé a huir, perseguido por el diablo, y a subir y bajar los callejones empinados y retorcidos de la parte vieja de la ciudad, y caminar por los paseos, por la plaza de la estación. ¡Tomar un tren! Pensé. Entré en la estación, permanecí observando fijamente los itinerarios pegados en las paredes, tomé un poco de vino, intenté reflexionar. Cada vez más cerca, cada vez distintamente empecé a ver el fantasma que tanto miedo me ocasionaba. Era el regreso a mi casa, a mi cuarto, el tener que pararme ante la desesperación. A esto no podía huir, aunque estuviera corriendo por horas enteras: al regreso hasta mi puerta, hasta la mesa con libros, hasta el diván con el retrato de mi querida colgado encima; no podía escapar al instante en que tuviera que abrir la navaja de afeitar y cortarme el cuello. Cada vez con más claridad se presentaba frente a mí este cuadro, sentía yo la angustia más grande; el miedo a la muerte. Sí, tenía un terrible miedo a la muerte. Aun cuando no veía otra salida, aun cuando alrededor se amontonaban el asco, el dolor, la desesperación, aun cuando nada estaba en condiciones de seducirme, ni de proporcionarme una alegría o una esperanza, me horrorizaba de una forma indecible la ejecución, el último momento, el corte firme y frío en la propia carne.

No veía de forma alguna alejarme de lo temido. Si en la lucha entre la desesperación venciera hoy la cobardía, mañana y todos los días habría de tener frente a mí otra vez la desesperación, aumentada con el desprecio de mí mismo. De nuevo tomaría la navaja con la mano para después dejarla, hasta que por fin estuviera totalmente consumido. Por eso, mejor hoy que mañana. Razonablemente, intentaba convencerme a mí como a un niño temeroso, sin embargo, el niño no escuchaba, huía, quería vivir. Rudamente continué siendo arrastrado a través de la ciudad, en amplios círculos estuve dando vueltas alrededor de mi vida, siempre con el retorno en la mente, siempre retrasándolo. Acá y allá me entretenía en una taberna, para tomar una copa, dos copas; luego continuaba mi huir, en amplio círculo alrededor del objeto, de la navaja de afeitar, de la muerte. Exhausto, permanecí sentado en algún banco durante varias ocasiones, en la orilla de alguna fuente, en un guardacantón, oía palpitar el corazón, me secaba el sudor de la frente, corría otra vez, lleno de una angustia mortal, lleno de ardiente y llamante deseo de vivir.

Así llegué, a una hora ya muy avanzada de la noche y por un suburbio perdido, para mí casi inexplorado, detrás de cuyas ventanas resonaba violenta música de baile. En la puerta leí un viejo letrero: "Águila Negra". Dentro había un ambiente de fiesta, algarabía de muchedumbre, humo, olor a vino y gritería; en el segundo salón se bailaba, allí se debatía frenética la música de danza. Permanecí en el primer salón, lleno de gente sencilla, vestida pobremente, en tanto que detrás, en la sala de baile, se veían elegantes. Empujado de un lado a otro por la multitud,

fui apretado contra una mesa cerca del mostrador; en el diván, al lado
de la pared, se encontraba una bonita muchacha pálida, con un ligero
vestido de baile, con gran escote y una flor marchita en el cabello. La
muchacha me miró atentamente y cuando vio que me aproximé sonriente, con cortesía se hizo a un lado y me dejó sitio.

—¿Me permite? —pregunté, y me senté a su lado.

—Naturalmente que te permito —respondió— ¿Quién eres tú? ¿No
te conozco?

—Gracias —dije—; me es imposible ir a casa; no puedo, no puedo,
quiero permanecer aquí, junto a usted, si es tan amable. No, no puedo
volver a casa.

Hizo un ademán como si lo entendiera, y al agachar la cabeza, vi un
bucle que le caía de la frente hasta el oído, y vi que la flor marchita era
una camelia. Del otro lado se escuchaba la música, frente al mostrador
las camareras gritaban con arrebato sus pedidos.

—Quédate aquí —me dijo con un tono que me hizo bien—. ¿Por qué
es por lo que no puedes regresar a tu casa?

—No puedo. En casa me aguarda algo... No, no puedo; es demasiado terrible.

—Entonces déjalo estar y quédate aquí. Ven, límpiate primero los
lentes, así no vas a ver. Dame tu pañuelo. ¿Qué vamos a beber? ¿Borgoña?

Me limpió los lentes; fue cuando la pude ver con claridad; el rostro
pálido, bien afilado, con la boca pintada de rojo sangre; los ojos color
gris claro; la frente lisa y serena; el bucle derecho delante de la oreja.
Bondadosa y un tanto burlona, se cuidó de mí, pidió vino, chocó conmigo mientras veía hacia el suelo mis zapatos.

—¡Dios mío! ¿De dónde vienes? Parece que llegaste caminando desde París. Así no se viene a un baile.

Dije que sí y que no, reí un poco, la dejé hablar. Me gustaba mucho,
y esto me ocasionaba admiración, pues hasta ahora siempre había evitado a esta clase de muchachas y hasta las había mirado desconfiadamente.
Y ella era conmigo justamente como en este momento me convenía que
fuera. ¡Oh, y desde ese momento así ha sido conmigo! Me trataba con
tanto cuidado como yo necesitaba, y tan burlonamente como también
necesitaba. Ordenó un bocadillo y me obligó a comérmelo. Me sirvió
vino y también me obligó a que lo bebiera, pero no tan deprisa. Después
alabó mi docilidad.

—Eres bueno —dijo intentando animarme—. Le haces a una fácil el
trabajo. Apuesto que desde hace mucho tiempo que no obedeces a
nadie.

—Sí, usted tiene razón. ¿Pero cómo sabe usted eso?

—No tiene arte. Obedecer es como comer y beber. El que se pasa mucho tiempo sin eso, a ése ya nada le importa. ¿Verdad que tú me vas a obedecer con mucho gusto?

—Con muchísimo, usted lo sabe todo.

—Tú facilitas a una el camino. Tal vez, amigo, pudiera también decirte qué es lo que te espera en tu casa y a lo cual tienes tanto temor. Pero también tú lo sabes, no existe necesidad de hablar de ello, ¿no es eso? ¡Tonterías! O uno se ahorca, bueno, desde luego se ahorca uno, será porque existe un motivo. O vive uno, y entonces sólo debe ocuparse de la vida. No existe nada más sencillo.

—¡Oh! —exclamó—. Si eso fuera tan sencillo... Y me he ocupado bastante de la vida, Dios lo sabe, y no ha servido de mucho. Ahorcarse quizá es difícil, no lo sé. Pero vivir es mucho, bastante más difícil. ¡Dios sabe que lo es!

—Ya verás cómo es muy fácil. Por algo se empieza. Te has limpiado los lentes, comido y bebido. Ahora vayamos a limpiar tus pantalones y tus zapatos, lo necesitan. Y después bailarás *shimmy* conmigo.

—¿Ve usted —dije animado— cómo yo tenía razón? Nada me molesta más que no poder elaborar una orden de usted. Sin embargo ésta no la puedo cumplir. No puedo bailar un *shimmy*, ni un vals, ni una polca y como se llamen esas cosas, jamás en mi vida he aprendido a bailar. ¿Ve usted cómo no es tan fácil como usted piensa?

La hermosa muchacha sonrió con sus labios rojos como la sangre y movió la cabeza encrespada y peinada a la garzón. Al mirarla me figuré que se parecía a Rosa Kreisler, la primera joven de la que yo me enamoré cuando era un muchacho, pero aquélla era morena y con el cabello oscuro. No, realmente no sabía a quién me recordaba esta muchacha extraña; sólo sabía que era algo de la lejana juventud, de mi época de niño.

—Despacio —gritó ella—, vayamos por partes. ¿O sea que no sabes bailar? ¿Ni siquiera un *onestep*? Y al mismo tiempo aseguras que la vida te ha costado sabe Dios cuánto trabajo. Esa es una patraña, amigo, y a tu edad ya no está bien. Sí, ¿cómo puedes decir que te ha costado tanto trabajo la vida si ni siquiera quieres bailar?

—Es que no sé. Jamás aprendí.

Ella comenzó a reír.

—Pero a leer y a escribir sí has aprendido, vamos, y cuentas y probablemente también latín y francés, y toda clase de cosas de este tipo. Apuesto a que has estado diez o doce años en la escuela y, además, has estudiado en algún otro lugar y hasta tienes título de doctor y sabes chino o español. ¿O no? ¡Ah! ¿Ves? Pero no has podido dar un poco de tiempo y de dinero para unas cuantas clases de baile. ¿No es eso?

—Fueron mis padres —me justifiqué—. Ellos me hicieron aprender griego y latín y todas esas cosas. Pero no me hicieron aprender a bailar, no era moda entre nosotros; incluso mis padres jamás bailaron.

Me miró fría y despectivamente, y otra vez vi en su cara algo que me hizo recordar la época de mi primera juventud.

—¡Ah, vamos, van a tener la culpa tus padres! ¿También les preguntaste si esta noche podías venir al "Águila Negra"? ¿Lo has hecho? ¿Se murieron hace mucho tiempo, dices? ¡Ah, vamos! Si tú, nada más por obediencia no has querido bailar en tu juventud, está bien, aunque en ese entonces no creo que fueras un muchacho modelo. Pero después... ¿qué has estado haciendo durante tantos años?

—¡Ah —confesé—, ya no lo sé ni yo mismo! He estudiado, he hecho música, he leído libros, he escrito libros, he viajado...

—¡Qué ideas tan raras tienes de la vida! ¿De tal forma que has hecho cosas difíciles y complicadas, y las más simples ni las has aprendido? ¿No has tenido tiempo? ¿No has tenido ganas? Bueno, por mí... Gracias a Dios que no soy tu madre. Pero hacer como si hubieras gustado de la vida totalmente sin encontrar en ella algo, no, a eso no hay derecho.

—No me contradiga usted —supliqué—. Ya sé que estoy loco.

—Vamos; no me vengas con historias. ¡Qué vas a estar loco, señor profesor! Me pareces demasiado cuerdo. Me figuro que eres prudente de una forma estúpida, justo como un profesor. Ven, cómete un panecillo, después seguimos hablando.

De nuevo me pidió un bocadillo, le echó un poco de sal, le untó un poco de mostaza, cortó un pedacito para ella misma y me mandó comer. Comí. Hubiese hecho todo lo que me hubiera indicado, menos bailar. Era muy bueno obedecer a alguien, estar sentado junto a alguien que lo interrogara a uno, le mandara y le contradijera. Si el profesor o su mujer hubieran hecho esto hace un par de horas, me habría ahorrado bastante. Pero no; así estaba bien, hubiera perdido mucho.

—¿Cuál es tu nombre? —me preguntó de repente.

—Harry.

—¿Harry? ¡Un nombre de muchacho! Y realmente eres uno, a pesar de los mechones grises en tu cabello. Eres un muchacho y deberías tener a alguien que se ocupara un poco de ti. Del baile no hablaré más. ¡Pero cómo estás peinado! ¿Es que no tienes mujer, tan siquiera una amiga?

—Ya no tengo mujer; nos divorciamos, sí tengo una amiga, pero no vive aquí; la veo de tarde en tarde, no nos llevamos muy bien.

Ella siseó un poco por lo bajo.

—Parece que has de ser un caballero muy difícil, ya que nadie está a tu lado. Pero ahora dime, ¿qué ocurría esta noche tan increíble, que has andado huyendo por el mundo como un alma en pena? ¿Te has arruinado? ¿Has perdido en el juego?

Realmente era complicado decirlo.

—Verá usted —comencé diciendo—. Ha sido en realidad una insignificancia. Yo estaba invitado a la casa de un profesor —yo no lo soy—, y de verdad que no debía haber ido, ya no estoy acostumbrado a estar con la gente y platicar; ya lo he olvidado. Entré yo en la casa con la sensación de que no iba a salir bien aquello. Cuando colgué mi sombrero pensé que muy pronto lo necesitaría. Bueno, y en casa de este profesor había sobre la mesa un cuadro... necio, que me puso de mal humor...

—¿Qué cuadro era? ¿Por qué te puso de mal humor? —me interrumpió.

—Sí, se trataba de un retrato de Goethe, ¿sabe usted? Al poeta Goethe. Pero ahí no estaba como de verdad era. Claro que esto nadie lo sabe con exactitud; hace cien años que murió. Si no que cualquier pintor moderno había retratado ahí a Goethe tan cursi y peinadito como se lo figuró, y este retrato me exasperó y me pareció horrorosamente antipático. No sé si usted comprende eso.

—Puedo comprenderlo muy bien, no te preocupes. ¡Sigue!

—Anteriormente ya había estado en desacuerdo con el profesor; como casi todos los profesores es un gran patriota y ayudó fervientemente durante la guerra a engañar al pueblo, con la mejor fe, naturalmente. Yo, en cambio, estoy en contra de la guerra. Bueno, no importa. Prosigamos. Claro que yo no hubiera tenido necesidad de mirar el retrato...

—Evidentemente no habías tenido necesidad.

—Pero en primer lugar me molestaba por el propio Goethe, al cual yo quiero mucho, mucho, y después tuve que pensar —pensé o sentí— más o menos sobre esto: aquí estoy sentado a lado de personas que son más o menos iguales a mí y de las que, pienso, también han de amar a Goethe como yo, y se habrán formado un retrato parecido al que yo me he hecho, y ahora resulta que tienen este retrato sin gusto, falseado y dulzón, además lo encuentran sorprendente y no se dan cuenta de que precisamente el espíritu de este cuadro es lo contrario al espíritu de Goethe. Encuentran increíble el retrato, por mí si quieren lo pueden hacer, pero para mí se terminó toda la confianza en estas personas, toda amistad con ellas, cualquier sentimiento de igualdad y de solidaridad. La amistad tampoco era grande. Me puse rabioso y triste, vi que estaba solo y que nadie me entendía. ¿Usted entiende?

—Es bien sencillo de entender, Harry. ¿Y luego? ¡Les tiraste el retrato a la cabeza?

—No, comencé a lanzar improperios y eché a correr, quería ir a casa, pero...

—Pero ahí no te hubieras encontrado con una mamá que consolara o reprendiera al hijo inocente. Está bien, Harry; casi me das lástima; eres un espíritu infantil, sin igual.

Y de verdad lo comprendí así. Ella me dio a beber un vaso de vino. Me trataba como una verdadera madre. Pero mientras yo iba viendo a ratitos lo hermosa y joven que era.

—Veamos —comenzó ella otra vez—. Resulta que Goethe se murió hace cien años y Harry lo quiere mucho y se ha formado una idea maravillosa de él así como del aspecto que tenía, y a esto tiene Harry perfecto derecho, ¿así es? Pero el pintor, que también tiene afecto por Goethe y se ha hecho de él una imagen, ése no tiene derecho, y el profesor tampoco, y en realidad nadie, porque eso no le gusta a Harry, no lo tolera, porque tiene que vociferar y huir. Si fuera prudente se reiría sencillamente del pintor y del profesor. Si fuera un loco les aventaría el retrato en la cara. Pero como sólo es un niño pequeño, se va corriendo a su casa y quiere ahorcarse. He entendido a la perfección tu historia. Es una historia jocosa. Me hace reír. Espérate, no tomes tan rápido. El borgoña se toma lentamente, si no te da mucho calor. Pero a ti hay que decírtelo, eres todo un niño.

Su mirada era rigurosa y restrictiva como de una niñera de sesenta años.

—Oh, sí —supliqué satisfecho—. No deje de decírmelo todo.

—¿Qué te he de decir?

—Todo lo que quiera.

—Bueno, voy a decirte una cosa. Desde hace una hora estás escuchando que yo te hablo de tú, y tú me sigues llamando de usted. Siempre latín y griego, siempre lo más complejo que se pueda. Cuando una joven te llama de tú y no te parece antipática, entonces también debes llamarla de tú. ¿Ves? Ya aprendiste algo nuevo. Y segundo: desde hace media hora sé que te llamas Harry. Lo sé porque te lo pregunté. En cambio tú no quieres saber cómo me llamo yo.

—¡Oh, claro, con mucho gusto querría saberlo!

—¡Es tarde, amigo! Cuando nos volvamos a encontrar me lo preguntas. Hoy ya no te lo digo. Bueno, ahora me voy a bailar.

Al hacer ademán de pararse, mi ánimo se deprimió bastante, tuve miedo de que se fuera y encontrarme solo, todo volvería a ser como antes había sido. Como un dolor de muelas que se desaparece por un momento para presentarse otra vez, y quema como el fuego, así se me presentaron en ese momento el miedo y el terror. ¡Oh, Dios! ¿Podía haber olvidado lo que me esperaba? ¿Es que había cambiado algo?

—¡Alto! —grité, suplicante—. No se vaya usted. No te vayas. Por supuesto que puedes bailar lo que quieras, pero no te quedes mucho tiempo ahí, regresa, regresa pronto.

Se levantó riendo. Me la había imaginado más alta, era esbelta pero no alta. Nuevamente me recordó a alguien. ¿A quién? No lograba acordarme.

—¿Regresas?

—Regreso, pero puede que tarde un rato, media hora, o tal vez una completa. Voy a decirte algo: cierra los ojos y duerme un poco, eso necesitas.

Le hice lugar y salió; su vestido tocó levemente mi rodilla, al salir se miró en un minúsculo espejo redondo de bolsillo, levantó las cejas, se pasó por la barbilla una borlita de polvos y se esfumó en el salón de baile. Miré a mi alrededor, caras desconocidas, hombres fumando, cerveza derramada sobre las mesas de mármol, bulla y gritos por todos lados, junto la música de baile. Había dicho que me durmiera. ¡Ah, buena niña, vaya una idea que tienes de mi sueño, que es más tímido que una gacela! ¡Dormir en esta feria, aquí sentado, en medio de tarros con cerveza con sus tapaderas ruidosas! Tomé un trago de vino, saqué de mi bolsillo un cigarro, busqué los cerillos, pero en realidad no tenía ganas de fumar, dejé el cigarro frente a mí sobre la mesa. "Cierra los ojos" me había dicho. Dios sabe de dónde tenía la muchacha esta voz, esta voz buena, algo profunda, una voz maternal. Era bueno hacerle caso a esta voz, ya lo había experimentado. Obediente cerré los ojos, apoyé mi cabeza sobre mi mano, oí zumbar mil ruidos en torno a mí, me hizo sonreír la idea de dormir aquí, decidí ir a la puerta del salón y echar una mirada disimulada al baile —tenía que ver bailar a mi bella joven—, moví los pies debajo del asiento y hasta ese momento me di cuanta de lo cansado que me encontraba por haber caminado durante horas, y permanecí sentado. Y, en efecto, me dormí, fiel a la orden maternal, dormí ansioso y agradecido y soñé, soñé lo más clara y placenteramente que había soñado desde hacía bastante tiempo. Soñé.

Yo me encontraba sentado y aguardaba en una sala pasada de moda. Al principio sólo sabía que había sido anunciado a un excelentísimo señor, después me di cuenta que el propio Goethe me iba a recibir. Desdichadamente no me encontraba yo del todo ahí, sino como corresponsal de una revista; esto me irritaba mucho y no podía entender qué demonios me había metido en esta situación. Además me inquietaba un escorpión, que se acababa de hacer visible y había intentado caminar por mi pierna. Desde luego yo me había protegido del pequeño y negro animalejo y me había movido, pero no sabía en dónde se había metido después y no me atrevía a echar mano a alguna parte.

Tampoco estaba seguro de si por un error, en lugar de a Goethe, no había sido anunciado a Matthisson, al cual en el sueño confundía con Bürger, pues le atribuía las poesías a Molly. Por otro lado me hubiera sido muy agradable un encuentro con una Molly; yo me la figuraba maravillosa, blanda, musical, occidental. ¡Si no hubiera estado sentado ahí por encargo de aquella maldita redacción! Mi mal humor por esto iba en aumento y se fue trasladando lentamente a Goethe, contra el cuál, de pronto, tuve todo tipo de escrúpulos y censuras. ¡Podía resultar bonito el público! El escorpión, en cambio, aunque fuera peligroso y estuviera escondido tal vez próximo a mí, no sería tan grave; pensé que también podía ser presagio de algo agradable, me parecía muy probable que tuviera alguna relación con Molly, que fuera algo así como un mensajero suyo o un escudo de armas, un bonito y peligroso animal heráldico de la feminidad y del pecado. ¿No se llamaría Vulpuis el animal heráldico? Pero en ese momento un sirviente abrió la puerta, me levanté y entré. Ahí se encontraba el viejo Goethe, pequeño y muy rígido, tenía una gran placa de condecoración sobre su pecho clásico. Parecía como si todavía estuviera gobernando, que seguía frecuentemente recibiendo audiencias y dirigiendo el mundo desde su museo de Weimar. Cuando apenas me vio me saludó con un rápido movimiento de cabeza, al igual que un viejo cuervo, y habló solemnemente: ¿De modo que vosotros, la gente más joven, estáis poco conformes con nosotros y con nuestros esfuerzos?

—Justamente —dije, y me dejó inmóvil su mirada de ministro—. Nosotros, la gente joven, no estamos conformes con usted, viejo señor. Usted nos parece demasiado solemne, excelencia, bastante vanidoso y presuntuoso, y muy poco sincero. Tal vez esto es lo principal: muy poco sincero.

El hombre pequeño, anciano, movió su severa cabeza un poco hacia delante, y al contraerse en una leve sonrisa su boca inflexible y cerrada a la manera oficial y al animarse de una forma tan fascinante, me palpitó de improviso el corazón, pues de pronto me acordé de la poesía "Bajó de arriba la tarde" y de que este hombre y esta boca eran de donde habían salido las palabras de aquella poesía. Ciertamente, en ese momento me encontraba totalmente desarmado y abatido, y con el mayor gusto me hubiera arrodillado ante él. Sin embargo, me mantuve firme y escuché salir de su boca sonriente estas palabras: ¡Ah!, ¿entonces ustedes me culpan de insinceridad? ¡Vaya, qué palabras! ¿No desearía explicarme mejor?

Lo estaba pensando:

—Usted, señor de Goethe, al igual que los grandes espíritus, ha conocido y ha sentido a la perfección el problema, la desesperanza de la vida humana, la grandeza del momento y su deplorable desaparición, la imposibilidad de corresponder a una suprema gloria del sentimiento, de otra forma que con la prisión de la rutina, la fervorosa aspiración hacia el reino del espíritu que está en infinita lucha a muerte con el amor, igual de fervoroso y santo, a la perdida inocencia de la naturaleza, todo este terrible flotar en la nada y en la perplejidad, este estar condenado a lo transitorio, a lo incompleto, a lo eternamente en prueba y diletantesco; en general, toda la falta de metas y de comprensión, la desesperación agobiante de la naturaleza humana. Todo esto usted lo ha conocido, y en alguna ocasión se ha declarado partidario de ello, no obstante con toda su vida ha predicado lo contrario, ha enunciado fe y optimismo, ha fingido a usted y a los demás una inmortalidad y un sentido a nuestros esfuerzos espirituales. Usted ha rechazado y oprimido a los que profesan una profundidad de pensamiento y a las voces de la desesperada verdad, al igual en usted que en Kleist y en Beethoven. A lo largo de decenios ha actuado como si el hacinamiento de ciencias, de colecciones, el escribir y conservar cartas y toda su suspendida existencia en Weimar fuera un camino para inmortalizar el instante, que en lo hondo usted solamente lograba momificar, para espiritualizar la naturaleza, a la que sólo lograba estilizar en caricatura. Esta es la insinceridad que le echamos en cara.

El viejo consejero me miró pensativo a los ojos; su boca todavía sonreía.

Después, para mi sorpresa, me preguntó: "¿Entonces *La flauta encantada* de Mozart indudablemente le debe parecer profundamente desagradable?"

Y antes de que yo pudiera protestar, siguió:

—*La flauta encantada* representa a la vida como un canto exquisito, enaltece nuestros sentimientos, que son efímeros, como algo eterno y divino, no está de acuerdo ni con el señor Kleist ni con el señor Beethoven, sino que enseña optimismo y fe.

—¡Lo sé, lo sé! —grité iracundo—. ¡Sabe Dios por qué se le ocurrió a usted *La flauta encantada*, que significa para mí lo más sublime del mundo! Sin embargo, Mozart no llegó a los ochenta y dos años, y en su vida íntima no tuvo estas aspiraciones de eternidad, orden y almidonada majestad que usted. Jamás se otorgó tanta importancia. Cantó sus fantásticas melodías, fue pobre, y murió prontamente, en la miseria y sin ser reconocido...

Me faltaba el aliento. Muchísimas cosas se hubieran podido decir en diez palabras, mi frente comenzó a sudar.

Pero Goethe me dijo muy cortésmente:

—El haber llegado a los ochenta y dos años puede que sea imperdonable. Pero el gusto que tuve en eso fue indudablemente mucho menos de lo que usted se puede imaginar. Usted tiene razón; siempre me consumió un gran deseo de inmortalidad, siempre temí y lidié con la muerte. Creo que batallar contra la muerte, el esfuerzo total y terco de querer vivir es el estímulo por el cual han actuado y vivido todos los hombres destacados. No obstante, al final hay que morir, esto, mi joven amigo, lo he demostrado a los ochenta y dos años de forma tan innegable como si hubiera muerto siendo niño. Por si pudiera servir para mi justificación, todavía habría que agregar una cosa: en mi naturaleza ha habido mucho de infantil, mucha curiosidad y aspiración de juego, mucho gozo en perder el tiempo. Claro, y he tenido que necesitar un poco más hasta entender que ya era hora de dar por terminado el juego.

Al decir esto, sonreía de una manera tremenda, doblándose de risa. Su figura había aumentado de tamaño, habían desaparecido la rigidez y la violenta majestad de su cara. Y el aire a nuestro alrededor ahora se encontraba lleno totalmente de melodías, de todo tipo de canciones de Goethe, escuché con claridad la *Violeta*, de Mozart, y el *Llenas el bosque y el valle*, de Schubert. Y el rostro de Goethe era rozado y joven, reía y ahora se parecía a Mozart, a Schubert, como si se tratara de su hermano, y la placa sobre su pecho estaba hecha con flores campestres, una prímula amarilla resplandecía en el centro, alegre y plena.

Me irritaba que el viejo quisiera eludirse de mis preguntas, de mis quejas de una forma tan bromista, y lo miré lleno de enojo. Entonces se hizo un poco hacia delante, puso su boca muy próxima a mi oreja, su boca completamente pueril y me susurró suavemente al oído: Hijo mío, tomas demasiado en serio al anciano Goethe. A los ancianos, que ya murieron, no se les puede tomar en serio, significaría no hacerles justicia. A nosotros los inmortales no nos agrada que se nos tome en serio, nos gusta la broma. La seriedad, joven, es asunto del tiempo; se forma, al menos esto quiero revelártelo, se forma por una hipertensión del tiempo. También yo estimé bastante en mis días el valor del tiempo, por eso quería llegar a los cien años. En la eternidad sólo es un momento, tan largo como para una broma.

Evidentemente, ya no se podía hablar con seriedad; bailoteaba para arriba y para abajo, contento y liviano, y hacía salir a la prímula de su estrella como un cohete, o la escondía hasta que casi desaparecía. Mientras daba sus pasos y figuras de baile pensé que al menos este hombre no había omitido aprender a bailar. Lo hacía fantásticamente. En ese instante se presentó de nuevo el escorpión, o mejor dicho: Molly, y dije a Goethe: "Dígame, ¿no está Molly por ahí?"

Goethe soltó una carcajada. Se aproximó a su mesa, abrió un cajón, saco un hermoso estuche de piel o terciopelo, lo abrió y lo puso frente a mis ojos. Allí se encontraba sobre el oscuro terciopelo, minúscula, implacable y reluciente, una pequeña pierna de mujer, una pierna fascinante, levemente doblada por la rodilla, con el pie estirada hacia abajo, terminando sutilmente en punta en los más exquisitos dedos.

Alargué la mano intentando tomar la minúscula pierna que me enamoraba, pero al ir a tocarla con los dedos, pareció que el pequeño juguete se movió con una ligera contracción, y se me ocurrió de repente que se podía tratar del escorpión. Goethe pareció entenderlo, incluso parecía como si justamente hubiera querido e incitado esta profunda expectación, esta brusca riña de deseo y temor. Me tuvo el encantador escorpioncillo frente a mi rostro, me vio desearlo ansiosamente, vio cómo me eché hacia atrás con espanto, y esto parecía que le ocasionaba gran placer. Mientras se reía de mí con la bella cosita peligrosa, se había convertido de nuevo en un viejo, viejísimo, milenario, con el cabello blanco como la nieve; y en su marchito rostro de anciano reía apacible y silenciosamente, en su interior, de una forma impulsiva, con el inexplicable humorismo de los viejos.

* * *

Cuando desperté, había olvidado el sueño; fue más tarde cuando me di cuenta de él. Seguramente había dormido alrededor de una hora, en medio de la música y del bullicio, en la mesa del restaurante; jamás lo hubiera creído posible. La bella muchacha estaba frente a mí con una mano sobre mi hombro.

—Dame dos o tres marcos —dijo—. Del otro lado consumí algo.

Le di mis portamonedas, se fue con él y volvió al poco rato.

—Está bien, ahora puedo quedarme sentada contigo un ratito más; después debo irme, tengo una cita.

Me asusté.

—¿Con quién? —dije rápidamente.

—Con un caballero, pequeño Harry. Me invitó al bar "Odeón".

—¡Oh, creí que no me ibas a dejar solo!

—Para eso tú debiste haberme invitado. Se te adelantó uno. Nada, con eso ahorras algo. ¿Conoces el "Odeón"? A partir de la media noche, sólo champaña, sillones, orquesta de negros, muy distinguido.

No contaba con eso.

—¡Ah! —dije interesado—, deja que yo te invite. Creí que esto se sobreentendía; ¿no nos hemos hecho amigos? Déjate invitar a dónde quieres, te lo pido.

—Eso está muy bien por tu parte. Pero mira, una palabra es una palabra; acepté y ahora debo ir. ¡Ya no te preocupes! Ven, tómate otro trago más, todavía tenemos vino en la botella. Lo terminas de tomar y después te vas tranquilamente a casa y duermes. Prométemelo.

—No, a casa no puedo ir.

—¡Ah, vamos, tus historias! ¿Todavía no acabas con Goethe? (En este instante se me presentó otra vez el sueño de Goethe). Pero si de verdad no deseas ir a tu casa, pues quédate aquí. Hay habitaciones para forasteros. ¿Quieres que te pida una?

Me pareció bien y le pregunté dónde la podía volver a ver. ¿Dónde vivía? No me lo dijo. Qué sólo debía buscarla un poco y que la encontraría.

—¿No permites que te invite?

—¿Adónde?

—Adonde quieras y cuando gustes.

—Bien. El martes, a cenar en el "Viejo Franciscano", en el primer piso. Adiós.

Me dio la mano, y en ese momento me fijé en su mano, una mano en perfecto acorde con su voz linda y plena, inteligente y bondadosa. Cuando le besé la mano se reía burlona. Y todavía en el último momento volteó hacia mí y dijo:

—Todavía debo decirte algo, a propósito de Goethe. Lo mismo que te pasó con Goethe, que no has podido tolerar su retrato, así me pasa a veces con los santos.

—¿Con los santos? ¿Eres tan devota?

—No, no soy devota, por desgracia; pero ya lo fui una ocasión y lo volveré a ser. No hay tiempo para ser devota.

—¿No hay tiempo? ¿Es que usted necesita de tiempo para eso?

—¡Oh! Claro; para ser devoto se necesita tiempo, más bien, se necesita algo más: independencia del tiempo. No se puede ser formalmente devoto y al mismo tiempo vivir en la realidad y, además, tomarla en serio; el tiempo, el dinero, el "Bar Odeón" y todas estas cosas.

—Entiendo. Pero, ¿qué era eso de los santos?

—Sí, hay algunos santos a los que quiero particularmente, San Esteban, San Francisco y otros. En ocasiones veo cuadros de ellos, y también del Redentor y de la Virgen, cuadros hipócritas, artificiales y condenados, y los puedo sufrir tan poco como tú a ese cuadro de Goethe. Cuando veo uno de estos Redentores o San Francisco empalagosos y necios, me percato de que otras personas encuentran hermosos y edificantes estos cuadros, entonces siento como una injuria del verdadero Redentor, y pienso: ¡Ah! ¿Para qué ha vivido y sufrido tan atrozmente, si a la gente le basta de él un estúpido cuadro como esos? Pero yo sé que también mi imagen del Redentor o de San Francisco es una obra humana y no llega al auténtico, que mi imagen personal de él, incluso al propio Redentor, habría de parecerle tan necia y tan insuficiente como a mí esas imágenes empalagosas. No te comento esto para darte la razón por tu mal humor y furia contra el retrato de Goethe; no; en eso no tienes la razón. Lo digo solamente para que veas que puedo comprenderte. Vosotros los eruditos y artistas tenéis toda clase de cosas extrañas en la cabeza, pero sois hombres como los demás, y también nosotros poseemos nuestros sueños y nuestros juegos en la mente. Porque noté, señor erudito, que te apresurabas a contarme tu historia de Goethe, tenías que afanarte por hacer entendibles tus cosas ideales a una joven tan sencilla. Y por eso quise hacerte ver que no necesitas de tal esfuerzo. Yo ya te entendí. Bueno, ¡ahora, punto! Te aguarda la cama.

Se fue, y a mí me guió un viejo camarero al segundo piso, mejor dicho, primero me preguntó por mi equipaje, y cuando supo que no tenía, tuve que pagar por anticipado, lo que él llamó precio de la cama. Después me transportó por una vieja escalera fúnebre a un cuarto de arriba y me dejó ahí solo. Allí había una miserable cama de madera, chica y dura, y de la pared pendía un sable y un retrato de colores de Garibaldi, además una corona marchita proveniente de la fiesta de alguna Asociación. Hubiera dado cualquier cosa por una playera para dormir. Por lo menos había agua y una pequeña toalla, pude lavarme y me recosté en la cama con ropa, dejé la luz prendida y tuve tiempo para cavilar. "Bueno, con Goethe ahora me encontraba en paz. Era increíble que hubiera llegado hasta mí en sueños. Y esta sorprendente joven..." ¡Si por lo menos ya supiera su nombre! De repente un ser humano, una persona viva que quiebra la turbia campana de cristal de mi soledad y me tiende la mano, una mano tibia, buena y preciosa. De pronto, otra vez cosas que me importaban un poco, en las cuales podía pensar alegremente, con preocupación, con interés, pronto una puerta de par en par, por la que la vida entraba e iba hacia mí. Tal vez podría vivir de nuevo, quizá podría de nuevo ser un hombre. Mi alma, adormecida de frío y casi inquebrantable, de nuevo respiraba, aleteaba adormilada con frágiles alas minúsculas. Goethe estaba conmigo. Una joven me había obligado a comer, beber, dormir, me había mostrado amabilidad, se había reído de mí y me había llamado joven y tonto. Y la sorprendente amiga me había contado cosas acerca de santos y me había demostrado que hasta en mis más extrañas extravagancias no me encontraba solo e incomprendido y no era una enferma excepción, sino que tenía hermanos y alguien me comprendía. ¿La volvería a ver? Sí, seguramente, era de confiar. "Una palabra es una palabra".

Y así de nuevo dormí; dormí cuatro o cinco horas. Dieron las diez cuando desperté, con el traje arrugado, lleno de cansancio, deshecho, con el recuerdo de algo espantoso del día anterior en mi cabeza, pero animado, lleno de esperanza y con buenos pensamientos. Al regresar a mi casa, ya no sentí nada del miedo que este regreso me había ocasionado ayer.

En la escalera, más arriba de la araucaria, me topé con la "tía", mi casera, a la que yo rara vez me echaba a la cara, pero que tenía una forma de ser que me complacía mucho. El choque no fue muy lindo, yo me encontraba en un estado un poco penoso y con marcas de haber trasnochado, sin peinar y sin afeitar. Saludé, traté de pasar de largo. En otras ocasiones ella respetaba mi afán de quedarme solo y pasar de incógnito, pero hoy parecía, que entre mí y el mundo de mi alrededor se había roto un velo, se había destruido un muro. Sonrió y permaneció de pie.

—Ha estado usted de juerga, señor Haller, esta noche ni siquiera deshizo la cama. ¡Estará muy agotado!

—Sí —respondí, y me reí también—. Esta noche ha sido un tanto animada, y como no quería perturbar las costumbres de esta casa, dormí en un hotel. Mi consideración a la apacibilidad y respetabilidad de su casa es grande, a veces me imagino que soy en ella como un ente extraño.

—¡No se burle usted, señor Haller!

—¡Oh, yo sólo me burlo de mí!

—Justamente eso no lo debería de hacer. En mi casa no se debería sentir como un extraño. Usted viva como guste y haga lo que quiera. Ya he tenido muchos inquilinos respetables, joyas de respetabilidad, pero ninguno era más sereno, ni nos ha importunado menos que usted, y ahora... ¿gusta una taza con té?

No me negué. En su salón me sirvieron el té, con los bonitos cuadros y muebles de los abuelos, platicamos un poco; la amable señora se enteró, ciertamente sin preguntar, de algunas cosas de mi vida y de mis pensamientos, prestaba atención con esa mezcla de respeto y de comprensión maternal que poseen las mujeres inteligentes para las complicaciones de los hombres. También hablamos de su sobrino, y me mostró en la habitación contigua su último trabajo, un aparato de radio, hecho una tarde de fiesta. Ahí se sentaba el dedicado joven por las noches y montaba una de estas máquinas, arrebatado por la idea de la transmisión sin hilos, venerando de rodillas al dios de la técnica, que después de millares de años había al fin descubierto y representado, aunque imperfectamente, cosas que cualquier pensador siempre ha sabido y ocupado con mayor inteligencia. Platicamos sobre esto, pues la tía posee inclinación por la religiosidad, y los diálogos de religión le parecen agradables. Le comenté que la omnipresencia de todas las fuerzas y acciones era conocida por los antiguos indios y que la técnica sólo había traído a la conciencia general un pedazo pequeño de esta realidad, construyendo para eso, por ejemplo, para las ondas sonoras un receptor y un transmisor, al inicio terriblemente imperfectos. Lo principal de esa idea antigua, la irrealidad del tiempo no ha sido observada todavía por la técnica, pero al fin será "descubierta" y se les vendrá a las manos a los laboriosos ingenieros. Tal vez se descubrirá muy pronto, que no sólo están a nuestro alrededor las imágenes y los acontecimientos actuales, como por ejemplo se puede escuchar en Francfort o en Zurich la música de París o de Berlín, sino que todo lo que en algún momento haya existido quede de la misma forma registrado completamente y existente, y que seguramente un buen día, nosotros, con o sin ruidos molestos, oiremos hablar al rey Salomón y a Walter von der Vogelweide. Al igual que estos primeros pasos de la radio, todo esto sólo servirá al hombre para huir de sí mismo y de su fin, así restituirse de una red cada vez más condensada de distracción y de estar ocupado inútilmente. Pero yo dije estas cosas, para mí comunes, no con el tono acostumbrado de molestia y de sarcasmo en contra de la época y contra la técnica, más bien de broma y jugando, y la tía sonreía, estuvimos así sentados mínimo una hora, tomamos té y estábamos contentos.

Para el martes por la noche había invitado a la bella y admirable joven del "Águila Negra", me costó algo de trabajo pasar el tiempo hasta ese día. Cuando al fin llegó el martes, se me había hecho clara, hasta el punto de ocasionarme temor, la importancia de la relación con esa joven extraña. Únicamente pensaba en ella, esperaba todo de ella, estaba dispuesto a sacrificar todo y ponérselo a los pies, sin estar enamorado de ella. No necesitaba más que imaginarme que rompería nuestra cita, o que se le olvidara, era cuando veía con toda claridad lo que pasaba por mí, el mundo se quedaría de nuevo vacío, otra vez sería un día gris y sin valor como cualquier otro, me envolvería la quietud por completo aterradora y el aniquilamiento, y no encontraría otra salida de este silencioso infierno más que la navaja de afeitar. Y la navaja de afeitar no se me había extraviado. Esto era justamente lo aterrador: yo sentía un temor hondo y angustioso de ese corte a través de mi garganta, le tenía miedo a la muerte con una resistencia tan tenaz, tan firme, tan decidida y necia, como si yo fuera el hombre con más salud en el mundo y mi vida fuera un paraíso. Me percataba de mi estado con una total claridad, reconocía que la intolerable tensión entre no poder vivir y no poder morir era lo que daba importancia a esa desconocida, la bella bailarina del "Águila Negra". Ella era la minúscula ventana, el pequeño agujerito brillante en mi sombría cueva de angustia. Era la salvación, el camino a la liberación. Ella debía enseñarme a morir o enseñarme a vivir; ella, con esa mano tan segura y hermosa debía tocar mi corazón yerto, para que el contacto de la vida floreciera o se destruyese en cenizas. De qué lugar sacaba tantas fuerzas ella, de dónde venía la magia, por qué razones enigmáticas había adquirido para mí este gran significado, sobre esto no me era posible reflexionar, además daba lo mismo; no tenía el mínimo interés de conocerlo. Ya no me importaba conocer, ni meditar, de todo eso me encontraba saturado, justamente para mí estaban el tormento y la vergüenza más penetrantes y mortificantes, en que me daba cuenta de mi propio estado, tenía una total conciencia de él. Veía frente a mí a este tipo, a este animal lobo estepario, como una mosca en las redes, y veía cómo su fortuna lo orillaba a una decisión, cómo pendía enredado e indefenso de la tela, cómo la araña se encontraba lista para picar, cómo salió a la misma distancia la mano redentora. Hubiese podido decir las más prudentes y certeras cosas de las relaciones y razones de mi sufrimiento y neurosis, la mecánica me era transparente. Pero lo que más me hacía falta, por lo que desesperadamente suspiraba, no era conocer y entender, sino vida, decisión, conmoción e impulso.

Aunque en el transcurso de esos días de espera no dudé ni un momento de que mi amiga cumpliría su palabra, en el último día no dejé de estar muy inquieto y lleno de incertidumbre; jamás en toda mi vida he esperado con tanta impaciencia la llegada de una noche. Y mientras se me iba haciendo insoportable la tensión y la impaciencia, me ocasionaba al mismo tiempo un gran bienestar; bello y por encima de toda ponderación, fue algo nuevo para mí, el desencantado, que desde hacía mucho tiempo no estaba en espera de algo, no se había alegrado por nada, maravilloso fue correr de un lado a otro este día, lleno de inquietud, de miedo y de violencia, y de expectante ansiedad, imaginarme desde antes el encuentro, la plática, los acontecimientos de la noche, afeitarme con ese fin y vestirme (con un cuidado especial, camisa nueva, corbata nueva, cordones nuevos en los zapatos). Fuera quien fuera, esta joven inteligente y misteriosa fue el modo para llegar a esta relación conmigo; ella estaba ahí, el milagro de que encontrara a una persona y un interés en la vida se había logrado. Lo importante era que esto prevaleciera, que yo me entregase a esta atracción, siguiera a esta estrella.

¡Fue un momento inolvidable cuando la vi otra vez! Yo me encontraba sentado en una pequeña mesa del viejo y agradable restaurante, —mesa que por teléfono había reservado previamente—, analizaba la lista, y había puesto en la copa para el agua dos preciosas orquídeas que había comprado para mi amiga. Esperé un rato, pero estaba seguro de su llegada y ya no estaba inquieto. Al fin llegó, se quedó de pie en el guardarropa y me saludó con sencillez, con una atenta e investigadora mirada de sus claros ojos grises. Desconfiado, me puse a observar cómo se comportaba con ella el camarero. No, gracias a Dios no había familiaridad, había distancia; él era perfectamente correcto. No obstante, se conocían, ella lo llamaba Emilio.

Cuando le di las orquídeas se puso contenta y rió.

—Es muy lindo de tu parte, Harry. Tú querías hacerme un regalo, ¿no es así?, y no sabías bien qué elegir, desconocías hasta qué punto podías hacerme un regalo sin ofenderme, y has comprado orquídeas; solamente son flores, sin embargo, son muy caras. Por otro lado, no quiero dejar de decirte: no quiero que me regales nada. Yo vivo de los hombres, pero de ti no quiero hacerlo. Pero, ¡cómo has cambiado! Ya no te conoce una. La otra ocasión parecía que acababan de librarte de la horca, y ahora casi eres una persona. Bueno, ¿cumpliste mi orden?

—¿Qué orden?

—¿Tan olvidadizo? Hablo de que si ya sabes bailar el *fox-trot*. Me dijiste que no deseabas otra cosa más que recibir órdenes mías, que para ti no existía nada más agradable que obedecerme. ¿Te acuerdas?

—Oh, sí, ¡Y lo mantengo! Era en serio.

—¿Sin embargo, todavía no aprendes a bailar?

—¿Esto se puede aprender tan rápido, tan sólo en dos días?

—Claro, el *fox* lo puedes aprender en una hora, el *boston* en dos, el tango requiere más tiempo, pero ese no te hace falta.

—Ahora, al fin, tengo que conocer tu nombre.

Me miró en silencio por un rato.

—Quizá lo puedas adivinar. Me sería agradable que lo adivinaras. Fíjate y mírame bien. ¿No te has dado cuenta todavía que de vez en cuando tengo cara de muchacho? ¿Por ejemplo, ahora?

Sí, al observar su rostro fijamente, tuve que darle la razón; era una cara de muchacho. Y al tomarme un minuto comenzó a hablarme la cara y a recordarme a mi propia infancia y a mi compañero de entonces, que se llamaba Armanda. Por un instante me pareció ella transformada totalmente en Armanda.

—Si fueras un muchacho —le dije asombrado— deberías llamarte Armanda.

—Quién sabe, a lo mejor lo soy; sólo que estoy disfrazado —dijo ella juguetona.

—¿Te llamas Armanda?

Asintió radiante, alegre porque yo lo había adivinado. En ese momento llegó la sopa, nos pusimos a comer, y ella expresó una infantil alegría. De todo lo que ella me gustaba y me fascinaba, lo más encantador y especial era ver cómo podía pasar de la más profunda seriedad a la jovialidad más seductora, sin inmutarse ni descomponerse, era como un niño extraordinario. Estuvo un momento contenta, se burló de mí con el *fox-trot*, hasta me dio con los pies, elogió entusiasmada la comida, observó que había puesto gran cuidado en mi aspecto, aun así criticó varias cosas de mi exterior.

Mientras, le pregunté:

—¿Cómo le has hecho para parecer de pronto un muchacho y que yo pudiera saber tu nombre?

—¡Oh, todo eso lo hiciste tú solo! ¿No entiendes, señor erudito, que yo te gusto y represento algo para ti, porque en mi interior hay algo que responde a tu ser y te comprende? En realidad todos los hombres debían ser espejos unos con otros y responder y corresponderse mutuamente de esta manera, pero los pájaros como tú son personas raras y caen fácilmente en un hechizo que les impide ver y leer en los ojos de los demás, y ya no les importa nada. Y si uno de estos pájaros encuentra de pronto una cara que lo mira verdaderamente y en la que encuentra algo de respuesta y afinidad, ¡ah!, experimenta naturalmente un placer.

—Tú lo sabes todo, Armanda —dije sorprendido—. Es justamente como lo estás diciendo. No obstante, tú eres tan completa y totalmente distinta a mí... Eres mi polo opuesto, posees lo que a mí me falta.

—Así crees tú —dijo concisamente—, y eso es bueno.

Y ahora cruzó por su rostro, que en efecto era como un espejo mágico, una densa nube de seriedad; de pronto todo este rostro sólo expresaba circunspección y sentido trágico, sin fondo, como si mirara los ojos vacíos de una máscara. Espaciosamente, como si las palabras salieran a la fuerza, dijo:

—Tú no olvides lo que me dijiste. Dijiste que te mandara, que para ti sería un placer obedecer todas mis órdenes. No lo olvides. Debes saber, pequeño Harry, que lo mismo que a ti te ocurre conmigo, que mi rostro te responde, que algo dentro de mí sale a tu encuentro y te inspira confianza, exactamente eso me pasa a mí contigo. Cuando el otro día te vi entrar al "Águila Negra", tan fatigado y ausente, casi fuera de este mundo, entonces en el instante lo presentí: éste me obedecerá, él se consume por que yo lo mande. Y he de hacerlo. Por eso te hablé y por eso somos ahora amigos.

De esta forma habló ella, repleta de seriedad, bajo una fuerte presión del alma, hasta el punto que yo ya no podía seguirla e intenté calmarla y desviarla. Ella se desentendió con una contracción de cejas, me miró imperativa y prosiguió con una voz totalmente fría:

—Debes cumplir tu palabra, amigo, o ha de pesarte. Recibirás bastantes mandatos míos y los ejecutarás, órdenes exquisitas, órdenes placenteras, te será un honor obedecerlas. Y al final, también deberás cumplir mi última orden, Harry.

—La cumpliré —dije medio inconsciente—. ¿Cuál será tu última orden para mí?— Aunque yo ya la sospechaba, sabe Dios por qué.

Ella se estremeció como si estuviera bajo los efectos de un escalofrío y parecía que lentamente despertaba de su letargo. Sus ojos no me dejaban ni un momento. De pronto se puso más taciturna.

—Sería prudente no decírtelo. Pero no quiero ser prudente, Harry, no ahora. Deseo justamente lo contrario. Atiende, escucha. Lo escucharás, lo olvidarás, te reirás de eso, te hará llorar. Atiende, pequeño. Voy a jugar contigo a la vida y la muerte, hermanito, y quiero mostrarte mis cartas abiertas antes de que comencemos a jugar.

¡Que precioso era su rostro, que supraterrena, cuando decía esto! En sus ojos flotaba una tranquila y fría melancolía de hielo, estos ojos parecían ya haber sufrido todo el dolor imaginable y haber dicho amén a todo. La boca hablaba con dificultad y como impedida, como cuando uno habla y un frío terrible le ha paralizado la cara. Pero entre los labios en contraposición con la mirada y con la voz, en las comisuras de la boca casi no se hacía visible, no fluía, más que afectuosa y con juguetona sensualidad un íntimo esfuerzo de gozo. En la frente silenciosa y serena colgaba un corto bucle; de ese rincón de la frente con el bucle, de ahí resplandecía de vez en cuando un hálito de vida de aquella similitud con un muchacho, de magia hermafrodita. Lleno de angustia la estaba escuchando, sin embargo, como atolondrado, como si estuviera presente sólo a medias.

—Yo te gusto —continuó ella—, por la razón que ya te expliqué: rompí con tu soledad, te he recogido frente a la puerta del infierno y te he despertado. Pero quiero de ti más, mucho más. Quiero que te enamores de mí. No, no me lleves la contraria, permíteme hablar. Te gusto demasiado, de eso me doy cuenta, y tú me estás agradecido, sin embargo, no estás enamorado de mí. Yo voy a hacer que lo estés, esto es parte de mi profesión; como si viviera de eso, de lograr que los hombres se enamoren de mí. Pero te necesito al igual que tú me necesitas. Tú me necesitas ahora, en este instante, porque estás desesperado y te hace falta un impulso que te eche al agua y te reanime otra vez. Me necesitas para aprender a bailar, para aprender a reír y a vivir. Yo también te necesito, no hoy, más tarde, para algo muy importante y bello. Te daré mi último mandato cuando te enamores de mí, tú obedecerás y eso será bueno para ti y para mí.

Levantó en la copa una de las orquídeas de color violeta oscuro, con sus fibras verdosas; acercó su rostro sobre ella y estuvo observando fijamente la flor.

—No te va a resultar fácil. Pero lo harás. Cumplirás mi mandato y me matarás. Eso es todo. No preguntes más.

Con los ojos fijos en la orquídea, permaneció en silencio y su rostro perdió la violencia. Como un capullo que se abre, fue liberándose de la tensión y el peso, y de repente, en sus labios se pintó una sonrisa fascinante, sus ojos continuaron por un momento inmóviles y encantados. Luego sacudió la cabeza con el pequeño mechón varonil, tomó un trago de agua y de pronto se dio cuenta que estábamos comiendo, cayó con alegre apetito sobre los manjares.

Yo había escuchado claramente cada palabra de su siniestro discurso, llegando casi a adivinar su "última orden" antes de que ella lo dijera, y ya no me causó temor con el "me matarás". Todo lo que iba diciendo me parecía convincente y fatal, accedía y no me defendía contra eso, pero a pesar de la gran severidad con que se había expresado, yo no lo tomaba en serio. Una parte de mi alma entendía sus palabras y las creía, otra parte de mi alma asentía amablemente y comprendía que esta

Armanda, tan inteligente, saludable y segura, por lo visto también tenía sus fantasías y sus periodos crepusculares. Cuando terminó su última palabra, se extendió por toda la escena una capa de irrealidad y de ineficiencia. De todas formas yo no podía creer que era probable y real con la misma ligereza y equilibrio que Armanda.

—¿O sea que un día debo matarte? —pregunté, soñando en silencio, mientras ella reía y cortaba con esfuerzo su ración de ave.

—Naturalmente —asintió ella de pasada—; basta ya de eso; es hora de comer. Harry, sé cortés y pídeme un poco de ensalada. ¿No tienes apetito? Creo que debes de empezar por aprender todo lo que en los demás hombres se entiende por sí solo, hasta el placer de comer. Mira, esto es un muslito de pato y cuando uno desprende del hueso la magní- fica carne blanca, entonces es una delicia, y uno siente tanto apetito, de expectación y de gratitud, como el enamorado cuando por primera vez ayuda a su amada a quitarse el corpiño. ¿Me entendiste? ¿No? Eres un borrego. Pon atención, voy a darte un pedazo de este muslo de pato. ¡Abre la boca! ¡Qué tonto eres! ¡No se tiene que mirar a hurtadillas a los demás comensales para comprobar que no te están viendo tomar un bocado de mi tenedor! No tengas cuidado, hijo perdido, no te pondré en evidencia. Pero si para divertirte necesitas aprobación de los demás, entonces eres un pobre diablo.

La escena anterior cada vez se iba haciendo más irreal, cada vez era más increíble que estos ojos pudieran mirar con tanta gravedad y tan terriblemente, tan fijos y desquiciados, hace sólo unos minutos. ¡Oh! Era Armanda como la vida misma: siempre instante, no más, nunca calcula- ba de antemano. Ahora comía, y el muslo de pato, la ensalada, la tarta y el licor se tomaban en serio, y se hacían objeto de alegría y de crítica, de plática y de fantasía. Siempre que un plato era retirado comenzaba un nuevo capítulo. Esta mujer se había metido tan profundamente en mí, que parecía saber de la vida más que todos los sabios, se dedicaba a ser niña, al pequeño juego de la vida del momento, con un arte que me convirtió en su discípulo. Lo mismo da que todo eso fuera alta sabidu- ría o sencillísima candidez. Quién sabía vivir en el momento, quién vivía en esta forma tan actual y sabía valorar tan cuidadosa y amablemente cualquier flor del camino, todo minúsculo valor, carente de importancia al instante, éste estaba por encima de todo y no le importaba para nada la vida. Y esta alegre criatura con su buen apetito, con su buen gusto, ¿era también una soñadora y una histérica, que se deseaba la muerte, o una despierta calculadora que, conscientemente y con toda frialdad, quería enamorarme y así hacerme su esclavo? Esto no podía ser. No; se entregaba simplemente al momento, se encontraba totalmente accesible tanto a cualquier ocurrencia placentera, como a todo fugitivo y negro horror de lejanas profundidades del alma y le gustaba esto hasta el fin.

Esta Armanda, a la que hoy veía por segunda vez, conocía lo mío por completo, parecía que ya no podía tenerle secretos. Podía ser que ella no hubiera entendido totalmente mi vida espiritual; en mis relaciones con la música, con Goethe, con Novalis o Baudelaire, no podía seguirme, pero también era muy dudoso esto, tal vez no le costaría trabajo. Y aunque así fuera, ¿qué quedaba de mi vida espiritual? ¿No había saltado todo en pedazos y no había perdido todo el sentido? Qué me importaba todo lo demás. Mis otros problemas personales, éstos sí había de entenderlos, en eso no dudaba. Pronto hablaría con ella del lobo estepario, del tratado de tantas y tantas cosas que hasta ahora sólo habían existido para mí y de las cuales jamás había hablado una palabra con persona humana. No pude resistirme a empezar de inmediato.

—Armanda —dije—: El otro día me pasó algo sorprendente. Un extraño me dio un pequeño librito impreso, como de esos cuadernos de feria, y ahí estaba escrita mi historia y todo lo que me importaba. ¿No es asombroso?

—¿Cómo se llama el librito? — preguntó con indiferencia.

—Se llama *Tractat del lobo estepario*.

—¡Oh, lobo estepario, es grandioso! ¿Y tú eres el lobo estepario? ¿Eso eres tú?

—Sí, soy yo. Soy un ente que es mitad hombre y mitad lobo o que al menos eso piensa.

Ella no contestó. Me miró a los ojos con atención, investigadora miró mis manos y por un instante regresó a su mirada y a su cara la profunda seriedad y el velo taciturno de antes. Creí adivinar sus pensamientos. A saber, si yo era bastante lobo como para ejecutar su "último mandato".

—Esto es una figuración tuya —dijo ella regresando a la jovialidad—; o si quieres, una fantasía. Indudablemente algo hay. Hoy no eres lobo, pero el otro día, cuando entraste en el salón, como caído de la luna, no dejabas de ser un pedazo de bestia, y justamente esto me agradó.

Se interrumpió por algo que se le vino de pronto y dijo amargamente:

—Esto suena mal, una palabra de este tipo como lo es bestia o bruto. No se debería hablar así de los animales. Es cierto que en ocasiones son terribles, sin embargo, son más justos que los hombres.

—¿Qué es eso de "justo"? ¿Qué quieres decir con eso?

—Bueno, observa a un animal: un gato, un perro, un pájaro o uno de los bellos ejemplares en el Parque Zoológico, un puma o una jirafa. Notarás que todos son justos, que ni un solo animal esta violento o no sabe lo que ha de hacer y cómo debe conducirse. No quieren halagarte, o imponérsete. No hay comedia. Son como son, como la piedra y las flores o como las estrellas en el cielo ¿Entiendes?

Entendía.

—Generalmente los animales son tristes —prosiguió—. Y cuando un hombre está muy triste, no porque le duela una muela o haya extraviado dinero, sino porque en un momento se da cuenta de cómo son las cosas, cómo es la vida y está precisamente triste, es cuando se parece un poco a los animales; tiene un aspecto de tristeza, pero es más justo y más hermoso que nunca. Y ese aspecto es el que tenías, lobo estepario, cuando te vi por primera vez.

—Bien, Armanda, ¿qué piensas del libro en el que estoy descrito?

—Ah, sabes, no siempre estoy para pensar. En otra ocasión comentaremos eso. Puedes dármelo para que lo lea. O no, si yo en algún momento volviera a leer, dame uno de los libros que has escrito.

Pidió café y por un rato estuvo distraída; después, brillaron sus ojos y pareció haber llegado a una conclusión con sus reflexiones.

—Ya está —dijo— ya lo tengo.

—¿El qué?

—Lo del *fox-trot*, todo el tiempo he estado pensando en eso. Dime, ¿tienes alguna habitación en la que alguna vez nosotros pudiéramos bailar una hora? Aunque sea chica, no importa; lo único que hace falta es que abajo no viva alguien que se escandalice porque oiga ruidos sobre su cabeza. Bien. Entonces puedes aprender a bailar en tu casa.

—Sí —dije un poco tímido—; tanto mejor. Pero creía que además se necesitaba música.

—Claro que se necesita. Verás, la música la vas a comprar, cuesta a lo mucho lo mismo que un curso de baile con una profesora. La profesora te la ahorras, yo misma te la pongo. Así tendremos música cuando queramos y, nos queda el gramófono.

—¿El gramófono?

—¡Claro! Compras un pequeño aparato de esos y dos discos de baile:

—Grandioso —dije—, y si consigues enseñarme a bailar, entonces después recibes el gramófono como paga. ¿Hecho?

Dije esto muy convencido, pero no me salía del corazón. En mi cuartito de trabajo, con los libros, no podía visualizar un aparato como esos, que para nada me agradan, y hasta al baile había mucho que oponer. Así, cuando hubiera ocasión, había pensado que podía probar, aunque estaba convencido de que era muy viejo y duro, y que no podría aprender. Pero así, tan rápido, me parecía muy atropellado y violento, me daba cuenta que en mi interior hacía oposición todo lo que tenía que echar en cara, como viejo y delicado conocedor de música, a los gramófonos, al *jazz* y a toda la moderna música de baile. Ahora en mi cuarto, junto a Novalis y Jean Paul, en la celda de mis pensamientos, en mi refugio, habían de sonar piezas de bailes americanos de moda, y además, a sus compases, yo debía de bailar, era realmente más de lo que un hombre tenía derecho a exigir de mí. Sin embargo, no era "un hombre" el que exigía: era Armanda, y ésta sólo tenía que ordenarlo, y yo obedecer. Naturalmente obedecí.

A la tarde siguiente nos encontramos en un café. Armanda se encontraba sentada cuando yo llegué; tomaba té y me mostró con una sonrisa un periódico en el que había descubierto mi nombre. Era uno de los impresos reaccionarios de mi tierra, en los que de vez en cuando aparecían violentos escritos difamatorias sobre mí. Durante la guerra yo fui enemigo de esta, después, cuando se dio la oportunidad, prediqué serenidad, paciencia, humanidad y autocrítica, luché contra la provocación nacionalista que día con día se iba haciendo mayor, más necia y desvergonzada. Ahí había un ataque de estos, mal escrito, a medias compuesto por el redactor, a medias copiado de los bastos artículos semejantes de la prensa de su propio sector. Se sabe que nadie escribe tan mal como los defensores de ideologías que envejecen, que nadie hace su trabajo con menos limpieza y cuidado. Armanda había leído el artículo y se había enterado por él que Harry Haller era un ser dañino y un socio carente de patria, y que, naturalmente, a la patria sólo le podía ir mal en tanto estos hombres fueran aceptados con sus teorías, y se educara a la juventud en ideas sentimentales de la humanidad, en lugar de despertar el afán de venganza y guerra contra el enemigo.

—¿Tú eres éste? —preguntó Armanda mostrando mi nombre—. Pues te has hecho de serios contrincantes, Harry... ¿Esto te molesta?

Leía algunos renglones; se trataba de lo mismo; cada una de estas frases difamatorias estereotipadas me era conocida hasta el cansancio desde hace años.

—No —dije—; no me molesta; estoy acostumbrado a ello desde hace bastante tiempo. Un par de veces he expresado mi opinión de que todo pueblo e incluso todo hombre aislado, en vez de soñar con "responsabilidad" mentiras políticas, debía reflexionar dentro de sí, hasta qué punto él mismo por errores, negligencias y malos hábitos, forma parte de la guerra y de todos los males del mundo; éste tal vez sea el único camino para evitar la próxima guerra. Esto no me lo perdonan, es natural que ellos se crean totalmente inocentes al Káiser, los generales, los grandes industriales, los políticos, los diarios, nadie tiene que echarse en cara nada, nadie tiene la culpa. Se diría que todo se encontraba perfecto en el mundo..., sólo reposan dentro de la tierra una docena de millones de hombres asesinados. Y mira, Armanda, aun cuando estos artículos difamatorios ya no me molestan, no dejan de estremecerme. Dos tercios de mis compatriotas leen esta clase de diarios, leen todas las mañanas y todas las noches estos ecos, son trabajos exhortados, provocados, los van haciendo desdichados y malvados, y el objetivo y fin de todo esto es la guerra, la guerra próxima que será más espantosa de lo que fue la pasada. Todo esto es claro y simple; cualquier hombre lo podría comprender, podría llegar a la misma conclusión con sólo una hora de meditación. Pero no quieren evitar la guerra próxima, nadie se quiere ahorrar, ni a sí mismo ni a sus hijos, la próxima matanza de millones de personas, escatimando un poco. Cavilar por una hora, entrar un rato en su interior, y darse cuenta hasta qué punto uno forma parte y es corresponsable en el caos y en la maldad del mundo; eso nadie lo desea. Y así permanecerán las cosas, la siguiente guerra se preparará con furia, día tras día, por miles de hombres. Desde que sé esto, me ha paralizado llevándome a la desesperación, ya que para mí no hay "patria" ni ideales, eso sólo es escenario para los señores que preparan la próxima carnicería. Es inútil pensar, decir, o escribir algo humano, no tiene sentido dar vueltas a ideas dentro de la cabeza; para dos o tres hombres que hacen esto, existen cada día miles de periódicos, revistas, discursos, sesiones públicas y secretas, que intentan lo contrario, consiguiéndolo.

Armanda había escuchado con atención.

—Sí —dijo al fin—, tienes razón. Es claro que de nuevo habrá guerra, no se tiene que leer el periódico para saberlo. Por eso es natural que uno esté triste; pero esto no tiene valor. Es precisamente lo mismo que si estuviéramos tristes porque, a pesar de todo lo que se haga en contra, un día forzosamente encontramos que tenemos que morir. La batalla contra la muerte, querido Harry, siempre es una cosa bella, noble, digna y sublime; por lo tanto también lo es la batalla contra la guerra. Pero no deja de ser en cualquier caso una insensatez sin esperanza.

—Tal vez sea verdad —dije con furor—, pero esas verdades como es que todos tenemos que morir en un corto plazo y por lo tanto todo es igual y nada merece la pena, con eso uno se hace una vida superficial y estúpida. ¿Es que tenemos que abstenernos de todo, renunciar a todo espíritu, a todo esfuerzo, a toda humanidad, dejar que la ambición y el dinero sigan triunfando y esperar la siguiente movilización bebiendo un tarro de cerveza?

Fue extraordinaria la mirada que me dirigió Armanda, llena de complacencia, de burla, picardía y de camaradería comprensiva, y al mismo tiempo llena de gravedad, de ciencia y de seriedad insoldable.

—Eso no lo harás —dijo maternalmente—. Tu vida no debe ser superficial y estúpida porque sepas que tu lucha ha de ser infructuosa. Es mucho más superficial, Harry, que luches por algo bueno e ideal y pienses que lo debes conseguir. ¿Acaso los ideales están para que los consigamos? ¿Vivimos los hombres para suprimir la muerte? No, vivimos para temerle, y después para amarla, y justamente por ella se sujeta el poquito de vida de una forma tan bella durante una hora. Eres un niño, Harry. Sé obediente ahora y vente conmigo, hoy tenemos mucho que hacer. Hoy no debo volver a ocuparme de la guerra y de los diarios. ¿Y tú?

—¡Oh, no! También yo estaba dispuesto a ya no ocuparme de nada.

Fuimos juntos —era nuestro primer paseo juntos por la ciudad— a una tienda de música y vimos gramófonos, los abrimos y cerramos, hicimos que tocaran algunos, y cuando encontramos uno bonito, apropiado y de bajo costo lo quise comprar, pero Armanda no había terminado tan rápido. Me detuvo y hube de buscar con ella en la segunda tienda, ver y oír todos los sistemas, aparatos, y tamaños, desde el más barato hasta el más caro, y sólo así estuvo ella conforme de regresar a la primer tienda y comprar el aparato que nos había gustado.

—¿Ves? —le dije—. Esto lo hubiéramos podido hacer de una forma más simple.

—¿Dices? Tal vez mañana encontramos el mismo aparato pero veinte francos más barato expuesto en otro escaparate. Y, además, el comprar divierte, y lo que divierte hay que disfrutarlo. Todavía te faltan muchas cosas por aprender.

Con un sirviente llevamos la compra a mi casa.

Armanda observó con atención mi gabinete, elogió la estufa y el diván, probó las sillas y tomó unos libros, se quedó bastante tiempo parada frente a la fotografía de mi querida. Pusimos el gramófono sobre la cómoda, entre montones de libros. Y después comenzó mi aprendizaje. Ella puso a tocar *fox-trot*, dio sola los primeros pasos para que los viera, me tomó de la mano y empezó a llevarme. Yo lo hacía obediente, tropezaba con las sillas, escuchaba sus órdenes, no las entendía, le pisaba los pies y me mostraba inhábil y aplicado. Después de la segunda pieza se tiró sobre el diván, riendo como un niño.

—¿Dios mío, eres como un palo! Hazlo sencillamente, de forma natural, como si estuvieras paseando. No es necesario que te esfuerces. Hasta creo que estás acalorado. Descansemos por cinco minutos. Mira, cuando se sabe bailar es tan sencillo como pensar y es mucho más fácil aprender. Ahora entenderás un poco mejor por qué los hombres no quieren acostumbrarse a pensar, sino que prefieren nombrar al señor Haller un traidor a la patria y aguardar apaciblemente la próxima guerra.

Después de una hora se marchó, asegurándome que la siguiente vez iba a ser más sencillo. Yo pensaba de otra manera y estaba desilusionado por mi inhabilidad y torpeza. Me parecía que en esta clase no había aprendido nada, y no creía que la próxima vez me fuera a ir mejor. No; para bailar había que tener condiciones de las cuales carecía por completo: alegría, inocencia, ligereza, impulso. Ya me lo había figurado desde hace tiempo.

Pero mira, la siguiente ocasión la cosa resultó, en efecto, mejor, y hasta me empezó a divertir, y al final de la sesión Armanda me aseguró que el *fox-trot* yo ya lo sabía bailar; pero cuando sacó de esto la consecuencia de que al día siguiente tenía que ir a bailarlo a un restaurante, me asustó terriblemente y me defendí con afán. Con toda parsimonia me recordó mi voto de obediencia y me citó para el siguiente día en el hotel Balances.

Esa noche estuve sentado en casa queriendo leer y no lo conseguí. Tenía temor del próximo día; me era terrible la idea de que yo, viejo, tímido y sensible misántropo, no sólo debía visitar uno de estos modernos y antipáticos salones de té y de baile con música de *jazz*, sino que debía aparecerme ahí entre los extraños como un bailarín, sin saber aún absolutamente nada. Y confieso que me reí de mí y me avergoncé en mi interior, cuando en mi silencioso cuarto de estudio, sólo di cuerda al aparato y lo puse lentamente en marcha y en zapatillas repetí los pasos de mi fox.

En el hotel Balances al siguiente día tocaba una pequeña orquesta, se tomaba el té y *whisky*. Traté de sobornar a Armanda, le presenté pastas, intenté invitarle una botella de buen vino, pero ella permaneció inflexible.

—Tú no estás aquí por gusto. Es una clase de baile.

Tuve que bailar unas dos o tres veces con ella, y en un intermedio me presentó al saxofonista, un hombre de tez morena, joven y atractivo, de origen español o sudamericano, el cual, como ella dijo, sabía tocar todos los instrumentos y hablar todos los idiomas del mundo. Este "señor" parecía ser muy conocido y amigo de Armanda, tenía ante sí dos saxofones de distinto tamaño, los cuales tocaba alternándolos, mientras que sus ojos negros, alegres y relucientes estudiaban atentamente a los bailarines. Para mi sorpresa, sentí contra este bello músico inocente algo así como celos, no celos de amor, pues entre Armanda y yo no existía nada, pero unos celos de amistad, del tipo espiritual; no me parecía tan digno del interés y de la distinción sorprendente, incluso veneración, que ella mostraba por él. Aquí voy a tener que hacer conocimientos raros, pensé descorazonado.

Después Armanda fue solicitada repetidas ocasiones para bailar; permanecí sentado solo frente al té; escuché música, una especie de música que hasta ahora yo no había podido tolerar. ¡Santo Dios, pensé, ahora tengo que ser introducido aquí y sentirme en mi elemento, en este mundo de los juerguistas y los hombres dedicados a los placeres, que es tan lejano y repulsivo, del que hasta ahora he huido con tanto cuidado, al que desprecio tan hondamente, en este mundo rutinario y pulido de las mesitas de mármol, de la música de *jazz*, de las cocotas y de los viajantes de comercio! Taciturno, tomé mi té y miré fijamente a la multitud seudo elegante.

Dos hermosas jóvenes atrajeron mi mirada, las dos eran buenas bailarinas, a las que con admiración y envidia había ido siguiendo con la vista, cómo bailaban elásticas hermosas, contentas y seguras.

Entonces apareció de nuevo Armanda y se mostró irritada conmigo. Yo no estaba aquí, me lidió, para poner esa cara y estar sentado junto a la mesa de té sin moverme, ahora yo tenía que darme un poquito de impulso y bailar. ¿Cómo que no conocía a nadie? Eso no hacía falta. ¿No había muchachas por ahí que me atrajeran?

Le enseñé una de aquéllas dos, la más bella, que justamente estaba próxima a nosotros y daba una impresión encantadora con su bello vestido de terciopelo, con su rubia melena corta y con vida, con sus brazos plenos y femeninos. Armanda insistió en que yo fuera de inmediato y la solicitara. Yo me defendía con desesperación.

—¡Pero si no puedo! —decía yo en toda mi desgracia—. ¡Si por lo menos fuera un buen joven y guapo! Pero un pobre hombre embrutecido y viejo, que no sabe ni bailar... se burlará de mí...

Armanda me miró despectivamente.

—Y si yo me río de ti, ¿entonces no te importa? ¡Qué cobarde eres! El ridículo lo enfrenta todo hombre que se acerca a una joven. Esa es la entrada. Arriesga, Harry, y en el peor de los casos permite que ella se ría de ti, o se termina mi fe en tu obediencia.

No accedía. Lleno de angustia me paré y me aproxime a la joven, en el momento justo en el que empezaba la música.

—Realmente no estoy libre —dijo, y me miró con curiosidad con sus grandes ojos joviales—. Pero mi pareja parece quedarse arriba en el bar. Está bien, ¡venga usted!

La tomé por el talle y di los primeros pasos, admirado aún de que siguiera a su lado; notó de pronto cómo andaba yo en esto del baile y se asignó la dirección. Bailaba increíble y yo me dejé llevar; por algunos momentos olvidé todos mis deberes y reglas del baile, iba simplemente nadando, sentía las caderas oprimidas, las rodillas sueltas y flexibles de mi bailarina, veía su cara joven y radiante, le confesé que hoy era la primera vez que bailaba en mi vida. Ella sonreía y me animaba, respondía a mis miradas de enajenamiento y a mis frases halagadoras de una forma tan insinuante, no con palabras, sino con silenciosos movimientos expresivos que nos acercaban de forma maravillosa. Yo apretaba mi mano derecha por arriba de su talle, seguía con entusiasmo los movimientos de sus piernas, de sus brazos, de sus hombros; para mi admiración no le pisé los pies ni siquiera una vez, y cuando terminó la música, permanecimos de pie y aplaudimos hasta que la pieza se repitió, yo ejecuté otra vez el rito, lleno de pretensión, enamorado y con fervor.

Cuando acabó el baile, demasiado rápido, se retiró la bella joven de terciopelo, y de repente encontré a mi lado a Armanda, que nos había estado observando.

—¿Te das cuenta? —preguntó en tono de alabanza—, ¿te has dado cuenta que las piernas de una mujer no son patas de una mesa? ¡Bien, bravo! El *fox* ya lo sabes, gracias a Dios; mañana comenzaremos con el *boston*, y dentro de tres semanas hay baile de máscaras en los salones del Globo. Había un intermedio, nos sentamos y entonces también llegó el atractivo joven Pablo, el saxofonista, nos saludó con la cabeza y se sentó a lado de Armanda. Me pareció que era muy buen amigo suyo. Pero a mí, confieso, en ese primer encuentro no me gustaba por completo. Atractivo lo era, no se podía negar, buena estatura y buen rostro; pero más cosas no logré descubrir en él. También eso de los tantos idiomas le resultaba una insignificancia; no hablaba nada; tan sólo palabras como: *perdón, gracias, desde luego, ciertamente, allí* y otras de este tipo, que ciertamente conocía en varias lenguas. No, no hablaba nada el señor Pablo, parecía que tampoco pensaba mucho este bello "caballero". Su ocupación era ser saxofonista en la orquesta del jazz, y a esta ocupación parecía entregado con afecto y pasión; en alguna ocasión salía aplaudiendo de pronto en el transcurso de la música o se permitía otras expresiones de entusiasmo; soltaba algunas palabras cantadas en voz alta, como: "*hoo, ho, ho, halo*". Pero por lo demás no se encontraba en el mundo más que para ser atractivo, gustar a las mujeres, llevar en el cuello corbatas de moda y muchos anillos en los dedos. Su plática radicaba en estar sentado junto a nosotros, sonreír, mirar su reloj y enrollar cigarros, en lo que era hábil. Sus ojos de criollo, bonitos y oscuros y sus negros rizos no escondían algún romanticismo, ningún conflicto, ninguna idea; visto de cerca era el bello semidiós exótico, un joven alegre, un tanto consentido, de formas placenteras, no más.

Charlé con él de su instrumento y de tonalidades en la música de *jazz*; él se dio cuenta de que tenía que habérselas con un viejo catador y conocedor de cosas musicales. Sin embargo, él no conocía ninguna de estas cosas, mientras que yo, por amabilidad hacia él, o más bien hacia Armanda, comenzaba con una justificación teórico-musical del *jazz*, se sonreía inofensivo de mis esfuerzos y de mí, probablemente le era desconocido que antes y además del *jazz* había existido otro tipo de música. Era lindo, lindo y gracioso, sonreía de forma encantadora con sus grandes ojos vacíos; pero entre él y yo parecía que no existía algo en común; nada de lo que para él resultaba sagrado e importante, podía serlo también para mí; nosotros veníamos de partes del mundo opuestas, no teníamos ni una sola palabra común en nuestro lenguaje. (No obstante, más tarde Armanda me contó cosas asombrosas. Me contó que Pablo, después de esa plática, le dijo que debía tener mucho cuidado conmigo, que pobre de mí, era tan desgraciado. Y al preguntarle ella de dónde había sacado esa conclusión, dijo: "Pobre, pobre hombre. Mira sus ojos. No sabe reír.")

Cuando ese día el de los ojos negros se levantó y se despidió. La música volvió a tocar, Armanda se levantó.

—Ahora puedes volver a bailar conmigo, Harry. ¿O ya no quieres bailar?

Con ella ahora bailaba más fácil, más libre y más alegremente, aunque no tan liviano y olvidado de mí como con la otra joven. Armanda permitió que yo la llevara y se acercaba a mí delicada y sutilmente, como la hoja de una flor, y también en ella encontré y sentía todas los deleites que algunas veces venían a mi encuentro y otras tantos se alejaban; también ella olía a mujer y a amor, también su baile cantaba suave e íntimamente la atrayente canción agradable del sexo; sin embargo, a esto yo no podía responder con plena libertad y alegría, no podía olvidarme y entregarme totalmente. Armanda estaba demasiado cerca, era mi compañera, mi amiga, mi hermana, era mi igual, se parecía a mi amigo de la juventud, Armanda, el soñador, el poeta, el entusiasmado compañero de mis ejercicios y jornadas espirituales.

—Lo sé —dijo ella cuando platicamos sobre esto—; lo sé bien, desde luego aun debo hacer que te enamores de mí, aunque no hay prisa. Primero somos compañeros, somos personas que esperan llegar a ser amigos, porque nos hemos conocido mutuamente. Ahora los dos queremos aprender el uno del otro y jugar uno con otro. Yo te muestro mi pequeño teatro, te enseño a bailar y a ser un poco alegre y tonto, y tú me enseñas tus ideas y algo de tu ciencia.

—¡Ah!, Armanda, no tengo mucho que enseñarte; tú sabes bastante más que yo. ¡Qué persona tan maravillosa eres, muchacha! En todo me entiendes y te me adelantas. ¿Significo algo para ti, acaso? ¿No crees que soy aburrido?

Ella tenía la vista gacha y nublada.

—No me gusta oírte así. Piensa en la noche en que maltrecho y exasperado, saliendo de tu sufrimiento y de tu soledad te topaste en mi camino y te hiciste mi compañero. ¿Por qué crees tú, entonces, que pude conocerte y comprenderte?

—¿Por qué, Armanda? ¡Dímelo!

—Porque soy como tú. Porque estoy tan desolada como tú y al igual que tú no puedo amar ni tomar en serio a la vida ni a las personas, ni a mí. Siempre hay alguna de esas personas que evita que la vida sea más sublime y a quien no le puede satisfacer la inutilidad y violencia del ambiente.

—¡Tú, tú! —dije profundamente sorprendido—. Te comprendo, compañera, nadie te comprende como yo. Y, sin embargo, eres para mí un enigma. Tú te las arreglas con la vida jugando, tienes esa gran consideración por las cosas y los placeres pequeños, eres un artista de la vida. ¿Cómo puedes sufrir con el mundo? ¿Cómo puedes desesperarte?

—No desespero, Harry. Pero sufrir por la vida, ¡oh!, sí; en eso poseo experiencia. Tú te sorprendes de que yo sea feliz porque sé bailar y me arreglo tan perfectamente en la superficie de la vida. Y yo, amigo mío, me admiro que estés tan desengañado del mundo, hallándote en tu elemento con las cosas más bellas y profundas, en el espíritu, en el arte, en pensamiento. Por eso nos atraemos mutuamente, por eso somos hermanos. Yo te enseñaré a bailar, a jugar y a sonreír y a no estar contento, también. Y aprenderé de ti a pensar, a conocer y a no estar satisfecha, pase lo que pase. ¿Sabes que ambos somos hijos del diablo?

—Sí, lo somos. El diablo es un espíritu y nosotros sus desdichados hijos. Nos hemos salido de la naturaleza y pendemos en el vacío. Pero ahora se me ocurre algo: en el tratado del lobo estepario, del que ya te comenté, habla de que sólo es una fantasía de Harry el creer que tiene una o dos almas, que es una o dos personalidades. Cualquier hombre tiene diez, cien o mil almas.

—Eso me gusta bastante —dijo Armanda—. En ti lo espiritual está ampliamente desarrollado, y por eso te has quedado muy atrás en otra clase de pequeñas artes de la vida. El pensador Harry tiene cien años, pero el bailarín Harry sólo tiene medio día. Ahora vamos a ver si lo sacamos adelante, y a todos sus pequeños hermanitos, que son tan chiquitos, inexpertos e ingenuos como él.

Me miró sonriente. Y me preguntó susurrando, con voz alterada:

—¿Te gustó María?

—¿María? ¿Quién es María?

—Es con la que bailabas. Una joven bella, una joven muy bella. Estuviste un rato entusiasmado con ella, o al menos eso me pareció.

—¿La conoces?

—¡Oh!, por supuesto, nos conocemos muy bien. ¿Te importa mucho?

—Me gustó, y estoy feliz de que haya sido tan tolerante con mi baile.

—¡Bah! Eso es todo... deberías de cortejarla un poco, Harry, es muy bonita y baila muy bien y un poco enamorada de ella lo estás. Creo que tendrás éxito.

—¡Ah! Esa no es mi ambición.

—Ahora mientes un poco. Yo sé que en algún lugar del mundo tienes una querida y la ves cada medio año para reñir con ella. Es muy agradable de tu parte que quieras seguir siendo fiel a esta amiga maravillosa, pero permíteme, no tomes esto tan en serio. Puedes hacerlo, puedes amar de tu forma ideal cuanto desees, eso es cosa tuya. Pero de lo que me voy a encargar es de que aprendas las minúsculas y sencillas artes y juegos de la vida un poco mejor; en ese terreno yo soy tu profesora y debo ser mejor que lo que fue tu querido ideal; en eso no pongas cuidado. Tú tienes una gran necesidad de volver a dormir una noche con una mujer bella, lobo estepario.

—Armanda —dije sufriendo— veme bien, soy un viejo.

—Eres un niño joven. Y al igual que eras tan indiferente para aprender a bailar, hasta el punto de que casi era demasiado tarde, así eres
también indiferente para aprender a amar. Amar ideal y trágicamente.
¡Oh! Amigo, eso lo sabes con certeza de una forma grandiosa, no lo dudo,
todo mi respeto por eso. Pero ahora debes aprender a amar prosaica y
humanamente. El primer paso ya lo diste, ya se te puede dejar ir a un
baile. El *boston* aún lo debes aprender; mañana comenzaremos con él.
Yo voy a las tres. Bueno, ¿por lo demás, qué te pareció la música de
aquí?

—Excelente.

—¿Te das cuenta? Esto ya es un avance; te sirvieron las lecciones.
Hasta ahora no aguantabas esta música de baile de *jazz*, te parecía muy
poco seria y profunda, y ahora te has percatado que no se necesita tomar en serio, pero que puede ser bella y fascinante. Sin Pablo la orquesta
no sería nada. Él la lleva, la aviva.

* * *

El gramófono le quitaba ese aire de virtuosa espiritualidad a mi cuarto
de estudio, los bailes americanos estorbaban extraños y perturbadores,
hasta destructores, en mi moderado mundo musical, así penetraba de
todos lados algo nuevo, temido, disolvente que en mi vida, hasta ahora
de trazos tan firmes y tan rígidamente definida. El tratado del lobo estepario y Armanda tenían razón en toda su teoría de las mil almas;
diariamente se expresaban junto a todas las cosas antiguas algunas almas más; tenían aspiraciones, armaban ruido, y ahora veía claramente,
como una imagen frente a mi vista, la utopía de mi personalidad anterior. Había valorado únicamente el par de facultades y ejercicios en los
que casualmente estaba fuerte y me había construido la imagen de un
Harry y vivido la vida de un Harry, que en realidad sólo era un especialista formado muy a la ligera de poesía, música y filosofía; todo lo restante
a mi persona, todo ese caos de facultades, esfuerzos, anhelos, me parecía molesto y lo había llamado "lobo estepario".

A pesar de toda esta transformación de mi utopía, este desmorona-
miento de mi personalidad, no era sólo una aventura agradable y
divertida; era, por el contrario, en ocasiones amargamente dolorosas,
frecuentemente insoportables. El gramófono sonaba de una forma realmente endiablada en medio de todo este ambiente, todo estaba dispuesto
a otros tonos diferentes. Y, en alguna ocasión, al bailar mis *onesteps* en
cualquier restaurante de moda, entre todos los elegantes hombres del
mundo y caballeros de industria, me sentía un traidor conmigo y con las

cosas que durante toda mi vida me habían sido respetables y sagradas. Si Armanda me hubiera dejado solo, aunque sólo hubiera sido una semana, me hubiera escapado muy pronto de estos penosos y ridículos ensayos de mundología. Pero Armanda siempre estaba ahí; aunque no la viera diario, siempre estaba observado, dirigido, vigilado, sancionado por ella; hasta mis rabiosas ideas de rebelión y de huída me las leía ella sonriente, en mi cara.

Con la creciente destrucción de eso que antes había llamado mi personalidad, comencé a comprender por qué, a pesar de toda la desesperación, había tenido que temer de un modo tan aterrador a la muerte, y comencé a notar que este horrible y vergonzoso miedo a la muerte era un trozo de mi antigua existencia burguesa y fementida. El señor Haller de hasta ahora, el escritor de talento, el conocedor de Mozart y de Goethe, el autor de observaciones dignas de ser leídas acerca de la metafísica del arte, sobre el genio y sobre lo trágico, el nostálgico solitario en su encierro abarrotado de libros, iba siendo entregado por momentos a la autocrítica y no resistía por ningún lado. Es cierto que este inteligente e interesante señor Haller había predicado buen sentido y armonía humana, había protestado en contra de la guerra, pero durante la guerra no había permitido que lo pusieran sobre una tapia y lo fusilaran, como hubiera sido la consecuencia adecuada a su ideología, sino que había encontrado algún tipo de acomodo, un acomodo muy digno y noble, pero de cualquier forma era un compromiso. Era rival de cualquier poder y explotación, pero guardaba en el banco varios valores de empresas industriales, cuyos intereses iba extinguiendo sin remordimientos de conciencia. Y así ocurría con todo. Ciertamente Harry Haller se había disfrazado de soñador y despectivo del mundo, de ermitaño dolorido y de irascible profeta, pero en el fondo era un burgués, encontraba reprochable una vida como la de Armanda, le molestaban las noches desperdiciadas en el restaurante y los duros desperdiciados en ese lugar, le remordía la conciencia y suspiraba, no exactamente por su liberación y perfeccionamiento, sino por el contrario, suspiraba con fervor por regresar a los tiempos de comodidad, cuando sus jugueteos espirituales aún lo divertían y le habían aportado renombre. Al igual que los lectores de periódicos, malmirados y despreciados por él, suspiraban por volver a la época ideal de antes de la guerra, porque eso era más conveniente que sacar consecuencias de lo sufrido. ¡Ah, demonio, daba náusea este señor Haller! Y, sin embargo, yo me aferraba a él, y a su larva que ya se iba diluyendo, a su coqueteo con lo espiritual, a su miedo burgués y a lo desordenado y casual (entre lo que se cuenta también la muerte) y comparaba con sarcasmo y lleno de vitalidad al nuevo Harry que se formaba, a este tímido y gracioso amante de los salones de baile, con la imagen antigua y pseudoideal de Harry, en la cual había descubierto todos los bailes adversos que tanto le habían martirizado en el tiempo del grabado de Goethe, en casa del profesor. Él mismo, el viejo Harry, había sido un Goethe burguesmente idealizado, un héroe espiritual de esta clase con nobilísima mirada, lleno de superioridad, de espíritu y de sentido humano, al igual que de brillantina, y casi entusiasmado de su propia nobleza de alma. Diablo, a este bello retrato le habían hecho grandes agujeros, dolorosamente había sido derribado el ideal Harry. Parecía un noble despojado en la calle por los ladrones, con los pantalones hechos trizas, y que ahora debía aprender el papel de harapiento, pero aún así portaba sus harapos como si todavía pendieran órdenes de ellos y siguiera pretendiendo tristemente conservar la dignidad perdida.

Una y otra vez coincidí con Pablo, el músico, y tuve que repasar mi juicio acerca de él, porque le gustaba a Armanda y buscaba ansiosamente su compañía. Yo había dibujado a Pablo en mi mente como una bonita nulidad, como un niño contento carente de preocupaciones, que con gozo toca su trompeta de feria y sencillo de controlar con unos elogios y un chocolate. Pero Pablo no preguntaba por mis juicios, le eran indiferentes, así como mis teorías sobre la música. Con cortesía y amabilidad me escuchaba, sonriente, pero jamás daba una verdadera respuesta. En cambio, parecía que, a pesar de todo, había yo provocado su interés. Se afanaba evidentemente por agradarme y por expresar su amabilidad. Cuando una vez, en uno de estos diálogos sin resultado, me enojé y por poco me pongo ofensivo, me observó afligido y triste a la cara, me tomó la mano izquierda acariciándola, y me invitó de una pequeña cajita dorada algo para inhalar, diciéndome que me sentiría bien. Pregunté con la mirada a Armanda y ella asintió con la cabeza, y yo lo tomé e inhalé por la nariz. Cierto, al momento me refresqué y me puse más contento, posiblemente era cocaína en polvo. Armanda me contó que Pablo tenía numerosos remedios como ése, los cuales recibía ilegalmente y que a veces los ofrecía a sus amigos y en esa mezcla y dosificación era un maestro: eran remedios para calmar dolores, para dormir, para causar lindos sueños, para ponerse de buen humor o para enamorarse.

Un día me lo encontré en la calle, en el malecón, y se me agregó enseguida. Esta vez al fin logré que hablara.

—Señor Pablo —le dije; iba jugueteando con un bastoncito negro, delgado y con adornos de plata— Usted es amigo de Armanda; esa es la razón por la cual yo me intereso en usted. Pero debo decirle que usted no me facilita la charla. Muchas ocasiones he tratado platicar con usted de música; me hubiera gustado escuchar su opinión, sus contradicciones, su juicio; pero usted no ha querido darme ni siquiera la más mínima respuesta.

Me miró riendo, con cordialidad, y ésta vez no me debió la respuesta, sino que dijo tranquilamente:

—¿Ve usted? A mi juicio de nada sirve hablar de música. Yo jamás hablo de eso. ¿Qué le hubiera contestado yo a sus palabras tan inteligentes y apropiadas? Usted tenía razón en todo lo que decía... Pero vea, yo soy músico, más no culto, y no creo que hablando de música y tener razón tenga algún valor. En música no se trata de que se tenga gusto y educación y todas esas cosas.

—Entonces, ¿de qué se trata?

—Se trata de hacer música, señor Haller, de hacer tanta música, tan bien y tan intensiva, como sea posible. Así es *monsieur*. Si yo tengo en la cabeza todas las obras de Bach y de Haydn, y sé decir sobre ellas las cosas más juiciosas, con eso no se hace servicio a nadie. Pero si yo tomo mi tubo y toco un *shimmy* de moda, da igual si es bueno o malo, de seguro pone alegre a la gente, se mete en sus piernas y en su sangre. Sólo se trata de esto. Observe usted en un salón de baile los rostros en el instante en que la música se desata después de un largo descanso: ¡Cómo resplandecen los ojos, las piernas se ponen a temblar, empiezan a reír los rostros! Para eso se toca la música.

—Muy bien, señor Pablo. Pero no sólo hay música sensual, también existe la espiritual. No nada más hay la que se toca para el momento, sino que hay música inmortal, que sigue viviendo, aun cuando no se toque. Cualquiera puede estar solo, recostado sobre la cama, y en sus pensamientos despierta una melodía de *La flauta encantada* o de *la Pasión de San Mateo*; entonces se produce música aunque nadie sople una flauta ni rasque un violín.

—Ciertamente, señor Haller. También el *Yearning* y el *Valencia* son reproducidos silenciosamente cada noche por personas solitarias y soñadoras; hasta la más pobre mecanógrafa en su oficina tiene en la cabeza el último *onestep* y teclea las letras llevando el compás. Usted tiene razón, a todos estos seres solitarios yo les asigno la música muda, sea el *Yearning* o *La flauta encantada* o el *Valencia*. Pero, ¿de dónde han sacado estos seres su música solitaria y muda? La toman de nosotros, de los músicos, antes que tocarla y oírla, debe entrar en la sangre, para después uno, en su casa, piense en su recámara en ella y así soñar con eso.

—Satisfecho —dije llanamente—. No obstante, no es posible poner al mismo nivel a Mozart y al último *fox-trot* y no es lo mismo que toque usted a la gente música sublime y eterna, o barata música de hoy.

Cuando Pablo notó la exaltación en mi voz puso de inmediato su rostro más fascinante, me pasó por la mano el brazo, acariciándome, y dio a su voz una dulzura hermosa.

—¡Ah!, por supuesto señor; con los niveles puede que por completo tenga razón. Yo no tengo nada con que usted posicione a Mozart, a Haydn, y al Valencia en el lugar que guste. A mí me da lo mismo; yo no soy quien ha de decidir en esto de los niveles, a mí no me deben preguntar sobre esto. Tal vez a Mozart lo sigan tocando dentro de cien años, y el Valencia a lo mejor dentro de dos ya no se toque; creo que esto se lo podemos dejar con tranquilidad al buen Dios, que es justo y en su mano posee la duración de la vida de todos nosotros y la de todos los valses y todos los *fox-trots* y seguramente hará lo más conveniente. Pero nosotros los músicos tenemos que hacer lo nuestro, lo que conforma nuestro deber y nuestra obligación; debemos tocar lo que la gente pide a cada momento, y lo tenemos que tocar tan bien, tan admirable y seductoramente como sea posible.

Suspirando, hube de renunciar. Con este hombre no se podían atar cabos.

* * *

En unos momentos aparecían revueltos de una forma extraña lo antiguo y lo nuevo, el dolor y el placer, el miedo y la felicidad. Tan rápido me encontraba en el cielo como en el infierno, la mayoría de las veces en ambos sitios al mismo tiempo. El viejo Harry y el nuevo vivían juntos, a veces en paz y a veces en pelea bestial. De vez en cuando el viejo Harry parecía estar por completo inerte, muerto, enterrado, y surgir de pronto dando órdenes dominantes y sabiéndolo todo mejor, y el Harry nuevo, pequeño y joven, se apenaba, callaba y se dejaba aprisionar contra la pared. En otras horas tomaba al viejo Harry por el cuello y lo apretaba con valentía, había fuertes gritos, una lucha a muerte, mucho pensar en la navaja de afeitar.

Pero constantemente se acumulaban sobre mí en una misma oleada la dicha y el sufrimiento. Un momento así fue aquel en que, pocos días después de mi primer ensayo público de baile, al entrar una noche a mi habitación, encontré, para mi indescriptible sorpresa y extrañeza, para mi temor y fascinación, a la bella María recostada sobre mi cama.

De todas las sorpresas a las que me había expuesto Armanda hasta ahora, está fue la más impetuosa. Porque no dudé ni por un momento que había sido "ella" quien me había enviado a esta ave del paraíso. Por excepción, esa tarde no había estado con Armanda, sino que había asistido a una audición de música religiosa en la catedral; había sido una linda excursión nostálgica de mi vida en otro tiempo, a los campos de mi juventud, a las comarcas del Harry ideal. En el alto espacio gótico de la iglesia, cuyas bellas bóvedas de redes temblorosas de un lado a otro como espectros vivos en el juego de las pocas luces, había escuchado piezas de Buxtehude, de Pachebel, de Bach y de Haydn, había marchado de nuevo por los antiguos caminos amados, había vuelto a escuchar la grandiosa voz de una cantante de obras de Bach, que había sido mi amiga en otro tiempo y me había hecho vivir muchas audiciones sorprendentes. Los ecos de la vieja música, su infinito esplendor y santidad me habían despertado todas las exquisiteces, delicias y entusiasmos de la juventud; taciturno y absorto, estuve sentado en el elevado coro de la iglesia, huésped durante una hora de este mundo noble y venerable que fue un día mi sino. En un dúo de Haydn se me saltaron de pronto las lágrimas, no aguardé a que terminara el concierto, renuncié a volver a ver a esa cantante (¡oh, cuántas noches brillantes había pasado yo en otros tiempos con los artistas después de conciertos como éste!), me salí de la catedral y anduve corriendo hasta agotarme por callejones oscuros, en donde aquí y allá, tras las ventanas de los restaurantes tocaban orquestas de *jazz* las melodías de mi existencia presente. ¡Oh, en qué adverso caos se había transformado mi vida!...

Estuve mucho tiempo reflexionando durante ese paseo nocturno sobre mi extraña relación con la música, y reconocí una vez más que esta relación tan conmovedora y fatal era el sino de toda intelectualidad alemana. En el espíritu alemán domina todo el derecho materno, el sometimiento a la naturaleza en forma de una hegemonía de la música, como jamás otro pueblo la ha conocido. Nosotros, las personas espirituales, en vez de defendernos vigorosamente contra eso y de prestar obediencia y de procurar que se preste oídos al espíritu, al logos, al verbo, todos soñamos con un lenguaje sin palabras, que diga lo inesperado, que refleje lo irrepresentable. En vez de tocar su instrumento lo más fiel y honradamente posible, el alemán espiritual ha descalificado siempre a la palabra y a la razón, y ha revoloteado con la música. Y en la música, en las extraordinarias y benditas obras musicales, en los maravillosos y elevados sentimientos y estados anímicos, que no fueron empujados nunca a una realización, se ha consumido apasionadamente el espíritu alemán, y es abandonado a la mayor parte de sus verdaderas obligaciones. Nosotros, los verdaderos hombres espirituales, no nos encontrábamos en nuestro elemento dentro de la realidad, le éramos ajenos y hostiles; por eso también era lamentable el papel del espíritu en nuestra realidad alemana, en nuestra historia, en nuestra política y opinión pública. Había meditado en otras ocasiones sobre estas ideas, no sin experimentar un vehemente deseo de producir realidad en alguna ocasión, de actuar en algún momento con seriedad y responsabilidad, en lugar de dedicarme únicamente a la estética y a oficios artísticos espirituales. Pero siempre terminaba en la resignación de la sumisión a la fatalidad. Los señores generales y los grandes industriales tenían razón por completo: no servíamos para nada los "espirituales", éramos personas inservibles, ajenas a la realidad, sin responsabilidades, ingeniosos habladores. ¡Ah, diablos! ¡La navaja de afeitar!

Colmado de pensamientos y de eco de la música, con el corazón abatido por la tristeza y por el desesperado afán de vida, realidad, sentido y de las cosas irremediablemente perdidas, había regresado por fin a casa, había subido las escaleras, había prendido la luz en mi gabinete y tratado de leer un poco, había pensado en la cita que me obligaba a asistir al día siguiente durante la noche al bar Cecil a beber *whisky* y a bailar, había experimentado rencor y amargura, no sólo contra mí, sino contra Armanda también. No dudaba que su invitación había sido buena y atenta, de que era una maravilla de persona; pero hubiera preferido que ese primer día me hubiera dejado sucumbir, en lugar de llevarme hacia el interior y hacia la profundidad de este mundo confuso, extraño y agitado, en que de cualquier forma yo habría de ser ajeno y donde lo mejor de mi ser se derrumbaba y sufría terriblemente.

Y en este estado anímico apagué la luz de mi gabinete, lleno de tristeza; entonces me llamó la atención un aroma singular, olía un poco a perfume, y al volverme, vi recostada en mi cama a la bella María, sonriendo un poco asustada con sus grandes ojos azules.

—¡María!— dije.

Y mi primer pensamiento fue que mi casera me despediría cuando se enterara de esto.

—He venido —dijo ella en un susurro—. ¿Se ha enojado conmigo?

—No, no. Ya sé que Armanda le ha dado la llave. Está bien.

—¡Oh!, usted se enojó. Me voy…

—No, bella María, quédese. Sólo que justo esta noche me encuentro bastante triste, hoy no puedo estar alegre; tal vez mañana pueda estarlo.

Me había acercado un poco hacia ella, entonces tomó mi cabeza con sus dos manos grandes y firmes, la atrajo hacia ella y me dio un beso largo. Después me senté a su lado, tomé su mano, le rogué que hablara en voz baja, pues no debían oírnos, y le miré su bello y pleno rostro. ¡Qué extraña e increíble descansaba ahí sobre mi almohada, como una gran flor! Lentamente llevó mi mano a su boca, la metió debajo de la sábana y la puso sobre su cálido pecho, que respiraba apaciblemente.

—No se necesita que estés alegre —dijo—; ya me dijo Armanda que tienes penas. Ya puede hacerse cargo una. ¿Oye, aún te gusto? La otra noche, cuando bailamos, estabas muy emocionado.

Le besé los ojos, la boca, el cuello y los pechos. Justamente hace poco que había estado pensando con amargura y en son de queja en Armanda. Y ahora tenía en mis manos su obsequio, y estaba agradecido. Las caricias de María no dañaban la hermosa música que había estado escuchando esa tarde, eran dignas de ella y de su realización. Despacio fui levantando la sábana de la bella mujer, hasta llegar a sus pies con mis besos. Cuando me acosté a su lado, me sonreía omnisciente y bondadosa su cara de flor.

Esa noche, junto a María, no dormí mucho tiempo, pero dormí profundamente y bien, como un niño. Y entre los ratos de sueño tomé su hermosa y alegre juventud, y aprendí en la plática de susurros bastantes cosas dignas de saberse sobre su vida y la de Armanda. Sabía muy poco de esta clase de criaturas y de sus vidas; sólo en el teatro había hallado existencias como las suyas, hombres, mujeres, seminaristas, semimundanos. Ahora, por vez primera, observaba un poco a estas vidas extrañas, inocentes de una forma rara y pervertida. Estas chicas pobres, la gran parte por su casa, eran demasiado hermosas como para estar el resto de su vida dedicadas en alguna ocupación mal remunerada y sin alegría, vivían algunas veces de trabajos ocasionales, otras de sus gracias y amabilidad. En ocasiones se pasaban un par de meses detrás de una máquina de escribir, alguna vez eran las entretenidas de hombres mundanos con dinero, recibían propinas y obsequios, a veces vivían con abrigos de pieles en hoteles lujosos y con autos, en otras en buhardillas, y para el matrimonio se las podrían ganar por medio de algún gran ofrecimiento, pero en general no tenían esa idea. Algunas de ellas en el amor sólo daban sus favores de mala gana y regateando el elevado precio. Otras, a las cuales pertenecía María, estaban extraordinariamente dotadas para lo erótico y necesitadas de cariño, la mayoría experimentadas con el trato del sexo; vivían únicamente para el amor, y junto a un amigo oficial, que pagaba y sostenía otras relaciones amorosas florecientes. Afanosas y ocupadas, llenas de preocupaciones y al mismo tiempo ligeras, inteligentes e inconscientes, vivían estas mariposas su vida tan infantil como refinada, con independencia, no accedían a cualquiera, esperando lo suyo del destino, y del buen tiempo, enamoradas de la vida, y no obstante, mucho menos aferradas a ella que los burgueses, dispuestas a seguir a su castillo a un príncipe de hadas y siempre con la certeza semiconsciente de un final triste y difícil.

María me mostró —en esa noche especial y en los siguientes días— muchas cosas, no sólo bellos jugueteos desconocidos para mí y arrobamientos de los sentidos, sino también nueva comprensión, nuevos horizontes, un amor nuevo. El mundo de los lugares de baile y gozo, de los cines, de los bares y de las rotondas de los hoteles, —que para mí, solitario y estético, seguían teniendo algo de inferior, prohibido y degradante— era para María, Armanda y sus compañeras, sencillamente el mundo, ni bueno ni malo, ni odiado ni gustoso; en este mundo surgía su corta vida y repleta de sueños; en él se encontraban en su elemento y tenían experiencia. Les gustaba un champaña o un plato especial en el *grill-room*, como a cualquiera de nosotros nos puede gustar un compositor o un poeta, y en un nuevo baile de moda o en la canción sentimental y pegajosa de un cantante de *jazz* ponían y gastaban el mismo frenesí, la misma emoción y ternura que nosotros en Nietzsche o en Hamsum. María me platicaba de ese guapo saxofonista, Pablo, y de su *song* americano que él les había cantado en alguna ocasión, y hablaba de esto con un apasionamiento, una admiración y cariño, que me emocionaba y conmovía mucho más que las aspiraciones de cualquier erudito sobre placeres artísticos elegidos con un gusto fascinante. Yo estaba dispuesto a emocionarme con ella, fuese como fuera el *song*; las frases amorosas de María, su mirada sensualmente brillante, abrían grandes caminos en mi estética. Había algo lindo, poco y escogido, que me parecía por arriba de toda duda y discusión, a la cabeza de todo Mozart, pero, ¿dónde estaba el término? ¿No habíamos glorificado de jóvenes, nosotros los conocedores y críticos, a obras de arte y a artistas que no nos parecen hoy muy dudosos y absurdos? ¿No nos había pasado esto con Liszt, con Wagner, a muchos hasta con Beethoven? ¿No era la nueva emoción in-fantil de María por el *song* de América una impresión artística tan pura, tan hermosa, tan fuera de toda duda como la emoción de cualquier pro-fesor por el Tristán o el embelesamiento de un director de orquesta ante la *Novena Sinfonía*? ¿Y no se adecua todo esto a los puntos de vista del señor Pablo dándole la razón?

A este Pablo, al bello Pablo, parecía que María lo quería mucho también.

—Es guapo —le decía yo—; también a mí me gusta mucho. Pero dime, María, ¿cómo puedes al mismo tiempo quererme a mí, que soy un tipo viejo y aburrido, que no soy guapo y ya tengo canas, además no sé tocar el saxofón ni cantar canciones inglesas de amor?

—No hables de esa forma tan fea —me corregía—. Es algo total-mente natural. Tú también me gustas, tienes algo bello, amable y único; no debes ser más que como eres. No se necesita hablar de estas cosas ni pedir cuentas de todo esto. Mira, cuando me besas el cuello o las orejas, entonces sé que me quieres, que te gusto; sabes besar de una forma..., un poco tímidamente, y eso me dice: te quiere, te está agradecido porque eres bonita. Eso me agrada mucho, muchísimo. Y otras veces, con otro hombre, me pasa totalmente lo contrario, siento que no le importo nada y me besa como si fuera un regalo de su parte.

Nos volvimos a dormir. Me desperté de nuevo, sin dejar de abrazar a mi hermosa, hermosísima flor.

¡Y qué extraño, la flor seguía siendo el obsequio de Armanda! Fre-cuentemente ella se encontraba detrás, encerrada en ella como una máscara. Y de pronto, en un intermedio, pensé en Erica, mi lejana y mal-humorada querida, mi pobre amiga. Era ligeramente menos bonita que María, aunque no tan floreciente y fresca y más pobre en pequeñas y maravillosas artes amatorias, y por un rato tuve frente a mí su imagen, clara y doliente, amada, entretejida tan hondamente con mi destino, y de nuevo se desvaneció en el suelo, en el olvido, en lejanía medio apenada.

Y de esta misma forma surgieron frente a mí, en esta bella y delicada noche, muchas imágenes de mi vida llevada de una forma pobre, frívola y carente de recuerdos. Ahora, iluminado mágicamente por Eros, se desató profundo y rico el manantial de las viejas imágenes, y en ocasiones se detenía mi corazón de arrobamiento y tristeza, en pensar qué cuantiosa había sido la galería de mi vida, colmada de altos astros y de constelaciones había estado el alma del pobre lobo estepario. Mi niñez y mi madre me miraban tiernas y resplandecientes como desde una lejana montaña alta que se confunde con el azul del infinito; metálico y claro resonaba el coro de mis amistades, al frente el legendario Armanda, el hermano espiritual de Armanda; vaporosos y supraterrenos, como flores marinas húmedas que sobresalen de la superficie del agua, venían flotando los retratos de muchas mujeres, que yo había amado, deseado y cantado, de las cuales sólo a pocas conseguí y las hice mías. También surgió mi mujer, con la cual viví por varios años y me enseñó lealtad, conflicto y resignación, y hacia quien, a pesar de toda su incomprensión personal, había permanecido viva una profunda confianza hasta el día en que, enloquecida y enferma, me dejó en una súbita huída y brutal rebelión, y supe cuánto tenía que haberla amado y cuán hondamente había tenido que confiar en ella, para que su abuso de confianza me hubiera podido alcanzar de forma tan grave y para siempre.

Estas imágenes —eran cientos, con y sin nombres— aparecieron de nuevo; subían jóvenes y nuevas del pozo de esta noche de amor, y volvía a percatarme de lo que en mi miseria ya había olvidado, que ellas conformaban el valor de mi existencia, que seguían viviendo inquebrantables, sucesos eternizados como estrellas que había olvidado y, sin embargo, no podía derribar, cuya sucesión era la leyenda de mi vida y cuyo brillo astral era el valor indestructible de mi ser. Mi vida había sido difícil, errante e infortunada; conducía a negación y a renunciación, había sido amarga por la sal del destino de todo lo humano, pero había sido rica, orgullosa y distinguida, hasta en la miseria de una vida noble. Y aunque el poquito de camino hasta el fin la desfigurase de un modo tan lamentable, la levadura de esta vida era noble, tenía clase y dignidad, no era cuestión de centavos, sino de mundos celestes.

De esto ya hace una temporada, muchas cosas han pasado desde entonces y han cambiado; únicamente puedo recordar algunas en concreto de esa noche, palabras sueltas intercambiadas entre los dos, momentos y detalles eróticos completamente tiernos, breves claridades de estrellas al despertar del pesado sueño del agotamiento amoroso. Pero esa noche fue cuando por vez primera desde mi derrota, me miraba mi propia vida con los ojos inexorablemente radiantes, y volví a conocer la casualidad como destino y a las ruinas de mi vida como fragmento celestial. Mi alma respiraba de nuevo, mis ojos veían otra vez, y durante algunos instantes volví a sospechar fervientemente que sólo tenía que juntar el mundo disperso de imágenes, realzar a imagen el complejo de mi personalísima vida de lobo estepario, para entrar en el mundo de las figuras y ser inmortal. ¿Acaso no era éste el fin que durante toda mi vida había significado un impulso y un ensayo?

Por la mañana, después de compartir el desayuno con María, tuve que sacarla a escondidas de la casa, y lo logré. En el mismo día alquilé para ella y para mí un cuartito en una zona cerca de la ciudad, destinado únicamente para nuestras citas.

Mi profesora de baile, Armanda, apareció, fiel a su obligación, y tuve que aprender el *boston*. Era rígida e inexorable, y no perdonaba ni una lección, pues estaba convencida que yo debía de ir al próximo baile de máscaras con ella. Me había pedido dinero para su disfraz, acerca del cual no me daba noticias. Y todavía me prohibía visitarla o saber dónde vivía.

Desde esta temporada hasta el baile de máscaras, unas tres semanas, fue maravillosamente hermosa. Me parecía que María era la primera querida que tenía en la vida. Siempre había exigido de las mujeres a las que amara espiritualidad e ilustración, sin jamás percatarme que la mujer, hasta la más espiritual y la relativamente más ilustrada, nunca respondía al logos dentro de mí, sino que siempre estaba en continua contradicción con él; yo les llevaba a las mujeres mis problemas y mis ideas, y me hubiera parecido imposible amar por más de una hora a una muchacha que jamás había leído un libro, que apenas sabía lo que era leer, y no hubiera podido distinguir a un Tschaikowski de un Beethoven; María no tenía cultura, no requería estos rodeos y estos mundos de compensación; sus problemas surgían de manera inmediata de los sentidos. Conseguir tanta dicha sensual y amorosa como fuera humanamente posible con los dones que le habían sido dados, con su figura singular, sus colores, su cabello, su voz, su piel y su temperamento, encontrar y provocar una respuesta en el amante, comprensión, contrajuego animado y seductor a todas sus facultades, a la elasticidad de sus líneas, al finísimo modelado de su cuerpo, era lo que conformaba su arte y su función. Desde ese primer tímido baile con ella, ya había sentido todo esto, había respirado este perfume de una sensualidad maravillosa y encantadoramente refinada y había sido hechizado por ella. Evidentemente, tampoco había sido casualidad, que Armanda, omnisciente, me había escogido a María. Su aroma y todo su sello era estival, era rosado.

No tuve la suerte de ser el amante único o preferido de María, yo era uno de muchos. En ocasiones no tenía tiempo para mí; algunos días, sólo una hora por las tardes; pocas veces por una noche entera. No quería tomar dinero de mí; detrás de esto estaba Armanda. Pero los obsequios los aceptaba gustosa. Y si le regalaba un nuevo monedero pequeño, de piel carmín acharolada, podía poner dentro dos o tres monedas de oro. Por lo restante, debido al bolsillo rojo, se burló bastante de mí. Era muy bello, pero era una antigüedad, pasado de moda. En estas cosas, de las cuales yo sabía y entendía menos que una lengua esquimal, aprendí mucho de María. Antes que nada aprendí que estos pequeños juguetes, objetos de moda y de lujo, no sólo eran insignificancias e invento de envidiosos fabricantes y comerciantes, sino con justificación, bellos, variados, un pequeño, más bien un gran mundo de cosas, que todas tienen el único propósito de servir al amor, refinar los sentidos, animar al mundo inerte que nos rodea, y dotarlo de manera mágica de nuevos órganos amatorios, desde los polvos y el perfume, hasta el zapato de baile, desde el anillo hasta la cigarrera, desde la hebilla del cinturón hasta el bolso de mano. Este bolso no era bolso, el monedero no era monedero, las flores no eran flores, el abanico no lo era; todo era materia plástica de amor, de la magia, de la seducción; era mensajero, mediador, arma y grito de combate.

Muchas ocasiones pensé a quién quería realmente María. Más que a otros creí que quería al saxofonista Pablo, con sus ojos negros perdidos y sus manos alargadas, pálidas, nobles y nostálgicas. Yo hubiera tenido a este Pablo por somnífero, caprichoso y pasivo en el amor, pero María me aseguró que sólo muy despacio se lograba ponerlo al rojo, pero que entonces era más pujante, más fuerte y varonil, más retador que cualquier as de boxeo o maestro de equitación. Y de esta manera aprendí y conocí secretos de varias personas, del músico de *jazz*, del actor, de más de cuatro mujeres, de jóvenes y hombres de nuestro medio; conocí todo tipo de secretos, vi bajo la superficie relaciones y enemistades, fui convirtiéndome poco a poco en confidente e iniciado (yo, que en este tipo de mundo había sido un ente ajeno completamente sin conexión). También conocí muchas cosas de Armanda. Pero ahora me reunía con frecuencia con el señor Pablo, al cual María quería demasiado. En varias ocasiones ella ocupaba sus remedios clandestinos y a mí también me daba esos goces, Pablo siempre se mostraba servicial conmigo. Una vez me lo dijo sin rodeos:

—Usted es tan desgraciado... Eso no está bien. No debe ser así. Me da mucha pena. Fúmese una pequeña pipa de opio.

Mi juicio sobre este alegre sujeto, inteligente, infantil y misterioso, cambiaba constantemente; nos hicimos amigos. Algunas veces accedía a alguno de sus remedios. Un tanto divertido asistía él a mi enamoramiento con María. En una ocasión organizó una "fiesta" en su cuarto, la buhardilla de un hotel en las afueras. Sólo había una silla; María y yo tuvimos que sentarnos en la cama. Nos dio a beber un misterioso licor, maravilloso, mezclado con tres botellitas. Después, cuando me puse de buenas, nos propuso con un brillo en los ojos hacer una orgía erótica entre los tres. Yo me negué, a mí no me era posible algo así, pero aún así miré un rato a María, para ver la actitud que adoptaba, y aunque de inmediato aceptó mi negatividad, vi el fulgor de sus ojos y noté su pena por mi renuncia. Pablo experimentó una depresión con mi negativa, pero no le molestó.

—Es una lástima —dijo—; Harry posee bastantes escrúpulos morales. Con él no se puede. ¡Hubiera sido tan bello, muy bello! Pero tengo un sustituto.

Los tres tomamos una chupada de opio, y sentados inmóviles, con los ojos abiertos, vivimos la escena que él sugirió; María temblaba de fascinación. Cuando después de un rato me sentí mareado, Pablo me recostó en la cama, me dio unas gotas de medicina, y al cerrar momentáneamente los ojos sentí sobre cada uno de mis párpados el aliento de un beso fugaz. Lo acepté como si María me lo hubiera dado. Pero sabía a la perfección que era de él.

Y una tarde me sorprendió más. Apareció en mi casa, me contó que requería veinte francos y me rogaba que le diera ese dinero. A cambio me ofrecía que esa noche dispusiera de María, en lugar que él.

—Pablo —dije asustado—, usted no sabe lo que dice. Ceder a su querida a otro por dinero, entre nosotros eso es lo más indigno que hay. No he escuchado su proposición, Pablo.

Me miró compasivamente.

—¿No quiere usted, señor Harry? Está bien. Usted sólo se crea problemas. Entonces no duerma con María, si así le parece, y deme el dinero; se lo devolveré sin falta. Lo necesito realmente.

—¿Para qué lo quiere?

—Para Agostino, ¿sabe usted? El pequeño del segundo violín. Lleva ocho días enfermo y nadie se encarga de él, no tiene ni un céntimo y también ya se acabó mi dinero.

Por curiosidad y también un poco por autocastigo lo acompañé a casa de Agostino. Le llevó a la buhardilla leche y unos medicamentos, una buhardilla muy indecente, le acomodó la cama, le ventiló el cuarto y le puso sobre la cabeza con fiebre una artística compresa, todo rápida, delicadamente y bien hecho, como una buena hermana de la Caridad. Esa misma noche lo vi tocar música en el City-Bar hasta la madrugada.

Yo platicaba con Armanda larga y objetivamente de María, de sus manos, de sus hombros, de sus caderas, de cómo reía, de su manera de besar y de bailar.

—¿Ya te enseño esto? —una vez me preguntó Armanda, y me describió un juego especial de la lengua el besar. Yo le pedí que ella misma me lo mostrara, pero se negó con seriedad—. Eso viene después —dijo—; todavía no soy tu querida.

Le pregunté que cómo conocía la manera de besar de María y algunas otras particularidades de su cuerpo, que sólo podía conocer el hombre amante.

—¡Oh! —dijo—. Somos amigas. ¿Crees que nosotras tenemos secretos? He dormido y he jugado bastantes veces con ella. Tienes suerte, has atrapado a una bella muchacha, que sabe más que otras.

—Armanda, creo que todavía tienen muchos secretos entre ustedes. ¿O le dijiste lo que sabes de mí?

—No; esas son cosas que ella no entendería. María es maravillosa, puedes estar satisfecho; pero entre tú y yo hay cosas de las cuales ella no tiene conocimiento. Le he dicho muchas cosas sobre ti, más de lo que a ti te hubiera gustado; me importaba conquistarla para ti. Pero comprenderte como yo lo hago, jamás lo hará, ni ninguna otra. Por ella también he aprendido algunas cosas; estoy al corriente de lo que María sabe de ti. Yo te conozco casi como si hubiéramos dormido en varias ocasiones.

Cuando volví a reunirme con María, me parecía extraño y misterioso saber que ella había tenido a Armanda, al igual que a mí, junto a su corazón; que había tocado, besado, gustado y probado sus miembros, sus cabellos, su piel de la misma forma que los míos. Frente a mí surgían relaciones y nexos nuevos, indirectos, complejos, nuevas formas de amor y de vida, y pensé en las mil almas del tratado del lobo estepario.

* * *

En esa corta temporada, entre mi conocimiento con María y el gran baile de máscaras, era yo realmente feliz, pero no por eso tenía el presentimiento de que fuera una salvación, una lograda felicidad, sino que claramente me percataba de que todo era un preludio y preparación, de que todo se dirigía con violencia hacia delante y que lo verdadero venía ahora.

Ya había aprendido tanto del baile que me parecía posible asistir a la fiesta, de la que me hablaba cada día más. Armanda tenía un secreto, se esforzó por no decirme con que disfraz se presentaría en la fiesta. Pensaba que yo la iba a identificar, y si me equivocaba, entonces ella me ayudaría. Pero que ahora yo no debía saberlo. Así, tampoco tenía curiosidad por mis planes de disfraz, y yo resolví no disfrazarme. Cuando quise invitar al baile a María, me declaró que ya tenía un caballero; ya tenía una entrada, y me di cuenta un poco descorazonado de que iba a tener que asistir solo a la fiesta. Era el baile de trajes más distinguido de la ciudad que se organizaba todos los años por los elementos artísticos en los salones del Globo.

Por aquellos días veía poco a Armanda, pero antes del baile estuvo un rato en mi casa; vino a recoger su entrada, de la que yo me había hecho cargo, y estuvo sentada apaciblemente en mi recámara, y ahí se suscitó un diálogo que fue muy particular que ocasionó una impresión profunda en mí.

—Ahora estás realmente muy bien —dijo ella—; te prueba el baile. Quien te haya visto antes, apenas si te reconocería.

—Sí —asentí—, desde hace tiempo no me encontraba tan bien. Esto proviene todo de ti, Armanda.

—¡Oh!, ¿y no de tu bella María?

—No. Ella también es un maravilloso regalo tuyo.

—Es la amiga que requerías, lobo estepario. Bonita, joven, alegre, inteligente en amor, y sin que puedas prescribir de ella todos los días. Si no tuvieras que compartirla con otros, si no fuera para ti siempre un huésped fugitivo, no irían tan bien las cosas.

—Sí, también eso tenía que concedérselo.

—Entonces, ¿ahora posees todo lo que necesitas?

—No, Armanda, no es así. Tengo algo muy hermoso y fascinante, una gran alegría y un amable consuelo. Soy de verdad feliz...

—Bien, entonces, ¿qué es lo que quieres?

—Quiero más. No estoy contento con ser feliz, no fui creado para eso, no es lo mío. Mi destino es lo contrario.

—Entonces, ¿es ser infeliz? ¡Ah! Eso ya lo has sido en exceso antes, cuando a causa de la navaja de afeitar no podías ir a tu casa.

—No, Armanda; se trata de otra cosa. Antes yo era muy infeliz, concedido. Pero era una desventura estúpida, infructuosa.

—¿Por qué?

—Porque de otra manera no hubiera tenido ese temor a la muerte que aún así me deseaba. La desdicha que requiero y anhelo es otra; es de tal clase que me haga sufrir de verdad y morir con voluptuosidad. Esa es la desventura o la felicidad que espero.

—Te entiendo. En eso somos hermanos. Pero ¿qué tienes contra la felicidad que ahora disfrutas con María? ¿Por qué no estás satisfecho?

—Nada tengo contra esa dicha, ¡oh, no!, la quiero, le estoy agradecido. Es bella como un día de sol en una primavera lluviosa. Pero me percato que esto no puede durar. Esta dicha también es inútil. Satisface, pero la satisfacción no es alimento para mí. Adormece al lobo estepario, lo satura. Pero no es felicidad para morir por ella.

—Entonces, ¿hay que morir, lobo estepario?

—¡Por supuesto! Yo estoy muy contento con mi suerte, todavía la puedo soportar durante una temporada. Pero cuando la dicha me deja una hora de tiempo libre para estar despierto, para sentir anhelos íntimos, entonces todo mi empeño no se marca en perpetuar esta ventura, sino en volver a sufrir, aunque más bella y menos miserablemente que antaño.

Armanda me miró tiernamente a los ojos, con la triste mirada que surgía de pronto en ella. ¡Ojos grandiosos, terribles! Lentamente, escogiendo las palabras una por una y colocándolas con cuidado, dijo... en voz tan baja, que tuve que esforzarme por escuchar:

—Voy a decirte algo que sé desde hace tiempo, y tú también lo sabes, pero tal vez no te lo has dicho a ti mismo. Ahora te digo lo que sé acerca de ti y de mí, y de nuestro destino. Tú, Harry, has sido un artista y un pensador, un hombre lleno de alegría y de fe, siempre detrás de la huella de lo grande y de lo inmortal, nunca satisfecho con lo bello y lo pequeño. Pero mientras más te despierta la vida y te conduce a ti, más va creciendo tu miseria y más profundamente te sumes hasta el cuello en pesares, temor y desesperanza, y todo lo que antes conociste, has amado y venerado como bello y santo, toda tu antigua fe en los hombres y en nuestro elevado destino, no te ha ayudado, ha perdido su valor y se ha hecho añicos. Tu fe carecía de aire para respirar. Y la asfixia es una muerte muy cruel. ¿Es cierto, Harry? ¿Es ésta tu fortuna?

Yo asentía, y asentía.

—Tú llevas en tu interior una imagen de la vida, estabas dispuesto a los hechos, a sufrimientos y sacrificios, y entonces te fuiste dando cuenta que el mundo no te exigía hechos ni sacrificios, ni nada de eso, que la vida no es una epopeya con figuras de héroes y cosas por el estilo, sino una buena alcoba burguesa, en la que uno está por completo satisfecho con la comida y la bebida, con el café y la calceta, con el juego de tarot y la música en el radio. Y el que ama y lleva dentro lo otro, lo heroico y lo bello, la veneración de los santos, ése es un necio y un Quijote. Bueno, ¡y a mí me ha pasado exactamente igual! Yo era una joven de buenas disposiciones y destinada a vivir con arreglo a un elevado modelo, a tener conmigo grandes exigencias, a cumplir dignos cometidos. Podía tomar sobre mí un gran papel, ser la esposa de un rey, la amante de un revolucionario, la hermana de un genio, la madre de un mártir. Y la vida sólo me ha permitido ser una cortesana de mediano buen gusto; ¡esto solo ya se ha hecho bastante difícil! Así me ha ocurrido. Estuve un tiempo inconsolable, y durante muchos años busqué en mí la culpa. La vida, pensé, al fin siempre ha de tener la razón; y si la vida se burlaba de mis lindos sueños, entonces habrían sido insulsos, decía yo, y no habrán tenido la razón. Pero esta consideración no servía de nada absolutamente. Y como yo tenía buenos ojos, y buenos oídos y además era curiosa, me fijé con mucho interés en la vida, en mis vecinos, y en mis amistades, medio centenar de personas y destinos, y entonces vi, Harry, que mis sueños habían tenido la razón, mucha razón, al igual que los tuyos. Pero la vida no la tenía. Que una mujer de mi especie no tuviera más opción que envejecer pobre e inútilmente junto a una máquina de escribir, al servicio de adinerados, o casarse con uno de estos por su posición, o si no, transformarse en una especie de meretriz, eso era tan injusto como que un hombre como tú tenga, solitario, susceptible y desesperado, que tomar la navaja de afeitar. En mí tal vez era la miseria material y moral, en ti la espiritual; la senda era la misma. ¿Crees que no puedo entender tu terror ante el *fox-trot*, tu fastidio hacia los pobres y los locales de baile, tu resistencia hacia la música *jazz* y todas esas cosas? Lo comprendo perfectamente, al igual que tu antipatía a la política, tu tristeza por la palabrería y el irresponsable hacer que creamos de los partidos y de la prensa, tu exasperación por la guerra, por la pasada y por la próxima, por la manera en cómo hoy se piensa, se lee, se construye, se hace música, se celebran fiestas, se promueve la cultura. Tienes razón, lobo estepario, mucha razón, sin embargo has de desaparecer. Para este mundo sencillo de hoy, cómodo y satisfecho con tan poco, eres demasiado exigente y hambriento; el mundo te rechaza, tienes para él una dimensión distinta. El que hoy quiere vivir, estar alegre con su existencia, no ha de ser un hombre como tú y como yo, el que en lugar de chinchín exija música; en lugar de placer, alegría; en vez de dinero, alma; en vez de loca actividad, verdadero trabajo; en vez de jugueteo, pura pasión, para ése no es bello este mundo que padecemos...

Ella miraba al suelo, meditando.

—¡Armanda —dije conmovido—, hermana! ¡Qué ojos tan buenos tienes! Y, aún así, tú me enseñaste el *fox-trot*. ¿Cómo explicas eso, que hombres como nosotros, hombres con otra dimensión, no podamos vivir aquí? ¿En qué consiste? ¿Esto sólo sucede en nuestra época? ¿O siempre ha sido así?

—No sé. Quiero admitir en honor del mundo que sólo sea nuestra época, únicamente una enfermedad, una desdicha momentánea. Los jefes laboran con esfuerzo y con resultado la próxima guerra, los demás bailamos *fox-trot*, ganamos dinero, comemos *pralinés*; en una época ha de presentar el mundo un aspecto modesto. Esperemos que otros tiempos hayan sido y otra vez vuelvan a ser mejores, más ricos, más amplios, más profundos. Aunque con eso no ganamos nada nosotros. Como si siempre hubiera sido igual...

—¿Siempre como hoy? ¿Siempre un mundo para políticos, arrivistas, camareros y juerguistas, y sin lugar para las personas?

—No lo sé, nadie lo sabe. Además da lo mismo. Pero ahora pienso en tu favorito, amigo, del cual me has contado varias cosas y hasta me has leído sus cartas: Mozart. ¿Qué pasaba con él? ¿Quién gobernó al mundo en su época, quién se llevó la espuma, quién daba el tono y representaba algo, Mozart o los negociantes? ¿Y cómo murió?, ¿fue sepultado? Y así pienso yo que fue y seguirá siendo lo mismo, lo que en las escuelas se llama "Historia Universal" y ahí hay que aprendérselo de memoria para la cultura, con todos los héroes, genios, grandes acciones y sentimientos, eso es simplemente una trampa creada por los maestros de la escuela para fines de conocimiento y para que los niños, durante los años prescriptos, tengan algo en que entretenerse. Siempre ha sido así y siempre será igual, que el tiempo y el mundo, el dinero y el poder, pertenecen a los mediocres y superficiales, a los restantes, a los verdaderos hombres sólo les pertenece la muerte.

—Además de eso, ¿nada?

—Sí, la eternidad.

—¿Quieres decir el nombre, la fama para tiempos futuros?

—No, lobito; la fama no. ¿Tiene ésta, acaso, algún valor? Crees tú que todos los hombres verdaderos y completos han llegado a la celebridad y son conocidos por generaciones posteriores?

—No; naturalmente.

—Por eso la fama no es. La fama sólo existe para el conocimiento, es asunto de los maestros de escuela. La fama no lo es. ¡Oh, no! Lo es la que yo llamo "la eternidad". Los místicos lo nombran "el reino de Dios". Yo me imagino que nosotros, los hombres de las más altas exigencias, los de los sueños, los de la otra dimensión, no podríamos vivir si para respirar, además del aire de este mundo, no hubiera también otro aire, si además del tiempo no existiera la eternidad, y ésta es el reino de lo puro. A él pertenecen la música de Mozart y las poesías de los grandes poetas; también pertenecen los santos, que hicieron milagros y sufrieron el martirio, dando un gran ejemplo a los hombres. Del mismo modo pertenece la imagen de cualquier acción noble, la fuerza que tiene todo sentimiento puro, aunque nadie sepa de ello, nadie lo vea, ni lo escriba, ni lo guarde para la posteridad. En lo eterno no existe el futuro, sólo hay el presente.

—Tienes razón —dije.

—Los místicos —prosiguió pensativa— son los que más han sabido de esto. Por eso han establecido los santos y lo que ellos llaman la "comunión de los santos". Los santos son los hombres verdaderos, los hermanos pequeños del Redentor. Hacia ellos vemos el camino a lo largo de nuestra vida, con toda buena intención, con todo pensamiento enérgico, con todo amor. La comunión de los santos, que en otro tiempo los pintores la representaban dentro de un cielo luminoso de oro, bella y tranquila, no es otra cosa que lo llamado "eternidad", es el reino más allá del tiempo y de la apariencia. Allá pertenecemos nosotros, ahí está nuestra patria, hacia ella se dirige nuestro corazón, lobo estepario, y por eso deseamos la muerte. Ahí encontrarás a tu Goethe, a tu Novalis y a Mozart, y yo a mis santos, a San Cristóbal, a Felipe Neri y a todos. Existen muchos santos que en un principio fueron grandes pecadores; también el pecado puede ser un camino para la santidad; el pecado y el vicio. Te va a causar gracia, pero a veces me imagino que también mi amigo Pablo es un santo. ¡Ah, Harry, nos vemos obligados a caminar por tanta basura e idiotez para poder llegar a nuestra casa! Y no tenemos a nadie que nos lleve; el único guía es nuestro sueño nostálgico.

Sus últimas palabras las dijo otra vez muy quedo, y después se hizo un silencio apacible en la recámara; el sol estaba en el ocaso y hacía centellear las letras doradas en el lomo de muchos libros de mi biblioteca. Tomé con mis manos la cabeza de Armanda, le besé la frente y puse de manera fraternal su mejilla junto a la mía; así permanecimos un rato. Así hubiera querido quedarme y no salir ese día a la calle. Pero para esa noche, la última antes del gran baile, se me había prometido María.

Sin embargo, no estaba pensando en María, sino en lo que Armanda me había dicho. Me pareció que estos no eran sus propios pensamientos, sino los míos, que la clarividente había leído, sacado y me los devolvía, haciendo que ahora se acumularan y surgieran otros en mí. Por haber expresado la idea de la eternidad le estaba profundamente agradecido. La necesitaba; sin aquella idea no podía vivir ni morir. El sagrado más allá, lo que está fuera de tiempo, el mundo del valor inmortal, de la sustancia divina, me había sido otorgado hoy por mi amiga, profesora de baile. Pensé en mi sueño de Goethe, en la imagen del viejo erudito que se había reído de una forma tan sobrehumana y me había hecho parte de su broma inmortal. Ahora es cuando comprendí la risa de Goethe, la risa de los inmortales. No tenía objeto esta risa, sólo era luz y claridad; era lo que permanece cuando un hombre verdadero ha atravesado los sufrimientos, los vicios, los errores, las pasiones y las equivocaciones del género humano y entra en lo eterno, en el espacio universal. Y la "eternidad" era la liberación del tiempo, era el retorno a la conciencia, su retransformación en espacio.

Busqué a María en el sitio en donde generalmente comíamos, pero todavía no llegaba. En el callado café del suburbio permanecí sentado, esperando ante la mesa puesta, con mis pensamientos todavía en el diálogo. Todas estas ideas que habían brotado entre Armanda y yo me parecieron tan familiares, tan conocidas de siempre, como sacadas de mi más íntima mitología y mundo de las imágenes. Los inmortales, en la forma que viven en el espacio sin tiempo, desplazados, forjados como imágenes, y la eternidad cristalina como el éter vertida sobre ellos, y la alegría serena, reluciente y sideral de este mundo extraterreno, ¿de dónde me parecía todo esto tan familiar? Reflexioné y se me ocurrieron pedacitos de las *Casaciones*, de Mozart; del *Clavecín bien temperado* de Bach, y en toda esta música me parecía que brillaba esta serena claridad de estrella flotar por este etéreo resplandor. Sí, eso era; esta música era como un tiempo detenido y transformado en espacio, y por encima, flotando, infinita, una alegría sobrehumana, una eterna risa divina. ¡Oh, y a esto se acomoda perfectamente el viejo Goethe de mi sueño! Y de repente escuché a mi alrededor esta insoldable risa, oí reír a los inmortales. Fascinado, permanecí sentado ahí, saqué mi lápiz del bolsillo del chaleco, busqué papel, hallé la carta de los vinos frente a mí, le di la vuelta y escribí detrás, anoté versos, que al día siguiente hallé en el bolsillo. Decían:

Los inmortales

Hasta nosotros sube de los confines
del mudo el anhelo febril de la vida:
con el lujo la miseria confundida,
hálito sangriento de mil fúnebres festines,
espasmos de goce, afanes, espantos,
manos de criminales, de usureros, de santos;
la humanidad con sus ansias y temores,
a la vez que sus cálidos y pútridos olores,
transpira santidades y pasiones groseras,
se devora ella misma y después devuelve lo tragado,
crea nobles artes y bélicas quimeras,
y adorna la ilusión, la casa en llamas del pecado;
se retuerce, consume y degrada
en los goces de feria de su mundo pueril,
a todos les renace radiante y renovada,
y al final se les cambia en polvo vil.
Nosotros, en cambio, vivimos las frías
mansiones del éter cuajado de mil cavidades,
sin horas ni días,
sin sexos ni edades.
Y vuestros pecados y vuestras pasiones
y hasta vuestros crímenes no son distracciones,
igual que el desfile de tantas estrellas por el firmamento.
Infinito y único es para nosotros el menor momento,
viendo callados vuestras pobres vidas inquietas,
mirando en silencio girar los planetas,
disfrutamos del gélido invierno espacial.
Al dragón celeste nos une amistad perdurable;
es nuestra existencia serena, inmutable,
nuestra eterna risa, serena y astral.

Después llegó María, y después de una comida alegre nos fuimos a nuestro cuartito. Esa noche estuvo más bella, más ardiente y más íntima que nunca, y me dio a probar delicadezas y juegos que consideré como el límite del placer humano.

—María —dije—, eres magnánima como una diosa. No nos mates totalmente a los dos, que mañana es el baile de máscaras. ¿Qué clase de pareja va a ser la tuya? Temo, mi bella florecita, que sea un príncipe de hadas y te rapte y jamás regreses a mi lado. Hoy me quieres como se quieren los buenos amantes en el momento de la despedida, en el último adiós.

Ella apretó fuertemente los labios contra mi oído y susurró:

—¡Silencio, Harry! Cada ocasión puede ser la última. Cuando Armanda te haga suyo, jamás regresarás junto a mí. Tal vez sea mañana.

Jamás noté el sentimiento característico de esos días, ese estado de ánimo fascinante y agridulce, de un modo más violento que esa noche antes del baile. Lo que experimentaba era felicidad: la belleza y abandono de María, el gozar, el tocar, el respirar cien delicadas y amables sensualidades que yo había conocido tan tarde, como hombre ya de cierta edad, el chapoteo de una sutil y ondulante ola de placer. Y, sin embargo, esto solamente era la cáscara: por dentro estaba repleto de significación, de tensión y de fatalidad, y mientras yo me ocupaba con las dulces y conmovedoras pequeñeces del amor, al parecer nadando en tibia dicha, me daba cuanta en mi corazón de cómo mi suerte se esforzaba atropelladamente hacia delante, corriendo impulsivo como un corcel bravío, de frente al abismo, al precipicio, lleno de angustia, de sueños, entregado con complacencia a la muerte. Así como hace poco me defendía con miedo y horror de la alegre superficialidad del amor puramente sensual, y al igual había experimentado pánico ante la belleza riente y dispuesta a entregarse de María, así sentía ahora temor a la muerte, pero era un miedo consciente de que pronto se convertiría en total entrega y salvación.

Mientras nosotros estábamos perdidos silenciosamente en los afanosos juegos de nuestro amor, perteneciendo el uno al otro más íntimamente que nunca, mi alma se despedía de María y de todo lo que ella había significado para mí. Gracias a ella había aprendido a entregarme infantilmente en el último momento al jugueteo de la superficialidad, a buscar las alegrías más efímeras, a ser niño y bestia en la inocencia del sexo, un estado que en mi vida anterior había conocido como excepción rara, pues la vida sensual y el sexo habían tenido para mí casi siempre el mismo sabor amargo de la culpa, el gusto dulce pero temeroso de la fruta prohibida, ante la cual debe ponerse atento un hombre espiritual. Ahora, Armanda y María me habían enseñado este jardín en toda su inocencia; agradecido me había convertido yo en su huésped; pero pronto sería tiempo de seguir andando; resultaba muy agradable y confortable este jardín. Seguir respirando la corona de la vida, seguir purificando la inmensa culpa de la vida, ese era mi destino. Una vida fácil, un amor fácil, una muerte fácil, esas no eran cosas para mí.

Por alusiones de la joven deduje que después del baile del día siguiente, estaban planeados deleites y placeres especiales. Tal vez esto fuera el fin, tal vez María tenía razón con su presentimiento, y nosotros estábamos esa noche juntos por última vez. ¿Acaso mañana comenzaba el nuevo camino del destino? Yo estaba colmado de ardientes deseos, lleno de una angustia sofocante y tomé fuertemente y con vehemencia a María, recorrí una vez más, ansioso y ebrio, todos los senderos y malezas de su jardín, me nutrí una vez más de la dulce fruta del árbol del paraíso.

* * *

Al día siguiente recuperé el sueño perdido de aquella noche. Por la mañana tomé un coche, y fui a ducharme, después fui a casa, fatigado totalmente; puse a oscuras mi recámara; al quitarme la ropa encontré mi poesía; de nuevo la olvidé, me acosté de inmediato, olvidé a María, a Armanda y el baile de máscaras, y así dormí durante todo el día. Desperté en la tarde y hasta que no me estaba afeitando recordé sacar una camisa para el frac; de buen humor terminé de arreglarme y salí a comer a cualquier sitio.

Era al primer baile de máscaras al que yo iba. Era cierto que en otros tiempos había visitado acá y allá estas fiestas, en ocasiones hasta encontrándolas bonitas, pero jamás había bailado y sólo era un espectador, y siempre me había parecido gracioso el entusiasmo con que escuchaba hablar a los otros de estas fiestas y que las encontraran divertidas. Pero el día de hoy, también para mí era un acontecimiento del que me alegraba con impaciencia y con un poco de miedo. Como no tenía que llevar a ninguna mujer decidí llegar tarde: esto me lo había recomendado Armanda.

Al "Casco de Acero" mi refugio de otros tiempos, donde los hombres decepcionados perdían sus noches sentados, degustaban su vino y jugaban a los solteros, en la última época yo asistía muy poco; ya no se ajustaba al estilo de vida presente que tenía. Pero esta noche me sentí de nuevo atraído, cosa completamente natural. En el estado de ánimo, al mismo tiempo alegre y temeroso, de fatalidad y despedida que me dominaba, todos los pasos y lugares de mis recuerdos adquirían una vez más ese brillo dolorosamente bello del pasado, así el lindo cafetín de humo, donde no hace mucho estaba yo entre los parroquianos y donde el narcótico primitivo de una botella de vino de la tierra bastaba para poder ir a mi cama solitaria y para poder tolerar un día más. Desde entonces había probado otros remedios, apasionantes, más fuertes, había ingerido venenos más dulces. Sonriente pisé el viejo local y fui recibido con el saludo de la hostelera y una inclinación de cabeza de los silenciosos parroquianos. Me recomendaron un pollo asado que después me sirvieron, al igual que un dedo de vino nuevo de la Alsacia que corrió claro en el vaso rústico; cortésmente me miraban las limpias y blancas mesas de madera, la vieja vajilla gualda. Y mientras comía y bebía, iba creciendo en mi interior ese sentimiento de marchitez y de fiesta de despedida, ese sentimiento dulce e íntimamente doloroso, una mezcla con todos los escenarios y cosas de mi vida anterior, que jamás había sido resuelto totalmente, pero cuya solución estaba apunto de madurar. El hombre "moderno" nombra a esto sentimentalismo; no ama ya a las cosas, ni siquiera lo que es más sagrado, el automóvil, que espera cambiar lo más pronto posible por una marca mejor. Este moderno hombre es decidido, saludable, activo, sereno y austero, un tipo admirable; se portará de lo mejor en la siguiente guerra. No me importaba; yo no era un hombre moderno, ni enteramente pasado de moda; me había salido de la época y seguía adelante aproximándome a la muerte, dispuesto a morir. No poseía antipatía o sentimentalismo, estaba contento y agradecido de notar en mi enardecido corazón algo así como sentimientos. De esta forma me entregué a los recuerdos del viejo café, a mi estima a las viejas y toscas sillas; me entregué al olor de humo y vino, al sentido esfumado de hábito, de calidez y de semejanza de hogar que para mí poseía todo eso. El despedirse es hermoso, entona dulcemente. Me gustaba el asiento duro y mi vaso rústico, me agradaba el sabor fresco y a frutas del vino alsaciano, me gustaba la familiaridad con todo y todos en este lugar, la cara de los bebedores acurrucados y soñadores, de los desilusionados, de los cuales había sido su hermano durante mucho tiempo. Eran sentimentalismos burgueses los que yo sentía, sutilmente salpicados con un perfume de romanticismo pasado de moda, proveniente de la época de muchacho, cuando el café, el vino y el cigarro eran cosas prohibidas, extrañas y grandiosas. Pero no se levantó ningún lobo estepario para rechinar los dientes y hacerme jirones mis sentimentalismos. Permanecí sentado tranquilamente, avivado por el pasado, por la débil radiación de un astro que acababa de ocultarse.

Llegó un vendedor ambulante con castañas asadas y le compré un puñado. Llegó una anciana con flores, le compré dos claveles y se los obsequié a la hostelera. Sólo cuando fui a pagar y busqué en vano en el bolsillo acostumbrado, de nuevo me di cuenta que iba de frac. ¡Baile de máscaras! ¡Armanda!

Pero todavía era muy temprano, no podía ir a los salones del Globo. También notaba cómo me había pasado en algunos obstáculos y resistencias una aversión a entrar a lugares grandes, llenos de gente y de ruido, una timidez escolar ante ese lugar extraño, ante el mundo de los elegantes, ante el baile.

Correteando, pasé por un cine, vi resplandecer rayos e imponentes anuncios de colores; pasé de largo unos metros, regresé y entré. Ahí podía permanecer sentado cómodamente en la oscuridad hasta las once. Llevado por el *botones* con la lámpara, choqué con las cortinas y llegué al salón oscuro, encontré un lugar y de pronto me hallé en el Antiguo Testamento. La película era una de las que producen con gran lujo y refinadamente no para obtener dinero, sino con fines nobles y santos, y al que por las tardes, los profesores de religión llevaban a sus niños. Ahí se contaba la historia de Moisés y de los israelitas en Egipto con una enorme participación de hombres, caballos, camellos, palacios, esplendor faraónico y agotamiento de los judíos en la abrasadora arena del desierto. Vi a Moisés peinado al estilo de Walt Whitman, un grandioso Moisés de vestuario, caminando por el desierto, frente a los judíos, vehemente y tétrico, con su largo bastón y con pasos como de Wotang. Lo vi junto al Mar Rojo implorando a Dios y vi cómo se abría dejando a la vista una calle, un desfiladero entre altas montañas de agua (los catecúmenos llevados por el párroco a esta película religiosa podían discutir largamente sobre la manera en que los directores habían logrado esta escena); vi titubear temerosos a los egipcios en la orilla del mar y después aventurarse valerosamente, vi cerrarse los montes de agua sobre el grandioso faraón, con su armadura de oro y sobre sus carros y guerreros, no sin recordar a un dúo para dos bajos de Händel, en donde se canta maravillosamente este acontecimiento. Vi después a Moisés subir al Sinaí, un héroe taciturno en un oscuro páramo de piedras, y presencié cómo Jehová le transmitía los diez mandamientos por medio de tempestad, relámpagos y truenos, mientras que su pueblo indigno, en las faldas de la montaña levantaba el ternero de oro y se dejaba llevar por placeres bastante impetuosos. Me parecía tan extraño e increíble presenciar esto, ver cómo, ante un público agradecido que en silencio comía sus panecillos, se representaba, por sólo el dinero, las historias sagradas, sus héroes y milagros, que vertieron sobre nuestra infancia la primera sospecha de otro mundo, de algo sobrehumano, un ejemplo minúsculo del gigantesco saldo y derrumbamiento de la cultura de ésa época. Dios mío, para evitar esta repugnancia hubiese sido preferible que desaparecieran también los egipcios, los judíos y todo el género humano, consiguiendo una violenta muerte, digna, en lugar de esta vergonzosa muerte aparente y mediocre que hoy sufrimos nosotros. ¡Bastante preferible!

Mis secretos obstáculos, mi temor inconfesado al baile de máscaras, no habían desaparecido durante el cine y sus estímulos, sino que habían crecido de una forma desagradable, y yo pensaba en Armanda, tuve que esforzarme para que un coche me llevara a los salones del Globo y así entrar. Se había hecho tarde y el baile ya había comenzado. Tímido y turbado me vi envuelto de inmediato, aun antes de quitarme el abrigo, en un violento torbellino de máscaras, fui empujando sin cuidado; muchachas me invitaban a visitar los cuartos del champaña, *clowns* me daban golpes en la espalda y me llamaban de tú. No les prestaba atención; a empujones me hice camino por los locales sobrellenos hasta que llegué al guardarropa, y cuando me dieron el número lo guardé con mucho cuidado en el bolsillo, pensando que tal vez lo necesitaría muy pronto, cuando estuviera harto del ruido.

En todos los cuartos del gran edificio había fiebre de fiesta, en todos los salones se bailaba, incluso en el sótano, todos los pasillos y escaleras estaban repletos de máscaras, de baile, de música, carcajadas y bullicio. Apretado me fui deslizando entre la multitud, desde la orquesta de negros hasta la banda de la aldea, por el magnífico salón principal, por los pasillos y escaleras, por los bares, hasta los buffets y los cuartos de champaña. En la mayoría de las paredes colgaban las feroces y alegres pinturas de los pintores modernos. Todo el mundo estaba aquí, artistas, periodistas, profesores, hombres de negocios; además, toda la gente de porte de la ciudad. Formado en una de las orquestas se encontraba el señor Pablo soplando con entusiasmo en su tubo arqueado; cuando me reconoció, me lanzó con estruendo su saludo musical. Empujado por la multitud, fui pasando por distintos aposentos, subí y bajé escaleras; un pasillo en el sótano había sido arreglado por artistas como infierno, y un conjunto de demonios armaba ahí una confusión. Después comencé a buscar a Armanda y a María, traté de encontrarlas, me esforcé en varias ocasiones por entrar en el salón principal, pero siempre me perdía o me hallaba de frente a la multitud. Era medianoche y todavía no encontraba a nadie, y no me decidía a bailar, tenía calor y me sentía mareado; me tiré en la silla más próxima, entre gente desconocida, me sirvieron vino, y me di cuenta que asistir a fiestas ruidosas como esta no era cosa de un hombre viejo como yo. Resignado bebí de mi vaso, miré absorto los brazos y espaldas desnudas de las mujeres, vi pasar muchísimas máscaras grotescas, me dejé dar empujones y sin decir una palabra hice que continuaran su camino un par de mujeres que querían sentarse en mis piernas o bailar conmigo. "Viejo oso gruñón" me gritó una, y tenía razón. Decidí llenarme de valor y de humor bebiendo, pero ni el vino me caía bien; apenas pude apurar el segundo vaso. Y lentamente fui sintiendo cómo el lobo estepario se encontraba detrás de mí y me sacaba la lengua. No se podía hacer nada conmigo, yo estaba allí en falso lugar. Había asistido con la mejor intención, sin embargo no podía animarme, y la alegría bulliciosa y zumbante, las risotadas, toda la excitación a mi alrededor se me hacía soso y forzado.

A eso de la una, desilusionado y de mal talante, me metí detrás del guardarropa para ponerme el abrigo e irme. Era una derrota, el retorno al lobo estepario, y no sabía si Armanda me lo iba a perdonar. Pero yo ya nada podía hacer. En el penoso camino a través de las aperturas hasta el guardarropa, había de nuevo mirado cuidadosamente hacia todas partes, por si acaso veía a alguna de mis amigas. En vano. Por fin me encontré frente al mostrador; el hombre cordial ya estaba alargando la mano para recibir mi número; yo busqué en el bolsillo de mi chaleco: ¡el número ya no estaba ahí! ¡Demonios! Sólo me faltaba eso. Varias veces, durante mis tristes correrías por los salones, cuando me encontraba sentado frente al vino insustancial, había metido la mano en el bolsillo, luchando con el valor de marcharme, y siempre había encontrado en su sitio la contraseña plana y redonda. Y ahora no estaba. Todo se me ponía mal.

—¿Has extraviado la contraseña? —me preguntó con voz chillante un pequeño diablo rojo y amarillo, junto a mí—. Puedes quedarte con la mía compañero —y me la tendió. Mientras yo la tomaba de un modo mecánico y le daba vueltas con los dedos ya había desaparecido el presto diablillo.

Pero cuando levanté hasta la vista la redonda moneda de cartón para poder ver el número, ahí no había número, sino unos garabatos con letra pequeña. Rogué al hombre del guardarropa que aguardara; fui por la lámpara más cercana y leí. Ahí decían con pequeñas letras vacilantes, difíciles de leer, un poco borrosas:

> *Esta noche, a partir de las cuatro, Teatro Mágico*
> *— Sólo para locos —.*
> *La entrada cuesta la razón.*
> *No para cualquiera. Armanda está en el infierno.*

Así como un muñeco, cuyo alambre se le hubiera caído de las manos al artista, vuelve a revivir después de una breve muerte y un estúpido letargo, y toma parte de nuevo en el juego, bailotea y funciona otra vez, así estaba yo, llevado por el mágico alambre, volví a correr flexible, joven y deseoso al disturbio, del cual acababa de escaparme agotado, sin ganas, viejo. Jamás ha tenido más prisa un pecador por llegar al infierno. Hace un segundo me habían apretado los zapatos de charol, me había asqueado el olor a perfume denso, me había fatigado el calor; ahora corría rápidamente sobre mis pies alados, en el compás del *onestep*, por todos los cuartos, dirigido al infierno; sentía el aire lleno de encanto, fui mecido y transportado por el calor, por toda la música jovial, por el vértigo de colores, por el perfume de los hombros de las mujeres, por la borrachera de cientos de personas, por la risa, por el ritmo del baile, por el brillo de todos los ojos exaltados. Una bailarina española voló a mis brazos: "Baila conmigo". "No puedo —dije—, voy camino al infierno. Pero un beso tuyo me lo llevo gustoso". La boca roja bajo el antifaz vino hacia mí, y fue hasta entonces cuando, en ese beso, reconocí a María, la apreté en mis brazos; como una aromática rosa de verano florecía su boca. Y luego bailamos, claro está, con los labios todavía unidos y bailamos cerca del señor Pablo; él pendía enamorado de su tubo acústico que aullaba tiernamente; resplandeciente y semiausente nos acogió su bella mirada tonta. Pero antes de que diéramos más de veinte pasos de baile, la música se paró; con disgusto solté de mis manos a María.

—Me hubiera gustado bailar de nuevo contigo —dije, ebrio por su calor—; sigue unos pasos conmigo, María; estoy enamorado de tu hermoso brazo; ¡déjame todavía un momento! Pero mira, Armanda me llamó. Está en el infierno.

—Me lo imaginé. Adiós Harry; yo te sigo queriendo.

Se despidió. Era una despedida, otoño era si así no fue, la que me dejó el perfume de la rosa de verano, tan plena y fragante.

Seguí corriendo a través de los largos pasillos con tiernas incomodidades y por escaleras abajo hacia el infierno. Allí los muros estaban en llamas, negros como el pez, lámparas chillonas y malignas, y la orquesta de diablos tocaba inquieta. En una alta silla del bar se encontraba sentado un bello joven sin máscara, de frac, el cuál me analizó rápidamente con una mirada burlona. Fui apretado contra la pared por el baile; unas veinte parejas bailaban en el pequeño salón. Deseoso y temeroso observé a todas las mujeres; la mayoría todavía tenía antifaz; algunas me miraban sonriendo; pero ninguna era Armanda. Burlón, el bello jovenzuelo miraba hacia abajo desde su alta silla del bar. Pensé que en el próximo intermedio del baile ella llegaría y me llamaría. El baile terminó, pero nadie llegó.

Pasé al otro lado, al bar, que se encontraba metido en un rincón de la pequeña estancia de techo bajo. Fui a ponerme junto a la silla del jovencito e hice que me sirvieran un *whisky*. Mientras lo tomaba, vi el perfil del joven; parecía tan conocido y fascinante como un retrato de tiempo de antaño, valioso por el tranquilo velo polvoriento del pasado. ¡Oh, en ese momento sufrí una sacudida! ¡Sí, era Armanda, mi amigo de la infancia!

—¡Armanda! —dije levemente.

Él sonrió.

—Harry, ¿me encontraste?

Era Armanda, nada más que con el pelo un poco distinto, me miró de una forma especial con toda su palidez, asomándose a su cuello engreído de moda; notoriamente salían sus pequeñas manos de las grandes mangas del frac y de los puños blancos, igual de bellos surgían sus pies en botines de seda blanca y negra de sus oscuros pantalones largos.

—¿Es éste el traje, Armanda, con el que quieres que me enamore de ti?

—Hasta ahora —asintió— sólo he enamorado a algunas señoras. Pero ahora te toca a ti. Tomemos antes una copa de champaña.

Eso hicimos, inclinados sobre nuestras altas sillas del bar, mientras a nuestro lado seguía el baile y aumentaba la cálida y violenta música. Y sin que Armanda se afanara por conseguirlo, me enamoré muy pronto de ella. Como iba vestida de hombre no podíamos bailar, no me podía permitir ninguna caricia, ningún ataque; y mientras aparecía alejada y neutral en su disfraz masculino, me iba llenando de miradas, palabras y gestos, con todos los encantos de su feminidad. Sin siquiera haberla tocado, me rendía a su encanto, y esta misma magia seguía en su papel, era un tanto hermafrodita. Pues estuvo platicando acerca de Armanda y de la infancia, la mía y la suya, aquellos años anteriores a la madurez sexual, en los cuales la capacidad juvenil de amar no sólo abarca a los dos sexos, sino a todas las cosas, lo material y lo espiritual, y todo lo dotado de la magia del amor y de la grandiosa capacidad de transformación, que solamente a los elegidos y a los poetas les regresa en los últimos momentos de su vida. Ella representaba muy bien su papel de hombre, fumaba cigarrillos y hablaba con ingenio y soltura, a veces un poco burlona; pero todo estaba bañado por Eros, todo se transformaba en bella seducción al pasar por mis sentidos.

¡Qué bien y qué perfectamente había creído conocer a Armanda, y qué nueva se mostraba esta noche! ¡De qué forma tan dulce y sutil me tendía la soñada red, de qué manera tan divertida y hechizada me daba de beber su dulce veneno!

Estuvimos sentados tomando champaña y conversando. Curiosos dimos una vuelta por los salones, como descubridores aventureros; estuvimos observando a distintas parejas y espiando sus juegos de amor. Ella me enseñaba a mujeres con las que me motivaba a bailar, y me aconsejaba acerca de las artes de seducción que debía usar con esa o aquella. Nos presentamos como rivales, cortejamos un rato a la misma mujer, bailamos alternativamente con ella, intentando conquistarla. Sin embargo, esto sólo era un juego de máscaras, sólo era una diversión entre nosotros que nos unía más estrechamente, nos acercaba más. Todo era un cuento de hadas, todo estaba enriquecido con una dimensión distinta, con un nuevo significado; todo era juego y símbolo, vimos a una mujer joven, muy bella, que parecía algo apenada y descontenta. Armanda bailó con ella, la puso hecha una chispa, se la llevó a un quiosco de champaña, y después me contó que había conquistado a esa mujer, no como lo hacen los hombres, sino como una mujer, con la magia de Lesbos. Sin embargo a mí, todo este ruidoso palacio, repleto de salones en los que zumbaba el baile, esta ebria multitud de máscaras me parecía un escandaloso paraíso de ensueño; una y otra flor me seducían con su perfume, con una fruta y con otra estuve jugueteando, examinándolas con los dedos; las serpientes me observaban seductoras desde verdes sombras de follaje; la flor de loto se levantaba espiritual sobre el negro fango; pájaros hechizados incitaban desde la enramada y, sin embargo, todo esto me llevaba al fin anhelado, todo me invitaba con mayor afán hacia la única. Por un momento bailé con una joven desconocida, emocionado, conquistador; la arrastré al vértigo y a la embriaguez, y mientras flotábamos en lo irreal, ella dijo riendo:

—Estás irreconocible. A primera hora te veías tan tonto y aburrido...

Y reconocía a la que antes me había nombrado "viejo oso gruñón". Ahora creyó haberme conseguido; pero al siguiente baile era otra la que me enardecía. Bailé dos horas o más, sin parar, todos los bailes, algunos que nunca había aprendido. Una y otra vez aparecía Armanda, el joven sonriente, me saludaba con la cabeza y después desaparecía en el tumulto.

En esta noche de baile se logró un acontecimiento que durante cincuenta años me había sido desconocido, aun cuando lo ha vivido cualquier jovencita y cualquier estudiante: el suceso de una fiesta, la embriaguez comunal, el secreto de la pérdida de la personalidad entre la multitud, de la *unio mystica* de la alegría. Muchas veces había escuchado hablar de ello, era conocido de toda criada de servir, y había visto brillar los ojos del narrador y siempre me había sonreído con un aire de superioridad, un poco con envidia. Ese brillo en los ojos ebrios de un desplazado, de un exento de sí mismo; aquella sonrisa y decaimiento medio perdido del que se desbarata en el caos de una comunidad, lo había visto cien veces en la vida, en ejemplos nobles y plebeyos, en reclutas y en marineros borrachos, al igual que en grandes artistas en el entusiasmo de representaciones pomposas, y en soldados jóvenes al ir a la guerra, y todavía en época muy reciente había admirado, amado, despreciado y envidiado este fulgor y esta sonrisa del que se encuentra alegremente fuera de lugar, en mi amigo Pablo, cuando él feliz en el estrépito de la música se encontraba pendiente de su saxofón en la orquesta, o miraba embelesado y en éxtasis al director, al tambor o al hombre en el banjo. En ocasiones había pensado que esta sonrisa, este fulgor infantil, sólo sería posible en personas muy jóvenes y en esos pueblos que no podían consentirse una fuerte individuación y diferenciación de los hombres en particular. Pero hoy, en esta bendita noche, yo mismo emanaba, el lobo estepario Harry, esta sonrisa; nadaba en una profunda felicidad infantil, de fábula; respiraba este dulce sueño y esta embriaguez de comunidad, de música y compases, de vino y placer sexual, cuya aprobación a un baile dada por cualquier estudiante había escuchado tantas ocasiones con ironía y con aire de insuficiencia. Yo ya no era yo; en mi personalidad se había mezclado el torrente de la fiesta, como la sal en el agua. Bailé con bastantes mujeres; pero no sólo era esa que tenía en mis brazos, cuyo cabello me rozaba la cara, cuyo olor respiraba, sino todas, todas las mujeres que nadaban conmigo en el mismo salón, en el mismo baile, la misma música y cuyas caras radiantes flotaban delante de mi vista como grandes flores fantásticas; todas me pertenecían, a todas pertenecía, todos participábamos con los otros. Y a los hombres también debíamos contarlos; en ellos también me encontraba yo; ellos no me eran ajenos a mí; su sonrisa era la mía, sus esperanzas las mías, mis deseos los suyos.

Un baile nuevo, un *fox-trot* titulado *Yearning*, se apoderó del mundo en aquél invierno. Miles de veces lo tocaron, y no dejaban de pedirlo; aunque todos estábamos llenos de él, y embriagados; todos íbamos tarareando su melodía. Bailé sin interrupción con todas las que encontraba a mi paso, con muchachas jovencitas, con señoras jóvenes florecientes, otras en plena madurez veraniega y con las que comenzaban a marchitarse nostálgicamente; con todas ellas encantado, sonriente, feliz y radiante. Y cuando Pablo me vio tan animado, a mí, que siempre me había tenido como un pobre diablo digno de lástima, entonces me miró venturoso con sus ojos ardientes, se levantó con entusiasmo de su asiento en la orquesta, sopló fuertemente su cuerna, se paró sobre la silla, y desde allí arriba soplaba inflando los carrillos y moviéndose con el gran instrumento y felizmente al ritmo del *Yearning*, y mi pareja y yo le aventábamos besos con la mano y acompañábamos a la música cantando fuertemente. "¡Ah —pensaba yo mientras—, ya me puede pasar lo que sea; yo también he sido feliz, radiante, alejado de mí, un hermano de Pablo, un niño!"

Había perdido la noción del tiempo; no sé cuantas horas o instantes duró esta felicidad embriagadora. Tampoco notaba que la fiesta, cuánto más animada se ponía, se comprimía en un espacio más pequeño. La mayoría de la gente ya se había marchado; en los pasillos reinaba el silencio y estaban apagadas muchas luces; la escalera estaba vacía; en los salones de arriba una orquesta después de otra se había callado e ido; solamente en el salón principal y en el infierno se agitaba el alterado furor de la fiesta, que iba creciendo constantemente. Como no podía bailar con Armanda, el joven, sólo habíamos podido volver a encontrarnos y a saludarnos rápidamente entre los intermedios, y últimamente se me había perdido por completo, no sólo a la vista sino al pensamiento. Ya no pensaba. Yo flotaba disuelto en el embriagado caos del baile, tocado por notas, suspiros, perfumes, saludado por ojos desconocidos, ardiente rodeado de rostros, mejillas, labios, rodillas, pechos y brazos desconocidos, aventado de un lugar a otro por la música como en un oleaje acompasado.

Entonces de pronto, en un momento de media lucidez, entre los últimos huéspedes que todavía quedaban llenando uno de los salones pequeños, el último en el que todavía había música, vi de pronto una negra Pierrette con la cara pintada de blanco, una bella y fresca muchacha, la única tapada con antifaz, una figura hermosa que no había visto en toda la noche. Mientras que a las otras se les notaba en la cara lo tarde que ya era y en sus trajes desarreglados, cuellos y adornos arrugados, estaba la negra Pierrette arrogante y pulcra con su rostro blanco tras el antifaz, en un vestido impecable, con la gola intacta, los puños de pico brillantes y con un peinado recién hecho. Me sentí atraído hacia ella, la tomé por el talle y nos pusimos a bailar. Colmada de aroma, su gola me hacia cosquillas en la barba, me rozó la cara su cabello; con más delicadeza y con mayor intimidad que cualquier otra mujer en la noche respondía su cuerpo sedoso y juvenil a mis movimientos, los evitaba, y jugueteando obligaba, seductora, a nuevos contactos. Y de pronto, al acercarme buscando su boca con la mía, sonrió con un aire superior y de antigua familiaridad, reconocí la firme barbilla, reconocí feliz los hombros, los codos, las manos. Era Armanda, ya no Armanda, con otro traje, perfumada sutilmente y con muy pocos polvos en la cara. Nuestros labios ardientes se unieron, por un momento se plegó todo su cuerpo hasta las rodillas, llena de deseo y de abandono; después me quitó su boca y bailó muy discreta y huyendo. Cuando terminó la música permanecimos de pie, abrazados; todas las parejas, enardecidas alrededor, aplaudían, daban golpes en el suelo con sus pies, gritaban, vapuleaban a la cansada orquesta para que repitiera el *Yearning*. Y en ese momento vimos todos el amanecer, vimos la pálida luz detrás de las cortinas, nos dimos cuenta del próximo fin del placer, presentimos el cansancio y nos precipitamos ciegos, con grandes risotadas y exasperados, de nuevo en el baile, en la música, en la marea de luz, tomamos con frenesí el ritmo apretados unos junto a otros, sentimos una vez más, dichosos, que nos jalaba el inmenso oleaje. En este baile abandonó Armanda su arrogancia, su burla, su frialdad: sabía que no necesitaba más para enamorarme. Yo era suyo. Ella se entregó en el baile, en las miradas, en los besos, en la sonrisa. Todas las mujeres de esta noche febril, todas aquellas con quienes había bailado, todas las que había animado y las que me habían animado a mí, esas a las que había solicitado y a las que me había acercado repleto de ilusión, todas a las que había visto con ansia de cariño, se habían fundido y estaban convertidas en una sola y única que florecía en mis brazos.

Duró mucho tiempo este baile. Dos o tres veces enmudeció la orquesta, dejaron caer los músicos sus instrumentos, el pianista se separó del teclado, movió negativamente la cabeza el primer violín; pero fueron animados por el delirio suplicante de los últimos bailarines; volvían a tocar, tocaban más rápido, de una forma bestial. Después —nosotros todavía estábamos abrazados y respirando dificultosamente por el último baile ágil— se cerró de un golpe seco la tapa del piano, cayeron cansados nuestros brazos al igual que los de los trompeteros y violinistas, el flautista cerró los ojos y guardó el instrumento en su funda; las puertas se abrieron y entró el aire frío; aparecieron unos meseros con manteles y el encargado del bar apagó la luz. Todo el mundo se esparció con horror como si fueran espectros; los bailarines, que hasta ahora estaban enloquecidos por el calor, se metieron escalofriantes en sus abrigos y subieron sus cuellos. Armanda permanecía de pie, pálida pero sonriente. Poco a poco levantó los brazos y se acomodó el cabello para atrás; brilló con la luz su axila: una tenue sombra perfectamente fina corría desde ahí hasta su pecho oculto, y la pequeña línea de sombra me pareció una sonrisa que abarcaba todos sus encantos, todos los jugueteos y posibilidades de su hermoso cuerpo.

Ahí estábamos los dos mirándonos, los últimos en el salón, incluso en el edificio. En alguna parte de abajo escuché que cerraban una puerta, una copa se rompió, risas ahogadas se perdieron con el ruido maligno y fugaz de automóviles que arrancaban. En alguna parte, a una distancia y a una altura desconocidas, oí resonar una carcajada, perfectamente clara y alegre, pero terrible y extraña, como si fuera de hielo y cristal, luminosa y resplandeciente, pero inexorable y fría. ¿De dónde me parecía conocida esa risa? No podía adivinarlo.

Ahí estábamos los dos mirándonos. Por un momento me desperté y volví a tener conciencia, sentí que por la espalda me invadía un enorme agotamiento, sentí en mi cuerpo desagradablemente húmedas y tibias las ropas sudadas, vi sobresalir de los puños arrugados y ablandados por el sudor, mis manos rojas y con las venas gruesas. Pero de inmediato pasó todo esto, lo borró la mirada de Armanda. Ante su mirada, por la cual parecía que me miraba mi propia alma, se derrumbó toda la realidad, hasta la realidad de mi deseo sensual hacia ella. Fascinados nos miramos, me miró a mí mi pobre alma pequeña.

—¿Estás dispuesto? —preguntó Armanda, y se esfumó su sonrisa, al igual que la sombra de su pecho. Lejana y elevada se escuchó esa extraña risa en espacios desconocidos.

Asentí. ¡Claro, estaba dispuesto!

Ahora apareció en la puerta Pablo, el músico, y nos deslumbró con sus alegres ojos, que realmente eran ojos irrazonables; pero los ojos de los animales están siempre serios, y los suyos no dejaban de reír, y su risa los transformaba en ojos humanos. Cordialmente nos hizo una seña. Llevaba un batín con seda de colores, sobre sus rojas vueltas aparecían visiblemente marchitos y descoloridos el cuello blando de su camisa y su rostro extenuado y pálido; pero sus negros ojos radiantes borraban eso. También borraban la realidad, también hechizaban.

Seguimos su seña, y en la puerta me dijo en voz baja:

—Hermano Harry, lo invito a usted a una pequeña diversión. Entrada sólo para locos, cuesta la razón. ¿Está usted dispuesto?

De nuevo asentí.

¡Amable individuo! Delicada y cuidadosamente nos tomó del brazo, Armanda a la derecha y yo en la izquierda, y nos llevó por una escalera a una habitación pequeña y redonda, iluminada con tonos azules desde el techo y casi por completo vacía; dentro sólo había una pequeña mesa redonda y tres asientos, en los que nos sentamos.

¿Dónde nos encontrábamos? ¿Estaba soñando? ¿Estaba en mi casa? ¿Iba en un auto? No, estaba sentado en una habitación redonda iluminada de azul, en una atmósfera enrarecida, en una capa de realidad que se había hecho débil. ¿Por qué estaba Armanda tan pálida? ¿Por qué hablaba tanto Pablo? ¿No era yo mismo el que le hacía hablar, quien hablaba por él? ¿No era mi propia alma, el ave temerosa y perdida, la que me miraba por sus ojos negros, al igual que por los ojos grises de Armanda?

Con toda su agradable bondad un tanto ceremoniosa Pablo nos miraba y hablaba, y hablaba, largamente. Él, a quien yo no había escuchado hablar tanto, a quien no le interesaban las riñas ni los formalismos, a quien apenas le concedía una idea, estaba hablando ahora, platicaba comúnmente y sin faltas, con su voz buena y cálida:

—Amigos, os he invitado a una diversión, que Harry está deseando desde hace mucho tiempo, con la que ha soñado en varias ocasiones. Ya es un poco tarde y probablemente estemos cansados. Por eso vamos a descansar antes aquí y a fortalecernos.

De un hueco que había en la pared tomó tres vasitos y una pequeña botella singular. Sacó una cajita de colores, extraña y de madera, llenó con la botella los tres vasitos, tomó de la caja tres cigarrillos delgados, largos y amarillos, sacó de su batín de seda un encendedor y nos invitó fuego. Cada uno de nosotros, recostado en el asiento, se puso entonces a fumar su cigarrillo, su humo era denso como el del incienso, a pequeños y lentos tragos bebimos el líquido agridulce, que sabía a algo desconocido y exótico, y que en efecto, actuaba animando sorprendentemente y haciendo feliz, como si lo llenaran a uno de gas y perdiera su gravedad. Así permanecimos sentados, fumando a pequeñas chupadas, descansando y saboreando los vasos; sentimos que nos hacíamos ligeros y nos poníamos alegres. Además, Pablo hablaba suavemente.

—Es para mí una alegría, querido Harry, poder hacerle a usted los honores. Muchas veces ha estado cansado de la vida; usted se esforzaba por salir de aquí, ¿es cierto? Deseaba abandonar este tiempo, este mundo, esta realidad, e ingresar a otra más ajustada a usted, en un mundo sin tiempo. Hágalo usted, querido amigo, yo lo invito a eso. Usted conoce muy bien dónde se divide ese mundo, y lo que usted busca es el mundo de su propia alma. Solamente dentro de su interior vive esa otra realidad que usted anhela. Yo no puedo darle nada que no exista antes dentro de usted. Yo no puedo presentarle otra galería de cuadros que la de su propia alma. No le puedo dar a usted nada: sólo la ocasión, el impulso, la clave. Yo debo de ayudar a hacer visible su propio mundo; eso es todo.

Metió otra vez la mano en el bolsillo de su batín policromo y sacó un espejo redondo de mano.

—Mire: así se ha visto hasta hora.

Me mantuvo el espejito frente a los ojos (se me ocurrió un verso infantil: "Espejito, espejito en mi mano"), y vi algo esfumado y brumoso, un retrato siniestro que se movía, trabajaba y se descomponía dentro de sí: vi mi propia imagen de Harry Haller, y dentro de este Harry, al lobo estepario, un lobo bello y audaz, con una mirada descarriada y temerosa, con los ojos brillantes, por ratos taciturnos y otros fieros, y esta figura de lobo fluía en imparable movimiento por el interior de Harry, al igual que en un río un arroyo de otro color enturbia y remueve en una lucha penosa, metiéndose el uno en el otro, llenos de afán incumplido de concreción. Triste, triste me miraba el lobo destruido, a medio conformar, con sus tímidos ojos hermosos.

—Así se ha visto siempre usted —repitió con dulzura Pablo, y de nuevo guardó el espejo en su bolsillo.

Agradecido, cerré los ojos y tomé un poco de elixir.

—Ya descansamos —dijo Pablo—, nos hemos fortalecido y hemos platicado un poco. Si ya no están cansados, entonces los llevaré a mis vistas y enseñaré mi pequeño teatro.

Nos paramos, Pablo iba al frente, sonriente; abrió una puerta, descorrió la cortina y nos encontramos en el pasillo redondo, en forma de herradura, de un teatro, justamente en el centro, y a ambos lados del pasillo, en forma de arco, ofrecía un número grandísimo, un número extraordinario de estrechas puertas de palcos.

—Este es mi teatro —explicó Pablo—, un teatro divertido; es de esperarse que encuentren todo tipo de cosas para reír.

Y al decir esto él reía ruidosamente, sólo un par de notas, pero esas me atravesaron violentamente; era la risa extraña y clara que antes había escuchado desde arriba.

—Mi teatrito tiene tantas puertas de palcos como queráis: diez, cien, mil, y detrás de cada puerta encontrarán justamente lo que están buscando. Es una bonita galería de vistas, querido amigo; pero de nada le servirá recorrerla como usted está. Se encontrará atado y sorprendido por lo que usted llama personalidad. Evidentemente usted ha adivinado desde hace mucho que el dominio del tiempo, la redención de la realidad y como sea que haya nombrado a sus deseos, no representan mas que el anhelo de alejarse de su personalidad. Esta es la prisión que lo encierra. Y si usted, tal como está, entrara en el teatro, todo lo vería con los ojos de Harry, a través de las viejas gafas del lobo estepario. Por eso se le invita a que se desligue de sus lentes y a que tenga la cortesía de dejar esa honorable personalidad aquí en el guardarropa, donde volverá a tenerla en el momento que quiera. La bella noche de baile que tiene usted tras de sí, el *Tractat del lobo estepario* y, finalmente, el pequeño excitante que nos tomamos, lo habrán preparado lo suficiente. Usted Harry, después de dejar su respetable personalidad, tendrá a su disposición el lado izquierdo del teatro; Armanda tendrá el derecho; en el interior se pueden encontrar las veces que gusten. Haz el favor, Armanda, de irte para atrás de la cortina; primero voy a empezar con Harry.

Armanda se perdió por la derecha, pasando frente a un gran espejo que cubría la pared posterior desde el techo hasta el suelo.

—Bien Harry, venga y esté contento. La finalidad de todos estos preparativos es que esté de buen humor y enseñarle a reír; yo espero que usted se acorte el camino. Usted se encuentra a la perfección, ¿es así? ¿Sí? ¿No tiene miedo? Está bien, muy bien. Ahora, sin miedo y con cordial alegría, usted entrará en nuestro mundo fantástico, empezando, como es habitual, con un pequeño suicidio ficticio.

De nuevo sacó su espejo del bolsillo y me lo puso frente a la cara. Otra vez me miró el Harry desconcentrado y turbio, infiltrado en la figura del lobo que luchaba dentro, un cuadro que me era conocido y que en verdad no me resultaba agradable, cuya destrucción no me preocupaba.

—Esta imagen, de la que ya puede prescindir, debe usted de apagarla, bello amigo; no hace falta más. Basta con que usted, cuando lo permita su humor, observe esta imagen con una risa sincera. Está usted en una escuela de humorismo, tiene que aprender a reír. Pues todo elevado humorismo comienza porque ya no se toma en serio a la propia persona.

Miré fijamente al espejito, espejito de la mano, en el cual el lobo Harry se sacudía. Por un momento también sentí unas sacudidas en mi interior, muy profundas, silenciosas, dolorosas, como un recuerdo o nostalgia, como arrepentimiento. Luego la sutil opresión se sustituyó por un sentimiento nuevo, parecido al que se nota cuando alguien saca un diente enfermo de la mandíbula anestesiada con cocaína, una sensación de ligereza, de inflamación del pecho y, al mismo tiempo, de admiración porque no dolió. A este sentimiento se le aunaba una orgullosa satisfacción y unas ganas de reír insoportables, hasta que tuve que soltar una carcajada liberadora. La borrosa imagen del espejo hizo unas contracciones y se desvaneció; la pequeña superficie redonda del cristal estaba como si de repente se hubiera quemado; se había puesto gris y opaca. Pablo riéndose arrojó ese tiesto, que se perdió rodando por el pasillo sin fin.

—Bien reído —gritó Pablo— todavía te falta aprender a reír como los inmortales. Por fin mataste al lobo estepario. Con navajas de afeitar esto no se consigue. ¡Cuídate de que se mantenga muerto! Enseguida podrás ver la necia realidad. La siguiente ocasión beberemos fraternidad, querido; jamás me has gustado tanto como hoy. Y si después todavía le das algo de valor, podemos filosofar juntos, lidiar y hablar acerca de la música, de Mozart, Gluck y Platón todo lo que quieras. Ahora entenderás por qué antes esto no era posible. Es de esperar que por hoy consigas deshacerte del lobo estepario. Porque, naturalmente, tu suicidio no es decisivo; nosotros estamos en un teatro de magia; aquí sólo hay fantasías, no realidad. Elígete cuadros hermosos y alegres y demuestra que de verdad no estás enamorado de tu vacilante personalidad. Pero si a pesar de todo la quisieras, sólo necesitarías verte en el espejo que ahora voy a mostrarte. Desde luego tú conoces la antigua y sabia sentencia: "Un espejito en la mano es mejor que dos en la pared". ¡Ja, ja! (Otra vez volvía a reír de una forma tan bella y terrible) Ahora sólo falta llevar a cabo una pequeña ceremonia divertida. Ya tiraste los lentes de tu personalidad; ahora ven y mira en el espejo verdadero. Pasarás un buen rato.

Entre risas y pequeñas caricias extravagantes me hizo darme la vuelta, de manera que quedé frente al espejo gigante de la pared. En él me vi.

Vi durante un instante al Harry que yo conocía, pero con una cara agradable, contra mi costumbre, radiante y risueño. Pero apenas si lo pude reconocer, se desplomó, y de él salió una segunda figura, una tercera, una décima, vigésima, y todo el espejo se colmó de Harrys y de pedazos de Harry, de numerosos Harrys, a cada uno de éstos sólo los vi y reconocí por un breve momento. Algunos de estos Harrys eran tan viejos como yo; otros eran más viejos, incluso viejísimos; otros totalmente jóvenes, muchachos colegiales, chavales, niños Harrys de cincuenta y de veinte años corrían y brincaban atropellándose; de treinta años y de cinco, serios y joviales, respetables y ridículos, bien vestidos y con harapos, y hasta completamente desnudos, calvos, con grandes melenas, y todos eran yo, y cada uno fue visto y reconocido por mí, y con la rapidez de un relámpago desaparecieron; se esparcieron por todos lados, a la izquierda, a la derecha, hacia dentro del espejo y hacia fuera saliéndose de él. Uno joven y elegante saltó al pecho de Pablo riendo, lo abrazó y echó a correr con él. Y otro, que me agradaba, un jovenzuelo de dieciséis o diecisiete años comenzó a correr como un rayo por el pasillo y se puso a leer, ansioso, las inscripciones de cada puerta. Yo corrí detrás de él; se quedó de pie frente a una; leí el letrero:

Todas las muchachas son tuyas.
Deposite un marco.

El simpático joven se incorporó en un salto, de cabeza se aventó por la ranura y desapareció detrás de la puerta.

También Pablo había desaparecido, al igual que el espejo y todas las numerosas imágenes de Harry. Me di cuenta de que ahora me encontraba abandonado a mí mismo y al teatro, curioso fui pasando de puerta en puerta, en cada una leí una inscripción, una seducción, una promesa. La inscripción:

¡A cazar alegremente!
Montería de automóviles.

Llamó mi atención, abrí la estrecha puerta y entré.

Me encontré arrebatado en un mundo agitado y ruidoso. Por las calles corrían los autos a toda velocidad y se dedicaban a la caza de peatones, los atropellaban haciéndolos puré, los aplastaban terriblemente contra las paredes de las casas. Entendí el punto: era la lucha entre los hombres y las máquinas, preparada, esperada y temida desde hacía mucho tiempo, la que al fin había estallado. Por todos lados había personas muertas o mutiladas; automóviles apedreados, retorcidos, medio quemados; sobre el aterrante caos volaban aeroplanos, y también a estos les tiraban desde los tejados y ventanas con fusiles y ametralladoras. En todas las paredes anuncios fieros y totalmente llamativos invitaban a toda la nación, en letras inmensas que ardían como antorchas, a ponerse del lado de los hombres contra las máquinas, a asesinar a los ricos acaudalados, bien vestidos y perfumados, que con ayuda de las máquinas sacaban el jugo de los demás, y a hacer polvo sus grandes automóviles que no dejaban de toser, de gruñir con mala intención y de hacer un ruido infernal; a quemar las fábricas, barrer y despoblar la tierra profanada, para que volviera a surgir la hierba y de este polvoriento mundo de cemento pudieran nacer bosques, praderas, pastos, arroyos y marismas. En cambio otros anuncios increíblemente pintados y estilizados en colores muy finos y no tan infantiles, redactados de manera muy inteligente y espiritual, prevenían con afán a todos los propietarios y a todos los circunspectos contra el caos amenazador de la anarquía; cantaban con verdadera emotividad la bendición del orden, del trabajo, de la propiedad, la cultura, del derecho y elogiaban a las máquinas como la más elevada conquista del hombre con cuya ayuda nos convertiríamos en dioses. Pensativo y sorprendido leí los anuncios, los rojos, los verdes, de un modo extraño me impresionó su vehemente oratoria, su lógica aplastante; tenían razón, y profundamente convencido, me quedé de pie, ante uno y ante otro, bastante inquieto por el fuerte tiroteo. El caso es que lo primordial estaba claro: había guerra, una guerra violenta,

racial y muy simpática, en donde no se trataba de emperadores, repúblicas, fronteras o banderas y colores, y cosas semejantes, más bien decorativas y teatrales, en el fondo insignificantes, sino que todo aquel al que le faltaba aire para respirar y a quien ya no le sabía la vida, daba contundente expresión a su malestar y trataba de preparar la destrucción general del mundo civilizado de hojalata. Vi cómo a todos les salía de los ojos, claro, sincero y risueño, el afán por destrucción y aniquilación, y en mi interior florecían estas salvajes flores rojas, grandes y frescas, riendo. Con alegría me añadí a la batalla.

Pero lo más bello de todo fue que a mi lado surgió de pronto mi compañero de escuela, Gustavo, del cual nada había sabido en decenios, y que en ese entonces había sido el más fiero, el más fuerte y el más sediento de vida entre mis amigos de la primera infancia. Se me alegró el corazón cuando vi que sus ojos azules me miraban de nuevo moviendo los párpados. Me hizo un gesto y de inmediato lo seguí alegremente.

—¡Hola, Gustavo! —grité contento—. ¡Qué gusto es volver a verte! ¿Qué ha sido de ti?

Furioso comenzó a reír, como en la niñez.

—¡Bárbaro! ¿No hay mas que empezar a preguntar y perder el tiempo en palabrería? Me hice teólogo, ya lo sabes, pero ahora, afortunadamente, ya no existe la teología, sino la guerra. Anda vamos.

De un pequeño automóvil que en ese momento se dirigía hacia nosotros resoplando, echó al conductor de un tiro, subió como un mono al volante y lo paró para que yo subiera; luego rápidamente como el diablo nos fuimos, entre balas de fusil y coches volcados, fuera de la ciudad y del suburbio.

—¿Estás del lado de los fabricantes? —pregunté a mi amigo.

—¿Qué dices? Eso es cuestión de gusto; después lo pensaremos. Pero no, aguarda; es mejor que escojamos el otro partido, aunque en el fondo sea igual. Yo soy teólogo y mi precursor Lutero ayudó en su tiempo a los príncipes y poderosos en contra de los campesinos; veamos si podemos corregir eso un poco. ¡Estúpido coche!; es de esperar que aguante todavía un par de kilómetros.

Rápidos como el viento en el cielo formado, salimos de ahí crepitantes subiendo despacio por una enorme montaña a través de una llanura hasta llegar a un paisaje verde y apacible, apartado por unas cuatro millas. Aquí paramos en una carretera lisa y reluciente, que llevaba hacia arriba en curvas temerarias, entre una abrupta roca y un pequeño muro de protección, y desde lo alto dominaba un brillante lago azul.

—Qué bella comarca —dije.

—Muy bella. La podemos llamar la carretera de los ejes; aquí han de saltar, hechos trizas, más de cuatro ejes. Harrycito presta atención.

Junto a la carretera había un pino grande, y en la copa vimos construida con tablas una especie de cabaña, una atalaya y un mirador. Gustavo me miró riendo, guiñando sus ojos azules astutamente, y con rapidez bajamos de nuestro coche y gateamos por el tronco, escondiéndonos en la atalaya que nos gustó demasiado, y ahí pudimos al fin respirar cómodamente. Encontramos fusiles, pistolas y cajas con cartuchos. Apenas nos refrescamos un poco y acomodado en ese puesto de caza, cuando se escuchó en la curva más cercana, ronco y dominante, el ruido de un gran coche de lujo, que venía crepitante a alta velocidad por la brillante carretera de la montaña. Ya teníamos las escopetas en la mano. Fue un momento de tensión maravillosa.

—Apunta al chofer —ordenó rápidamente Gustavo, al mismo tiempo que el pesado vehículo cruzaba por debajo de nosotros. Y yo apuntaba, le disparé al gorro azul del conductor.

El hombre se desvaneció, el coche siguió zumbando, chocó con la roca, rebotó hacia atrás, y chocó contra el muro de contención como un abejorro gordo y grande, dio la vuelta y cayó con un ruido seco en el abismo.

—Ah, por cierto —dijo Gustavo riendo—. El siguiente me toca a mí.

Ya llegaba rápido un auto pequeño; en los asientos venían dos o tres personas; en la cabeza de una mujer oscilaba un pedazo de rígido velo horizontal, y atrás un velo azul pálido; realmente me causaba lástima; quién sabe si la más bella cara de mujer se encontraba debajo de ese velo. Santo Dios, si estuviéramos jugando a los bandidos, tal vez hubiera sido más justo y más bonito, siguiendo el ejemplo de grandes antecesores, no extender a las bellas damas nuestro gran deseo de matar. Sin embargo, Gustavo ya había disparado. El chofer se contorsionó, se desplomó, el coche dio un salto contra la roca vertical, se volteó hacia atrás, cayendo encima de la carretera con las llantas hacia arriba. Aguardamos un momento, nada se movía; silenciosos yacían ahí, presos como en una ratonera, los ocupantes bajo su auto. Éste todavía zumbaba y se agitaba, daba vueltas a las ruedas en el aire de forma jocosa; pero de repente dejó escapar un horrible trueno y comenzó a arder en luminosas llamas.

—Un "Ford" —dijo Gustavo—, debemos bajar y dejar libre la carretera.

Bajamos y estuvimos contemplando esas llamas. Se quemó totalmente, rápido; mientras preparamos unos troncos de madera y los empujamos hacia un extremo, echándolo por el borde de la carretera hacia el abismo; todavía crujía mientras chocaba con los matorrales. Al dar la vuelta el coche se cayeron dos de los muertos, y ahí se quedaron, con sus ropas quemadas en parte. Uno llevaba un traje bastante bien conservado; busqué en sus bolsillos para ver si sabíamos quién había sido: una cartera de piel apareció, dentro tenía tarjetas de visita. Tomé una y leí: *Tat twan asi.*

—Tiene gracia —dijo Gustavo—. Pero en realidad, es indiferente cómo se llamen las personas que matamos. Son pobres diablos como nosotros, los nombres no hacen al caso. Este mundo debe ser demolido, y nosotros junto con él. Diez minutos bajo el agua sería la solución menos dolorosa. ¡Ea, a trabajar!

Arrojamos a los muertos hacia el coche. Un nuevo coche se acercaba bocinando. Le hicimos fuego desde la carretera. Continuó un rato, oscilante como un borracho, después se estrelló y quedo tendido, jadeante; uno que iba dentro permaneció en el interior, pero una bella joven descendió ilesa, estaba pálida y temblando violentamente. La saludamos amablemente y le ofrecimos nuestros servicios. Estaba muy asustada y no podía hablar, por un rato nos observó con los ojos desencajados, como loca.

—Ea, vamos a cuidarnos primero de ese pobre señor anciano —dijo Gustavo.

Y se aproximó al viajero, que todavía continuaba en su sitio detrás del conductor muerto. Era un señor con el cabello gris recortado, tenía abiertos los inteligentes ojos grises; pero parecía estar gravemente herido; le salía sangre de la boca y el cuello lo tenía terriblemente torcido y rígido.

Permítame usted, anciano; me llamo Gustavo. Nos tomamos la libertad de pegar un tiro a su chofer. ¿Podemos preguntar con quién tenemos el honor...?

El viejo miraba fría y tristemente con sus pequeños ojos grises.

—Soy el fiscal Loering —dijo pausadamente—. Ustedes no han asesinado solamente a mi chofer, sino a mí también; siento que esto se termina. ¿Puedo saber por qué dispararon contra nosotros? Nosotros veníamos con velocidad normal.

—Lo que ayer se consideraba normal, hoy ya no lo es, señor fiscal. Hoy somos de la opinión que a cualquier velocidad que pueda andar un carro es excesiva. Nosotros destruimos ahora todos los autos, al igual que las demás máquinas.

—¿También sus escopetas?

—También a ellas les debe llegar su turno, si todavía queda tiempo. Posiblemente mañana o pasado ya estemos muertos todos. Usted sabe que nuestro continente estaba terriblemente sobrepoblado. Ahora sobrará aire.

—¿Y ustedes le disparan a todo el mundo, sin distinción?

—Claro. Con respecto a algunos puede ser una lástima. Por ejemplo, por la bella joven lo hubiera sentido mucho. ¿Es su hija?

—No, mi mecanógrafa.

—Aún mejor. Ahora, haga el favor de bajarse, o deje que lo saquemos del coche, pues el coche debe ser destruido.

—Prefiero que me destruyan con él.

—Como quiera. Permita una última pregunta; usted es fiscal. Nunca he comprendido cómo un hombre puede ser fiscal. Usted vive de acusar y de condenar a otra gente, por lo general, pobres diablos. ¿No es cierto?

—Así es, yo cumplía con mi deber. Era mi profesión. Al igual que la profesión del verdugo es matar a los condenados. Usted se ha encargado de un oficio idéntico. También usted mata.

—Exacto, sólo que nosotros no matamos por obligación sino por gusto, o mejor dicho, por disgusto, por desesperación del mundo. Por eso, el matar nos otorga algo de diversión. ¿Usted nunca ha querido matar?

—Me está usted irritando. Tenga la cortesía de terminar su cometido. Si la noción del deber le es desconocida...

Se quedó en silencio y contrajo los labios, como si fuera a escupir. Pero sólo salió un poco de sangre que se quedó pegada a su barbilla.

—Aguarde —dijo amablemente Gustavo—. Es cierto que desconozco la noción del deber. En otro tiempo me dio mucho que hacer por razón de mi oficio; yo era profesor de Teología. Además fui soldado y estuve en la guerra. Lo que me parecía el deber y lo que me ordenaban las autoridades y los superiores, todo eso no era bueno realmente; hubiera querido siempre hacer lo contrario. Pero aunque no conozca el concepto del deber, conozco el de la culpa; acaso son los dos la misma cosa. Por haberme traído al mundo una madre, ya soy culpable, ya estoy condenado a vivir, estoy obligado a ser parte de mi Estado, a ser soldado y matar, a pagar impuestos para armamentos. Y ahora, en este momento, la culpa de vivir me ha llevado, como antes en la guerra, a tener que matar. Y esta vez no mato con fastidio, me he sometido ante la culpa, nada tengo en contra de que este mundo sobrecargado y necio salte en trocitos; yo gustoso ayudo, y con gusto expiro con él.

El fiscal hizo un gran esfuerzo por sonreír con sus labios llenos de sangre coagulada. No lo logró de forma brillante; pero se notó la buena intención.

—Está bien —dijo—; somos compañeros. Tenga la gentileza de cumplir con su deber, señor colega.

La bella joven se había sentado en la orilla de la cuneta y estaba desmayada.

En ese momento se escuchó de nuevo la bocina de un coche que venía zumbando a toda velocidad. Hicimos a la joven a un lado, nos apretamos contra las rocas y dejamos que el coche chocara con los restos del otro. Frenó violentamente y se irguió hacia el cielo, pero permaneció parado intacto. Con rapidez tomamos las escopetas y apuntamos a los recién llegados.

—¡Bajen del coche! —ordenó Gustavo—. ¡Manos arriba!

Tres hombres descendieron del coche y, con obediencia levantaron las manos.

—¿Es médico alguno de ustedes? —preguntó Gustavo.

Dijeron que no.

—Entonces tengan la bondad de sacar cuidadosamente de su asiento a este señor, está gravemente herido. Y después llévenlo en el coche que han traído a la ciudad más cercana. ¡Vamos, manos a la obra!

De inmediato fue colocado el señor dentro del otro auto; Gustavo dio la orden y todos partieron con rapidez.

En eso ya había vuelto en sí la mecanógrafa y había estado viendo los acontecimientos. Me gustaba tener este precioso botín.

—Señorita —dijo Gustavo—, usted ha perdido a su jefe. Es de suponer que no tuviera grandes vínculos con él. Queda contratada por mí. ¡Seamos buenos compañeros! ¡Ea!, el tiempo apura. Pronto se estará aquí con incomodidad. ¿Sabe gatear, señorita? ¿Sí? Pues entonces vamos para allá. La ayudaremos entre los dos.

Trepamos lo más rápido posible por nuestra cabaña del árbol. La señorita se puso mal arriba, pero tomó un poco de coñac y pronto se repuso y así pudo apreciar la maravillosa perspectiva sobre el lago y la montaña, y hacernos saber que su nombre era Dora.

Al poco tiempo ya había llegado un nuevo auto, el cual pasó precavidamente junto al auto despedazado, sin detenerse, y después aumentó la velocidad.

—¡Presumido! —dijo Gustavo, y le disparó al conductor. Bailó un poco el coche, dio un salto contra el muro, lo hundió en parte y se quedó colgando, inclinado sobre el abismo.

—Dora —dije—, ¿sabe manejar escopetas?

No lo sabía, pero le enseñamos cómo cargar un fusil. Al principio era torpe, y se sacó sangre en un dedo, lloró y pidió una tela. Pero Gustavo le explicó que estábamos en guerra y que ella debía comportarse como una muchacha valiente. Y así se tranquilizó.

—Pero, ¿qué va a ser de nosotros? —preguntó ella después.

—No lo sé —dijo Gustavo—. A mi amigo Harry le gustan las mujeres bonitas; él será su amigo.

—Pero van a venir con la policía y con soldados y nos matarán.

—Ya no existe la policía ni esas cosas. Nosotros podemos elegir, Dora. O nos quedamos aquí arriba tranquilamente y disparamos contra todos los coches que deseen pasar, o tomamos también un coche, salimos corriendo y dejamos que otros nos disparen. Da lo mismo tomar un partido u otro. Yo digo que permanezcamos aquí.

Abajo había otro auto, su bocina resonaba con claridad.

Pronto se hizo cargo de él y quedó tumbado con las ruedas hacia arriba.

—Es cómico —dije— que nos divierta disparar. Y eso que yo era enemigo de la guerra.

Gustavo sonreía. Sí, es que hay muchísimas personas en el mundo. Antes no se notaba tanto. Pero ahora, que no nada más quieren respirar el aire que les corresponde sino que hasta quieren tener un auto, ahora es cuando los notamos. Claro que lo que hacemos es irracional, es una niñada, así como la guerra era una niñada feroz. Con el correr del tiempo la humanidad deberá aprender alguna vez a reducir su multiplicación por medio de la razón. Por ahora reaccionamos contra el insufrible estado de cosas de una manera muy irracional, pero en el fondo cumplimos el objetivo: reducimos el número.

—Sí —dije yo—; lo que hacemos tal vez sea una locura y, sin embargo, probablemente sea bueno y necesario. No está bien que la humanidad esfuerce excesivamente a la inteligencia y trate, junto con la razón, de ponerle orden a las cosas, que todavía están lejos de ser accesibles a la razón misma. De aquí que nazcan esos ideales como el americano o el bolchevique, que los dos son totalmente racionales y que aún así, violentan y despojan a la vida de una forma tan terrible, porque la simplifican de un modo tan infantil. La imagen del hombre, en otro tiempo un elevado ideal, está apunto de transformarse en un cliché. Tal vez nosotros los locos la ennoblezcamos de nuevo.

Gustavo respondió riendo:

—Muchacho, hablas de una forma bastante sensata; es un placer y da gusto prestar atención a este pozo de ciencia. Y tal vez hasta tengas un poco de razón. Pero haz el favor de cargar de nuevo tu escopeta, me pareces un poco soñador. A cada instante pueden aparecer corriendo un par de cervatillos; a éstos no los podemos matar con filosofía, no hay más enmienda que con balas de cañón.

Vino un auto y enseguida cayó. La carretera estaba interceptada. Un sobreviviente, un hombre gordo y con la cabeza roja gesticulaba enojado contra las máquinas despedazadas; buscó por todas partes con los ojos muy abiertos, descubrió nuestra guarida, vino corriendo gritando y disparó muchas veces contra nosotros con un revólver.

—Váyase o disparo —gritó Gustavo hacia abajo.

El hombre le apuntó y disparó otra vez. Entonces lo derribamos con dos tiros.

Todavía llegaron dos coches más, que derribamos en la tierra. Después se quedó en silencio y desierta la carretera; la noticia de su peligro parecía haberse extendido. Tuvimos tiempo de ver el bello panorama. Al otro lado del lago, al fondo, había una pequeña ciudad; ahí se empezó a elevar una columna de humo, y vimos rápidamente cómo el fuego se difundía de uno a otro tejado. También se escuchaban disparos. Dora lloraba un poco y yo acaricié sus húmedas mejillas.

—¿Vamos a morir todos? —preguntó.

Nadie le contestó. Mientras pasaba por abajo un caminante, vio en el suelo los autos destruidos, anduvo rebuscando en ellos, metió la cabeza dentro de uno y saco una sombrilla de colores, una bolsa de mujer y una botella de vino, se sentó tranquilamente en el muro, bebió de la botella, comió algo embrollado en platilla que había en el bolso, vació toda la botella y continuó felizmente su camino con la sombrilla apretada bajo el brazo. Se fue pacíficamente, y le dije a Gustavo:

—¿Te sería posible dispararle a este tipo simpático y hacerle un hoyo en la cabeza? Dios sabe que yo no podría.

—Tampoco se nos exige —gruñó mi amigo.

Pero también a él le había entrado cierta pena. Apenas nos habíamos echado a la cara a una persona que todavía era cándida, pacífica e infantil, que todavía vivía en estado de conciencia, cuando en el instante nos pareció tonta y repulsiva nuestra conducta, tan ejemplar y necesaria. ¡Ah, demonios, tanta sangre! Nos avergonzamos. Pero es conocido que en la guerra alguna vez hasta los mismos generales han experimentado una sensación así.

—No permanezcamos por más tiempo aquí —gimió Dora—; hay que bajar. Seguramente encontremos en los coches algo de comida. ¿Es que ustedes no tienen hambre, bolcheviques?

Abajo, al otro lado, en la ciudad en llamas, comenzaron a tocar las campanas con alboroto y angustia. Nos dispusimos a bajar. Cuando ayudé a Dora a pasar por encima del resguardo, le di un beso en la rodilla. Ella comenzó a reír. En ese momento cedieron las estacas, y los dos caímos en el vacío...

* * *

Otra vez me encontré en el pasillo circular, excitado por la aventura cinegética. Por donde sea, en las innumerables puertas, las inscripciones llamaban la atención:

Mutador.
Transformación en los animales
y plantas que se desee.

Kamasutra.
Lecciones de arte amatorio hindú.
Curso para principiantes.
Cuarenta y dos métodos diferentes
de ejercicios amatorios.

¡Suicidio deleitoso!
Te mueres de risa.

¿Quiere usted espiritualizarse?
Sabiduría oriental.

Sólo para caballeros.
¡Quién tuviera mil lenguas!

Decadencia de Occidente.
Precios reducidos, todavía insuperada.

Quintaesencia del arte.
La transformación del tiempo
en espacio por medio de la música.

La lágrima riente.
Gabinete de humorismo.

Juegos de anacoreta.
Plena compensación para todo
sentido de sociabilidad.

Las inscripciones continuaban sin límite. Una decía:

Instrucciones para la reconstrucción
de la personalidad.
Resultado garantizado.

Esta me pareció interesante y entré.

Me acogió una habitación a media luz, silenciosa, a uso oriental, un hombre que tenía de frente algo parecido a un tablero grande de ajedrez. Al primer momento pensé que era Pablo; o al menos también llevaba un batín de seda multicolor y tenía los mismos ojos negros radiantes.

—¿Pablo? —pregunté.

—No soy nadie —declaró amablemente—. Aquí no tenemos nombres, sólo somos personas. Yo soy un jugador de ajedrez. ¿Quiere una lección acerca de la reconstrucción de la personalidad?

—Sí, se lo ruego.

—Entonces tenga la gentileza de poner a mi disposición un par de docenas de sus figuras.

—¿De mis figuras?...

—Las figuras en las que ha visto descomponerse a su personalidad. Sin figuras no puedo jugar.

Me puso un espejo frente a la cara, de nuevo vi a mi persona desbaratada en muchos *yos*, su número parecía haber crecido más. Pero las figuras ahora eran muy pequeñas, del tamaño de figuras de ajedrez y el jugador, con sus dedos silenciosos y seguros, tomó una docena de ellas y las colocó sobre el tablero. Luego habló con monotonía, como el que repite un discurso o una lección que ya ha dicho muchas veces:

—La idea errónea y funesta de que el hombre es una unidad permanente le es a usted conocida. También sabe que el hombre posee una multitud de almas, de muchísimos *yos*. Descomponer en estas numerosas figuras la aparente unidad de la persona se tiene como locura, la ciencia inventó para eso el nombre de "esquizofrenia". La ciencia tiene en esto razón en cuanto a que ninguna multiplicidad puede dominarse sin dirección, sin algún orden y agrupamiento. En cambio, no tiene la razón en creer que nada más es posible un orden único, férreo, y para toda la vida, de los muchos *sub-yos*. Esta equivocación de la ciencia trae varias consecuencias desagradables; su valor está solamente en que los maestros y educadores puestos por el Estado ven en su trabajo facilitado y evaden el pensar y la experimentación. A consecuencia de aquella equivocación pasan muchos hombres por "normales", y hasta pueden representar un gran valor social, que están irremediablemente locos, y a la inversa, tienen muchos por locos y en verdad son genios. Por eso nosotros complementamos la psicología defectuosa de la ciencia con el concepto que nombramos arte reconstructivo. Al que ha vivido la disgregación de su yo, le enseñamos que los pedazos pueden acoplarse en el orden que se desee, y con eso se obtiene una ilimitada diversidad del juego de la vida. Al igual que los poetas crean un drama con un manojo de figuras, así nosotros formamos con las figuras de nuestros *yos*, grupos nuevos, los cuales son separados constantemente, con distintos juegos y perspectivas, con situaciones infinitamente renovadas. ¡Observe!

Con los dedos silenciosos e inteligentes, tomó mis figuras, todos los viejos, niños, jóvenes y mujeres, todas las piececillas tristes y las felices, las vigorosas y las débiles, las hábiles y las torpes; las ordenó rápidamente sobre el tablero formando una combinación en la que aquellas se juntaban de inmediato en grupos y familias, en juegos y en disputas, en amistades y en bandos opuestos, reflejando al mundo en miniatura; ante mis ojos encantados hizo moverse por un tiempo el pequeño mundo lleno de agitación, y al mismo tiempo tan ordenado; lo hizo jugar y pelear, acordar alianzas y librar batallas, comprometerse entre sí, casarse, multiplicarse; era un drama de muchos personajes, interesante y dinámico. Después pasó la mano con un gesto sereno sobre el tablero, derribó suavemente todas las figuras, las juntó en un cúmulo y fue construyendo, artista complicado, con las mismas figuras un juego enteramente nuevo, con grupos, relaciones y nexos totalmente distintos. El segundo juego se parecía al primero; era el mismo mundo, estaba formado del mismo material, pero la tonalidad había variado, el compás era diferente, los motivos estaban resaltados de otra forma, las situaciones puestas de manera distinta.

Y así se fue forjando el inteligente artífice con las figuras, cada una de las cuales era una parte de mí, numerosos juegos, todos con un parecido, como provenientes del mismo mundo, como comprometidos al mismo génesis, cada uno, sin embargo, por completo nuevo.

—Esto es el arte de vivir —dijo doctamente—; usted mismo puede de aquí en adelante seguir conformando y vivificando, complicando y mejorando a su capricho el juego de su vida; está en su mano, así como la locura, en un grado más elevado, es el comienzo de toda ciencia, así es la esquizofrenia el principio de todo arte, toda fantasía. Hay sabios que han notado esto a medias, como se puede comprobar en *El cuerno maravilloso del príncipe*, ese libro maravilloso en el cual el trabajo arduo y dedicado de un sabio es ennoblecido por la cooperación genial de una multitud de artistas locos encerrados en un manicomio. Tome, guarde sus figuras; el juego le dará placer bastantes veces. La figura que hoy, haciendo de coco intolerable, le eche a perder el juego, mañana podrá usted separarla, transformándola en una comparsa intrascendente.

Me incliné profundamente y, agradecido ante este inteligente ajedrecista, guardé las figuras en mi bolsillo y me retiré por la estrecha puerta.

En realidad había imaginado que al momento me sentaría en el piso del pasillo para jugar con las figuras por horas enteras, incluso una eternidad; pero apenas estuve en el pasillo luminoso y redondo del teatro, cuando nuevas corrientes, más fuertes que yo, me alejaron de eso. Un anuncio parpadeaba sugestivo frente a mí:

Maravillosa doma del lobo estepario.

Una diversidad de sentimientos avivó en mi interior esta inscripción; todo tipo de angustias y violencias en mi vida anterior, de la dejada realidad, me oprimieron el corazón. Con la mano temblorosa abrí la puerta y entré en una cabaña de feria; allí vi una reja de hierro que separaba de mí al escenario. Y en éste se encontraba un domador, un hombre de apariencia algo charlatán y pretenciosa, el cual, a pesar de su gran bigote, de sus abultados músculos de los brazos y su traje de cirquero, se parecía a mí de una forma muy maliciosa y antipática. Este hombre fuerte conducía —espectáculo lamentable— de una cadena, como si fuera un perro, a un lobo grande, bello, pero terriblemente demacrado y con una mirada de esclava timidez. Y era tan repulsivo como atractivo, tan feo y al mismo tiempo tan divertido, ver a este hombre bestial presentar a la noble fiera, tan vergonzosamente sumisa, en una serie de trucos y escenas impresionantes.

El hombre, mi maldita caricatura, había amaestrado a su lobo de una forma asombrosa. El animal obedecía atentamente a cada orden, reaccionaba como un perro a cualquier grito y zumbido del látigo, caía de sus rodillas, se hacía el muertito, imitaba a las personas, llevaba en su trompa, obediente y con gracia, un panecillo, un huevo o un pedazo de carne, una cestita; es más, tenía que recoger del suelo el látigo que el domador había dejado caer, y llevárselo en la boca, moviendo el rabo al ritmo de una zalamería insoportable. Le pusieron enfrente un conejo y después un cordero blanco y aunque enseñaba los dientes y se le caía la baba con ansioso temblor, no intentó tocar a esos animales, sino que a la voz de mando saltaba con elegante destreza por encima de ellos, que temblorosos estaban agazapados en el piso, y hasta se echó entre el conejo y el cordero, abrazó a los dos con las patas delanteras, formando con ellos un tierno grupo de familia. Además comía de la mano del hombre una tableta de chocolate. Era un tormento presenciar hasta qué grado tan sorprendente había aprendido este lobo a renegar de su naturaleza, y con todo eso, a mí se me ponían los pelos de punta.

De este tormento fue compensado el espectador en la segunda parte del espectáculo. Después de desarrollar aquel refinado programa de doma, y una vez que el domador se hubo inclinado triunfante con una sonrisa sobre el grupo del cordero y el lobo, se cambiaron los papeles. El domador, semejante a Harry, puso su látigo con una reverencia a los pies del lobo y comenzó a temblar, a encogerse y a adquirir un aspecto deplorable, al igual que antes la bestia. Pero el lobo se relamía riendo, todo su cuerpo adquirió fuerza, el estremecimiento y la hipocresía se evaporaron, su mirada brillaba, todo su cuerpo obtenía vigor y floreció con su recobrada fiereza.

Y ahora el lobo era el que mandaba, y el hombre tenía que obedecer. Con una orden el hombre cayó de rodillas; dejaba colgar la lengua en torno al lobo; con los dientes empastados se arrancaba los vestidos del cuerpo. Iba marchando con dos o con cuatro pies, según se lo ordenara el domador que imitaba al hombre; se hacía el muerto, dejaba que el lobo cabalgara encima de él, iba detrás llevándole el látigo. Servil, inteligente, acomodaba su fantasía a toda humillación y a toda perversidad. Una hermosa joven entró en escena, se aproximó al hombre domesticado, acarició su barbilla, puso su cara junto a la de él, pero éste seguía sobre cuatro patas, seguía siendo bestia; movió la cabeza y comenzó a enseñarle los dientes a la hermosa muchacha, al final tan amenazador y tan lobuno que ella huyó. Le trajeron chocolate, que despectivamente olfateó e hizo a un lado. Y, al final, de nuevo sacaron al cordero blanco y al conejo gordo con manchas albas, y el manso hombre dio todo lo que sabía y representó el papel de lobo encantadoramente. Con los dedos y con los dientes agarró a los animalitos que no dejaban de chillar, les sacó tiras de pellejo y de carne, masticó, haciendo muecas, su carne viva, y bebió con deleite, ebrio y cerrando sus ojos de placer, su sangre caliente.

Horrorizado, salí huyendo por la puerta. Vi que este teatro mágico no era nada más un paraíso: todos los infiernos se ocultaban bajo su bella superficie. ¡Oh, Dios!, ¿es que aquí tampoco estaba la salvación?

Temeroso corrí de un lado a otro; sentía en la boca el sabor a sangre y a chocolate, ambos igual de repugnantes; deseaba fervientemente escapar de este turbulento oleaje; luché con miedo en mi interior por imágenes más placenteras y más llevaderas. "¡Oh, amigos; no estos acordes!", resonaba dentro de mí, y con espanto recordé aquellas fotografías del frente que se habían visto en ocasiones ante la guerra, de aquellas pilas de cadáveres acumulados unos contra otros, cuyos rostros estaban transformados en sarcásticas muecas infernales por acción de las caretas contra gases. Qué necio e infantil había sido yo, yo, enemigo de la guerra, con ideas humanitarias, al indignarme con aquellos cuadros. Hoy sabía que ningún domador, ningún general, ningún loco era capaz de generar en su cerebro ideas e imágenes, que no vivieran tan aterradoras, tan salvajes, perversas, tan bárbaras e insensatas dentro de mí.

Al tomar aire para respirar recordé aquella inscripción tras de la cual había visto antes, al empezar el teatro, correr tan enérgicamente al bello muchacho, la inscripción decía:

Todas las muchachas son tuyas.

Y me pareció que a fin de cuentas no existía nada tan condicionable como esto. Alegre por abandonar al maldito mundo lobuno, entré:

Extraño —tan fascinante y a la vez tan profundamente familiar que me horrorizó— me salió al instante el aroma a mi juventud, la atmósfera de mis años de infancia y de adolescente, y por mi corazón volvió a correr la sangre de entonces. Lo que acababa de hacer, de ser, y de pensar se deshizo detrás de mí y otra vez fui joven. Hace una hora, unos momentos, había creído conocer al amor, lo que eran deseos y sueños; pero todo eso había provenido de un viejo. Ahora era joven de nuevo, y lo que sentía en mi interior, este férvido fuego vivo, este afán atrayente y poderoso, esta pasión disolvente como el viento del deshielo en el mes de marzo, era joven, nuevo y puro. ¡Oh, cómo se llenaban otra vez los fuegos olvidados, cómo resonaban inflados y graves los tonos de antes, cómo flameaba hirviente en la sangre, cómo cantaba y gritaba en mi interior el alma! Yo era un joven de quince o dieciséis años; mi cabeza estaba llena de latín y griego y de bellos versos; mis pensamientos, colmados de afán y ambición; mis fantasías, llenas de ensueños artísticos: pero mucho más profundo, más fuerte y temible que todos estos juegos tórridos, ardía y se sacudía dentro de mí el fuego del amor, el apetito sexual, el presentimiento devorador de la voluptuosidad.

Me encontré parado sobre una roca, dominando a mi pequeña ciudad natal; olía a viento de primavera y a las goletas tempranas; desde allí arriba se podía ver el brillo del río al salir de la ciudad, y también se veían las ventanas de mi casa paterna, y todo eso miraba, sonaba y olía tan melodiosamente, tan nuevo y tan extasiado ante la creación, resplandecía con colores tan claros y ondeaba al viento primaveral de forma tan excelsa y variada, como yo había visto al mundo en otro tiempo, en horas más plenas y poéticas de mi primera juventud. Parado sobre la colina, sentía al viento acariciarme el largo cabello; con mano vacilante, perdido en amoroso anhelo soñador, quité del arbusto que comenzaba a verdear un capullo medio abierto, lo estuve examinando, lo olí (y al olerlo se me apareció todo lo anterior), después tomé juguetendo la pequeña flor verde entre mis labios, que aún no habían besado a ninguna muchacha, y comencé a mordisquearla. Y a este sabor fuerte y de amargo perfume me di cuenta con exactitud de lo que pasaba por mí: todo estaba ahí otra vez. Volvía a vivir una hora de mis últimos años de adolescente, un domingo por la tarde de la temprana primavera, ese día en que en mi paseo solitario me topé con Rosa Kreisler, la saludé tan tímidamente y me enamoré irremediablemente de ella…

En aquella ocasión había estado contemplando, repleto de curiosidad temerosa, a la bella joven que subía la montaña, sola y ensoñadora, que todavía no me veía; había mirado su cabello recogido en grandes trenzas y sus bucles que pendían a ambos lados de su rostro, que jugueteaban y oscilaban con el viento. Había visto, por primera vez en mi vida, lo hermosa que era esta joven, qué hermoso y maravilloso era ese jugueteo del viento con su cabello delicado, qué bella e incitante la caída de su fino vestido azul sobre los miembros juveniles, y lo mismo que me había colmado el dulce y tímido placer y angustia de primavera con el sabor a especias amargas del capullo masticado, así también cuando vi a la joven se apoderó de mí la concepción mortal del amor, la intuición de lo femenino, la sospecha arrolladora y emotiva de posibilidades y grandes promesas, de indecibles encantos, de turbaciones y temores, sufrimientos imaginables, de la más mínima redención y del más profundo sentido de culpa. ¡Oh, cómo me quemaba la lengua el amargo sabor de la primavera! ¡Oh, como sopla el viento juguetón entre el cabello suelto junto a las rosadas mejillas! Después llegó muy cerca de mí, levantó la mirada y me reconoció, se sonrojó sutilmente por un instante y volvió la vista; después la saludé con mi primer sombrero de hombre, y Rosa, repuesta de inmediato, saludó un poco señoril y discreta, con la cara elevada, y pasó lentamente, serena y con aire de superioridad, envuelta en los miles de deseos amorosos, anhelos y homenajes que yo le envidiaba.

Así había sido en otro entonces, un domingo hace treinta y cinco años, y todo lo de ese tiempo había regresado ahora: la colina, la ciudad, el viento de primavera y el perfume del capullo, Rosa, su cabello castaño, anhelos crecientes y dulces angustias de muerte. Todo era como antes, y me parecía que jamás había querido tanto a Rosa como ese día. Pero esta ocasión me hacía recibirle de otro modo. Vi cómo se sonrojaba al reconocerme, vi su afán por ocultar su alteración y comprendí de inmediato que le gustaba, que para ella este encuentro significaba lo mismo que para mí. Y en lugar de quitarme otra vez el sombrero y quedarme descubierto e inmóvil hasta que hubiera pasado, ahora, a pesar del temor y la cobardía, hice lo que la sangre me mandaba hacer, y exclamé: "¡Rosa! Gracias a Dios que has llegado, hermosa, hermosísima muchacha. ¡Te quiero tanto!" Tal vez esto no era lo más espiritual que pudiera decir, pero aquí no hacía ninguna falta el espíritu, eso bastaba perfectamente. Rosa se detuvo, me miró y se sonrojó aún más que antes, y dijo: "Dios te guarde Harry. ¿De veras me quieres?" Y al decir eso, brillaban sus ojos oscuros en su cara animosa, y yo noté que toda mi vida y amores pasados habían sido falsos y difusos, llenos de necia desventura desde el instante en que ese domingo dejé ir a Rosa. Pero ahora el error se corregía, y todo se hacía de otra manera, se haría bien.

Nos tomamos de la mano y así seguimos caminando despacio, enormemente felices, muy azorados; no sabíamos qué decir ni qué hacer; por pena comenzamos a caminar más rápido, nos pusimos a trotar hasta quedar sin aliento y tuvimos que parar sin soltarnos las manos. Todavía estábamos en la niñez, y no sabíamos bien qué hacer con el otro; ese domingo ni siquiera llegamos a un primer beso, pero fuimos muy felices. Nos quedamos parados y respiramos; nos sentamos en la hierba y yo acaricié su mano, y ella me pasó tímidamente la suya por el cabello, después nos volvimos a levantar y medimos cuál de los dos era más alto, yo era un dedo más alto pero no lo quise aceptar, sino que dije que éramos exactamente iguales y que Dios nos había destinado el uno para el otro y más tarde nos tendríamos que casar. Después Rosa dijo que olía a violetas, nos pusimos en cuclillas sobre la hierba, buscando, y encontramos un par de violetas con un tallo muy corto, y cada uno le regaló al otro la suya, y cuando la luz ya caía transversal sobre las rocas, Rosa dijo que tenía que regresar a casa, y entonces los dos nos pusimos muy tristes, ya que no la podía acompañar; pero entre los dos teníamos un secreto, y esto era lo más fascinante que teníamos… yo permanecí arriba entre las rocas, olfateé el perfume de la violeta de Rosa, me acosté en el suelo al borde de un precipicio, con la cara sobre el abismo, y estuve mirando hacia la ciudad y observando hasta que su dulce y pequeña figura apareció muy abajo y pasó rápidamente junto al pozo y por arriba del puente. Y entonces ya sabía que había llegado a la casa de su padre, y que andaba por las habitaciones, y yo estaba recostado acá arriba alejado de ella, pero de mí hasta ella corría un lazo, se extendía una corriente, flotaba un secreto.

Volvimos a vernos aquí y allá, sobre las rocas, junto a las bardas del jardín, a lo largo de esa primavera, y cuando las lilas comenzaban a florecer, nos dimos el primer tímido beso. Poco era lo que nosotros, niños, podíamos darnos, y nuestro beso era todavía sin atrevimiento ni plenitud, y sólo muy delicadamente me aventuré a acariciar los sueltos rizos junto a sus orejas, pero todo era nuestro, todo aquello de que éramos capaces en amor y alegría; y con todo tímido contacto, con toda frase de amor sin madurar, con toda recelosa espera, aprendíamos una nueva dicha, subíamos un escalón más en la escala del amor.

Así volvía a vivir, bajo estrellas más gozosas, toda mi vida de amoríos, comenzando por Rosa y las violetas. Rosa se fue y apareció Irmgard, y el sol se volvía más ardiente, las estrellas más embriagadoras, pero ni Rosa ni Irmgard fueron mías; escalón por escalón tuve que ir subiendo, tuve que vivir muchas cosas, aprender mucho, tuve que perder a Irmgard y a Ana. Volví a querer a todas las mujeres que había querido antes, en mi juventud, pero a cada una de ellas les podía inspirar amor, a todas les podía dar algo, todas y cada una podían recibir una gratificación. Deseos, sueños y posibilidades, que antes únicamente en la imaginación habían vivido, ahora eran reales y cobraban vida. ¡Oh, vosotras todas las flores bienolientes, Ida y Lore, a las que en otro tiempo quise por un verano, un mes, un día!

Comprendí que ahora yo era el bello y ardiente joven al que había visto correr poco antes hacia la puerta del amor; que ahora yo dejaba vivir y crecer a este pedazo de mi vida, que sólo llenaba una décima, una milésima parte de ella, libre de todas mis otras figuras de mi *yo*, no azorado por el lobo estepario, sin cohibir por el poeta, por el soñador, por el moralista. No; ahora sólo era amador, no respiraba otra cosa, ninguna pena que las del amor. Irmgard me había enseñado a bailar, Ida a besar, y la más bella, Emma, fue la primera que en una tarde de otoño, bajo el follaje de los olmos acunados por el viento, me dio a besar sus pechos morenos y a beber el cáliz del placer.

Muchas cosas viví en el pequeño teatro de Pablo, y ni una milésima parte de eso se puede explicar con palabras. Todas las muchachas que alguna vez había amado, ahora fueron mías; cada una me dio lo que sólo ella me podía dar; a cada una le di lo que sólo ella podía tomar de mí. Mucho amor, mucha aventura, mucha voluptuosidad, mucha ansiedad y congoja me fue dado a probar; todo el amor desperdiciado de mi vida floreció de un modo maravilloso en mi jardín durante esta hora de ensueño: castas flores delicadas, vivas flores ardientes, oscuras flores a punto de marchitar, ardiente voluptuosidad, tiernos delirios, igníferas melancolías, angustiosas flaquezas, claro renacer. Encontré mujeres a las que sólo rápidamente y en un vertiginoso torbellino se podían conquistar, y otras a las que era delicioso pretender durante mucho tiempo y con ternura; volvió a brotar de nuevo todo rincón incierto de mi vida, en el que alguna ocasión, aunque sólo hubiera sido un segundo, me llamara la voz del sexo, me enardeciera una mirada femenina, me sedujera el resplandor de una piel nacarada de mujer, y ahora ganaba todo el tiempo perdido. Todas fueron siendo mías, cada una a su manera. Ahí estaba la señora con los ojos extraños, profundamente negros bajo el cabello claro como el lino, junto a la cual estuve un día durante quince minutos, al lado de la ventana, en el pasillo de un tren expreso, y que después, bastantes veces, se me había aparecido en sueños; no hablaba ni una palabra, pero me mostró artes eróticas inesperadas, tremendas, mortales. Y la china lisa y silenciosa del puerto de Marsella, con una sonrisa de cristal, el cabello negro como el azabache y lacio, los ojos flotantes, también ella conocía cosas insólitas. Cada una tenía su secreto, exhalaba el aroma de su tierra natal, besaba y reía a su manera, tenía su forma particular de ser pudorosa y su modo singular de ser impúdica. Llegaban y se iban, la corriente me las traía, me arrastraba hacia ellas, me las alejaba; era un flotar juguetón e infantil en la oleada del sexo, colmado de fascinación, de peligros y de sorpresas. Y me sorprendí de lo rica en amoríos, en favorables instantes, en liberaciones, que había sido mi vida, mi vida de lobo estepario supuestamente tan pobre y carente de aprecio. Había desperdiciado y evitado casi todas las oportunidades, había pasado por encima de ellas, las había olvidado de inmediato; pero aquí estaban todas guardadas, sin que faltara alguna, a centenares. Y ahora las vi, me entregué a ellas, les abrí mi pecho, me sumergí en su abismo vagamente rosado. También regresó aquella tentación que Pablo un día me ofreció, y otras anteriores, que en su época ni siquiera entendía totalmente, jugueteos fantásticos entre tres y cuatro personas me persuadieron sonrientes en su compás. Muchas cosas pasaron, muchos juegos se jugaron que no son para expresarlos con palabras.

Del torrente ilimitado de seducciones, de vicios, de complicaciones, volvía a surgir silencioso, tranquilo, animado, lleno de ciencia, sabio, con gran experiencia, maduro para Armanda. Como última figura en mi alegoría de miles de seres, como último nombre de la serie infinita, apareció ella, Armanda, y al instante recuperé la conciencia y puse final al cuento de amor, pues no la quería encontrar aquí, en el claroscuro de un espejo mágico; a ella no le pertenecía nada más esa figura aislada de mi ajedrez, le pertenecía el Harry completo. ¡Oh, yo reconstruiría ahora mi juego de figuras, con el propósito de que todo se remitiera a ella y caminara hacia la realización!

El torrente me había lanzado a la playa, y de nuevo me encontré en el silencioso pasillo del teatro. ¿Qué haría ahora? Saqué las figuritas de mi bolsillo, pero en el instante se esfumó el impulso. Perpetuo, me rodeaba este mundo de puertas, las inscripciones, los espejos mágicos. Inconsciente leí el letrero más próximo y me horroricé:

Cómo se mata por amor.

Decía. Con un rápido estremecimiento se alzó por un instante en mi interior la imagen de un recuerdo. Armanda junto a la mesa de un restaurante, absorta por un momento del vino y de los manjares y perdida en un diálogo sin fin, con una terrible imperturbabilidad en la mirada, cuando me dijo que solamente haría que me enamorada de ella para después ser matada por mi mano. Una pesada ola de angustia y de tinieblas pasó sobre mi corazón; de repente sentí en lo más hondo de mi ser la amargura y la fatalidad. Exasperado metí la mano en el bolsillo para sacar las figuras y hacer un poco de magia y cambiar el orden de mi tablero. Ya no estaban las figuras. En vez de eso saqué un puñal. Con angustia de muerte comencé a correr por el pasillo, pasando frente a las puertas; de pronto me detuve frente al gigantesco espejo y me miré en él. En el espejo estaba, como de mi altura, un hermoso lobo grande; estaba inmóvil, fulguraba recelosa su mirada nerviosa. Flameante, me guiñaba los ojos, reía un poco, de forma que al entreabrir un poco las fauces se podía ver su lengua roja.

¿Dónde estaba Pablo? ¿Dónde estaba Armanda? ¿Dónde se encontraba el tipo inteligente que había hablado de forma tan distinta sobre la reconstrucción de la personalidad?

Otra vez miré al espejo. Yo había estado tonto. Detrás del cristal no existía ningún lobo que estuviera dando vueltas a su lengua en el interior de su boca. En el espejo estaba yo, estaba Harry con su rostro sombrío, abandonado de todos los juegos, fatigado de todos los vicios, terriblemente pálido, pero aún así, alguien con quien charlar.

—Harry —dije—, ¿qué haces ahí?

—Nada —dijo el del espejo—. Sólo aguardo. Aguardo la muerte.

—¿Y dónde anda la muerte? —pregunté.

—Ya viene —dijo el otro.

Y a través de las estancias vacías del interior del teatro escuché música, una música fascinante y terrible, aquella música del *Don Juan* que acompaña la salida del convidado de piedra. Repercutían horribles los compases de hielo por la casa espectral, provenientes del otro mundo, de los inmortales.

—¡Mozart! —pensé, añorando con eso las imágenes más amadas y más gloriosas de mi vida anterior.

Entonces detrás de mí se oyó una carcajada, una carcajada clara y fría, surgida de un mundo de sufrimientos y de humorismo de dioses que los hombres no conocían. Me di la vuelta, con la sangre fría y como movido a otras esferas por aquella risa, y entonces llegó Mozart, cruzó sonriente a mi lado, se dirigió tranquilo y con paso menudo a una de las puertas de los palcos, la abrió y entró, y yo seguí ansioso al dios de mi juventud, al eterno ideal de mi amor y veneración. La música continuaba sonando. Mozart se encontraba junto a la barandilla del palco de teatro, no se veía nada, las tinieblas llenaban el espacio ilimitado.

—¿Ve usted? —dijo Mozart—. Nos podemos pasar sin saxofón. Aunque yo, es cierto, no quisiera acercarme demasiado a este instrumento tan famoso.

—¿Dónde estamos? —le pregunté.

Estamos en el último acto del *Don Juan*. Leporello ya está de rodillas. Una escena fastuosa, y hasta la música se puede escuchar, vaya. Aunque todavía la risa tiene todo tipo de matices humanos dentro, se manifiesta desde el otro mundo, ¿no?

—Es la última música grande que se ha escrito —dije solemnemente, como un profesor—. Es cierto que después llegó Schubert, Hugo Wolf, y tampoco debo olvidar al pobre y grandioso Chopin. Arruga usted la frente, maestro. ¡Oh, claro! También incluyo a Beethoven, también él es magnífico. Pero todo esto, por muy bello que sea, ya tiene algo de incompleto en sí mismo, de discordante; una obra tan bien lograda no se ha vuelto a hacer por los hombres desde el *Don Juan*.

—No se esfuerce —reía Mozart de una forma totalmente burlona—. ¿Usted seguramente es músico, por lo visto? Bueno, yo ya dejé la profesión; ya estoy retirado. Sólo por juego me dedico en ocasiones al oficio.

Levantó las manos como si estuviera dirigiendo, y una luna, o un astro claro como ese, salió de alguna parte; sobre la barandilla extendí la vista sobre grandes abismos espaciales; nubes y nieblas atravesaron por ellos; ligeramente se veían los montes y las playas; debajo de nosotros se extendía una inmensa llanura como desierto. En esa llanura vimos a un anciano con aspecto respetable con larga barba, el cual, con cara de melancolía, iba conduciendo una inmensa procesión de varias decenas de millares de hombres vestidos de negro. Parecía abatido y sin esperanza, y Mozart dijo:

—Observe, ese es Brahms. Va en busca de la redención, pero todavía le queda un buen rato. Supe que los miles de enlutados eran todos los artistas de las voces y notas puestas de más en sus partituras, según el juicio divino. Excedente instrumentación, mucho material desperdiciado —agregó Mozart.

Y enseguida vimos caminar, a la cabeza de otro ejército tan grande, a Ricardo Wagner, y sentimos cómo los millares de entristecidos acompañantes lo incomodaban; cansado y resignado a caminar, lo vimos también a él arrastrarse.

—En mi juventud —observé con tristeza— pasaban estos dos músicos por lo más antiestético que pudiera imaginar.

Mozart comenzó a reír.

—Sí, eso pasa siempre. Vistos desde lejos se van pareciendo cada vez más estos contrastes. Por otro lado, la gran instrumentación no fue culpa de Wagner, ni de Brahms, fue un defecto de su época.

—¿Cómo? ¿Y por eso deben hacer una penitencia tan descomunal? —dije en tono acusatorio.

—Naturalmente. Son los trámites. Sólo cuando hayan limpiado la culpa de su época, se demostrará si queda algo personal que aún valga la pena para hacer el balance.

—Pero ninguno de los dos tiene la culpa.

—Claro que no. Tampoco usted la tiene de que Adán comiera la manzana, sin embargo, también ha de purgar.

—Pero eso es terrible.

—Es cierto, la vida siempre es terrible. Nosotros no tenemos la culpa y aún así somos responsables. Se nace y uno ya es culpable. Usted tiene que haber recibido muy poco de religión si desconoce esto.

Me había ido metiendo en un estado de ánimo verdaderamente lastimoso. Me veía a mí mismo como un peregrino exhausto, caminando errante por los desiertos del más allá, cargado de bastantes libros inservibles que había escrito, con todos los ensayos, los folletos, seguido del ejército de cajistas que habían tenido que trabajar con ellos, del ejército de lectores que se había tragado mi obra. ¡Dios! Y Adán y la manzana, y toda la restante culpa hereditaria se encontraban ahí. Es decir, que todo se tenía que purgar, un purgatorio infinito, y entonces brotaría la cuestión de si detrás de todo esto aún existía algo personal, algo propio, o si toda mi obra y sus consecuencias sólo eran espuma vacía sobre la superficie del mar, sólo un juego carente de sentido en el torrente de los hechos.

Mozart comenzó a reír ruidosamente cuando vio mi triste cara. De risa brincaba por el aire y empezó a hacer cabriolas con las piernas. Después me gritó a la cara:

—Je, hijo mío, te estás haciendo un lío y no dices nada. ¿Piensas en tus lectores, sufridos pecadores, los ansiosos roedores? ¿Piensas en tus cajistas e impresores herejes y anabaptistas, perversos y tunantes, y nada más medianamente artistas? Me causa mucha risa tu angustia confusa, tu torpe sonrisa; ¡es para morirse de la risa y como para hacérselo en la camisa! Veo tu lucha apacible con la tinta de imprenta, con tu pena vehemente, y por evitarte la afrenta, aunque sea una tremenda broma voy a hacerte de un cirio la ofrenda. ¡Vaya, te has hecho un embrollo; te sientes en ridículo, desgraciado, y estás en evidencia y condenado frente a tus propios ojos, menospreciado! No sabes qué hacer ni qué aprender. Ojalá logres quedarte con Dios, aunque el diablo vendrá a llevarte y a zurrarte y reclamarte por tu literatura y arte, como que todo lo has hurtado en cualquier parte.

Esto, en cambio, ya era muy fuerte para mí; la ira no me permitía seguir entregándome a la melancolía. Tomé a Mozart por la trenza, salió volando, la trenza fue estirando como la cola de un cometa, en el extremo pendía yo, y fui arrojado a dar vueltas por el mundo. ¡Demonios, hacía frío en este mundo! Estos inmortales aguantaban un aire helado terriblemente etéreo. Pero daba gusto este aire de hielo. Me di cuenta de eso en los segundos breves antes de que perdiera el sentido. Me acometió una amarga alegría, punzante, reluciente como el acero y helada, unas ganas de reír clara y fieramente, y de forma tan supraterrena como lo había hecho Mozart. Pero en el mismo momento me quedé sin aliento y sin conocimiento.

*   *   *

Confundido y maltrecho volví en mí; la luz blanca del pasillo se reflejaba brillante sobre el suelo. No estaba sobre los inmortales, aún no. Todavía estaba de este lado, con los enigmas, los sufrimientos, los lobos esteparios, las complicaciones torturantes. No era un buen lugar, no era una mansión placentera. A esto debía ponerle fin.

En el gran espejo de la pared Harry se encontraba frente a mí. No tenía buen aspecto, no tenía un aspecto muy distinto del de aquella noche de la visita al profesor y del baile del Águila Negra. Pero de esto ya hacía bastante tiempo, años, siglos. Harry había envejecido, había aprendido a bailar, había visitado teatros mágicos, había hecho reír a Mozart, ya no le temía a los bailes, a las mujeres o a las navajas. Hasta una mediana inteligencia adquiere madurez si ha andado correteando un par de siglos. Estuve mucho tiempo observando a Harry en el espejo; todavía lo conocía bien, todavía se parecía algo al Harry de quince años, que un domingo de marzo se topó con Rosa entre las peñas y se quitó ante ella su primer sombrero de hombre. Y, sin embargo, desde ese entonces se había hecho viejo, unos cuantos cientos de años, se había dedicado a la música y a la filosofía hasta estar harto, había tomado vino de Alsacia en el "Casco de acero" y había discutido acerca de Grichna con venerables eruditos; había amado a Erica y a María; se había hecho amigo de Armanda, disparado a los coches y dormido con la lacia chinita; había encontrado a Goethe y a Mozart, y hecho algunos rasgones en la red, que todavía lo tenía preso, del tiempo y de la verdadera realidad. Y si había perdido sus lindas figurillas de ajedrez a cambio tenía un puñal en el bolsillo. ¡Adelante viejo Harry, viejo cansado compañero!

¡Ah, diablos, que amarga es la vida! Escupí a la cara al Harry del espejo, le di un golpe con el pie y lo hice polvo. Despacio fui dando vueltas por el pasillo, que retumbaba con mis pisadas, observé con atención las puertas que tantas bellezas había prometido; ya no tenían inscripciones. Lentamente fui recorriendo todas las entradas del teatro mágico. ¿No había estado hoy en un baile de máscaras? Cien años habían pasado desde entonces. Pronto ya no existirían los años. Algo faltaba por hacer. Armanda aguardaba. Iba a ser una boda singular. Yo iba andando en una ola sombría, llevado por la tristeza, esclavo, lobo estepario, ¡Ah, diablos!

Me quedé parado frente a la última puerta, ahí me había llevado la ola de la melancolía. ¡Oh, Rosa; oh, juventud lejana; oh, Goethe y Mozart!

La abrí, lo que encontré del otro lado de la puerta fue un cuadro sencillo y bello. Sobre tapices encontré recostadas a dos personas desnudas, la bella Armanda y el bello Pablo, muy juntos, durmiendo profundamente, totalmente cansados por el juego del amor que parece tan ambicioso pero que sacia tan rápido. Tipos hermosos, muy hermosos, imágenes grandiosas, cuerpos perfectos. Debajo del pecho izquierdo de Armanda había una señal redonda y lozana, como un cardenal, un mordisco amoroso de los dientes brillantes y bellos de Pablo. Ahí dónde estaba la huella enterré mi puñal, todo lo largo de la hoja. La sangre corrió sobre la delicada y clara piel de Armanda. Con mis besos hubiera absorbido aquella sangre si todo hubiera pasado de otra forma, si se hubiera producido de otra manera. Y ahora no lo hice, permanecí mirando cómo corría la sangre y vi cómo sus ojos se abrían por un momento, llenos de dolor, profundamente sorprendidos. ¿Por qué se sorprende?, pensé. Luego creí que debía cerrarle los ojos. Pero se volvieron a cerrar solos. Estaba completo, hizo un leve movimiento sobre el costado. Desde la axila hasta el pecho vi como jugaba una sombra delicada y tenue, que desebaba recordarme algo. ¡Todo olvidado! Después permaneció inmóvil.

Estuve mucho tiempo observándola. Al final sentí un estremecimiento, como si despertara de mi ensimismamiento, y quise irme. Entonces vi a Pablo moverse, vi que abrió los ojos, vi que se estiró y se inclinó sobre la hermosa muerta y sonrió. Nunca se ha de poner serio, —pensé—, todo le causa risa. Cuidadosamente dobló Pablo una esquina del tapiz y tapó a Armanda hasta el pecho, de forma que la herida ya no se veía, y después se salió del palco sin hacer el mínimo ruido. ¿Adónde iba? ¿Todos me dejaban solo? Sólo me quedé con la muerta, tan querida y envidiada por mí. Sobre su pálida frente colgaba el mechón varonil; la boca sobresalía color carmín del resto de su cara exánime y estaba un poco entreabierta; su cabello despedía un sutil perfume y dejaba traslúcida la pequeña y bien definida oreja.

Ya estaba cumplido su deseo. Había matado a mi amada sin haber llegado a ser por completo mía. Había hecho lo inconcebible, después me arrodillé y estuve mirando fijamente, sin saber lo que eso significaba, sin saber si había sido bueno y justo o todo lo contrario. ¿Qué diría de esto el inteligente jugador de ajedrez?, ¿qué diría Pablo? Yo no sabía, no me encontraba en condiciones para reflexionar. Cada vez más roja ardía la boca pintada en el rostro que se iba extinguiendo. Así había sido toda mi vida, así había sido mi propósito de felicidad y de amor, como esta fría boca: algo de carmín sobre una cara de muerto.

Y esta cara muerta, estos hombres y estos brazos muertos emanaban, lentamente ascendiendo, un escalofrío, un espanto y una soledad invernal, un frío que iba creciendo congelándome despacio los dedos y los labios. ¿Es que había apagado el sol? ¿Acaso había matado el principio de toda mi vida? ¿Irrumpía el frío de muerte del espacio sideral?

Estuve mirando la frente petrificada, estremecido el mechón rígido, el débil resplandor congelado del pabellón de la oreja. El frío que emanaba de ellos era mortal y, al mismo tiempo, era fascinante: vibraba y sonaba fantásticamente, ¡era música!

¿No había sentido ya antes, en un pasado, este estremecimiento que era al mismo tiempo como una felicidad? ¿No ya había escuchado esta música? Sí, con Mozart, con los inmortales.

Vinieron a mi mente unos versos que tiempo atrás había hallado en algún lugar:

> *Nosotros en cambio vivimos las frías*
> *mansiones del éter cuajado de mil claridades,*
> *sin horas ni días,*
> *sin sexos ni edades.*
> *Es nuestra existencia serena, inmutable;*
> *nuestra risa, serena, astral.*

En ese momento se abrió la puerta del palco y entró, sin que yo lo reconociera hasta la segunda mirada que le dirigí, Mozart, sin su trenza, sin calzón corto, sin zapatos de hebilla, vestido modernamente.

Se sentó muy próximo a mí, estuve a punto de llamar su atención y detenerle para que no se ensuciara con la sangre del pecho de Armanda que había derramada por el suelo. Se sentó y se entretuvo con unos pequeños aparatos e instrumentos que había por ahí; les daba demasiada importancia; anduvo dando vueltas a tornillos y clavijas, y yo estuve viendo asombrado sus dedos ágiles y livianos que con tanto gusto hubiera visto alguna vez tocar el piano. Pensativo, lo miré, o mejor dicho alucinado y como perdido en la contemplación de sus dedos inteligentes y bellos, y animado y un poco sobrecogido por la sensación de su cercanía. Y no puse la menor atención en lo que estaba haciendo ni lo que estaba atornillando y manipulado.

Era un apartado de radio lo que acababa de formar y poner en marcha, y después lo conectó al altavoz y dijo:

—Se oye Munich, el *Concerto grosso* en *fa* mayor, de Händel.

Y, ciertamente, para mi inexpresable extrañeza e indignación, el endiablado embudo comenzó a vomitar al instante esa mezcla mucosa bronquial y de goma masticada que los dueños de los gramófonos y los abonados a la radio han consentido en llamar música, y detrás de la vaga mucosidad y del restañeo, como se ve detrás de una gruesa costra de suciedad un bello cuadro antiguo, podía reconocerse la noble colocación de esa música divina, la armadura imponente, el hálito extenso y sereno, la plena y solemne melodía.

—¡Dios mío! —grité indignado— ¿Qué hace, Mozart? ¿Pero de verdad nos está haciendo esta porquería a usted y a mí? ¿Nos imponen este horrible aparato, el triunfo de nuestro siglo, la última arma victoriosa en la lucha a muerte contra el arte? ¿Está correcto, Mozart?

¡Cómo reía el hombre siniestro, de una manera fría y espectral, sin ruido, pero derrumbando todo con su risa! Con gozo íntimo observaba mis tormentos, daba vueltas a los malditos tornillos, maniobraba en el embudo de latón. Riendo, permitió que la música desfigurada, envenenada y carente de espíritu, siguiera induciéndose por el espacio. Riendo me respondió:

—Por favor, no se ponga patético, vecino. ¿Ha escuchado por lo demás el ritardando? Un capricho, ¿eh? Sí, pues, deje usted, hombre impaciente, permita entrar a su alma el pensamiento de este ritardando... ¿Escucha los bajos? Avanzan como dioses; y deje usted entremeterse este capricho del viejo Händel en su corazón intranquilo y así apaciguarlo. Oiga usted, hombrecito, tan sólo por una ocasión sin alharacas ni bromas, cómo detrás del velo irreparablemente idiota de este ridículo aparato, pasa fastuosa la alejada figura de esta divina música. Ponga atención, algo se puede aprender de ello. Observe cómo esta simple caja de resonancia hace en apariencia lo más necio, lo más inútil, lo más repugnante del mundo y avienta una música cualquiera, tocada en cualquier sitio, la arroja necia y crudamente, y al mismo tiempo lastimosamente desfigurada, a sitios no adecuados, y cómo a pesar de todo no puede destruir el alma primigenia de esta música, sino nada más poner de manifiesto en ella la propia técnica torpe y la fiebre de actividad carente de espíritu. ¡Escuche bien, le hace falta! ¡Ea, atención! Así. Y ahora no sólo escucha a un Händel oprimido por el radio, que hasta en esta horrorosa forma de aparecer continúa siendo divino; oiga y vea, queridísimo, al mismo tiempo, una parábola valiosa de la vida entera. Cuando usted está escuchando la radio, oye y ve la eterna lucha entre la idea y el fenómeno, entre la eternidad y el tiempo, entre lo divino y lo humano. Justamente, amigo, igual que la radio va arrojando a ciegas la música más maravillosa del mundo durante diez minutos por los lugares más absurdos, por salones burgueses y por sotabancos, entre abonados que están conversando, comiendo, bostezando o durmiendo, así como sustrae a esta música de su belleza sensual, la estropea, la recubre y la desgarra, sin embargo, no puede matar totalmente su espíritu; exactamente igual actúa la vida, la llamada realidad; con el increíble juego de imágenes otorga a continuación Händel una perorata acerca de la forma de desfigurar los balances en las empresas industriales al uso, hace de bellos acordes orquestales un desperdicio poco apetecible de sonidos, introduce por todos lados su técnica, su actividad expectante, su pobre cultura y su frivolidad ante el pensamiento y la realidad entre la orquesta y el odio. Toda la vida es así, hijo, y así debemos permitir que sea, y si no somos tontos, además nos reímos. A personas de su tipo no les queda criticar la radio ni la vida. Es preferible que antes aprenda a escuchar. ¡Aprenda a tomar en serio lo que es digno de que se tome así, y ríase de lo restante! ¿O es que tal vez usted lo ha hecho mejor, más noblemente, más inteligentemente, con mayor gusto? No, *monsieur* Harry; no lo ha hecho. Usted ha formado con su vida una horrorosa historia clínica y de su talento una desgracia. Además, a lo que veo, no ha sabido ocupar a una bella joven, tan encantadora, más que para introducirle un puñal en el cuerpo y destrozarla. ¿Considera justo eso?

—¿Justo? ¡Oh, no! —grité desesperadamente—. ¡Dios mío, si todo es tan irreal, tan terriblemente absurdo y malo! Yo soy una bestia, Mozart, una bestia necia y perversa, enferma y echada a perder; en eso usted tiene mucha razón. Pero por lo que respecta a esta joven, ella misma lo quiso así; yo nada más he cumplido su deseo.

Mozart reía silencioso, pero en cambio, ahora tuvo la grandiosa amabilidad de desconectar la radio.

Mi defensa me pareció a mí mismo muy estúpida; a mí, que hace un momento había creído sinceramente en ella. Cuando en una ocasión Armanda —así lo recordaba de repente— me había hablado sobre el tiempo y la eternidad, entonces había estado dispuesto de inmediato a considerar sus pensamientos como reflejos de los míos. Pero la idea de que yo la matara era el capricho y el deseo más íntimo de Armanda y que no estaba intervenido por mí en lo más mínimo me había parecido incuestionable. ¿Por qué entonces no nada más había accedido y creído esta idea tan terrible y tan extraña, sino que además la había sospechado desde antes? ¿Tal vez porque era mi propio pensamiento? ¿Y por qué había asesinado a Armanda justamente cuando la encontré en brazos de otro? Omnisciente y repleta de sarcasmo se escuchaba la risa de Mozart.

—Harry —dijo—, es usted un farsante. ¿Esta joven no habrá deseado otra cosa de usted que no fuera una puñalada? ¡Eso dígaselo a otro! Vaya, y por lo menos ha tenido buen tino; la pobre criatura está bien muerta. Tal vez ya era tiempo de que se diera cuenta de las consecuencias de su galantería hacia esta dama. ¿O desearía usted esquivar las consecuencias?

—¡No! —grité—. ¿Es que no comprende nada? ¡Yo esquivar las consecuencias! No deseo otra cosa que purgar, purgar, purgar, poner la cabeza debajo de la guillotina y dejarme castigar y derribar.

Intolerablemente burlón me miraba Mozart.

—¡Qué patético se pone siempre! Pero todavía debe aprender humorismo, Harry. El humorismo siempre es algo malévolo, y si es preciso, lo aprenderá en el suplicio. ¿Está dispuesto a eso? ¿Sí? Bien, entonces vaya usted con el juez y sufra pacientemente todo el aparato poco divertido de los agentes de Justicia, hasta la fría decapitación una mañana temprano en el patio de la prisión. ¿Está realmente dispuesto a eso?

Una inscripción brilló frente a mí, de repente:

Ejecución de Harry.

Y yo di mi aprobación con la cabeza. Un patio desmantelado entre cuatro paredes, con ventanas pequeñas con rejas; una bien cuidada guillotina automática; una docena de caballeros en trajes talares y de chaqué, y en medio yo, temblando en un ambiente gris de madrugada, con el corazón oprimido por un miedo que daba compasión, pero dispuesto y satisfecho. A una voz de mando avancé; a otra voz me arrodillé. El juez se quitó el birrete y carraspeó, al igual que los otros señores. Desenrolló un papel solemne y leyó:

—Señores, frente a ustedes se encuentra Harry Haller, acusado y responsable del abuso imprudente de nuestro teatro mágico. Haller no nada más ofendió el arte sublime al confundir nuestra hermosa galería de imágenes con la realidad, y apuñalar a una maravillosa joven con un fantástico puñal; además, ha tenido intención de servirse de nuestro teatro, sin el más mínimo humorismo, como de una máquina de suicidio. Nosotros por eso condenamos a Haller al castigo de vida eterna y a la pérdida de permiso durante doce horas para entrar a nuestro teatro mágico. Tampoco se le puede expedir al acusado la pena de ser objeto por una vez de nuestra risa. Señores, atención: a la una, a las dos, ¡a las tres!

Y a las tres profirieron todos los presentes con perfecta precisión en una carcajada, una sonora carcajada y a coro, una carcajada del otro mundo, terrible y apenas tolerable para los hombres.

Cuando volví en mí, Mozart se encontraba sentado a mi lado, me dio un golpe en el hombro y dijo:

—Ya escuchó su sentencia. No tendrá más remedio que acostumbrarse a seguir oyendo la música de radio de la vida. Le caerá bien. Tiene usted muy poco talento, querido y torpe amigo, pero así, poco a poco usted comprenderá lo que exige de usted. Debe de hacerse cargo del humorismo de la vida, del humor malévolo de esta vida. Claro que en este mundo usted está dispuesto a todo, a todo menos a lo que se le exige. Está dispuesto a asesinar jóvenes, a dejarse ejecutar solemnemente, también, muy seguramente, estaría dispuesto a torturarse y a flagelarse durante cien años. ¿O no?

—¡Oh, sí, con toda mi alma! —dije en mi estado deplorable.

—¡Naturalmente! Para todo espectáculo necio y carente de humor se puede contar con usted, señor de elevados vuelos, para todo lo patético y sin gracia. Sí, pero a mí eso no me gusta; por toda su romántica penitencia no le doy ni cinco céntimos. Usted desea ser ajusticiado, que le corten la cabeza, sanguinario. Por ese ideal estúpido sería capaz de cometer diez asesinatos más. Usted desea morir, cobarde; pero no vivir. ¡Al diablo! Si justamente lo que usted tiene que hacer es vivir. Merecería ser condenado a la pena más grave de todas.

—¡Oh! ¿Y cuál es esa pena?

—Podríamos, por ejemplo, revivir a la joven y casarla con usted.

—No, a eso no estaría dispuesto. Habría una desgracia.

—Como si no fuera ya demasiada desgracia todo lo que ha hecho usted. Pero con lo patético y con los asesinatos debemos acabar ya. Sea razonable por una vez. Usted debe acostumbrarse a la risa y debe aprender a reír. Debe escuchar la maldita música de la radio de este mundo y alabar al espíritu que lleva dentro y reírse de la demás murga. Listo, no se le exige más.

En voz baja y entre dientes le pregunté:

—¿Y si yo me opusiera? ¿Si yo me negara a usted, señor Mozart, el derecho de disponer del lobo estepario y de intervenir en su destino?

—Entonces —dijo tranquilamente Mozart— te propondría que te fumaras uno de mis cigarrillos.

Y al decir esto y sacar de su bolsillo del chaleco por arte de magia un cigarrillo y otorgármelo, de pronto ya no era Mozart, sino que miraba expresivo, con sus negros ojos exóticos, y era mi amigo Pablo, y se parecía como un hermano gemelo al hombre que me había enseñado ajedrez con las figuritas.

—¡Pablo! —grité dando un salto—. ¿Dónde estamos?

—Estamos —sonrió— en mi teatro mágico, y si acaso quieres aprender tango, o llegar a general, o tener una conversación con Alejandro Magno, se encuentra a tu disposición la próxima vez. Pero debo confesarte, Harry, que me has decepcionado un poco. Te has olvidado malamente, has roto el humor de mi pequeño teatro y has cometido una infamia; has andado pinchando con puñales y has manchado nuestro mundo alegórico con realidad. Eso no está bien para ti. Es de esperar que al menos lo hayas hecho por celos, cuando nos viste recostados a Armanda y a mí. A esta figura, desafortunadamente, no la has sabido manejar; creí que habías aprendido mejor el juego. En fin, se podrá corregir.

Tomó a Armanda entre sus dedos, la cual se achicó de inmediato hasta transformarse en una figurita del juego, y la guardó en el mismo bolsillo del chaleco donde antes había sacado un cigarrillo.

Exhalaba un aroma agradable el humo dulce y denso; me sentí liviano y dispuesto a dormir por un año entero.

¡Oh, lo entendí todo!; entendí a Pablo, entendí a Mozart, escuché en algún lugar detrás de mí su risa terrible; sabía que estaban en mi bolsillo las cien mil figurillas del juego de la vida. Aniquilado conjeturaba su significado; tenía el propósito de iniciar de nuevo el juego, de probar otra vez sus tormentos, de estremecerme de nuevo y recorrer una y otra vez el infierno de mi interior.

Alguna vez llegaría a jugar mejor el juego de las figuras. Alguna vez aprendería a reír. Pablo me estaba esperando. Mozart me estaba esperando.

Relatos
(1906-1953)

El compromiso

En la Hirschengasse hay un modesto comercio como el de su vecindad, no ha sido rozado siquiera por los cambios de los nuevos tiempos y goza de bastante favor. A cada cliente, aunque acuda regularmente desde hace veinte años, se le dice cuando se marcha las palabras tradicionales: "Vuelva usted a honrarnos con su visita", y no faltan aquí y allá dos o tres viejas compradoras que piden por varas las trencillas y los cordones que necesitan y se las sirve también por varas. La atención del público la realiza una hija del dueño que se ha quedado soltera y una empleada vendedora; el dueño mismo está en la tienda desde la mañana hasta la noche y siempre atareado, pero nunca suelta una palabra. Puede tener ahora unos setenta años, es de baja, muy baja estatura, tiene bonitas mejillas sonrosadas y corta barba gris y lleva constantemente en la cabeza, tal vez calva desde hace mucho, un gorro redondo y tieso, con bordado de grecas y flores de estameña. Lo llaman Andrés Ohngelt y pertenece a la más vieja, genuina y respetable burguesía de la ciudad.

Nadie nota nada de particular en el taciturno y pequeño comerciante; parece el mismo desde hace décadas y ni se le ve envejecer, ni se piensa que alguna vez pudo ser más joven. Pero también Andrés Ohngelt fue niño y adolescente un día, y si se pregunta a los más ancianos, se llega a saber que en otros tiempos lo llamaban "el pequeño Ohngelt" y gozaba, contra su voluntad, de cierta fama. Una vez, hace quizás treinta y cinco años, vivió una aventura, que antes era muy conocida entre todos los habitantes de Gerbersau, aunque ahora nadie quiere contarla ni oírla más. Fue la aventura de su compromiso.

Ya en la escuela, el joven Andrés era poco dado a la conversación y a la compañía; se sentía de más en todas partes y blanco de todas las miradas, tímido y modesto lo bastante, como para ceder de antemano a todo el mundo y dejar el campo libre. Tenía por los maestros un profundo respeto y por los compañeros una admiración no exenta de temor. Nunca se le veía en las calles o en las plazas de juegos, muy rara vez en la playa del río para el baño, y en invierno se encogía todo y se acoquinaba, apenas veía que un chiquillo levantaba un puñado de nieve. En casa, en cambio, callado y dichoso, jugaba con las muñecas que dejara su hermana mayor, y con una tienda de juguete, en cuya balanza pesaba harina, sal y arena y preparaba diminutos paquetes, para cambiarlos luego uno por otro, vaciarlos, volver a prepararlos y pesarlos. También le agradaba ayudar a la madre en las tareas livianas de la casa, efectuaba compras para ella o buscaba en el jardincillo los caracoles entre la lechuga.

Sus condiscípulos lo atormentaban y se burlaban de él a menudo, ciertamente, pero como nunca se enojaba y no tomaba nada a mal, a pesar de todo pasaba generalmente una existencia fácil y bastante satisfecha. Lo que no encontraba en sus iguales en amistad y sentimiento y por lo mismo no retribuía, lo dedicaba a sus muñecas. Había nacido tarde y perdido al padre en muy temprana edad. La madre lo hubiera deseado muy distinto, pero lo toleraba y tenía por su dócil adhesión un afecto casi compasivo.

Pero este estado tolerable de cosas duró solamente hasta que el pequeño Andrés salió de la escuela y tras el aprendizaje que hizo en el comercio de Dierlamm en el mercado de la ciudad alta. Por esa época, desde los diecisiete años, tal vez, su alma, necesitada de ternura, comenzó a recorrer otros caminos. El jovencito, pequeño y tímido siempre, empezó a mirar a las muchachas con ojos cada vez más dilatados y levantó en su corazón un altar al amor de la mujer, cuya llama se elevó cada vez más alta cuanto más hondas y tristes se desarrollaban sus pasiones de amor.

Había abundantes ocasiones para conocer y mirar a muchachas de todas las edades, porque el joven Ohngelt, después de concluido el período de aprendizaje, había entrado en el comercio de lencería de su tía, comercio del cual más tarde se haría cargo. Allí acudían niñas, muchachas de la escuela, jóvenes señoritas y viejas solteronas, sirvientas y amas que diariamente revolvían trencillas y telas, elegían adornos y modelos de puntillas, alababan y censuraban, regateaban y querían ser aconsejadas, pero sin hacer caso al consejo, compraban y volvían a cambiar lo comprado. El jovencito asistía a todo esto gentil y reservado, abría cajones, subía y bajaba por la escalerilla, presentaba y empacaba, anotaba pedidos e informaba sobre precios y cada ocho días se enamoraba de otra de sus clientas. Enrojecía alabando trencillas y lanas, saldaba cuentas temblando, mantenía abierta la puerta de la tienda con el corazón saltándole en el pecho y pronunciaba la frase: "Vuelva a honrarnos…" cuando una hermosa joven salía del comercio.

Para resultar realmente agradable y simpático a sus "bellas". Andrés se acostumbró a emplear maneras finas y cuidadas. Se peinaba muy cuidadosamente todas las mañanas los cabellos de color rubio claro, conservaba muy limpios sus trajes y su ropa interior y acarició con impaciencia la paulatina aparición de los bigotillos. Aprendió a recibir a sus clientes con elegantes reverencias, aprendió a apoyarse con el dorso de la mano izquierda en el mostrador al ofrecer los objetos y a sostenerse solamente en una pierna, y llegó a la maestría en el sonreír, que dominó pronto desde la discreta sonrisilla hasta la llamada íntimamente dichosa. Además, estaba siempre a la caza de nuevas frases bonitas, que generalmente consistían en palabras ceremoniosas, de las que aprendía y además inventaba continuamente otras nuevas y más preciosas. Como había sido torpe y tímido por naturaleza en el hablar, y, ya antes, sólo rara vez había pronunciado una oración completa con sujeto y predicado, encontró ahora una ayuda en este raro tesoro de palabras y se acostumbró a simular para sí mismo y los demás una suerte de patrimonio idiomático, aun renunciando al sentido y a la posibilidad de comprensión.

Si alguien decía: "Pero hoy hace un día magnífico", el pequeño Ohngelt contestaba: "Ciertamente —sí—, pues, con perdón, sin duda…" Si una clienta deseaba saber si una tela era fuerte, replicaba: "Por favor, sí, no cabe duda, es decir, seguramente". Y si alguien preguntaba cómo se sentía, contestaba: "Muy, pero muy agradecido —seguramente bien— muy agradado…" En situaciones especiales, importantes y solemnes, no se detenía para soltar expresiones como: "no obstante todo, pero de todas maneras, de ningún modo, al contrario". Y en estos casos, todos sus miembros, desde la cabeza inclinada hasta la punta del pie bailoteante, eran atención, cortesía y expresión total. Y lo más expresivo era su cuello relativamente largo, que, magro y tendinoso, contaba con una nuez asombrosamente grande y movediza. Cuando el pequeño y flaco dependiente daba una de sus contestaciones en forma de staccato, se tenía la impresión de que por un tercio era todo garganta.

La naturaleza no distribuye sus dones sin sentido, y si el notable cuello de Ohngelt no guardaba proporción con su capacidad oratoria, estaba mucho más justificado como propiedad y atributo de un apasionado cantor. Andrés gustaba en sumo grado del canto. Tal vez ni en el cumplido más perfecto, ni en el más refinado ademán comercial, ni en el más emotivo "de cualquier manera" y "cómo no" sentía en lo más hondo del alma tanto bienestar lánguido como en el canto. Este talento había quedado ignorado en la época escolar, pero llegó —al asentársele definitivamente la voz— a un desarrollo cada vez más hermoso, aunque solamente en secreto. Porque hubiera chocado con el embarazo angustiosamente tembloroso de Ohngelt el que se complaciera de su oculto gozo y de su arte secreto en otro lugar que en el más seguro escondrijo.

Por la noche, cuando entre la cena y el momento de acostarse, se quedaba una horita en su cuarto, cantaba en la oscuridad sus canciones y saboreaba líricas atracciones. Su voz era la de un tenor bastante agudo, y trataba de sustituir con temperamento lo que le faltaba en educación musical. Sus ojos nadaban en húmedo resplandor, su cabeza de hermoso cráneo se inclinaba sobre la nuca y la nuez subía y bajaba con el tono. Su canción preferida era "Cuando las golondrinas vuelven al hogar". En la estrofa: Despedirse, ¡ay!, despedirse duele, sostenía las modulaciones mucho tiempo y en trémolo y, a veces, se le llenaban los ojos de lágrimas.

Adelantó en su carrera comercial con paso rápido. Había existido el proyecto de enviarlo por algunos años más a una ciudad más importante. Pero llegó a ser tan indispensable en el comercio de su tía, que ésta no quiso dejarlo partir y como más tarde debía hacerse cargo de la tienda por herencia, su bienestar material estaba asegurado para siempre. Otra cosa ocurría con el anhelo de su corazón. Para todas las muchachas de su edad, especialmente para las hermosas, a pesar de sus miradas y sus reverencias, no era más que una figura ridícula. Sucesivamente, se enamoró de todas, y se hubiera aferrado a la primera que hubiese dado un solo paso hacia él. Pero ninguna dio ese paso, aunque él estuvo enriqueciendo constantemente su lenguaje con las frases más cultas y su vestimenta con los detalles más agradables.

Hubo una excepción, sin embargo, pero él no la notó. La señorita Paula Kircher, llamada la Paulina de los Kircher, era siempre gentil con él y parecía tomarlo en serio. Ella no era ciertamente ni joven ni bella, más aún, mayor que él en algunos años, y casi insignificante, pero por lo demás, una muchacha activa y estimada, de una acomodada familia de artesanos. Cuando Andrés la saludaba en la calle, ella contestaba seria y cortés y cuando venía a la tienda, era amable, sencilla y modesta, le resultaba fácil atenderla y aceptaba sus atenciones comerciales como moneda contante y sonante. Por eso él no la veía con malos ojos y le tenía confianza, pero en lo demás le era completamente indiferente y pertenecía al pequeño número de las solteras para las cuales, fuera del comercio, no tenía un solo pensamiento.

Ora concentraba sus esperanzas en unos zapatos nuevos, muy finos, ora en una linda corbata, sin contar el bigote, que poco a poco estaba brotando y que él cuidaba como las niñas de sus ojos. Finalmente, compró también a un vendedor ambulante un anillo de oro con un gran ópalo. Tenía entonces veintiséis años.

Mas cuando llegó a los treinta y seguía navegando hacia el puerto del matrimonio a distancias nostálgicas, la madre y la tía creyeron conveniente intervenir con incitaciones. La tía, ya muy avanzada en años, dio el primer paso diciéndole que quería cederle el comercio en vida, pero solamente el día de su casamiento con una irreprochable hija del lugar. Ésta fue también para la madre la señal del ataque. Después de muchas reflexiones, llegó a la conclusión de que su hijo debía entrar en un club, para estar más en sociedad y aprender el trato con las damas. Y como ella conocía perfectamente su pasión por el arte del canto, pensó atraparle con este anzuelo y le encareció que se presentara como socio de Liederkanz (Orfeón).

A pesar de su esquivez por la sociabilidad, Andrés estaba de acuerdo en lo principal. Pero en lugar del orfeón propuso la asociación coral eclesiástica, porque le gustaba más la música religiosa. Pero la verdadera razón residía en que Margarita era la hija del primer patrono con quien aprendiera el arte de vender, una muchachita muy bonita y alegre, de poco más de veinte años; de ella se había enamorado últimamente Andrés, porque desde algún tiempo ya no había para él ninguna soltera de su edad, por lo menos ninguna que fuera hermosa.

La madre no supo cómo oponer reparos a la asociación coral eclesiástica. Ciertamente, esta sociedad no ofrecía ni la mitad de las veladas y fiestas sociales que brindaba el orfeón, pero en cambio la cuota social era mucho más barata y había allí también hijas de buenas familias, con las que Andrés se encontraría durante los ensayos y las audiciones. Sin perder tiempo, pues, fue a ver con su hijo al presidente, un viejo maestro, que la recibió amablemente.

—¿Así que, señor Ohngelt —dijo el presidente—, usted quiere cantar con nosotros?

—Sí, ciertamente, por favor...

—¿Ha cantado usted ya antes?

—¡Oh, sí! ... Es decir, en cierta medida.

—Bien, hagamos un ensayo. Cántenos una canción que conozca de memoria.

Ohngelt se puso colorado como un niño y por nada del mundo quería cantar. Pero el maestro insistió y al final se irritó de modo que después de todo el joven venció su miedo y, con los ojos resignados fijos en su madre, allí tranquilamente sentada, entonó su canto preferido. La canción lo arrastró consigo y Ohngelt logró cantar la primera estrofa sin tropiezos.

El presidente hizo seña de que era bastante. Se había vuelto otra vez muy gentil y dijo que eso había sido cantado ciertamente muy bien y que se veía que lo hacía con *amore*, pero que tal vez tenía más disposición para la música mundana; ¿por qué no intentaba entrar en el orfeón? Ya estaba el señor Ohngelt por tartamudear una embarazosa contestación, cuando intervino en el asunto la madre. El joven cantaba realmente bien, opinaba ella, sólo que había estado un poco confundido,

avergonzado, y a ella le gustaría mucho que el señor presidente lo aceptara; el orfeón era muy otra cosa y no tan fino, y ella contribuía todos los
años a las colectas de la iglesia y, en resumen, el señor debería ser gentil,
por lo menos por un período de prueba; luego ya se vería... El anciano
trató dos veces más de demostrar que el canto eclesiástico no era una
diversión y que además, los cantantes, estaban apretados en demasía en
el podio del órgano, pero la influencia materna ganó al final la batalla.
Al viejo director no le había ocurrido en su vida que un hombre de más
de treinta años se hubiese presentado como socio cantor y llevase consigo a la madre para apoyarlo. Por lo desacostumbrado y en realidad
incómodo que le resultara este aumento al coro, la cosa le causaba íntimamente placer, y no solamente por amor a la música. Invitó a Andrés
para el próximo ensayo y los despidió sonriendo.

El miércoles por la noche, el pequeño Ohngelt se presentó puntual-
mente en la escuela donde se realizaban los ensayos. Se estudiaba un
canto coral para la fiesta pascual. Los cantores de ambos sexos que llegaban poco a poco saludaron al nuevo socio muy amablemente y todos
eran de un carácter tan alegre y desembarazado que Ohngelt se sintió
contento. Margarita Dierlamm estaba también allí y ella a su vez se inclinó ante el nuevo miembro con una gentil sonrisa. Seguramente, oyó a
veces reír con disimulo detrás de él, pero ya estaba acostumbrado a ser
considerado un poco ridículo, y no se dejó impresionar. Lo que en cambio le extrañó fue la conducta reservada y seria de la Paulina de los
Kircher, también allí, y que como lo notó en seguida, pertenecía al grupo de las cantantes más apreciadas. Ella había demostrado siempre hacia
él una bienhechora amistad, y ahora estaba notablemente fría y casi parecía repudiar el que hubiese penetrado allí. Mas, ¿qué le importaba a él
la Paulina de los Kircher?

En el cantar, Ohngelt se mantuvo muy prudente. Poseía por cierto
desde su época escolar alguna ligera noción de solfeo y acompañó a los
demás en muchos compases con voz apagada, pero en conjunto se sintió muy poco seguro de su arte y dudó tímidamente de si alguna vez se
volvería distinto. El director, a quien su embarazo divertía y conmovía,
lo dispensó y, al despedirlo, aún le dijo:

—Con el tiempo todo irá bien, si persevera usted...

Pero Andrés gozó toda la noche del placer de estar cerca de Margarita y de poderla mirar a menudo. Pensó que al cantar en público y
después del servicio divino, en el órgano, los tenores estaban justamente detrás de las muchachas, y se imaginó la alegría de poder hallarse tan
cerca de la señorita Dierlamm en las fiestas pascuales y en todas las
ocasiones futuras y de poderla contemplar sin miedo. Entonces recordó,
una vez más, para su pesar, qué poco crecido era y que estando de pie
entre los demás cantores nada podría ver. Con gran esfuerzo y mucho

balbuceo explicó a uno de sus colegas esta amarga situación en el órgano, naturalmente sin explicar la verdadera razón de su lamentación. El colega lo tranquilizó sonriendo y le dijo que le podría ayudar oportunamente para conseguir una colocación mejor.

Concluido el ensayo, todos salían corriendo y apenas si se saludaban. Algunos caballeros acompañaban a casa a las damas, otros iban juntos a tomar un vaso de cerveza. Ohngelt se quedó esa noche solo en la plaza delante de la escuela oscura, siguió con la mirada dolorida a los otros y, sobre todo, a Margarita, y puso cara de desengañado; en ese mismo instante pasó la Paulina de los Kircher y cuando él se quitó el sombrero, ella le dijo:

—¿Va usted a su casa? Hacemos el mismo camino y podemos ir juntos.

Agradecido se le reunió y a su lado recorrió las calles húmedas y frescas de primavera, sin cambiar con ella más palabras que las buenas noches.

Al día siguiente llegó a la tienda Margarita Dierlamm y él pudo atenderla. Tomó cada pieza de tela como si fuera seda y manejó el metro como sí fuese un arco de violín, puso sentimiento y donaire en cada pequeña atención, y en secreto esperó; se atrevió a esperar, que ella dijera alguna palabra acerca del día anterior, de la sociedad y del ensayo. Y realmente ella lo hizo. Justamente en la puerta, le preguntó:

—No sabía, señor Ohngelt, que también usted cantaba. ¿Hace ya mucho que canta?

Y mientras él prorrumpió con el corazón sobresaltado en una serie de frases:

—Sí... Tal vez apenas un poco... Con perdón de usted...—, ella desapareció en la calle con un ligero movimiento de cabeza.

"¡Qué cosa, qué cosa!", pensó para sí y tejió sueños de futuro y hasta confundió por primera vez en su vida, al ordenarlas, las trencillas de lana y algodón con las de pura lana.

Entretanto, se acercaba la época pascual, y, dado que el coro de la iglesia debía cantar tanto el viernes santo como el domingo de Pascua, hubo varias veces ensayos en la semana. Ohngelt se presentaba siempre puntual y ponía toda su buena voluntad en no echar a perder nada, y todos lo trataban con benevolencia. Solamente la Paulina de los Kircher no parecía estar muy satisfecha de él, y esto le desagradaba, porque después de todo era la única dama en la que tenía cierta confianza. Se conformó también regularmente con acompañarla durante el regreso a casa, porque aunque hubiera sido su íntimo deseo ofrecer a Margarita su compañía, nunca encontró el valor para hacerlo. Por eso se iba con la Paulina de los Kircher. La primera vez no se había hablado una palabra durante el trayecto. Ahora la señorita Kircher le salió al paso y le preguntó por qué era tan parco en hablar y si le tenía miedo a ella.

—No —tartamudeó asustado—, eso no... Más bien..., no ciertamente... Por el contrario...

Ella se rió ligeramente y volvió a preguntar:

—¿Y cómo le va con el canto? ¿Le gusta?

—Ciertamente que sí… Mucho... sí...

Ella meneó la cabeza y dijo en voz más baja:

—Pero, ¿no se puede hablar realmente con usted, señor Ohngelt? Usted se atemoriza todo en cada contestación.

Ohngelt se vio desamparado y tartamudeó.

—Pero yo lo quiero bien a usted —continuó ella—. ¿No lo cree usted?

Ohngelt hizo señas de que sí con la cabeza, violentamente.

—Sí, ¿cómo no?, ya lo creo, aunque… seguramente...

—Sí, aunque seguramente... Dígame usted, ¿por la noche con su señora madre y su tía, habla usted alemán o no? Entonces, hágalo también conmigo y con los demás. Así podríamos sostener una conversación razonable. ¿No quiere?

—Pero sí que lo quiero..., ciertamente...

—Bien, pues. Esto es sensato de su parte. Ahora puedo hablar con usted. Tendría algunas cosas que decirle.

Y entonces ella habló con él como no estaba acostumbrado a oír. Le preguntó qué buscaba en el coro de la iglesia, ya que no sabía cantar y casi toda la gente era más joven que él. Y si no veía que allí a veces se reían de él y otras cosas parecidas. Pero a medida que el contenido de lo que ella decía lo humillaba, más hondamente sentía la bondadosa y bien intencionada forma de aquella charla. Un poco lloroso vaciló entre un frío rechazo y una emocionada gratitud. Estaban ya delante de la casa de los Kircher. Paula le tendió la mano y le dijo seriamente:

—Buenas noches, señor Ohngelt, y no me guarde rencor. La próxima vez seguiremos conversando, ¿no?

Regresó a casa trastornado y aunque le dolía tanto el pensar en las revelaciones de la joven, ello le resultó nuevo y reconfortante, porque nadie había hablado nunca con él en forma tan amigable, seria y bien intencionada.

Al regreso del siguiente ensayo logró hablar en un alemán bastante aceptable, casi como con su madre en casa, y por ese resultado creció su valor y su confianza. A la noche siguiente, llegó tan lejos que intentó hacer una confesión y hasta se sintió resuelto a medias de llamar a la señorita Dierlamm por su nombre de pila, porque se prometía lo imposible con la complicidad y la ayuda de Paulina. Pero ella no lo dejó llegar donde quería. Cortó de plano su confesión y le dijo:

—¿Usted quiere casarse, verdad? Es lo más sensato que puede hacer. Tiene ya edad para eso.

—La edad... eso sí —murmuró Ohngelt tristemente—.

Pero ella se rió y él volvió a casa desconsolado.

La noche siguiente volvió a abordar el mismo tema. La Paulina de los Kircher replicó apenas que él debía saber lo que quería, lo único cierto era que el papel que representaba en la sociedad coral no podía servirle de nada, porque las jóvenes, en resumidas cuentas, cargan con cualquier cosa en un enamorado, menos con la ridiculez.

Las torturas espirituales en las que lo hundieron esas palabras cedieron paso finalmente a la excitación y a los preparativos para el viernes santo, día en que Ohngelt por primera vez debería mostrarse en el coro sobre el podio del órgano. Esa mañana se vistió con particular cuidado y llegó a la iglesia muy temprano, con el cilindro lustroso. Después que le asignaron su lugar, se volvió una vez más al colega que le había prometido ayudarle en la colocación. Realmente, éste pareció no haber olvidado la cosa, hizo señas al organista y éste, sonriendo, trajo un cajoncito que colocó en el lugar de Ohngelt, quien subió en él, de manera que para ver y ser visto disfrutó de las mismas ventajas que los tenores de mayor estatura. Solamente que el estar así era cansado y peligroso; debió, pues, mantenerse en equilibrio y transpiró bastante al pensar que podía caerse y precipitarse con las piernas quebradas entre las muchachas colocadas en el parapeto, porque la parte delantera del órgano se inclinaba en estrechas y altas terrazas hacia la nave de la iglesia. Pero en cambio tuvo el placer de poder contemplar a la bella Margarita Dierlamm en opresiva vecindad. Cuando el canto y el servicio divino concluyeron, se sintió agotado y aliviado, respiró hondo cuando se abrieron las puertas y comenzaron a tañer las campanas.

Días después la Paulina de los Kircher le enrostró que su colocación artificialmente conquistada resultaba muy inconveniente por su orgullo y lo tornaba más ridículo. Él prometió no avergonzarse más en adelante de su poca talla, pero quería utilizar al día siguiente, domingo de Pascua, por última vez el cajoncito, para no desairar al caballero que se lo había conseguido. Ella no se atrevió a decirle si no veía que aquél había traído el adminículo solamente para burlarse de él. Meneando la cabeza, dejó las cosas como estaban y se sintió tan enojada con su tontería como conmovida por su inocencia.

El domingo de Pascua la situación del coro de la iglesia fue aún más solemne que en la oportunidad anterior. Se cantó una música difícil y

Ohngelt se balanceó valientemente sobre su armatoste. Hacia el final del canto, sin embargo, advirtió con horror que su lugarcito estratégico comenzaba a vacilar bajo sus pies y a perder firmeza. Nada pudo hacer sino estarse quieto y evitar en lo posible la caída sobre la terraza. Lo logró y en lugar del escándalo y la desgracia, ocurrió solamente que el tenor Ohngelt, con leve crujido, fue abreviándose lentamente y desapareció de la vista, hundiéndose con una cara llena de angustia. El director, la nave de la iglesia, los coristas y la bella nuca de la rubia Margarita se perdieron uno tras otro para la mirada de Ohngelt, pero llegó sano y salvo al suelo y en la iglesia, con excepción de los colegas sonrientes, sólo una parte de los jóvenes escolares masculinos sentados cerca notaron el percance. Por encima del sitio de su humillación pasó jubiloso y alegre el artístico coro pascual.

Cuando al final del servicio y del canto la gente abandonó la Iglesia, los asociados se quedaron todavía en la tribuna para cambiar unas palabras, porque a la mañana siguiente, el lunes de Pascua, como todos los años, se realizaría una alegre excursión social. En este acto, Andrés Ohngelt había depositado desde el principio grandes esperanzas. Hasta tuvo ahora el valor de preguntar a la señorita Dierlamm si pensaba ser de la partida y la pregunta llegó a sus labios sin excesiva dificultad.

—Sí, a buen seguro iré con los demás —contestó la bonita muchacha muy tranquila y aun agregó—: A propósito, ¿se hizo daño usted antes?

Y con la pregunta soltó la contenida carcajada; sin esperar contestación, se marchó corriendo. En el mismo instante, Paulina miró hacia él con ojos llenos de compasión y muy serios y la confusión de Ohngelt aumentó aún más. Su valor, fugazmente encendido, se desvaneció con no menos rapidez y si ya no hubiese hablado antes con la madre acerca de la excursión y ella insistido en incitarlo, se hubiera retirado con el mayor placer del paseo, de la sociedad y de su mundo de esperanzas.

El lunes de Pascua fue un día azul y lleno de sol, y alrededor de las dos de la tarde casi todos los miembros de la asociación coral, con algunos invitados y parientes se reunieron en la parte alta de la ciudad, en la avenida de alerces. Ohngelt llevó consigo a la madre. Le había confesado la noche antes que estaba enamorado de Margarita y no acariciaba ciertamente muchas esperanzas, pero que confiaba todavía un poco en la ayuda de ella y en la tarde de paseo. Aunque ella deseaba para su pequeño lo mejor le parecía sin embargo que Margarita era demasiado joven y hermosa para él.

Partieron sin cantar, porque el camino boscoso era bastante empinado y había que trepar esforzadamente montaña arriba. Pero la señora Ohngelt encontró el recogimiento y el aliento necesarios para grabar seriamente en la mente del hijo las últimas reglas de conducta para las horas siguientes y comenzar después un desembarazado diálogo con la señora Dierlamm. La madre de Margarita, mientras se cuidaba de ahorrar el aliento en la subida para las respuestas más necesarias, pudo oír una serie de cosas agradables e interesantes. La señora Ohngelt comenzó por el tiempo magnífico; pasó de eso a la apreciación de la música de iglesia, a una loa de la robusta apariencia de la señorita Dierlamm y a la admiración del traje primaveral de Margarita; se demoró hablando de asuntos de tocado y, finalmente, explicó el progreso sorprendente que en los últimos años había realizado la tienda de lencería de su cuñada. Ante todo eso, la señora Dierlamm no pudo hacer otra cosa que recordar con alabanzas al joven Ohngelt, que demostraba tan buen gusto y buenas aptitudes comerciales, lo que su esposo había observado y reconocido ya muchos años atrás, durante el aprendizaje de Andrés. A este cumplido halagador, la madre de éste, encantada, contestó con un ligero suspiro.

Ciertamente, Andrés era activo y hábil y llegaría mucho más lejos; el magnífico comercio también le pertenecía casi virtualmente, pero era una lástima su reserva con las mujeres. No le faltaban ni el deseo ni las cualidades más apetecibles para el matrimonio, pero sí la confianza y la iniciativa.

La señora Dierlamm trató de consolar a la preocupada madre y aunque al hacerlo estaba muy lejos de pensar en su hija, le aseguró que una unión con Andrés sólo podía ser más aceptable para cualquier muchacha soltera de la ciudad. La señora Ohngelt sorbió estas palabras como miel.

Entretanto, Margarita, con otros jóvenes de la sociedad se había adelantado mucho y a este grupo reducido de los más jóvenes y alegres se unió también él, aunque le costaba enormemente seguir a los demás con sus cortas piernas.

Todos fueron otra vez excepcionalmente amables con él porque para estos muchachos divertidos el angustiado pequeño con sus ojos derretidos de amor, era una preciosa víctima. También la bella Margarita colaboraba y fue arrastrando al pretendiente cada vez más a la conversación, con aparente seriedad, de tal modo que él hirvió de dichosa excitación y de partes de la oración tragadas a conciencia.

Pero el placer no duró mucho. Poco a poco, el pobre diablo advirtió sin embargo, que a sus espaldas se reían de él y aunque solía conformarse, se sintió hombre acabado y dejó que sus esperanzas se derrumbaran. Pero exteriormente trató de no dejar que se notara nada en lo posible. El desenfreno de los jóvenes fue creciendo de minuto en minuto y él se rió con esfuerzo tanto más fuerte, cuanto más claramente comprendió que todas las mofas y las alusiones le estaban dirigidas. Por último, el más atrevido de los muchachos, un ayudante de farmacia largo como un árbol, puso fin a las bromas con algo realmente grosero.

Pasaban justamente delante de una hermosa y vieja encina, y el farmacéutico intentó alcanzar con las manos la rama más baja del altísimo árbol. Se irguió y saltó varias veces en alto, pero no logró nada y los espectadores que lo rodeaban en semicírculo comenzaron a reírse de él. Tuvo entonces el joven la ocurrencia de rehabilitarse con un chiste y colocar a otro en su ridícula situación. Aferró de pronto al pequeño Ohngelt por la cintura, lo levantó y lo invitó a tomarse de la rama y a colgarse de ella.

El pobre sorprendido estaba indignado y no hubiera aceptado seguramente, si en su vacilante postura no hubiese tenido miedo de caer. Por eso se prendió de la rama y clavó las manos en ella; mas apenas el que lo sostenía se dio cuenta, lo soltó y Ohngelt quedó colgado entre las carcajadas de los jóvenes, muy en alto, desamparado, pataleando y, lanzando gritos de enojo.

—¡Bájeme! —gritaba violento—. Bájeme en seguida, señor.

Su voz se ahogó; se sintió aniquilado totalmente y expuesto a perpetua infamia. Pero el farmacéutico dijo que era necesario rescatarle y todos aplaudieron jubilosos.

—Tiene que pagar un rescate exclamó también Margarita Dierlamm.

—Sí, sí —contestó Ohngelt gritando—, pero pronto.

Su torturador dijo todavía un discursillo en el que recordó que aunque el señor Ohngelt era miembro de la asociación coral de la iglesia desde tres semanas atrás, nadie le había oído cantar.

Y que ahora no sería liberado de su alta y peligrosa situación si antes no cantaba una canción para los presentes.

Apenas el farmacéutico concluyó de hablar. Andrés comenzó a cantar, porque sentía que las fuerzas lo abandonaban. Casi sollozando comenzó: ¿Recuerdas todavía la hora? y aún no había terminado con la primera estrofa, cuando tuvo que soltar la rama y se precipitó gritando. Todos se asustaron y de haberse roto una pierna, seguramente hubiera merecido la compasión de los arrepentidos. Pero él se levantó pálido pero indemne, buscó el sombrero a su lado en el musgo, se lo puso con cuidado y en silencio se marchó de allí por el mismo camino por el cual habían llegado. Detrás de la primera curva, se sentó en el borde del camino y trató de recobrarse.

Allí lo encontró el farmacéutico, quien se había deslizado detrás de él lleno de remordimiento. Le pidió disculpas, sin obtener contestación.

—Lo lamento mucho de verdad —dijo una vez más, implorante—, no tuve ciertamente mala intención. Perdóneme usted, por favor, y vuelva con nosotros.

—Está bien —contestó Ohngelt y se despidió. El otro se alejó poco satisfecho.

Algo más tarde fueron llegando lentamente el resto de los excursionistas con los mayores y las dos madres. Ohngelt se acercó a su madre y le dijo:

—Quiero regresar a casa.

—¿A casa?, ¿pero por qué?, ¿ocurrió algo?

—No. Pero no vale la pena, ahora lo sé perfectamente.

—¿Cómo? ¿Recibiste calabazas?

—No. Pero lo sé...

Ella le interrumpió y lo arrastró consigo.

—¡Ahora nada de bromas! Vienes conmigo y todo irá bien. Cuando tomemos el café, te colocaré al lado de Margarita. Ten cuidado.

Ohngelt meneó la cabeza afligido, pero obedeció y acompaño a su madre. La Paulina de los Kircher intentó comenzar con él una conversación y tuvo que renunciar, porque él miraba delante de sí fijo y callado y tenía una cara excitada y amargada, como nadie le vio nunca.

Después de media hora, la comitiva llegó a la meta del paseo, una pequeña aldea del bosque, cuya hostería era conocida por su buen café y en cuya proximidad yacían las ruinas de un castillo de caballeros salteadores. En el jardín, los jóvenes que habían llegado mucho antes, estaban entregados a vivaces juegos. De la casa se trajeron mesas, la juventud llevó sillas y bancos. Se tendió un mantel limpio y se dispusieron las tazas, las cafeteras, los platos y la pastelería. La señora Ohngelt logró exactamente colocar a su hijo al lado de Margarita. Pero él no advirtió su ventaja, sino que se sumergió desconsoladamente en la sensación de su desdicha, revolvió sin saberlo con la cucharita el café que se enfriaba y siguió callado obstinadamente, a pesar de todas las miradas que le lanzaba la madre.

Después de la segunda taza, los cabecillas de la juventud resolvieron dar un paseo hasta las ruinas del castillo y jugar allí. El grupo se levantó con las muchachas, rumorosamente. También Margarita Dierlamm se puso de pie y al hacerlo entregó a Ohngelt que seguía callado y aplastado, su bonita cartera bordada de cuentecillas, con estas palabras:

—Por favor, guárdemela, señor Ohngelt, vamos a jugar.

Andrés hizo señas de que sí con la cabeza y tomó la cartera. La cruel evidencia con que la tomó pensando que se quedaría con los ancianos y no participaría del juego, no le sorprendió ya. Sólo le asombraba que no lo hubiese notado todo desde el comienzo: la sospechosa amabilidad en los ensayos, la historia del cajoncito y lo demás.

Cuando los jóvenes se hubieron marchado y los restantes siguieron tomando café y conversando, Ohngelt desapareció sin ser notado y, por

detrás del jardín, se fue al bosque a través del campo. La hermosa cartera que llevaba en la mano, resplandecía alegremente en la luz del sol. Se
detuvo delante de un tronco recién cortado. Sacó el pañuelo, lo extendió
sobre la madera húmeda y clara todavía y se sentó. Luego apoyó la cabeza entre las manos y revolvió turbios pensamientos; cuando su mirada
volvió a caer sobre la cartera multicolor y al mismo tiempo un soplo de
viento le trajo los gritos y las voces alegres de sus colegas, inclinó más
profundamente la cabeza pesada y comenzó a llorar silenciosamente,
como un niño.

Estuvo seguramente así una hora. Sus ojos estaban otra vez secos y
su excitación se había desvanecido, pero lo triste de su condición y lo
desesperado de sus aspiraciones se le tornaron más evidentes que nunca. Oyó acercarse un paso ligero, crujir un vestido, y antes de que pudiera
saltar de su asiento, estaba ya Paula Kircher delante de él.

—¿Solito? —preguntó bromeando. Y como él no contestara y ella
lo mirara más atentamente, la muchacha se volvió seria de repente y
con femenina bondad le preguntó—: ¿Qué le pasa?, ¿le ocurrió alguna
desgracia?

—No —contestó Ohngelt en voz baja y sin buscar las palabras—.
No. Sólo comprobé que estoy de más entre la gente. Y que he sido su
hazmerreír.

—Oh, no será cosa grave...

—No, no, justamente es así. Su hazmerreír he sido, y sobre todo para
las muchachas. Porque fui bueno y no pensé mal de nadie. Se rieron
mucho; no hubiera debido entrar en la asociación.

—Puede retirarse de ella y todo está arreglado.

—Sí, puedo retirarme, y lo haré sin esperar a mañana. Pero con eso
estoy muy lejos de haber arreglado nada.

—Pero, ¿por qué?

—Porque he sido motivo de burla para ellas. Y porque sin más ninguna ya...

Casi lo ahoga un sollozo.

Amable, ella preguntó:

—Y... ¿por qué ahora ninguna ya...?

Con voz temblorosa él continuó:

—Porque ahora ninguna muchacha me aprecia más ni me toma en
serio.

—Señor Ohngelt —replicó Paulina lentamente—, ¿no es usted injusto ahora?, ¿o piensa usted que yo no lo aprecio y no lo tomo en serio?

—Sí, eso sí. Ya lo creo que usted me aprecia. Pero no es eso.

—¿No? ¿Y qué, entonces?

—¡Dios mío! De eso no debería hablar siquiera. Pero me vuelvo loco si pienso que todos los demás tienen más suerte y que yo también soy un hombre, ¿no? Pero conmigo... conmigo... ninguna quiere casarse...

Hubo una pausa un poco más larga. Luego Paulina volvió a la carga.

—Bien, ¿preguntó usted ya a una y otra si lo quieren o no?

—Tanto como preguntar, no, eso no. Y ¿para qué? Ya sé de antemano que ninguna me quiere.

—Usted, pues, quiere que las muchachas se le acerquen y le digan: "¡Ay, señor Ohngelt, perdone usted, pero yo deseo tanto que usted se case conmigo!" Oh, para eso tendrá que esperar muy mucho, seguramente.

—Lo sé —suspiró Andrés—. Ya sabe usted cómo pienso, señorita Paula. Si supiera que una sola piensa en serio en mí y puede quererme un poco, entonces...

—Entonces, tal vez, usted sería tan gentil y le sonreiría o le haría una seña con el dedo... Dios mío, usted es..., usted es...

Y dicho eso, ella se marchó corriendo, pero no con risas sino con lágrimas en los ojos. Ohngelt no podía verlo, pero había notado algo en la voz y en la fuga de ella, por eso corrió a su alcance y cuando estuvo a su lado y ninguno de los dos encontraba las palabras, se abrazaron de pronto y se dieron un beso.

Así se comprometió el pequeño Ohngelt.

Cuando regresó al jardín de la hostería con su novia, avergonzado pero valiente y del brazo, todos estaban preparados para regresar y sólo esperándolos a ellos. En el alboroto general, entre la sorpresa y la incredulidad manifestada con movimientos de la cabeza, entre los votos de todos, la bella Margarita se acercó a Ohngelt y le preguntó:

—Oh, ¿dónde dejó usted mi cartera?

Consternado, el prometido volvió corriendo al bosque, y Paulina se lanzó tras él. En el lugar donde él estuviera sentado tanto tiempo y llorara, estaba la cartera resplandeciente entre hojas amarillentas. La novia le dijo:

—¡Qué bien, haber vuelto hasta aquí! Habías dejado sobre el tronco tu pañuelo...

Ladidel

El joven Alfredo Ladidel supo tomar la vida a la ligera desde niño. Había tenido el deseo de dedicarse a los estudios superiores, pero cuando con algún retraso superó a duras penas solamente el examen que le abría el camino a los cursos superiores del gimnasio, sin mucho pensarlo resolvió seguir el consejo de sus maestros y de sus padres y renunciar a esa carrera. Y apenas eso ocurrió y se encontró colocado como aprendiz en el escritorio de un notario, aprendió a ver que el estudio y la ciencia generalmente se sobreestiman y que el verdadero valor de un hombre depende muy poco de los exámenes rendidos y de los semestres académicos. Muy pronto esta opinión echó raíces en él, dominó su memoria y contó a veces entre colegas cómo había elegido esta carrera aparentemente más sencilla después de madura reflexión, a pesar del deseo contrario de sus maestros, y que ésta fue la más inteligente resolución de su vida, aunque le hubiese costado sus buenos sacrificios. Saludaba con un ademán de desprecio a sus coetáneos que se habían quedado en la escuela y que él hallaba todos los días en las calles con sus carteras llenas de libros, y se alegraba cuando los veía quitarse el sombrero delante de los maestros. Durante el día estaba a las órdenes del notario, que exigía mucho de los principiantes. Por la noche, se ejercitaba con los camaradas en el arte de fumar cigarros y de vagar despreocupado por las calles; también bebía en caso necesario con sus iguales un vaso de cerveza, aunque prefería llevar al confitero las monedas mendigadas a la madre, del mismo modo que también en la oficina, cuando los demás comían por la tarde pan con manteca y un vaso de mosto, él devoraba siempre algún dulce; en los días pobres un panecillo con mermelada, en los días de abundancia, una cabeza de moro, un bollito o un almendrado.

Entretanto, fue llegando al final de su primer período de aprendizaje y se trasladó con orgullo a la capital, donde todo le agradó de sobremanera. Y allí fue donde su carácter llegó al completo desarrollo.

Ya antes, el jovencito se había sentido arrastrado hacia las bellas artes y había cultivado la aspiración a la belleza y gloria. Y ahora era considerado entre sus colegas de menor edad, sin discusión ya, como un gran muchacho, como un tipo de condiciones, que en los asuntos sociales y de buen gusto fuera todo un as y se le pidiera consejo. Porque ya de niño había cantado, silbado, declamado y bailado con arte y pasión, y en estos bellos ejercicios se había convertido hacía tiempo en maestro, no sin dejar de aprender otros más. Además poseía una guitarra, con la que acompañaba canciones y divertidas poesías y cosechaba aplausos en toda reunión; a veces componía versos que cantaba improvisando sobre conocidas melodías de guitarra, y sin menoscabo de la dignidad de su categoría, sabía también vestir en una forma que lo distinguía como algo especialmente genial. Sobre todo se anudaba la corbata con un moño atrevido y suelto que nadie lograba tan hermoso y sabía peinarse sus lindos cabellos oscuros con la nobleza de un caballero. Quien viera a Alfredo Ladidel, cuando pronunciaba una broma en una velada del club y entretenía a las damas o, repantigado en el sillón en el Círculo Fidelitas, cantaba sus cancioncillas alegres, acompañándose en la guitarra colgada de una cinta verde y pulsada con dedo suave, y al concluir declinaba modestamente los vivos aplausos y continuaba pellizcando las cuerdas quedamente pensativo, hasta que se le pedía tumultuosamente una nueva canción, tenía fatalmente que apreciarlo mucho y hasta envidiarle. Como además de una pequeña mensualidad familiar recibía un sueldo decente, podía entregarse sin preocupación a estos placeres sociales y lo hacía todo con satisfacción y sin detrimento alguno, aun cuando a pesar de su habilidad mundana en muchas cosas seguía siendo casi un niño. Por eso bebía siempre jugo de frambuesa en lugar de cerveza y en muchas ocasiones prefería tomar una taza de chocolate con un par de trozos de torta en la confitería. Los envidiosos y los ambiciosos, entre sus camaradas, que naturalmente no faltaban, lo llamaban por eso el "baby" y a pesar de todas sus habilidades no lo tomaban en serio. Esto era lo único que de vez en cuando le proporcionaba momentos tristes.

Con el correr del tiempo se agregó sin embargo otra sombra. De acuerdo con su edad, el joven señor Ladidel comenzó a interesarse juiciosamente por las lindas muchachas y estuvo constantemente enamorado de ésta o de aquélla. Pero esto le proporcionó muy pronto más pena que alegría, porque mientras sus pretensiones amorosas crecían, su valor y su espíritu de iniciativa fueron declinando cada vez más en este terreno. En casa, en su reducido cuarto cantaba acompañado en la guitarra muchas canciones de amor, muy sentimentales, pero en presencia de hermosas muchachas se le aflojaba el ánimo. Siguió siendo ciertamente un bailarín excelente, pero su habilidad de entretenimiento lo abandonaba cuando se trataba de comunicar algo de sus sentimientos. Luego, por cierto, hablaba y cantaba y brillaba más luminosamente en el círculo de los amigos, pero hubiera dado con gusto sus aplausos y todos sus laureles por un beso de la boca de una bella joven.

Esta cortedad, que no condecía mucho con el resto de su carácter, tenía su fundamento en una incontaminación del alma que sus amigos no sospechaban siquiera. Éstos, cuando les acuciaba el deseo, encontraban la satisfacción amorosa aquí y allá, en menuda medida, con sirvientas y cocineras, con quienes hacían el amor, o cierto, pero sin que hubiera una posibilidad de apasionamiento y amor ideal y aún menos de eterna fidelidad y futuro matrimonio. Y sin todo esto, el joven señor Ladidel no podía imaginar el amor.

A pesar de todo, las muchachas —sin que él se atreviera a notarlo— lo miraban con buenos ojos. Les agradaba su hermosa cara, su forma de bailar y su canto, y hasta acariciaban los ingenuos deseos de él, porque sentían que detrás de su buena apariencia y su educación delicada se ocultaba un corazón puro e infantil.

Pero él nada sabía entonces de estas secretas simpatías y aunque seguía gozando de admiración en el Círculo Fidelitas, la sombra fue creciendo y ahondándose y tornándose más temerosa, y amenazó con oscurecer poco a poco toda su vida. En estos tiempos adversos se entregó con extremado celo al trabajo; fue por un tiempo un ayudante ejemplar de notaría y por la noche se preparó con diligencia para el examen oficial, en parte para enderezar sus pensamientos por otros caminos, en parte para llegar más pronta y seguramente a la situación de poder presentarse como pretendiente; este período no duró mucho, aunque se repitió, porque no entraban en su naturaleza el estarse sentado y trabajar duramente con la cabeza.

Cuando el noble celo se agotaba, el jovencito echaba mano otra vez de la guitarra, paseaba elegante y nostálgico por las calles de la capital o escribía poesías en su cuadernillo. Ahora sus versos eran generalmente de amor, de romanticismo, y consistían en frases y versos, rimas y lindas oraciones que había leído y aprendido de memoria en libros de canciones. Lo reunía todo sin agregar nada suyo y de esta manera tuvo una limpia colección de pasables versos de los poetas preferidos. Le causaba placer copiar en limpio con bella caligrafía oficinesca tales versos y por algunas horas olvidaba así sus pesares. Era peculiar de su carácter también, que tanto en las buenas épocas como en las malas se entregara fácilmente al juguetear y con eso olvidaba lo importante y lo real. Hasta la diaria tarea de su presentación exterior le hacía perder bastante tiempo: el pasarse el peine y el cepillo por su oscuro cabello no muy corto, el cuidado y las caricias del bigotillo claro encerrado, el nudo de la corbata, el esmerado cepillado de la chaqueta y la limpieza y el brillo de las uñas. Además le insumía su tiempo, a menudo, la ordenación y contemplación de sus joyas, que conservaba en un cofrecito de caoba. Entre

tales joyas había un par de dorados gemelos, un anotador encuadernado en seda verde con la inscripción: "No me olvides", donde hiciera
apuntar a sus mejores amigos el nombre, las señas y las fechas de sus
cumpleaños; un lapicero tallado en falso marfil con adornos góticos de
filigrana y con un diminuto cristal, que si se miraba a contraluz, revelaba una vista del monumento del Niederwarld; además un corazón de
plata que se podía abrir con una llavecita casi invisible, un cortaplumas
con cabo de marfil e incrustaciones de edelweiss tallados; finalmente,
un broche roto de mujer, con muchos granates, perdidos algunos, que el
joven propietario pensaba hacer transformar para él en prendedor o alfiler en alguna festiva ocasión. Se comprende que además no le faltaban
un elegante y fino bastón de paseo, cuyo puño representaba la cabeza
de un galgo, y un alfiler de corbata en forma de lira de oro.

Del mismo modo que el joven guardaba y apreciaba sus tesoros,
llevaba también consigo fiel y constantemente su pequeña llama de amor
encendida, la observaba según el caso con placer o pesar y esperaba el
momento de emplearla con dignidad y entregarla.

Mientras tanto, entre los colegas se volvió de moda una nueva costumbre, que no gustó a Ladidel y sacudió fuertemente la simpatía y la
autoridad de que gozara hasta entonces. Un joven profesor adjunto de
la universidad técnica, comenzó a dar conferencias nocturnas sobre economía, que eran frecuentadas con interés y diligencia por los empleados
de oficina y funcionarios menores. Los conocidos de Ladidel acudieron
todos y en sus reuniones surgieron fogosos debates acerca de problemas sociales y política interna, en los que Ladidel no podía ni quería
tomar parte.

Se aburría y hasta se agriaba y como en esta nueva inquietud sus
habilidades precedentes eran casi olvidadas por los camaradas y apenas se deseaban, cayó de su antigua cumbre, cada vez más, en una tiniebla
sin gloria. Al comienzo luchó todavía y se llevó a casa libros, pero los
encontró desesperadamente aburridos, los dejó a un lado suspirando y
renunció tanto a la sabiduría como a la fama.

En esta época en que llevaba ya menos alta la hermosa cabeza, olvidó un viernes hacerse afeitar, cosa que siempre hacía ese día y el martes.
Por eso, al regresar a casa por la tarde, como se había alejado mucho de
la calle donde residía su peluquero, entró en una modesta peluquería
cerca de su pensión, para remediar el descuido, porque aunque estaba
deprimido por las preocupaciones, no quería ser infiel a ningún hábito
contraído. Además, el cuarto de hora de la peluquería era siempre una
fiesta para él; no lo disgustaba esperar un rato, sino que se sentaba
placenteramente en una silla, hojeaba un diario y pasaba reseña a los
carteles ilustrados de jabones, cosméticos y pomadas para el bigote colgados de las paredes, hasta que le llegaba el turno y echaba gozoso la

cabeza hacia atrás, para sentir en sus mejillas los dedos cuidadosos del peluquero, la fresca navaja y, al final, el delicado cisne con el polvo de arroz.

También esta vez se sintió de buen humor; cuando entró en la peluquería, colocó el bastón contra la pared, colgó el sombrero, se tendió en el amplio sillón y percibió el susurro de la perfumada espuma de jabón. Lo atendió con todo esmero un joven ayudante; lo afeitó, lo secó, mantuvo delante de sus ojos el ovalado espejo de mano, le masajeó las mejillas, las empolvó casi jugando y preguntó muy gentilmente:

—¿Desea algo más el señor?

Luego siguió con paso leve al cliente que se había puesto de pie, le cepilló el cuello de la chaqueta y le alcanzó el sombrero y el bastón; recibió después el precio bien ganado por la afeitada. Todo esto había puesto al joven señor en un estado de ánimo benevolente y satisfecho; cerró y abultó los labios para salir a la calle silbando alegremente, cuando oyó al ayudante al que apenas había mirado, decirle:

—Perdone, señor, ¿no es usted el señor Alfredo Ladidel?

Ladidel miró al hombre en la cara y reconoció en seguida a su antiguo condiscípulo Fritz Kleuber. En otra oportunidad, hubiera reconocido al antiguo compañero con desagrado, guardándose de tratar con un peluquero de quien se hubiera avergonzado ante los colegas. Pero en ese momento estaba de buen humor y, además, en los últimos tiempos. su orgullo y su concepto de categoría estaban en notable decadencia. Por eso, tanto por su estado de ánimo como por una necesidad de simpatía y amabilidad, tendió la mano al ayudante del peluquero y exclamó:

—¡Qué milagro! ¡Fritz Kleuber! ¿Nos seguiremos tuteando, verdad? ¿Cómo te encuentras?

El condiscípulo aceptó la mano ofrecida y el tuteo con alegría verdadera y, como estaba de servicio y no disponía de tiempo, concertaron una cita para el domingo por la tarde.

El peluquero se complació por esa cita y se sintió agradecido al viejo camarada, que a pesar de su clase distinguida había querido recordar su amistad escolar. Fritz Kleuber tuvo siempre cierto respeto por el hijo de sus vecinos y compañero de curso, porque era superior a él en todas las habilidades de la vida, y la bella presencia de Ladidel le causó también esta vez profunda impresión. Por eso se preparó para el domingo, apenas salió de la peluquería, con extremada diligencia y se puso su mejor traje. Antes de entrar en la casa donde vivía Ladidel, se limpió los zapatos con un diario, luego subió alegremente las escaleras y llamó a la puerta donde lucía la tarjeta de Alfredo.

Éste también se había preparado un poco, porque quería causar una gran impresión en su coterráneo y amigo de la juventud. Lo recibió con gran cordialidad; tenía preparado en la mesa un excelente café con pasteles, e invitó alegremente a Kleuber.

—Nada de cumplidos viejo amigo, ¿verdad? Tomaremos el café juntos y luego haremos un paseo, si te parece bien.

Ciertamente le parecía bien; se sentó agradecido, tomó café y comió un pastel, aceptó luego un cigarrillo y demostró una sincera alegría por tan amable hospitalidad. Charlaron pronto con el viejo ritmo lugareño de los tiempos idos, de los maestros y condiscípulos y de lo que había sido de éstos. El peluquero tuvo que contarle cómo le había ido hasta entonces y dónde estuvo; después comenzó el otro e informó detalladamente acerca de su existencia y de sus perspectivas. Y al final tomó la guitarra colgada en la pared, la templó y la pellizcó, comenzó a cantar y cantó canción tras canción, todas ellas alegres, de tal manera que los ojos del peluquero se llenaron de lágrimas. Renunciaron al paseo y en cambio contemplaron algunos de los tesoros de Ladidel, y a raíz de ellos se enfrascaron en una conversación sobre lo que cada uno imaginaba como anhelo de vida refinada. Naturalmente, las aspiraciones del peluquero por la felicidad eran mucho más modestas que las del amigo, pero al final, sin quererlo, Fritz jugó una carta de triunfo con la cual ganó el respeto y la envidia del otro. Contó, en efecto, que tenía una novia en la ciudad y además invitó al amigo a acompañarlo pronto a casa de ella, donde sería bien recibido.

—¡Oh, mira un poco —exclamó Ladidel—, tienes novia! Hasta allí no he llegado aún... ¿Sabes ya cuándo podrán casarse?

—No todavía exactamente, pero más de dos años no esperaremos seguramente; hace ya un año que nos hemos comprometido. Tengo unos tres mil marcos heredados de mi madre y si trabajo con ahínco un año o dos más y ahorro algo, podremos abrir nuestro comercio propio. Hasta sé ya dónde, es decir, en Schaffhouse, en Suiza, y donde trabajé dos años; el dueño me quiere y está viejo y hace poco me escribió que si quiero me cede la tienda con el mayor gusto y no muy cara. Conozco el local muy bien; está muy acreditado y cerca de un hotel donde acuden muchos forasteros y tiene como anexo un quiosco para venta de postales.

Metió la mano en el bolsillo interior de su chaqueta dominguera y sacó una cartera; allí tenía la carta del patrón de Schaffhouse y una postal envuelta en papel de seda, que mostró al amigo.

—¡Oh, la cascada del Rhin! exclamó Alfredo y ambos contemplaron la tarjeta. Era la cascada del Rhin, iluminada en color rojo púrpura; el peluquero lo describió todo, conocía cada lugarcito y habló del paisaje y de los muchos extranjeros que visitan esa maravilla natural; volvió a hablar del maestro peluquero y de la tienda, leyó la carta y desbordó de alegría y satisfacción, de tal modo que el camarada quiso finalmente tomar también la palabra y ser alguien. Por eso comenzó a hablar del monumento de Niederwald, que en realidad no había visto, pero sí un tío suyo, y sacó su cofrecito, tomó el lapicero y quiso que el amigo mirara a través del cristal la oculta maravilla. Fritz Kleuber admitió con agrado que se trataba de una belleza en nada inferior a su roja cascada y cedió prudentemente la palabra al otro, que se informó acerca de la profesión de su huésped. La conversación se tornó vivaz, Ladidel volvía a preguntar cada vez nuevas cosas y Kleuber se explicó siempre a conciencia, honradamente. Hablaron del filo de las navajas, de la forma de manejar el cabello al cortarlo, de pomadas y lociones, y en esta ocasión Fritz sacó del bolsillo un pequeño pote de porcelana con fina crema, que ofreció al amigo como modesto obsequio. Después de alguna vacilación, éste aceptó el regalo, el pote fue abierto y olido, ensayada la crema y finalmente dejada sobre el lavatorio.

Entretanto, había caído la noche; Fritz quería cenar con su novia y se despidió, no sin agradecer amablemente la recepción brindada. También Alfredo juzgó que había sido una bella tarde, pasada agradablemente, y resolvieron encontrarse de nuevo el martes o miércoles por la noche.

II

En seguida, Fritz Kleuber pensó que tenía la obligación de retribuir la invitación del domingo y el café de Ladidel y agasajar a éste en alguna forma. Por eso el lunes le escribió una carta —con bordes dorados y una paloma impresa en el papel— y lo invitó para la noche del miércoles a comer con él en casa de su novia, la señorita Meta Weber, en la Hirschengasse.

Para esa velada, Alfredo Ladidel se preparó con todo cuidado. Se había informado acerca de la señorita Meta Weber y sabía ya que, al igual que una hermana todavía soltera, era hija de un escribano Weber, muerto hacía muchos años; era, pues, hija de un funcionario, de manera que podía sentirse honrado de ser su huésped. Esta reflexión y también el pensamiento de la hermana soltera le determinaron a embellecerse especialmente y a pensar también un poco de antemano en la conversación que sostendría.

Bien ataviado, apareció alrededor de las ocho en la Hirschengasse y encontró en seguida la casa, pero no entró, sino que se paseó por la calle hasta que un cuarto de hora después llegó su amigo Fritz Kleuber. Se reunió con él y uno tras del otro subieron ambos hasta la habitación de las solteras, bastante en lo alto. En la puerta de cristales los recibió la viuda Weber, una señora pequeña, sencilla, con una vieja y preocupada cara de mujer sufrida, que pareció prometer poca alegría al candidato de notario. Él saludó, fue presentado y llevado por el pasillo que olía a cocina. De allí pasaron a un cuarto tan grande, claro y alegre como no hubiera podido imaginárselo. Y desde la ventana, donde los geranios en el crepúsculo resplandecían como vidrieras de iglesia, se les acercaron las dos hijas de la viuda. Éstas fueron también una agradable sorpresa y excedieron bastante lo mejor que se hubiera podido esperar de la pequeña y anciana señora.

—Buenas noches —dijo una de ellas y tendió la mano al peluquero.

—Mi prometida —dijo éste a Ladidel, quien se acercó a la bella muchacha con una irreprochable reverencia, sacó la mano oculta tras la espalda y ofreció a la señorita un ramo de lirios del valle, que había comprado en el camino. Ella se rió, dio las gracias y empujó a la hermana que también se rió; ésta era hermosa y rubia y se llamaba Marta. Luego se sentaron en seguida a la mesa ya tendida, frente a una ensalada de berros con una de huevos revueltos. Durante la comida casi no se habló; sentado del lado de la novia que le untaba el pan la anciana madre, cansada, masticando difícilmente, miraba alrededor de sí con los ojos inalterablemente llenos de pesar, detrás de los cuales ella se sentía perfectamente bien, pero que causaban en Ladidel una impresión de angustia, tanto que comió poco y se mantuvo calladamente oprimido.

Después de la cena, la madre se quedó en el cuarto, pero se arrellanó en un sillón cerca de la ventana, cuyas cortinas había corrido antes, y pareció dormitar. En cambio, los jóvenes se sintieron alegres y las muchachas enredaron al huésped en una conversación coqueta y ardorosa, en la cual Fritz apoyaba al amigo. Desde la pared los contemplaba el desaparecido señor Weber, en un marco de madera de cerezo; pero con excepción de ese retrato, en la confortable estancia todo era hermoso y alegre, desde los geranios que se apagaban en el crepúsculo hasta los vestidos y los zapatos de las muchachas y una mandolina colgada en la pared más estrecha. Cuando la conversación comenzó a tornarse más fogosa, la mirada del huésped cayó sobre el instrumento, al que siguió contemplando con vivo interés y esperó la cumplida respuesta que necesitaba, al informarse acerca de cuál de las dos hermanas gustaba de la música y tocaba la mandolina. Era Marta, y la hermana y el futuro cuñado se rieron en seguida porque el instrumento apenas si había sido pulsado desde los días ya muy lejanos de un fracasado noviazgo. Pero el señor Ladidel insistió para que Marta tocara algo y se confesó fanático amante de la música. Como la señorita no se dejaba convencer, Meta tomó al fin la mandolina y se la tendió y como Marta reía rechazándola y enrojecida, tomó Ladidel el instrumento y corrió levemente sus dedos por las cuerdas, como ensayando.

—¡Oh, usted sabe tocar! —exclamó Marta—. Es usted un pícaro; mete en aprietos a los demás y luego sabe hacerlo mejor.

Ladidel declaró modestamente que no era verdad, que nunca había tenido en sus manos ese instrumento y que en cambio tocaba ya desde hacía muchos años la guitarra.

—Sí —exclamó Fritz—, tendrían que oírle. ¿Por qué no trajiste contigo la guitarra? La próxima vez tendrás que hacerlo, seguramente.

La velada pasó volando. Cuando los dos jóvenes se despidieron, la madre olvidada, pequeña y preocupada, se levantó del sillón cerca de la ventana y les deseó las buenas noches. Fritz acompañó un par de cuadras a Ladidel, que estaba rebosante de placer y alabanzas.

En la habitación de las Weber, ahora tranquila, apenas se fueron los invitados, se levantó la mesa y se apagó la luz. En el dormitorio, ambas jóvenes estuvieron calladas como de costumbre, hasta que se durmió la madre. Luego Marta comenzó la conversación, al principio en un murmullo.

—¿Dónde colocaste tus lirios del valle?

—Ya lo viste, en el florero sobre la estufa.

—Oh, cierto... Buenas noches. ¿Estás cansada?

—Un poco.

—Dime,¿qué te pareció el notario? Un poco relamido, ¿no?

—¿Por qué?

—Oh, todo el tiempo pensé que mi Fritz hubiera debido ser notario y en cambio el otro, peluquero. ¿No te parece? Es un poco meloso.

—Sí, un poco. Pero es agradable y tiene buen gusto. ¿Viste su corbata?

—Ciertamente.

—Además, ¿sabes?, tiene algo de intacto, de puro. Al comienzo se mostró del todo sencillo.

—También, ¡tiene apenas veinte años!... Bueno, que duermas bien...

Antes de dormirse, Marta pensó un rato más en Ladidel. Le había agradado y ella asignó en su corazón para el hermoso muchacho un lugarcito, por si algún día el joven tuviese deseo de entrar en ese lugar y hacer las cosas en serio. Porque no estaba dispuesta para un simple amorío, dado que había superado ya hacía tiempo esa escuela previa (que la mandolina le recordaba), y también porque no le gustaba andar sin novio detrás de Meta, un año más joven.

Tampoco el corazón del aspirante a notario había quedado indiferente. En realidad vivía aún padeciendo la vaga sed de amor de quien apenas comienza a vivir, y se enamoraba de cualquier criatura bonita que veía; en verdad, más le hubiera gustado Meta. Pero ésta era ya novia de Fritz e inalcanzable, y Marta podía estar perfectamente a la par de ella; así, el corazón de Alfredo se había ido deslizando más y más hacia ella en el curso de la velada y guardó con vaga veneración su imagen con la clara y pesada corona de rubios rizos.

En esas condiciones, pasaron pocos días más y el pequeño grupo volvió a reunirse en la casa por la noche; sólo que esta vez los jóvenes llegaron más tarde, porque la mesa de la viuda no hubiera consentido tan frecuente recepción de invitados. En cambio, Ladidel trajo consigo su guitarra, que Fritz le brindó orgulloso. El músico supo arreglarse para hacer resaltar su arte y mereció muchos aplausos, pero no hizo él sólo los gastos de la velada. Porque después de cantar algunas canciones, después de desarrollar brevemente la habilidad de su canto y de su acompañamiento, arrastró a los demás en el juego y entonó bellas melodías, que tentaban a los demás también a cantar, desde las primeras notas.

La pareja de novios, enardecida y envuelta en la música y el festivo estado de ánimo, cantaron muy juntos y en voz baja solamente y saltando estrofas, para charlar entretanto y acariciarse furtivamente, mientras que Marta, sentada frente al ejecutante, lo miraba en los ojos y lo acompañaba cantando todos los versos.

Cuando al despedirse, la pareja ocultó sus besos en el corredor mal alumbrado, ellos se quedaron esperando un largo minuto, muy embarazados. En la cama, Meta llevó en seguida la conversación al tema del notario, como siempre lo llamaba, esta vez llena de comprensión y alabanzas. Pero la hermana no dijo más que sí, sí, puso la rubia cabeza en la almohada sobre ambas manos, y se quedó callada y despierta, mirando en la oscuridad y respirando profundamente. Más tarde, cuando la hermana ya dormía, Marta lanzó un largo y quedo suspiro, que sin embargo no correspondía a ningún dolor presente, sino solamente a una vaga sensación de inseguridad de todas las esperanzas amorosas. No volvió a suspirar. Más aún, poco después se durmió también, con una sonrisa en su fresca boca.

La relación prosperó cómodamente. Fritz Kleuber llamaba amigo al elegante Alfredo y se sentía orgulloso. Meta veía con placer que su prometido no llegara solo sino acompañado por el músico, y Marta cobró afecto al huésped cuanto más reconocía su casi infantil ingenuidad. Le parecía que este jovencito buen mozo y maleable sería el hombre para ella, con quien podría mostrarse y sentirse orgullosa, pero sin tener que dejarle ejercer nunca el menor dominio.

También Alfredo, que estaba muy satisfecho por la acogida de las Weber, sintió en la amabilidad de Marta un calor que a pesar de su ingenuidad supo juzgar. El amor y el compromiso con la bella y magnífica muchacha, cuando se atrevía a pensarlo, no le parecía del todo imposible, pero siempre deseable y atrayente.

Mas nada decisivo ocurrió por parte de ambos, y esto tenía sus razones. Ante todo, con el trato, Marta descubrió en el joven muchos aspectos poco maduros y en exceso infantiles y juzgó conveniente no facilitar demasiado el camino hacia la felicidad a un jovencito tan inexperto. Ella veía perfectamente que sería coser y cantar apoderarse de él y retenerlo, pero no le parecía bien que el señorito lo encontrase todo muy cómodo y al final pudiese tal vez tener la impresión de que ella había corrido detrás de él. De todas maneras quería conquistarlo y resolvió vigilarlo constantemente, por ahora, y esperar prevenida el momento en que fuera digno de su dicha.

Para Ladidel, otros eran los reparos que le ataban la lengua. Ante todo, su cortedad y su inocencia que lo llevaban siempre a dudar de cuanto observara y a desesperar de que pudiera ser deseado y amado. Luego se sentía muy joven y apocado frente a la muchacha, y no sin razón, aunque ella sólo podía ser apenas mayor en tres o cuatro años. Y, finalmente, en momentos de seria reflexión, advirtió aterrado sobre qué inseguras bases estaba construida o colocada su existencia. Cuanto más se acercaba la fecha en la que tendría que concluir la actual actividad subordinada y revelar su capacidad y su saber en el examen final, tanto más apremiantes se tornaban sus dudas. Ciertamente, había aprendido, muy pronto y con buen resultado, todas las bonitas y menudas labores y las formalidades de la profesión; hacía buen papel en las oficinas y representaba en forma excelente al escribano cuando estaba ocupado, pero le resultaba difícil el estudio de leyes y, si pensaba en todo aquello que se exigía en el examen, sudaba tinta.

A veces se encerraba en su cuarto y resolvía tomar por asalto la empinada cuesta del saber. Compendios, textos de leyes y comentarios llenaban su mesa; se levantaba temprano y tiritando se sentaba, sacaba la punta al lápiz y elaboraba para varias semanas planes de trabajo muy minuciosos. Pero su voluntad era débil, nunca resistía mucho, encontraba siempre otra cosa que hacer y que en ese momento le parecía más urgente e importante; y cuanto más tiempo los libros estaban allí sin ser abiertos invitándolo con su presencia, el contenido le resultaba cada vez más amargo.

Entretanto, su amistad con Fritz Kleuber se hizo cada vez más estrecha. A menudo ocurrió que Fritz le visitara de noche y, si era necesario, se ofrecía a afeitarle. Alfredo pensó que podía ensayar él mismo y Fritz aceptó complacido. Con mucha seriedad y casi tímidamente, mostró al amigo que tanto estimaba, el juego de las manos, te enseñó a asentar admirablemente la navaja y a batir una buena espuma de jabón para que durara más tiempo. Alfredo como ya pronosticara el otro, fue un alumno obediente y de hábiles dedos. Muy pronto supo no sólo afeitarse él mismo rápida e impecablemente, sino prestar ese servicio también al amigo y maestro. Y encontró en eso un placer que tiñó de color rosado el atardecer de más de un día amargado por el estudio. Sintió un goce insospechado, cuando Fritz lo inició también en el arte del peinado. Estimulado por los rápidos progresos, éste le trajo un día un rodete artificial de cabello de mujer y le mostró cómo nace semejante obra de arte. Ladidel también se entusiasmó en seguida por esta delicada labor manual y se dedicó con manos pacientes a deshacer rizos y trenzas y a volverlos a ejecutar.

Lo logró muy pronto y, entonces, Fritz trajo trabajos más difíciles y finos y Alfredo aprendió como jugando, estiró a través de los dedos con goloso afán los largos y sedosos cabellos, llegó a dominar las formas de trenzado y los estilos de peinado, se hizo enseñar enseguida el arte de ondular y ensortijar, y en cada entrevista con el amigo mantuvo largas conversaciones sobre asuntos del oficio. Observó también los peinados de todas las señoras y señoritas que encontraba, los examinó con ojos ávidos de aprender y sorprendió a Kleuber con muchos juicios exactos.

Sólo le pidió repetidas veces y con insistencia que nada dijera de este pasatiempo a las señoritas Weber. Le parecía que con este nuevo arte no merecería excesivos aplausos de ellas. Y a pesar de eso, su sueño más acariciado, su oculto y ardiente deseo, era el de poder tener alguna vez en sus manos los largos cabellos rubios de la virginal Marta y ejecutar para ella nuevos y artísticos peinados.

En esta forma pasaron los días y las semanas del verano. En los últimos días de agosto, Ladidel tomó parte en un paseo de la familia Weber. Caminaron por el valle, río arriba, hasta las ruinas de un castillo, y descansaron a su sombra de la larga caminata en una oblicua pradera de la montaña.

Marta, ese día había tratado a Alfredo con especial amabilidad y confianza y ahora yacía a su lado en el verde declive arreglando un ramo de tardías flores campestres; le agregó unas ramitas de hierba plateada y temblorosa y estaba tan atractiva y bella que Alfredo no podía quitarle los ojos de encima. Observó que algo del peinado de la muchacha se había soltado, se le acercó más y se lo dijo, y al mismo tiempo cobró valor, extendió sus manos hacia la rubia cabellera y se ofreció comedido a arreglarla, pero Marta, no acostumbrada del todo a semejante proximidad, enrojeció y se enojó, lo rechazó secamente y pidió a la hermana que le arreglara el peinado. Alfredo calló afligido y un poco herido, se avergonzó y, más tarde, no aceptó la invitación para cenar en casa de la señora Weber, sino que apenas regresaron a la ciudad, se alejó en seguida por su cuenta.

Fue la primera disonancia entre estos enamorados a medias, y hubiera podido servir para favorecer su problema y para encaminar mejor las cosas. Pero resultó a la inversa, y ocurrieron entretanto otros acontecimientos.

III

Con su rechazo, Marta no había tenido mala intención y ahora se asombraba; tuvo que darse cuenta de que Alfredo rehuyó su casa una semana entera y aun más. Le dolía un poco y lo hubiera vuelto a ver con gusto. Mas cuando faltó ocho días y diez, pareció verdaderamente enojado: Marta pensó que nunca le había concedido el derecho para conducirse como un enamorado. Y comenzó ella misma a incubar rencor. Cuando volviera y representara el papel del reconciliado magnánimo, le mostraría cuánto se había equivocado.

Pero ella misma estaba equivocada, porque la ausencia de Ladidel no tenía como causa el enojo, sino la ingenuidad y el miedo de la severidad de Marta. Quería dejar pasar un tiempo, hasta que ella le perdonara aquella audacia suya y él mismo olvidara esa tontería y venciera la vergüenza. Durante esta temporada de penitencia, sintió claramente cuánto se había acostumbrado ya al trato con Marta y qué amargo le resultaría tener que renunciar a la cálida proximidad de una muchacha querida. No lo pudo aguantar mucho tiempo, y a mediados de la segunda semana se afeitó cuidadosamente, se puso una nueva corbata y se presentó en casa de las Weber, esta vez sin Fritz, porque no quería que éste fuese testigo de su vergüenza.

Y para no llegar con las manos vacías y realmente como un mendigo, preparó su plan. Para última semana de septiembre se preparaba una gran fiesta y un concurso de tiro, para los cuales la ciudad entera estaba ya preparándose. Alfredo Ladidel pensó invitar para esta diversión a ambas señoritas Weber y esperó tener con ello un buen motivo para justificar la visita y quedar bien con Marta.

Un recibimiento gentil hubiera sido un consuelo para el enamorado que estaba harto de su soledad desde hacía varios días y lo hubiera transformado en fiel servidor. Pero Marta, herida por su ausencia se había vuelto fría y severa. Lo saludó a duras penas, cuando entró en la habitación; dejó la recepción y el entretenimiento a cargo de la hermana y, ocupada en quitar el polvo, se movió por el cuarto como si hubiera estado sola. Ladidel estaba completamente desconcertado, y después de un rato apenas si se atrevió a dirigirse a la ofendida y hacerle la invitación, porque su embarazada conversación con Meta se fue agotando pronto.

Pero no había forma ya de conmover a Marta. La humilde rendición de Alfredo sólo robusteció su decisión de curar esta vez al jovencito y ajustarle las cuentas. Lo oyó fríamente y declinó la invitación, fundándose en que no le quedaba bien ir a fiestas con jovencitos, y por lo que se refería a su hermana, puesto que estaba comprometida, le correspondía al novio invitarla, si lo quería.

Entonces Ladidel tomó su sombrero, se inclinó en una breve reverencia y se marchó como quien lamenta haberse equivocado de puerta y no tiene intención de volver. Meta trató, sí, de retenerlo y aplacarlo, pero Marta había replicado a la reverencia con una fría inclinación de cabeza y Alfredo sintió como si ella lo hubiera rechazado para siempre.

Lo consolaba ligeramente el pensar que en este asunto él se había comportado como un caballero, con dignidad y orgullo. Pero lo dominaron la ira y la tristeza; corrió furioso a casa y cuando al anochecer llegó Fritz Kleuber de visita, lo dejó llamar a la puerta y marcharse sin hacerse ver. Los libros parecían mirarlo con reproche, la guitarra colgaba muda de la pared, pero él lo dejó todo y salió a caminar por las calles hasta que se sintió cansado. Durante el paseo, recordó todo lo que había oído acerca de la falsedad y la inconstancia de las mujeres, cosas que le habían parecido entonces charla vacía y llena de envidia. Ahora lo comprendía todo y encontraba las palabras más amargas para calificar esa conducta.

Pasaron algunos días, y Alfredo esperó constantemente, a pesar de su orgullo y su deseo, que algo ocurriera, que llegara una breve carta o un mensaje por mediación de Fritz, porque apenas desvanecido el primer rencor, no le parecía del todo imposible una reconciliación, y su corazón, por encima de todas las razones, añoraba a la perversa muchacha. La gran fiesta de los tiradores se acercaba de día en día, y le gustara o no al afligido Ladidel, tuvo que escuchar todos los días cómo todo el mundo se preparaba para festejar esas brillantes jornadas. Se plantaban árboles artificiales, se tejían guirnaldas, se embellecían las casas con ramas de pino y se erigían arcos con inscripciones; el gran salón de fiestas a la orilla del Wasen estaba listo y sobre él ondeaban banderas: el otoño se ofrecía con su más bello azul.

Aunque Ladidel había gozado de la fiesta de antemano, semanas, enteras, y tanto él como sus colegas disponían de un día o dos libres, se negó violentamente a disfrutar de aquella alegría y pensó firmemente en no asistir ni siquiera como espectador a las reuniones. Miró con amargura las banderas y guirnaldas de ramas, oyó las orquestas ensayar aquí y allá detrás de las ventanas abiertas, y las muchachas cantar durante su labor, y cuanto más la ciudad resonaba de expectación y anticipado gozo, tanto más hosco y hostil marchó por su camino sombrío entre el alboroto, con el corazón lleno de rencorosa renunciación. En la oficina de la notaría, los colegas desde hacía algún tiempo no hablaban de otra cosa que de la fiesta y habían preparado proyectos para poder disfrutar de tanta magnificencia. A veces, Ladidel lograba representar el papel de un ingenuo y proceder como si se alegrara y tuviera sus intenciones y sus planes; pero generalmente, estaba sentado en silencio delante de su alto escritorio y demostraba en el trabajo un salvaje esmero. Pero en eso se le quemaba el alma no sólo por Marta y por el enfado con ella, sino aún más por la gran fiesta que había esperado tanto y con tanta alegría, y de la cual nada podía prometerse ya.

Su última esperanza se deshizo en humo cuando Kleuber lo visitó pocos días antes del comienzo de la fiesta. Fritz demostraba aflicción y contó que no sabía lo que se les había subido a la cabeza a las mucha-chas: habían declinado su invitación y declarado que dadas sus condiciones no debían tomar parte en diversiones. Y propuso a Alfredo pasar juntos algunos días alegres; se lo merecían las jóvenes, si se gasta-ba algún dinero sin ellas. Alfredo se resistió a esta tentación también. Agradeció gentilmente, pero declaró que no se sentía muy bien y que emplearía esos días de libertad para adelantar un poco en sus estudios. De éstos le había contado ya al amigo antes tantas cosas y empleado para ello tantos términos técnicos y extranjerismos, que por hondo res-peto Fritz no opuso reparos y se fue triste como había venido.

Entretanto, llegó el día en que debía inaugurarse la fiesta de los tira-dores. Era un domingo y esa fiesta debía durar toda la semana. La ciudad resonaba de cantos, bandas, disparos de mortero y gritos alegres; por todas las calles llegaban, para reunirse, largos cortejos; habían acudido asociaciones de toda la región. En todas partes la música llenaba el aire, y las corrientes humanas y las melodías de las orquestas se encontraron al final, delante de la ciudad, en el campo de tiro, donde la población en número de muchos millares estaba esperando desde la mañana. El ne-gro cortejo penetró como una espesa corriente; sobre él ondeaban pesadas las banderas o se erguían altas, y una banda de música tras otra desfiló rumorosa en la enorme plaza. Sobre toda esta alegría caía un jocundo sol de domingo. Los portaestandartes tenían las enrojecidas frentes, cu-biertas de gruesas gotas, los organizadores gritaban roncamente y corrían como endemoniados de un lado a otro, ridiculizados por la muchedum-bre y excitados por los gritos; quien estaba cerca y podía entrar, aprovechaba la ocasión de buscarse ya a esa hora temprana una fresca bebida en las bien provistas hosterías.

Ladidel estaba sentado en su cuarto en el borde de la cama y aún no se había puesto los zapatos, tan poco dispuesto se hallaba para divertirse. Después de largas y cansadas reflexiones nocturnas, tenía el propósito de escribir una carta a Marta.

Sacó del cajón de la mesa lo necesario para escribir y una hoja con su monograma, colocó una nueva pluma en la lapicera, la mojó con la len-gua, ensayó la tinta y escribió en seguida con su caligrafía redonda y de elegante diseño, el nombre y la dirección de la distinguida señorita Marta Weber, en la Hirschengasse, en propias manos... Entretanto, el bullicio y el rumor de la fiesta que llegaba de lejos le parecía elegíaco, y juzgó conveniente comenzar su carta con la descripción de este estado de ánimo. Y así escribió con cuidado:

"Muy distinguida señorita":

"Permita que me dirija a usted. Es la mañana del domingo y la música llega de lejos, porqué comienza la fiesta de los tiradores. Solamente yo no puedo tomar parte en ella y me quedo en casa".

Releyó las líneas escritas, se sintió satisfecho y reflexionó cómo seguir. Se le ocurrieron todavía algunas oraciones hermosas y adecuadas, con las cuales podía describir su triste ánimo. Mas ¿para qué? Comprendió claramente que todo eso tendría valor y sentido solamente si fuera el preámbulo para una declaración de amor y petición de mano. ¿Y cómo podía atreverse a ello? Todo lo que pensara y encontrara no tenía la menor importancia, mientras no hubiese superado su examen y tuviera con ello una justificación para el noviazgo.

Se quedó, pues, sentado sin resolver nada, casi desesperado. Pasó una hora y no llegó más lejos. Toda la casa estaba sumida en profunda paz, porque los inquilinos habían salido, y por encima de los techos se percibía alegre la música lejana. Ladidel se sentía triste y lamentaba toda la alegría y el placer de hoy, seguro de que por mucho tiempo, y tal vez nunca, tendría otra vez la ocasión de ver tan brillante festival. Y se sintió invadir por la compasión de sí mismo y experimentó una invencible necesidad de consuelo, que desde luego no podía satisfacer la guitarra.

Por eso, alrededor de mediodía, hizo lo que no había querido. Se calzó los zapatos y salió de casa, y mientras sólo pensaba en vagar sin rumbo y volver pronto y meditar sobre su carta y su miseria, la música y el alboroto y la magia de la fiesta lo arrastraron de calle en calle como atraído por un imán; sin darse cuenta, se encontró en el campo de tiro. Allí despertó y se avergonzó de su debilidad y juzgó que había traicionado su pena, pero todo esto no duró más que algunos instantes, porque la muchedumbre empujaba y remolineaba ensordecedora, y Ladidel no era el hombre que en medio de tanta alegría permaneciera triste o se alejara.

Ladidel vagó envuelto por la multitud y vio, oyó, olió y respiró tantas cosas excitantes que sintió un agradable mareo. Trompetas y cuernos rugían aquí y allá, en todas partes había fogosa música de banda y, en las pausas, desde lejos llegaba de las mesas, insistente y dulzona la música más suave de violines y flautas. Además, a cada paso, en la muchedumbre ocurrían muchas cosas raras, divertidas y aun asustadoras: se encabritaban caballos, niños se caían y gritaban, un borracho prematuro cantaba con todo desenfado, como si estuviera solo, una vieja canción. Vendedores ambulantes asaban pregonando naranjas y confituras, globos de goma para los niños, pasteles y ramos de flores artificiales para los sombreros de los mozos; con una violenta melodía de organillo, un poco apartado, giraba un tiovivo. Aquí un buhonero discutía a gritos con un cliente que no quería pagar, allá un agente de policía llevaba de la mano a un chiquillo extraviado.

Esta viva agitación arrastró consigo al aturdido Ladidel y él se sintió feliz de tomar parte en ese alboroto y ver con sus ojos cosas de las cuales se hablaría por mucho tiempo en toda la región. Tenía interés en saber a qué hora se esperaba al rey y, cuando logró llegar cerca de la sala de honor, donde la mesa estaba colocada sobre un estrado adornado con banderas, contempló con admiración y respeto al alcalde, a los concejales del municipio y a otros dignatarios con distintivos y condecoraciones, sentados en el centro de la mesa de honor, que comían, libando vino dorado en copas de cristal tallado. En un murmullo se citaban los nombres de los personajes, y quien sabía algo acerca de ellos o más aún si había tenido algo que ver con él, encontraba oyentes agradecidos. Y todo el mundo estaba satisfecho de ver pasar aquello ante sus ojos y poder mirar tanto esplendor. También el pequeño Ladidel se asombraba y admiraba y se sentía grande e importante como espectador de la fiesta; pensó en días futuros, en que podría describir exactamente toda esa suntuosidad a gente que no había tenido la suerte de estar presente.

Olvidó completamente el almuerzo y, cuando horas después sintió hambre, se acomodó en la tienda de un confitero y devoró un par de rebanadas de pastel. Luego, para no perder nada de la fiesta, se metió de prisa otra vez en el torbellino y se sintió dichoso al ver al rey, aunque sólo por detrás. Compró la entrada al polígono y aunque no sabía nada de tiro al blanco, vio con placer y atracción a los tiradores, se hizo indicar a los campeones famosos y contempló con respeto el juego de muecas y guiñadas de los competidores. Después acudió al tiovivo y se quedó un rato observando, vagó bajo los árboles entre la jocunda multitud, adquirió una postal con el retrato del rey, escuchó largo rato a un embaucador que anunciaba su mercancía, lanzando una pulla tras otra, y sus ojos se llenaron con la visión de los grupos de pueblo endomingado. Con rubor se alejó de la tienda de un fotógrafo, cuya mujer lo invitara a pasar y entre las carcajadas de los espectadores lo llamara "fascinante Don Juan". Y aquí y allá se detuvo escuchando música, gustando con los oídos melodías conocidas y agitando al compás su bastón.

Con todo eso cayó la noche, se puso fin al tiro y aquí y allá comenzó la francachela en las salas o bajo los árboles. Mientras el cielo todavía

nadaba en una delicada luz y las torres y las montañas lejanas se desvanecían en la claridad del atardecer otoñal, se encendieron en todas partes
luces y linternas. Ladidel siguió vagando aturdido y lamentó que el día
concluyera.

La población se apresuraba por volver a sus casas para la cena, niños cansados cabalgaban ruidosos en los hombros de los padres, los
coches elegantes desaparecieron. En cambio, aumentaron el placer y la
arrogancia de la juventud, feliz por el baile y el vino y, apenas la plaza y
las calles quedaron vacías, apareció por doquier y en cada esquina una
pareja de enamorados, del brazo y llenos de impaciencia y de pregusto
del placer nocturno.

A esa hora comenzó a desvanecerse la alegría de Ladidel, a la par de
la luz del día. Emocionado y triste, el solitario joven se deslizó en la
noche. No pasaba una pareja sonriente sin que la siguiera con la mirada y, cuando en un jardín, bajo los negros castaños, vio brillar con
atractiva y tentadora belleza collares de rojos farolitos japoneses y justamente desde ese jardín oyó llegar una suave y nostálgica melodía, siguió
el llamado de los violines ardorosos y murmurantes y entró. Ante largas
mesas, estaban comiendo y bebiendo muchos jóvenes, detrás esperaba
una gran pista de baile, iluminada a medias. El triste joven Ladidel se
sentó en el extremo de una mesa y pidió comida y vino. Luego descansó, respiró el aire del jardín y escuchó la música, comió un poco más y
bebió lentamente a pequeños sorbos el vino que no acostumbraba tomar. Cuanto más contemplaba los farolillos rojos, oía sonar los violines
y aspiraba el perfume de la noche de fiesta, tanto más solo y miserable
comenzó a sentirse. Adonde mirara, veía mejillas enrojecidas y ojos codiciosos, mozos en traje dominguero de mirar audaz y dominador,
muchachas bien ataviadas con ojos exigentes y pies inquietos, preparados para la danza. Y no había terminado aún de comer, cuando la
orquesta comenzó a tocar con nuevo ardor y nueva dulzura. La pista de
baile se iluminó con cien lámparas, y parejas y más parejas se lanzaron
de prisa a bailar.

Ladidel sorbió lentamente su vino, para poder quedarse allí un rato
más, y cuando finalmente aquel se terminó, no pudo decidirse a volver
a casa. Pidió una botella más y se quedó sentado y miró con los ojos
abiertos de par en par, mientras le invadía una punzante inquietud, como
si a pesar de todo, esa noche tuviera que florecer para él una felicidad y
algo del exceso de alegría pudiese tocarle a él también. Y si eso no sucediera, se concedió por lo menos el derecho, por dolor y rencor, de
emborracharse por primera vez en honor de la fiesta y su desgracia. Y
cuando alrededor de él más enloquecía el gozo, tanto más aumentaron
su infelicidad y su necesidad de ser confortado, llevando al indefenso a
la tristeza y la ebriedad.

IV

Mientras Ladidel estaba sentado delante de su vaso de vino y miraba con ojos ardientes el torbellino del baile, fascinado por la roja luz de las lámparas y el rápido compás de la música y, disgustado por su pena hasta la desesperación, oyó de repente a su lado una voz queda que preguntaba:

—¿Completamente solo?

Se volvió rápidamente y vio inclinada sobre el respaldo del banco una bonita muchacha de negros cabellos, con un sombrerito blanco de lino y una blusa liviana de color rojo. Ella se reía con una boca roja también, mientras alrededor de la frente caldeada y los ojos oscuros le caían un par de rizos sueltos.

—¿Completamente solo? —volvió a preguntar, apiadada y burlona al mismo tiempo— él contestó:

—Oh, sí, desgraciadamente.

Entonces ella tomó su copa, pidió permiso con una mirada y dijo: "A su salud", y la vació sedienta de un trago. Él vio su esbelto cuello, que surgía moreno casi entre la tela roja y liviana y, mientras ella bebía, sintió, con el corazón que le saltaba en el pecho, que allí comenzaba a tejerse una aventura.

Para completar las cosas, Ladidel llenó otra vez la copa vacía y la ofreció a la muchacha. Pero ella meneó la cabeza y miró hacia atrás en dirección a la pista de baile, donde en ese instante comenzaba una nueva pieza.

—Desearía bailar —dijo— miró al joven en los ojos; éste se levantó en el instante, hizo una reverencia y dijo su nombre.

—¿Ladidel se llama usted? ¿Y su nombre de pila? Yo me llamo Fanny.

Ella lo llevó consigo y ambos se hundieron en la corriente de los bailarines y en el compás de un vals que Ladidel no bailó nunca tan perfectamente. Antes, estaba orgulloso solamente de su habilidad para la danza, de sus ágiles piernas y de su fino porte y siempre pensó cómo sería su aspecto y si hacía buen papel. Ahora, no era el caso de pensar en eso. Volaba en el ardiente torbellino, llevado por el viento, indefenso, pero feliz y con el corazón excitado. Su compañera lo arrastró y agitó muy pronto en tal forma que él no veía el suelo y perdía el aliento; luego estuvo apoyada en él, calma y apretada, con el pulso que latía sobre el suyo, y su calor encendido en llamas.

Concluida la pieza, Fanny apoyó su brazo en el del joven y se lo llevó. Respirando profundamente caminaron por un corredor de frondas, entre muchas otras parejas, en una penumbra colmada de cálidos colores. A través de los árboles penetraba hondo el cielo de la noche con sus estrellas luminosas; del costado irrumpía, cortado por sombras en movimiento, el resplandor rojizo de los farolillos, y en esta luz incierta caminaban charlando los bailarines para descansar, las muchachas con vestidos blancos y de colores claros, el cuello y los brazos desnudos, algunas con abanicos que se agitaban como colas de pavos reales. Ladidel veía todo eso solamente como en una niebla multicolor, entrecruzada por la música y el aire de la noche, y sólo de cuando en cuando, en un deslizarse próximo, distinguía un rostro claro con ojos centelleantes, una boca riente abierta, de dientes marfileños, un brazo blanco, delicadamente curvado, pero todo esto, apenas por instantes.

—¡Alfredo! —dijo Fanny en voz baja—.

—Sí... ¿Qué?

—¿Tú no tienes tu tesorito, verdad? El mío se fue a América.

—No, no tengo.

—¿No quieres ser tú mi tesoro?

—¿Cómo no he de quererlo?

Estaba completamente abandonada en sus brazos y le ofreció la boca húmeda. Un torbellino de amor soplaba por los árboles y los senderos; Ladidel besó la boca roja y el blanco cuello y la nuca morena, la mano y el brazo de su muchacha. La llevó —¿o fue ella?— a una mesa apartada en la sombra profunda, pidió vino y bebió con ella en la misma copa, la mantuvo abrazada por la cadera y sintió fuego en las venas. Una hora antes, el mundo y el pasado se habían hundido y precipitado en un pozo sin fondo; alrededor de él soplaba ahora omnipotente la noche, sin mañana.

También la muchacha se sentía feliz con su nuevo "tesoro" y su juventud brillante, pero menos pudorosa y menos ingenua que su enamorado, cuya llama se esforzaba en aumentar con una mano, mientras con la otra trataba de rechazarlo. A ella también le gustaba esa hermosa velada de baile y giraba en la música con las mejillas arreboladas y los ojos relucientes; pero no pensaba en sus propósitos.

Y así, en el curso de la noche, Ladidel, entre el vino y su amada escuchó una larga y triste historia que comenzaba con una madre enferma y terminaba con deudas y con la amenaza de quedarse sin techo. Ella no endilgó al consternado "tesoro" todas estas tristes noticias de una sola vez, sino con muchas pausas, mientras le dejaba recobrarse y volverse a entusiasmar; hasta le pidió que no pensara demasiado en eso para no echar a perder la bella velada, pero muy pronto volvía a suspirar profundamente y se secaba los ojos.

Como en todos los principiantes, en el buen Ladidel influyó la piedad, más inflamándole que abatiéndole, de manera que no soltó de sus brazos a la muchacha un solo segundo y entre besos le prometió para el porvenir montañas de oro.

Ella lo aceptó todo, pero sin mostrarse muy consolada, y de pronto advirtió que era tarde y que no podía dejar esperar más tiempo a su pobre madre enferma. Ladidel imploró y solicitó; quería que se quedara, o por lo menos deseaba acompañarla increpó y se quejó y en toda forma dejó ver que había tragado el anzuelo y que no podría ya escaparse.

Más no hubiera deseado Fanny. Se encogió de hombros desesperanzada, acarició la mano de Ladidel y le pidió que se despidieran para siempre. Porque si para la tarde del día siguiente no disponía de cien marcos, sería lanzada a la calle junto con su pobre madrecita y no podía garantizar que la desesperación no la empujaría a lo peor. ¡Oh!, ella hubiera deseado ser cariñosa y conceder a su Alfredo todos los favores, porque lo amaba ahora terriblemente, pero en esas condiciones era mejor separarse y conformarse con el recuerdo perdurable de esa velada tan hermosa.

Ladidel no era de la misma opinión. Sin pensarlo mucho, prometió llevarle allí mismo al día siguiente por la noche el dinero necesario y casi pareció lamentar que ella no pusiera el amor de él a más dura prueba.

¡Oh, si tú pudieras! —suspiró Fanny—. Y se apretó a él en forma tal que casi le quitaba el aliento.

—Cuenta con ello —dijo él.

Y quería acompañarla a su casa, pero ella estaba asustada y sintió de repente una tremenda angustia; podían verla y ella perjudicarse en su buen nombre; por compasión, Ladidel cedió y la dejó marcharse sola.

Alfredo Ladidel vagó después más de una hora. Aquí y allá se oía en los jardines y las tiendas la nocturna alegría. Finalmente, excitado y cansado llegó a su casa, se acostó y se durmió en seguida, inquieto de tal manera que una hora después volvió a despertarse. Tardó en entender algo en el violento caos de sus sueños de amor. Pálida y gris miraba la noche por la ventana, el cuarto estaba oscuro y había paz en todas partes, de modo que Ladidel, nada acostumbrado a noches de insomnio, estuvo mirando la tiniebla confundido y angustiado y sintió en la cabeza, sordamente, la borrachera de la velada aún no desvanecida. Buen rato lo atormentó algo que había olvidado y que le parecía necesario sin embargo recordar. Al final, la neblina torturante se despejó y el soñador despierto supo de qué se trataba. Y entonces, durante toda la larga noche sus pensamientos giraron alrededor del problema que representaba la búsqueda del dinero que había prometido a su "tesorito". No comprendía cómo pudo prometer eso: tenía que haber caído en algún encantamiento. Hasta llegó a la idea de faltar a su palabra y le pareció bien. Pero esta idea no logró imponerse, en parte porque su honesta bondad impedía al jovencito hacer esperar inútilmente a una desdichada la ayuda prometida. Mucho más potente, por cierto, era el recuerdo de la belleza de Fanny, de sus besos y del calor de su cuerpo, y la segura esperanza de poder apoderarse de todo eso mañana mismo. De aquí que se tragara avergonzado la idea de serle infiel y empleó toda su perspicacia para encontrar una vía para dar con el dinero prometido. Mas cuanto mejor reflexionaba y proyectaba, tanto mayor se tornaba en su concepto la suma y tanto menos posible su obtención.

Cuando a la mañana siguiente, Ladidel, pálido y cansado, con ojos de sueño y la cabeza mareada entró en la oficina y se sentó en su puesto, no tenía la menor idea de un recurso propicio. Había estado ya temprano en casa de un prestamista para empeñar la cadena de su reloj, juntamente con todas sus prendas de valor, pero el amargo y vergonzoso paso había sido inútil, porque por todo no le quisieron dar más que diez marcos. Se inclinó triste y afligido sobre su labor y pasó una hora vacía revisando tablas, cuando llegó la correspondencia a mano de un aprendiz y en ella una cartita para él. Asombrado abrió el gracioso sobre, lo puso en el bolsillo y leyó en secreto el billetito rosado que encontró: "Queridísimo: ¿verdad que vendrás esta noche? Con muchos besos, tu Fanny".

Ladidel resolvió mantener su promesa a cualquier precio. Escondió la cartita en el bolsillo interior de la chaqueta y de vez en cuando la sacó para olerla ocultamente, porque tenía un fino y cálido perfume que le subía a la cabeza como un vino.

Ya durante las reflexiones de la noche transcurrida se le ocurrió la idea de procurarse el dinero en forma deshonesta en caso de necesidad, pero no había concedido a este pensamiento el menor lugar. Pero el plan ahora volvía a su mente y aún más fuerte y tentador. Aunque en el alma le horrorizaba un hurto o una estafa, poco a poco fue convenciéndose de que se trataba solamente de un préstamo a la fuerza, cuya devolución sería algo sagrado para él. Pero se torturaba en vano la cabeza acerca de la forma de ejecutar un hurto... Pasó el día trastornado y amargado, meditó y planeó y, al final, hubiera salido de esta prueba entristecido pero sin mancha, si al anochecer, a última hora, una ocasión demasiado tentadora no lo hubiese convertido en truhán.

El principal le encargó el envío de giros a algunos de sus clientes y contó ante él los respectivos billetes de banco. Siete billetes, que él mismo contó dos veces. No se opuso, metió en el bolsillo uno de los billetes con mano temblorosa y selló con lacre en sendos sobres los otros seis, que fueron al correo y partieron a su destino.

Se arrepintió de su acción ya cuando el aprendiz se llevó la carta cuyo contenido no correspondía a lo sobrescrito. Entre todas las formas de sustracción, ésta le parecería la más insensata y peligrosa, porque en el mejor de los casos pasarían pocos días hasta que se descubriese la falta del dinero y llegase la información respectiva. Cuando la carta estuvo lejos y no era posible remediar lo hecho, Ladidel, convertido en pícaro, tuvo la sensación de ser un suicida que con la soga en el cuello ha derribado ya el escabel, y, sin embargo quisiera seguir viviendo. "Pasarán tres días —pensó—, tal vez uno solo y me quedo sin honor, sin libertad y sin porvenir, y todo por cien marcos que no son siquiera para mí". Se vio procesado, juzgado, echado con infamia y vergüenza y metido en la cárcel, y tuvo que admitir que todo eso sería bien merecido y normal.

Ya en la calle, al dirigirse a cenar, se le ocurrió que al final todo podría salir bien. En realidad, no esperaba que el hecho no fuera descubierto; pero, aunque faltara el dinero, ¿cómo podían demostrar que el ladrón era él? Ataviado con su traje dominguero y su mejor ropa blanca, llegó una hora más tarde a la pista de baile. Por el camino le había vuelto la confianza, o por lo menos, los deseos ardientes de su juventud, nuevamente despertados, fueron aplacando su sensación de angustia.

También esta noche había vivo ajetreo, pero llamó la atención de Ladidel que el lugar no estaba colmado de personas respetables, sino por gente de condición inferior y también por muchos sospechosos. Después de beber su cuartillo de vino de la región, notando la falta de Fanny, se sintió a disgusto entre aquella compañía y abandonó el jardín, para esperar afuera, cerca del vallado. Estaba apoyado en la cerca, en un lugar oscuro, gozando de la frescura nocturna; contemplaba el zarandeo de las parejas y se asombró porque la noche anterior entre gente parecida y con la misma música se había sentido tan feliz y bailado tan desenfrenadamente. Hoy todo le agradaba menos; muchas de las muchachas parecían atrevidas y libertinas, los mozos tenían maneras bastas y aun durante el baile hacían un alboroto incomprensible de gritos y silbidos. Tampoco los farolillos rojos tenían ya aspecto festivo y alumbraban menos de lo que alumbraran el día anterior. No sabía si tenían la culpa el cansancio y el desengaño o su atormentada conciencia, pero cuanto más observaba y aguardaba, tanto menos volvía a sentir la embriaguez de la fiesta, y resolvió irse en seguida de allí, con Fanny, apenas ésta llegara.

Hacía ya una hora que estaba esperando; de pronto vio en la entrada del otro lado del jardín a su muchacha con la blusa roja y el sombrerito de tela blanca y la contempló curioso. Como había esperado tanto tiempo, quiso embromarla un poco y hacerla aguardar y hasta le atraía espiarla de esa manera desde un escondite.

La bella Fanny se paseó lentamente por el jardín, buscando, como no halló a Ladidel, se sentó apartada a una mesa. Apareció un camarero, pero ella lo despidió. Luego Alfredo vio que un mozo se acercaba a ella, uno que el día anterior le sorprendiera por su impertinencia de amo. Parecía que la conociera mucho y por lo que pudo ver Ladidel, ella le preguntaba vivamente por algo, seguramente por él, y el mozo indicó la salida y pareció contarle que la persona buscada había estado allí y luego se había marchado.

Entonces, Ladidel comenzó a tener piedad de ella y quería correr a su lado, pero en el mismo instante vio con espanto que tomaba a Fanny y se metía entre los bailarines. Miró a ambos atentamente y aunque algunas groseras caricias del hombre le hicieron subir la sangre a la cabeza, le pareció que la muchacha era indiferente y hasta lo rechazaba.

Apenas terminó esa pieza, Fanny fue empujada por su acompañante en brazos de otro, que se sacó el sombrero delante de ella y le pidió gentilmente un baile. Ladidel quería gritarle, ir a su lado saltando la cerca, pero no lo hizo y tristemente aturdido tuvo que observar cómo ella sonreía al extraño y comenzaba con él un schottisch. Y durante el baile, la vio coqueteando con el otro, acariciarle las manos y apoyarse en él justamente como lo hiciera el día anterior con él, y vio al extraño encenderse y abrazarla más estrechamente y al final de la pieza pasearse con ella por los oscuros y frondosos senderos: la pareja llegó de tal manera muy cerca, dolorosamente cerca de él, que espiaba, y pudo oír muy claramente sus palabras y sus besos.

Entonces, Alfredo Ladidel volvió a su casa con los ojos llenos de lágrimas, el alma colmada de vergüenza y furor, y contento sin embargo de haber escapado de las manos de esa ramera. Jóvenes regresaban de los lugares de diversión y cantaban, música y risas salían de los jardines; pero todo sonaba para él como ludibrio y mera codicia y veneno. Cuando llegó a casa, estaba muerto de cansancio y no tenía deseo de dormir. Y cuando se sacó la chaqueta y como de costumbre apretaba con las manos las arrugas, crujió algo en el bolsillo, y entonces sacó intacto el azul billete de banco. Allí estaba el papel insulso, sobre la mesa, bajo la luz de la lámpara; lo contempló un rato, lo encerró luego en el cajón de la mesa y meneó la cabeza. Para vivir ese momento, había robado y arruinado su vida... Permaneció cerca de una hora despierto, pero no pensó durante ese tiempo en Fanny ni en los cien marcos, sino en Marta Weber y en que ahora se había cerrado completamente todo camino hacia ella.

V

Ladidel sabía ahora perfectamente lo que debía hacer. Había aprendido qué amargo es tener que avergonzarse de sí mismo, y aunque sir valor estaba por el suelo, se sintió firmemente decidido a presentarse con el dinero y una honrada confesión ante su principal y a salvar de su honra y de su porvenir lo que pudiera salvarse.

Por eso no lo apenó menos, que al día siguiente el notario no fuera a la oficina. Esperó hasta mediodía; casi no podía mirar a sus colegas en los ojos, porque no sabía si al día siguiente estaría otra vez en ese lugar y podría considerarse entre iguales.

Después del almuerzo, el notario tampoco apareció y se dijo que estaba indispuesto y que no iría esa tarde a la oficina. Ladidel no pudo aguantar más. Se alejó con un pretexto y fue directamente a casa del principal. No querían dejarlo pasar, pero él insistió con desesperación, dijo su nombre y afirmó que tenía que hablar con el señor de algo importante. Lo introdujeron en el vestíbulo y le dijeron que esperara.

La mucama lo dejó solo; desesperado y ansioso se quedó allí entre sillas forradas con terciopelo, escuchando todos los ruidos de la casa, con el pañuelo en la mano, porque por su frente corría constantemente el sudor. En una mesa ovalada había libros con adornos dorados, "La campaña", de Schiller, y "La guerra de los setenta años", además de un león de piedra gris y, en un marco de pie, una cantidad de fotografías. Todo allí era más fino pero igual como en la hermosa sala de los padres de Ladidel y revelaba honradez, bienestar y dignidad. Las fotografías mostraban gente bien vestida, parejas en traje de bodas, mujeres y hombres de buena familia y, sin duda, de fama excelente, y desde la pared miraba una cabeza varonil de tamaño casi natural, cuyos rasgos y ojos le recordaron a Ladidel el retrato del padre difunto en casa de las Weber. Entre tanta dignidad burguesa, el pecador fue cayendo cada vez más hondo a sus propios ojos, se sintió excluido de ese círculo por su mala acción y echado entre los deshonrados que no se fotografían ni se ponen en marcos ni se exhiben en las casas decentes.

Un gran reloj de pared lanzaba a derecha e izquierda su péndulo de latón, y por fin, después que Ladidel esperaba bastante tiempo, crujió levemente con ruido de metal y dio luego un tañido profundo, hermoso y sonoro. El pobre muchacho se sobresaltó y en el mismo instante entró por la puerta de enfrente el notario. Éste no hizo caso de la reverencia de Ladidel, sino que le indicó casi imperativamente una silla, se sentó él mismo y dijo:

—¿Qué lo trae a usted?

—Yo quería... —comenzó Ladidel—, Yo había, yo... —Pero luego tragó enérgicamente saliva y soltó su confesión:

—Yo quise robarle.

El notario asintió con la cabeza y dijo tranquilamente:

Usted me robó realmente, ya lo sé. Hace una hora llegó un telegrama. ¿Tomó, pues, usted realmente uno de los billetes de cien marcos?

En lugar de responder, Ladidel extrajo del bolsillo el billete y se lo tendió. Sorprendido el señor lo tomó entre sus dedos, jugueteó con él y miró penetrantemente a Ladidel.

—¿Cómo es esto? ¿Ya pudo reintegrarlo?

—No, es el mismo billete que robé. No lo he usado.

—Es usted un caso curioso, Ladidel. Supe en seguida que usted había tomado el dinero. No hubiera podido ser otro. Además, ayer me contaron que la noche del domingo lo vieron en la fiesta en un baile de mala fama. ¿O no tiene nada que ver eso con esto?

Ladidel tuvo que contar, pues, todo lo ocurrido y, aunque se esforzó por ocultar lo más vergonzoso, todo salió a luz casi contra su voluntad. El anciano señor lo interrumpió solamente dos o tres veces con breves preguntas; por lo demás, estuvo escuchando pensativo y sin mirar en la cara al joven que se confesaba, sino al suelo para no abochornarlo más.

Finalmente se puso de pie y se paseó arriba y abajo por la sala. Recordando, tomó una de las fotografías en la mano. De pronto la tendió al culpable que, agotado, estaba hecho un ovillo en la silla.

—Mire usted —dijo el anciano—, éste es el director de un gran establecimiento en América. Un primo mío —espero que no se lo contará a nadie—, que cuando joven, en situación parecida a la suya, sustrajo mil marcos. El padre lo entregó a la justicia, tuvo que permanecer encerrado y luego se marchó a América.

Se calló y volvió a pasearse por la sala, mientras Ladidel miraba la imagen del hombre imponente y se consoló un poco porque también en tan honrada familia hubiese ocurrido un delito, y el culpable, sin embargo, había logrado reivindicarse y ahora estaba otra vez entre los hombres decentes y su fotografía podía encontrarse entre aquéllas, todas de gente inmaculada.

Entretanto, el notario había concluido de reflexionar y se acercó a Ladidel que lo miró tímidamente.

Le dijo gentilmente:

—Usted me causa pena, Ladidel. No creo que sea usted malo, y espero que volverá al buen camino. Al final, me atrevería a conservarlo en su puesto. Pero eso sería para ambos poco satisfactorio y se opone a mis principios. Ni lo puedo recomendar a un colega, aunque quiero creer sinceramente en sus buenos propósitos. Consideraremos pues, que el asunto ha sido liquidado entre los dos; a nadie diré nada. Pero no puede quedarse en mi oficina.

Ladidel estaba ciertamente más que satisfecho al ver tratada tan humanamente su falta. Mas como se encontraba en la calle y lanzado a lo incierto, se desalentó y preguntó:

—¡Oh!... pero ¿qué puedo hacer ahora?

—Otra cosa —exclamó el notario, y de improviso sonrió.

—Sea usted franco, Ladidel, y conteste: ¿cómo saldría usted del examen la primavera próxima? ¿Ve usted? Se pone colorado. Bien, aunque durante el invierno pudiera usted recobrar el tiempo perdido, no le bastaría y, al respecto, tuve ya hace tiempo la intención de hablar con usted. Ésta es la mejor ocasión para ello. Estoy convencido, y tal vez en el fondo usted también lo está, de que se equivocó de profesión. Usted no es apto para notario, ni para la vida de oficina, siquiera. Haga de cuenta que fracasó en el examen y búsquese en seguida otro trabajo, otro oficio, donde pueda triunfar. Lo mejor será que mañana mismo regrese a su casa. Y ahora, adiós. Si alguna vez, más adelante, quiere darme noticias suyas, me alegraré. ¡Eso sí, no se quede con la cabeza baja y no vuelva a cometer tonterías!... Adiós, pues, y salude a su padre de mi parte.

Tendió la mano al joven consternado, le apretó la suya fuerte y lo empujó hacia la puerta, sin permitirle hablar más.

Así se encontró nuestro amigo en la calle. Había dejado en la oficina un par de manguitos de color negro que nada le importaban, y prefirió no hacerse ver más allí. Aunque estaba afligido y sentía terror por regresar a casa y presentarse al padre, en el fondo del alma estaba, sin embargo, agradecido y casi contento de haberse librado del tremendo temor de la policía y del deshonor. Y mientras caminaba por la calle lentamente, también la idea de que ya no tenía ningún examen por delante le pareció como un rayo luminoso de consuelo para su ánimo que deseaba descansar y respirar aliviado de los muchos acontecimientos de esos días.

Y así, en su vagar sin meta, poco a poco comenzó a complacerle el poder pasear en día de trabajo y a esa hora por la ciudad. Se quedaba mirando los escaparates de los comercios, observaba los caballos de los coches que aguardaban en las esquinas, levantaba también los ojos hacia el cielo otoñal delicadamente azul; y gozó así por una hora una inesperada sensación de vacaciones. Luego volvieron sus pensamientos al viejo círculo y cuando dobló en una esquina cerca de su casa, encontró justamente a una bella joven muy parecida a Marta. Entonces se le llenó otra vez el corazón de zozobra y trató de pensar qué creería y diría Marta cuando supiera su historia. Sólo ahora comprendió que su alejamiento de allí no lo separaba solamente del empleo y del porvenir, sino también de la cercanía de la querida muchacha. Y todo por aquella maldita Fanny…

Cuanto más claro lo comprendía, más fuerte se tornaba su deseo de no irse sin un saludo de Marta. No quería escribirle, quedaba al recurso de Fritz Kleuber. Por eso se volvió, poco antes de llegar a su habitación, y fue a ver a Kleuber en la peluquería.

El buen Fritz se alegró sinceramente de volverlo a ver. Pero sólo brevemente le explicó Ladidel que por razones especiales debía dejar el empleo y partir.

—¡Pero, no! —exclamó Fritz afligido realmente—. Por lo menos tenemos que reunirnos una vez más; ¡quién sabe cuándo nos volveremos a ver! ¿Cuándo debes partir?

Alfredo reflexionó.

—Mañana tengo que preparar la valija. Pasado mañana, pues.

Entonces mañana por la tarde pido permiso y voy a tu casa, si no te desagrada.

—Perfectamente. Y... además, si vuelves a ver a tu novia, la saludas de mi parte..., a todos...

—Sí, sí, con placer. ¿Pero no prefieres ir tú mismo?

—Oh, ya no es posible ... ¡Hasta mañana, pues!

A pesar de todo, reflexionó todo ese día y el siguiente si debía hacerlo, después de todo... Pero no se halló con valor para ello. ¿Qué podía decir y cómo explicaría su partida? Y entonces le invadió una irremediable angustia por el regreso, por su padre y por la gente de su casa y la vergüenza a que se exponía. Y no empacó sus cosas ni tuvo tampoco el valor de poner el cuarto a disposición de la dueña. En lugar de hacer todas estas cosas necesarias, se sentó y llenó cuartillas con esbozos de una carta para su padre.

"Mi querido padre: El notario no me necesita más.

"Mi querido padre: Como no soy muy apto para notario".

No era fácil disimular y decir, sin embargo, claramente aquella terrible cosa. Pero sería más fácil componer esa carta que regresar a casa y decir: "Aquí estoy otra vez, me echaron".

Antes de la tarde la carta estuvo escrita.

Se sentía apocado y humillado y Kleuber lo encontró más flojo y débil que nunca. Como regalo le había traído un frasco de cristal tallado con un perfume aristocrático. Se lo ofreció y le dijo:

—¿Puedo darte esto como recuerdo? —Entretanto, mirando el cuarto, se sorprendió y exclamó—: ¿No preparaste la valija? ¿Quieres que te ayude?

Ladidel lo miró inseguro y murmuró:

—No, no me apresuré. Tengo que esperar una carta todavía.

—Eso me complace —exclamó Fritz alegremente, así tenemos tiempo de despedirnos. ¿Sabes tú? Esta noche podríamos ir los dos a casa de las Weber. Sería una lástima que partieras así.

Para el pobre Ladidel fue como si se le abriera la puerta del cielo y se la cerraran en el mismo instante. Quiso decir algo, pero sólo meneó la cabeza y, cuando habló por fuerza, las palabras se le estrangularon en la garganta y, de improviso, rompió en sollozos delante de Fritz, sorprendido.

—Pero, por Dios, ¿qué tienes? —exclamó éste, asustado.

Ladidel hizo una seña de silencio, pero Kleuber se conmovió y perturbó tanto al ver llorar a su admirado y orgulloso amigo, que lo abrazó como a un chiquillo, le acarició las manos y le ofreció su ayuda con palabras vacilantes.

—¡Ay, tú no puedes ayudarme! —dijo Alfredo cuando pudo hablar.

Pero Kleuber no lo dejó en paz y, finalmente, Ladidel juzgó como una liberación confesarse con un alma tan bien intencionada, y cedió. Se sentaron uno frente al otro, Ladidel volvió la cara hacia la oscuridad y comenzó:

—¿Recuerdas? Cuando fuimos por primera vez juntos, a casa de tu novia... —y siguió hablando de su amor por Marta, de su disgusto y su separación, y cómo eso le dolía.

Luego comenzó a hablar de la fiesta de los tiradores, de su desazón y soledad, del jardín con la pista de baile y de Fanny, del billete de cien marcos, y de cómo no lo había empleado y, finalmente, del coloquio del día anterior con el notario y de su situación. Confesó también que no tenía valor de presentarse ante su padre, a quien había escrito y que ahora esperaba con terror lo que tenía que suceder.

Fritz Kleuber lo oyó todo, tranquila y atentamente, afligido y perturbado en el alma por tales acontecimientos. Cuando el otro calló y le correspondió la palabra, dijo despacio, tímidamente:

—Me causas pena —y aunque él mismo ciertamente nunca había sustraído un solo céntimo en su vida, continuó: A todo el mundo puede pasarle algo parecido; además, has devuelto el dinero. ¿Qué quieres que te diga? Lo que importa ahora es saber qué harás.

—Oh, si lo supiera... Preferiría haberme muerto...

—No debes hablar así... —exclamó Fritz—. ¿Nada sabes hacer de verdad?

—Absolutamente nada. Podría hacer el picapedrero...

—No será necesario... Si yo supiera que no te ofendes...

—¿De qué?

—Oh, yo tengo una propuesta. Sólo temo que es una tontera de mi parte y que lo tomarás a mal...

—Pero seguramente que no. No puedo imaginar...

Mira un poco... Yo pienso... De vez en cuando te interesaste por mi trabajo y por diversión hasta ensayaste. Tienes mucho talento para ello y pronto serías más hábil que yo, porque tienes unos dedos de oro y gusto muy refinado. Creo que si tal vez no se encuentra en seguida algo mejor, podrías probar nuestro oficio.

Ladidel estaba asombrado; no había pensado nunca en eso. El oficio de peluquero no le había parecido hasta entonces vergonzoso, aunque sí lo había considerado poco noble. Pero ahora había caído de las alturas y tenía muy poca razón para despreciar cualquier profesión honrada. Esto lo comprendía perfectamente, y le hacía bien que Fritz alabara tanto su talento. Después de reflexionar un momento, dijo:

—Quizás, eso no estaría mal pensado. Pero tú sabes, soy bastante crecidito y acostumbrado a otra actividad; me resultaría pesado comenzar como aprendiz con algún patrón.

Fritz asintió con la cabeza:

—¡Naturalmente! Nadie ha pensado en eso.

—Sí, pero, ¿cómo entonces?

—Creo que podrías aprender conmigo lo que te queda por aprender. O si no, esperarnos hasta que tenga mi peluquería; no falta mucho. Pero puedes venir conmigo ahora mismo. El maestro tomaría con gusto un voluntario que tenga habilidad y no pida salario. Yo te guiaría y, apenas tenga mi tienda, te vienes conmigo. No será muy fácil quizá para ti acostumbrarte, pero si se tiene buena clientela, el negocio no es malo...

Ladidel escuchaba con grata admiración y sentía que se estaba decidiendo su destino. Aunque el paso de notario a peluquero era un verdadero descenso en la vida, experimentó, sin embargo, la íntima satisfacción de un hombre que descubre su real vocación y encuentra el camino asignado por la suerte.

—Pero Fritz, ¡esto es grandioso! —exclamó dichoso y le tendió la mano a Kleuber—. Ahora me siento verdaderamente bien. Mi vicio tal vez no estará de acuerdo en seguida, pero tendrá que comprender. Tú también podrías decirle una palabras ¿verdad?

Ladidel estaba tan entusiasmado con su futura profesión y tan lleno de arrebato que quiso hacer en seguida un ensayo. Quisiera o no quisiera, Kleuber tuvo que sentarse y dejarse afeitar por el amigo, lavar la cabeza y peinar. Y, cosa curiosa, a Ladidel le salió todo en forma excelente, apenas si Fritz tuvo que darle un par de consejos. Ladidel le ofreció cigarrillos, tomó el calentador de alcohol y preparó té, charló y sorprendió al amigo con la rápida curación de su desesperanza. Fritz tardó más tiempo para adaptarse al nuevo estado de ánimo, pero el humor de Alfredo lo arrastró finalmente y poco faltó para que éste hubiese tomado la guitarra y entonado graciosas canciones, como en los mejores días del pasado. Lo retuvo solamente la vista de la carta a su padre, que todavía estaba allí en la mesa y lo mantuvo largamente ocupado hasta pasada la medianoche después de que se marchara Kleuber. La volvió a leer; pero no se sintió satisfecho, y al final, tomó la resolución de regresar a casa y confesarlo todo personalmente. Ahora podía atreverse a eso, porqué había encontrado una salida a su desdicha.

VI

Cuando Ladidel regresó de su visita al padre, estaba ciertamente un poco apagado, pero había logrado su propósito y entró por seis meses como meritorio en la peluquería del maestro de Kleuber. Al comienzo se vio en peor situación, porque no ganaba nada y la remesa mensual de la familia había sido calculada con suma economía. Tuvo que dejar su bonita habitación y alquilar un pequeño cuarto; también se privó de muchos hábitos que no condecían con su nueva posición. Sólo llevó consigo la guitarra que le ayudó a soportar muchas cosas; además, podía dedicarse ahora sin limitaciones a su inclinación por el esmerado cuidado de su cabello y de su bigote, como también de las manos y las uñas. Después de algún estudio se hizo un peinado que todo el mundo admiraba y logró dar belleza a su cutis con cepillos, pinceles, pomadas, jabones, lociones y polvos. Pero lo que más le llenaba de verdadero contento, era la satisfacción que encontraba en la nueva profesión y la seguridad íntima de ejercer ahora un oficio que correspondía a su talento y en el cual tenía la posibilidad de llegar muy lejos.

Al comienzo, se le encomendaron naturalmente sólo tareas inferiores. Tenía que cortar el cabello a los chiquillos, afeitar a obreros y limpiar peines y cepillos, pero gracias a su habilidad en realizar peinados artísticos conquistó pronto la confianza del maestro peluquero y sin esperar mucho tuvo su día de satisfacción cuando pudo atender a un señor de finas ropas y distinguido aspecto. El caballero quedó satisfecho y le dio una propina, y desde ese momento, todo fue elevándose de peldaño en peldaño. Una sola vez cortó en la mejilla a un cliente y tuvo que aguantar la reprimenda; pero en general casi sólo mereció elogios y reconocimientos. Sobre todo lo admiraba Fritz Kleuber, quien ahora lo consideraba verdaderamente como un elegido. Porque aunque él mismo era un excelente trabajador, le faltaba sin embargo la iniciativa para crear para cada cabeza el peinado más tentador, como también la forma suave, entretenida y agradable del trato con los clientes. En esto, Ladidel era notable y al cabo de tres meses, hasta los clientes más delicados querían ser servidos por él. También sabía convencerlos hábilmente para que comprasen a menudo nuevas cremas, pomadas para el bigote y jabones, cepillos caros y peines; y en realidad en estas cosas todo el mundo debía aceptar gustoso y aun agradecido sus consejos, porque él mismo tenía un aspecto envidiablemente inmaculado y muy cuidado.

Como el trabajo le ocupaba tiempo y le satisfacía, soportó más fácilmente las privaciones y por eso resistió también pacientemente la larga separación de Marta Weber. Una sensación de vergüenza le había impedido mostrarse en su nuevo aspecto; hasta había pedido a Fritz insistentemente que ocultara a las damas su nueva condición. Esto, lógicamente, fue posible por un breve período de tiempo. Meta, que había descubierto la inclinación de la hermana por el hermoso notario, se había metido en las cosas de Fritz y pronto lo supo todo. Así pudo revelar a la hermana las sucesivas novedades y Marta supo no solamente del cambio de profesión de su amado, que se le dijo era debido a razones de salud, sino también de su amor fiel e inalterado. Supo también que él creía tener que avergonzarse ante ella por su nueva profesión y que no se le presentaría en todo caso hasta que no llegara a algo más concreto y tuviera fundadas perspectivas para el porvenir.

Una noche, en el cuartito de las muchachas, la conversación recayó una vez más sobre el "notario". Meta lo había alabado más de la cuenta, pero Marta se mantuvo como siempre esquiva y evitó confesar nada.

—Cuidado... —dijo Meta—, el muchacho se apresura tanto que al final se casa todavía antes que mi Fritz.

—Por mí, se lo deseo...

—¿Y por ti, no? ¿O tal vez no lo haces por menos de un notario...?

—No te metas en eso... Ese Ladidel sabrá dónde tiene que buscarse la novia.

—Creo que lo sabe. Pero lo recibieron demasiado mal y ahora tiene miedo y no da con el buen camino. Porque si le hicieran una seña, vendría corriendo a su lado.

—Es muy posible...

—Bien, ¿quieres que le haga yo una seña?

—¿Lo quieres para ti? Ya tienes tu rapabarbas, creo...

Meta se calló y rió para sí. Veía perfectamente que a su hermana le dolía la severidad que había empleado. Pensó en los medios para volver a atraer al tímido aspirante y escuchó a Marta suspirar en secreto con un poco de malignidad.

Entretanto, escribió el antiguo patrón de Fritz, comunicando que deseaba gozar pronto de un merecido descanso. Preguntaba qué intenciones tenía Kleuber. Al mismo tiempo indicaba la suma por la que cedería el comercio y cuanto quería como anticipo. Estas condiciones eran convenientes y bien intencionadas, pero los recursos de Kleuber no eran suficientes, de manera que se hundió en profundas cavilaciones y temió perder esta buena oportunidad de independizarse y poderse casar. Finalmente, venció su zozobra y contestó; sólo entonces se lo contó todo a Ladidel.

Alfredo le reprochó porque no se lo había dicho antes y en el acto propuso llevar el caso a conocimiento de su padre. Si podía convencerlo, sería posible hacerse cargo de la peluquería en común.

El anciano Ladidel se sorprendió cuando los dos jóvenes le presentaron su proyecto y no quiso aprobarlo en seguida. Pero tenía mucha confianza en Fritz Kleuber que se había ocupado tan generosamente de su hijo en una hora decisiva; Alfredo, a su vez, había traído un certificado muy honroso de su actual patrón. Le pareció que su hijo estaba ahora en el buen camino y vaciló en ponerle obstáculos. Después de pocos días de conversaciones y discusiones, se decidió y marchó él mismo a Schaffhouse para ver el asunto con sus propios ojos.

Se realizó la compra y los dos socios fueron felicitados por todos los colegas. Kleuber resolvió casarse en la primavera y pidió a Ladidel que fuese su padrino de bodas. Ya no podía evitarse por más tiempo una visita a casa de las Weber. Ladidel se presentó en compañía de Fritz y casi no pudo subir las escaleras por la excitación. Arriba lo recibieron el olor de siempre y la habitual penumbra. Meta lo saludó riendo y la anciana madre lo miró con un poco de ansiedad y de preocupación. Detrás, en la clara habitación, estaba Marta, seria y un poco pálida, con un vestido oscuro; le dio la mano y se mostró esta vez casi más confundida que él. Se prodigaron cumplidos, hubo preguntas acerca de la salud, bebieron rojo y, dulce vino de grosellas en antiguas copas muy pequeñas y en forma de cáliz y, discurrieron acerca del casamiento y de todo lo que se refería a él. Ladidel pidió para sí el honor de formar pareja con Marta y fue invitado a ir más a menudo por casa. Marta y Alfredo no se dijeron más que palabras gentiles y sin importancia, pero se miraron furtivamente y cada uno encontró al otro cambiado en una forma difícil de expresar, pero sin embargo, atractiva. Sin decírselo, cada uno supo y sintió que también el otro había sufrido en ese lapso y resolvieron en secreto no volverse a causar daño sin razón alguna.

Al mismo tiempo ambos notaron con sorpresa que la larga separación y el rencor no los había vuelto extraños, sino que, al contrario, los acercó, y les pareció sin más que ahora lo principal estaba arreglado entre ellos.

Y era así en realidad y a ello contribuyó no poco el que Meta y Fritz, con tácito acuerdo, los consideraran como una pareja de novios. Cuando Ladidel llegaba a la casa, les parecía a todos natural que acudiera por Marta y, sobre todo, deseara estar con ella. Ladidel colaboró fielmente en los preparativos de la boda y lo hizo con tanto entusiasmo y tanta cordialidad como si se tratara de su propio casamiento. Calladamente,

sin embargo, y con arte acabado estuvo imaginando un nuevo y magnífico peinado para Marta.

Algunos días más tarde —en la inminencia de la boda—, cuando
toda la casa estaba revuelta, se presentó una noche solemnemente, esperó un instante en que estuviera solo con Marta, y le confesó que tenía
que hacerle un pedido atrevido. Ella enrojeció y creyó comprender, y
aunque no juzgara bien elegido el día, no quiso perder la ocasión y modestamente contesto que él podía hablar. Alentado, expuso su pedido,
que sólo se refería al permiso de poder ejecutar para la señorita un nuevo peinado inventado por él para la fiesta.

Sorprendida, Marta accedió a que se hiciera un ensayo. Meta tuvo
que colaborar y entonces Ladidel vivió el anhelado instante en que podía realizar su deseo y tener en sus manos el largo cabello rubio de Marta.
Al principio, ella quiso que sólo Meta la peinara y él la ayudara con sus
consejos. Pero eso no fue posible, sino que él tuvo pronto que intervenir con sus propias manos y ya no abandonó la tarea. Cuando la creación
capilar estuvo casi terminada, Meta los dejó solos, diciendo que sería
por pocos segundos, pero tardó mucho en volver. Entretanto, Ladidel
llegó al final de su artística labor. Marta se vio en el espejo regiamente
embellecida y él estuvo a su lado, retocando aquí y allá su obra. Entonces le embargó la emoción y con mano suave acarició las sienes de la
bella muchacha. Y como ella se volviera, también conmovida, y lo mirara con los ojos húmedos, ocurrió naturalmente que él se inclinó sobre
ella y la besó y, obligado por las lágrimas de la joven, se arrodilló y se le
ofreció como enamorado y novio.

—Tenemos que decírselo a mamá —fue entonces la primera palabra
acariciante de la joven y él asintió, aunque temía un poco a la anciana
viuda, siempre triste. Mas cuando estuvo ante ella, llevando de la mano
a Marta y la pidió por esposa, la anciana meneó un poco la cabeza, miró
a ambos como desamparada y preocupada y no dijo nada ni a favor ni
en contra del pedido. Pero llamó a Meta y las dos hermanas se abrazaron, y rieron y lloraron, hasta que Meta de pronto se irguió, alejó a su
hermana con ambos brazos, la mantuvo firmemente y admiró codiciosa
su peinado.

—Sinceramente —dijo a Ladidel y le tendió la mano—, ésta es su
obra maestra. Pero, desde hoy nos tuteamos, ¿verdad?

El día fijado, se realizó la boda con todo esplendor y al mismo tiempo se festejó el compromiso. Luego Ladidel se apresuró en marcharse a
Schaffhouse, mientras los Kleuber iniciaban su viaje de bodas en la misma dirección. El viejo maestro entregó a Ladidel la peluquería y éste
comenzó en seguida como si nunca hubiese hecho otra cosa en su vida.
Durante los días de ausencia de Kleuber, el anciano lo ayudó y en realidad era menester, porque la puerta de la tienda no estaba quieta un

instante. Ladidel comprendió pronto que allí estaba su fortuna y, cuando Kleuber llegó con la mujer en el vaporcito desde Constanza y él fue a recibirlos, expuso al amigo y socio aun antes de llegar a casa sus proyectos para el futuro ensanche del negocio.

El domingo siguiente, los amigos realizaron una excursión con la joven señora hasta la catarata del Rhin, que este año tenía agua en abundancia. Se sentaron contentos bajo los árboles cubiertos de nueva fronda, contemplaron el agua blancuzca correr y pulverizarse, y conversaron de tiempos idos.

—Sí —dijo Ladidel pensativo, con los ojos fijos en la rumorosa corriente, la semana próxima hubiera tenido examen...

—¿Lo lamentas? —preguntó Meta.

Ladidel no contestó. Sacó del bolsillo un paquetito, lo abrió y mostró media docena de pastelillos muy finos que ofreció a los otros, mientras él mismo se servía.

—¡Comienzas bien! —exclamó riéndose Fritz Kleuber—. ¿Crees que el comercio puede permitirlo?

—Lo permite —contestó Ladidel masticando—. Lo permite y tiene que permitir mucho más...

El retorno

La gente de Gerbersau emigra con agrado, y ha ocurrido a menudo que un joven corre parte del mundo y conoce costumbres extranjeras, antes de ser independiente, casarse y acomodarse para siempre a la tradición de los hábitos hogareños. La mayoría suele comprender las ventajas de la patria después de pocos años de alejamiento Y vuelve a casa, y es raro que alguno permanezca en el extranjero hasta la vejez o aun para siempre. De todos modos, eso ocurre alguna vez de tiempo en tiempo y el que lo hace, se convierte para los compatriotas en una celebridad reconocida pero muy discutida.

Tal sucedió con Augusto Schlotterbeck, hijo único del curtidor Schlotterbeck. Fue como tantos otros al extranjero y precisamente como comerciante, porque cuando niño parecía débil y no se le encontró apto para la tenería. Más tarde, ciertamente se vio que la delicadeza y la debilidad habían sido apenas un capricho del período del crecimiento, y Augusto fue un mozo muy fuerte y rudo. Pero ya había elegido la profesión comercial y con su orgullo de empleado miraba a los obreros con alguna compasión, despectivamente, sin excluir a su padre. Y sucedió entonces que el viejo Schlotterbeck, o bien perdió su delicadeza paternal por eso, o bien por falta de otros hijos tuvo que renunciar a conservar para la familia la Curtiduría Schlotterbeck; en fin, en su ancianidad comenzó a descuidar visiblemente los negocios y a desentenderse de todo, concluyendo por dejar en herencia al hijo su industria tan cargada de deudas, que Augusto se dio por satisfecho cuando pudo transferirla por poco dinero a un joven curtidor.

Tal vez fue ésta la causa por la cual Augusto permaneció en el extranjero más de lo necesario, sobre todo porque le iba bien, y al final nunca pensaba en la casa paterna. Alrededor de los treinta años, sin haber encontrado motivos para fundar un comercio o casarse, le invadió un poco tarde la sed de viajar. En los últimos años había trabajado con buen sueldo en una ciudad fabril en el Este de Suiza; dejó el empleo y se fue a Inglaterra, para aprender más y no herrumbrarse. Aunque Inglaterra, y sobre todo la ciudad de Glasgow donde encontrara trabajo, no le gustaba mucho, le tocó acostumbrarse allí al cosmopolitismo y a una ilimitada libertad de movimientos y perdió así su sentido de patria o bien lo extendió al mundo entero. Y como nada le ligaba, le llegó muy conveniente un ofrecimiento desde Chicago como director de una fábrica, y muy pronto se sintió tan en su casa en América o tan poco en su casa como en sus residencias anteriores. Hacía mucho que no conservaba ningún recuerdo de Gerbersau y si algún compatriota alguna vez se encontraba con él —lo que acontecía cada dos años más o menos— lo saludaba y trataba con toda cortesía como a otra gente, por lo que en su patria se empezó a decir que era ciertamente rico y, poderoso, pero también arrogante y ya americano.

Cuando después de algunos años creyó haber aprendido bastante en Chicago y ahorrado también lo suficiente, siguió hasta su país a su único amigo, un alemán del sur de Rusia, y allí abrió pronto una pequeña fábrica que le procuraba el sustento y pronto mereció crédito. Se casó con la hija de su amigo y pensó que tenía un hogar para todo el resto de sus días. Pero su vida no marchó como él quería. Primeramente le dolió y preocupó no tener hijos, con lo cual su matrimonio perdía mucho de paz y satisfacción. Luego murió la esposa, y esto le causó mucho pesar y lo envejeció, no obstante su robustez, tornándolo además melancólico. Algunos años después, los negocios comenzaron a empeorar y a liquidarse del todo a raíz de la inquietud política. Pero cuando un año más tarde murió también su amigo y suegro, y lo dejó completamente solo, se acabó su paz y su amor por el lugar. Advirtió que no cualquier pedazo de tierra es igual a otro, por lo menos para aquel que ve concluirse la juventud y la época feliz. Pensó cada vez más en cómo podría asegurarse un envejecer tranquilo, y como los negocios ya no tenían atracción para él, y por otra parte se habían desvanecido su impulso de viajero y el vuelo de los años jóvenes, la nostalgia y la esperanza del viejo industrial comenzaron a describir, para su asombro, círculos cada vez más estrechos y acuciosos alrededor del país natal y de la pequeña ciudad de Gerbersau, en la cual durante décadas sólo rara vez había pensado y sin la menor emoción.

Un día, con la rapidez y la calma de sus años mozos tomó la resolución de cerrar la fábrica que apenas daba alguna renta y abandonar el lugar. Sin excesiva prisa trató la venta de su industria, luego la de su casa y finalmente la de todos los muebles; depositó por el momento su patrimonio contante y sonante en Bancos del sur de Alemania, levantó su tienda y partió para Alemania a través de Venecia y Viena.

Con verdadero placer bebió en una estación del confín la primera cerveza bávara en muchos años, pero cuando los nombres de las ciudades comenzaron a sonar más familiares y el dialecto de los compañeros de viaje se fue pareciendo cada vez más claramente al lenguaje de Gerbersau, le invadió al vagabundo una viva inquietud, hasta que, sorprendido de sí mismo, oyó con el corazón palpitante anunciar las estaciones y en los rostros de los viajeros que subían al tren encontró rasgos bien conocidos y casi de parecido familiar. Finalmente el convoy recorrió valle abajo el último trecho empinado en largas vueltas y allí, pequeña primero y luego más grande a cada curva y más cercana y más real, apareció la minúscula ciudad a orillas del río, a los pies del pinar. El viajero sentía una pesada opresión en el pecho. El hecho de existir todavía todo ese mundo, el río y la torre del ayuntamiento, las calles y los jardines, le aplastaba como una suerte de reproche por haberse perdido durante tanto tiempo y haberlo olvidado todo borrándolo del corazón.

Pero esta emoción no duró mucho y en la estación el señor Schlotterbeck se apeó del tren y tornó su cartera de viaje, de cuero amarillo, como quien va en busca de negocios y se alegra por la oportunidad de ver una vez más un lugar conocido. Encontró en el andén los mucamos de tres posadas, lo que le dio una impresión de progreso y evolución, y como uno de ellos ostentaba en la gorra el nombre del viejo mesón "El Cisne", del cual se acordaba desde la juventud, entregó su equipaje al hombre y entró en la ciudad a pie, solo.

Sin darse cuenta, el forastero atrajo en su lento recorrido muchas miradas. Había vuelto a encontrar su vieja alegría de viajero, inclinada a la observación y consideraba con atención el viejo nido, sin tener prisa por saludar, preguntar y sorprender a la gente con reconocimientos. Ante todo vagó por la calle de la estación, algo cambiada, hacia el río, en cuyo verde espejo nadaban como siempre los gansos y al que las casas volvían las espaldas descuidadas y tendían sus pequeñísimos jardines posteriores. Luego caminó por la calle alta y por pobres y estrechas callejuelas intactas en dirección al lugar donde en un tiempo se erguía la Curtiduría Schlotterbeck. Pero allí buscó en vano la casa de alta fachada y el gran jardín de verde césped con los pozuelos de la tenería. La casa había desaparecido y el jardín y la tenería estaban transformados en otras construcciones. Un poco perplejo y molesto se volvió y tomó el camino hacia la plaza, del mercado, que encontró en el antiguo estado; sólo parecía haberse empequeñecido, y también el magnífico palacio del ayuntamiento era menos imponente de lo que su memoria recordaba.

El hombre que retornaba creyó que por el primer momento había visto lo suficiente y sin dificultad encontró el camino hacia "El Cisne", donde pidió una buena comida y estuvo preparado para la primera escena de reconocimiento. Pero no encontró más a la familia del posadero anterior y fue tratado como un huésped bienvenido pero desconocido.

También notó en ese momento que su dialecto y su pronunciación que en todos esos años consideró perfectamente sabios y que mantuvo intactos, sonaban allí extraños y raros y eran comprendidos por la camarera con bastante esfuerzo. También llamó la atención que durante la comida rechazó la ensalada y pidió otra que él mismo se aderezó, y que en lugar de los panqueques con dulce, que eran el postre tradicional en Gerbersau, se hizo traer mermelada, de la que comió todo un frasco. Y cuando después de comer buscó otra silla y extendió en ella las piernas, los clientes y la gente de la posada se asombraron vivamente. Un cliente de la mesa vecina, molesto por ese hábito extranjero, se levantó y limpió su silla con el pañuelo, diciendo:

—Olvidé completamente de limpiarla. ¡Alguien pudo poner en ella sus inmundos zapatos!

La gente rió quedamente, Schlotterbeck volvió la cabeza para mirar y se arrepintió en seguida, unió las manos y se dispuso a cuidar de su digestión.

Una hora después, se levantó y vagó otra vez por toda la ciudad. Miraba curioso a través de las vidrieras de muchos comercios y de algunos talleres, para ver si en ellos encontraba a alguien de los muy viejos que ya lo eran en su juventud. De éstos, cierto, vio primero solamente a un maestro con el cual dibujara en la pizarra su primer alfabeto; iba caminando por la calle. El hombre debía tener por lo menos setenta años, envejecido hacía mucho y retirado del trabajo, pero claramente reconocible por su nariz y sus movimientos, bien erguido aún y contento. Schlotterbeck estuvo tentado de hablarle, pero le retuvo todavía un ligero temor ante un alboroto de saludos y apretones de manos. Siguió su camino sin saludar, observado por mucha gente, pero sin que nadie lo reconociera, y pasó ese primer día en su patria como un forastero, como un desconocido.

Aunque faltaba la bienvenida humana, la ciudad se la entregó, sin embargo, tanto más evidente y penetrante. Había ciertamente en todas partes cambios y novedades, pero, el rostro exterior de la pequeña ciudad ni había envejecido ni había cambiado y se ofrecía al recién llegado maternal y confiado, de modo que se sintió cómodo y amparado y las décadas de la emigración y los viajes y las aventuras se reunieron y se fundieron maravillosamente, como si hubiesen sido solamente una excursión, un breve rodeo.

Había hecho negocios, ganado dinero aquí y allá; lejos también tuvo una mujer y la perdió. Pudo sentirse a sus anchas y sufrir, solo siempre, pero como en su casa se sentía únicamente allí, mientras lo consideraban forastero y aun extranjero, para él su patria, su hogar, y él mismo estaban allí, se sentía pertenecer a esa gente, a esas calles, a esas casas.

No le desagradaron las innovaciones de la ciudad. Vio que también había aumentado el trabajo y con él las necesidades aunque en forma medida, y tanto el establecimiento del gas como el nuevo edificio escolar merecieron su aprobación. La población le pareció muy bien mantenida —¡había visto tanto en el mundo!—, aunque no fuera ya tan diferenciada y familiar como antes, cuando los nietos de los inmigrados seguían considerándose extranjeros. Parecía que los comercios más respetables estaban siempre en manos de gente nacida allí; el crecimiento de los forasteros podía advertirse solamente entre los obreros. Debía, pues, seguir existiendo, bien conservada, la vida burguesa de otro tiempo y podía esperarse que uno que volvía después de larga ausencia se encontrase en seguida cómodo y familiarmente.

En fin, la patria que en los años de su migración no se había empañado en su alma, por recuerdos y nostalgias, le pareció agradable y le ofrecía un encanto al cual no se negaba. Cuando esa tarde regresó temprano a la posada, estaba de excelente humor y no se arrepintió de haber emprendido ese retorno. Se propuso quedarse por el momento una temporada y esperar, y si la satisfacción no disminuía, establecerse de nuevo allí.

Le resultaba maravilloso moverse como disfrazado entre tantos amigos de la escuela, compañeros de juventud y parientes. Pero el incógnito agradablemente lleno de expectación del viejo vagabundo concluyó pronto. Después de la cena, el dueño de "El cisne" trajo al cliente el registro de huéspedes y le pidió gentilmente que llenara el formulario. Lo hacía menos porque fuera absolutamente necesario, cuanto porque estaba harto él mismo de romperse la cabeza acerca de la llegada y de la clase a que pertenecía el forastero. El cliente tomó el grueso libro, leyó por un rato los nombres de huéspedes anteriores, tomó luego de mano del posadero que esperaba la pluma ya mojada y llenó con letra clara y vigorosa todas las casillas, concienzudamente. El posadero agradeció, echó arenilla sobre la tinta fresca y se alejó con el registro como si llevara un botín, para saciar su curiosidad en seguida, detrás de la puerta. Leyó: "Schlotterbeck, Augusto —de Rusia—, en viaje de negocios". Y aunque no conocía ni el origen ni la historia del hombre, le pareció que el apellido Schlotterbeck indicaba claramente a un ciudadano de Gerbersau. Vuelto a la sala de la posada, el mesonero comenzó con el forastero un respetuoso diálogo. Empezó por el progreso y el crecimiento de la ciudad, habló de reparaciones de las calles y de nuevas combinaciones del ferrocarril, rozó la política ciudadana, confió los dividendos del último año de la Sociedad Anónima de Tejeduría Lanera, y concluyó después de un cuarto de hora preguntando inocentemente si el señor no tenía parientes allí. Vagamente, contestó Schlotterbeck que sí, pero no preguntó por ninguno y mostró tan poca curiosidad que la conversación decayó de pronto y el posadero tuvo que retirarse. El huésped leía un diario, sin que le molestaran las conversaciones de los vecinos de mesa, y temprano se fue a su dormitorio.

Entretanto, la anotación del registro de huéspedes y la conversación con el amo de "El Cisne" fueron cumpliendo quedamente su obra y mientras Augusto Schlotterbeck, sin sospechar nada y bien contento, conciliaba su primer sueño en su patria, en la buena cama preparada a la antigua manera local, la noticia de su llegada hacía hablar e interesarse y aun perder el sueño a mucha gente. Entre éstos se hallaba un primo carnal de Augusto, el pariente más cercano, el comerciante Lucas Pfrommer, la Spitalgasse. En realidad era encuadernador y durante mucho tiempo, antes, estuvo dedicado a remendar los libros deshechos de los escolares, a encuadernar semestralmente la revista Gartenlaube de la esposa del juez, a fabricar cuadernos y poner marcos a los cuadritos de la bendición doméstica, a conservar tallas amenazadas por la destrucción, reforzándolas y reparándolas, y a abastecer las oficinas con carpetas grises y verdes, enciclopedias y tomos encartonados. Sin darse cuenta, pudo ahorrar algo con ello y no tuvo preocupaciones. Todos parecían tener alas cuando los tiempos cambiaron, los pequeños artesanos instalaron casi todos alguna tienda; los más afortunados se convirtieron en industriales. Entonces, también Pfrommer echó abajo parte de la fachada de su casita y colocó un escaparate, sacó del Banco sus ahorros y abrió un comercio de papelería y baratijas, donde su esposa cuidaba de la venta y de la casa y además le daba hijos demasiado a menudo, mientras él seguía trabajando en su taller. Pero el comercio era ahora lo principal, por lo menos para la gente y aunque no producía más que el oficio, costaba más y causaba muchas preocupaciones. En esa forma, Pfrommer se había trocado en comerciante. Con el tiempo se acostumbró a esta situación apreciable y más burguesa, no volvió a mostrarse más en las calles con el delantal verde, sino siempre bien trajeado, aprendió a trabajar con créditos e hipotecas y pudo considerarse ciertamente un hombre honorable, sólo que el honor era mucho más caro que antes. Crecían —y a menudo las veía hasta en sueños— las existencias de postales de Año Nuevo ya anticuadas e invendibles, de láminas, de álbumes, de cigarros viejos que en el escaparate se acumulaban como trastos inútiles. Y su mujer, que antes fuera una mujercita alegre y agradable, se transformó poco a poco en una señora desasosegada y preocupada, en cuya cara envejecida desentonaba la suave sonrisa comercial convertida en mal crónico.

El primo de Schlotterbeck recibió ese día por la noche, alrededor de las nueve, para su gran sorpresa, la visita del posadero de "El Cisne", mientras estaba leyendo bajo la lámpara del comedor el diario local. Le recibió asombrado, pero el hombre no quiso tomar asiento, sino que declaró que debía volver en seguida al lado de sus huéspedes, entre los cuales, por cierto, desgraciadamente, veía a Pfrommer sólo muy de cuando en cuando. Pero creía que entre conciudadanos y vecinos un pequeño servicio debía considerarse lógico y obligatorio, por eso quería comunicarle con toda confianza que se alojaba ese día en su posada un señor extranjero, de excelentes maneras, que firmaba con el apellido de Schlotterbeck y procedía de Rusia. Lucas Pfrommer, al oír la noticia, se puso de pie de un salto y llamó a su esposa, que ya estaba acostada, pidió jadeando los zapatos, el bastón y el sombrero domingueros y a toda prisa hasta se lavó las manos, para correr luego hasta "El Cisne", detrás del mesonero. Pero allí no encontró ya al primo ruso en el salón de la posada y no se atrevió a visitarlo en el dormitorio, porque tuvo que imaginar que si ese primo "extra" hubiese hecho por él aquel largo viaje, ya le hubiese ido a visitar. Por eso, excitado y un poco desengañado, bebió medio litro de vino de Heilbronn de sesenta céntimos, en agradecimiento al posadero; espió la conversación de algunos parroquianos y se guardó de revelar algo acerca de la verdadera razón de su presencia allí.

A la mañana siguiente, Schlotterbeck acababa apenas de bajar para tomar el café, cuando un hombre de edad de pequeña talla, que había estado esperando un buen rato ya con su copita de aguardiente de cerezas, se acercó a su mesa embarazado y lo saludó con un tímido cumplido. Schlotterbeck contestó con los "buenos días" y siguió untando con miel su pan enmantecado; el visitante, sin embargo, se quedó allí de pie, le estuvo mirando y carraspeó como un orador, pero sin emitir una sola palabra. Sólo cuando el forastero lo observó inquisitivo, se resolvió a acercarse más a la mesa con un segundo cumplido y a comenzar con sus declaraciones.

—Me llamo Lucas Pfrommer —dijo y miró al ruso lleno de expectación.

—Ah, ah... —contestó el otro sin excitarse—. ¿Puedo preguntarle si es usted encuadernador?

—Sí, comerciante y encuadernador, en la Spitalgasse. ¿Es usted...?

Schlotterbeck comprendió que ya estaba perdido y no trató de ocultarse más.

—Eres mi primo, pues —dijo simplemente—. ¿Tomaste ya el desayuno?

—¡Así, pues! —exclamó Pfrommer triunfalmente—. Apenas hubiera podido reconocerte...

Con repentina alegría le tendió al primo la mano y pudo sentarse a la mesa sólo después de muchos ademanes de emoción.

—¡Ah, por Dios! —exclamó vibrante—. ¡Quién hubiera pensado que nos volveríamos a ver alguna vez! ¡Desde Rusia! ¿Vienes en viaje de negocios?

—Sí, ¿quieres un cigarro? ¿Qué te trajo aquí realmente? ¡Oh, muchas cosas habían traído al encuadernador pero las calló en un primer tiempo. Había oído decir —un rumor— que el primo había regresado al país, y gracias a Dios, pudo verlo y saludarlo; le hubiera dolido toda su vida si alguien le ganara de mano. ¿Estaba bien el primo? ¿Y la familia, además?

—Gracias. Mi mujer ha muerto hace cuatro años...

Estremecido, Pfrommer se retiró un poco en la silla.

—No— ¿Es posible? —exclamó con profundo dolor—. Y nosotros nada supimos y ni pudimos enviarte condolencias... ¡Mi cordial pésame, primo!

—Dejemos eso, hace ya mucho tiempo. ¿Y cómo van tus cosas? ¿Te convertiste en comerciante?

—Un poquito... Se trata de mantenerse a flote y, en lo posible, de ahorrar algo para los hijos. Vendo también cigarros muy buenos... ¿Y tú? ¿Cómo marcha tu fábrica?

—La liquidé.

—¿En serio? ¿Y por qué?

—Los negocios ya no prosperaban. Tuvimos carestía y revoluciones.

—Ah, sí, Rusia... Siempre me sorprendió que implantaras un comercio en Rusia. Todo ese despotismo y luego los nihilistas... Además, la burocracia debe ser terrible... Siempre traté de mantenerme al corriente, un poco, ya comprendes, porque sabía que tenía allá un pariente. Pobjedonoszeff...

—Bah, vive todavía. Pero perdona, de política comprendes seguramente más que yo.

—¿Yo? Leo apenas algo en el diario, pero... Bien, y ¿qué negocios realizas ahora? ¿Perdiste mucho?

—Sí, bastante.

—Y lo dices tan tranquilamente... Lo lamento, primo. Aquí no lo supimos siquiera...

Schlotterbeck sonrió ligeramente.

—Sí —dijo pensativo—, pensé entonces, en la época mala, que podía dirigirme a ustedes tal vez. Pero, al final logré salir adelante solo. Además, hubiera sido tonto. ¿Quién hubiera metido dinero en la quiebra de un pariente tan alejado, que apenas era conocido?

—Pero, ¡por Dios!... ¿Hablas de quiebra?

—Oh, seguramente, hubiera podido ocurrir... Como dije, encontré ayuda en otra parte...

—Eso no estuvo muy bien de tu parte... Mira querido: somos unos pobres diablos y necesitamos bastante lo poco que tenemos; pero no te hubiéramos dejado en el pantano, eso no. Hiciste mal en pensar de esa manera...

—Bah, tranquilízate, es mejor así. ¿Y cómo está tu mujer?

—Bien, gracias. ¡Qué burro soy! Con la alegría olvidé que debo invitarte a almorzar. ¿Vendrás, no?

—Está bien. Gracias. Durante el viaje compré algunas cosillas para los niños, puedes llevarlas ahora y desde luego saludar a tu mujer de mi parte.

Y con eso lo despidió. El encuadernador se marchó para su casa con un paquete y como el contenido era realmente espléndido, su opinión acerca de los negocios del primo volvió a elevarse. Schlotterbeck, entretanto, estaba satisfecho de haberse quitado de encima al hombrecillo parlanchín y fue al ayuntamiento para presentar su pasaporte y denunciar su estadía por tiempo indeterminado

No hubiera sido necesaria aquella presentación para hacer conocer en toda la ciudad el regreso de Schlotterbeck. Esto ocurrió sin esfuerzo alguno gracias a una misteriosa telegrafía sin hilos, de modo que ahora era llamado a cada paso, saludado o por lo menos observado y declarado bienvenido por infinidad de sombreros respetuosamente quitados al pasar. Ya se sabían muchísimas cosas de él, pero sobre todo su patrimonio fue creciendo en labios de la gente hasta cantidades dignas de un príncipe. Algunos, en la prisa de trasmitir la información, confundían a Chicago con San Francisco y a Rusia con Turquía; solamente la riqueza lograda en ignorados negocios siguió siendo dogma firme, y en los días siguientes menudearon en Gerbersau las versiones que hablaban de medio millón hasta diez millones y, entre las formas de ganancia, llegaban desde los aprovisionamientos bélicos hasta el comercio de esclavos, según el temperamento y la fantasía del narrador. Se recordaba al viejo curtidor Schlotterbeck, muerto hacía muchos años, y la historia juvenil del hijo; había quien lo recordaba todavía como aprendiz o escolar o catecúmeno, y se daba el nombre de una mujer de un industrial ya difunta como el de, un desgraciado amor juvenil.

Como no le interesaban, Schlotterbeck prestó poca atención a todas estas historias. El día que fuera invitado a almorzar por su primo, allí, delante de la mujer y los chiquillos se sintió invadir por un horror invencible, tan mal disimulada encontraba la especulación sobre la herencia del pariente. Por amor a su propia tranquilidad había concedido un discreto préstamo al pariente que se quejara de tantas cosas, pero al mismo tiempo se había mantenido indiferente y parco en palabras, agradeciendo amablemente por anticipado, y declinando las futuras invitaciones. La mujer estaba desilusionada y molesta, pero en la casa se hablaba del primo ante testigos con mucho respeto.

Schlotterbeck se quedó unos días más en "El Cisne". Luego encontró una casa que le gustó. En la parte superior de la ciudad, hacia los bosques, habían trazado una nueva calle, primeramente sólo para el uso de los dueños de unas canteras situadas mucho más arriba. Pero un constructor que en ese lugar poco accesible pero maravilloso sospechó la posibilidad de futuros negocios, elevó al comienzo de la nueva arteria tres casitas en terrenos comprados por poco dinero; las había blanqueado bonitamente colocado vigas oscuras. Desde allí se contemplaba abajo la ciudad vieja; más allá, valle abajo, se veía correr el río a través de los prados, y enfrente los peñascos rojos; detrás, muy cerca, estaba el bosque de pinos. De las tres casitas de la especulación, una estaba terminada, pero vacía, otra había sido comprada por un alguacil retirado, y la tercera se hallaba en construcción todavía. El alguacil judicial ya no estaba allí. No pudo soportar la vida inactiva y poco tiempo después sucumbió a una vieja dolencia que hasta entonces pudo superar durante varias décadas con el trabajo y el buen humor. En la casita residía ahora, sola, con una cuñada de cierta edad, la viuda del alguacil, una mujercita muy fresca y muy limpia de la cual volveremos a hablar.

En la casa del medio, que distaba cien pasos de la que habitaba la viuda y de la otra en construcción, se instaló ahora Schlotterbeck. Alquiló el piso bajo, compuesto de tres habitaciones y una cocina, y como no tenía el menor deseo de hacerse servir la comida allí en completa soledad, compró solamente la cama, la mesa, sillas y un sofá, dejando vacía la cocina y pagó a una mujer que acudía dos veces por día para la limpieza. Él mismo se preparaba el café por la mañana, como en sus largos. años de soltero joven, en un calentador de alcohol; a mediodía y por la noche comía en la ciudad. Las tareas de la casa y su instalación le proporcionaron unos días de agradable labor; también llegaron de Rusia sus baúles, con cuyo contenido llenó los vacíos armarios de las paredes. Todos los días recibía y leía algunos diarios, entre ellos dos extranjeros; estableció también una vivaz correspondencia y, entretanto, hizo visitas aquí y allá en la ciudad, en parte a gente de negocios, especialmente en las fábricas. Porque sin mayor prisa, pero sí con atención, buscaba la oportunidad de participar con dinero y trabajo personal en alguna empresa industrial. Al mismo tiempo trabó también algunas relaciones con la sociedad burguesa de su ciudad paterna; esto naturalmente poco a poco. Muy cortés y con las maneras de un hombre rico que ha viajado mucho, tomó parte en diversos actos, sin comprometerse mucho, pero también sin saber cuánto lo criticaban a sus espaldas.

Augusto Schlotterbeck, a pesar de su franca mirada, había sido víctima de una equivocación acerca de sí mismo. Creía en efecto estar un poco por encima de sus compatriotas, pero tenía la sensación de ser un ciudadano de Gerbersau y de pertenecer otra vez en todo lo esencial a su vieja ciudad. Y esto no era del todo exacto. No sabía cuánto difería de sus conciudadanos, en el lenguaje y en el modo de vivir, en las ideas y en las costumbres. Éstos lo intuían mucho mejor y aunque la buena fama de Schlotterbeck gozara de la seguridad máxima a la sombra de su cartera, en detalle se hablaba mucho de él de cosas que no le hubiese agradado oír. Mucho de lo que hacía por viejo hábito, provocaba censuras y desaprobaciones; se juzgaba su lenguaje demasiado libre, sus expresiones demasiado foráneas, sus ideas americanas y su desenvuelto trato con todo el mundo, arrogante y poco refinado. Hablaba con muy poca diferencia de términos con su ama de llaves y con el corregidor cívico; se dejaba invitar a una comida, sin enviar dentro de los siete días la tradicional tarjeta que él llamaba "de la digestión"; en los círculos masculinos, por cierto, no tomaba parte en murmullos obscenos, pero decía cosas en presencia de las damas, que le parecían naturales, ingenuamente. Sobre todo en la sociedad de los funcionarios que estaban a la cabeza de la ciudad y daban el tono mundano, en la esfera del juez y el jefe superior de correos, no conquistó a nadie. Este pequeño mundo angustiosamente defendido de los poderosos oficialmente y de sus mujeres, lleno de mutua estima y respeto, donde cada uno conocía al dedillo las condiciones de los demás y vivía en una casa de cristal, no tenía la menor simpatía por este trotamundos de regreso, tanto más que no podían esperar ningún beneficio de su legendaria riqueza. En América, Schlotterbeck se había acostumbrado a considerar a los funcionarios como simples empleados, dependientes, servidores, que hacen su trabajo por dinero como otra gente, mientras que en Rusia los había conocido como una casta perversa, con la cual sólo tenía valor el dinero. Le resultaba difícil, a quien nadie daba indicaciones, comprender correctamente lo sacrosanto de los títulos y toda la delicada dignidad de este círculo, mostrar celo en el momento justo, no confundir secretarios superiores con secretarios inferiores y encontrar dondequiera, en el trato social, el tono correcto. Como extraño. Tampoco conocía las complicadas historias de familia y en ocasiones le ocurrió, sin culpa, hablar de la soga en casa del ahorcado. Y así fueron reuniéndose, bajo la apariencia de imperturbable gentileza y de lisonjera sonrisa, las pequeñas cifras de sus equivocaciones en sumas limpiamente registradas, de las cuales ni tenía la menor sospecha, y quien podía contemplaba todo eso con maligna alegría. También se tomaba a mal otras ingenuidades que Schlotterbeck cometía en perfecta buena fe. No tenía empacho en preguntar sin largas introducciones el precio de los zapatos que le gustaban, a la persona que los llevaba. Y a la esposa de un abogado, que para su aflicción tenía que espiar con ello ignoradas faltas de los antepasados y carecía desde su nacimiento del índice de la mano izquierda y trataba de ocultar este defecto con arte y esmero, llegó a preguntarle con sincera compasión cuándo y dónde había perdido ese dedo. El hombre que durante décadas defendiera su vida e hiciera negocios en muchos países, no podía saber que no se puede preguntar a un juez lo que cuestan sus calzones. Sí, había aprendido a ser cortés en la conversación con todo el mundo; sabía que algunos pueblos no comen carne de cerdo o de paloma, que entre rusos, armenios y turcos se evita confesarse como perteneciendo a la única religión verdadera; pero que en el centro de Europa existían grandes círculos y clases sociales para los cuales era grosería hablar libremente de la vida y de la muerte, del comer y el beber, del dinero y la salud. Cosas que eran desconocidas para este degenerado ciudadano de Gerbersau.

También le era indiferente en realidad si estaban contentos con él, porque exigía muy poco de los hombres, mucho menos de lo que ellos exigían de él. Era accesible a dar para cualquier fin benéfico y siempre lo hacía de acuerdo con sus posibilidades. Se le agradecía por ello cortésmente y se volvía pronto con nuevos pedidos, pero también en esto la gente estaba satisfecha a medias, porque esperaba monedas de oro y billetes de banco, cuando él daba monedas de plata.

Cada vez que descendía a la ciudad, es decir, varias veces todos los días, el señor Schlotterbeck pasaba delante de la linda casita de la señora Entriss, la viuda del alguacil, que llevaba allí una vida muy retirada en compañía de una cuñada silenciosa y un poco tonta.

Esta dama, bien conservada todavía y no apagada aún para la vida, hubiera podido pasar días agradables y divertidos, gozando de su libertad y de una pequeña renta. Pero se lo impedía su carácter y la fama que se había creado durante los años pasados en Gerbersau. Procedía de Baden y, ciertamente por consideración de su esposo muy querido en la ciudad, fue recibida amablemente y con sagradas esperanzas. Pero con el correr del tiempo se había ido formando una calumniosa especie alrededor de ella, cuya causa se debía en realidad a su exagerada economía. De esta economía, la murmuración hizo una venenosa avaricia y como no se la encontrara simpática, en las charlas se fueron agregando cosas y más cosas, y no solamente se la tildó de avara y tacaña sino de bruja también. El mismo alguacil no era ciertamente el hombre que hablase mal de su mujer, pero no era un misterio para nadie, a pesar de todo, que ese señor sociable y alegre encontraba menos alegría y distracción en su casa al lado de su esposa, que en "El Caballito" o en "El Cisne", en las reuniones nocturnas delante de muchos vasos de cerveza. No se convirtió en bebedor, en Gerbersau entre la respetable burguesía, no había un solo bebedor. Pero se acostumbró a pasar parte de sus horas libres en la posada y también a tomarse un buen vaso durante el día, cuando tenía oportunidad de hacerlo. A pesar de su escasa salud, continuó esta clase de vida hasta que el médico y los superiores lo convencieron a que renunciara a su cargo bastante pesado y a vivir tranquilo de su pensión de retiro a causa de esa precaria salud. Pero después que se retiró fue más bien empeorando y todo el mundo coincidía en que la mujer le tornaba imposible el hogar y desde el principio tuvo la culpa del decaimiento del buen funcionario. Ella se quedó sola con la cuñada y no halló ni consuelo en las mujeres, ni protección en los hombres, aunque tuviera un discreto patrimonio, además de la casita libre de toda deuda.

Pero la viuda tan poco querida no parecía sufrir insoportablemente en su soledad. Tenía en orden la casa, la libreta del banco y el jardín, y con eso bastante que hacer, porque la cuñada padecía de una ligera debilidad de la mente y no hacía otra cosa que mirar y pasar el día murmurando, limpiándose la nariz y contemplando constantemente un viejo álbum de fotografías. La población de Gerbersau, para que no se acabaran las murmuraciones sobre la mujer ni después de la muerte del marido, había inventado que tenía encerrada a la pobre criatura; más aún: que la guardaba en terrible encarcelamiento. Se decía que la lunática sufría hambre, se veía obligada a realizar los trabajos pesados y no soportaría por mucho tiempo todo eso, hecho en el cual la Entriss estaba interesada y cuya conducta respondía a sus intenciones. Como estos rumores se difundían cada vez más abiertamente, las autoridades tuvieron que intervenir de alguna manera y un día se presentó en la casita de la asombrada mujer el corregidor con el médico legal, pronunció serias palabras de advertencia acerca de su responsabilidad, exigió ver cómo vivía y dormía la enferma, saber qué hacía y qué comía y concluyó con la amenaza de hacer internar a la lunática en un establecimiento estatal, naturalmente a costa de la señora Entriss, si no se encontraba todo en orden. La viuda se mantuvo fría y contestó que podían investigarlo. La cuñada estaba en libertad y no era peligrosa, y si era necesario colocar a la enferma en algún establecimiento, eso le resultaría más que aceptable, pero sería a costa de la ciudad, y dudaba que la pobre criatura pudiese hallarse mejor que allí. La investigación estableció que a la paciente nada le faltaba y cuando le preguntaron suavemente si quería vivir en algún otro sitio donde estaría bien, se asustó mucho y se aferró implorante a la cuñada. El médico la encontró bien alimentada y sin huellas del menor trabajo pesado, y, se marchó confundido en compañía del corregidor.

Por lo que se refiere a la avaricia de la señora Entriss, caben varias interpretaciones. Es muy fácil censurar el carácter. Y la manera de vivir de una mujer sola. Cierto era que la mujer no malgastaba. Tenía gran respeto no solamente por el dinero, sino también por cualquier cosa que poseía, aunque fuera de poco valor, de manera que le pesaba gastar y no podía tirar nada ni dejar correr el dinero. Cada céntimo que su marido gastaba antes en las posadas, le dolía como un pecado sin expiación posible, y es muy probable que la concordia en su matrimonio se hubiese desvanecido por esa causa. Con tanto mayor cuidado había tratado de remediar con las cuentas de la casa y una esforzada labor, el dinero que el esposo dilapidaba con tanta ligereza. Y ahora que había muerto, como no salía en vano de la casa un solo centavo, y una parte de los intereses se agregaba anualmente al capital, la buena ama de casa logró un tardío bienestar. No se concedió a la misma nada fuera de lo necesario, ahorraba más que antes, pero la conciencia deque aquello daba su fruto y lentamente iba aumentando, le brindó una satisfacción que estaba resuelta a no exponer jamás al menor riesgo.

La señora Entriss sentía un placer muy especial cuando podía dar valor a algo sin valor, encontrar o conquistar algo, usar algo tirado y sacar provecho de algo despreciado. Esta pasión no tendía en absoluto a una utilidad monetaria, sino que en esto su modo de pensar y su ambición salía del estrecho campo de lo necesario y se elevaba al terreno de lo estético. No le desagradaban a la viuda del alguacil las cosas bellas y el lujo, deseaba todo eso, pero sí, no le debía costar dinero constante y sonante. Y así su vestimenta era modesta, pero limpia y elegante, y como con la casa poseía también una parcela de terreno, encontró para su necesidad de belleza y placer una solución ventajosa: se convirtió en activísima jardinera.

Cuando Augusto Schlotterbeck pasaba delante de la cerca de su vecina, echaba una mirada de alegría y, ligera envidia al jardín magnífico de la viuda. Los macizos de legumbres, bonitamente dispuestos, estaban rodeados de tablones de cebollinos y fresas, pero también de flores y las rosas, los alelíes, los malvones y las resedas parecían anunciar una dicha sin pretensiones.

No había sido cosa fácil lograr semejante cultivo en el empinado declive con suelo arenoso. La pasión de la señora Entriss había hecho ahí un milagro y seguía realizándolo, con sus propias manos trajo del bosque tierra negra y hojarasca, al anochecer seguía las huellas de los pesados carros de las canteras y juntaba con una bonita pala el valioso abono que dejaban caer los caballos. Detrás de la casa reunía en un montón todos los desperdicios, hasta las cáscaras de las patatas; cuando llegara la primavera, la fermentación de esos desechos enriquecería el suelo. Trajo del bosque también rosas silvestres y plantas de lirios del valle y de campanillas, y las cuidaba durante el invierno en los cuartos y en el sótano. Un deseo ansioso de belleza, que alienta oculto en todas las almas humanas, una alegría por utilizar hasta un yermo y aprovechar de lo que nada cuesta, y tal vez hasta un residuo de insatisfecha feminidad, la convirtieron en la mejor cultivadora de un jardín.

Sin tener noticia alguna de su vecina, el señor Schlotterbeck lanzaba todos los días miradas de aprobación a los canteros y senderos limpios de maleza, reconfortaba sus ojos con el verde alegre de las legumbres, el delicado color rosado y los tintes sensuales de las campanillas, y cuando soplaba algún airecillo y al pasar le seguía una oleada de dulces perfumes, se felicitaba con creciente gratitud de esta amable vecindad. Porque había momentos en que sentía que el suelo de la patria no le hacía fácil el echar raíces y se veía a sí mismo en cierta medida, aislado, solo y desengañado.

Cuando en una ocasión se informó por gente conocida acerca de la dueña del jardín, le endilgaron la historia del difunto marido y muchos agrios juicios acerca de la viuda, de modo que por un tiempo consideró la tranquila casa del jardín con sorpresa, al darse cuenta de que esa excitante belleza era la residencia de un alma tan perversa.

Sucedió que una mañana la vio por primera vez detrás de la cerca y le dirigió la palabra. Hasta entonces, cuando ella lo veía venir de lejos, entraba en la casa. Esta vez, inclinada sobre un cantero, en su entusiasmo por el trabajo, no lo oyó venir y de pronto lo vio allí en la cerca, con el sombrero en la mano, dándole los "buenos días", contestó ella al saludo y Schlotterbeck, sin apresurarse, le preguntó:

—¿Ya trabajando, vecina?

—Un poquito —contestó la mujer.

Y él, alentado, continuó:

—¡Qué hermoso jardín posee usted!

Ella no contestó y Schlotterbeck la observó asombrado, mientras manipulaba en el césped. De acuerdo con las murmuraciones, la había imaginado parecida a una furia y para su grata sorpresa era en cambio de muy placentero aspecto, la cara un poco dura y hostil, pero fresca y sin hipocresía; en conjunto, una figura ciertamente nada desagradable.

—Bien, seguiré mi camino, dijo él amable—. Adiós, vecina.

Ella miró levantando la cabeza, asintiendo cuando él se quitó y agitó el sombrero; lo siguió con la mirada dos o tres pasos y luego continuó su labor, sin pensar en el vecino. Éste, en cambio, siguió pensando en ella un buen rato. Le sorprendía que esa persona pudiera ser un monstruo y se propuso observarla con más atención. Notó que la mujer hacía sus escasas compras en la ciudad sin vacilar y hablar, la vio cuidar el jardín y asolear la ropa blanca, comprobó que no recibía visitas y espió con estimación y ternura la vida solitaria y modesta de la activa señora. Tampoco ignoró sus caminatas tímidas en la noche recogiendo abono, cosa de la que se hablaba con malignidad. Pero no se le ocurrió mofarse de ello, aunque tuviera que sonreírse. La encontró tímida, asustada, pero honrada y valiente y pensó que era una lástima que tantos cuidados y tanta atención estuvieran dedicados a fines tan modestos. Por primera vez, aleccionado por este caso, comenzó a dudar del juicio de sus compatriotas y a considerar falso lo que hasta entonces había creído de buena fe.

Entretanto, encontraba a la vecina de vez en cuando y cambiaba con ella algunas palabras. Se dirigía a ella por su nombre y ella también sabía quién era y le decía: señor Schlotterbeck. Cuando tenía que salir, esperaba con agrado hasta que la veía entre los canteros y entonces no pasaba de largo sin conversar un poco del tiempo y de las perspectivas del jardín, alegrándose de sus respuestas sinceras y hábiles.

Una vez llevó a uno de sus conocidos a hablar de la mujer, durante una velada en "El Águila". Schlotterbeck contó que le había llamado la atención el bonito jardín, que observó a la mujer en su pacífica existencia y que no podía concebir el mal nombre que había merecido. El amigo lo escuchó cortésmente, y luego opinó:

—Verá... Usted no conoció a su marido. Un tipo magnífico, ¿sabe?, siempre agudo y chistoso, un buen camarada y simple como un chiquillo... ¡Le ha de pesar a la mujer sobre la conciencia!

—¿De qué murió?

—De una afección renal. Pero padeció de esta enfermedad durante muchos años y estuvo siempre alegre. Después de su retiro, la mujer, en lugar de hacerle agradable y cómodo el hogar, lo ahuyentó de casa. ¡A veces se fue hasta para almorzar afuera, tan mal cocinaba! El hombre pudo ser tal vez un poco ligero de cascos, pero el que al final sufriera tanto, fue exclusivamente culpa de ella: es un demonio, ¿sabe? Por ejemplo, tiene en casa a una cuñada, una pobre enferma, loca desde hace años. La trató de tal manera y le hizo padecer tanta hambre, que las autoridades tuvieron que intervenir y tomar medidas investigadoras.

Schlotterbeck no confió totalmente en las palabras del conocido, pero la misma cosa le fue confirmada en todas las partes donde preguntara. Le parecía extraño y le molestaba haberse podido equivocar en tal forma acerca de la mujer. Mas cuantas veces la veía y cambiaba con ella un saludo, toda sospecha sé desvanecía. Se resolvió y fue a visitar al corregidor para saber algo de cierto. Fue recibido amablemente, pero cuando formuló la pregunta acerca de la señora Entriss y su cuñada, y de sí realmente era vigilada por sospechársela capaz de malos tratos, el funcionario contestó evasivo:

—Es hermoso de su parte ocuparse de su vecina, pero pienso que estas cosas nada le importan a usted realmente. Creo que puede dejar el asunto en nuestras manos tranquilamente; nosotros haremos justicia. ¿O tiene usted alguna queja que formular?

Entonces Schlotterbeck se tornó de hielo y cortante, como tuvo que serlo a menudo en América. Fue despaciosamente a cerrar la puerta, volvió a sentarse y dijo:

—Señor corregidor, usted sabe cómo se habla de la señora Entriss y dado que usted fue a visitarla personalmente, debe saber con exactitud lo que hay de verdad. Yo no necesito ya la menor contestación, todo es mentira y calumnia maligna. ¿O no lo es?... Ahora bien, ¿por qué tolera usted eso?

El hombre se asustó primeramente, pero se recobró enseguida. Encogió los hombros y contestó:

—Querido señor, tengo muchas cosas que hacer para poder ocuparme de eso. Es posible que en el pueblo se hable mal de la mujer, y eso es injusto, pero de ello tiene que cuidarse la viuda. Hasta puede quejarse.

—Bien —dijo Schlotterbeck—, eso me basta. ¿Me asegura usted que la enferma está bien cuidada, por lo que usted sabe?

—Sinceramente, sí, señor Schlotterbeck. Pero le puedo aconsejar que no se meta en ese asunto. Usted no conoce a la gente de aquí y, si se mezcla en sus cosas, se volverá antipático.

—Gracias, señor corregidor. Lo pensaré. Pero, por de pronto cuando oiga hablar de la mujer, llamaré calumniador al que habla y me remitiré a su testimonio.

—¡No lo haga! Con ello no ayudará a la mujer y usted tendrá que arrepentirse. Le advierto eso, porque no me gustaría que...

—Sí, sí, muchas gracias.

La consecuencia inmediata de esta visita fue que el primo Pfrommer fue a ver a Schlotterbeck. Se corría la voz de que él tenía un notable y curioso interés por la mala mujer, y Pfrommer se había asustado: el alocado primo no podía cometer tonteras a su edad. Si ocurría lo peor y se casaba con la viuda, sus hijos no verían un céntimo de todos los millones. Prudentemente, se entretuvo con el primo acerca de la bonita posición de la casa, comenzó lentamente a hablar de la vecindad y dejó entender que podrían contar muchas cosas de la señora Entriss, si al primo le interesaba saber algo. Pero éste hizo, indiferente, una seña negativa, ofreció al encuadernador una copa de excelente coñac y no le dejó llegar al tema del cual deseaba hablar.

Pero esa misma tarde vio a su vecina en el jardín y fue a hablar con ella. Por primera vez mantuvo con la viuda una larga conversación en confianza. Poco acostumbrada a una verdadera conversación, ella procedió con prudencia, modestia y femenina dignidad y, según le pareció a él, con mucha gracia.

Desde entonces, las conversaciones se repitieron diariamente, siempre por encima de la cerca de estacas, porque ella rechazó resueltamente el pedido de que lo recibiera por fin en el jardín o aun en la casa.

—Eso no es posible —contestó ella sonriendo—. Ambos somos ya personas crecidas, y la población de Gerbersau tendría de qué hablar: sería una tonta serie de chismes. No gozo de buena fama y tampoco usted está mejor en la opinión de la gente, que lo considera raro, ¿sabe?

Sí, lo sabía ahora, al segundo mes de su estada. Su placer por estar en Gerbersau y entre sus compatriotas había disminuido mucho ya. Le divertía que se exagerara tanto su riqueza, y la angustiada preocupación de su rimo Pfrommer y de otros pescadores de aguas turbias le causaba cierto agrado, pero esto no lo compensaba por el desengaño que comenzaba a penetrarle en el alma. Ya había desechado en secreto el deseo de establecerse definitivamente allí. Tal vez se marcharía simplemente y gozaría como en la juventud del gusto de viajar. Pero le retenía una delgada espina. De modo que sintió que no podía marcharse sin herirse y dejar allí un trozo de sí mismo.

Por eso permaneció donde se encontraba y pasó a menudo delante de la casita vecina, blanca y parda. La suerte de la señora Entriss ya no le parecía tan negra, porque la conocía mejor y ella le había contado muchas cosas. Sobre todo, ahora podía imaginar muy claramente al difunto alguacil judicial, de quien la viuda hablaba sin criticarlo, pero que debió ser, sin embargo, un fanfarrón y no había sabido encontrar y ver, entre lo agrio y severo, la preciosa intimidad de esta mujer. El señor Schlotterbeck estaba convencido de que ella, al lado de un hombre de buen sentido y, además, en buenas condiciones económicas, debía ser toda una perla.

Cuanto más conocía a la mujer, mejor comprendía que la gente de Gerbersau nunca la hubiese podido entender. Le pareció también que el temperamento de sus compatriotas le resultaba ahora más claro, aunque no por eso más agradable. De todas maneras reconoció que él no tenía ya ese temperamento y que allí no podría prosperar ni desarrollarse tal como le aconteciera a la señora Entriss. Pero estas ideas eran meras paráfrasis juguetonas de su oculta ambición de otro casamiento y del intento de convertir su existencia, ahora solitaria, en algo fructífero e inmortal.

El verano había alcanzado su apogeo y el jardín de la viuda exhalaba triunfales perfumes en aquella zona arenosa y ardida, llegando lejos por encima de la cerca baja, sobre todo al anochecer, cuando en el límite del vecino bosque los pájaros cantaban loas al hermoso día y desde el valle subía suavemente el rumor del río en la quietud. Después del cierre de las fábricas. En un atardecer semejante, Augusto Schlotterbeck fue a ver a la señora Entriss y entró sin llamar no sólo en el jardín sino a través de la puerta de la casita, desde donde lo anunció una asustada campanita, y el ama de casa le dirigió la palabra, sorprendida y un poco violenta. Pero él declaró que tenía absolutamente que entrar y fue conducido por ella a la sala, donde miró alrededor y lo encontró todo un poco desnudo y sin adornos, pero muy limpio y luminoso. La mujer se quitó enseguida el delantal, se sentó en una silla cerca de la ventana y lo hizo sentar a él también.

Entonces el señor Schlotterbeck comenzó un largo y bonito discurso. Contó toda su vida con parra sencillez, sin exceptuar su primer matrimonio. Bastante breve, describió un poco más cálidamente su retorno a Gerbersau, su primer encuentro con ella y recordó muchas conversaciones en las que ellos se habían comprendido tan bien. Y ahora estaba él allí, ya sabía ella para qué y confiaba en que no se sorprendería demasiado.

—No soy millonario, como murmura la gente aquí, pero algo poseo. Por lo demás, creo que ambos somos todavía demasiado jóvenes y fuertes como para que nos parezca llegado el momento de renunciar a todo y retirarnos a descansar. ¿Por qué una mujer como usted tendría que quedarse sola y conformarse con el jardincito, en lugar de comenzar de nuevo y alcanzar, tal vez, toda la dicha merecida que le faltó antes?

La señora Entriss tenía ambas manos quietas apoyadas en las rodillas y escuchaba atenta al galanteador que poco a poco se enardecía y repetidas veces tendió su mano derecha, como si la invitara a tomar esa mano y guardarla apretada. Pero ella nada hizo; estaba sentada allí quedamente y sintió placer, sin abarcarlo todo realmente con el pensamiento, porque hubiese llegado hasta ella alguien que le demostraba gentileza y amor. Como ella ni contestaba ni levantaba la cabeza de sus extrañas ensoñaciones, Schlotterbeck continuó hablando, después de bravísima pausa, con bondad y muchas esperanzas, le describió cómo podrían llegar a ser las cosas si estuviesen de acuerdo, cómo sería posible llevar una vida tranquila y activa en otro lugar, en un lugar nuevo sin recuerdos desagradables, mucho mejor, ciertamente, con un jardín muy grande y un gasto mensual más abultado, sin que fuera imposible ahorrar algo todos los años. Habló apaciguado por la mirada de ella y un poco cegado agradablemente por el crepúsculo entre rojo y dorado; habló muy suavemente, a media voz, contento por lo menos de que ella le oyera. Y la viuda escuchaba calladamente, el alma penetrada por un agradable cansancio. Ella no tenía completa conciencia de que aquello representaba un pedido de casamiento y una decisión para su existencia; la idea no le causó ni excitación ni pena, porque no pensó un solo segundo en tomarla en serio. Pero los minutos pasaban tan suaves y ligeros y como llevados por una música. Que ella acechaba aturdida y era incapaz de una resolución, como la tan simple de menear la cabeza o levantarse.

Schlotterbeck volvió a detenerse, la miró interrogativo y la vio inconmovible. Con los ojos bajos y las mejillas apenas enrojecidas. Como sí oyera una melodía. No comprendió el estado de ánimo de la mujer, porque lo interpretó a su favor, pero sintió invadirle ese mismo estado de ánimo de perplejidad y ensueño, escuchando, como ella, pasar por su espíritu y por el cuarto esos instantes maravillosos como si fueran rumorosas y acariciantes alas.

Más tarde, ambos tuvieron la sensación de haberse quedado sentidos cerca del otro, un largo rato, casi fascinados; y fueron sólo apenas algunos minutos. Porque el sol seguía suspendido todavía en el borde de las montañas, cuando fueron violentamente despertados de aquella quietud.

La cuñada enferma se había quedado en el cuarto vecino y, ya alarmada por la extraña visita, ante la larga y queda conversación de ambos, se sintió invadir por amargas sospechas y maniáticas ideas. Le parecía que estaba ocurriendo algo raro y peligroso, y poco a poco la desdichada que sólo podía pensar en sí misma, sintió un miedo creciente de que el hombre hubiese venido para llevársela. Ya antes le había causado una temerosa ansiedad el resultado de la visita de los magistrados y desde entonces no ocurría en la casa la menor cosa sin que la pobre solterona pensara con horror en que se la llevarían por la fuerza.

Después de luchar un rato con el horror que sentía, la mujer llegó corriendo anegada en sollozos, se echó a los pies de la cuñada y en estremecido llanto le abrazó las piernas; Schlotterbeck se puso de pie asustado, y la señora Entriss, arrancada de pronto de su arrobamiento, volvió a verlo todo con buen sentido y se avergonzó involuntariamente de su momentáneo extravío.

Ella se puso enseguida de pie, levantó a la mujer arrodillada, le acarició consoladora los cabellos y le estuvo hablando a media voz, monótonamente, como a un niño asustado.

—No, no, queridita, no llores... ¿Verdad que ya no lloras? Ven, hijita, ven, estamos contentas y tendremos algo bueno para la cena. ¿Pensaste en que él quiere llevarte? ¡Oh, tonta, nadie te va a llevar de aquí! No, no, puedes estar segura, nadie puede hacerte daño. No llores más, tontuela, no llores más...

Augusto Schlotterbeck asistió a la escena embarazado y también conmovido; la enferma comenzó a llorar más tranquila, casi con un placer infantil, y moviendo la cabeza a un lado y a otro, se quejó con voz cada vez más queda. Su rostro desesperado, todavía en lágrimas, pasó casi sin transición a ser una tonta sonrisa de niño. Pero el visitante se sintió de más allí, tosió ligeramente y dijo:

—Lo lamento, señora Entriss, espero que todo pase fácilmente. Siendo así, me sentiré tranquilo y volveré mañana, si me lo permite.

Fue entonces cuando entendió la señora Entriss que él se le había declarado y que ella lo había escuchado dejándole hablar sin desear que lo hiciera. Se asombró de sí misma; podía parecer que ella hubiese jugado con él. Y ahora no podía dejar que se fuera, llevándose una impresión equivocada; lo comprendió así y le dijo:

—No. No, quédese, ya pasó. Tenemos que hablar.

Su voz era tranquila y su rostro inmutable, pero el rojo del sol y el de la agradable excitación se habían desvanecido, y los ojos de ella miraban, prudentes y fríos, pero con un leve brillo temeroso de tristeza, al enamorado que volvió a sentarse con el sombrero en la mano.

Ella, en tanto, hizo sentar a la cuñada en una silla y volvió al sitio de antes.

—Tenemos que dejarla, aquí en el cuarto —dijo despacio—, puede inquietarse, otra vez y cometer tonterías... Antes le dejé hablar a usted, no sé yo misma por qué; estaba un poco cansada. Espero que no haya interpretado eso falsamente. De verdad, es algo resuelto hace mucho y firmemente: no cambiaré de estado. Pronto tendré cuarenta años y usted llegará a algo más de cincuenta; a esta edad, la gente prudente no se casa más. Usted sabe que lo quiero y le estoy agradecida como a un buen vecino; y si usted quiere, podemos seguir así. Pero debemos conformarnos con eso, para no correr un triste albur.

El señor Schlotterbeck la miró con tristeza, pero sin rencor. En otro momento, pensó, se retiraría tranquilamente y le daría la razón. Pero el brillo que le viera en la cara un cuarto de hora antes perduraba en su memoria grabado ya como un tardío y hermoso florecer de fin de verano que daba vida a su deseo y a su ambición. Si no hubiese visto ese brillo, se hubiera ido triste, sí, pero sin espinas en el corazón; mas ahora le parecía haber tenido la dicha como un pájaro posado en un dedo y dejado pasar el momento de atraparlo. Y no se dejan escapar los pájaros —a la espera de una nueva ocasión de atraerlos— cuando se los ha tenido tan al alcance de la mano.

Además, y a pesar de la desazón porque ella se le escapaba después de haberse encendido tan delicadamente por sus palabras galanteadoras, él la amó mucho más que una hora antes. Hasta ese instante creyó buscar un casamiento razonable, grato y conveniente; esa hora de la tarde lo había convertido en un hombre realmente enamorado.

—Señora Entriss —dijo, por lo tanto, resueltamente—. Usted está ahora asustada y tal vez muy sorprendida por mi propuesta. Yo la quiero y como usted sólo se resiste con la razón, no puedo darme por satisfecho como un vendedor que se echa de casa. No, pienso continuar esta conquista y sitiarla a usted con todas mis fuerzas, hasta que se vea quién es él más fuerte.

Ella no estaba preparada para esta manera de hablar; en su alma de mujer aquello sonaba cálidamente, acariciándola. Y le hacía bien íntimamente, como en el mes de febrero el primer cinto del mirlo, aunque no lo quisiera realmente así. Pero no se hallaba acostumbrada a ceder a tan oscuras reacciones y sí firmemente resuelta a rechazar el ataque y mantener su libertad ahora tan querida.

Dijo:

—¡Me asusta usted, querido vecino! Los hombres siguen siendo jóvenes más tiempo que las mujeres y me duele que usted no se conforme con mi resolución. No puedo volverme joven y enamorarme, no me saldría del corazón. También amo y gusto de mi vida, tal como es ahora, tengo mi libertad y no sé de preocupaciones. Y, además, ahí está esta pobre cosa, mi cuñada, que me necesita y que no debo abandonar; se lo prometí y quiero cumplir mi promesa... Mas, ¿para qué hablo tanto cuando nada hay que decir? No quiero y no puedo y si me aprecia, déjeme en paz y no me amenace con asedios y cosas parecidas, si le parece bien, olvidemos todo lo de hoy y seguiremos siendo buenos vecinos. De otra manera, no debo verlo a usted más.

Schlotterbeck se levantó, pero no se despidió aún. Si no que excitado, como si estuviera en su casa, se paseó arriba y abajo, para encontrar una salida en esta emergencia. Ella lo miró un rato, un poco divertida, un poco conmovida y también ofendida, hasta que no pudo más. Entonces le gritó:

—No haga locuras, vecino, tenemos que cenar y para usted también es la hora.

Pero en ese momento, precisamente, Schlotterbeck había tomado su resolución. Cogió muy elegantemente con la mano izquierda el sombrero que dejara a un lado en la excitación... hizo una reverencia y replicó:

—Está bien, ahora me voy, señora Entriss. Ahora le digo adiós y por un tiempo no la molestaré. No debe creerme violento. Pero volveré, digamos dentro de cuatro o cinco semanas, le pido solamente que en este período reflexione usted sobre todo esto. Parto de viaje, volveré únicamente para conocer su respuesta. Sí entonces; me dice que no, le prometo conformarme y la liberaré también de mi presencia en la vecindad. Usted es lo único que todavía podría retenerme en Gerbersau. ¡Mis mejores deseos y... hasta la vista!

Aferró el picaporte, lanzó una mirada a la habitación, que sólo retribuyó la enferma y, sin que nadie le acompañase, salió de la casa en el crepúsculo todavía claro. Levantó el puño hacia la ciudad cuyo ruido subía hasta él, débilmente. Hacia la ciudad a la que culpaba de la resistencia de la señora Entriss y decidió dejarla para siempre, lo más pronto posible, con la mujer o sin ella.

Lentamente recorrió el breve trecho hasta su casa. No sin volverse para mirar varias veces la casita vecina. Muy lejos. En el cielo ya pálido navegaba todavía una nubecilla, apenas un leve punto de humo, que se marchitó muriendo en un vaho de oro suavemente rosado, al encuentro de la primera estrella. Al verla, el hombre sintió una vez más la leve excitación de la hora transcurrida y, sonriendo, inclinó su vieja cabeza ante los deseos de corazón. Luego entró en su solitaria casa y esa misma noche se preparó para el viaje.

En la tarde del día siguiente todo estaba listo; entregó las llaves a su ama de casa y el baúl a un peón, suspiró aliviado y se marchó a la ciudad y a la estación, sin atreverse a echar una mirada al pasar hacia el jardín y la ventana de la señora Entriss. Pero ella lo vio, cuando se fue acompañado por el peón que llevaba el baúl. El hombre le daba pena y de todo corazón le deseó que se recobrara.

Días de tranquilidad comenzaron entonces para la señora Entriss. Su modesta existencia se deslizó otra vez en la soledad de antes; nadie iba a verla y nadie miraba más por encima de la cerca del jardín. En la ciudad se sabía exactamente que ella había tendido la red con todas las artes posible al millonario ruso y se alegraron del alejamiento que no pasó ignorado, naturalmente, un día entero. La viuda, como siempre, no daba la menor importancia a todo eso y siguió con sus quehaceres y sus costumbres. Lamentaba que le hubiese ocurrido eso al señor Schlotterbeck. Pero no se creía culpable y estaba tan acostumbrada en largos años a su vida solitaria, que su ausencia no le causó ningún serio pesar. Recogía semillas de flores en los almácigos que se marchitaban, regaba el jardín a la mañana y a la noche; cosechó hayas, hizo conservas y realizó con satisfactorio esmero los trabajos propios del verano, que eran muchos. Luego, de pronto, comenzó a darle que hacer la cuñada.

La enferma había estado tranquila desde aquella tarde, pero parecía luchar desde entonces más que nunca con un terror que era una especie de delirio de persecución y consistía en un desconfiado temor de que la llevaran y la maltrataran. Tampoco le sentaba bien el verano caluroso, que trajo muchas tormentas, y al final, la señora Entriss no pudo salir ni por media hora para las compras de la casa, porque la enferma ya no toleraba la soledad. La pobre criatura se sentía segura solamente muy cerca de su cuidadora y envolvía a la atormentada mujer con suspiros, manoteos y ansiosas miradas de un miedo sin fundamento. Un día tuvo que llamar al médico. Ante el cual la enferma estalló en un nuevo delirio y el médico volvió cada dos días para observarla. Para la gente de Gerbersau fue ésta una nueva oportunidad para hablar de continuos malos tratos y de inspecciones legales.

Entretanto, Augusto Schlotterbeck había llegado a Wildbad, donde, sin embargo, sintió demasiado calor y vio demasiada agitación, por lo cual volvió a preparar su baúl y siguió viaje, esta vez hasta Freudenstadt, lugar que conocía desde joven. Allí se sintió muy a gusto, en compañía de un industrial suabo con quien trabó firme amistad y pudo hablar de cosas técnicas y comerciales de su experiencia. Con este señor, que se llamaba Víctor Trefz y como él había viajado mucho por el mundo, realizaba todos los días largos paseos por los frescos bosques. El señor Trefz

poseía en el este del país una talabartería de antigua y merecida fama.
Entre ambos se estableció una amistad de cortés confidencia y mutua
estimación, porque Schlotterbeck demostraba excelentes conocimientos
en artículos de cuero y, además, un dominio del mercado internacional
que resultaba asombroso. Por eso no tardó mucho en informar al industrial acerca de su vida y situación, y les pareció a ambos que, en
determinadas circunstancias, alguna vez podrían ser también excelentes camaradas de negocios.

Schlotterbeck encontró, pues, abundantes recursos para recobrarse,
hasta olvidó durante una media jornada su dudoso problema con la viuda
de Gerbersau. Animaba, y excitaba al viejo hombre de negocios la conversación con su hábil colega y, no menos, la perspectiva de eventuales
y nuevas empresas; las necesidades de su corazón, a las cuales nunca
concediera demasiado lugar, pasaron a segundo plano, únicamente cuando se quedaba solo, a veces también de noche antes de dormirse, se le
aparecía la imagen de la señora Entriss y le daba nuevos ánimos. Pero,
aún así, el asunto no le parecía ya tan importante. Pensaba en aquella
tarde en la casita de la vecina y al final le parecía que casi había tenido
razón la mujer. Comprendió que la falta de ocupación y la vida solitaria
habían tenido en gran parte la culpa de sus ideas matrimoniales.

Durante un paseo, fue invitado por el señor Trefz a visitarlo aquel
otoño y a conocer su empresa. Todavía no se había dicho una palabra
acerca de posibles relaciones comerciales, pero ambos sabían lo que ocurría y que la visita podía llevar perfectamente a una participación y a
una ampliación de la industria. Schlotterbeck aceptó agradecido e indicó al amigo el banco en el cual podía obtener informes sobre su persona.

—Gracias, es suficiente —dijo Trefz—, lo demás lo discutiremos, si
le gusta, en el momento de los hechos.

Con eso, Schlotterbeck se sintió nuevamente reconquistado por la
vida. Se acostó ese día muy alegre y se durmió sin haber pensado una
sola vez en la viuda. No sospechaba siquiera que ella atravesaba un
momento muy doloroso y que hubiera necesitado de su apoyo. La cuñada, bajo la vigilancia del médico se había vuelto más miedosa y molesta
y había convertido la casita en un infierno de desesperanza, porque de
pronto aullaba como atormentada, de pronto subía y bajaba por las escaleras y vagaba por los cuartos sin paz y sollozando locamente, de
pronto se encerraba en su cuarto y resistía imaginarios asaltos con oraciones y gemidos.

La pobre criatura tenía que ser vigilada constantemente y el médico,
preocupado, insistió en que se la alejara y se la internara en un establecimiento adecuado. La señora Entriss se opuso todo lo que pudo. Se
había acostumbrado durante largos años a la enloquecida solterona,

esperaba también que ese período desagradable no durara mucho y, finalmente, temía los notables gastos que podían ocasionarle. Estaba dispuesta a cocinar, lavar y cuidar de la desdichada durante toda su vida, a soportar todos sus caprichos y pensar por ella, pero la posibilidad de que para esa vida destruida iría consumiendo en duros años, tal vez, todo lo que ahorrara, como si lo echara en un saco sin fondo, le resultaba terrible. Y así, además del cuidado diario de la lunática, debía llevar a cuestas también esa angustia, esta carga, y a pesar de su valentía, comenzó a adelgazar y a envejecer un poco en el rostro.

De todo aquello, Schlotterbeck no sabía absolutamente nada. Creía que la viuda estaba muy a sus anchas en la casita y hasta un poco contenta de haberse liberado por un rato del molesto cortejante.

Pero esto no era ya así. Ciertamente, la partida del señor Schlotterbeck no tuvo como consecuencia el despertar en ella la añoranza del alejado, ni de grabar más delicadamente su imagen, pero en esos momentos de pena se hubiera sentido muy feliz de tener un amigo y consejero. Oh, si la cuñada empeoraba, hubiera muy bien podido considerar más detenidamente y con mayor inclinación los propósitos de ese hombre rico.

En Gerbersau, entretanto, las murmuraciones sobre la partida de Schlotterbeck y sus posibles motivos y su eventual duración, fueron apagándose, porque por un tiempo las bocas estaban ocupadas con las cosas de la señora Entriss. Y mientras bajo los pinos de Freudenstadt los dos hombres de negocios se entendían cada vez mejor y ya hablaban más claramente de futuras empresas en común, en la Spitalgasse de Gerbersau el encuadernador Pfrommer dedicó dos largas noches a redactar una carta para su primo, pues se interesaba mucho en el bienestar y el porvenir del pariente. Algunos días después, Augusto Schlotterbeck tenía en sus manos esa carta, y muy sorprendido, la leyó dos veces de cabo a rabo. Decía:

Querido y estimado primo Schlotterbeck:

El viejo notario Schwarzmantel, que recientemente ha hecho una excursión por la Selva Negra, nos informó que te vio en Freudenstadt y que estás bien y resides en la posada "El Tilo". Fue un placer para nosotros saberlo y te deseo buen descanso en ese hermoso lugar. Cuando es posible hacerla, esa cura veraniega es muy favorable siempre; una vez yo también estuve en Herrenalb unos días, por enfermedad, y me hizo muy bien. Vuelvo a desearte, pues, el mejor resultado; seguramente te gustará mucho a ti también nuestra familiar Selva Negra con su perfume de abetos y pinos.

Querido primo, todos hemos pensado en ti siempre, y cuando bien repuesto vuelvas a Gerbersau, seguramente te gustará mucho nuestra

ciudad. El hombre tiene una sola patria y aunque en el mundo puede haber muchas cosas bellas, solamente en la patria se puede ser
realmente feliz. En la ciudad te hiciste querer mucho y todos se ale-
grarán cuando vuelvas.

Fue una buena ocurrencia la tuya emprender viaje justamente ahora
que en tu vecindad pasan otra vez cosas desagradables. No sé si ya
estás informado. La señora Entriss, pues, tuvo que entregar finalmente a su cuñada enferma. La había maltratado tanto que la infeliz
criatura no pudo resistir más y estuvo pidiendo socorro día y noche,
hasta que el médico jefe fue llamado. Resultó evidente que la enferma solterona estaba muy mal, y a pesar de eso la Entriss insistió
tercamente y quería tenerla consigo a cualquier precio, ya se sabe
por qué. Pero ahora intervinieron y le quitaron la cuñada, y tal vez
tenga que responder de alguna cosa. La enferma fue internada en el
manicomio de Zwiejalten. La enferma gritaba como loca durante
todo el trayecto: todo el mundo corrió detrás del coche hasta la estación. Al regreso, la Entriss tuvo que escuchar toda clase de verdades,
un chicuelo llegó a tirarle una piedra.

Primo querido, si necesitas algo de aquí, lo haré con mucho agrado.
Estuviste alejado de la patria treinta años, es verdad, pero eso no
importa y, por mis parientes, cualquier cosa de mi parte, ya lo sabes.
Mi mujer quiere que te dé sus saludos.

Te deseo buen tiempo para tu veraneo. Arriba, en las alturas de
Freudenstadt hará seguramente más fresco que aquí en este estrecho agujero; sufrimos mucho calor y hubo muchas tormentas. En la
posada bávara cayó anteayer un rayo, pero no hubo incendio.

Si algo necesitas, estoy totalmente a tu disposición. Con la fidelidad
de siempre, tu primo y amigo.

Lucas Pfrommer

El señor Schlotterbeck leyó atentamente la carta, la metió en bolsillo
la volvió a sacar y la leyó otra vez, la tradujo del idioma de Gerbersau a
su alemán y trató de imaginar exactamente los hechos que le comunica-
ban. Y sintió ira y vergüenza, vio a la pobre mujer burlada y abandonada,
luchando para no llorar sola y sin el menor consuelo. Cuanto más reflexionaba, cuanto mejor lo comprendía, tanto más se desvanecía su
irónica sonrisa por la carta del primo, estaba sinceramente indignado
con él y con todo Gerbersau y pensó en la venganza, pero poco a poco
reconoció que tampoco él mismo se acordó en los últimos días de la
señora Entriss. Elaboró proyectos y gozó de días hermosos; entretanto,
a la querida mujer le habían ocurrido cosas desagradables: seguramente
pasó dificultades graves y, tal vez, confió en su apoyo...

Mientras meditaba en esto, sintió vergüenza. ¿Qué se podía hacer? Ante todo, quiso partir enseguida. Sin demora, llamó al posadero, dispuso la partida para la mañana siguiente y se lo comunicó también al señor Trefz. Mientras preparaba el baúl, olvidó la vergüenza, la rabia y todos los lamentos y sintió una alegría que no lo abandonó ya en toda la noche.

Comprendió que aquellas historias no eran más que intrigas interesadas del primo. La cuñada, gracias a Dios, estaba eliminada, la señora Entriss, sola y triste, tal vez tuviera dificultades financieras; era hora ya que él se presentara otra vez y repitiera en la apacible y asoleada habitación su pedido... Pasó agradablemente la velada con el señor Trefz bebiendo un buen vinillo de Markgrafl. Brindaron ambos por volverse a ver pronto y por una durable amistad, el posadero tomó con ellos una copa y dijo que esperaba el retorno de los dos huéspedes para el año siguiente.

El día después, a la mañana, Schlotterbeck estaba temprano en la estación, esperando el tren. El posadero lo había acompañado y le estrechó una vez más la mano; el peón colocó el baúl en el coche y recibió su propina, el tren salió de Freudenstadt y después de pocas horas de impaciencia el viaje estaba terminado. Schlotterbeck pasó delante del jefe de la estación que lo saludaba y penetró en la ciudad.

Comió ligeramente en "El Águila", se hizo cepillar la chaqueta y subió directamente a casa de la señora Entriss. La puerta estaba cerrada y tuvo que esperar unos instantes, hasta que la dueña de casa la abriera, con expresión sorprendida e inquisitiva, porque no lo había visto llegar. Cuando lo reconoció, se puso roja y trató de poner cara muy seria; él entró con amables saludos y ella lo condujo a la sala.

Su llegada la había sorprendido. En los últimos tiempos no le fue posible pensar mucho en él, pero ese retorno no era para ella algo que la asustara, sino un consuelo. Él también, a pesar de la tranquilidad y la aparente frialdad de ella, lo comprendió así, y esto le ayudó a facilitar las cosas; la tomó afectuosamente de los hombros, la miró en la cara sonrojada, sonriendo, y preguntó:

—¿Estamos de acuerdo, verdad?

Ella quiso sonreír y esquivarse un poco y decir algo, pero sin que se diera cuenta la invadió la emoción, el recuerdo de tantas penas y la amargura de aquellas semanas, que hasta ese momento había soportado valientemente y sin llorar, y de pronto rompió en llanto, asustada y asustando al enamorado. Pero poco después volvió a extenderse por su rostro esa luz tímida de dicha que el señor Schlotterbeck conocía de la otra entrevista; ella se apoyó en él, se dejó abrazar y cuando después de un beso suavísimo tuvo que sentarse con la dulce presión de las manos amigas, él le dijo alegremente:

—Gracias a Dios, estamos de acuerdo. Pero este otoño se vende la casita... ¿O quieres quedarte a toda costa en este nido?

Walter Kömpff

Poco hay que decir acerca del anciano Hugo Kömpff, a no ser que en todo era un tipo de Gerbersau de la mejor clase. La vieja casa, grande y sólida, en la plaza del mercado, con un comercio, bajo y oscuro, que, sin embargo, se consideraba una mina de oro, la había heredado del padre y del abuelo y continuaba la vieja tradición. Sólo había elegido por su propia cuenta cuando buscó una novia de afuera. Se llamaba Cornelia y era hija de un párroco, una dama hermosa y seria, sin un céntimo. La sorpresa y las habladurías al respecto duraron mucho tiempo y aunque también más tarde se hallaba a la mujer un poco rara, hubo que acostumbrarse a ella a la fuerza. Kömpff pasaba la vida en su hogar muy tranquilo y, aun en las mejores épocas comerciales, sin llamar la atención a la manera paterna, era bondadoso y muy estimado, y al mismo tiempo un comerciante excelente, de modo que nada le faltaba de lo que en este mundo constituye la dicha y el bienestar. En el momento oportuno llegó un hijito que fue bautizado con el nombre de Walter; tenía la cara y la constitución de los Kömpff, pero con ojos oscuros y no azules: los heredaba de la madre. Sí, nunca se había visto a un Kömpff con ojos oscuros, pero examinando bien la cosa, esto no le pareció al padre ninguna desventura, y tampoco el chiquillo resultó al parecer una excepción. Todo marchaba con sano y despacioso ritmo, el comercio prosperaba, la mujer ciertamente cambiaba cada vez un poco de lo acostumbrado, pero eso no importaba y el chiquillo crecía y adelantaba al ir a la escuela donde fue de los mejores. Sólo le faltaba ahora al comerciante llegar al consejo del ayuntamiento, pero esto tampoco podría tardar mucho, y entonces alcanzaría su meta más elevada y todo sería como con el padre y el abuelo.

Pero no llegó. Completamente contra la tradición de los Kömpff, el amo cayó en cama a los cuarenta y cuatro años de edad, para morir. La cosa ocurrió lentamente, de manera que el hombre pudo establecer y poner en orden todo lo necesario con tranquilidad. Un día estaba sentada a su cabecera la bonita dama morena, y los dos discutieron de esto y de aquello, de lo que debía ocurrir y de lo que podría traer el futuro. Ante todo, se habló, naturalmente, del pequeño Walter, y sobre este punto no tenían la misma opinión, lo que no les sorprendía. Se lanzaron por eso a una lucha dura, aunque muy calma. Por cierto, si alguien hubiese atisbado en la puerta del cuarto, nada hubiera notado de la disputa.

Porque la mujer, desde el primer momento de su matrimonio había insistido para que aun en los días difíciles dominara la cortesía y la palabra suave. Más de una vez, el marido, cuando sentía en alguna propuesta o resolución la tranquila pero firme resistencia de la mujer, se había enojado. Pero entonces ella sabía mirarlo a la primera palabra hiriente de un modo que él enseguida se retraía y si no deponía su rencor, lo llevaba por lo menos al comercio o a la calle y con eso no ofendía a la esposa, cuya voluntad luego alcanzaba generalmente con la victoria sin que se hablara más y ésta era también cumplida. Y así también esta vez, cuando él ya se hallaba cerca de la muerte y enfrentaba con su último y más fuerte deseo la firme y distinta opinión de ella, la conversación se desarrolló fatalmente en la misma medida. Pero la cara del enfermo tenía el aspecto de que se dominaba con esfuerzo y podía de un momento a otro perder el dominio de sí mismo y mostrar cólera o desesperación.

—Estoy acostumbrado a muchas cosas, Cornelia —dijo el hombre—, y ciertamente a veces tuviste razón en contrariarme, pero ahora ves que en este caso se trata de algo muy distinto. Lo que te expongo es mi firme deseo, mi clara voluntad, hace años determinada, y ahora debo hablar neta y resueltamente e insistir en ello. Tú sabes que esta vez no se trata de un capricho y que veo llegar la muerte. Lo que te dije es parte de mi testamento y será mejor que lo aceptes buenamente.

—No vale la pena —replicó ella— hablar tanto al respecto. Me has pedido algo que no puedo admitir. Eso me duele, pero no se puede cambiar nada de todo eso.

—Cornelia, es ésta la última solicitud de un moribundo. ¿No lo piensas tú también así?

Sí, convengo en ello. Pero pienso también que debería decidir acerca de toda la vida del pequeño y eso no podemos hacerlo ni tú ni yo.

—¿Por qué no? Es algo que ocurre todos los días. De haber tenido salud hubiera hecho de Walter, sin embargo, lo que me parece correcto. Ahora, por lo menos, quiero cuidar de que aun sin mí tenga delante de él un camino y una meta y llegue a lo mejor.

—Pero tú olvidas que nos pertenece a ambos. Si hubieras tenido salud, entre los dos lo hubiéramos guiado y encontrado lo que puede ser más conveniente para él.

El enfermo contrajo los labios y calló. Cerró los ojos y, pensó en algún recurso para llegar a lo que quería buenamente. Pero no encontró nada y como sufría y no tenía la seguridad de estar consciente un día más tarde, se resolvió a liquidar el asunto.

—Por favor, haz que venga —pidió con calma.

—¿Walter?

—Sí, pero enseguida.

La señora Cornelia se dirigió lentamente hacia la puerta. Luego se volvió:

—¡No lo hagas! —le dijo implorante.

—¿Qué?

—Lo que quieres hacer, Hugo. No es ciertamente lo justo.

Tenía otra vez los ojos cerrados y cansadamente sólo dijo:

—¡Hazlo venir!

Ella salió y llegó hasta el gran vestíbulo claro donde Walter estaba sentado haciendo sus ejercicios escolares. Tenía de doce a trece años y era un niño delicado y bueno. En ese instante se sentía, por cierto, asustado y desorientado, porque no se le había ocultado que su padre estaba próximo al fin. Trastornado siguió a la madre; luchando con una resistencia íntima llegó hasta el cuarto del enfermo, donde el padre lo invitó a sentarse en la cama cerca de él.

El enfermo acarició la cálida manita del niño y lo miró con ternura.

—Tengo que hablar contigo, Walter, de algo importante. Eres ya bastante grandecito, escúchame, pues, atentamente y entiéndeme bien. En este cuarto murieron mí padre y mí abuelo, en esta misma cama, pero ellos llegaron a una edad mucho más avanzada que yo, y cada uno tenía ya un hijo crecido a quien se pudo entregar la casa y la tienda y todo lo demás, en plena tranquilidad. Esto es, naturalmente, algo muy importante, ¿sabes? Piensa que tu bisabuelo y luego tu abuelo y más tarde tu padre trabajaron aquí durante muchos años y tuvieron sus preocupaciones, para que el comercio llegara también en buena situación a manos del hijo. Y yo ahora me muero y no sé siquiera lo que será de todo y quién debe ser el amo en la casa después de mí. Piensa un poco en esto. ¿Qué opinas tú?

El jovencito miró confuso y triste en el vacío; nada podía decir y en nada podía pensar; toda la seriedad y el solemne embarazo de esa hora extraña en la penumbra del cuarto lo rodeaban como un aire pesado y denso. Tragó saliva, porque estaba casi por llorar y se quedó callado, afligido y confundido.

—Tú me entiendes ya —prosiguió el padre, y volvió a acariciar la mano del pequeño—. Me gustaría mucho saber con seguridad que cuando seas lo bastante grande, continuarás nuestro viejo comercio. Si tú, pues, me prometieras que quieres ser comerciante y más adelante hacerte cargo de todo, se me quitaría de encima una gran preocupación y tal vez podría morir más fácil y tranquilamente. Tu madre opina...

—Sí, Walter —intervino la señora Cornelia—, has oído lo que tu padre acaba de decir, ¿verdad? Te corresponde ahora solamente a ti decidir lo que quieras. Eso sí, debes reflexionarlo bien. Si piensas que tal vez sería mejor que no llegues a ser comerciante, puedes decirlo tranquilamente; nadie quiere obligarte.

Los tres callaron largo rato.

—Si quieres, puedes retirarte y meditarlo más, luego te llamo —dijo la madre.

El padre fijó en Walter sus ojos, firmes e interrogantes; el niño se había puesto de pie y no sabía qué decir. Sentía que la madre no quería lo mismo que el padre, cuyo pedido no le parecía realmente ni muy grave ni muy importante. Estaba por volverse para salir, cuando el enfermo trató de aferrar todavía su mano, pero no la alcanzó. Walter lo vio y miró al padre y leyó en su mirada la pregunta y el pedido y casi una angustia, y sintió de repente con piedad y terror que estaba en sus manos causar daño o contento a su padre moribundo. Esta sensación de extraña responsabilidad le oprimió como un remordimiento, vaciló, y en una improvista reacción tendió la mano al padre y en voz baja, mientras le brotaban lágrimas en los ojos, dijo:

—Sí, lo prometo.

La madre lo llevó luego al vestíbulo donde comenzaba a caer la oscuridad; encendió una lámpara, besó al niño en la frente y trató de tranquilizarlo. Luego volvió al lado del enfermo. Que estaba hundido en la almohada, agotado, y había caído en ligero sueño. La bella y robusta dama se sentó en un sillón de brazos cerca de la ventana y buscó con ojos cansados en el crepúsculo.

Por sobre el patio y los techos agudos e irregulares de las casas el cielo palidecía. Estaba aún en sus mejores años y era todavía bella; solamente en las sienes la piel blanca parecía cansada.

Tenía también necesidad de dormitar un poco, pero no se durmió aunque todo en ella estaba tranquilo. Recordó. Era propio de ella que, quisiera o no, debía pasar por los momentos decisivos e importantes, bebiendo sola el amargo cáliz hasta las heces. Por eso resistió esta vez también contra el cansancio, en la vivencia sobreexcitada y fatalmente desagradable de esas horas, en las cuales todo era importante y serio e imprevisible, debía pensar en el niño y reconfortarlo espiritualmente, y debía espiar la respiración de su esposo, que yacía allí dormitando, vivo todavía y, en realidad, ya no perteneciente a este mundo. Pero sobre todo, debía pensar en la última hora transcurrida.

Ésta era, ahora, su última lucha con el marido y la había perdido una vez más, aunque estaba convencida de que tenía razón. Todos esos años había observado a Hugo hasta el fondo del corazón, en el amor y en las disputas, logrando una vida en común tranquila y limpia. Lo quería, ahora como siempre, y, sin embargo, no dejó de sentirse siempre sola. Aprendió a leer en el alma de él, pero no pudo comprender la propia, ni en el amor siquiera, y él había seguido por su acostumbrado camino. El hombre permaneció siempre en la superficie con su comprensión y su alma, y cuando hubo cosas que no le estaban consentidas no le fue posible adaptarse a él, fue Hugo quien cedió sonriendo, pero sin comprenderla.

Y ahora, desgraciadamente, ocurría lo peor. Nunca había podido hablar en serio con él acerca del hijo; además, ¿qué hubiera debido decirle? Él no veía dentro de los seres. Estaba convencido de que el niño heredó de la madre los ojos oscuros, todo lo demás de él, del padre. Y ella supo cada día, desde muchos años atrás, que el pequeño tenía el alma de ella y que en esa alma algo que estaba vivo contradecía al espíritu y al modo de ser del padre, inconscientemente, sí, pero con una pena incomprendida. Era cierto, el niño tenía mucho del padre, se le parecía casi en todo, pero el nervio íntimo, lo que constituye la verdadera esencia de un hombre y crea misteriosamente su historia, esta chispa vital la tenía de ella y quien hubiese podido ver en el íntimo espejo de su corazón, en la delicada y ligeramente ondulada fuente de lo más personal e íntimo, hubiera encontrado allí reflejada el alma de la madre.

La señora Kömpff se levantó con precaución y se acercó a la cama; se inclinó sobre el esposo dormido y lo miró. Deseó un día más, unas horas siquiera para él, con el fin de verlo una vez más como quería. Nunca la había comprendido enteramente, pero sin culpa alguna. Y precisamente la limitación de aquella naturaleza robusta y clara, que aun sin íntima comprensión se había tan a menudo adaptado a ella, le pareció amorosa y caballeresca. Ya durante el noviazgo lo observó, y no sin una leve pena entonces.

Más tarde, el hombre se tornó en sus negocios y entre sus camaradas ciertamente un poco más agrio, vulgar y burguesmente circunscrito de lo que a ella le hubiera gustado, pero había subsistido el fondo de su naturaleza honrosamente firme, llevando una vida en común en la que de nada cabía arrepentirse. Sólo había pensado dirigir al pequeño de manera que fuera libre y pudiera seguir sin estorbos su innato modo de ser. Y ahora quizás ella perdía con el padre también al hijo.

El enfermo pudo dormir hasta tarde en la noche. Luego se despertó por los dolores y alrededor del alba era claramente visible que se agotaba

y perdía rápidamente las últimas fuerzas. Pero, entretanto, hubo todavía un momento en que pudo expresarse claramente.

—Cornelia —dijo—, ¿has oído que me lo prometió?

—Seguramente. Lo prometió.

—Entonces, ¿puedo estar tranquilo?

—Sí que lo puedes.

—Está bien... Cornelia, ¿me guardas rencor?

—¿Por qué?

—Por Walter...

—No, querido, absolutamente no.

—¿De verdad?

—De verdad. ¿Y tú tampoco me lo guardas, verdad?

—No, no... ¡Oh Cornelia, también te lo agradezco!

Ella se había levantado y tenía entre las suyas la mano de Hugo,
Volvieron los dolores, y el enfermo se quejó ligeramente, hora tras hora,
hasta que al día siguiente quedó agotado y tranquilo, con los ojos
semiabiertos.

Murió veinticuatro horas después.

La hermosa mujer llevó desde entonces vestidos negros y el niño
una cinta de crespón negro alrededor del brazo viviendo en la casa, pero
la tienda fue alquilada. El arrendador Leipolt era un hombrecillo de una
cortesía un poco cargante. Como tutor de Walter fue nombrado un bondadoso camarada del padre, que se hacía ver muy rara vez en la casa y
tenía un poco de miedo ante la viuda tan severa y de mirar penetrante.
Por lo demás, se le consideraba corno un excelente comerciante. De esta
manera al comienzo todo quedó bien arreglado, en lo posible, y la vida
en la casa de los Kömpff continuó en paz.

Sólo con las sirvientas, con quienes ya antes existiera un eterno problema, eso rezaba menos que nunca y la viuda tuvo cierta vez que cocinar
y cuidar de la casa durante tres semanas. En realidad ella no pagaba
salarios inferiores a los de otras familias, tampoco economizaba en la
comida de los domésticos y en los regalos de Año Nuevo, pero rara vez
tuvo una sirvienta mucho tiempo en casa. Porque, mientras en muchas
cosas era casi demasiado amable y, sobre todo, nunca dejaba escapar
una palabra grosera. En muchas pequeñas cosas mostraba una severidad casi inconcebible. Poco antes había despedido a una muchacha
laboriosa y diestra, de la que estaba muy contenta, por una insignificante mentira piadosa. La joven rogó y lloró inútilmente. Para la señora
Kömpff, la menor excusa o falta de sinceridad era menos tolerable que
veinte platos rotos o una sopa quemada.

Ocurrió un día que la Holderlies, la Isabel de los Holder, volvió a Gerbersau. Había estado sirviendo afuera muchos años, traía sus respetables ahorros y había regresado sobre todo por un capataz de la fábrica de mantas con quien tuviera antes relaciones y que desde hacía mucho no le escribía. Ella encontró al infiel ya casado; esto la afectó tanto que quiso volver a irse. Por casualidad, cayó en las manos de la señora Kömpff, se consoló y se dejó convencer en quedarse y desde entonces permaneció en la casa treinta años enteros.

Durante algunos meses trabajó como diligente y silenciosa sirvienta en los cuartos y en la cocina. Su obediencia nada dejaba que desear, pero no se cuidaba tampoco en oportunidades en dejar caer en el vacío un consejo o en censurar levemente una orden recibida. Como lo hacía en forma natural y correcta y siempre con toda franqueza, la señora Kömpff se lo toleró, se justificó y se dejó enseñar e instruir y así, poco a poco, ocurrió que con la autoridad de la dueña de casa, la doméstica se convirtió en colaboradora y consejera. Y no quedó en eso, sino que una noche ocurrió naturalmente que Isabel contó a su ama, durante la cena bajo la lámpara y en las labores de las noches de fiesta, su pasado no muy alegre, por lo cual la señora Kömpff tomó tanta estimación y tanto interés por la madura mujer que retribuyó sus confidencias y le comunicó muchos de sus recuerdos más celosamente guardados. Muy pronto llegaron a la costumbre de comunicarse mutuamente sus pensamientos y opiniones.

En todo eso sucedió que inadvertidamente gran parte de la manera de pensar de la señora penetró en la sirvienta. Especialmente en materia religiosa aceptó de ella muchas ideas, no por conversión, sino inconscientemente, por hábito y amistad. La señora Kömpff era hija ciertamente de un párroco, pero no muy ortodoxa; por lo menos la Biblia y su innato sentimiento valían más para ella que las normas de la Iglesia. Cuidaba esforzadamente de mantener su labor y su vida diaria siempre en armonía con su temor de Dios y las leyes íntimamente sentidas. Con eso no se sustraía a los hechos y a las exigencias naturales de cada día, sólo que en su interior conservó una zona libre, donde no podían llegar hechos y palabras y donde podía descansar en sí misma o buscar el equilibrio en momentos difíciles.

Era inevitable que también el pequeño Walter sufriera la influencia de las dos mujeres y de esa forma de convivencia. Pero ante todo tenía demasiado trabajo en la escuela como para que le quedase mucho tiempo para otras conversaciones y enseñanzas.

También la madre lo dejaba gustosa en paz, y cuanto más segura estaba del íntimo modo de ser del muchacho, tanto más cándidamente veía que muchas cualidades y particularidades del padre llegaban poco a poco a arraigarse en el niño, sobre todo en el aspecto exterior, éste fue pareciéndosele cada vez más.

Aunque al comienzo nadie notó nada extraño en él, el jovencito poseía realmente un carácter nada común. Cuanto menos correspondían
los ojos oscuros al rostro familiar de los Kömpff, tanto más indisolubles
parecían en su ánimo las partes heredadas del padre y de la madre.
Entretanto, la madre misma, rara vez advirtió algo de eso. Pero Walter
había llegado ya a los últimos años de la adolescencia, cuando aparecen
toda clase de fermentos y extrañas inquietudes, y los jóvenes oscilan
constantemente entre un sensitivo pudor y un agrio salvajismo. En ocasiones, llamaba la atención con qué rapidez cambiaban a menudo sus
reacciones y conque facilidad podía alterarse su estado de ánimo. Como
su padre, sentía particularmente la necesidad de adaptarse a la media-
nía y al nivel dominante, fue pues, un buen camarada de curso, un buen
condiscípulo, y aun los maestros lo miraron con buenos ojos. Pero otras
necesidades parecían ser en él poderosas. Por lo menos, algunas veces
ocurría como si él meditara sobre sí mismo y se quitara una máscara,
cuando se alejaba disimuladamente de un juego violento y se retiraba
solitario a su bohardilla o se acercaba con rara y silenciosa delicadeza a
la madre. Si ella entonces cedía bondadosa y retribuía su caricia, él se
conmovía no ya como niño y a veces lloraba. Una vez había tomado
parte también en una pequeña venganza de sus compañeros contra el
maestro y después de expresar su satisfacción en voz alta por la jugarre-
ta, se sintió luego de pronto anonadado, tanto que por su propia iniciativa
fue a pedir perdón.

Todo esto era explicable y parecía inocente y demostraba cierta debilidad, pero también el buen corazón de Walter, y nadie se perjudicaba
con ello. Así pasó el tiempo, en paz y contento para la madre, la sirvienta y el hijo, hasta que éste llegó a los quince años de edad. También el
señor Leipolt se interesaba por Walter, por lo menos trataba de ganarse
su amistad con frecuentes regalos de pequeños objetos gratos a los muchachos. Pero Walter no gustaba del comerciante demasiado gentil y lo
evitaba cuanto podía.

Al final del último año escolar, la madre tuvo una conversación con
el hijito, en la cual trato de saber si estaba realmente resuelto y dispuesto sin resistencia a ser comerciante. Supuso más bien en él una inclinación
a seguir estudiando. Pero el jovencito nada tenía que objetar y aceptó
como cosa natural el que tuviese que convertirse en aprendiz de tienda.
Pero le pareció casi un desengaño el que en lo íntimo se sintiera —y se
sentía— muy satisfecho con ello. Mas hubo, no obstante, una resistencia
completamente inesperada, porque el jovencito se negó obstinadamente a seguir el aprendizaje en su propia casa con la dirección del señor
Leipolt, que hubiera sido lo más natural y para él también lo más fácil, y
para la madre y el tutor lo más lógico. La madre no se disgustó por esta
firme oposición, algo de su propio modo de ser cedió y encontró una
plaza de aprendiz para el muchacho en otro comercio.

Walter comenzó su nueva actividad con el acostumbrado orgullo y el habitual esmero; supo contar muchas cosas todos los días al respecto y asimiló ya en los primeros días algunas frases y unos pocos ademanes usuales entre los comerciantes de Gerbersau, que hacían reír amablemente a su madre. Pero este alegre comienzo no duró mucho.

Muy pronto, el aprendiz que al principio debía realizar solamente pequeños servicios manuales o estar mirándolo todo, fue llevado al mostrador para atender clientes y vender, lo que en un primer momento le causó alegría y orgullo, pero luego lo hundió en un grave conflicto. En efecto, apenas había servido un par de veces por sí solo a algunos clientes, cuando el amo le indicó que debía tener más cuidado con la balanza. Walter no tenía conciencia de ningún descuido y pidió una mejor explicación.

—Pero... ¿no lo aprendiste de tu padre? —preguntó el comerciante.

—¿Qué? No, no lo sé. —contestó Walter, sorprendido.

Entonces el principal le mostró cómo al pesar sal, café, azúcar y cosas parecidas, había que bajar la balanza aparentemente a favor del cliente, mediante una presión final, cuando en realidad faltaba algo del peso. Esto era muy necesario, porque, por ejemplo, con el azúcar no se ganaba casi nada. Además, nadie lo advertía.

Walter estaba totalmente trastornado.

—Pero eso es incorrecto —dijo ingenuamente.

El comerciante insistió en su lección, pero él casi no le escuchaba, tan violenta le resultaba esa maniobra. De pronto recordó la primera pregunta del principal, con la cara enrojecida interrumpió colérico la lección y exclamó:

—Mi padre nunca hizo eso, seguramente que no.

El amo se sorprendió desagradablemente, pero se reservó con prudencia una contestación vivaz, y encogiendo los hombros, dijo:

—¡Eso lo sé yo mejor, curioso! No hay una sola tienda con sentido común, donde no se proceda así.

Pero el jovencito estaba ya en la puerta y no le oía. Claramente encolerizado y dolorido, fue a su casa, donde trastornó en la misma medida a la madre, con su aventura y su queja. Ella sabía con qué consciente respeto el niño había considerado al maestro y cuánto chocaba con su carácter llamar la atención y hacer tragedias. Pero comprendió esta vez a Walter muy bien y se alegró, a pesar de la momentánea preocupación, porque la sensible conciencia del muchacho había sido más fuerte que la costumbre y el respeto. Visitó casi enseguida al comerciante y trató de aplacar las cosas; luego hubo que pedir consejo al tutor, quien comprendía la indignación de Walter y no concebía en absoluto que la madre todavía le diera la razón. También él fue a ver al principal y habló con él. Luego propuso a la madre que dejaran en paz al joven algunos días, lo que así se hizo. Pero a éste ni a los tres días, ni a los cuatro, ni a los ocho pudo convencérsele para que volviera a ese comercio. Y si realmente todo comerciante necesita engañar, no quería ser comerciante...

Ahora bien, el tutor tenía tratos en una pequeña ciudad, valle arriba, con un conocido que dirigía un modesto comercio y a quien él consideraba muy religioso y fanático, aunque personalmente no lo apreciara demasiado. En su desorientación, le escribió y el hombre contestó en seguida que generalmente no tenía aprendices, pero que estaba dispuesto a tomar consigo a Walter a prueba. Walter fue llevado a Deltingen y entregado a ese tendero.

Se llamaba Leckle y en la ciudad le apodaban "el chupón". Porque en los momentos de reflexión solía chupar de su pulgar izquierdo las ideas y las resoluciones. Era realmente muy piadoso y pertenecía a una pequeña secta, pero no por eso se le podía considerar un mal comerciante. Hasta hacía en su tenducho excelentes negocios y, a pesar de su desvaída apariencia exterior, tenía fama de hombre de dinero. Leckle tomó con agrado a Walter en su casa y éste no se sintió mal en ella. Porque si el "chupón" era reticente y quisquilloso, la señora Leckle en cambio era toda un alma suave, llena de innecesaria compasión y trataba, en lo que pudiera pasar inadvertido, de echar a perder al aprendiz con palabras de consuelo y mimos y buenos bocados.

En el comercio de Leckle se procedía con exactitud y economía, pero no a costa de los clientes, porque se les pesaba el azúcar y el café exactamente, con el justo peso. Walter Kömpff comenzó a creer que también siendo comerciante se puede ser y permanecer honesto, y como no le faltaba habilidad para el oficio, rara vez se vio expuesto a una reconvención de su severo principal. Pero no era el comercio lo único que tuvo que aprender en Deltingen. El "chupón" lo llevaba regularmente a las "horas" de la secta; que por lo común se efectuaban en su misma casa. Allí se reunían campesinos, sastres, panaderos, zapateros, con sus esposas y a veces sin ellas, y trataban de aplacar el hambre de sus almas y de sus conciencias con la oración, los sermones laicos y la explicación y exposición colectivas de la Biblia. Para esta actividad hay fuerte tendencia en la población del lugar y, generalmente, son los caracteres mejores y más dotados los que la realizan.

Aunque a veces la exposición de la Biblia le resultara exagerada, Walter, en general, se inclinaba por naturaleza a esta forma de ser y llegaba a menudo a la verdadera piedad. Pero no sólo era demasiado joven, sino que no dejaba de ser un Kömpff, de Gerbersau. Cuando algo ridículo le chocó después en el asunto, y tuvo cada vez más oportunidades de oír a otros jóvenes reírse de aquello, se tornó desconfiado y trató de retraerse en lo posible. Aunque fuera llamativo y hasta grotesco pertenecer a los sectarios de las "horas", nada le importaba, porque a pesar de todas las opuestas reacciones había en él una profunda necesidad de mantenerse fiel a la herencia burguesa. De todas maneras, siempre le quedó bastante de esas "horas" y del espíritu de la casa de Leckle.

Finalmente se encontró tan acostumbrado, que al concluir su aprendizaje trató de no marcharse y a pesar de todas las advertencias del tutor se quedó con el "chupón" dos años enteros todavía. Transcurrido, al fin, ese plazo, el tutor logró convencerlo de que necesariamente debía conocer un trozo más de mundo y de la vida comercial, para poder dirigir más tarde su propio comercio. Por eso, al final, Walter se fue al extranjero, contra su deseo y lleno de dudas, después de prestar el servicio militar. Sin esta ruda preparación, probablemente no hubiera resistido mucho tiempo viviendo tan lejos. Pero, aún así, no le resultó fácil salir del paso. No le faltaron ciertamente los puestos que se llaman excelentes, porque llegó en todas partes con grandes recomendaciones. Pero íntimamente tuvo que soportar muchas cosas y resistir con los dientes apretados, para mantenerse a flote y no irse corriendo. Ciertamente, nadie tuvo que enseñarle fullerías para la balanza, porque casi siempre estuvo en las oficinas de grandes comercios, mas aunque no ocurrían deshonestidades patentes, todo el afán y toda la competencia por el dinero le resultaron a menudo hechos intolerables, groseros, crueles y despiadados, sobre todo porque ahora no tenía ningún trato con gente como el "chupón" y no sabía dónde podía satisfacer las vagas inquietudes de su imaginación.

A pesar de todo, resistió con los dientes y poco a poco se convenció, en un abandono de cansancio, de que tenía que ser así, de que tampoco su padre lo pasó mejor y de que todo ocurre por la voluntad de Dios. Pero la secreta e incomprensible nostalgia por la libertad de una existencia clara, fundada en sí misma y satisfecha, nunca murió en él, sólo se tornó más queda y se asemejó en todo a ese leve dolor con que todo hombre de profunda intimidad se encuentra al final de los años mozos con la insuficiencia de la vida.

Extraño resultaba ahora que otra vez le costara tanto esfuerzo volver a Gerbersau. Aunque comprendía que era una lástima dejar el comercio hogareño más de lo necesario en arriendo, no quería en absoluto regresar a su casa. Le había invadido una creciente angustia, precisamente cuando más clara comprendía esa necesidad. Se decía que cuando estuviera finalmente en su casa, en su tienda, no habría ya evasión posible. Le horrorizaba hacer negocios por su cuenta, porque creía que eso pervierte a la gente y la torna mala. Por cierto, conocía algunos comerciantes grandes y pequeños que honraban a su clase con su honradez y sus nobles sentimientos y eran para él modelos venerados; pero se trataba de personalidades totalmente robustas y agudas, de quienes la estimación y el triunfo parecían ir al encuentro por sí solos, y Kömpff se conocía a sí mismo lo bastante para saber que esa fuerza y esa armonía le faltaban por entero.

Casi un año estuvo demorando las cosas. Luego, mal o bien tuvo que regresar, porque poco antes había terminado el arriendo de Leipolt, prorrogado ya una vez, y esa situación no podía continuar sin notables pérdidas.

Ya no pertenecía más al grupo de los jóvenes, cuando al comienzo del invierno llegó de regreso a su patria con su baúl y tomó posesión de la casa paterna. Exteriormente, se parecía casi por entero a su padre tal como éste había sido en la época de su casamiento. En Gerbersau se le recibió en todas partes con el respeto debido al heredero y señor de una importante casa y de un buen patrimonio, ahora de retorno del extranjero, y Kömpff se encontró más cómodo de lo que imaginara, en su papel. Los amigos de su padre lo saludaron con benevolencia y trataron de que se reuniera con los hijos de ellos. Los condiscípulos de su tiempo estrecharon su mano, le desearon mucha suerte y lo llevaron a sus mesas reservadas en "El Ciervo" y en "El Ancla". En todas partes encontró por el ejemplo y el recuerdo del padre, no sólo un lugar libre, sino también un camino ineludible ya trazado, y sólo se asombró a veces que le tocara la misma estimación que al padre, mientras estaba casi convencido de que éste había sido un ser completamente distinto.

Como el arriendo del señor Leipolt estaba casi vencido, Kömpff tuvo mucho que hacer en los primeros días, para conocer los libros y el inventario, hacer cuentas con Leipolt y convocar a abastecedores y clientes. A menudo se quedó inclinado sobre los libros toda la noche e íntimamente se sintió contento de haber encontrado en seguida tanto trabajo, porque con eso olvidaba preocupaciones más profundas y, sin que esto llamara la atención, pudo sustraerse todavía por un tiempo a las preguntas de la madre. Sentía ciertamente que tanto para él como para ella era indispensable una explicación franca y la postergaba con agrado. Por lo demás, le dispensaba una honesta ternura. Un poco embarazada, porque de repente había comprendido una vez más que ella era, a pesar de todo, el único ser en el mundo que le correspondía, lo comprendía y lo quería en la justa manera.

Cuando todo finalmente entró en la buena vía y el arrendador se hubo retirado, cuando Walter la mayoría de las noches y aun de día se quedaba sentado una media hora al lado de la madre, y contaba cosas y otras se las hacía contar, sin buscarlo en absoluto, sin pedirlo, llegó la hora en que la señora Cornelia vio abrírsele el corazón del hijo y, como en sus días de niño, sin velos, su alma un poco tímida, con una sensación de sorpresa encontró confirmada su vieja intuición: su hijo, a pesar de todas las apariencias, no se había convertido con el corazón en un

Kömpff o en un comerciante; se hallaba imbuido, niño siempre íntimamente, en el papel impuesto y se dejaba impulsar asombrado, sin
compartirlo vitalmente. Podía hacer cuentas, llevar la contabilidad, comprar y vender como otro, pero la suya era una habilidad aprendida,
no esencial. Y ahora sentía una doble angustia: o hacer mal el papel
impuesto y deshonrar el nombre paterno, o al final hundirse en él, volverse malo y prostituir el alma por el dinero.

Llegó una serie de años tranquilos. El señor Kömpff advirtió poco a
poco que la acogida honrosa que encontró en su patria se debía también
en parte a su soltería. El que a pesar de muchas tentaciones envejeciera
sin casarse, resultaba —como él mismo sentía casi con remordimiento—
una decisiva deserción de las reglas tradicionales de la ciudad y de la
casa. Pero nada podía hacer contra eso. Porque cada vez más y más le
invadió un miedo doloroso por toda resolución de importancia. Y, ¿cómo
hubiera podido tratar a una mujer y aun a hijos, si él mismo se sentía a
menudo un niño por su inquietud espiritual y por la falta de confianza
en sí mismo?

A veces, cuando en la mesa reservada de la sala de los mejores
veía cómo se conducían los colegas de su edad y sé tomaban en serio
a sí mismos y a los demás, dudaba de sí realmente todos en su interior
se sentían tan seguros y virilmente fuertes como parecía. Y si fuera así,
¿por qué lo tomaban en serio a él y por qué no notaban que era tan
diferente?

Pero nadie se percataba de ello; ningún cliente en la tienda, ningún
colega o camarada en el mercado o en la cervecería, con excepción de la
madre. Ésta debía conocerle ciertamente muy bien, porque a su lado se
sentaba el niño grande día tras día, quejándose, pidiendo consejo y preguntando, y ella lo tranquilizaba y lo dominaba sin proponérselo. Pero
la Isabel de los Holder participaba, modestamente en ello. Las tres extrañas personas, al reunirse por la noche, conversaban de cosas raras.
Su conciencia eternamente inquieta lo impulsaba a nuevas preguntas y
pensamientos, para los cuales pedía consejo y buscaba en la Biblia y en
la experiencia ajena, indicaciones y normas y hacía anotaciones. El centro
de todo aquello era el inconveniente de que el señor Kömpff no se sentía
feliz y hubiese deseado serlo.

¡Oh, si se hubiese casado!..., opinaba Isabel, suspirando.

¡Oh, no!, replicaba el señor; si se hubiese casado, sería aún peor;
tenía muchas razones para saberlo. Mas si hubiese estudiado, tal vez, o
si hubiera llegado a ser un empleado de oficina o un artesano... Eso hubiera sido de esta o de aquella manera... Y el señor demostraba que
probablemente se encontraría en verdaderos aprietos. Se estudiaba el
caso del carpintero, del maestro, del párroco, del médico, pero no se
llegaba a ninguna conclusión...

—Y aunque tal vez hubiera ido todo muy bien —concluía él tristemente—, el caso es completamente distinto y yo soy comerciante
como papá...

A veces, la señora Cornelia hablaba del padre. Él la escuchaba con
placer entonces. "¡Oh, si yo fuera un hombre como él!" Así pensaba y a
veces lo decía, también. Luego leían un capítulo de la Biblia o algún
libro que se traía de la biblioteca del Círculo Cívico, y la madre sacaba
las consecuencias de lo leído y decía:

—Ya se ve, los menos encuentran en la vida lo que sería bueno para
ellos. Cada uno tiene que luchar bastante y sufrir, aunque no le corres-
ponda. El buen Dios ha de saber perfectamente lo que está bien y, de
todas maneras, hay que soportarlo todo y tener paciencia.

Entretanto, Kömpff continuaba con su comercio, hacía cuentas y escribía cartas, realizaba una visita aquí y allá e iba a la iglesia, todo puntual
y ordenadamente, como lo requería la tradición. Con el correr de los
años aquello se le fue atenuando, pero nunca del todo; en su cara había
siempre algo que se parecía a un pensamiento sorprendido y preocupado.

Este modo de ser, al comienzo, angustió un poco a la madre. Había
pensado que tal vez llegaría a ser más viril y resuelto, aunque cada vez
menos contento. Pero eso lo determinaba la confiada seguridad con la
que quería y no se cansaba de comunicárselo todo y vivirlo en común.
Y como el tiempo transcurría y todo permanecía igual, ella se acostumbró y no encontró ya nada inquietante en el modo de ser preocupado y
sin meta del hijo.

Walter Kömpff se hallaba ahora cerca de los cuarenta, célibe, y había cambiado muy poco. En la ciudad se consideraba su vida algo
retraída, como propia de un solterón.

Y nunca imaginó él que en esta resignada existencia pudiera ocurrir
una alteración.

Pero el cambio llegó de repente, porque la señora Cornelia, cuyo
lento envejecer apenas se había notado, encaneció totalmente después
de una breve enfermedad, volvió a restablecerse y se enfermó de nuevo,
para morir entonces rápida y tranquilamente. Ante su lecho de muerte,
del que se acababa de retirar el párroco local, estaban el hijo y la vieja
sirvienta.

—Isabel, déjanos solos —dijo el señor Kömpff.

—¡Ah, pero querido señor!...

—Por favor, déjanos solos...

Ella se retiró y se quedó sentada en la cocina sin saber qué hacer.
Después de una hora llamó en la puerta, no recibió respuesta y volvió a
retirarse. Y una hora más tarde golpeó de nuevo inútilmente. Golpeó
otra vez.

—¡Señor Kömpff! ¡Señor!

—Calla, Isabel —contestó una voz desde adentro.

—¿Y la cena?

—Calla, Isabel. Come tú sola.

—¿Y usted no?

—Yo no. Déjanos en paz. ¡Buenas noches!

—Y..., ¿No puedo entrar?

—Mañana, Isabel...

Tuvo que conformarse. Pero después de una penosa noche de insomnio, volvió a llamar a las cinco de la mañana.

—¡Señor Kömpff!

—Sí, ¿qué ocurre?

—¿Preparo el café?

—Como te parezca.

—Y luego..., ¿Puedo entrar?

—Sí, Isabel.

Hizo hervir el agua y tomó dos cucharadas de café molido y achicoria, dejó filtrar el agua, trajo las tazas, lo sirvió, y volvió.

Él abrió y la dejó entrar. Ella se arrodilló al lado del lecho, miró a la muerta y le acomodó las ropas de la cama. Luego se levantó, miró al señor y pensó cómo debía hablarle. Pero cuando lo vio, no lo reconoció casi. Estaba pálido y tenía la cara delgada y los ojos asustados y grandes, como si quisiera penetrar con la mirada a través de ella, lo que nunca había sido su costumbre.

—Usted no se siente bien, ciertamente, señor...

—Me siento muy bien. Ahora podemos tomar el café.

Lo hicieron, sin hablar una sola palabra.

Todo el día estuvo sentado solo en la habitación. Hubo un par de visitantes por el duelo, él los recibió muy calmo y los despidió muy pronto y fríamente, sin que nadie pudiera ver a la muerta. Por la noche quiso velarla otra vez, pero se durmió en la silla y se despertó a la madrugada. Sólo entonces pensó que debía vestirse de negro. Sacó él mismo el traje de paseo del armario. Por la tarde se efectuó el entierro; él no lloró y se condujo muy tranquilamente. Mucho más excitada estaba la Isabel de los Holder, que vistió su mejor traje y encabezó el cortejo de las mujeres con la cara roja de tanto llorar. Por encima de su pañuelo empapado miraba a su señor, con los ojos relucientes por lágrimas: estaba inquieta por él. Sentía que ese aspecto frío y tranquilo no era más que artificial y que debían roerle la terca reserva y la dura soledad.

Pero se esforzó inútilmente en arrancarlo de su rigidez. En casa, Kömpff miraba por la ventana y corría sin paz por los cuartos. Pegó en la puerta de la tienda un cartelito: anunciaba que mantendría cerrado durante tres días. Y permaneció cerrada la tienda también el cuarto y el quinto, hasta que algunos conocidos insistieron con sus consejos.

Kömpff volvió al mostrador, pesó, hizo cuentas, cobró dinero, pero lo hacía casi ausente. No concurrió más a las veladas del Círculo Cívico y de los colegas de "El Ciervo" y nadie dijo nada, porque estaba de luto. En su alma había un gran vacío y paz. ¿Cómo debía vivir ahora? Le envolvía como un calambre una inquietud mortal, no podía ni erguirse ni caer, se sentía fluctuar en la oquedad sin tierra bajo los pies.

Poco tiempo después, su inquietud creció; sentía que algo debía ocurrir, no desde fuera, sino desde adentro de él mismo, para liberarlo. Entonces también la gente comenzó a notar algo y llegó la época en la que Walter Kömpff se convirtió en el ser más conocido y discutido de Gerbersau.

Al parecer, en estas jornadas en que sentía que su destino estaba por madurar, el extraño comerciante tenía una fuerte necesidad de estar solo y una gran desconfianza de sí mismo, que le ordenaban imperativamente liberarse de las influencias acostumbradas y crearse una propia y delimitada atmósfera. Por lo menos, comenzó a evitar todo trato y hasta intentó alejar a la fiel Isabel

—Tal vez pueda entonces olvidar más pronto a mi madre muerta — dijo y ofreció a Isabel un buen regalo para que se fuera en paz. La vieja servidora se rió, sin embargo, y declaró que pertenecía a la casa y que se quedaba. Sabía perfectamente que él no quería olvidar a la madre, que aún más, conservaba hora tras hora su recuerdo y no podía permitir que se perdiera el menor objeto que la recordara. Y tal vez Isabel entendía ya entonces por intuición el estado de ánimo de su señor; de todas maneras no lo abandonó, sino que cuidó maternalmente de la casa del huérfano.

No debió haber sido fácil para ella continuar en esos días al lado del extraño individuo. Walter Kömpff comenzó a sentir entonces que había sido demasiado tiempo el hijo de su madre. Las tormentas que lo oprimían habían estado dentro de él muchos años antes y las había dejado conjurar y aplacar, agradecido, por la mano materna. Pero ahora le parecía que hubiera sido mejor dejar todo a un lado y comenzar de nuevo, en lugar de hacerlo ahora, cuando no tenía ya las fuerzas de la juventud y había estado encadenado y agotado en mil formas por años muy largos de costumbre. Su alma exigía, con la misma pasión que entonces, libertad y equilibrio, pero su mente era la de un comerciante y toda su vida corría hacia abajo por un camino sólido y liso y él no conocía ningún atajo para salvarse montaña arriba por el sendero nuevo, abandonando ese deslizarse en la seguridad.

En su desesperanza, frecuentó muchas veces las reuniones nocturnas de los pietistas. Allí se despertó en él ciertamente una idea del
consuelo y la renovación, pero íntimamente desconfiaba de la sinceridad de esos hombres, que pasaban noches enteras en el mezquino
rebuscar una explicación no teologal de la Biblia, ponían de manifiesto
un gran orgullo amargado de autodidactos y muy raras veces estaban
de acuerdo entre sí. Debía de existir una fuente de la confianza y de la
alegría divina, una posibilidad del retorno a la simplicidad infantil, a
los brazos de Dios, pero no era allí ciertamente. Esta gente, le parecía
que había contraído alguna vez un compromiso y mantenía en su vida
un límite entre lo espiritual y lo terreno. Justamente esto mismo lo
hizo Kömpff toda su vida, y esto lo había dejado cansado, triste y sin
consuelo.

La vida que imaginaba para sí, debía rendirse a Dios en todas sus
reacciones, aun las menores, y ser iluminada por una cordial confianza.
No quería hacer ya ni la menor obra, sin sentirse una sola cosa con Dios.
Y sabía exactamente que nunca tendría esta sensación dulce y santa en
los libros de cuentas y en la caja de la tienda. En el periodiquillo semanal
del domingo leía a veces de grandes predicadores laicos y de poderosas
conversiones en América, en Suecia o en Escocia, de asambleas en que
docenas y centenares de hombres, tocados por la luz del conocimiento,
se comprometían a llevar en adelante una nueva vida en el espíritu y
en la verdad. En esas informaciones que ingería con nostalgia, tenía
Kömpff la sensación de que Dios mismo baja a veces a la tierra y pasa
entre los hombres, aquí o allá, en muchos países, pero nunca allí, nunca
cerca de él.

La Isabel de los Holder cuenta que tenía entonces un aspecto lamentable. Su cara bondadosa, un poco infantil, se tornó magra y afilada, las
arrugas, más hondas y duras. También, mientras hasta entonces se había afeitado, se dejó crecer la barba inculta, una barba delgada, rubia,
casi descolorida, de la que se reían los chiquillos. No menos descuidó su
vestimenta, y sin la atención cuidadosa de la preocupada sirvienta, muy
pronto hubiera sido el hazmerreír de las pandillas. Llevaba también en
la mesa el viejo delantal de la tienda manchado de aceite y por la noche,
cuando salía para sus largos paseos, de los que volvía a menudo al filo
de la medianoche.

Únicamente el comercio no fue descuidado por él. Era la última cosa
que lo ligaba a las épocas pasadas y a lo heredado, y él siguió llevando
sus libros con esfuerzo, permaneció todo el día detrás del mostrador y
atendió a la clientela. No sentía ningún placer en ello, aunque los negocios marcharan bien. Mas debía tener una ocupación, sujetar su conciencia
y sus energías a una obligación firme y duradera, y sabía perfectamente
que sí abandonaba su acostumbrada actividad, se le escaparía de las

manos el último apoyo y caería —sin salvación posible— en poder de las fuerzas que temía y respetaba al mismo tiempo.

En las pequeñas ciudades hay siempre algún mendigo, algún tunante, un viejo bebedor o un presidiario liberado, que sirve para la burla y el escándalo de todo el mundo y como equivalente de la mezquina beneficencia de la ciudad representa el papel del cuco para los niños y de la hez despreciada. En aquella época servía para eso un tal Alois Beckeler, apodado Göckeler, un chusco y viejo truhán, un andorrero conocedor del mundo, que después de largos años de vagancia había quedado en la ciudad. Apenas tenía algo que comer o beber, se sentía todo un gran señor y en las tabernas prodigaba una curiosa filosofía, de holgazán; se llamaba príncipe de Sin-Dinero y heredero de Jauja, se compadecía de todo aquel que viviera de su trabajo manual y encontraba siempre un par de oyentes que lo protegían y le pagaban más de una copa.

Una noche, mientras Walter realizaba uno de sus largos, solitarios y desesperados paseos, encontró a Göckeler, tendido a través de la calle, que acababa de dormir una pequeña borrachera nocturna.

Walter se asustó primeramente, al ver de improviso al hombre tendido en el suelo, a quien en la penumbra casi pisoteó. Pero reconoció en seguida al vagabundo y le gritó enojado:

—¡Epa, Beckeler! ¿Que hace aquí?

El anciano se irguió a medias, guiñó los ojos complacido y a su vez preguntó:

—Sí..., y usted, Kömpff, ¿qué hace, no?

El interpelado sintió desagrado porque el vagabundo no la llamara "señor".

—¿No puede ser un poco más educado, Beckeler? —preguntó molesto.

—No, Kömpff —replicó sonriendo el anciano—, no puedo, aunque lo siento.

—Y... ¿por qué no?

—Porque nadie me da nada por eso y gratis hay solamente la muerte. ¿Me dio o regaló alguna vez el respetable señor de Kömpff una cosilla cualquiera? Oh, no... El rico señor de Kömpff no lo ha hecho nunca todavía, es demasiado fino y orgulloso para que ponga los ojos en un pobre diablo. ¿Es así o no es así?

—Usted sabe bien por qué. ¿Que hace usted con una limosna? Emborracharse y nada más, y para borracheras no tengo dinero ni lo doy.

—Ah, ah..., está bien, buenas noches, pues, y feliz descanso hermano del alma.

—¿Cómo hermano del alma?

—¿No son hermanos todos los hombres, Kömpff? ¿No? ¿El Redentor murió solamente por ti y no por mí?

—No hable así, con estas cosas no se bromea.

—Pero... ¿bromeo yo?

Kömpff pensó un segundo. Las palabras del vagabundo coincidían con sus pensamientos utilizados y lo excitaban en forma sorprendente.

—Está bien, pues —dijo amablemente—, levántese. Con placer le daré algo.

—¡Cáspita! ¡Qué novedad!

—Sí, pero debe usted prometerme que no se emborrachará. ¿Me lo promete?

Beckeler se encogió de hombros. Estaba del mejor humor.

—Puedo prometerlo seguramente, pero eso de mantenerlo es más difícil. El dinero, si no puedo gastarlo como yo quiero, no es dinero.

—Lo que le digo es por su bien. Puede usted creerme.

El borracho se rió.

—Tengo ahora sesenta y cuatro años. ¿Cree usted realmente que sabe mejor que yo lo que es mi bien? ¿Lo cree?

Kömpff se quedó embarazado, con la cartera en la mano. No había sido nunca muy hábil en hablar y saber contestar, y frente a este ser libre como un pájaro, que le llamara hermano del alma y despreciaba su benevolencia, se sintió desamparado y, además, inferior. Rápidamente, casi con angustia, sacó una moneda y se la tendió a Beckeler.

—Tome, pues...

Asombrado, Alois Beckeler cogió la valiosa moneda, la mantuvo delante de los ojos y meneó la erizada cabeza. Luego comenzó a agradecer humilde, educada y elocuentemente. Kömpff se sintió avergonzado y triste por la cortesía y la humillación a que había llevado al filósofo una moneda, y se fue corriendo de allí.

A pesar de todo, se sintió aliviado y le pareció haber realizado una buena acción. El que hubiese regalado a Beckeler un dinero para emborracharse, le resultaba una aventura extravagante, por lo menos tan atrevida y extraña como si él mismo hubiese malgastado el dinero. Y esa noche regresó a su casa más temprano y más satisfecho de lo que nunca estuviera en muchas semanas.

Para Göckeler comenzó ahora una época bendita. Cada dos días, Walter Kömpff le regalaba una moneda, ya un marco, ya cincuenta céntimos, de manera que la buena vida no concluía. Una vez que pasaba delante del comercio de Kömpff, el señor lo llamó y le regaló una docena de buenos cigarros. La Isabel de los Holder estaba presente y en seguida intervino.

—¡Pero usted no dará al vagabundo esos cigarros de precio!

—Calla —dijo el señor—, ¿por qué no puede tener él también algo bueno?

Y el anciano tunante no fue el único beneficiado. Una creciente ansiedad de dar y causar placer invadió al solitario petulante. A mujeres pobres, en su comercio, les entregaba doble cantidad o no les cobraba un céntimo; a los carreros, el día de mercado, les daba exageradas propinas y a las mujeres del campo solía colocarles en las espuertas, complacido, junto con las compras, un paquete más de achicoria, o un buen puñado de pasas de Corinto.

Esto no podía continuar largo tiempo sin llamar la atención. Primeramente lo notó Isabel, que hizo al señor severos y constantes reproches, sin resultado alguno; Kömpff, sin embargo, se avergonzó mucho y se molestó, de manera tal que poco a poco aprendió a ocultarle su amor por la prodigalidad. Por eso el alma fiel se tornó desconfiada y comenzó a espiarlo y todo eso hizo tambalear la paz doméstica.

Después de Isabel y de Göckeler, advirtieron la extraña generosidad del comerciante los chiquillos del barrio. Comenzaron a presentarse cada vez más a menudo con un céntimo, pedían azúcar, regaliz o algarrobas y recibían por un céntimo todo lo que querían. Y mientras Isabel se callaba por vergüenza y Beckeler por astucia, los niños no se callaban, sino que difundían la noticia del magnífico capricho de Kömpff por toda la ciudad.

Lo curioso era que él mismo luchaba contra esta prodigalidad y la temía. Después de haber regalado durante el día libras y libras, por la noche, al contar el dinero y llevar la contabilidad, le invadía el horror por esta administración inmoral y anticomercial. Angustiosamente hacía cuentas y trataba de calcular su perjuicio, economizaba en los pedidos y las compras, buscaba proveedores más baratos y todo eso solamente para despilfarrar al día siguiente otra vez y sentir placer en dar. Ora echaba a los chiquillos, ora los invitaba con cosas buenas. Sólo a sí mismo no se concedía ahorraba en los gastos del hogar y en el vestir, se acostumbró a renunciar al café de la tarde y tampoco hizo llenar de nuevo el barril de vino del sótano, cuando estuvo vacío.

Las desgraciadas consecuencias no se hicieron esperar mucho. Los comerciantes se quejaron verbalmente y en groseras cartas, porque les quitaba los clientes con su insensata generosidad y sus regalos. Algunos burgueses acomodados y también muchos de sus clientes del campo, que sentían repugnancia por su cambio, desertaron de su tienda y demostraban claramente su desconfianza al encontrarlo donde no podían evitarlo. También algunos padres le pidieron explicaciones airadamente, porque daba a sus hijos dulces y cohetes. Desapareció también el respeto de los mejores, ya que desde hacía tiempo no tenía un aspecto brillante, y no fue compensado por la sospechosa adhesión de los inferiores y de los pobres.

Aun sin tomar demasiado en serio estos cambios, Kömpff tenía, sin embargo, la sensación de una incontenible caída en lo incierto. Cada vez más a menudo ocurría que los conocidos lo saludaban con ademanes de burla o de compasión, en la calle se hablaba y se reía a sus espaldas, gente seria lo evitaba con desagrado. Los pocos ancianos señores que fueran de la amistad de su padre y algunas veces lo visitaron para reprocharle, aconsejarle y aleccionarle, poco a poco desaparecieron también y se alejaron de él enojados. Y también cada vez más se difundió por la ciudad la opinión de que Walter Kömpff había perdido la razón y concluiría pronto en un manicomio.

Con el comercio todo estaba acabado ya, el mismo Kömpff atormentado lo veía claramente. Pero antes de cerrar definitivamente la tienda, cometió todavía un disparate de insensata generosidad que le proporcionó muchos enemigos.

Una mañana anunció con un aviso en el semanario que desde ese día entregaría cualquier artículo al precio de costo.

Todo un día, su tienda estuvo llena como nunca. Faltaron los miembros de la mejor clase, pero acudió mucha gente para obtener ventajas del tendero evidentemente enloquecido. La balanza no descansó en todo el día y la campanilla de la puerta enronqueció de tanto sonar. La gente se llevó canastas y sacos llenos de cosas compradas a precio irrisorio. Isabel estaba fuera de sí. Como el señor no le hacía caso y la echaba de la tienda, ella se quedó en la puerta de casa y endilgó su opinión a cada comprador que saliera del comercio. Hubo un escándalo tras otro, pero la amargada anciana resistió y trató de enrostrar violentamente la adquisición barata a todos los que no resultaran insensibles.

—¿No quieres que te regalen unos céntimos más? —preguntaba a éste y a aquel otro le decía—: Por lo menos ha sido usted decente y no se llevó el mostrador.

Pero dos horas antes del momento de cerrar, apareció el alcalde acompañado por alguaciles y ordenó que se cerrara la tienda. Kömpff no se resistió y aún cerró los escaparates. Al día siguiente tuvo que acudir al ayuntamiento y lo soltaron solamente cuando declaró que estaba resuelto a cerrar el comercio, no sin que los funcionarios menearan la cabeza.

Se había deshecho, pues, de la tienda. Hizo borrar su firma en el registro de comercio, porque no quería ni alquilar ni vender el local. Las mercancías existentes, mientras alcanzaron, las fue regalando, sin elegir, a la gente pobre. Isabel luchó por todo y se llevó para la casa sacos de café y panes de azúcar y todo lo que pudo guardar en algún sitio.

Un lejano pariente presentó la propuesta de colocar a Walter Kömpff bajo tutor, pero después de algunas discusiones se desistió, en parte porque no había miembros de familia, es decir, herederos o derechohabientes menores de edad, en parte porque Kömpff, después de liquidar su almacén, parecía inofensivo y no necesitado de tutela.

Se tenía la impresión de que ni un alma se preocupaba por el pobre descarriado. Ciertamente, se hablaba de él en toda la comarca, generalmente con burla y desagrado, a veces también con lástima; pero a su casa nadie se acercaba por él mismo. Llegaron, y muy pronto, todas las cuentas aún no pagas, porque se temía que detrás de toda esa historia se ocultara al final una bancarrota mal preparada. Pero Kömpff llevaba sus libros correctamente y los cerró ante notario y pagó todas las deudas en dinero contante.

Naturalmente, este cierre precipitado afectó mucho, no solamente su cartera, sino mucho más sus fuerzas y cuando concluyó, se sintió miserable y casi hundido físicamente.

En esos días desdichados, cuando después de una labor extremada se quedó de repente solo, desocupado y librado a sí mismo, vino por lo menos una persona a visitarlo, el "chupón" el antiguo principal de su aprendizaje en Deltingen. El piadoso comerciante, que Walter al comienzo viera algunas veces y luego durante años no visitó más, estaba viejo y canoso y había sido una hazaña para él emprender el viaje hacia Gerbersau.

Llevaba una chaqueta de paseo oscura y amplia y tenía consigo un enorme pañuelo azul y amarillo, en cuya seda estaban impresos paisajes, casas y animales.

—¿Es posible verle a usted una vez más? —preguntó al entrar en la habitación donde el solitario Kömpff estaba hojeando, cansado y perplejo, una gruesa Biblia. Se sentó, colocó el sombrero y el pañuelo sobre la mesa, juntó los extremos de la chaqueta de paseo sobre las rodillas y miró a su antiguo aprendiz con los ojos inquisitivos fijos en la cara pálida e inquieta.

—¡Así que usted se ha retirado a la vida privada, como sé oye decir!...

—Cerré el comercio, es verdad.

—Ah, ah... ¿Y se puede preguntar qué se propone hacer ahora? Relativamente, usted es joven todavía.

—Me agradaría saberlo... Sólo sé que nunca fui un verdadero comerciante, por eso lo dejé. Quiero, ver ahora lo que todavía puedo hacer conmigo mismo.

—Si puedo decir lo que pienso, me parece que es demasiado tarde.

—¿Puede ser demasiado tarde para el bien?

—Si se conoce el bien, no. Pero no es justo, no es correcto dejar una profesión que se aprendió, con tanta inseguridad, sin saber lo que se quiere comenzar. ¡Oh, si usted lo hubiese hecho cuando era joven!...

—Se necesitó mucho tiempo, antes de que llegara, yo a esta resolución.

—Así parece. Pero creo que para resoluciones tan lentas la vida es demasiado corta. Fíjese usted, yo lo conozco a usted un poco y sé que le costó mucho y que no estaba cómodo en la vida. Hay naturalezas semejantes. Usted se hizo comerciante por deseo de su padre, ¿verdad? Ahora usted arruinó su vida sin hacer siquiera lo que quería su progenitor.

—¿Qué podía hacer?

—¿Qué? Apretar los dientes y resistir valientemente. Su vida le pareció fracasada y tal vez lo fuera, ¿pero está ahora bien encaminado? Usted se deshizo de un destino que había aceptado y esto fue cobardía e imprudencia. Puede haber sido infeliz, pero su infelicidad era decente y le hacía honor. Renunció a esto no por algo mejor, sino solamente porque estaba cansado. ¿No es así?

—Tal vez sí.

—Bien. Por eso hice el viaje y le digo: usted ha sido infiel, traidor. Pero únicamente para increparlo no hubiera hecho este camino con mis viejas piernas. Por eso le digo: remédielo todo lo más pronto posible.

—Pero... ¿cómo hacerlo?

—Aquí en Gerbersau no puede comenzar de nuevo, lo concedo. Pero en otra parte, ¿por qué no? Hágase cargo de otro comercio, no es necesario que sea uno grande, y haga honor otra vez al nombre paterno. De hoy a mañana no es posible, pero si quiere le ayudaré a buscar. ¿Puedo hacerlo?

—Muchas gracias, señor Leckle. Lo pensaré.

El "chupón" no tomó ni bebidas ni comida y se volvió a su casa con el tren siguiente.

Kömpff le estaba agradecido, pero no podía aceptar el consejo.

En su ociosidad, a la que no estaba habituado y que soportaba a regañadientes, el excomerciante realizaba a veces melancólicos paseos por la ciudad. Y en esos paseos le resultaba siempre sorprendente y doloroso ver cómo artesanos y comerciantes, obreros y domésticos cumplían sus tareas, cómo cada uno tenía su lugar, su valor y su meta, mientras él solamente vagabundeaba sin propósito alguno, sin justificación.

El médico al que consultó por la falta de sueño, encontró fatal para él la inactividad. Le aconsejó que se comprara un pedazo de tierra, fuera de la ciudad, y que realizara trabajos de jardinería. La propuesta le agradó, y adquirió una pequeña posesión, se procuró utensilios y herramientas y comenzó a cavar y remover la tierra con ahínco. Su azada penetraba fielmente en el suelo y él sintió que su cabeza enmarañada se aliviaba, mientras trabajaba sudando y cansándose. Pero cuando hacía mal tiempo y en las largas noches se sentaba en casa cavilando otra vez, leía la Biblia y se abandonaba a un inútil pensar acerca del mundo inconcebiblemente organizado y de su vida miserable. Sentía perfectamente que no se había acercado más a Dios abandonando su comercio y, en horas desesperanzadas, le parecía que Dios estaba inalcanzablemente lejos y contemplaba su tonta conducta con severidad y mofa.

En su trabajo de jardinero encontró a menudo un compañero espectador. Era Alois Beckeler. El viejo holgazán se divertía al ver cómo se atormentaba y trabajaba un hombre tan rico, mientras él, un mendigo, miraba y nada hacía. Entretanto, cuando Kömpff descansaba discurrían entre ellos de todas las cosas posibles, y en esas conversaciones, Beckeler, según las circunstancias, se mostraba magnífico o era servilmente gentil.

—¿No quiere ayudarme? —preguntaba, por ejemplo, Kömpff.

—No, señor, prefiero no hacerlo. Mire un poco, yo no lo aguanto. Me cansa.

—A mí no, Beckeler.

—Ciertamente, a usted no. Y, ¿por qué? Porque usted trabaja por su placer. Es sabor de ricos y no hace daño. Además, está usted aún en sus mejores años y yo tengo setenta. A esta edad, uno se ha ganado el descanso.

—Pero hace poco usted me dijo que cumpliría los sesenta y cuatro, no los setenta.

—¿Dije sesenta y cuatro? Oh, debí decirlo adormilado. Cuando he bebido como se debe, me siento siempre más joven.

—¿Entonces usted tiene realmente setenta?

—En todo caso, puede faltar muy poco. Nunca hice la cuenta.

—¡Que usted no pueda dejar la bebida! ¿No le remuerde la conciencia?

—No; por lo que se refiere a la conciencia, la mía está sana y puede aguantar más. Si no me faltara otra cosa, quisiera tranquilamente volverme dos veces más viejo...

No faltaban días en que Kömpff estaba sombrío y nada comunicativo. Beckeler tenía un olfato especial para eso y advertía al llegar, el humor del aficionado de jardinero un poco lunático. Sin entrar, en esos casos, se quedaba de pie delante del cerco y esperaba alrededor de media hora, una suerte de silenciosa visita de cumplido. Se apoyaba quedamente gozoso en la cerca, no decía una palabra y contemplaba a su extraño protector, que suspirando cavaba, cortaba, traía agua o plantaba arbolillos. Y volvía a marcharse callado, escupía, metía las manos en los bolsillos del pantalón, se reía socarronamente y guiñaba alegremente al caminar.

Malos momentos tenía que pasar ahora Isabel. Estaba sola en la casa antipática ya, limpiaba los cuartos, lavaba y cocinaba. Al principio, se opuso a la nueva manera de ser del amo, mala cara y palabras groseras. Luego había dejado de hacerlo y resuelto que el mal aconsejado obrara y corriera un rato hasta que se cansara y volviera a escucharlo. Esto duró un par de semanas.

Sobre todo le molestaba la camaradería con Beckeler, porque nunca había podido olvidar los finos cigarros de aquella vez. Mas cuando se acercó el otoño y llovió semanas enteras y Kömpff no pudo acudir a su jardín, llegó su hora. El amo estaba más sombrío que nunca.

Una noche ella entró en la habitación; llevaba su canastilla de la costura y se sentó a la mesa, donde el amo a la luz de la lámpara estudiaba la cuenta del mes.

—¿Qué quieres, Isabel? —preguntó él, asombrado.

—Quiero estar sentada aquí y remendar cosas, ahora que hace falta la lámpara.

—Puedes hacerlo.

—¿Cómo? ¿Que puedo hacerlo? Antes, cuando estaba aquí la bendita señora, tuve siempre mi sitio en esta mesa, sin preguntar.

—Sí, ciertamente.

—Pero desde entonces muchas cosas cambiaron. La gente lo señala a uno con el dedo.

—¿Cómo, Isabel?

—¿Quiere que le cuente algo?

—Pero sí.

—Bien. Ese Beckeler... ¿Sabe lo que hace? Por la noche frecuenta las tabernas y se hace lenguas de usted.

—¿De mí? ¿Cómo?

—Le imita como usted trabaja en el jardín y se ríe de eso y cuenta todas las veces las conversaciones que mantienen.

—¿Es verdad eso, Isabel?

—¿Si es verdad? No vengo con mentiras, no. Eso hace, pues, Beckeler y además hay gente que le escucha y ríe y le incita y le paga la cerveza por eso, para que hable de usted.

Kömpff había escuchado atentamente, con mucha tristeza. Luego empujó lejos de sí la lámpara, todo lo que alcanzaba con el brazo, y cuando Isabel levantó la mirada y esperó una respuesta, ella vio con terror y sorpresa que él tenía los ojos llenos de lágrimas.

Ella sabía que el amo estaba enfermo, pero nunca sospechó de esta debilidad sin remedio. Y vio también de pronto cómo parecía envejecido y miserable. Calladamente se siguió dedicando a sus remiendos y no se atrevió más a levantar los ojos; él se quedó allí sentado y las lágrimas le corrieron por las mejillas, a través de la delgada barba. Ella misma tuvo que tragar saliva para dominar sus impulsos. Hasta ese momento había considerado al amo agotado, caprichoso y extraño. Ahora lo vio desamparado, enfermo del alma y herido en el corazón.

Esa noche los dos no hablaron más. Kömpff, después de un rato volvió a sus cuentas, Isabel remendó y cosió, subió un par de veces la mecha de la lámpara y salió temprano con un ligero saludo.

Desde que supo que él se sentía tan miserable y desamparado, desapareció de su corazón el rencor de sus celos. Se complacía en cuidar de él y tomarlo suavemente, volvió a verle otra vez como si fuera un niño, se preocupó por él y nada suyo la ofendió.

Cuando Walter, con el buen tiempo, volvió a ocuparse de su jardín, apareció con alegre saludo Alois Beckeler. Penetró por la entrada, saludó otra vez y se quedó de pie al lado de un cantero.

—Buenos días —le dijo Kömpff—, ¿qué desea?

—Nada, solamente visitarlo. Hace mucho que no se le ve.

—¿Quería algo de mí?

—No. Pero, ¿a qué se refiere? Vine otras veces más.

—No es necesario que vuelva.

—Perfectamente, señor Kömpff, pero, ¿por qué?

—Es mejor que no hablemos de eso. Váyase no más, Beckeler, y déjeme en paz.

Beckeler mostró cara de ofendido.

—Muy bien, puedo marcharme, si no soy bastante bueno. Esto se hallará también en la Biblia: así hay que tratar a los viejos amigos.

Kömpff se sintió entristecido.

—Así no, Beckeler —dijo amablemente—. Nos separaremos a las buenas, es siempre mejor. Tome esto...

Le dio un talero, que el otro tomó sorprendido y guardó.

—Pues muchas gracias y no me guarde rencor. Muchas gracias. Adiós pues, señor Kömpff, adiós, pues.

Y así se fue, más satisfecho que nunca. Pero cuando días después volvió y esta vez fue despedido secamente, sin recibir un regalo, se marchó enojado y desde afuera por encima del cerco le increpó:

—Gran señor, ¿sabe usted adónde concluirá? En Tubinga; allí está el manicomio, para que lo sepa.

Beckeler tenía razón. En esos meses de aislamiento, Kömpff se había hundido cada vez más en el callejón sin salida de sus especulaciones torturantes, y en su abandono al inútil cavilar, se había excitado. Así pues, cuando con el comienzo del invierno su único trabajo saludable, su única diversión, la jardinería, se acabó, no logró salir más del estrecho círculo desconsolador de sus pensamientos achacosos. Y desde entonces fue decayendo rápidamente, aunque su enfermedad daba brincos todavía y jugaba con él.

Ante todo, la ociosidad y la soledad lo llevaron a escudriñar cada vez más hondo en su vida pasada. Se dejó roer por el dolor de supuestos pecados de los años anteriores. Luego volvió a reprocharse desesperadamente por no haber cumplido su palabra con el padre. A menudo encontraba en la Biblia pasajes en los que se sentía como un delincuente.

En esta época de tormento, era suave y obediente con Isabel, como un niño que se sabe culpable. Se acostumbró a pedirle con imploraciones perdón por bagatelas y con eso la fue angustiando. Ella sentía que la mente del amo estaba por apagarse y no se atrevió, sin embargo, a decirle una palabra a nadie.

Por un tiempo, Kömpff se quedó constantemente en casa. Alrededor de Navidad, comenzó a intranquilizarse, contó muchas cosas de los tiempos viejos y de su madre y, como la zozobra moral a menudo lo empujaba fuera de casa, comenzaron ahora muchos inconvenientes desagradables. Porque en ese intervalo había perdido su desembarazo ante la gente. Notaba que llamaba la atención, que se hablaba de él, que se le señalaba, que los chiquillos corrían detrás de él y que la gente seria lo evitaba.

Comenzó entonces a sentirse inseguro. A veces se quitaba el sombrero exageradamente al pasar delante de una persona. Otras veces se acercaba, tendía la mano y pedía cordialmente disculpas, sin decir por qué, y a un niño que lo ridiculizó imitando su paso, le regaló su bastón con puño de marfil.

Hizo una visita a uno de sus anteriores conocidos y clientes, que se había alejado de él a raíz de sus primeras locuras comerciales, y le dijo que estaba arrepentido, amargamente arrepentido y que le perdonara y volviera a ser su amigo.

Una noche, poco antes del Año Nuevo, por primera vez desde más de un año, fue a "El Ciervo" y se sentó a la mesa reservada de los distinguidos. Había llegado temprano: era el primer cliente nocturno. Poco a poco llegaron los demás, y cada uno lo miró con asombro y meneó la cabeza perpleja, y ocuparon muchas mesas. Solamente la mesa ante la cual estaba sentado Kömpff quedó desierta, aun tratándose de la mesa reservada. Entonces él pagó el vino que no había bebido, saludó tristemente y volvió a su casa.

Profundos remordimientos lo humillaban ante todo el mundo. Hasta se quitaba el sombrero delante de Alois Beckeler y si los chiquillos lo empujaban por maldad, pedía disculpas. Mucha gente tenía lástima de él, pero era el loco y la mofa de los niños de toda la ciudad.

Se hizo examinar a Kömpff por el médico. Éste calificó su estado como de locura primaria, pero lo declaró inofensivo y asumió la responsabilidad para que se dejara al enfermo en su casa, entregado a su vida habitual.

Desde ese examen, el pobre se había vuelto desconfiado. También se opuso desesperadamente al establecimiento de una tutela, que ahora debía imponérsele. Desde ese momento, su enfermedad asumió otro carácter.

—Isabel —dijo un día a la mujer—, Isabel, he sido un asno. Pero ahora sé a dónde he llegado.

—Sí, pero, ¿cómo tan de repente? —preguntó ansiosa, porque el tono de Kömpff no le agradaba.

—Atiende, Isabel. Puedes aprender algo. Pues un asno, dije, ¿verdad? Estuve corriendo toda mi vida y me atribulé y perdí mi felicidad por algo que no existe siquiera.

—Esto ya no lo comprendo

—Imagina un poco, uno ha oído hablar de una bella, de una maravillosa ciudad muy lejana. Tiene gran deseo de llegar a ella, aunque se encuentra distante. Finalmente lo deja todo, da lo que posee, se despide de todos los buenos amigos y se marcha, y camina y camina, días enteros y meses enteros, a través de todas las dificultades, hasta que tiene fuerzas. Y luego, cuando está tan lejos que no puede regresar, comienza a advertir que lo de la magnífica ciudad lejana es una mentira, un cuento. La ciudad no existe, no existió nunca.

—Eso es triste. Pero nadie hace eso.

—¡Yo, yo sí Isabel! He sido así, puedes decir lo que quieras. Toda mi vida, Isabel...

—No es posible señor. ¿Qué ciudad es ésa?

—No se trataba de una ciudad, era solamente una comparación, ¿sabes? Me quedé siempre aquí. Pero tenía un deseo y por él lo descuidé y lo perdí todo. Tuve un deseo de Dios, por Dios, Isabel. Quise hallarlo, corrí tras él y ahora estoy tan lejos que no puedo retornar... ¿Comprendes? Nunca más podré volver. Y todo fue una mentira...

—¿Qué? ¿Qué cosa fue mentira?

—El buen Dios, querida. No existe, no está en ninguna parte.

—¡Señor, señor! ¡No diga eso! No se puede, usted lo sabe. Es pecado mortal.

—Déjame hablar... No, calla. ¿O corriste tú también toda tu vida tras él? Cientos y cientos de noches leíste la Biblia. ¿No rezaste a Dios mil veces de rodillas, para que te escuchara, para, que aceptara tu sacrificio y por él te diera un poquitito de luz y de paz? ¿Lo lograste? ¿Perdiste tus amigos, para estar más cerca de Dios? ¿Sacrificaste tu oficio y tu honor para ver a Dios? Yo hice todo eso y mucho más, y si Dios viviese y tuviese apenas tanto corazón y tanta justicia como el viejo Beckeler, me hubiera mirado.

—Dios quiso ponerlo a prueba...

—Eso hizo, eso hace. Mas hubiera debido saber que yo sólo lo quería a Él. Pero no vio nada, no supo nada. No me puso a prueba sino que yo le puse a prueba a Él y encontré que es una fábula.

Walter Kömpff no se liberó más de este tema. Casi encontraba en él un consuelo y le parecía poseer una explicación para su vida desgraciada. Pero no estaba absolutamente seguro de su hallazgo. Cuantas veces renegaba de Dios, sentía tanta esperanza como miedo al pensar que el renegado pudiera entrar justamente ahora en el cuarto y demostrar su omnipresencia. Y a veces hasta blasfemó, para oír tal vez a Dios contestarle, como un niño que en la puerta del patio grita "guau guau" para saber si dentro hay un perro.

Tal fue la última evolución de su existencia. Su Dios se le había convertido en ídolo que excitaba e injuriaba, para obligarlo a hablar. Con ello se perdió el sentido de su existir y en su alma enferma hubo torbellinos todavía de pompas brillantes y figuras de ensueño, pero jamás ningún germen vivo. Su luz se había ido extinguiendo y acabó pronto y tristemente.

Una noche Isabel, le oyó hablar muy tarde y caminar, antes de que hubiese silencio en el cuarto. Por la mañana no contestó cuando ella golpeó a la puerta. Y cuando la mujer, finalmente, abrió despacio y de puntillas se deslizó en el dormitorio, gritó de pronto y salió corriendo trastornada, porque había encontrado al amo ahorcado con la correa del baúl.

Este fin dio de qué hablar por un tiempo a la gente. Pero pocos comprendieron cuál había sido su destino. Y pocos pensaron que cerca estamos todos de las tinieblas en cuya sombra Walter Kömpff se había perdido.

Roberto Aghion

En el curso del siglo XVIII nació en Gran Bretaña una nueva forma de cristianismo y de actividad cristiana, que de insignificante raíz creció bastante pronto hasta convertirse en un gran árbol exótico y que todo el mundo conoce hoy con el nombre de "misión evangélica" a favor de los paganos.

En el exterior había bastantes motivos y ocasiones para este movimiento de misioneros protestantes, originado en Inglaterra. Desde la gloriosa época de los descubrimientos, se habían hecho conquistas en todas partes del mundo y el interés científico por la forma de lejanas islas y montañas, como el heroísmo de aventureros y navegantes, habían cedido el piso dondequiera a un espíritu moderno que no se interesaba ya mas de los extraños países descubiertos por aventuras excitantes y otras experiencias, por raros animales y románticas selvas de palmeras, sino por pimienta y azúcar, por seda y pieles, por arroz y tapioca, en fin, por cosas con las cuales el comercio mundial ganaba dinero. A menudo en todo se había procedido unilateralmente y con fervor mercantil olvidando muchas normas e infringiendo otras, que en Europa, en la Europa cristiana, tenían su valor. Se persiguió como alimañas a multitud de indígenas asustados; se los mató, y el europeo cristiano y civilizado se condujo en América, África y las Indias como una zorra que se introduce en un gallinero. Aunque se consideren las cosas sin una especial sensibilidad, se cometieron horrores y se robó grosera y puercamente; por eso, a las reacciones de la vergüenza y la indignación del pueblo metropolitano correspondía también el movimiento de las misiones, fundado con la loable intención de que a los pueblos paganos se les llevara desde Europa algo distinto, mejor y más noble que la pólvora y el aguardiente.

En la segunda mitad del siglo anterior, ocurría bastante a menudo en Inglaterra, que gente burguesa de buenas intenciones participara activamente en esta idea evangelizadora y donara recursos para ejecutarla. Pero no había aún como hoy florecientes sociedades organizadas y centros para estos intentos, sino que cada cual precisamente trataba de fomentar la buena causa como pudiera y por sus propios medios, y aquel que partía para lejanas tierras como misionero no se marchaba como los actuales, semejante a una pieza postal bien dirigida a través de los mares, para una tarea ordenada y organizada, sino que viajaba confiando en el Señor y sin mucha preparación, directamente lanzado a una sospechosa aventura.

Alrededor de 1890, un comerciante de Londres, cuyo hermano se había enriquecido en las Indias y allí falleció sin hijos, dejó una respetable suma de dinero para la difusión del Evangelio en aquel país. Se llamaron a consejo a un miembro de la poderosa Compañía de las Indias Orientales y a varios sacerdotes y se elaboró un plan, por el cual en un primer momento, se enviarían como misioneros a tres o cuatro jóvenes provistos de equipo suficiente y bastante dinero para el viaje.

El anuncio de esta empresa atrajo en seguida una legión de hombres deseosos de aventuras, actores fracasados y dependientes de peluquería echados por inservibles que se sintieron atraídos por la seductora expedición, y el piadoso colegio tuvo que luchar por lograr gente digna a cambio de estos importunos. Solapadamente se intentó ganar ante todo a jóvenes teólogos, pero el clero inglés no estaba de ninguna manera harto de su patria, ni inclinado a empresas esforzadas y aún peligrosas; la búsqueda se prolongó mucho y el fundador comenzó a mostrar impaciencia.

Por aquellos días, la noticia de sus intenciones y fracasos se difundió finalmente también en una aldea campesina en la región de Láncaster y en la parroquia local, cuyo respetable pastor tenía en casa, como inquilino y pensionista, en calidad de ayudante, a su joven sobrino de nombre Roberto Aghion. Éste era hijo de un capitán de la marina y de una escocesa piadosa y trabajadora; había perdido temprano al padre que apenas conoció y, niño bien dotado, fue enviado por el tío a la escuela y regularmente preparado para la carrera religiosa, que estaba ahora por concluir como candidato con buenos certificados, pero sin bienes de fortuna. Entretanto, asistía al tío y benefactor como vicario y no podía contar para su vida con una parroquia propia. Como el pastor era todavía un hombre robusto, el futuro del sobrino no resultaba muy brillante. Como mozo pobre que, según todas las previsiones, antes de la madurez no podría asegurarse un cargo propio y una entrada segura, no era para las muchachas un partido deseable, por lo menos para las honradas, y con las que no lo eran nunca se había encontrado.

Hijo de una madre sinceramente piadosa, poseía sentido cristiano simple y mucha fe y era un placer para él confesar esa fe en sus sermones. Pero encontraba sus verdaderos goces espirituales contemplando la naturaleza, para lo cual tenía gusto refinado. Joven modesto y sano, con ojos y manos hábiles, encontraba satisfacción en observar y conocer, coleccionar o investigar las cosas de la naturaleza que se le ofrecían. Siendo niño, cultivó flores y se dedicó a la botánica, se entretuvo un tiempo con rocas y petrificaciones y recientemente, desde que residió en la aldea, le interesó por encima de todo, el mundo multicolor de los insectos. Prefería las mariposas, cuya brillante metamorfosis desde el estado de oruga y crisálida siempre le atraía profundamente; dibujarlas y colorar las figuras le proporcionaba un placer tan puro como el que suelen sentir solamente pocos hombres talentosos en los años de la adolescencia.

El joven teólogo estaba, pues, en situación espiritual de ser siempre el primero en interesarse por las noticias de aquella fundación y de sentir en lo más hondo del alma un anhelo que como la aguja de una brújula señalaba la dirección de las Indias. Su madre había muerto hacía pocos años y no existía compromiso secreto de palabra con muchacha alguna. Escribió a Londres, recibió una contestación incitante y el dinero del pasaje hasta la capital; se marchó, pues en seguida, contento con un cajoncito lleno de libros y un atado de ropa y le dolió no poder llevar consigo los herbarios; los fósiles y las cajas con mariposas.

En la vieja ciudad de Londres, sombríamente rumorosa, penetró tímidamente en la severa y elevada casa del piadoso comerciante; en el oscuro corredor, un enorme mapa de pared de la mitad oriental de la tierra y, en seguida, en la primera habitación, una gran piel de tigre real pusieron ante sus ojos la región apetecida. Embarazado y aturdido, se dejó llevar por un doméstico distinguido hasta la habitación donde le aguardaba el dueño de casa. Le recibió un señor corpulento, serio, cuidadosamente afeitado, con penetrantes ojos fríos de color azul y gestos anticuados y severos, a quien, sin embargo, después de pocas palabras agradó mucho el tímido candidato, de modo que le invitó a sentarse y concluyó su examen con mucha confianza y benevolencia. Después, el señor le pidió sus certificados y llamó al sirviente que en silencio se llevó al teólogo a un cuarto de huéspedes donde, enseguida, otro doméstico apareció con té, vino, jamón, mantequilla y pan. El joven fue dejado solo con el refrigerio servido y pudo satisfacer su apetito y su sed. Luego se quedó tranquilamente sentado en el sillón de terciopelo azul, meditó acerca de su situación y contempló con ociosa mirada el cuarto, donde, al cabo de breve observación, descubrió dos representantes más del lejano y cálido país; en un rincón, cerca de la chimenea, un mono embalsamado de color rojo oscuro y, colgando encima de este animal, sobre un tapiz de seda azul, la piel curtida de una enorme serpiente, cuya cabeza sin ojos pendía ciega y fofa. Eran cosas que él apreciaba y que se apresuró a mirar y palpar de cerca. Aunque la figura de la boa que trató de imaginar curvando en su mente la plateada piel reluciente en forma de tubo, le pareció en cierta manera aterradora y repugnante, su curiosidad por el misterioso y lejano país aumentó aún más al contemplarla. Pensaba que no se dejaría asustar ni por serpientes ni por los monos, y fue imaginándose con verdadero gozo las flores, las mariposas, los árboles y los pájaros fabulosos que abundarían en tierras tan benditas.

Estaba ya anocheciendo; un silencioso doméstico trajo una lámpara encendida. Por las ventanas entraba un crepúsculo nebuloso. La calma de la distinguida residencia, el lejano y débil ruido de la gran ciudad, la soledad del fresco cuarto de alto techo donde se sentía casi como prisionero, la falta de toda ocupación y la inseguridad de su novelesca situación, unidos a la creciente oscuridad de la noche otoñal de Londres, hicieron descender el alma del joven de las alturas de sus esperanzas hasta que al cabo de dos horas pasadas escuchando y aguardando en su sillón, renunció por ese día a toda espera, y sin más, se acostó en la excelente cama y se durmió enseguida.

En plena noche, lo despertó, según tuvo la impresión, un sirviente para informarle que el joven era esperado para la comida y que debía apresurarse. Adormilado, Aghion se vistió y se fue tambaleando con los ojos semicerrados detrás del hombre a través de cuartos y corredores y por una escalera, hasta el gran comedor, violentamente alumbrado con arañas, donde la dueña de casa, vestida de seda y resplandeciente de joyas lo observó impertinente y el señor lo presentó a dos sacerdotes, que examinaron severamente al hermano más joven durante la cena y, ante todo, trataron de averiguar la sinceridad de su cristiana vocación.

Al pobre apóstol muerto de sueño le costó bastante entender todas las preguntas y luego contestarlas, pero la ingenuidad le sentaba bien, y los hombres, acostumbrados a candidatos muy distintos, se formaron una buena opinión de él. Después de la comida, se pusieron a observar en una habitación vecina mapas de las regiones asiáticas, y Aghion vio por primera vez el campo donde tendría que anunciar la palabra de Dios, como una mancha amarilla en el mapa de la India, al sur de la ciudad de Bombay.

Al día siguiente, fue conducido ante un noble y viejo señor que era el supremo consejero del comerciante. El anciano se sintió atraído en seguida por el joven inocentón. Supo entender pronto los sentimientos y el modo de ser de Roberto y, como reconoció en él escaso espíritu de iniciativa religiosa, se compadeció del joven y describió insistentemente al candidato los peligros del viaje por mar y lo terrible de las zonas meridionales de la India, porque le parecía insensato sacrificar y arruinar a un muchacho, si no estaba destinado a ese servicio por sus dotes especiales y sus inclinaciones. Por eso le puso una mano en el hombro, lo miró con penetrante bondad en los ojos y le dijo:

—Todo lo que usted me dice está bien y puede ser verdad; pero no alcanzo a comprender qué le atrae hacia las Indias. Sea usted franco, querido amigo, y contésteme sin reservas: ¿le impulsa a usted algún deseo mundano, alguna ambición o es realmente un deseo íntimo de usted llevar nuestro querido Evangelio a los pobres paganos?

Al oír semejantes palabras, Roberto Aghion enrojeció como un estafador sorprendido. Bajó los ojos y calló un rato, pero luego confesó sinceramente que pensaba en serio realmente en su piadoso anhelo, pero que nunca se le hubiese ocurrido esa idea de ofrecerse para la India y de convertirse en misionero, si no le hubiese atraído un deseo de conocer las plantas raras y los maravillosos animales del trópico, sin excluir las mariposas. El anciano comprendió que el jovencito le había entregado ahora su último secreto y nada le quedaba por confesar. Sonriendo, asintió con la cabeza y le dijo afectuosamente:

—Bien, ese pecado tendrá que expiarlo usted mismo; tiene que ir a la India, querido joven.

Y tornándose serio en seguida, colocó sus manos sobre los cabellos de Roberto y lo bendijo solemnemente con las palabras de la bendición bíblica.

Tres semanas después, el joven misionero emprendió viaje, bien provisto de cajones y baúles, como pasajero en un hermoso barco de vela, vio la tierra natal desaparecer en el mar gris y conoció los caprichos y los peligros del mar durante la primera semana, antes aún de haber llegado a España. En aquellos días, un viajero para la India no podía todavía alcanzar su meta sin pruebas, cómodamente, como hoy que en Europa se sube a un confortable vapor, se deja a un lado África a través del canal de Suez y en breve tiempo, asombrado y hastiado por mucho dormir y comer, se divisa la costa de la India.

Entonces, los barcos de vela debían padecer largos meses rodeando al África inmensa, amenazados por las tempestades y paralizados por largas calmas muertas, y había que sudar y helarse, sufrir hambre y padecer insomnio, y quien hubiese terminado felizmente el viaje, no era ya un novato experto, sino que había aprendido de alguna manera a mantenerse en pie. Lo mismo le ocurrió al misionero. Estuvo en viaje desde Inglaterra hasta la India durante ciento cincuenta y seis días y bajó a tierra en el puerto de Bombay como un navegante tostado por el sol y enflaquecido.

Entretanto, no había perdido ni su alegría ni su curiosidad, aunque se habían calmado un poco, y del mismo modo que ya en viaje tocó todas las costas con espíritu de explorador y contempló cada extraña isla de palmeras con respetuosa expectación, pisó también tierra indiana con los ojos ávidamente abiertos y realizó su entrada en la bella y luminosa ciudad con ánimo y firmeza.

Ante todo buscó y encontró la casa a la cual estaba recomendando; se hallaba en una calle tranquila del suburbio, entre altos cocoteros. Al entrar, su mirada recorrió el pequeño jardín delante de la casa y, aunque en ese momento tenía que hacer y considerar cosas mucho más importantes, tuvo tiempo todavía para observar un arbusto de oscuras hojas con grandes flores de color amarillo dorado, alrededor del cual revoloteaba alegremente un hermoso grupo de mariposas blancas. Con esta imagen en los ojos ligeramente cegados, penetró subiendo algunos peldaños en la sombra de la ancha veranda y por la puerta abierta de la casa. Un sirviente hindú, con ropas blancas y oscuras piernas desnudas, acudió corriendo a través del fresco pavimento de rojos ladrillos, hizo una rendida reverencia y comenzó a pronunciar con cantante cadencia nasal palabras indostánicas; notó, sin embargo, en seguida, que el extranjero no le entendía y lo llevó, con nuevas y suaves reverencias y gestos de respeto e invitación, adentro de la casa hasta el hueco de una puerta cerrada solamente por una estera de cortezas que colgaba suelta. Al mismo tiempo, la estera fue recogida desde adentro y apareció un hombre grande y delgado, de aspecto señorial, con blanco traje tropical y sandalias de paja en los pies desnudos. El hombre dirigió al doméstico una serie de palabras de reproche en un incomprensible idioma indio; el sirviente se hizo pequeño y más pequeño y se alejó deslizándose a lo largo de la pared; entonces el señor se volvió hacia Aghion y lo hizo entrar, hablándole en inglés.

El misionero trató ante todo de disculpar su llegada sin aviso previo y de justificar al pobre doméstico, que en nada le había faltado. Pero el otro hizo un gesto de impaciencia y dijo:

—Ya aprenderá a tratar muy pronto con estos palurdos de sirvientes. Pase. Le esperaba.

—¿Es usted ciertamente el señor Bradley? —preguntó cortésmente el recién llegado, mientras sin embargo al primer paso en la exótica casa y frente al consejero, maestro y colaborador sentía nacer en él extrañeza y frialdad.

—Soy Bradley, seguramente, y usted es Aghion, sin duda. Bien, Aghion, ¡pase de una vez! ¿Almorzó ya?

El huesudo hombrón tomó en seguida en sus manos oscuras y velludas, la existencia de su huésped, con toda la experiencia rápida y dominadora de un acreditado ultramarino y agente comercial. Le hizo traer un plato de arroz con carne de cordero y quemante "curry" le asignó un cuarto, le mostró la casa, recibió sus cartas y sus encargos, contestó a sus primeras normas de vida indispensables en el país. Puso en movimiento los cuatro morenos sirvientes indios, mandó y gritó en tono frío y colérico en la resonante casa; hizo llamar también a un sastre hindú que prepararía en seguida una docena de trajes para Aghion. Agradecido y un poco cohibido, el novato lo aceptó todo, aunque su temperamento hubiese preferido realizar su entrada en la India con más calma y modestia, hacerse un poco a la casa antes de volcar en una amable conversación sus primeras impresiones y sus recuerdos más vivos del viaje. En casi medio año de vida marítima se aprende a adaptarse a muchas situaciones y cuando, hacia el atardecer, mister Bradley se marchó para atender sus tareas comerciales en la ciudad, el joven evangelista respiró alegremente aliviado y sólo pensó en festejar en tranquilo retiro su llegada y en saludar la tierra hindú.

Abandonó gozoso su aireada habitación que no tenía ni puertas ni ventanas, sino solamente amplias aberturas en todas las paredes, y salió al aire libre, con la rubia cabeza cubierta por un sombrero de anchas alas y largo velo contra el sol y un buen bastón en la mano. A su primer paso por el jardín miró alrededor de el y con profunda respiración aspiró venteando el aire y el perfume, la luz y los colores del país extraño y legendario, que, modestamente debía colaborar en conquistar y al cual pensaba entregarse con la mejor voluntad.

Todo lo que vio y sintió en torno suyo le agradó y lo percibió como una radiante y múltiple confirmación de muchos sueños y numerosas intuiciones. Altas y espesas matas se elevaban en la violenta luz del sol y se llenaban de grandes flores maravillosamente coloreadas. Con los lisos troncos en forma de columnas, las quietas copas redondas de los cocoteros llegaban a sorprendente altura; detrás de la casa había un plátano que tendía rígida en el aire la gigantesca rueda uniforme y extrañamente vasta de las poderosas y largas hojas; en el borde del camino sus ojos amantes de la naturaleza advirtieron un pequeño ser vivo al que se acercó prudentemente. Era un verde camaleón de cabeza triangular y ojillos perversos. Se inclinó sobre él y se sintió dichoso como un chiquillo.

Una música extraña lo despertó de su meditativa concentración. Desde la murmurante quietud de la espesura salvaje de los árboles de color verde oscuro del jardín partía el rítmico sonido de tambores metálicos y timbales y además instrumentos de viento de cortante tonalidad. Asombrado, el pío amigo de la naturaleza escuchó atisbando y como no veía nada, se encaminó curioso para averiguar la clase y el origen de esos sonidos bárbaramente festivos. Siempre siguiendo la música, abandonó el jardín cuya puerta estaba abierta, y siguió por el herboso sendero a través de un agradable paisaje de jardines caseros, plantaciones de palmeras y rientes arrozales de color verde claro, hasta que doblando por la alta esquina de un jardín, alcanzó una calle de chozas indias con aspecto de aldea. Las casitas estaban construidas con barro o cañas de bambú, los techos cubiertos de hojas secas de palmera, y en todas las aberturas de las puertas estaban de pie o acurrucadas, morenas familias de hindúes. Aghion observó con curiosidad a esa gente y echó la primera mirada a la vida lugareña del extraño pueblo casi primitivo y desde el primer momento sintió afecto por esos seres oscuros, cuyos hermosos ojos infantiles lo observaban con una inconsciente y sumisa mirada. Bellas mujeres lo observaban entre gruesas trenzas de largo cabello negro, tranquilas y con miradas de corzas; llevaban en el medio de la cara, en las muñecas y en los tobillos adornos de plata, y anillos en los dedos de los pies. Había niñitos completamente desnudos que no llevaban sobre su cuerpo más que una delgada cuerda de corteza de la cual colgaba un extraño amuleto de plata o de asta.

La alocada música seguía sonando, ahora muy cerca, y en la esquina de la calle siguiente encontró lo que buscaba. Se elevaba allí un edificio extraño y desconcertante de forma sumamente fantástica y tremenda altura, con una enorme puerta en el centro y cuando levantó los ojos, sorprendido, vio toda la gigantesca superficie de la construcción compuesta exclusivamente de figuras de piedra que representaban animales fabulosos, hombres y dioses o demonios, que subían por centenares hasta la alta y delgada cima del templo, un bosque y un tejido salvaje de cuerpos, miembros y cabezas. Este terrible coloso de piedra, un gran templo hindú, resplandecía violentamente a los rayos casi horizontales del último sol de la tarde y revelaba al asombrado extranjero claramente que estos hombres semidesnudos, mansos como animales, no eran absolutamente un primitivo pueblo paradisíaco, sino que desde algunos milenios atrás tenían ya ideas y dioses, artes y religiones.

En ese momento acabó por enmudecer la resonante música de timbales, y fueron saliendo del templo muchos indios piadosos con ropajes blancos y de colores y, separado por su dignidad, un grupo solemne y reducido de brahmanes, orgullosos en su sabiduría fosilizada a través de milenios y en la conciencia de su rango, pasaron delante del hombre blanco con la altanería de aristócratas delante de un obrero y ni ellos ni las figuras más modestas que los seguían, demostraban por su aspecto que tenían la menor inclinación de dejarse instruir por un extranjero acerca de las cosas divinas y humanas.

Cuando el ruido se apagó y el lugar se tornó silencioso, Roberto Aghion se acercó al templo y comenzó a estudiar con medroso interés la obra decorativa de la fachada, pero abandonó pronto su tarea con miedo y tristeza, porque el grotesco idioma alegórico de esas imágenes lo confundía y atribulaba no menos que la vista de algunas escenas de desvergonzada obscenidad que encontró ingenuamente representadas entre el caos de ídolos.

Mientras se volvía para mirar el camino por el cual debía regresar, se apagaron de pronto las luces del templo y de la calleja; corrió por el cielo un breve juego de temblorosos colores y de repente cayó la noche. Ese desagradable y rápido oscurecimiento, aunque no le era desconocido, invadió al joven con ligero terror. Al mismo tiempo, con la llegada de las tinieblas, comenzó alrededor de todos los árboles y arbustos un cantar y zumbar violento y agudo de miles de insectos y en la lejanía se elevó el aullido de furor o de queja de un animal, con extrañas tonalidades salvajes. Rápidamente, Aghion buscó el camino para regresar; por suerte lo encontró en seguida y aún no había recorrido totalmente el breve trecho, cuando toda la región estuvo sumida en la más profunda tiniebla nocturna y el cielo alto y negro, colmado de estrellas.

En la casa, donde llegó pensativo y distraído. se dirigió al primer cuarto alumbrado; allí lo recibió mister Bradley con estas palabras:

—Bien, aquí llega usted. Ante todo, por la noche no debe usted salir nunca, es peligroso. Además, ¿sabe usted manejar un fusil?

—¿Un fusil? No, no aprendí a usarlo.

—Pues aprenda usted pronto... ¿Adónde estuvo ahora?

Aghion contó con entusiasmo. Preguntó ávidamente a qué religión pertenecía ese templo y qué clase de servicio divino se celebraba allí, qué significaban todas aquellas figuras y la música extraña, si los hermosos varones orgullosos vestidos de blanco eran sacerdotes y cómo se llamaban sus dioses. Pero aquí sufrió su primera desilusión. En primer lugar, su consejero no quiso saber nada de lo que él le preguntaba. Declaró que nadie entendía una palabra del horrendo caos y la inmundicia de ese culto, que los brahmanes eran una banda incurable de asaltantes y haraganes y que todos aquellos indios juntos eran un hato sucio de mendigos y tipos odiosos, con quienes un inglés decente prefiere no tener nada que hacer.

—Pero —opinó Aghion titubeando— mi misión es justamente llevar por el buen camino a estos extraviados. Para eso debo conocerlos y saberlo todo...

—Muy pronto sabrá usted de ellos más de lo que le puede gustar. Naturalmente, usted deberá aprender el indostaní y, después, tal vez algunos otros de estos infames idiomas de negros. Pero con la caridad no llegará muy lejos.

—Oh, la gente, sin embargo, parece muy buena...

—¿Le parece? Bien, ya lo verá. No entiendo nada y nada quiero opinar acerca de lo que se propone con los hindúes. Nuestra tarea es traer un poco de cultura y un ligero concepto de la decencia a estos malditos; más lejos no llegaremos nunca, quizás.

—Pero nuestra moral, o lo que usted llama decencia, es la moral de Cristo, señor.

—Usted se refiere a la caridad. Sí, haga la prueba de decir a un hindú que usted lo quiere. Hoy le pedirá limosna y mañana le robará la camisa en su mismo dormitorio.

—Es muy posible.

—Esto es más que seguro, querido señor. Aquí tiene usted que vérse-las con menores de edad, en cierto modo, que no tienen todavía la más leve idea de la honestidad y del derecho; no ya con escolares ingle-ses de buen corazón, sino con un pueblo de piojosos morenos, muy astutos, a quienes divierte mucho cualquier infamia. ¡Ya recordará us-ted mis palabras!

Aghion renunció con tristeza a seguir preguntando y se propuso por primera cosa aprender con diligencia y sumisión todo lo que debía aprender. Pero tuviera razón o no el severo Bradley, al ver el enorme templo y los orgullosos e inalcanzables brahmanes, su propósito y su misión en este país le parecieron infinitamente más difíciles de lo que antes imaginara.

A la mañana siguiente, fueron llevados a la casa los cajones en los que el misionero había traído consigo desde Inglaterra sus pertenencias. Vació las cajas cuidadosamente, reunió camisas con camisas y libros con libros, y algunos objetos le sumieron en gratos recuerdos. Se encontró con un pequeño grabado de marco negro, cuyo vidrio se había quebra-do durante el viaje, y que representaba a Daniel Defoe, el autor de "Robinson Crusoe" y el viejo libro familiar de su madre, que conocía desde su primera infancia; luego, como incitante guía para el futuro, un mapa de la India que le regalara su tío, y dos arcos de acero para la red destinada a la caza de mariposas, arcos que él mismo se había hecho confeccionar en Londres. Y apartó uno en seguida para usarlo en los días siguientes.

Al anochecer, sus cosas estaban distribuidas y acomodadas; el pe-queño grabado colgaba sobre su cabecera y todo el cuarto quedó limpiamente ordenado. Como le habían recomendado, colocó las patas de la mesa y de la cama en pequeños recipientes de barro que llenó con agua, como protección contra las hormigas. Mister Bradley estuvo todo el día ausente por sus negocios y le resultó extraño al joven ser llamado por señas para las comidas por el respetuoso doméstico y servido en la misma forma, sin que él pudiera cambiar con el indio una sola palabra.

Al día siguiente temprano, comenzó la labor de Aghion. Llegó y le fue presentado por Bradley el hermoso jovencito Vyardenya, de negros ojos, que debía ser su maestro de indostaní. El joven y sonriente indiano no hablaba mal el inglés y tenía excelentes maneras; sólo que se retrajo angustiosamente cuando el ingenuo inglés le tendió amablemente la mano para saludarlo, y evitó también en lo sucesivo cualquier contacto físico con el hombre blanco, que le hubiera contaminado, porque perte-necía a una elevada casta. Tampoco quiso sentarse nunca en una silla que hubiese empleado antes el extranjero, sino que se trajo todos los días, arrollada bajo el brazo, una hermosa estera de corteza, que extendía en el suelo de ladrillos y sobre la cual se sentaba noblemente erguido, con las piernas cruzadas. Su alumno, con cuya diligencia podía estar muy conforme, trató de aprender también este arte peculiar y se acurrucó durante las lecciones sobre una estera parecida colocada en el suelo, aunque en los primeros tiempos le dolieran los miembros hasta que se acostumbró. Atento y paciente aprendió palabra por palabra, comenzando con las fórmulas diarias de salutación, que el joven pronunciaba ante él sin cansarse y siempre sonriendo, y se lanzó cada día con nuevo ánimo a la lucha con los sonidos guturales del idioma que al comienzo le parecieron un jadeo inarticulado y que luego aprendió a distinguir e imitar.

Las horas de la mañana pasaban rápidamente con el gentil maestro; en cambio las tardes y las noches eran largas tanto como para hacer pesar sobre el ambicioso señor Aghion la soledad en la que vivía. Su huésped, con quien se encontraba en una situación poco clara y que se le presentaba ora como un protector ora como un superior, estaba poco en casa; llegaba de vuelta de la ciudad, a caballo o a pie, generalmente alrededor de mediodía, como dueño de casa presidía el almuerzo, para el cual a veces traía consigo a un escritor inglés, y se retiraba a la veranda dos o tres horas para fumar y dormir; luego al atardecer volvía por unas horas a su oficina o a sus almacenes. A veces, tenía que partir de viaje por algunos días, para comprar productos, y el nuevo compañero de residencia no lo encontraba mal, porque con la mejor voluntad posible no podía familiarizarse con el comerciante, rudo y de pocas palabras. También había muchas cosas en la forma de vivir de mister Bradley, que no podían gustar al misionero. Entre otras cosas, ocurría a veces que Bradley los días feriados bebía con el escritor una mezcla de agua, ron y zumo de limones hasta emborracharse; en los primeros tiempos, invitó a menudo el joven clérigo a acompañarlos, pero recibió siempre una cortés negativa. En estas circunstancias, la vida diaria de Aghion no era realmente aburrida. Intentó emplear sus primeros y escasos conocimientos idiomáticos, acudiendo a la cocina con los sirvientes, en las largas tardes cuando la casa de madera estaba bajo una plomiza capa de punzante calor, tratando de entretenerse con la gente. El cocinero mahometano, por cierto, no le contestaba y era tan altanero que parecía no verle siquiera; pero el aguador y el mucamo, que permanecían acuclillados largas horas sobre sus esteras y mascaban hojas de betel, se divertían con los esforzados intentos lingüísticos del amo.

Pero un día apareció Bradley en la puerta de la cocina, cuando justamente los dos pilletes estaban golpeándose los flacos muslos, divertidos por los errores y los cambios de palabras del misionero. Bradley observó el entretenimiento con los labios apretados, propinó rápidamente una bofetada al mucamo y un puntapié al aguador y arrastró consigo de allí, sin decir una palabra, al asustado Aghion. Luego, en su habitación exclamó agriado:

—¡Cuántas veces debo repetirle que no debe dar confianza a esta gente! Usted me echa a perder a la servidumbre, con la mejor intención, naturalmente, pero no se puede admitir que un inglés se torne ridículo para estos saludables pillastres.

Y se fue antes de que el ofendido Aghion pudiera justificarse.

El solitario misionero se encontraba entre hombres de su tierra solamente el domingo, cuando iba con regularidad a la iglesia y donde una vez él mismo se hizo cargo de predicar en reemplazo del párroco inglés muy poco dado al trabajo. Pero mientras en su patria había predicado con amor ante campesinos y tejedores de su condado, aquí se encontró extraño y embarazado, delante de una comunidad fría, compuesta de ricos comerciantes, cansadas y enfermizas damas y jóvenes empleados ansiosos de vivir.

Cuando a veces, al considerar su situación se ponía muy triste y sentía lástima de el mismo, hallaba para su alma un consuelo que nunca fallaba. Se preparaba para una excursión, se ponía al hombro su caja de botánico y tomaba la red que había provisto de una larga y delgada caña de bambú. Cosa curiosa: el quemante calor solar y todo el clima de la India de que solían quejarse amargamente la mayoría de los otros ciudadanos ingleses, a él le gustaban y le parecían magníficos, porque conservaban ágiles y frescos el cuerpo y el alma no permitiendo ningún relajamiento. Para sus estudios de la naturaleza y sus debilidades, este país, al cabo, era un alimento sin igual; a cada paso lo detenían plantas desconocidas, flores, pájaros, insectos, que resolvió aprender a conocer por su nombre con el correr del tiempo. No lo asustaban más las raras lagartijas y los escorpiones, los gruesos ciempiés gigantes y otros animalejos fantásticos, y desde que mató con una madera una gruesa serpiente en el cuarto de baño, sintió desaparecer cada vez más el miedo ante cualquier peligro animal.

Cuando por primera vez abatió su red sobre una gran mariposa, cuando la vio prisionera y tomó cuidadosamente en sus dedos el orgulloso y resplandeciente insecto, cuyas anchas alas brillaban como el alabastro y estaban cubiertas con un perfumado polvillo multicolor, el corazón le saltó en el pecho con una alegría como no sintiera en su vida desde cuando, niño aún, cazó su primera mariposa con cola de golondrina. Se acostumbró gozoso a las incomodidades de la jungla y no se amilanó cuando penetró en la selva virgen hasta hundirse en hondos fangales ocultos, ridiculizado por manadas de monos aulladores y asaltado por familias de hormigas furiosas. Solamente una vez permaneció arrodillado, tembloroso e implorante detrás de un enorme gomero, mientras cerca irrumpía una tropa de elefantes parecida a una tempestad o a un sismo. Se habituó a que lo despertaran en su aireado cuarto muy temprano de mañana el alocado alboroto de los monos de la selva vecina, y a escuchar de noche el aullido de los chacales. Sus ojos brillaban claros y alerta en su cara enflaquecida, ahora morena y varonil.

También en la ciudad y, con preferencia en los villorrios exteriores, tranquilos y parecidos a jardines, seguía observando a los hindúes que le gustaban más, a medida que los conocía. Perturbadora y penosa impresión le causaba la costumbre de las clases inferiores de dejar a sus mujeres que anduvieran con la parte superior del cuerpo desnuda. Ver en la calle cuellos y brazos y pechos femeninos, era algo a lo que el misionero no lograba habituarse, aunque a menudo eso ofreciera un hermoso espectáculo.

Fuera de esta chocante costumbre, mucho que hacer y pensar le daba el enigma con el cual se le aparecía la vida espiritual de esta gente. Dondequiera mirara había religión. No era posible advertir en Londres, en las mayores solemnidades religiosas, tanta piedad como aquí en cualquier día de la semana y en cualquier calle. En todas partes había templos e imágenes, rezos y sacrificios, procesiones y ceremonias, penitentes y sacerdotes. Mas ¿quién podía entender algo en este alocado caos de religiones? Allí estaban los brahmanes y mahometanos, adoradores del fuego y los budistas devotos de Shiva y de Krisna, portadores de turbantes y creyentes de cabeza rapada, fieles de las serpientes y siervos de las tortugas sagradas. ¿Dónde estaba el dios al que servían todos estos extraviados? ¿Cuál de entre tantos cultos era el más antiguo, sagrado y puro? Eso nadie lo sabía y especialmente a los indianos les resultaba del todo indiferente; aquel que no estaba satisfecho con la fe de sus padres, se adhería a otra o vagaba como penitente, para encontrar o aun crear una nueva religión. Se ofrecían alimentos en pequeñas fuentes a dioses y espíritus cuyo nombre nadie conocía, y todos esos centenares de servicios divinos, de templos y de sacerdocios coexistían gozosos, sin que a los adeptos de una fe se les ocurriera odiar o matar a los demás, como era costumbre en los países cristianos de Europa. Muchas cosas resultaban bellas y agradables, como la música de las flautas y las ofrendas florales, y en muchos rostros había una paz y un resplandor alegremente tranquilo que hubiera sido inútil buscar en los rostros de los ingleses.

Hermoso y santo le pareció también el mandamiento severamente observado por los hindúes de no matar animales, y él se avergonzó a veces y trató de justificarse a sí mismo, después de haber apresado bellas mariposas y escarabajos y de fijarlos con alfileres. Por otra parte, entre estas poblaciones para las cuales cada gusano era sagrado como criatura de Dios y que se entregaban fervorosamente a las oraciones y al servicio de los templos, eran cosas corrientes, de todos los días, el robo y la mentira, el falso testimonio y el perjurio, que no indignaban o sorprendían a nadie. Cuanto más reflexionaba sobre todo eso el bienintencionado apóstol de la fe, tanto más le parecía que esta gente se le convertía en un impenetrable misterio que se burlaba de toda lógica. El sirviente, con quien, a, pesar de la prohibición de Bradley, volvió a conversar muy pronto pareciéndole que era justamente una sola alma, un solo corazón con él, una hora después le robó una camisa de algodón, y cuando lo interrogó con afectuosa seriedad, negó primeramente con mil juramentos, luego lo admitió sonriendo, mostró la camisa y dijo en confianza que ya tenía un agujerito y que él pensó que el amo no se la pondría más.

Otra vez lo asombró el aguador. Este hombre recibía salario y comida para que diariamente proveyera a la cocina y el cuarto de baño de agua traída de la vecina cisterna. Hacía este trabajo siempre por la mañana temprano y por la noche, todo el resto del día estaba sentado en la cocina o en la choza de los sirvientes y mascaba betel o un trozo de caña de azúcar. Un día, ausente el otro doméstico, Aghion le dio a cepillar un pantalón, que estaba cubierto de hierbas a raíz de una excursión. El hombre se rió simplemente y cruzó sus manos en la espalda, y cuando el misionero se enojó y le ordenó seriamente que realizara el pequeño trabajo, obedeció al fin, pero cumplió la tarea refunfuñando y llorando, luego se sentó sin consuelo en la cocina y gritó y murmuró una larga hora como un desesperado. Con infinito esfuerzo y superando muchos mal entendidos, Aghion supo que había ofendido gravemente a ese hombre, al ordenarle una labor que le correspondía realizar.

Todas estas experiencias, condensándose poco a poco, se esfumaron como en una pared de cristal, que separaba al misionero del ambiente y lo hundía en una soledad cada vez más penosa. Con mayor dedicación y aun con cierta desesperada avidez, se dedicó a sus estudios lingüísticos, en los que hacía grandes progresos y que debían abrirle el camino hacia esta extraña gente, como esperaba angustiado. Cada vez podía atreverse a dirigir la palabra más a menudo a los indígenas en la calle, acudía sin intérprete al sastre, al mercero, al zapatero. A veces lograba trabar conversación con gente sencilla, por ejemplo, observando y alabando a un obrero en su tarea, a una madre con su crío, y a través de las palabras y las miradas de estos paganos, pero sobre todo a través de su sonrisa buena, infantil y beata, le hablaba el alma de ese pueblo extraño tan clara y fraternalmente que por momentos desaparecían todas las vallas y él perdía la sensación de lo extraño.

Finalmente creyó haber descubierto que los niños y la gente sencilla del país le eran casi siempre accesibles, y también que las dificultades, la desconfianza y la perversidad de los habitantes de la ciudad se debían a su contacto con marinos y comerciantes europeos. Desde entonces osó emprender, a menudo a caballo, excursiones en la región, cada vez más lejanas. Llevaba consigo en el bolsillo monedas de cobre y aun terrones de azúcar para los niños, y cuando, ya muy alejado en la zona llena de colinas, ataba su caballo a una palmera delante de una choza de barro, de campesinos y, entrando bajo la galería de cañas, saludaba y pedía un trago de agua o de leche de coco, casi siempre nacía una amable e ingenua relación y un coloquio, durante el cual hombres, mujeres y niños se reían muchas veces libremente con alegre sorpresa por su defectuoso conocimiento de la lengua, cosa de la que ya no sentía desagrado.

Todavía no hizo ninguna tentativa por hablar a la gente en esas oportunidades acerca de Dios, de su Dios. No sólo le parecía prematuro, sino también cosa muy delicada y casi imposible, porque no podía encontrar en absoluto palabras indianas para las expresiones corrientes de la religión bíblica. Además, no se sentía con derecho para meterse a maestro de estos seres y a incitarlos a cambios importantes en sus vidas, antes de conocerlas exactamente y ser capaz de vivir y hablar con los hindúes en un mismo pie de igualdad.

Por eso, sus estudios se prolongaron más tiempo. Trató de conocer la vida, el trabajo y los productos de los indígenas, se hizo mostrar plantas y frutos por su nombre y también animales domésticos y utensilios, investigó sucesivamente los secretos del cultivo húmedo o seco del arroz, de la obtención de las cortezas y del algodón, observó la edificación y la alfarería, el trenzado de la paja y la tejeduría, de la que algo conocía por la experiencia en su patria. Vio arar los barrosos campos de arroz con rechonchos búfalos acuáticos de color rosado, conoció la labor de los elefantes domesticados y observó a monos mansos cosechar de las plantas, nueces de coco para sus dueños.

Durante una de sus excursiones, en un tranquilo valle entre altas colinas verdes, lo sorprendió una furiosa lluvia, contra la cual buscó refugio en la choza más cercana que alcanzó. Halló reunida en el reducido espacio, entre paredes de bambú revocadas con barro, una pequeña familia, que saludó con medrosa sorpresa al extranjero que entraba. La mujer de la casa tenía el cabello gris teñido con alheña de color rojo fuego; cuando sonrió amablemente para recibirlo, mostró en la boca dientes igualmente rojos, que revelaban su pasión por mascar betel. Su marido era un hombre grande de serio mirar, con largos cabellos todavía oscuros. Éste se levantó del suelo, tomando una erguida postura de reyezuelo, cambió con el huésped palabras de saludo y le ofreció en seguida una nuez de coco recién abierta, de la que el inglés tomó un sorbo dulzón. Un pequeñuelo, que cuando Aghion entró huyó a un rincón detrás del hogar de piedra, salió de allí rápidamente bajo una selva de negros y brillantes cabellos, mirando miedosamente curioso; sobre su oscuro pecho resplandecía un amuleto de latón, que formaba todo su adorno y también su única prenda de vestir... Encima de la puerta ondeaban algunos grandes racimos de plátanos, colocados así para que madurasen; en toda la choza, que recibía luz solamente a través de la puerta abierta, no había pobreza: era visible la sencillez y un orden agradable y limpio.

Una ligera sensación de nostalgia que alentaba desde los más lejanos recuerdos de la infancia —y que suele invadir tan fácilmente a un viajero cuando ve un hogar feliz—, una grata impresión de patria lejana y que nunca había experimentado en el "bungalow" del señor Bradley, inundó el alma del misionero; casi le pareció que su entrada allí no era la de un caminante sorprendido por la lluvia. Sintió finalmente otra vez —a él que se veía envuelto en una triste confusión— la sensación y la alegría de una existencia correcta, natural, satisfecho de sí mismo. La violenta lluvia rumoreaba y tamborileaba casi dolorosamente en el espeso techo de juncos de la choza y parecía colgada delante la puerta como una gruesa y brillante pared de cristal.

Los ancianos se entretuvieron con su extraordinario huésped y, cuando al final le preguntaron gentilmente lo que era lógico: cuál era su meta y cuáles sus intenciones en ese país, Aghion se sintió confundido y comenzó a hablar de otra cosa. Otra vez, como tantas, le parecía al modesto misionero una horrenda audacia, una exageración el haber llegado a esa tierra lejana enviado con la intención de quitar a esos seres su dios y su fe, para imponerles otros. Había pensado siempre que ese temor desaparecería en él, apenas dominara mejor el idioma, pero ese día le resultó claro, sin lugar a dudas, que había estado equivocado que cuanto mejor conocía a ese pueblo moreno, tanto menos derecho y deseo sentía dentro de sí para intervenir con prepotencia en su vida.

La lluvia cesó y el agua mezclada con la roja y grasosa tierra desapareció, corriendo por el camino ondulado; rayos de sol penetraron a través de los troncos de palmera resplandecientes por la humedad, reflejándose violentos y cegadores en las brillantes hojas gigantescas de los plátanos. El misionero agradeció a sus huéspedes e hizo ademán de despedirse, cuando se proyectó una sombra en el suelo y la reducida habitación se oscureció. Aghion se volvió rápidamente y vio entrar por la puerta, con los pies descalzos y callada, una figura, una mujer joven, una muchacha, que se asustó ante su presencia inesperada y huyó a esconderse junto al niño detrás del hogar.

—¡Da los buenos días al señor! —le gritó el padre.

La joven avanzó tímidamente dos pasos, cruzó las manos sobre el pecho y se inclinó varias veces. En su espeso cabello, negro como el carbón, centelleaban gotas de lluvia; el inglés colocó amable y cohibido su mano sobre la cabellera y pronunció un saludo, y mientras sentía vivo entre sus dedos ese pelo suave y hermoso, ella levantó la cara hacia él y le sonrió gentil con sus ojos maravillosamente hermosos. Alrededor del cuello llevaba ella un collar de coral y en un dedo del pie un pesado anillo de oro, y nada más que una faldilla de color rojo ceñida debajo de los pechos. Así estuvo la joven en su belleza delante del asombrado extranjero; los rayos del sol se reflejaban pálidamente en su cabello y en sus hombros morenos y relucientes; en la boca fresca centelleaban luminosos los dientes. Roberto Aghion la miró con embeleso y trató de penetrar en sus dulces ojos tranquilos, pero en seguida se sintió confundido; el húmedo perfume del cabello y la vista de los pechos y los hombros desnudos lo extravió de tal manera que muy pronto bajó los ojos ante la inocente mirada de ella. Metió la mano en el bolsillo y sacó unas tijeritas de acero, con las que solía cortarse las uñas y la barba y le servía en su recolección de plantas; las regaló a la hermosa muchacha y supo en seguida que aquél era un regalo realmente valioso. Ella tomó el objeto tímidamente, con dichosa sorpresa, mientras los padres se deshacían en palabras de agradecimiento, y cuando él se despidió y se marchó, ella lo siguió hasta la galería de la choza, aferró su mano izquierda y se la besó. El tibio y delicado contacto de aquellos labios parecidos a una flor penetró en la sangre del joven; hubiera deseado besarla en la boca. En cambio tomó ambas manos de la muchacha en su derecha, la miró en los ojos y le dijo:

—¿Cuántos años tienes?

—No lo sé —contestó ella.

—Y ¿cómo te llamas?

—Naissa.

—Adiós, Naissa, y no me olvides.

—Naissa no olvida al señor.

Aghion se fue y emprendió el camino de retorno, sumido en reflexiones, y cuando tarde en la noche llegó y entró a su dormitorio, advirtió de repente que ese día no había traído de su excursión una sola mariposa, un escarabajo, una hoja o una flor. Pero su casa, la desierta casa de soltero con los sirvientes holgazanes y el frío y regañón señor Bradley, nunca le resultó menos familiar y vacía como en esa hora de la noche, mientras sentado ante la tembleque mesita con la pequeña lamparilla de aceite, trataba de leer la Biblia.

Esa noche, cuando después de mucha inquietud de ideas y a pesar de los silbantes mosquitos pudo reposar, el pobre misionero tuvo extraordinarios sueños.

Vagaba por un oscuro bosque de palmeras, donde jugueteaban en el suelo rojizo amarillas manchas de sol. Papagayos gritaban en las cimas. Monos hacían gimnasia alocada en los larguísimos troncos parecidos a columnas; pajarillos centelleantes como piedras preciosas aparecían luminosos, insectos de toda clase expresaban su alegría de vivir en sonidos, colores o movimientos. El misionero se paseaba agradecido y feliz entre tanta magnificencia: llamó a un mono que bailoteaba en un bejuco como en la cuerda floja y, cosa curiosa, el ágil animalillo bajó trepando obediente hasta el suelo y se presentó a Aghion como un sirviente con ademanes de respeto. El hombre comprendió que podía mandar en ese reino feliz de las criaturas y en seguida convocó a los pájaros y a las mariposas alrededor de sí, y todos llegaron en grandes y brillantes grupos; hizo ademanes y marcó el compás con la mano, meneó la cabeza, ordenó con la mirada y con chasquidos de la lengua, y todos esos magníficos animales se dispusieron sumisos en danzas bellamente ondeantes y lujosos cortejos en la dorada penumbra, silbaron y zumbaron, crujieron y rodaron en coros, buscaron y volaron, se persiguieron y huyeron describiendo solemnes círculos y graciosas espirales en el aire. Fue un "ballet" magnífico, un concierto brillante y un paraíso recobrado, y el soñador permaneció en ese armonioso mundo de maravilla, que le obedecía y era suyo con un placer casi doloroso; porque en la dicha aquella había ya una leve intuición, un saber, un pregusto de algo inmerecido y pasajero, como siempre debe tener un piadoso misionero en ocasión de un placer sensual.

Ese angustioso pregusto no le engañaba. El entusiasta amigo de la naturaleza gozaba a la vista de una familia de monos y acariciaba una enorme mariposa azul de alas de terciopelo, que se posaba familiarmente sobre su mano izquierda dejándose tocar como una palomita, pero ya comenzaban a aletear en su hechizo sombras de angustia y de desazón y a envolver el ánimo del soñador. Pájaros perdidos gritaban de repente en forma violenta y dolorosa, inquietas ondas de viento rumoreaban en las altas cimas, la bienhechora y cálida luz del sol se tornaba débil y siniestra, los pajarillos huían de todas partes y los hermosos y grandes lepidópteros se dejaban llevar por el viento en su miedoso desamparo. Gotas de lluvia sonaban ruidosas en las copas de los árboles, un trueno sordo y lejano rodaba lentamente, hasta apagarse en las sombras de la bóveda celeste.

En ese momento penetró mister Bradley en la selva. El último pájaro multicolor se había alejado volando. Bradley acudió sombrío como el espíritu de un rey asesinado, con su gigantesca figura; escupió con desprecio delante del misionero y comenzó a echarle en cara, con palabras insultantes, hostiles y sarcásticas, que era un holgazán y un aprovechado, que se hacía pagar por su amo londinense para convertir a los paganos, y en cambio de eso no hacía otra cosa que vagabundear, cazar insectos y pasearse. Aniquilado, Aghion tuvo que admitir que Bradley tenía razón y que él era culpable de esas faltas.

Apareció entonces aquel poderoso y rico señor de Inglaterra, que mantenía a Aghion, acompañado por varios sacerdotes ingleses, y todos ellos, junto con Bradley, empujaron y persiguieron al misionero a través de la espinosa maleza, hasta que llegaron a un camino lleno de gente y por éste hasta el suburbio de Bombay donde se levantaba el templo grotesco y alto como una torre. Allí ondeaba entrando y saliendo una pintoresca muchedumbre, *coolíes* desnudos y orgullosos brahmanes vestidos de blanco; pero frente el templo había sido levantada una iglesia cristiana y encima del portal había un Padre Eterno esculpido en piedra, flotando sobre nubes, con mirada paternal y barba patriarcal.

El aporreado misionero subió por los peldaños de la Casa de Dios, hizo señas con los brazos y comenzó a predicar a los hindúes. Con clara voz los incitó a mirar y comparar la diferencia entre el verdadero Dios y sus pobres ídolos con muchos brazos y abundantes trompas. Con el dedo extendido señaló la decoración de entrelazadas figuras de la fachada del templo indiano y luego invitó a mirar la imagen de Dios de su iglesia. Mas, ¡cómo se asustó cuando levantó sus ojos para seguir su ademán; porque el Padre Eterno se había transformado, tenía ahora tres cabezas y seis brazos y, en lugar de la seriedad general, una sonrisa embarazada y complacida en las tres caras, exactamente como a menudo mostraban los dioses indios! Desalentado, buscó con la vista a Bradley, al amo y a los clérigos, pero todos habían desaparecido, estaba solo y apocado en las gradas de la iglesia; y ahora hasta su Dios lo abandonó, porque estaba haciendo señas hacia el templo hindú con sus seis brazos y sonreía a los dioses indianos con divina alegría.

Completamente abandonado, avergonzado y perdido, estaba Aghion en la escalera de su iglesia. Cerró los ojos y se quedó erguido; en su alma se había extinguido toda esperanza y aguardó con desesperada calma que los paganos lo mataran a pedradas. En cambio, después de una pausa terrible, se sintió empujado y desplazado por una mano fuerte y suave al mismo tiempo, y cuando levantó la vista, vio al Padre Eterno de piedra bajar —enorme y digno— por las gradas, mientras las figuras de los dioses del templo de enfrente descendían a su vez de sus sitios en compactos grupos. Todos fueron saludados por el Dios cristiano que luego entró en el templo indiano y recibió con amable gesto los homenajes de los brahmanes vestidos de blanco. Los ídolos, en cambio, con sus trompas, sus rizos y sus ojos estrechos visitaron alegremente la iglesia, lo hallaron todo bien y bonito y arrastraron detrás de sí a muchos adoradores; de esta manera nació entre iglesia y templo una procesión de dioses y hombres; gongs y órgano sonaron al unísono, fundiéndose en una sola melodía, e indios morenos y tranquilos trajeron flores de loto a los altares cristianos, desnudos a la usanza inglesa.

Pero en medio de la festiva multitud caminaba la hermosa Naissa, con sus negros y lisos cabellos resplandecientes y sus grandes ojos de niña. Ella venía entre muchos otros fieles desde el templo. Subió las gradas de la iglesia y se detuvo delante del misionero. Lo miró seriamente en los ojos no sin amabilidad, le hizo una seña con la cabeza y le ofreció una flor de loto. Mas él, avasallado por la atracción, se inclinó sobre su claro rostro lleno de pez, la besó en los labios y la estrechó entre sus brazos.

Antes todavía de poder saber lo que podía decir Naissa a todo eso, Aghion despertó de su sueño y se encontró tendido en su cama en la oscuridad, cansado y asustado. Un doloroso caos de sentimientos y reacciones le torturó hasta la desesperación. El sueño le había mostrado sin velo alguno su propio Yo, su debilidad y pusilanimidad, la falta de fe en su misión, su amor por la pagana de color moreno, su odio nada cristiano contra Bradlley, su incumplimiento con el amo inglés que le mantenía.

Quedó tendido en la oscuridad, triste y excitado hasta las lágrimas. Trató de orar y no pudo hacerlo, trató de representarse a Naissa como algo diabólico y de juzgar su enamoramiento como una perversidad, pero no pudo... Al final, se levantó obedeciendo a un impulso casi inconsciente y rodeado aún de las sombras y los terrores del sueño; abandonó su cuarto y fue a la habitación de Bradley, tanto por la absoluta e instintiva necesidad de consuelo y compañía humana, como con la piadosa intención de confesar la vergüenza de su hostilidad por ese hombre y hacerse amigo de él mediante la sinceridad más completa.

Sin ruido se deslizó con sus delgadas pantuflas de corteza a lo largo de la oscura veranda hasta el dormitorio de Bradley, cuya liviana puerta de cañas de bambú llegaba solamente hasta la mitad de la abertura y dejaba ver la alta habitación débilmente alumbrada; porque como muchos otros europeos en la India, Bradley también solía mantener encendida toda la noche una lamparilla de aceite. Cautamente, Aghion empujó la delgada estera y entró.

La pequeña mecha ardía lentamente en una tacita de barro con aceite, colocada en el piso de la habitación, y proyectaba una enorme y débil sombra sobre las desnudas paredes. Una parda mariposa nocturna giraba zumbando alrededor de la luz en breves círculos. Alrededor de la ancha cama estaba tendido cuidadosamente el gran mosquitero. El misionero tomó la lámpara, se acercó a la cama y abrió el velo. Estaba por llamar por su nombre al durmiente, cuando vio con verdadero espanto que Bradley no estaba solo, yacía de espaldas, cubierto por un delgado pijama de seda y su cara con el mentón en alto no era mucho más delicada ni amable que durante el día. Pero a su lado, desnuda, estaba tendida una segunda figura, una mujer de largo cabello negro. Yacía de costado con el rostro dormido vuelto hacia el misionero que la reconoció: era la fuerte y gruesa muchacha que todas las semanas solía llevarse la ropa para lavar.

Sin volver a correr el mosquitero, Aghion huyó hasta su cuarto. Trató de dormirse otra vez, pero no pudo; el acontecimiento de aquel día, el extraño sueño y, finalmente, la visión de la desnuda durmiente lo habían excitado poderosamente. Al mismo tiempo, su antipatía por Bradley se había tornado mucho más fuerte y ya le asustaba pensar en el instante en que lo volvería a ver y tendría que saludarle durante el desayuno. Pero sobre todo le atormentaba y oprimía el problema de si era su deber reprochar a su compañero de residencia por su conducta e intentar corregirle. El temperamento de Aghion se rebelaba a eso, pero su misión parecía exigírselo: tenía que vencer su cobardía y apelar sin miedo a la conciencia del pecador. Encendió su lámpara y, rodeado y molestado por los zumbantes mosquitos, estuvo leyendo horas enteras el Nuevo Testamento, pero sin lograr seguridad ni consuelo. Estuvo casi por maldecir la India entera o por lo menos su curiosidad y su espíritu de aventura, que lo trajeran hasta allí para meterlo en un callejón sin salida. Nunca le había parecido tan sombrío el porvenir, ni tampoco nunca se sintió menos nacido para confesor y mártir, como esa noche.

Apareció para el desayuno con ojos hundidos y rasgos cansinos, removió sin gozo con la cucharilla el perfumado té y en aburrido juego, se dedicó largo rato a limpiar una banana, hasta que llegó el señor Bradley. Éste saludó seca y fríamente como siempre, puso en movimiento al sirviente y al aguador con órdenes en voz alta, después de largo examen eligió el fruto más dorado del cacho de bananas y luego comió rápidamente, siempre dominador, mientras el sirviente traía, al patio lleno de sol, su caballo enjaezado.

—Tendría algo que discutir con usted todavía —dijo el misionero, cuando el otro estuvo por levantarse y partir. Bradley, suspicaz, levantó los ojos hacia él.

—¿Sí? No dispongo de tiempo. ¿Tiene que ser ahora mismo?

—Sí, es mejor. Me veo obligado a decirle que estoy enterado de su ilícita relación con una mujer india. Usted se imaginará cómo es penoso para mí...

—¡Penoso! exclamó Bradley, poniéndose de pie de un salto, y estalló en una colérica carcajada—. Señor, ¡es usted un asno mucho más grande de lo que pensé! Lo que opine de mi, naturalmente, me tiene sin cuidado, pero el que usted husmee y en mi casa, lo encuentro ruin. ¡Abreviemos! Le dejo tiempo el domingo. Hasta entonces, sea tan amable de buscarse otro alojamiento en la ciudad, porque en esta casa no lo toleraré a usted un solo día más.

Aghion esperaba un áspero estallido, pero no semejante contestación. Mas no se dejó amedrentar.

—Será un placer para mí —dijo correctamente—, liberarle a usted de mi molesta presencia aquí. ¡Buenos días, señor Bradley!

Y se fue y Bradley lo siguió atentamente con la mirada, entre sorprendido y divertido. Luego se atusó los duros bigotes, torció los labios, llamó con un silbido a su perro y bajó por la escalera de madera hasta el patio, para irse a caballo a la ciudad.

Para ambos, la breve discusión que aclaraba las cosas había sido fructífera. Sin duda, Aghion se vio enfrentado de improviso con preocupaciones y providencias que una hora antes flotaban todavía muy vagas en grata lejanía. Pero cuanto más seriamente consideraba sus asuntos y más claro veía que la disputa con Bradley era algo accesorio y en cambio el arreglo de su situación completamente caótica estaba convertido en una necesidad despiadada, tanto más evidente y bienhechora le resultaba para su modo de pensar. La vida en aquella casa, el debilitamiento de sus energías, todos los insaciados deseos y las horas muertas se habían vuelto para él una desazón constante que su temperamento simplón no hubiese podido resistir mucho tiempo más.

Era todavía de mañana temprano y un rincón del jardín, su sitio preferido, estaba aún en fresca sombra. Pendían allí las ramas de unas matas salvajes sobre un pequeñísimo estanque de mampostería, construido un día para bañarse, pero abandonado luego y ahora habitado solamente por una reducida población de tortugas amarillas. Aghion llevó hasta allí su silla de bambú, se sentó y contempló a los callados animalejos, que nadaban perezosamente tranquilos en el agua verde y miraban igualmente tranquilos con sus ojillos inteligentes. Del otro lado, en el patio de la residencia, el caballerizo desocupado estaba sentado en cuclillas y cantaba; su canción nasal y monótona llegaba como juguetón ruido de agua y se perdía en el aire cálido; sin que lo advirtiera, el cansancio después de la noche insomne y excitada invadió al misionero. Aghion cerró los ojos, dejó caer los brazos y se durmió.

Cuando lo despertó una picadura de mosquito, vio avergonzado que había dormido casi toda la mañana. Pero se sintió fresco y repuesto e inmediatamente se dedicó a poner en orden sus ideas y sus deseos, y a desenredar objetivamente lo confuso de su existencia. Y así vio con meridiana claridad lo que inconscientemente desde hacía mucho tiempo angustiaba y estropeaba sus sueños, es decir, que su viaje a la India había sido absolutamente acertado, pero que a él te faltaba la verdadera vocación y el íntimo impulso para ser misionero. Era lo bastante modesto para ver en eso una derrota y un error que lo afligían, pero no había razón alguna para desesperarse. Más aún, ahora que estaba decidido a buscarse una tarea más adecuada, le pareció que la India poderosa sería realmente un buen refugio y una patria para él. Podía ser cosa muy triste el que todos estos indígenas tuviesen falsos dioses: no era asunto suyo cambiar esa situación. Su tarea era conquistar para sí mismo ese país y obtener para sí y para otros lo mejor, ofreciendo para ello sus ojos, su saber y su juventud resuelta a obrar, disponiéndose voluntariamente a ello donde se le brindara trabajo.

Ya por la noche de ese mismo día, después de una breve conversación, fue empleado por un señor que residía en Bombay, un tal Sturrock, como secretario y, al mismo tiempo, inspector en una vecina plantación de café. El señor Sturrock prometió enviar a Londres una carta suya, dirigida al hombre que le había mantenido hasta entonces; Aghion explicaba en ella su proceder y se comprometía a la ulterior devolución de todo lo recibido. Cuando el nuevo inspector volvió a su casa, encontró a Bradley en mangas de camisa, solo, sentado para cenar. Y aun antes de tomar asiento a su lado, le comunicó lo que había hecho.

Bradley asintió con la boca llena, vertió whisky en su copa y dijo casi amablemente:

—Siéntese y sírvase, el pescado está frío ya. Ahora somos casi una especie de colegas. Bien, le deseo lo mejor. Cultivar café es más fácil que convertir a los hindúes, a buen seguro, y posiblemente más valioso. ¡No le hubiera supuesto tan buen criterio, Aghion!

La plantación donde debía alojarse estaba a un par de días de viaje, tierra adentro, y Aghion debía partir hacia ella dos días más tarde, acompañado por un grupo de coolíes; de esta manera le quedó un solo día para arreglar sus asuntos. Con el asombro de Bradley, pidió para el día siguiente un caballo de silla, pero aquél se guardó de hacer preguntas. Después de sacar la lámpara, atracción de mil insectos, ambos hombres permanecieron sentados en la noche suave y oscura de la India, uno frente al otro, y se sintieron mutuamente más próximos que en todos los meses de obligada convivencia.

—Dígame —comenzó Aghion, después de un largo silencio—, usted seguramente no creyó desde el comienzo en mis planes de misionero...

—Todo lo contrario, sin embargo —contestó tranquilamente Bradley—; pude ver bien que usted obraba en serio.

—Pero también pudo ver ciertamente que poco apto era para ello, es decir, para lo que yo quería hacer y representar. ¿Por qué nunca me dijo nada?

—Nadie me había encargado de eso. A mí no me gusta que nadie se meta en mis cosas; por eso procedo de la misma manera. Además, aquí en la India, he visto emprender las cosas más insensatas y tener buen resultado. Eso de convertir era su oficio, no el mío. Y ahora usted advirtió por sí mismo algunas de sus equivocaciones. Con el tiempo, eso le ocurrirá también con otras más...

—Por ejemplo, ¿con cuáles?

—Por ejemplo, con lo que usted me reprochó esta mañana.

—Oh, ¡por la muchacha!

—Exactamente. Usted ha sido clérigo; a pesar de eso, admitirá que un hombre robusto no puede vivir y trabajar y permanecer sano muchos años, sin tener de vez en cuando una mujer a su lado. ¡Dios mío, por eso no es necesario que se ponga colorado! Piense un poco: en la India, para un blanco que no se ha traído de Inglaterra una mujer, no hay mucho que elegir. Aquí no hay muchachas inglesas. Las que nacen aquí, las envían de niñas todavía a Europa. Queda la elección entre las rameras de los marineros y las mujeres indias. Yo prefiero estas últimas. ¿Qué encuentra de malo en eso?

—¡Oh, aquí no nos entendemos, señor Bradley! Yo juzgo mala e incorrecta toda unión fuera del matrimonio, como nos lo enseñan la Biblia y nuestra iglesia.

—Pero, ¿y cuando no se puede hacer otra cosa?

—¿Por qué no se puede hacer otra cosa? Si un hombre quiere realmente a una muchacha, debe casarse con ella.

—¿También con una muchacha hindú?

—¿Por qué no?

—Aghion; ¡usted es más ancho de mangas que yo! Prefiero cortarme un dedo a casarme con una mujer de color, ¿comprende? ¡Y así pensará usted también más adelante!

—¡Por favor, espero que no! Y ya que hemos llegado tan lejos, se lo puedo decir: amo a una muchacha hindú y tengo la intención de hacerla mi mujer.

El rostro de Bradley se tornó serio.

—¡No lo haga! —exclamó casi suplicando.

—Sin embargo, lo haré —continuó Aghion entusiasmado—. Me comprometeré con la muchacha y la educaré y le enseñaré hasta que pueda recibir el bautismo; entonces nos casaremos por la iglesia inglesa.

—¿Cómo se llama ella? —preguntó Bradley pensativo.

—Naissa.

—¿Y su padre?

—Lo ignoro.

—¡Bah, hasta el bautismo hay tiempo todavía! Reflexione sobre eso una vez más. Es natural que uno de nosotros se enamore de una muchachita india, a menudo son muy lindas... Deben ser también fieles y pueden convertirse en mujeres de su casa, mansas y buenas. Pero yo no puedo mirarlas más que como a una especie de animalillos, como alegres cabritas o hermosas gacelas, pero no como a mis iguales.

—¿No es el suyo un prejuicio? Todos los hombres son hermanos y los hindúes son ciertamente un pueblo antiguo y noble.

—Sí, esto debe saberlo mejor usted, Aghion. Por lo que se refiere a mí, respeto mucho los prejuicios...

Se levantó, dio las buenas noches y se retiró a su dormitorio, donde el día antes tuvo a su lado a la hermosa y robusta lavandera. "Como a una especie de animalillos", había dicho, y Aghion se rebeló para sus adentros al recordarlo.

Temprano al día siguiente, antes de que Bradley apareciera para el desayuno, Aghion se hizo traer el caballo de montar y se fue, cuando todavía los monos lanzaban en las cimas de los árboles su grito mañanero, y el sol no estaba tan alto aún, cuando ató su caballo cerca de la cabaña donde conoció a la linda Naissa, y se acercó a pie a la casa. En el umbral estaba sentado el chiquillo desnudo y jugaba riendo con una cabrita, por la que se hacía topar oponiendo el pecho.

Precisamente, cuando el visitante estuvo por abandonar el camino para acercarse a la choza, salió del interior de ella, pasando por encima del niño acurrucado, una jovencita en la que reconoció en seguida a Naissa. La muchacha llegó hasta el camino, llevando en la mano, derecha colgando un alto recipiente de barro para el agua, y sin mirar a Aghion, que la siguió atraído, pasó delante de él. Pronto la alcanzó y le dirigió el saludo en voz alta. Ella levantó la cabeza, contestando en voz baja el saludo y miró fríamente al hombre con sus bellos ojos dorados y oscuros, como si no lo conociera, y cuando él le tomó la mano, ella la retiró asustada y siguió su camino corriendo y apresurando el paso. El la acompañó hasta la fuente artificial, donde el agua corría en delgado y escaso hilillo sobre piedras musgosas; quiso ayudarla a llenar el cántaro y a levantarlo, pero ella lo rechazó callada y puso cara contrariada. Aghion se sintió asombrado por tanta esquivez y un poco desilusionado, buscó en su bolsillo el regalo que había traído para ella, pero le dolió un poco sin embargo cuando vio que ella olvidaba en seguida su resistencia y tomaba el objeto que él le ofrecía. Era una cajita esmaltada con bonitos dibujos de flores, y la parte interior de la redonda tapa contenía un espejito. Aghion le mostró cómo se abría y puso el objeto en las manos de ella.

—¿Para mí? —preguntó la muchacha con mirada infantil.

—Para ti —replicó él, y mientras ella jugaba con la cajita, Aghion le acarició el brazo suave como la seda y el largo cabello negro.

Como ella le dijo gracias aferrando con ademanes indecisos el cántaro lleno de agua, él trató de decirle algo amable y delicado, lo cual la muchacha evidentemente sólo entendía a medias, y mientras pensaba en las palabras y estaba a su lado embarazado, le pereció de pronto enorme el abismo entre ambos y pensó con tristeza qué poco era lo que lo unía a ella y cuánto tardaría hasta que ella fuese su novia y su amiga, entendiese su lengua, comprendiese su modo de ser y compartiese sus pensamientos.

Entretanto, habían emprendido el camino de regreso, y él caminó a su lado en dirección de la choza. El niño estaba ocupado en un alegre juego con la cabra, juego que le quitaba el aliento; su dorso casi negro brillaba metálicamente al sol y su vientre hinchado por el arroz tornaba demasiado delgadas las piernas. Con un estremecimiento de extrañeza el inglés pensó que este niño salvaje sería su cuñado si se casaba con Naissa. Para sustraerse a semejante pensamiento, volvió a mirar a la muchacha. Contempló la cara encantadoramente fina, de grandes ojos y fresca boca infantil, y debió pensar si tendría la suerte de obtener ese mismo día el primer beso de aquellos labios.

De estos agradables pensamientos lo sacó asustado una figura que de repente salió de la choza y estuvo allí ante sus ojos inseguros, como un fantasma. En el marco de la puerta una segunda Naissa que cruzó el umbral, una copia exacta de la primera, y la copia le sonrió y lo saludó, metió la mano en su corta falda y sacó algo que hizo girar triunfalmente sobre su cabeza y que brilló al sol y él reconoció al rato. Era la tijerita que hacía poco regaló a Naissa y la muchacha a la que acababa de regalar la cajita y cuyo brazo había acariciado, no era Naissa sino su hermana, y cuando ambas muchachas estuvieron una al lado de la otra, apenas distintas entre sí, el enamorado Aghion se sintió indeciblemente engañado y desconcertado. Dos gacelas no podían ser más parecidas, y si en ese momento le hubiesen colocado en la situación de elegir entre ellas, no hubiera sabido cuál de ambas era la que él amaba. Sí, poco a poco pudo reconocer que la verdadera Naissa era la mayor y la más baja; pero su amor del cual hacía unos instantes creyó estar tan seguro, estaba destrozado y partido en dos mitades como la figura de la muchacha que tan inesperada y desagradablemente se había duplicado ante sus ojos.

Bradley nada supo de este hecho, tampoco nada preguntó cuando Aghion regresó al mediodía y se sentó callado para el almuerzo. Y a la mañana siguiente, cuando llegaron los coolíes de Aghion y cargaron las cajas y los sacos y se los llevaron y el viajero agradecía una vez más al que se quedaba tendiéndole la mano, Bradley la apretó vigorosamente y dijo:

—¡Buen viaje, querido joven! Llegará un momento en que se morirá usted de nostalgia por ver una vez más el honesto y curtido cuero de una cabeza de inglés en lugar de los dulces morros de las hindúes. Venga a verme y entonces estaremos de acuerdo sobre cualquier cosa de la cual hoy pensamos distintamente todavía…

Emil Kolb

Los aficionados de nacimiento, que parecen constituir una parte tan grande de la humanidad, pueden señalarse como caricaturas del libre albedrío. En efecto, por carecer de la facultad primitiva de todo ser original para percibir el llamamiento de la naturaleza en lo profundo del alma, viven a la ligera, irresolutos, en evidente indiferencia.

A este enorme grupo pertenecía también el niño Emil Kolb en la ciudad de Gerbersau, y el azar (porque para estos seres no es posible hablar de destino, ciertamente) lo llevó a que con su afición no alcanzara, como muchos otros, honor y bienestar, sino deshonra y miseria, aunque en nada fuese peor que muchos de su misma clase.

El padre de Emil Kolb era un zapatero remendón. Le estaba negado a este hombre el don de reconocer y admitir en el ámbito de la naturaleza y en el desarrollo de los destinos humanos lo inmutablemente necesario; por esta razón consideraba por lo menos permitido a sus deseos y ensueños, aquello que no le estaba concedido hacer y vivir, y holgazaneaba gozoso imaginando otra vida más rica y hermosa, hasta donde su fantasía, muy limitada a lo material, era capaz de hacerlo.

Apenas la esposa de este remendón le dio un niño medianamente vigoroso, trasladó todos sus devaneos al porvenir del niño, y de esta manera colocó aquello que hasta entonces fue solamente pecado de intención y placer de fábula, en la determinada luz de lo posible. El joven Emil Kolb sintió muy temprano estos sueños y estas ambiciones del padre como un aura cálida y excitante alrededor de sí mismo y prosperó en ella como un zapallo en el abono; ya en los primeros años escolares se propuso ser o llegar a ser el Mesías de su pobre familia y, más adelante, cosechar encarnizadamente todo aquello que la felicidad le debía, después de largas privaciones de los padres y los antepasados. Emil Kolb sintió con el valor de pretender para sí el destino de un poderoso, de un jefe, un alcalde o un millonario, y si en ese momento hubiese pasado delante de la casa paterna un coche dorado con cuatro blancos corceles, ningún reparo hubiera tenido en sentarse en él y recibir los humildes homenajes de sus conciudadanos.

Muy pronto, los pocos hombres originales que conoció le parecieron ridículos y hasta insensatos, porque preferían sacrificarse a los ideales y cuidar de una dignidad inútil, en lugar de servirse de sus dones para lograr una recompensa contante y sonante. Y así mostró también sumo interés y denodada atención por todos los estudios escolares que tratan de las cosas de este mundo, mientras que el ocuparse de historias y leyendas del pasado, de canto, gimnasia y otras cosas semejantes le pareció tiempo inútilmente perdido.

Pero el joven aspirante a grandes cosas, tuvo en especial estimación el arte del lenguaje, no con lo que se refería a las tonterías de los poetas, sino al cuidado de la expresión dedicada a los actos de los negocios y sus ventajas. Leía todos los documentos de naturaleza comercial o legal, desde la simple cuenta o el sencillo recibo hasta el cartel público y el aviso en los periódicos, y los admiraba. Porque él comprendía perfectamente que el lenguaje de esos productos artificiales, lejano del idioma vulgar de la calle como alguna alocada composición poética, es apto para causar impresión, ejercer el poder y lograr ventajas sobre los no entendidos. En sus ejercicios escolares imitaba esforzadamente estos modelos y logró producir algunas flores nada indignas de una cancillería.

Justamente esta preferencia por el fino estilo de secretaría, brindó a Emil Kolb la ocasión y el lugar para su única amistad. Un día, el maestro hizo redactar en su clase un tema sobre la primavera y leer en el aula varias de estas composiciones por sus autores. Con ello, algunos escolares de doce años realizaron su primer vuelo tímido por el país de la fantasía creadora, y precoces lectores de literatura adornaron su obra con remedos entusiastas de descripciones primaverales de pasables o conocidos poetas. Pero todas estas bellezas no lograron conmover al atento Emil: él encontraba todo eso simple y tonto. De pronto hablaban de cantos de mirlos y fiestas de mayo, y un alumno muy leído había llegado a emplear la palabra Filomela. Invitado por el maestro, el hijo del tabernero, de nombre Franz Rempis, tuvo que leer su composición, y ya a las primeras palabras: "Es indiscutible que la primavera puede llamarse siempre estación muy agradable para todos", Kolb notó con un encanto para su oído la voz de un alma afín a la suya, escuchó, pues, con atención y aplauso y no dejó escapar una sola palabra. Éste era el estilo con que solía redactar sus informaciones de la ciudad y la comarca el semanario local y que Emil mismo ya sabía emplear con cierta... seguridad.

Cuando ese día terminó la clase, Kolb expresó a su condiscípulo la mayor admiración y, desde ese momento, los dos niños tuvieron la sensación de entenderse mutuamente y ser iguales.

Emil comenzó proponiendo la fundación de una caja de ahorros en común. Supo describir las ventajas de la colaboración y de la mutua incitación a economizar, con tanta elocuencia que Franz Rempis se declaró plenamente de acuerdo y dispuesto también a entregar a esa caja lo ahorrado. Pero fue también lo bastante inteligente como para insistir acerca de que el dinero quedaría aún en sus manos hasta que también el amigo hiciera un depósito contante, pero como ninguno de los dos logró arreglar ese punto, el plan fracasó, sin que Emil volviera a recordarlo, ni Franz tomar a mal la tentativa de estafarlo. De todas maneras, Kolb halló muy pronto una manera de vincular ventajosamente sus preocupaciones con las muy superiores del camarada, ayudando al amigo, con lo que mejor sabía en algunas materias, a cambio de pequeños regalos y comestibles. Esto duró hasta el final del período escolar y, con la promesa de un honorario de cincuenta céntimos, Emil Kolb pasó a Franz la solución de los problemas de matemáticas en el examen de fin de curso, de modo que ambos lo rindieron perfectamente. Emil llevó a su casa un certificado tan hermoso que su padre juró que en su hijo se perdía todo un sabio. A pesar de eso, no había que pensar en estudios ulteriores. Pero el padre de Kolb hizo todos los esfuerzos y realizó varias amargas gestiones para procurar para el hijo un lugar especial en la vida y fomentar, de acuerdo con sus fuerzas, sus esperanzas en un porvenir brillante. Y logró así emplear al muchacho como aprendiz en el Banco de los hermanos Dreiss. Con ello le pareció haber dado un gran paso y conseguido una seguridad para la realización de sueños mucho más atrevidos.

Para los jóvenes de Gerbersau, que deseaban dedicarse a la profesión comercial, no había comienzo más rico en promesas para esa carrera que el aprendizaje en las oficinas de los hermanos Dreiss. Su Banco y su tienda eran antiguos y muy respetados, y los dueños tenían todos los años la posibilidad de elegir entre los mejores alumnos de las clases superiores, de los cuales en esa ocasión tomaban uno o dos como aprendices en su comercio. De esta manera, como el período de aprendizaje era de tres años, ellos tenían siempre de cuatro a seis jóvenes participantes que recibían alimentación pero no recompensa por su trabajo. En cambio, los muchachos podían recibir el certificado respectivo de la antigua y honorable casa, que exhibirían en todas partes del país como válida recomendación en la vida.

Ese año fue Emil Kolb el único nuevo aprendiz que entró en la firma. Pero a él le pareció escaso el honor y, además, pagado muy caro. Porque como novato los otros más antiguos, y aun los del año precedente, creían que podían limpiarse en él sus zapatos. Donde hubiera algo que hacer en la casa que todos tenían a menos realizar y resultaba pesado, llamaban a Emil, cuyo nombre resonaba en la casa como el timbre del sirviente; por eso, el jovencito hallaba sólo un ratito para acariciar sus sueños de un brillante porvenir, en un rincón del sótano detrás de los barriles de petróleo o en la buhardilla entre los cajones vacíos. Lo compensaba por esa dura existencia el cálculo del esplendor de días futuros y la excelente alimentación de la casa. Los hermanos Dreiss, que con su sistema de aprendizaje hacían un excelente negocio y tenían además un voluntario que les pagaba, solían ahorrar y especular sobre cualquier cosa, pero no en la comida de la gente. Así, el joven Kolb podía saciarse tres veces por día abundantemente y lo hacía a la perfección, y aunque muy pronto aprendió a quejarse y despreciar aquella comida, eso era solamente un ejercicio normal en las costumbres de los aprendices, al que se dedicaba con la misma fidelidad con que lustraba zapatos por la mañana y fumaba por la noche cigarros robados.

Le apenó al penetrar en esta antecámara de su profesión el tener que separarse del amigo. Franz Rempis fue enviado por el padre a practicar fuera de la ciudad y se presentó un día para despedirse de Emil. El consuelo de Franz de que tratarían de escribirse mutuamente a menudo, no convenció demasiado a Emil; no sabía dónde encontraría los sellos postales para sus cartas o dinero para ellos.

En efecto, pronto llegó una carta de Lächstetten, en la cual Rempis le informaba de su situación en la localidad. Este escrito indujo a Emil a preparar una larga y cuidada contestación, en cuya redacción empleó varias noches y cuyo envío no le era posible en ese momento. Finalmente logró —y él lo encontró como una justificación a medias para sí mismo— que su primera falta respondiera al noble sentimiento de la amistad. Tuvo que llevar algunas cartas al correo y como había prisa, el aprendiz más antiguo le puso en las manos los sellos, que tenía que pegar en los sobres por el camino. Emil aprovechó la ocasión. Adhirió una de las hermosas estampillas nuevas a la carta dirigida a Franz, que llevaba en el bolsillo, y echó al correo en cambio sin franquearla una de las cartas comerciales de la firma.

Con esta acción cruzó por encima de un límite que para él era especialmente peligroso y atractivo. Ciertamente, antes ya, de vez en cuando —como los demás aprendices—, se había apropiado de pequeñas cosas pertenecientes a los amos, un par de ciruelas secas, por ejemplo, o un cigarro. Pero cada uno realizaba estas pequeñas finuras a plena conciencia, representaban apenas un ademán hábil y rápido, del que el culpable se ufanaba en su fuero interior y constituía casi una prueba de que pertenecía a la casa y a sus existencias. En cambio había ocurrido algo distinto con el hurto del sello postal, algo más grave, un oculto robo de valor en dinero que no podía justificar ni la costumbre ni el mal ejemplo. La cosa estremeció el corazón del pequeño culpable y durante algunos días, Emil estuvo temiendo a toda hora que su falta fuese descubierta. El primer robo verdadero es una aventura desagradable para seres atolondrados y hasta para los que ya han pecado en la casa paterna, y algunos sufren más por ese primer robo que por faltas mucho peores.

Emil se sintió angustiado por miedo a ser descubierto, pero pasaron los días y el sol siguió alumbrando y los negocios siguieron su curso, como si nada hubiese sucedido ni existido la menor responsabilidad; así, pues, esta posibilidad de sacar utilidad tranquilamente, del bolsillo ajeno, le pareció como un recurso para evitar cientos de necesidades y —tal vez— hasta el camino más indicado para llegar a la felicidad. Porque como el trabajo y las obligaciones le gustaban apenas como fatigoso rodeo para logros y placeres —Emil siempre pensaba en la meta y no en los medios—, la experiencia de que en algunas determinadas circunstancias se puede uno apropiar, robando impunemente, de todas las ventajas, debió llevarlo violentamente a la tentación.

Y a la tentación Emil no supo resistirse. Para un hombrecito de su edad hay cien pequeñas cosas que se echan mucho de menos y a las cuales un hijo de padres pobres atribuye siempre doble valor. Apenas Emil Kolb se familiarizó con la idea de obtener ulteriormente deshonestas utilidades, apenas la posesión de una moneda de níquel y aun de plata no le pareció más algo imposible, sus deseos se atrevieron despreocupadamente a muchas pequeñas cosas en las que antes ni siquiera había pensado. Como su colega Färber poseía un cortaplumas con una sierrecita y una ruedecita de acero para cortar vidrio, y aunque el aserrar y el cortar vidrios no eran una necesidad para él, imaginó que sería una gloria llegar a poseer semejante utensilio de valor. Y tampoco le pareció mal poder llevar un domingo una corbata azul y parda, estaba de moda en esa época entre los aprendices más finos. Además, era muy desagradable ver que los chicos de catorce años, de las fábricas, frecuentaban ya la cervecería los días festivos, mientras que un aprendiz comercial, un año mayor, de condición más elevada, nunca podía conocer durante el año una taberna por dentro. ¿Y no pasaba lo mismo con las muchachas? ¿No veían el domingo muchos mocosos de los talleres de tejidos del brazo de sus compañeritas? ¿Y un joven comerciante debía esperar todo el tiempo de su aprendizaje —¡tres o cuatro años!— antes de poder pagar a una linda muchacha una vuelta en el tiovivo u ofrecerle una rosquilla?

El joven Kolb resolvió poner fin a estos inconvenientes. Ni su paladar estaba maduro para el amargo sabor de la cerveza, ni lo estaban su corazón o su mirada para los atractivos de una chiquilla, pero él aspiraba, por placer, a metas ajenas y lejanas y no deseaba otra cosa que ser y vivir como los más respetados y desenvueltos de sus colegas.

Pero a pesar de su locura, Emil no era tonto del todo. Estudió su carrera de ladronzuelo con más cuidado del que antes empleara en su elección profesional, y no se le ocultó a su perspicacia que el enemigo acecha en el camino aun al mejor ladrón. No debía ocurrir en absoluto que lo sorprendieran, por eso prefería emplear mucha prudencia y

preparar hábilmente las cosas, y no jugarse la cabeza por un placer prematuro. Por eso investigó y meditó todos los caminos para llegar al dinero
prohibido; los caminos que tuviera abiertos, por supuesto, y encontró al
final que hasta el año siguiente tendría que tener paciencia y aguardar.
Sabía que cuando cumpliera su primer año de aprendizaje sin la menor
censura, los amos le entregarían la caja llamada de "franqueo y viáti-
cos", que estaba siempre a cargo del penúltimo aspirante de la casa.

Para poder robar más cómodamente a sus patronos al año siguiente, el jovencito les sirvió con la mayor atención. Estuvo casi por faltar a
su infiel resolución y convertirse en persona honesta. El mayor de sus
jefes, que notara su celo y tenía lástima del pobre hijo del remendón, le
daba de vez en cuando unas monedas o le encargaba determinados servicios que prometían buena propina. De esta manera, Emil llegó a veces
a poseer algún dinero y pudo comprar con el dinero honradamente ganado una corbata azul y parda de su agrado, con la que se adornaban
los domingos sus compañeros más refinados.

Con esta corbata, muy elegante, el joven señor dio su primer paso
en el mundo de los adultos y celebró su primera fiesta. Hasta entonces
se había reunido a veces, con sus camaradas algún domingo, cuando
vagaban lentamente indecisos por las calles soleadas, gritando una broma
a otros colegas que pasaban y perdían el tiempo amargados y sin meta,
salidos sin gracia de la pintoresca infancia y rechazados todavía por el
mundo de los mayores.

Pero ahora, él también tenía que celebrar un domingo alegre, por
primera vez desde los años de escuela. Su amigo Rempis, al parecer,
había tenido en Lächstetten más suerte que Emil en su ciudad natal. Y
recientemente le había escrito una carta, que indujo a Kolb a comprarse
la fina corbata:

Querido y muy apreciado amigo:

En mi poder tu estimada del 12 del corriente, estoy en la agradable
situación de poderte invitar para el domingo próximo, 23 del corriente, a una pequeña fiesta. Nuestra Asociación de jóvenes miembros
de la clase comercial realiza el domingo su excursión anual y no
puedo dejar de invitarte cordialmente. Te espero poco después del
mediodía, porque antes tengo que almorzar en casa de mi jefe. Trataré
de que todo sea de tu gusto y te ruego que te consideres completamente como huésped mío. ¡Naturalmente, están invitadas también algunas
damas! Si aceptas, solicito respuesta como siempre, Poste Restante,
Merkur 01137. Esperando con placer tu grata contestación, te saludo
y quedo a tus órdenes.

Franz Rempis, miembro de la A. J. M. C. C.

Kolb contestó inmediatamente:

Querido y muy apreciado amigo:

Contestando a vuelta de correo a tu estimada de ayer; te doy las gracias por la gentil invitación, y será un placer para mí prestarle adhesión. La perspectiva de trabar conocimiento con los distinguidos señores y damas de vuestra honorable Asociación, es para mí tan valiosa como lisonjera, y no puedo dejar de felicitarte por la movida existencia social de Lächstetten. Dejando todo lo demás para nuestro próximo encuentro verbal, quedo con los mejores saludos tu rendido amigo.

Emil Kolb

P. D. — Apresuradamente, me permito todavía agradecerte especialmente por el lado material de tu invitación, de la que haré uso con reconocimiento, porque en estos momentos, por desgracia, mi caja no podría responder a mayores exigencias.

Tuyo como arriba firmo.

Y había llegado ese domingo. Era fines de junio, y como desde unos días hacía verdadero calor de verano, se veía en todas partes la recolección del heno en pleno curso. Emil había conseguido permiso sin dificultad para todo el día, pero no el dinero para el modesto pasaje en tren hasta Lächstetten. Por eso se puso en viaje temprano por la mañana y hasta la hora concertada para el encuentro estuvo caminando bastante tiempo como para pensar mucho y agradablemente en las alegrías y las honras que le aguardaban. Entretanto no dejó de aprovechar en sitios favorables de las cerezas que estaban casi maduras; llegó cómodamente en hora oportuna a la meta, a esa ciudad que aún no había visto. De acuerdo con las descripciones de su amigo Rempis se había imaginado esa ciudad como lo más opuesto a Gerbersau, tan fea y desagradable, figurándosela como una localidad brillante donde le existencia resultaba magnífica, y se sintió un poco desilusionado al encontrar las calles, las plazas, las casas y las fuentes inferiores y más pobres que las de su ciudad natal. Tampoco el comercio de Juan Löhle, donde el amigo Rempis estaba aprendiendo los secretos del comercio, no podía compararse con la importante casa de los hermanos Dreiss en Gerbersau. Todo esto rebajó en mucho las esperanzas y la disposición a la alegría de Emil Kolb, pero sus observaciones críticas robustecieron su valor y aspiraciones de poder igualarse a la juventud mundana de la ciudad.

Por un rato, el recién llegado rondó alrededor del comercio, caminó un poco arriba y abajo y, de vez en cuando, se atrevió a silbar inocentemente el comienzo de una canción que tiempos antes sirvió de señal entre Rempis y él. Al cabo de un rato, el hombre buscado apareció efectivamente en una ventanita de la buhardilla, le hizo unas señas y le indicó, siempre por señas, que no lo esperara delante de la casa, sino más abajo, en la plaza del mercado.

Muy pronto Franz le reunió y en seguida se desvaneció el deseo de crítica que colmaba a Emil, porque su condiscípulo llevaba un traje nuevo, con una camisa de cuello duro asombrosamente alto y puños planchados con almidón.

—¡Salud! —gritó alegremente el joven Rempis—. Ahora podemos correr la aventurilla. ¿Tienes cigarros?

Y como Emil no los tenía, Franz le metió un puñadito en el bolsillo de la chaqueta.

—Nada, nada... Eres mi huésped. Por un cabello, casi no quedo libre; el viejo estuvo terriblemente severo. Pero ahora podemos estar tranquilos. Vamos.

Aunque el astuto temperamento de Emil se lo propusiera, no pudo reprimir su desilusión. Había sido invitado a una excursión social y aguardaba ver banderas en todas partes y aun oír una banda de música.

—Sí...; pero, ¿dónde está vuestra asociación de jóvenes miembros de la clase comercial? —preguntó desconfiado.

—Ya lo verás. ¡No podemos comenzar la francachela debajo de las ventanas del principal! El amo no nos concede muchas diversiones. Nos encontraremos fuera de la ciudad.

Muy pronto llegaron a un bosquecillo y a una vieja y descuidada hostería, en la que entraron de prisa, después que Franz hubo mirado a su alrededor por si alguien los observaba. Dentro, fueron recibidos por otros seis o siete aprendices, sentados delante de sendos vasos de cerveza, fumando. Rempis presentó su compatriota a los camaradas y Emil fue declarado solemnemente bienvenido.

—Ustedes pertenecen todos a la asociación, ¿verdad? —preguntó Kolb.

—Ciertamente —le contestaron—. Hemos dado vida a esta asociación para fomentar los intereses de nuestra clase, pero sobre todo para procurarnos un poco de sociabilidad. Si usted, señor Kolb, está de acuerdo con nosotros, partiremos.

Tímidamente, Emil preguntó al amigo por las damas y supo que esperaban encontrarlas luego en el bosque.

Los jóvenes marcharon alegremente ese brillante día de verano. Le llamó la atención a Kolb el entusiasmo con que Franz ufanaba de su ciudad natal, de la que en sus cartas casi había renegado.

—¡Oh, nuestra Gerbersau! —exclamó el amigo—. ¿No es verdad, Emil, que allí todo es muy distinto? ¡Y qué muchachas tenemos!

Emil asintió un poco confundido, luego se le soltó la lengua y dijo libremente que pequeña y fea encontraba a Lächstetten en comparación con Gerbersau. Algunos de los jóvenes que habían estado en Gerbersau le dieron la razón. Pronto cada cual habló hasta por los codos, celebrando aquella ciudad, donde se llevaba una vida muy distinta de la de este nido maldito, y los dos que nacieron en Lächstetten y estaban con ellos, les dieron también la razón maldiciendo de su patria. Todos estaban colmados de irremediable infantilismo y de vago amor por la libertad; fumaban sus cigarros y se erguían en sus altos cuellos duros, procediendo lo más varonil y salvajemente posible. Emil Kolb se encontró muy pronto a sus anchas en ese estilo que también oyó y observó a menudo en su ciudad. Así se hizo buen amigo de todos.

Media hora después, allá afuera, se encontraron con un pequeño grupo que les aguardaba: cuatro muchachas a medio crecer, con claros trajes domingueros. Eran hijas de familias inferiores, nada vigiladas, que en parte ya en la escuela habían tenido amables relaciones con los condiscípulos o los aprendices. Fueron presentadas a Emil Kolb como las señoritas Berta, Luisa, Ema e Inés. Dos de ellas tenían ya sus pretendientes fijos y se pegaron en seguida a sus adoradores; las otras dos pasaban de uno a otro y se esforzaban por entretener a toda la sociedad. Después del encuentro con las damiselas, se había enfriado de pronto la ruidosa parlería de los jóvenes y en su lugar había nacido una callada amabilidad un poco embarazada, que envolvió también a Emil y Franz. Todos esos jóvenes en realidad eran todavía niños, y a todos les resultaba más fácil imitar las maneras de los hombres adultos que conducirse de acuerdo con su edad y modo de ser.

En el fondo, hubieran preferido estar sin la compañía femenina o hubieran charlado y bromeado con ellas de igual a igual, pero eso no les parecía digno ni conveniente, y como sabían perfectamente que las chicas lo hacían sin el permiso de sus padres y con peligro para su buen nombre, cada uno de estos jóvenes encaminados hacia el comercio, trataba de proceder como imaginaba que debía hacerlo un caballero, de acuerdo a lo que oyeran decir o leyeran en alguna novela. Las muchachas estaban cohibidas y se limitaban a un sensitivo coqueteo, y dado que después de perdida la inocencia de la niñez eran incapaces todavía de amar, se movían con verdadera angustia y gran embarazo, en un mundo fantásticamente perdido de pueril sentimentalismo.

Como forastero, Emil gozó de atención especial y la señorita Ema lo envolvió muy pronto en una conversación sobre su origen y las condiciones de su vida; así Kolb salió perfectamente del paso, porque sólo debía contestar a las preguntas. En seguida, la muchacha supo todo lo que valía la pena saber acerca del joven que ella había elegido ese día como caballero; naturalmente, las informaciones del muchacho sobre su persona y su vida sólo representaron un poético pasatiempo. Porque cuando la señorita Ema preguntó acerca de la condición del padre de Kolb, éste juzgó que las palabras "zapatero remendón" eran demasiado vulgares y supo circunscribir el asunto declarando que su padre tenía una zapatería. En seguida, la fantasía de la señorita vio un brillante escaparate lleno de calzado negro y de color, del cual salía tal perfume de bienestar que sus preguntas ulteriores supusieron siempre un poco más de esplendor y obligaron al hijo del remendón a embellecer cada vez más vigorosamente la realidad. De preguntas y respuestas nació así una agradable leyenda. Según la misma, Emil era el hijo de acomodados padres que lo trataban un poco severamente, pero lo amaban: su vocación y sus dotes lo habían llevado temprano de la escuela al comercio. Estaba aprendiendo como voluntario —palabra que influyó en la estimación de Ema—, en una vieja y poderosa casa de comercio, las obligaciones de su futura profesión, y ese día, incitado por el tiempo espléndido, estaba allí para visitar a su excondiscípulo Franz. Por lo que se refería al porvenir, Emil podía cargar sin peligro las tintas, y cuanto menos se habló de la realidad y del presente y más del futuro y de las esperanzas, tanto más se entusiasmó, con lo cual agradó más y mejor a la señorita Ema. Ésta nada dijo de su familia, y acerca de su situación contó que como hija de buenos sentimientos de una viuda no muy rica y, desgraciadamente, un poco autoritaria, debía sufrir mucho, pero que sabía soportarlo gracias a su animoso corazón.

Estas cualidades morales, como también el aspecto de la muchacha, hicieron fuerte impresión en el joven Kolb. Tal vez, con toda probabilidad, se hubiera enamorado de cualquier otra que no fuera muy fea. Era la primera vez que trataba de ese modo a una chica y que una chica demostraba por él tanto interés. Escuchó muy serio lo que Ema le contaba y se esforzó en no olvidar la menor gentileza. No se le ocultaba que su conducta y su triunfo con Ema le daban prestigio y se imponían sobre todo a Franz.

Como nadie se atrevía, a causa de las muchachas, a entrar en alguna hostería, dos de los jóvenes fueron enviados a las cercanías de una aldea en busca de provisiones. Éstos volvieron con pan y queso, botellas de cerveza y copas, y se organizó al aire libre una alegre comilona. Emil, que en todo el día no se había sentado y no comió nada en el almuerzo, echó mano con verdadero apetito de las cosas buenas y se mostró el más alegre de todos. Pero tuvo una amarga experiencia: no todo lo que gusta hace bien, y sus fuerzas para tragar demasiado eran todavía las de un niño. Con vergüenza sin igual, sucumbió al tercero o cuarto vaso de cerveza y tuvo que recorrer el camino de regreso Lächstetten rezagado y con el auxilio del amigo.

Entristecido, se despidió por la noche de Franz y le encargo saludos para los camaradas y las amables señoritas que no había vuelto a ver. Franz Rempis, magnánimo, le regaló un billete para el pasaje en tren y mientras viajando veía por la ventanilla el atardecer en la región y ponerse el sol, sintió por anticipado toda la desilusión del regreso al trabajo y a las privaciones.

Cuatro días después escribió a su camarada:

> Querido amigo:
>
> Por lo que se refiere al domingo pasado, no puedo dejar de expresarte una vez más mi agradecimiento. Para mi lamentable desgracia me ocurrió ese incidente y confío mucho en que eso no te haya molestado a ti ni a los señores y las damas durante una fiesta tan hermosa. Sobre todo me sentiría muy obligado contigo si tuvieras la bondad de llevar un saludo a la señorita Ema y mi pedido de perdón por aquella desdicha. Al mismo tiempo tendría sumo interés en conocer tu opinión sobre la señorita Ema, porque no debo ocultarte que la citada me gustó plenamente y, en la eventualidad, no me disgustaría acercarme a ella en una ocasión ulterior con propuestas más serias. Solicitando a este respecto tu más estricta discreción, con la que ya contaba, quedo con los mejores saludos y rendida amistad.
>
> Emil Kolb

Franz nunca contestó a esta carta explícitamente. Le hizo saber a Kolb que había trasmitido sus saludos y que los señores de la asociación se alegrarían de volver a ver pronto a Emil entre ellos. Pasó el verano y los dos amigos se vieron una sola vez en muchos meses, en una cita en la aldea de Walzenbach, que se hallaba a mitad de camino entre Lächstetten y Gerbersau y donde Emil había invitado al antiguo condiscípulo. Pero no hubo un verdadero placer en ese reencuentro, porque Emil no tenía otro deseo que saber algo acerca de la señorita Ema y Franz trató de eludir sus preguntas. En realidad, él mismo había puesto los ojos en la joven desde aquel domingo, tratando de eliminar así al amigo. Había comenzado de manera nada honrosa, destruyendo la leyenda de Kolb y revelando sin reserva su modesto origen. En parte por esta traición al amigo, pero mucho más por la cicatriz del llamado labio leporino que Franz mostraba en la boca y que desagradaba a Ema, ella lo rechazó muy fríamente, cosa de la que sin embargo Emil nada supo. Y ahora los dos amigos estaban sentados uno frente al otro, sin franqueza y desengañados, y al separarse por la noche estaban de acuerdo en una sola cosa: ninguno de los dos creía necesaria ya una pronta repetición del encuentro...

En el comercio de los hermanos Dreiss, Emil supo entretanto hacerse útil y conquistar tanta confianza, que en otoño, después de la promoción del aprendiz más antiguo y la entrada de uno nuevo, los principales entregaron al joven la famosa "caja". Se le asignó un pupitre y se le dio al mismo tiempo un registro y la caja, una delgada canastilla de tela metálica verde, en la que arriba estaban las hojas con los sellos postales y abajo, bien ordenado, el dinero contante.

El jovencito, alcanzada la meta de largos deseos y planes, administró a conciencia en un primer tiempo el par de táleros de su caja. Familiarizado desde meses atrás con la idea de beber en esa fuente, no tomó sin embargo un solo céntimo para sí. Esta honestidad tenía sus raíces en parte solamente en el miedo y en la prudente suposición de que en las primeras semanas se vigilaría con especial cuidado su conducta. Además, este sentimiento de seriedad solemne y de interior satisfacción le hizo bien y lo alejó del mal. En posesión de su propio pupitre en la oficina y como administrador de dinero en efectivo, Emil se vio elevado a la categoría de los adultos y respetados; gozó de su situación devotamente y miró con verdadera compasión al más joven de los aprendices apenas incorporado, midiéndolo de arriba abajo. Este estado de ánimo, hecho de blandura y bondad, lo envolvió en su red. Sólo que como un sentimiento puede —y pudo— mantener alejado del mal a un muchacho débil, bastó también para recordarle sus desgraciados propósitos y llevarlo a ponerlos en ejecución.

Como todos los pecados de la juventud empleada en el comercio, la suya comenzó un día lunes. Este día, en el cual vuelve a caer por toda una semana la niebla del servicio, la necesaria obediencia y el trabajo, después de la breve libertad del domingo y alguna diversión, es aun para los jóvenes más diligentes y correctos, toda una prueba, tanto más que también los superiores han gastado de antemano el domingo, dedicado al placer, todo el buen humor de los seis días restantes.

Fue un domingo a comienzos de noviembre. Los dos aprendices de más edad, junto con el voluntario, habían asistido el día antes a la representación de una compañía teatral trashumante y tenían mucho que hablar entre sí, secretamente unidos por la rara vivencia común. El voluntario, joven de mundo, de la capital, desde su pupitre imitaba las muecas y los ademanes de un cómico y fue despertando cada vez más el recuerdo de la diversión del día anterior. Emil, que había pasado ese día lluvioso encerrado en casa, escuchaba con envidia y no sin irritación. El jefe más joven ya había rezongado con él temprano esa mañana, con un humor de lunes, de todos los diablos, y Kolb, solo y excluido, estaba delante de su escritorio mientras los demás pensaban en el teatro y sin duda, se compadecían de él.

En ese momento resonó afuera en la plaza del mercado un toque alternado de trompeta que se repitió dos veces. La señal, familiar desde hacía varios días en la ciudad, anunciaba al pregonero de la familia de cómicos, que apareció en seguida en la plaza, subió a la escalinata delante de la alcaldía y con voz arrolladora anunció:

"¡Señoras! ¡Señores! Esta noche se realizará indefectiblemente la última representación de la Compañía Elvira. Se pondrá en escena la famosa pieza "El conde de Felsheim o Maldición paterna y fratricidio. Se invita a los viejos y a los jóvenes a esta última función de gala, irrevocablemente la última de nuestra temporada. ¡Trara tatá! ¡Trara tatá! Al final se efectuará el sorteo de valiosos objetos. Cada espectador que posea una entrada de primera y segunda clase recibe absolutamente gratis un billete del sorteo. ¡Trara tatá! ¡Trara tatá! ¡Última función de la celebrada Compañía! ¡Última función a pedido de numerosos amigos del arte! La boletería se abre esta noche a las siete y media".

Este tentador anuncio, en la tristeza de esa mañana de lunes desapacible, hirió al aprendiz en el corazón. Los ademanes y los visajes del voluntario, las tosecillas de los colegas y pintorescas y confusas ideas de brillo y gozo, fueron confluyendo en un ardiente deseo de ver todo eso por fin, una vez siquiera, y el deseo se convirtió en seguida en propósito, porque los medios estaban al alcance de su mano.

Ese día, por primera vez, Emil Kolb anotó cifras falsas en su limpio registro de caja y tomó algunos níqueles de la suma confiada a su administración. Pero aunque esto era algo peor que aquel hurto de un sello de correo meses antes, esta vez su corazón quedó perfectamente tranquilo. Se había habituado desde hacía mucho a esta idea, no temía ser descubierto y hasta sintió la sensación de un pequeño triunfo cuando esa noche se despidió del principal. Se marchaba con el dinero del hombre en el bolsillo y lo volvería a hacer a menudo y el tonto no notaría nada...

La función teatral le proporcionó verdadera felicidad. En las grandes ciudades —había oído decir— había teatros aún más grandes y resplandecientes y gente que los frecuentaba todas las noches, siempre en los mejores asientos. A eso quería llegar él también algún día.

Desde entonces, la famosa "caja chica" de la Casa Dreiss tuvo un agujerito invisible, por el cual corría constantemente un hilo delgado de dinero, que brindaba al aprendiz Kolb días agradables. La Compañía de cómicos se fue naturalmente a otros lugares y no llegó pronto otra parecida. Mas entretanto, hubo la consagración de una iglesia en

Hängstett, después una feria en Brühel, y además del dinero para el pasaje y la cerveza o el pastel, hacía falta a menudo también un cuello nuevo para la camisa o alguna corbata.

Poco a poco, el pobre muchacho se convirtió en un hombre mal acostumbrado que estudia dónde se divertirá el domingo siguiente... Aprendió pronto que el placer es algo distinto que lo que se refiere a las cosas necesarias y realizó cosas que antes hubiera considerado pecados y tonterías. Delante de un vaso de cerveza, escribió postales a los jóvenes señoritos de Lächstetten, y mientras antes devoraba pan seco, ahora pedía una salchicha o queso también; supo exigir en las hosterías —como un gran señor— mostaza o cerillas y logró fumar lanzando el humo por la nariz.

Ciertamente, al disfrutar de ese bienestar tuvo que emplear mucha prudencia y no siempre pudo mostrarse en público como hubiese deseado. En un par de ocasiones —las primeras— sintió pavor al acercarse el final del mes y la comprobación de su caja. Pero todo le salió siempre a pedir de boca y nunca se vio en la necesidad de cubrir el desfalco iniciado. De esta manera, Kolb, como todos los ladronzuelos de profesión, a pesar de la mayor precaución, se tornó ciego en su seguridad.

Y un día en que anotó el franqueo de siete cartas en lugar de cuatro y su amo le advirtió la falsa anotación, él sostuvo firme y audazmente que habían sido siete las cartas. Dado que el señor Dreiss pareció aceptar la afirmación, Emil acudió tranquilo a sus tareas. Mas por la noche, sin que el pillete lo supiera, el amo tomó el registro y lo fue estudiando cuidadosamente. Porque no sólo le había llamado la atención el mayor gasto de correo de los últimos tiempos, sino que ese día un tabernero de los arrabales le había contado que el joven Kolb frecuentaba los domingos, desde poco tiempo atrás su taberna y parecía gastar en cerveza más de lo que el padre podía darle para ello. Y el principal no tuvo que esforzarse mucho para comprobar la falta y conocer la causa de muchos cambios en el modo de ser y de obrar de su joven cajero.

Como el mayor de los hermanos Dreiss estaba justamente de viaje, el más joven dejó que la cosa siguiera su curso, limitándose tranquilamente a comprobar y anotar todos los días las pequeñas substracciones. Vio que no era infundada su sospecha sobre el joven y se asombró irritado por la habilidad con que el muchacho le había engañado y robado durante un largo período.

Volvió el hermano y a la mañana siguiente los señores Dreiss llamaron al pecador a su oficina privada. Y allí fracasó completamente la tranquilidad de conciencia o el endurecimiento logrado por Kolb; apenas vio las caras serias de sus amos y el registro de la caja en las manos de uno de ellos, se tornó pálido como un cadáver y perdió el aliento.

Comenzaron aquí días amargos para Emil. Como si una bonita plaza se tornara transparente y se vieran debajo del suelo correr las cloacas y las aguas turbias, pobladas de gusanos malolientes, así quedó horriblemente descubierto el fondo impuro de esta vida joven, en apariencia inocente, ante los ojos de sus amos. Había ocurrido lo peor, lo que siempre temió, y era más grave de lo que había podido imaginar. Todo lo limpio y honesto que hubo en su vida, se hundía y se perdía y de nada valían su diligencia y su obediencia; de una existencia laboriosa de dos años, sólo quedaba la vergüenza de su falta.

Emil Kolb, que hasta entonces fuera simplemente un pillete, un modesto ladronzuelo, se convirtió ahora en lo que los diarios llaman una víctima de la sociedad.

Porque los hermanos Dreiss no consideraban a sus muchos aprendices como jóvenes con flamantes destinos en perspectivas, sino solamente como trabajadores, cuyo mantenimiento costaba poco y que todavía debían sentirse agradecidos por esos años de un servicio nada fácil. No podían pensar que en este caso una vida joven y desamparada se encontraba en la encrucijada en que se hunde en la tiniebla, si un hombre bueno no se dispone a intervenir generosamente. Por el contrario, la ayuda a un joven ladronzuelo les hubiera parecido un pecado y una estupidez. Habían depositado confianza en un muchacho de familia pobre, le habían abierto su casa, y este hombre los había engañado, abusando de su buena fe; esto era evidente. Los señores Dreiss fueron muy nobles y convinieron en no entregar a la policía a ese pobre tipo. Prefirieron despedirlo, separarlo como un desecho, y le encargaron que viera a su padre y le confesara por sí mismo por qué no se le podía emplear más en una casa de comercio respetable y decente.

Los hermanos Dreiss eran hombres dignos y honrados y, llenos, a su manera, de buenas intenciones; estaban acostumbrados a ver en todo lo que ocurría "simples casos" en los que había que aplicar, según la ocasión, las reglas de un código burgués. Por eso, tampoco era para ellos Emil Kolb un hombre en peligro, en condiciones de hundirse, sino un caso lamentable que liquidaron de acuerdo con sus normas, sin dureza alguna.

Hasta tenían conciencia de las medidas necesarias y al día siguiente fueron a casa del padre de Emil, para hablar con él, contarle el asunto y tal vez ayudarlo con un buen consejo. Pero el padre de Kolb no sabía nada todavía de la desgracia. Su hijo no había vuelto a casa desde el día anterior, se había escapado, pasando la noche fuera, al aire libre. En el momento en que los principales lo buscaron en la casa paterna, él se encontraba aterido y hambriento, valle arriba, en la margen del bosque y en un impulso de su propia conservación contra la tentación de un suicidio, se había tornado tan duro y enconado como tal vez no hubiera podido serlo jamás ese débil muchacho.

Su primer pensamiento fue solamente el de huir, de esconderse y cerrar los ojos, porque sentía la infamia sobre sí como una sombra venenosa. Luego, reflexionando que debía volver a recomenzar de cualquier manera su vida, su deseo de vivir se endureció en terquedad, y él se propuso incendiar la casa de los hermanos Dreiss. Pero entretanto también el deseo de venganza se fue desvaneciendo. Emil comprendió que se le había tornado muy difícil —por su culpa— el camino ulterior a la felicidad, a cualquier felicidad, y en sus reflexiones llegó a la conclusión de que ya le estaba cerrado todo sendero claro y decente y ahora realmente y con redobladas fuerzas debía emprender el camino del mal, para tener razón a su manera y vencer el destino.

El pequeño fugitivo horrorizado volvió al hogar, después de una noche de intenso frío, como un joven maleante, preparado para la infamia y el mal trato, decidido a combatir contra las leyes de este mundo enemigo.

En ese momento hubiera sido deber de su padre someterlo a un severo tratamiento, sin quebrar del todo la voluntad debilitada, sino levantándolo otra vez lentamente y encaminándolo al bien. Pero esto era mucho más de lo que pudiera hacer el zapatero Kolb. Como su hijo, tampoco este hombre podía reconocer la ley de las relaciones entre causa y efecto, o sentirla siquiera.

En lugar de considerar la desviación de su vástago como una consecuencia de la mala educación y comenzar el intento de una corrección de sí mismo y del hijo, el señor Kolb procedió como si de su parte todo estuviera en orden y tuviera motivos para esperar del hijo solamente cosas buenas. Ciertamente, Kolb padre, nunca había robado, pero en su casa tampoco había existido el espíritu que es la única cosa que puede despertar la conciencia en el alma de los hijos y vencer la determinación o la desgracia de la degeneración.

El hombre molesto e irritado recibió al pecador que volvía como un guardián del infierno que aúlla y maldice; se ufanó sin razón del buen nombre de su apellido, hasta se ufanó de su honrada pobreza, que generalmente maldecía a menudo, y deseó al hijo demasiado joven todavía toda la miseria, las privaciones y las desilusiones de su vida, porque había infamado su nombre y su hogar, arrastrándolos por el lodo. Todas estas manifestaciones no le salían del corazón asustado y completamente perplejo; el viejo Kolb seguía con eso una norma y liquidaba "un caso" en la misma forma, aunque más triste, como lo habían hecho los Dreiss.

Emil mantuvo la cabeza gacha y se calló, se sintió miserable pero rebelde al anciano que tronaba imponente. Todo lo que el padre gritaba acerca de la pobreza honesta, del nombre manchado y de la cárcel, le parecían palabras inútiles; sí hubiese sabido de algún otro refugio cualquiera, de una casa, se hubiera marchado sin una sola palabra. Estaba en la grave situación de un desdichado para quien todo es igual, porque acaba de sentir el sabor del agua amarga de la desesperación y del horror. En cambio, comprendía perfectamente a su madre que estaba sentada detrás, ante la mesa, y lloraba callada; pero no sabía cómo llegar a ella, a quien había herido lo más duramente y de quien esperaba todavía compasión, sobre todo.

La familia Kolb no estaba en condiciones de tener sin ocupación a un hijo casi adulto.

Apenas se recobró del primer susto, Kolb lo intentó todo para facilitar un porvenir al perdulario, a pesar de su traspié. Pero un aprendiz echado por los hermanos Dreiss no encontraba ya piso firme en Gerbersau. Ni siquiera el ebanista Kiderle, que sin embargo pedía un aprendiz en el diario, un aprendiz tan sólo por la simple comida, pudo resolverse a tomar a Emil.

Finalmente, después que pasó inútilmente una semana, el padre le dijo:

—Bueno, puesto que no hay remedio, tendrás que emplearte en la fábrica.

El anciano esperaba una resistencia, pero Emil contestó:

—Está bien. Pero no les daré el gusto a mis conciudadanos de verme ir a la fábrica.

Entonces, el señor Kolb se puso en viaje para Lächstetten, acompañado por su hijo. Allí habló con el industrial Erler, que fabricaba tapones de abeto para barricas, pero éste no le prestó atención y declinó los servicios del muchacho. Finalmente, el anciano llegó a la calcetería mecánica, donde para su sorpresa encontró que el capataz era un viejo conocido, que después de pocas palabras consintió en tomar a prueba al jovencito.

El viejo Kolb se alegró cuando, el lunes siguiente, su hijo abandonó el hogar para comenzar su existencia de obrero de fábrica en Lächstetten. También el hijo se sintió feliz de alejarse de la mirada paterna. Se despidió, como si se tratara de una ausencia de pocos días; pero tenía en su mente ya resuelto no mostrarse más en su casa.

A pesar de todos sus desesperados propósitos, la entrada al taller no le resultó fácil ni sencilla. Aquel que ya está acostumbrado a torcer la nariz delante de la plebe, considera amargo bocado tener que sacarse la chaqueta buena y figurar entre los despreciados.

Emil había confiado en que hallaría consuelo frecuentando al amigo Franz Rempis. No se atrevió a buscarlo en casa del principal, pero lo encontró en la calle a la noche siguiente. Se acercó con alegría y lo llamó por su nombre.

—¡Salud, Franz! Me alegro mucho. Imagina, yo también estoy aquí en Lächstetten.

Pero el amigo no puso cara de satisfacción.

—Ya lo sé —contestó muy fríamente—. Me han escrito.

Juntos, descendieron por la calle en pendiente. Emil trató de mostrar un tono de despreocupación, pero el desdén que le demostraba el amigo lo aplastó. Trató de contar algo, de preguntar, combinar una cita para el domingo; pero a todo Franz Rempis contestaba prudentemente, con voz helada. Ahora tenía muy poco tiempo y justamente esa noche le aguardaba un camarada para un negocio importante; de pronto se marchó, y Emil tuvo que retirarse esa noche a su mísero dormitorio, irritado y triste. Se propuso reprochar muy pronto a Franz en una violenta carta su infidelidad y encontró el único consuelo en esta resolución.

Pero también en esto, Franz le ganó de mano. Ya al día siguiente, el joven obrero —al regresar por la noche a su casa— recibió una misiva que abrió preocupado y leyó asustado:

Estimado Emil:

Con referencia a nuestra charla de ayer, quisiera encarecerle que renuncies en el futuro a nuestras relaciones, hasta ahora muy gratas. Sin llegar a mayores explicaciones, sería sin embargo conveniente que cada uno de nosotros busque sus relaciones en el círculo de sus iguales. Por lo mismo, me permito proponer que en adelante nos tratemos de preferencia con un correcto usted.

Saludándote respetuosamente, soy tu antiguo:

Franz Rempis

En el camino del joven Kolb, que desde allí fue llevándolo constantemente más abajo, ésa fue la última mirada al pasado, la última reflexión acerca de si no podría ser diferente y no sería posible todavía un cambio, una vuelta en redondo. Pocos días después, todo eso quedaba borrado, y el joven se lanzó ciegamente al estrecho callejón sin salida de su destino.

El trabajo en la fábrica no era tan malo como se lo había imaginado. Al comienzo, tenía que realizar solamente tareas de peón, abrir cajones, clavarlos, llevar canastas de algodón a los talleres, hacer encargos en el depósito y en el taller de reparaciones. Mas no pasó mucho tiempo y se le encargó a prueba el cuidado de una máquina, y como se mostró activo y hábil, tuvo muy pronto su propia colocación y trabajó a destajo, de manera que dependió exclusivamente de su diligencia y voluntad la suma de dinero que podía ganar en la semana. Esta situación agradó al joven, que así gozó de su libertad con rabiosa alegría, dedicándose a las francachelas los sábados y los domingos, con los peores camaradas de la misma fábrica. No había allí ningún principal que le vigilara de cerca ni el reglamento de una antigua y seria casa comercial, ni padres y ni siquiera la conciencia de clase, que pudiera hacerle insinuaciones molestas. Ganar dinero y gastarlo era todo el sentido que podía tener la vida, y el placer, con la cerveza, el baile y los cigarros, consistía sobre todo en la sensación de atrevida independencia con la que los domingos podía reírse a la cara de los comerciantes, solemnemente vestidos de negro, y de los otros "filisteos", sin que hubiera nadie que pudiera prohibírselo.

Emil Kolb se vengaba ahora de las clases más altas porque había fracasado en llegar hasta ellas desde su modesta casa paterna. Comenzó, como era justo, desde arriba haciendo sentir su desprecio por el buen Dios, dejando de frecuentar los sermones y el catecismo y soplando audazmente el humo de su cigarro al párroco que había estado acostumbrado a saludar cuando lo encontraba en la calle. También le agradaba, por la noche, pararse delante del escaparate iluminado, donde el aprendiz Rempis pasaba trabajando amargas horas de la noche, o entrar él mismo en la tienda y con dinero contante en el bolsillo del pantalón, pedir una buena salchicha.

Pero lo mejor eran sin duda las muchachas. En los primeros días Emil se mantuvo alejado de las mujeres, hasta que una vez, durante el descanso del mediodía, vio avanzar desde el taller de las clasificadoras una joven figura de mujer, que reconoció en seguida. Corrió hacia ella y la llamó.

—¡Señorita Ema! ¿No me conoce ya?

Sólo en ese instante, recordó en qué distintas circunstancias conociera el año anterior a la muchacha y cómo su situación actual no correspondía a aquélla que él había estado contando exageradamente.

Ella también pareció acordarse de aquellos entretenimientos, porque lo saludó bastante fríamente y dijo:

—¿Cómo? ¿Es usted? Pero, ¿qué hace aquí?

Pero Kolb ganó la partida, porque contestó con viva galantería:

—Se comprende fácilmente: estoy aquí por usted.

La señorita Ema, desde aquella excursión dominguera con la asociación de jóvenes miembros de la clase comercial, había perdido un poco de vivacidad, en cambio ganado mucho en experiencia de la vida y en audacia. Después de un breve período de prueba, ella se posesionó del joven cortejante, que ahora se paseaba los domingos del brazo de la hermosa, orgullosa y prepotente, y exhibía su joven humanidad en los sitios de baile y excursión.

Tener bastante dinero y poder salir a su antojo, sin molesta vigilancia, era para Kolb un placer largamente deseado, del que ahora gozaba con prodigalidad. A pesar de eso y aun, a pesar de su primavera de amor, no se sentía completamente satisfecho. Le faltaba el goce de la posesión incorrecta y la espuela del remordimiento. En su existencia actual, casi no había oportunidad para robar. El hombre siente atrozmente la falta de un vicio y pocos vicios son tan agudos como el del robo. Además, el joven alimentaba el odio contra los ricos y los respetados, de cuyo seno había sido echado y, con el odio, experimentaba el deseo de estafar y perjudicar a esa gente en lo posible. La sensación de salir de la fábrica el sábado por la tarde con algunos táleros bien ganados en la cartera, era muy agradable. Pero había sido mucho más sabrosa la sensación de disponer ocultamente de dinero ajeno y poder engañar a su gusto a un superior tonto.

Por eso, Emil Kolb, en plena dicha, estaba meditando cada vez con mayor codicia en nuevas posibilidades de logros deshonestos. En los últimos tiempos le ocurrió a veces quedarse sin dinero, aunque ganaba más de lo que necesitaba. En sus planes de ladrón volvió a encontrar la energía de una reflexión lógica y adecuada, que apenas empleaba a veces para fines honestos. Pacientemente, buscó la ocasión y el lugar de una empresa mayor y, como estaba escarmentado por la experiencia hecha en su ciudad, le pareció conveniente dejar a un lado el taller donde trabajaba y buscar algo más alejado. Llamó su atención, pues, la tienda donde Rempis estaba empleado como aprendiz, el comercio más grande de la pequeña ciudad.

La casa de Juan Löhle en Lächstetten correspondía en cierta manera a la de los hermanos Dreiss en Gerbersau. Además de ultramarinos y utensilios rurales, vendía todos los artículos de uso diario, desde papel de carta y lacre hasta telas para trajes y estufas de hierro fundido; anexo a la tienda había un pequeño Banco. Emil Kolb conocía exactamente la tienda, a menudo había estado en ella y se enteró bien del lugar de determinados cajones y estantes y el sitio y el tipo de la caja. Acerca de las demás dependencias de la casa sabía algo por anteriores confidencias del amigo, y lo que le pareció interesante conocer, fue preguntándolo en ulteriores visitas a la tienda. Cuando por la noche llegaba al local alrededor de las siete, decía al peón o al aprendiz más joven:

—Ya cae la noche y es sábado —y agregaba luego—: Aunque pueden llegar las ocho y media. —Y preguntaba todavía—: ¿Pero tú puedes largarte en seguida?, por lo menos, supongo que no tendrás tú que cerrar la tienda.

Y de esta manera se informaba que el procurador o el hijo del principal eran los últimos en abandonar el comercio, y de acuerdo con este dato fue componiendo su plan.

Entretanto pasaba el tiempo. Ya había, transcurrido un año desde su llegada a la fábrica. Este largo período no había pasado tampoco sin rastros para la señorita Ema. Comenzaba ella a tener un aspecto envejecido y sin frescura; pero lo que más asustaba a su enamorado era el estado de ella, imposible de ocultar: esperaba un niño. Esto le envenenó el aire de Lächstetten, y cuanto más se acercaba el momento del parto, tanto más se afirmó en Kolb el proyecto de abandonar la localidad antes del acontecimiento. Por eso se informó cuidadosamente acerca de oportunidades de trabajo en otros lugares y pudo establecer que tendría excelente perspectiva si se dirigía a Suiza.

Por esta razón pensó en no renunciar al plan de aligerar la caja del comercio de Juan Löhle. Le pareció conveniente y astuto vincular su partida de la ciudad con ese intento. Por eso pasó por última vez revista a sus medios y ocasiones, cerró la cuenta satisfecho y sintió que le faltaba solamente un poco más de valor para la ejecución de su empresa. El valor, sin embargo, le vino durante una muy desagradable entrevista con Ema, de manera que rabioso, entró sin más en el camino de su suerte y le anunció a su jefe que la semana siguiente se retiraría del trabajo. Le aconsejaron inútilmente que se quedara, y como era imposible disuadirlo de emigrar, el jefe le prometió un buen certificado y una recomendación para varias fábricas suizas.

Fijó, pues, el día de su partida y la noche antes se resolvió a ejecutar su golpe en la casa de Juan Löhle. Se le había ocurrido dejarse encerrar en la casa por la noche. Vagando delante de la tienda al anochecer, con el certificado y el pasaporte en el bolsillo, buscó la forma de entrar y encontró un instante en que nadie parecía estar cerca, para penetrar por el gran portón abierto de par en par. Del patio se deslizó tranquilamente al depósito, que estaba en directa comunicación con la tienda, y se quedó escondido entre barriles y grandes cajones, hasta que cayó del todo la noche y la vida se apagó en el local. Alrededor de las ocho, todo estaba completamente oscuro; una hora después, el joven señor Löhle se marchó, cerró tras de sí la puerta y desapareció en dirección al piso superior donde residía.

El ladrón, oculto en el oscuro depósito, esperó dos horas enteras antes de encontrar el valor de dar un paso. Luego todo se envolvió en el silencio, aun afuera en la calle y en la plaza del mercado; nada se oía, y Emil salió prudentemente de su agujero en la oscuridad. El silencio del amplio y desierto local le apretó el corazón, y cuando empujó el cerrojo en la puerta de la tienda, tuvo de pronto conciencia de que el robo es un delito grave que se castiga severamente. Pero ahora, ya dentro del local, la abundancia de cosas bellas y buenas atraía su atención. Se sintió satisfecho, mirando los cajones y las estanterías llenas de mercaderías. En un armario de cristal había cientos de sabrosos cigarros, separados por clases; gruesos panes de azúcar, sartas de higos y largas salchichas ahumadas lo contemplaban alegres y él no pudo resistir por lo menos a meterse un puñado de los mejores cigarros en el bolsillo de la chaqueta.

A la débil luz de su diminuta linterna buscó luego la caja, un simple cajón de madera en el mostrador, que sin embargo estaba cerrado. Por precaución, para que nada lo traicionase, no había traído consigo ninguna clase de herramientas y allí mismo buscó un formón, una tenaza y un destornillador. Con estos instrumentos aflojó la cerradura y en seguida quedó abierta la caja. Echó en ella una mirada codiciosa, alumbrado escasamente por su linterna, y vio en las pequeñas divisiones muy bien ordenadas las monedas brillantes, cobres y céntimos bien separados. Comenzó por sacar las piezas de mayor valor, que eran muy pocas en realidad; para su rabioso desengaño calculó en seguida que todo el contenido llegaría a lo sumo a los veinte marcos. No había contado con suma tan escasa y se sintió defraudado y miserable. Su ira fue tanta que casi hubiese incendiado la casa. Estaba ahora allí, lo había preparado todo antes, por primera vez en su vida cometía un robo con fractura, se había jugado la libertad y corrido un gran peligro, para lograr apenas un par de míseras piezas de plata... Dejó con desprecio el montón de cobres, puso el resto en su cartera y pasó revista para ver lo que valía la pena llevarse.

Había muchas cosas deseables, pero todas grandes y pesadas, que sin ayuda no era posible cargar. Volvió a sentirse defraudado y estaba casi por llorar de desilusión y pesadumbre, cuando sin pensar más en nada tomó algunos cigarros y de un gran surtido de postales amontonado sobre el mostrador sacó algunos paquetitos que guardó, abandonando en seguida la tienda. Angustiosamente, en la tiniebla, buscó el camino del depósito al patio y no se asustó poco cuando el pesado portón pareció no ceder en seguida a sus esfuerzos. Desesperado trabajó en el grueso pestillo encajado en la abertura de una piedra y respiró profundamente cuando éste se aflojó y la puerta pudo abrirse lentamente. La cerró tras de sí y se marchó por las desiertas calles nocturnas hasta su dormitorio, con una curiosa y fría sensación de desengaño y temor. Se tendió sin dormir hasta que amaneció. Se puso en pie de un salto entonces, se lavó los ojos para aclarárselos, y con su atrevida cara de siempre fue a ver al dueño de casa, para saludarlo. Le ofrecieron un café e hicieron augurios de buen viaje, y Kolb se puso su atado de ropas a la espalda colgado de un bastón, y marchó a la estación. Cuando en la pequeña ciudad comenzaba a despertar el día y el peón de la Casa Löhle encontró saqueada la caja al abrir la tienda, Emil Kolb estaba ya lejos, viajando algunas millas a través de una hermosa región cubierta de bosques, que contempló desde la ventanilla del tren con verdadera curiosidad, porque aquel era el primer viaje de su vida.

El descubrimiento del delito provocó enorme agitación en la casa de Juan Löhle, y aun después que se estableció el monto de lo robado y se reconoció como de poca importancia, la maligna excitación siguió difundiéndose como un murmullo y se divulgó por toda la ciudad. Aparecieron la policía y la guardia civil, realizaron la habitual serie de medidas que podríamos llamar simbólicas, y fueron echando a la multitud que se apiñaba delante del comercio.

Se hizo presente también el juez de instrucción para estudiar el caso sobre el terreno, pero él tampoco pudo hallar o sospechar del culpable. Se sometieron a interrogatorio al peón y al empaquetador y a todo el grupo de los aprendices asustados, y sin embargo, secretamente halagados por ese asunto insólito. Fueron oídos todos los compradores que honraron la tienda con sus adquisiciones el día anterior, pero todo fue inútil. Nadie pensó en Emil Kolb.

Entretanto, sin embargo, Kolb estuvo pensando constantemente en la Casa Löhle. Leyó con verdadero miedo primero, con satisfacción después, los diarios de la ciudad, muchos de los cuales se ocupaban del caso y como vio que sobre él no había caído la menor sospecha, se sintió halagado por su astucia y, a pesar del escaso botín, estuvo satisfecho de su primer robo.

Estaba todavía viajando y se detuvo precisamente en la región del lago de Constanza, porque no tenía prisa y quería ver algo a lo largo de su camino. Su primera recomendación era para Winterthur, donde pensaba llegar solamente cuando el dinero comenzara a escasearle.

Cómodo y tranquilo, se sentó en una hostería delante de un plato de salchichas, cuyas tajadas fue untando cuidadosa y abundantemente de mostaza, y para suavizar lo picante, tomó buena cerveza fresca. Así se sintió bien y casi alegre y nostálgico por los recuerdos, y pudo pensar sin rencor en Ema. Le parecía ahora que ella lo había querido. Y cuanto más pensaba en eso, más le daba lástima la muchacha; cuando pidió y aguardó el tercero o cuarto vaso de cerveza, resolvió enviarle un saludo.

Complacido, por su idea, puso la mano en el bolsillo donde le quedaba un resto de la provisión de cigarros de la Casa Löhle y extrajo un paquetito de postales con vistas de Lächstetten. La camarera le prestó un lápiz y mientras lo mojaba en la punta de la lengua, contempló por primera vez con atención la figura reproducida en la postal. Representaba el puente inferior de Lächstetten y estaba impresa de acuerdo con un sistema novísimo en brillantes colores, como no se hallan seguramente en la pobre realidad. Escribió claramente las señas de Ema y se le rompió la punta del lápiz. Pero no perdió por eso el buen humor, afiló de nuevo la punta, y debajo de la ilustración, tan bien coloreada, escribió:

"Te recuerdo en el extranjero y soy —con los mejores saludos—tu fiel E. K.".

Ema vio efectivamente la delicada postal, pero no sin cierto retraso, y no la recibió de manos del cartero, sino que le fue mostrada por el juez de instrucción, que asustó bastante a la muchacha, citándola de repente en el juzgado.

Aquellas postales, en efecto, habían llegado pocos días antes del robo a la Casa Löhle, y de todo el surtido se vendieron solamente tres o cuatro piezas, cuyos compradores fueron individualizados fácilmente. Se había forjado, pues, la esperanza de dar con el ladrón por las postales robadas, y los empleados del correo, aleccionados al respecto, reconocieron en seguida la que llegaba del lago de Constanza y la retuvieron.

Con esto llega a su fin la historia de Emil Kolb. Su entrega en Lächstetten asemejó a una fiesta popular: el triunfo de la población sobre el ladrón de dieciocho años que llegaba esposado ostentó todos aquellos rasgos que tornan digno de compasión al delincuente y despreciable la gente, para el lector de tales noticias. El proceso no duró mucho. Ahora bien, ya sea que vuelva a nuestro mundo para una libre residencia durante mucho tiempo cuando salga de la cárcel en que fue alojado, o que pase el resto de su existencia, con breves intervalos, en esos establecimientos penales, su historia —de todas maneras— muy poco podrá decirnos o enseñarnos...

El reformador del mundo

Berthold Reichardt tenía veinticuatro años. Al fallecer temprano sus padres, experimentó solamente la influencia de uno de sus maestros, noble educador con ribetes de fanático, espíritu libre no carente de religiosidad, quien impuso muy pronto al jovencito el hábito de una concepción aparentemente justa y no exenta de orgullo, que modelaba a su gusto las cosas. Había llegado así para el joven el momento de ensayar sus fuerzas en el conocimiento del mundo, para hallar sin apremio la dicha de vivir que le correspondía y podía alcanzar, y que ciertamente no hubiera debido aguardar mucho tiempo, porque era hábil, buen mozo y estaba en holgada condición económica.

Berthold no había elegido una profesión determinada. De acuerdo con sus inclinaciones, tuvo oportunidad de estudiar filosofía e historia con buenos maestros y mejores libros y efectuar interesantes viajes: su temperamento se inclinaba a las ramas estéticas. Su deseo de ser arquitecto se enfrió por momentos durante los estudios, para volver a encenderse en ascuas; finalmente se limitó a la historia del arte y concluyó sus años de estudiante con una tesis doctoral. Y el flamante doctor llegó a Munich; creía encontrar allí, más que nada, los hombres y la actividad artística a que su naturaleza aspiraba cada vez más intensamente por caminos que le resultaban todavía oscuros. Anhelaba aconsejar y colaborar en el resurgir de nuevos tiempos y nuevas obras y crecer junto con el devenir y progresar de su generación. Al penetrar en el mundo en la edad adulta, Berthold tuvo que prescindir de la ventaja que no le falta siquiera a un dependiente de barbería: la de tener por su profesión y su situación, desde el comienzo mismo, una firme y clara relación con la vida y un lugar adecuado en el conjunto de las actividades humanas.

En Munich, donde ya había estado un año cuando estudiante, el joven doctor fue presentado en varias casas, pero no tenía prisa por cumplidos y visitas, porque quería buscar con la mayor libertad sus relaciones y organizar su vida independientemente de toda obligación contraída antes. Sobre todo le interesaba el mundo artístico, que en esa época fermentaba, colmado precisamente de ideas nuevas, y casi todos los días estaba descubriendo países, leyes y costumbres a que debía declararse la guerra.

Muy pronto tuvo trato con un pequeño círculo de jóvenes artistas de esta clase. Se encontraban para comer, o en el café, o en conferencias públicas, y muy pronto también entre amigos en hogares y estudios de arte, generalmente en el del maestro Hans Konegen, que ejercía una suerte de dirección espiritual en ese grupo de artistas.

Cuando se relacionó más bastamente con esos artistas, halló muchas ocasiones de asombrarse o sorprender, sin perder por eso la buena voluntad de aprender. Ante todo le llamó la atención que los pocos pintores y escultores famosos, cuyos nombres oyera citar siempre en estrecha relación con las nuevas revoluciones artísticas, estaban evidentemente alejados de aquel pensamiento y aquella acción de reforma de la juventud, mucho más de lo que él imaginara, y más aún se sorprendió porque ellos parecían vivir para su obra en cierta soledad, vueltos casi invisibles. Estas celebridades no eran admiradas como modelos por los colegas más jóvenes, sino que se las criticaba con acritud y sin amor alguno y, en Fiarte, hasta se las despreciaba. Parecía como si cada artista que creaba sus obras despreocupadamente, cometiera con ella una traición a la causa de la juventud revolucionaria.

A este desvío correspondía cierto rasgo de juvenil pedantería del carácter de Reichardt, de modo que a pesar de momentáneas perplejidades se adhirió muy pronto a ese modo de pensar. No se le ocurrió ver qué poco y con qué escasa pasión se trabajaba en los estudios de sus amigos. Como él mismo carecía de profesión, le agradaba mucho que también sus amigos pintores tuviesen tiempo casi siempre (y ganas, además) para conversar y teorizar. Especialmente se sintió atraído por Hans Konegen, cuya manía crítica bastante fría le avasallaba tanto como la franca conciencia de sí mismo. A menudo, recorrió con él las frecuentes exposiciones de arte y estuvo convencido de que con eso aprendía mucho, porque casi no había una sola obra artística que Konegen no supiera comentar clara y bellamente o de la que no indicara los defectos. Al comienzo, muchas veces le había dolido cuando el otro caía groseramente y sin reserva alguna sobre una tela o una estatua que a él le gustaba y contemplaba con alegría; con el correr del tiempo, sin embargo, le agradó ese tono, que hasta llegó a imponer al suyo su propio matiz.

Había —por ejemplo— un paisaje de un delicado color verde, un valle con boscosos collados y un vuelo de nubes de los primeros días de verano, pintado con fidelidad y gracia, obra de un pintor joven aún, pero ya favorablemente acogido.

—Esto es lo que compra y aprecia ahora la gente —decía Hans Konegen al respecto— y realmente es bonito; el reflejo de las nubes en el agua puede considerarse realmente logrado... Mas, ¿dónde hay grandeza, empuje, línea, ritmo, en fin?.. Sí, una linda obrilla, limpia y agraciada, ¿y su autor tiene que ser famoso? Por favor: somos un pueblo que ganó la guerra más grande de la historia moderna, que tiene un comercio y una industria de medidas colosales, que se ha enriquecido y tiene conciencia del poder, que ha estado a los pies de Bismarck y Nietzsche... ¡Y éste debería ser nuestro arte!

No decía nada ciertamente acerca de si un hermoso valle boscoso debía ser pintado con empuje monumental o si el sentimiento, por la sencilla belleza de lo natural, era indigno de nuestro pueblo.

El doctor Reichardt no sabía que sus conocidos no representaban en absoluto la flor de la juventud artística, porque procedían como tales en sus conversaciones, en su conducta y en sus abundantes conocimientos teóricos. No sabía que constituían a lo sumo un escaso término medio, tal vez solamente una caprichosa pompa de jabón, un gesto forzado. Tampoco sabía qué poco fundamentales y concienzudos eran los juicios de Konegen, que exigía gran estilo a simples panoramas, suavidad tonal a cartones gigantescos, imponencia a simples hojas de estudio y grandeza natural a cuadros de caballete, de manera que lógicamente sus demandas eran siempre mayores que el arte de todos los capaces. Y no se preguntaba si realmente los trabajos del mismo Konegen eran tan poderosos que le dieran el derecho para tales exigencias y semejantes juicios. Como es costumbre y derecho de la juventud, no distinguía entre los ideales de sus amigos y sus obras.

Su labor se dedicaba casi siempre a cosas realmente sin valor ni ambición, a pequeños objetos y entretenimientos de índole decorativa o industrial. Mas, como las facultades de los grandes pintores se empequeñecían y se desvanecían miserablemente, al medírselas con sus pretensiones y sentencias, así crecían hasta lo enorme sus propias actividades, cuando se los oía hablar de ellas. Éste había hecho el dibujo de un florero o de una taza y sabía demostrar que este trabajo, aun tan poco llamativo, era tal vez más importante que muchos salones llenos de cuadros, porque en su sencilla expresión llevaba el sello de lo necesario y descansaba en un conocimiento de las leyes fundamentales de la estática y de la construcción de cada objeto industrial, y aun del conjunto del universo.

Aquél proveía un trozo de papel para encuadernación con manchas amarillas irregularmente distribuidas y podía filosofar una hora al respecto para demostrar que el modo de disponer aquellas manchas revelaba algo cósmico y podía despertar la sensación de un cielo estrellado o del infinito.

Semejante desorden estaba en el aire, y la juventud lo aceptaba como una moda; algún artista inteligente, pero débil, podía también creer seriamente que era posible reemplazar la falta de gusto natural con razones parecidas o, por lo menos, disculparla. Pero Reichardt, con su sólido criterio, tomó todo eso en serio por un tiempo y con ello aprendió de raíz el arte holgazán de una especie de ocupación pretendidamente intelectualista, que es el peor enemigo de todo trabajo de valor.

Pero por encima de estas actividades, Berthold no pudo olvidar a la larga todas las obligaciones sociales, y así se recordó ante todo de una casa que frecuentó como estudiante, porque el dueño, en otra época, había estado en estrecha relación con su padre. Era el consejero de justicia Weinland, quien, como apasionado amigo del arte y de la sociabilidad, había llevado un brillante tren de vida. Reichardt quiso hacerle una visita, cuando hacía ya un mes que vivía en la ciudad, y cuidadosamente trajeado se presentó en el palacio, donde el consejero ocupara en un tiempo el primer piso. Con verdadera sorpresa, encontró otro nombre en la tarjeta de la entrada y cuando preguntó a un sirviente que salía del piso, supo que el señor consejero había muerto hacía ya más de un año.

La residencia de la viuda, que Berthold anotó, estaba muy alejada, en una calle desconocida de los suburbios de la ciudad, y antes de ir hasta allí, trató de obtener informaciones acerca de la suerte y el estado de la familia Weinland, por intermedio de amigos del café, que había encontrado y conocía desde sus tiempos de estudiante. No le fue difícil, porque el difunto consejero había sido persona de muchas relaciones; de esta manera supo Berthold toda una historia: Weinland había vivido una existencia superior a sus condiciones y caído tan hondo en deudas y desgraciados negocios, que nadie pudo creer que su muerte imprevista había sido natural. De todas maneras, en seguida de este fallecimiento, nunca aclarado, la familia tuvo que venderlo todo y, aunque seguía viviendo en la ciudad, había sido olvidada. Lástima grande por la hija, que hubiese merecido mejor suerte.

El joven, sorprendido por estas noticias y realmente conmovido, se asombró por la existencia de esa hija que nunca había visto y un poco por curiosidad acerca de ella, resolvió días más tarde visitar a los Weinland. Tomó un coche de alquiler y fue, a través de un suburbio nada distinguido, hasta el límite de la campiña. El coche se detuvo delante de una casa aislada, de varios pisos, que a pesar de su aspecto moderno, despedía en pasillos y escaleras el típico olor de la pobreza.

Un poco cohibido, entró en la pequeña habitación del segundo piso, cuya puerta le abrió una cocinera. En seguida reconoció en el modesto cuarto a la señora del consejero, cuya severa y magra figura le pareció casi inalterada y sólo un poco más reservada y fría. Pero a su lado apareció la hija, y entonces supo exactamente que nunca la había visto, de otra manera no la hubiese olvidado. Tenía la estatura de la madre y el aspecto de la joven esposa de un militar o de una dama deportiva, por su rostro lleno de salud, su porte elástico y tieso y su traje impecable. Cuando la observó más detenidamente, comprobó que en la cara fresca y vigorosa había unos ojos oscuros y que en estos ojos tranquilos — como en muchos movimientos de la imponente figura— residía el verdadero temperamento de la hermosa mujer, temperamento que el resto de su aspecto hacía suponer más duro y frío de lo que era en verdad.

Reichardt, se quedó una media hora con las mujeres. La señorita Inés, como lo supo en seguida, había estado en el extranjero en la época de sus anteriores visitas en la casa materna. Pero todos evitaron hablar más detenidamente del pasado, y de este modo ocurrió lógicamente que se habló de la persona y la vida del visitante. Ambas mujeres se mostraron un poco sorprendidas de verlo tan indeciso y hasta inseguro a las puertas de la existencia, e Inés llegó a opinar que si sentía alguna inclinación por la arquitectura, ésta era una profesión magnífica, tanto, que no se explicaba su vacilación. Al despedirse, fue invitado a visitarlas cuando lo quisiera.

La posición y modestia de la casa reveló a Berthold las nuevas condiciones de la familia, pero las mujeres no aludieron a eso ni indirectamente, y no demostraron tampoco en su modo de ser la menor noción de pobreza o de opresión y mantuvieron en cambio el tono que les fuera habitual en su condición anterior. Reichardt llevó consigo por la ciudad anochecida un vivo interés y una real admiración por la bella y valiente muchacha, y se sintió rodeado de una bienhechora y atrayente atmósfera hasta el instante de dormirse: era la atmósfera de unas cálidas y profundas miradas oscuras.

Este suave encanto incitó al doctor a nuevas ideas de trabajo, a nuevos planes de vida. Tuvo al respecto una larga conversación con el pintor Konegen, a cuyo término se produjo cierto enfriamiento en la amistad. Hans Konegen formuló en seguida —al oír a Berthold quejarse— todo un plan de trabajo; caminó a un lado y a otro por el estudio con pasos violentos, se retorció la barba con manos nerviosas y al instante, como era su desgraciada costumbre, se enredó en una brillante construcción, que consistía en mera palabrería, parecida al techo de aquel campeón de esgrima de la fábula popular, debajo del cual todo el mundo se guarecía y no se mojaba, aunque no estuviera formado más que con el alocado revuelo circular de su espada.

Ante todo justificó la existencia del amigo Reichardt, recalcando el valor de aquellas inteligencias que pueden ayudar y servir como consejeros críticos y, secretamente, como creadores del arte. Su deber era dedicar sus energías a tal meta. Debía por lo tanto tratar de convertirse en colaborador y crítico en una respetable revista de arte o, mejor aún, de algún diario, para lograr influencia. Entonces, él, Hans Konegen, mediante una exposición de conjunto de sus creaciones, le daría la ocasión de servir a una buena causa y mostrar al mundo algo nuevo.

Cuando Berthold, un poco amoscado recordó al amigo que pocos días antes se había expresado con desprecio acerca de toda la prensa y del oficio de crítico, el pintor explicó, que precisamente en esa triste y profunda crisis de la crítica, un espíritu en verdad libre podría llegar a ser, en este terreno, un reformador, el Lessing de nuestra época. Además, el escritor de arte tenía otro camino más hermoso aún, el del libro. Él mismo había pensado muchas veces en encargar la edición de una monografía sobre Hans Konegen, ahora había encontrado al hombre indicado para ello, para la difícil tarea, y este hombre era él, Berthold, quien debía escribir el texto; de las ilustraciones se encargaría él mismo.

Reichardt escuchó las propuestas saturadas de palabras con reciente malestar. Ese día, sintiendo particularmente opresiva la desdicha de su pobreza vocacional, le hacía daño ver cómo el pintor no encontraba en esa situación otra cosa que una tentación de hacerle servir a su gloria o ventaja personal. Mas, cuando opinó la palabra y desechó de plano esos proyectos, Hans Konegen no se dio absolutamente por vencido.

—Bien, bien —dijo—, le comprendo perfectamente y, a fuerza de sincero, he de darle la razón. Usted quiere crear valores, ¿verdad? ¡Hágalo! Tiene usted conocimientos y buen gusto, cuenta conmigo y con algunos amigos y, por este medio, posee una vinculación directa con el espíritu creador de la época. Funde una empresa con la cual pueda ejercer inmediata influencia en la vida artística. Organice usted una casa de ediciones de arte, un taller para la elaboración y el comercio de reproducciones de lujo; yo pongo a su disposición el derecho de propiedad artística de mis grabados en madera y de muchos bocetos. Le instalaré su tipografía y su oficina particular, tal vez con muebles de arte y aplicaciones de cobre. O mejor todavía, ¡escuche!; inauguraremos un pequeño taller para una selecta industria de arte. Lléveme como asesor o director; yo pensaré en buenos auxiliares; un amigo mío, por ejemplo, modela magníficamente y entiende también de fundición del bronce.

Y así continuó alegremente, de proyecto en proyecto, hasta que Reichardt volvió a reírse ligeramente; en cualquier empresa, él tenía que ser el empresario, poner el capital y arriesgarlo, mientras que Konegen sería el Director, con mayúscula, el guía técnico, el alma de todo, en fin.

Por primera vez, Berthold comprendió claramente cuán apretadas giraban alrededor de su persona y de su vanidad todas las concepciones artísticas de ese genio de la pintura, y vio, con verdadera repugnancia, qué feo era el papel que había representado en las ideas y en las intenciones de esta gente.

Aunque las sobreestimaba todavía, puesto que pensaba retirarse de aquellas relaciones con la mayor delicadeza y circunspección. Pero apenas el señor Konegen —después de repetidos intentos de persuasión— advirtió qué Berthold no estaba absolutamente dispuesto a satisfacer aquellas aspiraciones de empresario, toda la amistad se desvaneció como si nunca hubiese existido.

El doctor había comprado hacía mucho ya a esa gente algunos grabados y cacharros, a muchos les había prestado también dinero; si ahora quería seguir su propio camino, como se le atojaba, nadie lo retenía. Reichardt, poco experto aún en las costumbres y la moral de la bohemia, con ingrato asombro se vio olvidado por sus amigos artistas y casi ni saludado, mientras se atormentaba todavía para comprender semejante conducta.

A veces, el doctor Reichardt se presentaba en la modesta vivienda del suburbio donde residía la viuda del consejero Weinland y donde se sentía siempre admirablemente bien. El tono distinguido formaba allí un grato contraste con las conversaciones y los hábitos de la gitanería artística, y cada día le preocupaba más seriamente la hija, que lo recibió dos veces sola y cuyo noble valor lo atraía y confundía cada vez más. Porque no soñaba siquiera en la posibilidad de hablar alguna vez con ella acerca de sentimientos y simpatías o, por lo menos, de conocer los de la joven, porque a pesar de su hermosura de mujer, ella parecía ser la sensatez personificada.

Y realmente poseía aquella prudencia práctica, tendiente a lo necesario e inmediato, que no conoce el beneficio meramente superficial por las cosas.

Inés demostraba un amable interés por la situación en que Berthold se veía implicado y no se cansaba de interrogarle y aconsejarle, ni ocultaba siquiera que le parecía indigno de un hombre buscar una profesión tan vagamente como se busca una aventura, en lugar de comenzar con voluntad firme en un punto determinado. Juzgó también la sabiduría del pintor Konegen tan pobre como sus grabados en madera que Reichardt le había traído.

—¡Obras e ideas pueriles! —dijo ella resueltamente—: espero que su amigo se dedicará a esto únicamente en las horas de ocio. Por lo que entiendo, se trata de imitaciones de trabajos japoneses que tal vez pueden tener valor como ejercicios estilísticos. ¡Dios mío!, ¿qué son éstos hombres, que en los mejores años de la juventud se pierden buscando contrastes entre un verde y un gris? ¡Cualquier mujer de escaso buen gusto lo hace mejor, cuando elige telas para sus vestidos!

La severa figura ofrecía por sí misma —en su traje sencillo, pero cuidadosa e inteligentemente combinado— el ejemplo de una mujer, de esta índole.

Justamente como si quisiera ponerlo al alcance de sus manos, la felicidad había colocado en su camino a esta magnífica figura, para que se aferrara a ella, Pero nada es más difícil que llevar un hombre a la felicidad.

En una conferencia pública sobre el tema "Nuevos rumbos para una cultura artística", Berthold aprendió algo que aceptó con más agrado en cuanto respondía a su situación mental, momentáneamente desengañada: comprendió que era necesario apartarse todas las interesantes especulaciones estéticas e intelectuales. ¡Fuera con la crítica formalista y negativa de nuestra cultura, fuera con el impotente conceptismo a costa de bienes sagrados y de problemas de la época! Éste fue el grito que él siguió como un redimido. Y lo siguió en seguida, por una suerte de conversión, incondicionalmente, sin importarle adónde podía conducirle.

El grito llevaba por un camino cuyo rumbo era ideal para las ideas favoritas de Berthold, porque desembocaba en una nueva ética. ¿No está todo podrido alrededor de nosotros, hasta donde se nos ocurra mirar? ¿No eran de mal gusto nuestras casas, nuestros muebles y nuestros vestidos, calculados para la mera apariencia y nada auténticos; vacua y vanidosa nuestra sociedad, anquilosada nuestra ciencia, degenerada nuestra aristocracia y adiposa nuestra burguesía? ¿No descansaba en un sistema de robo nuestra industria y, por eso mismo, no representaba horriblemente lo contrario del verdadero ideal? ¿Proyectaba ella como podía y debía, belleza y alegría sobre las masas, facilitaba la vida, fomentaba el goce y la dignidad?

El sabio, deseoso de aprender, se veía rodeado de falsedad y engaño, encontraba las ciudades mugrientas con el humo del carbón y corrompidas por el hambre de dinero, el país despoblado, los campesinos desgastados, todo movimiento legítimo amenazado en su raíz. Cosas que días antes había considerado con indiferencia y aun con placer, le revelaban ahora su podredumbre interior. Berthold se sintió también responsable de todo eso y obligado a laborar en la nueva ética, en la nueva civilización.

Cuando habló de esto con la señorita Weinland por primera vez, ésta se sintió sinceramente apenada. Le gustaba Reichardt y confiaba ayudarle a lograr una existencia activa y hermosa, y ahora veía cómo ese joven, que —era evidente— la quería, se precipitaba ciegamente sobre esas doctrinas, en esas maquinaciones, para las que no había nacido y en las que sólo le tocaría perder algo.

Le dijo muy claramente su opinión y afirmó que cualquiera que tan sólo remendara un zapato o cosiera un botón, era más útil, a buen seguro para la humanidad, que esos profetas. En cada minúscula vida humana hay tendencia suficiente a obrar noblemente y a mostrar valor, y sólo pocos están llamados a atacar lo existente y a convertirse en maestros de los seres humanos.

Él contestó con fogosidad que precisamente esa opinión que ella manifestaba era la usual y prudente tibieza por la que su conciencia le prohibía guiarse. Fue ésta la primera pequeña disensión que tuvieron, e Inés vio con tristeza cómo este ser amado se desplazaba cada vez más de la vida y de la dicha que merecía y se confinaba en los desiertos infinitos de la teoría y de las quimeras; ya estaba por pasar de largo con las velas desplegadas delante de la deliciosa isla de la felicidad donde ella lo aguardaba.

Las cosas empeoraron cuando Reichardt cayó por ese entonces bajo la influencia de un verdadero profeta, a su modo de ver, que conoció en un "Círculo ético". Este individuo, llamado Eduardo van Vlissen, había sido antes teólogo, luego artista, y ganado rápidamente gran poder en todas partes adonde llegaba, en los ambientes de los "inquietos"; este poder lo dominó también a él, porque estaba dispuesto no sólo a reconocer y a condenar el malestar social, sino también a luchar en cualquier momento por sus ideas y a sacrificarse por ellas.

Como teólogo católico había publicado un libro sobre San Francisco de Asís, en el cual explicaba el fracaso de los ideales del santo por el compromiso con el papado, y pintaba en la forma más grosera el contraste entre las intuiciones sagradas y la moral genuina, por un lado, y el dogma y el poder de la Iglesia, por el otro. Expulsado por eso del púlpito, se alejó de la religión y apareció poco después en exposiciones de arte belgas, como autor de extraños cuadros místicos que dieron bastante que hablar.

Desde hacía muchos años, sin embargo, vivía viajando constantemente, entregado en forma total al impulso de su misión. Daba a un pobre, sin pensarlo, su última moneda, para luego mendigar él mismo. Frecuentaba con desenvoltura las casas de los ricos, siempre vestido con el mismo modestísimo traje de basto paño que llevaba en sus viajes y en sus peregrinaciones a pie.

Su doctrina carecía de dogmas, amaba y recomendaba por sobre todas las cosas el menosprecio de las necesidades y la sinceridad, de modo que aborrecía hasta la menor mentira de la cortesía o de la etiqueta. Por lo mismo, cuando decía a alguien que acababa de conocer: "Me alegro"; eso equivalía a una gran distinción y, precisamente, eso le dijo también a Reichardt.

Cuando Berthold vio a ese notable individuo y gozó de su trato, su relación con Inés Weinland se fue tornando cada vez más débil e insegura. El profeta vio en Reichardt a un joven bien dotado, que no podía encontrar un lugar conveniente en el ajetreo del mundo y que él no pensaba en absoluto en tranquilizar y reconciliar, porque quería y necesitaba de estos insatisfechos, cuyos aprietos compartía y de cuya necesidad y rebelión esperaba ver surgir tiempos mejores.

Mientras que ciertos reformadores del mundo, meros aficionados, sufren constantemente por sus insuficiencias y faltas, este profeta holandés era insensible para su propio bien o mal, y empleaba todas sus energías contra aquellas deficiencias que consideraba adversas y destructoras para la paz humana. Odiaba la guerra y la política de la fuerza, odiaba el dinero y el lujo y consideraba su misión difundir este odio y convertir la chispa en llama, para que ésta, finalmente, aniquile el mal.

En realidad, conocía a cientos y miles de almas apesadumbradas e inquietas en el mundo, y sus relaciones llegaban desde el cortijo ruso del conde Tolstoi, hasta las colonias pacifistas y vegetarianas de las costas italianas y de la isla de Madera.

Van Vlissen se quedó tres semanas en Munich, viviendo con un pintor sueco, en cuyo estudio colgaba por la noche una hamaca, y compartía con el artista el magro desayuno, aunque tuviese muchos amigos ricos que le colmaban de invitaciones. No daba conferencias públicas, pero de la mañana hasta la noche, y aun cuando caminaba por las calles, estaba rodeado por un círculo de adeptos y necesitados de consejo, con quienes hablaba aisladamente o en grupos, sin cansarse. Con simple y popular dialéctica, solía describir a todos los profetas y sabios como aliados suyos y citaba sus sentencias como testimonio de su doctrina, y no sólo a San Francisco, sino también al mismo Jesús, a Sócrates, a Buda y a Confucio.

Berthold sucumbió mansamente a la influencia de tan robusta y atractiva personalidad. Y como a él, les ocurría también a muchos otros que se acercaban a van Vlissen. Pero Reichardt era uno de los pocos que no se conformaban con la sensación del momento, sino que experimentaba en sí una inversión de la voluntad.

En esa época, Berthold visitó a Inés Weinland y a su madre una sola vez. Las dos mujeres advirtieron en seguida el cambio en su manera de ser; su entusiasmo, que no podía tolerar la menor contradicción, y la fanática arrogancia de su lenguaje les disgustaron a ambas, y cuando, sin sospecharlo, su celo lo fue alejando cada vez más de Inés por sus palabras, el Maligno cuidó de que precisamente ese día tocara el tema más desgraciado que pudiera imaginarse.

Este argumento desdichado fue la reforma del traje femenino, cambio muy discutido en esa época, exigido con verdadero fanatismo de muchas partes, por artistas, por razones estéticas, por higienistas por motivos profilácticos y por moralistas por causas éticas. Mientras una juventud alborotada, firmemente apoyada por muchas mujeres y hombres serios, se declaraba contra los vestidos usados hasta entonces por el sexo débil y negaba a la moda el derecho de existir, se veían sin embargo las mujeres bellas y elegantes adornarse como siempre con las hermosuras de la moda condenada; y estas mujeres bonitas se agradaban a sí mismas y gustaban al mundo, evidentemente más que las primeras víctimas de la nueva reforma, que se mostraban valientemente en público con los extraños vestidos sin pliegues y sin belleza.

Reichardt estuvo en seguida y sin reservas de parte de los reformadores. Contestó en tono arrogante y seguro —como un sabio que habla con chiquillos— a las objeciones humorísticas primero, más serias luego y finalmente indignadas de ambas damas. La mayor de ellas trató varias veces de desviar la conversación, pero inútilmente, hasta que Inés dijo muy resuelta:

—¡No hablemos más de esto! Me asombra, doctor, cuánto comprende usted de estas cosas, en las que me creo también algo entendida, porque me hago yo misma mis vestidos. Sin quererlo, pues, estuve ofendiendo constantemente sus opiniones más arraigadas y su buen gusto, solamente con mis ropas...

Apenas oyó estas palabras, advirtió Reichardt qué petulante había sido su prédica y, sonrojándose, pidió disculpas.

—Mis convicciones siguen firmes —dijo con toda seriedad—, pero nunca, ni por un instante se me ocurrió pensar en su persona, que para mí está por encima de toda crítica. También debo confesar que yo mismo peco contra mis ideas, porque usted me ve con un traje cuyo estilo o principio repruebo. Juntamente con otros cambios en mi modo de vivir, que ya estoy preparando, pasaré a usar yo también otra vestimenta, con cuya descripción no he de molestarla a usted ahora.

Involuntariamente, cuando le oyó hablar así, Inés examinó la figura de Berthold, que en su traje de calle tenía un aspecto realmente bello y noble, y exclamó con un suspiro:

—¡Pero, supongo que no pensará usted seriamente en presentarse aquí en Munich con el clásico ropaje del profeta!

—No, no —contestó el doctor—, me convencí de que no soy apto para la vida de la ciudad y quiero volver pronto al campo, para llevar una existencia simple y más natural en cualquier actividad modesta.

Una vaga perplejidad que inhibió a los tres, pesó sobre ellos hasta anular la posibilidad de toda plática ulterior; pocos minutos después, Reichardt se despidió. Tendió la mano a la señora, luego a la hija; ésta le dijo sin embargo que lo acompañaría hasta la puerta, salió con él por el estrecho corredor, cosa que nunca hiciera antes y esperó hasta que él se puso el sobretodo. Luego abrió la puerta sobre la escalera, y cuando él le dio la mano para despedirse, ella la retuvo apretada unos segundos, lo miró con sus ojos oscuros y penetrantes en la cara palidecida y le dijo:

—¡No lo haga! ¡No haga nada de lo que exige su profeta! Lo digo por su bien...

Ante la mirada de la joven, un poco suplicante y otro poco imperativa, le invadió a Berthold un suave y sutil estremecimiento de felicidad, y en ese instante le pareció que sería una liberación poner su vida en las manos de está mujer. Sentía desde qué lejana y esquiva independencia debió ir a su encuentro la joven, y durante unos segundos, sacudido por esas palabras y esa mirada, tambaleó todo el edificio de su mundo ideal, como si estuviera por derrumbarse.

Entretanto, ella soltó la mano de Reichardt y cerró la puerta tras de sí.

Al día siguiente, van Vlissen notó perfectamente que su joven adepto estaba lleno de vacilaciones, preocupado por extrañas influencias. Lo miró en la cara sonriendo con sus claros ojos, llenos sin embargo de aflicción, pero nada preguntó; en cambio lo invitó a un paseo en su compañía. Berthold llamó en seguida un coche y con él salieron de la ciudad, bastante lejos, río Isar arriba.

En el bosque, van Vlissen hizo detener el vehículo y lo envió de vuelta. El bosque —era casi el invierno— estaba desierto bajo el cielo de color gris plomizo, sólo a la distancia se oían resonar los hachazos de los leñadores a través de la sombreada frescura. Tampoco en ese momento comenzó a hablar el apóstol. Caminaba con paso ligero, acostumbrado a la marcha, atento con todos los sentidos a respirar y penetrar en la quietud del bosque.

En la forma de aspirar el aire y pisar el suelo, de mirar una ardilla huidiza, de indicar con mudo ademán una cumbre vecina a su acompañante, había un poco de queda imposición por su esencia, una vigilancia imperturbable, y, en todo momento, una inocencia convivida, con la que el gran hombre parecía atravesar un imperio, envuelto en un manto de hechizo, un imperio que secretamente le pertenecía.

Al salir del bosque, vieron la vasta campiña; un labriego pasaba lentamente con pesados caballos sobre la línea del horizonte y, lentamente también, comenzó a hablar van Vlissen de siembras y cosechas y otras cosas rurales, exclusivamente, y describió con sencilla palabra un cuadro de la vida campestre que el hombre torpe lleva inconscientemente, pero que vivida por seres conscientes y agradecidos, debe estar colmada de santidad y secretas energías.

Y el joven sintió que la vastedad, la calma y el gran aliento sosegado de la naturaleza agreste cobraban elocuencia y se apoderaban de su corazón. Al atardecer regresaron a la ciudad.

Pocos días después, van Vlissen partió para la casa de unos amigos en el Tirol, y Reichardt lo acompañó en su viaje. En un valle meridional adquirió una huerta con plantas frutales y una casita de viñadores, una cabaña un poco derruida, a la cual quiso retirarse en seguida para comenzar la nueva vida. Llevaba un sencillo traje de burdo paño gris, como el del holandés, y con esta vestimenta también regresó a Munich, donde pensaba desarmar su tienda y despedirse.

Por la larga ausencia de Berthold, Inés había llegado a la conclusión de que su tentativa por salvarlo había sido inútil. La orgullosa muchacha estaba apenada de perder al hombre y las esperanzas que se forjara por él, y no menos herida en su dignidad al verse despreciada por aquel a quien se acercara tanto, no sin luchar consigo misma.

Cuando le fue anunciada la presencia de Reichardt, tuvo deseos de no recibirle, pero venció su desagrado y lo miró con cierta curiosidad. La madre se hallaba en la cama por estar resfriada.

Con verdadera sorpresa Inés vio entrar al hombre por quien tuvo que bregar con meras palabras y que ahora estaba allí delante de ella un poco embarazado y extrañamente cambiado. En efecto, llevaba el traje de van Vlissen, blusa y pantalones de burdo paño y, en lugar de la camisa almidonada, una de hilo crudo.

Inés, que nunca lo había visto más que de traje negro o de calle, muy a la moda, lo contempló un instante, luego le ofreció una silla y, con leve matiz de ironía, le dijo:

—¡Está usted muy cambiado, doctor!

Él sonrió confundido y contestó:

—Es verdad, y usted sabe también lo que significa este cambio. Vengo para despedirme, porque en estos días me traslado a mi pequeña finca en el Tirol.

—¿Usted posee fincas en el Tirol? Nada sabíamos al respecto.

—Se trata solamente de una huerta y de un viñedo, y me pertenecen desde hace una semana apenas. Usted fue muy buena en preocuparse por mis propósitos y mi bienestar; por eso creí que debía darle cuenta de lo que haré. ¿O no debo ya contar con su simpatía y su interés?

Inés Weinland arrugó el entrecejo y lo miró.

—Su bienestar —replicó en voz baja y clara— me interesó hasta el punto en que yo podía tener algo así como una participación activa. Por experimentos del sistema tolstiano de vivir que usted se propone, desgraciadamente, no puedo sentir mucho interés.

—¡No sea demasiado severa! —repuso él, casi suplicándole—. Cualquiera que sea la forma en que usted me juzgue, señorita Inés, no podré olvidarla y confío perdonará lo que hago apenas comprenda del todo este aspecto de mis cosas.

—¡Oh, nada tengo que perdonarle!

Berthold se inclinó hacia adelante y preguntó en voz baja:

—Y si, ambos lo quisiéramos, ¿no cree usted qué podría tal vez marchar junto conmigo por ese mismo camino?

Ella se puso de pie y sin excitarse contestó:

—No, señor Reichardt, no lo creo. Puedo desearle toda la felicidad posible, pero no me siento ciertamente tan desgraciada en mi pobreza como para tener deseo de compartir un camino que lleva fuera de la sociedad, hacia la inseguridad.

Y de pronto, estallando, exclamó casi con vehemencia:

—¡Siga no más su camino! ¡Sígalo!

Con un majestuoso ademán, mezcla de ira y orgullo, lo invitó a despedirse, cosa que él hizo sorprendido y preocupado y, mientras él abría y cerraba las puertas y descendía por la escalera, ella —oyendo perderse el ruido de sus pasos— experimentó en el alma la misma amarga sensación que el hombre que se alejaba, como si por una estupidez se destruyera algo hermoso y valedero: sólo que cada uno pensaba en este caso en la estupidez del otro.

Comenzó entonces el martirio de Berthold Reichardt. En los primeros días, aquello no fue muy malo. Cuando saltaba de la cama, bastante temprano por la mañana, de la sencilla cama que él mismo se arreglaba, contemplaba por la ventanita del dormitorio el tranquilo valle mañanero. El día se iniciaba con las gratas y breves ocupaciones de un aprendiz de ermitaño: lavarse o bañarse en la fuente, encender el fuego en el hogar de piedra, arreglar el cuarto de dormir, hervir la leche.

Luego llegaba de la aldea el labriego Javier, su maestro en prácticas rurales, que también traía el pan. Con él entonces, Berthold comenzaba sus tareas al aire libre, si el tiempo era bueno, si no, en la leñera o en el establo.

Aprendía con ahínco —bajo la dirección del rústico aldeano— a manejar los utensilios más importantes, a ordeñar las cabras y llevarles forraje, a cavar la tierra y limpiar los frutales; a remendar el cerco del jardín, partir leña para el hogar, y si hacía frío o había tormenta, se obturaban los agujeros de las paredes y las rendijas de las ventanas, se tejían canastas y sogas de paja, se tallaban mangos de palas y se hacían cosas parecidas, mientras el aldeano fumaba su pipa y, envuelto en una nube de humo, contaba una cantidad de historias.

Cuando Berthold, con la madera por él cortada, encendía el fuego en el primitivo hogar y el agua o la leche comenzaba a hervir en la olla colgante demasiado grande, podía experimentar en sus miembros la misma sensación de placer de un Robinson Crusoe, que no había sentido desde lejanos días de la infancia y por el cual le parecía saborear ya los primeros alientos de la anhelada liberación interior.

En realidad, no puede haber nada más reconfortante para un hombre de la ciudad que el jugar por un tiempo con tareas campestres, cansar los músculos y acostarse y levantarse temprano.

Por la noche, el labriego Javier se marchaba a su casa o a la taberna de la aldea para divertirse con sus camaradas y contar cosas de su asombroso patrón; el amo, en cambio, se sentaba al lado de la lámpara y leía libros que trajera consigo y trataban de jardinería y fruticultura. Pero estos libros no lograban encadenarlo a la lectura por mucho tiempo.

Leía y aprendía ingenuamente que la fruta de hueso tiene inclinación a extender las raíces en ancho, mientras que las otras la hunden más en la tierra, casi derechas, y que para la coliflor nada es tan bueno como un calor uniforme y húmedo. Se interesaba también por el hecho de que las semillas del puerro y de la cebolla pierden su poder germinativo a los dos años, mientras que las de los zapallos y melones conservan su misteriosa vitalidad hasta los seis años. Pero muy pronto le cansaban y aburrían estas cosas que podía aprender mucho mejor directamente de Javier. Y dejaba de leer.

En cambio, prefirió una pequeña cantidad de libros que había reunido en los últimos días de su estancia en Munich, donde fue comprando esta o aquella obra de actualidad, por alguna recomendación insistente, pero sin llegar a leer nunca nada. Había entre esos libros los de Tolstoi, el ensayo de van Vlissen sobre el santo de Asís, obras contra el alcoholismo, el vicio en la gran ciudad, el lujo, el industrialismo, la guerra.

Leyendo estas páginas, el fugitivo del mundo se sentía cohonestado en sus principios; bebió, pues, con amargo placer y hasta el hartazgo en la filosofía del disconformismo, del ascetismo, del idealismo, desde cuyos escritos caía sobre su vida un halo de santidad.

Y cuando poco después comenzó la primavera, Berthold vivió con gozo la bendición del trabajo y la existencia natural; vio surgir por primera vez en su existencia hermosos frutos; realizó por primera vez en su vida la bella y esperanzada labor de la siembra y sintió vivo placer cuando vio brotar las semillas y contempló su crecimiento. El trabajo le absorbía hasta tarde en la noche; raras fueron las horas de ocio y, de noche, durmió profundamente. Cuando ahora, en una pausa de descanso, apoyado en el cabo de la pala o esperando en la fuente que se llenase la regadera, le ocurría pensar en Inés Weinland, su corazón se estremecía un poco, pero él confiaba llegar a vencerse con el correr del tiempo, y juzgó que hubiera sido una lástima si se hubiese dejado retener por el mundo perverso.

A esto agregó el hecho de que ahora la soledad fue desvaneciéndose cada vez más como una niebla invernal. Aparecieron de vez en cuando huéspedes inesperados y amablemente recibidos, de la más variada especie; gente totalmente extraña, de la cual nunca supo nada y cuya original categoría conocía ahora, porque tenían sus señas y ninguno pasaba por el valle sin visitarlo.

Eran miembros dispersos de aquella gran legión de existencias singulares que llevan la vida vagabunda de los cometas, fuera del orden normal del mundo, y de los que Berthold aprendía ahora a distinguir poco a poco los distintos tipos.

El primero que se le presentó fue un señor de Leipzig, de aspecto bastante aburguesado, que viajaba por el mundo predicando sobre los peligros del alcohol y estaba disfrutando de unas vacaciones voluntarias. No se quedó más que un par de horas, pero dejó a su paso, como una estela en el ánimo de Reichardt, la placentera sensación de que no estaba del todo olvidado en el mundo y pertenecía a una secreta comunidad de hombres noblemente intencionados.

El visitante que le siguió tenía un aspecto ya más original; era un señor vivaz y entusiasta, vestido con una amplia y anticuada chaqueta de paseo, sin chaleco, pero sí con camisa de cazador, pantalones amarillos a cuadros y, en la cabeza, un sombrero de fieltro de anchas alas. Este individuo, que se llamaba Salomón Adolfo Wolff, se conducía con tan afable aristocracia, pronunciaba su nombre sonriendo con tanta modestia y rechazaba de antemano y tan nerviosamente todas las exageradas denominaciones honoríficas, que Berthold se sintió un poco perplejo, porque no lo conocía ni lo había oído nombrar nunca.

El extraño, por lo que se deducía de sus declaraciones, era un distinguido instrumento de Dios y realizaba milagrosas curaciones, por las cuales había sido sospechado, hostilizado y aun cruelmente perseguido por médicos y jueces, pero por eso mismo le veneraba más el pequeño mundo de sabios y justos.

En Italia, acababa de salvar —mediante la simple imposición de las manos— la vida desahuciada de una condesa, cuyo nombre no podía relevar. Desdeñando la prisa moderna, regresaba ahora a pie a su patria, donde le esperaban muchos necesitados.

Desgraciadamente, veía dificultado su viaje por la falta de dinero, porque no aceptaba por sus curaciones otra recompensa que las lágrimas de agradecimiento de los curados, y no se avergonzaba por tanto en pedir al hermano Reichardt —a quien Dios lo enviaba— un pequeño préstamo, que no favorecería a su persona, la que carecía seguramente de toda importancia, sino a los menesterosos que aguardaban su retorno.

El polo opuesto de este nuevo Salvador lo formó un joven, ruso por su aspecto, que se presentó una tarde y cuyos rasgos faciales, como también las manos muy delicadas, contrastaban enormemente con el gastado traje de obrero y los bastos y rotos zapatos. Hablaba sólo pocas palabras de alemán y Reichardt nunca supo si hospedó a un anarquista perseguido, a un artista venido a menos o a un santo.

El forastero se limitó a echar una febril mirada escrutadora al rostro de Berthold y a saludarlo después con una misteriosa seña de las manos levantadas. Cruzó callado toda la casa, seguido por el huésped sorprendido, indicó un cuarto vacío con un ancho banco en la pared y preguntó humildemente:

—¿Yo aquí poder dormir?

Reichardt asintió, lo invitó a cenar y le arregló una cama por esa noche en el banco del cuarto vacío. A la mañana siguiente, el extranjero aceptó todavía una taza de leche, dijo con profundo ruido de gárgaras: "gracias" y se marchó.

Poco después hizo irrupción un vegetariano semidesnudo, el primero de una larga serie, calzado con sandalias y vestido con una especie de combinación de camisa y calzón de tela vulgar. Como la mayoría de los Hermanos de su corporación, fuera del horror por el trabajo, no tenía otro defecto; era un hombre-niño, emotivamente falto de necesidades, que vivía con toda naturalidad y libertad en un extraño caos de ideas de liberación higienista y social, del mismo modo con que exteriormente llevaba no sin dignidad su traje chocante y un poco teatral.

Este hombre sencillo, infantil, causó impresión en Reichardt. No predicaba el odio y la lucha, sino que en su ambiciosa humildad estaba convencido de que sobre su doctrina florecería por sí sola una nueva existencia humana, paradisíaca, de la cual él mismo se sentía copartícipe.

Su mandamiento supremo era: "¡No debes matar!", con lo cual no se refería únicamente al prójimo y a los animales, sino que concebía su ley como imponiendo una infinita veneración por todo lo viviente. Le parecía aborrecible matar a un animal y creía firmemente que, después del actual período de degeneración y ceguera, la humanidad volvería a dejar de cometer semejante delito. Consideraba criminal arrancar una flor o talar un árbol.

Reichardt objetó que sin cortar árboles no podríamos construir una sola casa, a lo que el otro contestó fogosamente:

—¡Muy justo! Tampoco tenemos que poseer casas o usar vestimenta; todo eso nos separa y aísla de la naturaleza y nos conduce al cúmulo de las necesidades consiguientes, que dieron nacimiento al asesinato, la guerra y todos los vicios.

Y como Reichardt volvió a replicar que difícilmente se encontraría a un ser humano que en nuestro clima pudiese sobrevivir un invierno sin casa ni ropas, el visitante sonrió otra vez claramente y dijo:

—¡Muy bien, muy bien! Usted me entiende en forma perfecta. Allí reside justamente el origen principal de toda miseria en el mundo: el hombre abandonó su cuna y su patria natural en el seno asiático. El camino de la humanidad llevará otra vez allá y todos estaremos de nuevo en el Edén.

A pesar de los abismos evidentes del tema, Berthold sintió alegría por esta filosofía idílica, que había escuchado ya con distinto tono en boca de otros apóstoles, y hubiera debido ser un coloso de dura piedra, si poco a poco cada una de estas confesiones no hubiese causado impresión en él, que vivía fuera del mundo, y no hubiese conferido un nuevo matiz también a su propio pensar.

El mundo, como ahora lo veía —y no podía verlo distintamente— consistía de un pequeño círculo de actividades primitivas a que se sometía, y más allá no había otra cosa que, de un lado, una civilización echada a perder, putrefacta, y por eso abandonada con su renunciación; del otro, una pequeña comunidad de futuristas, distribuidos sobre la faz de la tierra, entre los cuales tenía que contarse a sí mismo, junto con todos los huéspedes que a veces se quedaban muchos días en su casa.

Y ahora comprendía también el halo extrañamente religioso y fantástico que envolvía a todos sus visitantes y Hermanos. Eran la sal de la tierra, los reformadores, los mensajeros del futuro; con ellos se habían aliado ocultas fuerzas espirituales, desde los ayunos y los misterios de egipcios e hindúes hasta las fantasías de los frugívoros de larga melena y las curaciones milagrosas de los hipnotizadores y los ensalmistas.

No solamente la necesidad espiritual del doctor, sino también toda una literatura de obras que en parte traían consigo los huéspedes, le eran enviadas y recomendadas como necesarias; éstas contribuyeron para que de estas vivencias y observaciones se elaborara una nueva teoría sistematizada, una nueva concepción del mundo.

En la minúscula casa creció una extraña biblioteca que comenzaba con los libros de la cocina vegetariana y terminaba con los más insensatos métodos místicos, pasando por el platonismo, el gnosticismo, el espiritismo y la teosofía, y abarcando todos los campos de la vida espiritual, en una tendencia común a cada uno de estos autores hacia la presunción ocultista.

Un escritor sabía explicar la identidad de la doctrina pitagórica con el espiritismo; aquel otro interpretaba a Jesús como evangelista del vegetarianismo; un tercero demostraba que la molesta necesidad sexual era un paso, una transición hacia lo natural que se servía provisoriamente de la multiplicación de la especie, pero en sus intenciones finales aspiraba a la inmortalidad física de los individuos.

Entretenido con esta colección de libros, Berthold se encontró enfrentado finalmente al rápido acortamiento de los días, en su segundo invierno en el Tirol, con la llegada de la estación de los fríos, casi de repente, como cortado netamente con tijeras, cesó el paso de los huéspedes, al que ya se había acostumbrado. Los apóstoles y Hermanos se quedaban ahora, o en algún nido invernal o —si vivían sin patria en la vagancia y la mendicidad— en otras regiones y en residencias de colegas en las ciudades.

Por esta época, Reichardt leyó en los pocos diarios que recibía, la noticia de la muerte de Eduardo van Vlissen. En una aldea de Rusia, donde estaba retenido en cuarentena por el cólera, pero que apenas era vigilada, había predicado contra la vodka en una taberna rural y, en el tumulto provocado por sus palabras, fue asesinado.

En plena soledad, Berthold contempló el curso del invierno en el valle. Desde hacía un año, no había abandonado una sola vez su pedacito de tierra, por haber jurado volver la espalda a la vida del mundo. Pero en su corazón no había más la inicial conformidad y la primitiva alegría infantil por la novedad; vagó mucho en fatigosos paseos en la nieve, porque ese invierno llegó a ser más crudo que el anterior, y fue dejando cada día más los trabajos manuales caseros en manos de Javier, quien desde mucho antes se sabía indispensable en el gobierno de la casa y había olvidado bastante la virtud de la obediencia.

Pero aunque Reichardt se entretuviese mucho afuera, tenía sin embargo que pasarse las noches interminables muy solo en la cabaña, y frente a él, con ojos terriblemente abiertos de par en par, estaba la soledad como un lobo que él no sabía cómo dominar sino mirándolo fijo y alerta en los ojos vacíos, y que a pesar de todo caía desde atrás, sobre él, apenas desviaba la mirada.

La soledad se sentaba de noche en su cama cuando por cansancio físico no podía encontrar el sueño, y se lo envenenaba como le envenenaba también los ensueños. Y, cuando al anochecer, el peón abandonaba la casa y desaparecía silbando por la huerta en dirección al pueblo, su amo lo seguía muchas veces con la mirada llena de franca envidia.

Nada es más peligroso y matador para el alma, que la constante ocupación con el ser y suceder de uno mismo, de la propia insatisfacción solitaria, de la propia debilidad. El ermitaño tuvo que sufrir en su misma carne la enfermedad de este estado moral e, instruido por la lectura de tantos libros místicos, ahora podía observarse y advertir cuán tristemente verdaderas eran todas las leyendas de las congojas y las tentaciones de los piadosos anacoretas en el desierto de la tebaida.

Pasó de esta manera meses desconsolados, ajeno a la vida y con la raíz de esa vida, enferma. Tenía mal aspecto: sus amigos de antes no lo hubieran reconocido, porque en la cara tostada y hundida habían crecido mucho la barba y el pelo, y en su rostro sumido ardían los ojos hambrientos y asustados por la soledad, como si nunca se hubiesen reído ni complacido inocentemente por lo pintoresco del universo.

Ya soplaba el primer viento del sur, cuando Javier le trajo un día con el periódico una carta también: una invitación impresa para un Congreso de todos aquellos que con la palabra o la acción se esforzaban trabajando por la reforma de la vida y de la humanidad.

El Congreso, para cuya convocación se habían coaligado asociaciones teosóficas, vegetarianas y otras parecidas, debía realizarse a fines de febrero, en Munich. Un círculo local se ofrecía para facilitar habitaciones baratas y pensiones donde no se comiese carne.

Durante varios días, Reichardt titubeó con incertidumbre, luego tomó su resolución y anunció su participación en la asamblea de Munich. Y durante tres largas semanas no pensó en otra cosa que en eso que ahora para él era toda una empresa. Ya el viaje, tan simple en realidad, resultaba para él, que había vivido enclaustrado más de un año, causa de largas reflexiones y punzantes cuitas.

Con gusto hubiera enviado por el barbero de la aldea y se hubiera hecho cortar el pelo y afeitar, pero se arrepintió asustado de pensarlo, porque eso le pareció una cobarde concesión por flaqueza a los hábitos mundanos y porque sabía que muchos de sus sectarios amigos a nada atribuían tan alto valor como a conservar religiosamente intacto el crecimiento capilar. En cambio se hizo preparar en el pueblo un nuevo traje, igual en tipo y corte a la vestimenta de penitente de van Vlissen, pero de buen paño, y una corta capa de paisano, como sobretodo.

El día fijado, temprano por la mañana, abandonó su casita cuyas llaves dejó a Javier en la aldea, y caminó en el crepúsculo matinal por el tranquilo valle hasta la cercana estación del ferrocarril. Luego estuvo sentado en el tren para Munich con una alegre inquietud de viajero, hacía mucho tiempo no experimentada, y atravesó atento la hermosa región, infinitamente gozoso por haber huido por un período indefinido de la insoportable situación de su modesto hogar.

Era la víspera de la primera reunión del Congreso y ya en la estación saludaron al viajero los primeros signos de la asamblea. De un tren llegado al mismo tiempo que el suyo, se apeó toda una Sociedad de adoradores de la Naturaleza, en pintorescos trajes exóticos y sandalias, con cabezas de Cristos y de apóstoles, y muchos tipos de la misma clase, designados en la ciudad para la recepción, dieron la bienvenida a los Hermanos, hasta que todos se pusieron en movimiento en llamativa procesión.

Reichardt reconoció a un budista —uno de sus huéspedes del verano— que también llegaba ese día y tuvo que agregarse al cortejo y realizó de este modo su nueva entrada en Munich, en un desfile de fenómenos cuya originalidad le causó penosa impresión. Entre la rumorosa diversión de una horda de chiquillos que los acompañaba y las festivas miradas de todos los transeúntes, la extraña caravana pasó hacia el centro de la ciudad, para recibir el homenaje en el salón de las futuras sesiones.

Reichardt se informó, apenas pudo, acerca de la habitación que le habían reservado, y le entregaron una tarjeta con las señas. Se despidió, tomó un coche en la esquina cercana y cansado y extraviado, se dirigió a la calle desconocida para él. Entretanto, rumoreaba alrededor suyo la vida de la ciudad para él tan familiar: aquí estaban las galerías de exposición, donde un tiempo hizo crítica de arte con Konegen, allí su domicilio de años antes, con las ventanas iluminadas, allá la casa en que habitó el consejero de justicia Weinland.

Pero él se sentía solo y sin vínculos, y nada tenía que ver con todo eso; pero cada recuerdo despertado le causaba un suave dolor. Y por las calles corría la población como siempre, como entonces, como si nada hubiese que le desagradara y no existiera ni una preocupación ni un peligro en este mundo; elegantes coches pasaban rodando silenciosos, dirigiéndose a los teatros, y los soldados llevaban a las muchachas del brazo.

Todo esto excitó al solitario, la ondulante luz rojiza que se reflejaba en el húmedo empedrado con alegre vanidad, el zumbido de los coches y el sordo ruido de los pasos, todo el tránsito en su juego natural, lógico.

Allí estaban el vicio y la miseria, el lujo y el egoísmo, pero también había alborozo y brillo, sociabilidad y amor y sobre todo, la ingenua despreocupación y el indiferente placer de vivir de un mundo del cual aspiraba a ser la conciencia amonestante y que lo había dejado simplemente a un lado, sin notar su pérdida, mientras que su poquito de felicidad se desvanecía irremediablemente.

El coche se detuvo delante de una gran casa de pisos de alquiler; de acuerdo con la tarjeta subió dos escaleras y fue conducido a un cuartucho casi desnudo. Una mujer que lo miró de pies a cabeza con desconfianza, lo recibió fría y desdeñosamente.

—¿Por cuántos días? —preguntó con voz de hielo, y le indicó que el alquiler debía ser abonado anticipadamente.

De mala gana Berthold sacó la cartera y preguntó a su vez —en tanto la mujer acechaba el pago— si no había una habitación mejor.

—Por un marco y medio por día no hay cuartos mejores en toda la ciudad —contestó la mujer. Y él tuvo que reírse.

—Parece que hay en esto un malentendido —dijo Reichardt rápidamente—. Busco una habitación cómoda, no un lugar donde dormir solamente. Nada me importa el precio, si tiene una estancia más bonita.

Sin contestar una palabra, la mujer lo precedió por el pasillo, abrió la puerta de otro aposento y encendió la luz eléctrica.

Satisfecho, el huésped se vio en una habitación mucho mayor y confortablemente amueblada, se quitó la capa y entregó a la dueña el dinero de algunos días de alquiler.

Sólo por la mañana, al despertar en una cama ajena, desacostumbradamente muelle, y al pensar en la noche anterior, comprendió que su insatisfacción por el dormitorio sencillo y su exigencia de mayor comodidad debían repugnar a su conciencia. Pero no lo tomó muy a pecho, saltó en cambio alegremente del lecho y aguardó con tenso interés la jornada.

Salió temprano y mientras caminaba con paso tranquilo por las calles todavía casi desiertas, reconoció a cada paso imágenes que le eran familiares. ¡Qué maravilloso poder caminar sin meta y como ciudadano anónimo en medio del movimiento de una hermosa ciudad, en lugar de consumirse en el círculo hechizado de la soledad y roerse constantemente el cerebro!

Los grandes cafés y las tiendas estaban cerrados todavía; buscó, pues, una sala popular para desayunarse.

—¿Le sirvo café? —preguntó el mozo y comenzó a llenarle la taza.

Reichardt lo dejó hacer y olió con disimulado placer el perfume de la bebida, de la que había carecido durante un año. Pero se conformó con esa pequeña fruición, comió solamente un trozo de pan y después echó mano de un diario.

Luego fue al salón de la asamblea que encontró adornado con palmeras y laureles y ya colmado de concurrentes. Los adeptos del naturismo eran una muy escasa minoría y los trajes del Antiguo Testamento o del trópico llamaban también allí la atención como extravagancias; en cambio había muchas finas cabezas de sabios y jóvenes artistas. El grupo de cabello largo y pies descalzos del día anterior constituía una extraña y sorprendente isla en aquel oleaje.

Un elegante vienés se presentó como primer orador y expresó el deseo de que los miembros de cada uno de los conglomerados presentes no discutiesen excesivamente las características que los diferenciaban, sino que buscasen lo que tenían en común y se convirtiesen en amigos. Luego habló imparcialmente, de los nuevos conceptos religiosos de la época y de su relación con el problema de la paz universal.

Le siguió un anciano teósofo de Inglaterra, que recomendó su fe como universal fusión de los distintos puntos de vista y de todas las religiones del mundo. Lo relevó un teórico racial, que agradeció con aguda cortesía la lección, pero marcó a fuego la idea de una religión internacional, como si fuera una peligrosa utopía, porque cada nación tiene la necesidad y el derecho de una creencia elaborada y matizada de acuerdo con su propio temperamento original.

Durante este discurso, una mujer sentada al lado de Reichardt se indispuso y él la acompañó a través del salón hasta la salida más cercana. Para no volver a molestar, se quedó entonces de pie allí y trató de seguir el hilo de la conferencia, mientras su mirada vagaba por encima de las vecinas filas de asientos.

De pronto, no lejos de él, con atento aspecto, divisó a una hermosa figura de mujer que retuvo su mirada, y mientras su corazón se sobresaltaba y su mente perdía de súbito toda conexión con las palabras del orador, reconoció a Inés Weinland.

Temblando violentamente, se apoyó en la jamba de una puerta y no tuvo otra sensación que la de un extraviado a quien las torres de su tierra natal llaman inesperadamente cuando está languideciendo en el tormento y la desesperación. Porque apenas advirtió la orgullosa tiesura de aquella cabeza y recordó desde atrás el desvanecido contorno de la mejilla, para él ya no hubo otra cosa en el mundo y supo que lo único que le faltaba a su vida era un paso hacia ella y la mirada de sus ojos oscuros y el beso de su boca y, sin eso, ninguna sabiduría podía socorrerle. Y todo esto le pareció cosa posible y hasta reservada todavía para él fielmente, porque sintió con amorosa intuición que ella había ido a esa asamblea sólo por él o, por lo menos, pensando en él.

Cuando el orador concluyó, se anunciaron muchos otros para refutarle, y se hizo evidente ya la primera oleada de contradicción y de intolerancia, que quitaba amplitud y amor a todas aquellas honestas mentalidades y contra la cual también este Congreso debía fracasar lamentable y totalmente en lugar de servir a la redención de la tierra.

Berthold Reichardt, sin embargo, no prestaba oído a estos mensajeros de la inminente tormenta. Miraba fijo la figura de su amada, como si todo su ser tuviese conciencia de que sólo por ella podía ser salvado. Al concluir su perorata aquel orador, la señorita se levantó y se dirigió a la salida mostrando una cara contraída y seria, en la que aparecía visiblemente reprimida la oposición a todas aquellas declaraciones.

Pasó de largo cerca de Berthold, sin notarlo, y él pudo ver claramente cómo su frío y contraído rostro florecía aún con frescos colores, aunque se había vuelto más adusto y calmo. Al mismo tiempo, observó con orgullo que la mujer era seguida en todas partes por miradas admirativas y respetuosas.

Ella salió al aire libre y echó a andar por la calle, vestida como siempre impecablemente y con su paso deportivo, no seguramente alegre, pero sí vivaz y elástico. Caminaba sin prisa, de calle en calle, complaciéndose sólo por un instante en mirar un escaparate de flores magníficas y pomposas, sin sospechar que Berthold la seguía constantemente y estaba cerca de ella. Y él continuó en su seguimiento hasta la esquina de la alejada calle suburbana, donde la vio desaparecer en su antigua habitación a través del portal.

Entonces se volvió, y caminando lentamente, bajó la vista sobre sí mismo. Estaba contento de que ella no lo viera, y le pareció intolerable toda esa descuidada indigencia de su exterior, que ya le humillara un poco el día anterior.

Su primer paso fue hacia una peluquería donde se hizo cortar el cabello y afeitar; cuando se vio en el espejo y salió de nuevo a la calle y sintió en las mejillas el soplo leve del viento, toda su timidez de ermitaño se desvaneció por completo.

De prisa se dirigió a una gran sastrería, adquirió un traje a la moda y lo hizo adaptar en lo posible a su cuerpo; compró además ropa blanca, corbatas, sombrero y zapatos; vio acabársele el dinero y corrió al Banco para retirar otra suma de su cuenta, agregó un sobretodo al traje y galochas a los zapatos, y cuando al anochecer, cansado, encontró allí cajas y paquetes que lo esperaban, no pudo resistir de probárselo todo en seguida. Y se vistió de pies a cabeza, rápidamente; sonrió un poco confundido al mirarse en el espejo y no pudo recordarse de haber sentido nunca en su vida, tan infantil alegría por una nueva vestimenta. A su lado, tirado en desorden sobre una silla, colgaba su ascético y burdo traje, ahora desteñido y superfluo como el capullo de crisálida de una flamante mariposa.

Mientras estaba delante del espejo, indeciso acerca de si debía salir otra vez, llamaron a su puerta y, apenas contestó, entró ruidosamente un hombre majestuoso en quien reconoció en seguida al señor Salomón Adolfo Wolff, aquel milagrero vagabundo que meses antes le había visitado en su ermita tirolesa.

Wolff saludó al "amigo" con enérgicos apretones de mano y advirtió con admiración su nueva elegancia. Él mismo llevaba el sombrero oscuro y la vieja chaqueta de paseo de entonces, pero esta vez le había agregado un chaleco negro y pantalones grises, que sin embargo parecían cortados para piernas más largas que las suyas, porque ostentaban encima de los botines un adorno de antipáticos pliegues horizontales como un acordeón. Felicitó al doctor por su buen aspecto y no puso reparos cuando fue invitado a cenar.

Ya por el camino, comenzó Salomón Adolfo a hablar con apasionamiento de los discursos y conferencias del día y casi no podía creer que Reichardt no había asistido a todas las discusiones. Por la tarde, un hermoso joven ruso de largo cabello ensortijado habló —decía— de alimentos vegetales y miseria social y provocó un escándalo mayúsculo porque denominaba constantemente comedores de cadáveres a la parte no vegetariana de la humanidad. Con eso despertaron las pasiones de cada bando; en plena disputa, logró la palabra un anarquista y tuvo que ser alejado de la tribuna con la intervención violenta de la policía. Los budistas abandonaron la sala, callados, en apretado cortejo: los teósofos reclamaron inútilmente la calma. Un orador propuso la "Canción de la Liga del Futuro" compuesta por él con el estribillo:

"*Dejo al mundo su parte,*
¡sólo en el Todo hay salud!"

Y el público se dispersó entre risas e insultos.

Durante la cena se calmó el excitado milagrero; luego se puso alegre y sosegado, porque pudo anunciar que al día siguiente hablaría él en la asamblea. Era triste asistir a toda esa discusión por nada, cuando uno estaba ya en posesión de una verdad tan simple. Y desarrolló su doctrina, que trataba del "Misterio de la vida" y veía en el despertar de las mágicas fuerzas espirituales, existentes en cada ser humano, el remedio contra los males del mundo.

—Usted asistirá, ¿verdad, hermano? —concluyó invitándolo.

—Desgraciadamente no, hermano Wolff —repuso Berthold sonriendo—. Ya conozco su doctrina, a la que deseo el mejor resultado. Estoy en Munich por asuntos de familia y mañana no estaré libre, lo lamento. Pero si puedo prestarle algún servicio, lo haré con placer.

Wolff lo miró desconfiado, pero no pudo descubrir en los gestos de Reichardt más que sincera amabilidad.

—Muy bien, pues —dijo enseguida—. Este verano, usted me ayudó con un préstamo de diez coronas, que no olvidé, aunque no estoy ahora en situación de devolvérselo. Si usted quisiera ayudarme una vez más con una pequeña suma... Mi residencia aquí, al servicio de nuestra causa, está condicionada por gastos que nadie me abona.

Berthold le dio una moneda de oro y le deseó buena suerte para el día siguiente, luego se despidió y se encaminó a su casa para acostarse.

Apenas estuvo en la cama y apagó la luz, el cansancio y el sueño desaparecieron de repente, y se sintió toda la noche abrazado por el recuerdo de Inés.

Abandonó temprano la casa, inquieto y agotado por la noche de insomnio. Pasó las primeras horas en un paseo y en la pileta de natación; estuvo sentado impaciente media hora delante de una taza de té, y apenas le pareció posible la visita, se dirigió en un hermoso coche de plaza a la residencia de las Weiland.

Tocó el timbre y tuvo que aguardar un rato, luego una muchachita nueva, no una verdadera mucama, preguntó desdeñosamente qué deseaba.

Él preguntó a su vez por las damas y la pequeña se alejó corriendo a la cocina, dejando abierta la puerta. Y allá se oyó una conversación a medias inteligible.

—No, no, así no —decía la voz de Inés—; debes decir que la señora está enferma. ¿Qué aspecto tiene?

Pero, finalmente, apareció la misma Inés, con un delantal de cocina de tela azul, lo miró inquisitiva y no dijo una palabra, porque lo reconoció inmediatamente.

Él le tendió la mano.

—¿Puedo entrar? —preguntó, y sin que se dijeran una palabra más ambos pasaron a la conocida habitación, donde la señora estaba sentada en un sillón, envuelta en un chal de lana, y al verlo, se irguió enseguida rígida y correcta.

—Ha venido el doctor Reichardt —dijo Inés a la madre, que ofreció la mano al visitante.

Pero ella misma observó ahora al hombre a la luz del día en el claro aposento, leyó en su enflaquecido rostro el martirio de un año de agobiante fracaso y en sus ojos, el deseo de un amor límpido y claro.

Y no dejó ya de mirarlo; atraídos, sin palabras, se tendieron mutuamente las manos otra vez.

—¡Hija, pero hija! —exclamó asustada la madre, cuando vio que de improviso se le llenaron a la joven los ojos de lágrimas, mientras ocultaba su cara pálida al lado de ella en el respaldo del sillón.

Pero la joven se irguió en seguida, con las mejillas otra vez sonrosadas, y sonrió con los ojos húmedos.

—Es bueno que haya vuelto —comenzó diciendo entonces la anciana señora. Allí estaba la hermosa pareja con las manos en las manos, a su lado, y tenían un aspecto tan sonriente y encantador, como si se hubiesen pertenecido ambos desde muchos años antes, desde siempre...

TÍTULOS DE ESTA COLECCIÓN

Esta obra se imprimió en
Corporación de Servicios Gráficos Rojo, S. A. de C. V.
Progreso No. 10 Col. Centro
Ixtapaluca Edo. de México C. P. 56530